KB266174

투자 불패의 법칙

HOW NOT TO INVEST

The ideas, numbers, and behaviors that destroy wealth
— and how to avoid them

투자 불패의 법칙

당신을 망치고 있는
나쁜 생각 **나쁜 숫자** **나쁜 행동**

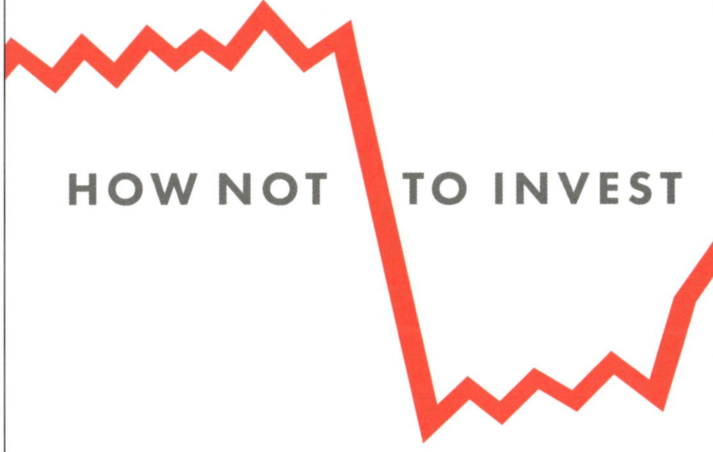

배리 리트홀츠 지음 | 이영래 옮김

INFLUENTIAL
인플루엔셜

이 책은 '잃지 않는 투자'에 초점을 맞춰 우리 내부의 편향과 외부의 소음에 흔들리지 않는 방법을 명쾌하게 제시한다. 이로써 버는 것보다 잃지 않는 것이 더 중요하다는 사실을 일깨워준다. 현명한 투자자라면 매 순간 시장을 이기는 것을 목표로 삼아서는 안 된다. 인생 후반부의 안락한 삶이 투자의 궁극적인 목표가 되어야 한다. 그러기 위해서는 워런 버핏과 함께 버크셔 해서웨이 제국을 건설한 찰리 멍거의 말처럼 "똑똑해지기보다는 멍청해지지 않으려고 노력"해야 한다. 시장의 소음에서 자유로워지고 싶은 모든 투자자에게 이 책을 강력히 추천한다.

—**박성진** | **이언투자자문 대표**

금융시장만큼 전문가들의 허황된 조언으로 가득 찬 곳이 또 있을까. 타인의 예측에 기대 투자하는 것이 부질없다고 아무리 말해도 사람들은 내일 시장이 오를지 묻고, 또 묻는다. 이 책은 그런 질문이 어째서 무의미한지를 명쾌하게 보여준다. 현명한 투자의 출발점은 더 좋은 답을 찾는 것이 아니라 잘못된 질문을 멈추는 것임을 깨닫게 해줄 것이다.

—**홍진채** | **라쿤자산운용 대표**

뛰어난 투자자는 많다. 하지만 배리처럼 투자의 본질을 글로 풀어낼 수 있는 사람은 흔치 않다.

—모건 하우절 | 금융 작가, 《돈의 심리학》 저자

배리는 투자 과정에서 우리가 해야 할 일과 하지 말아야 할 일을 안내하는 귀중한 존재다.

—레이 달리오 | 브리지워터 어소시에이츠 창립자, 《원칙》 저자

내 친구 배리가 쓴 이 책은 정말 훌륭하다. 투자에 전혀 관심 없는 사람이라도 흥미롭게 읽을 만큼 매우 재미있고 유익하다.

—폴 크루그먼 | 뉴욕시립대학교 교수, 노벨경제학상 수상자

지난 20년간 배리의 금융 사이트에 접속해 새로 올라온 글을 읽으며 아침을 맞이했다. 이 책은 그의 투자 지혜를 집대성한 것이다. 모든 투자자는 이 책을 읽어야 한다.

—F. 윌리엄 맥냅 | 뱅가드그룹 전 회장 겸 CEO

이 책은 실수에서 배우길 바라는 투자자들을 위한 귀중한 통찰로 가득하다. 배리는 성공적인 투자자인 동시에 시장의 예리한 관찰자다. 그는 영리하고 솔직하며 지나치게 만연한 통념을 훌륭하게 뒤집는다.

—잭 브레넌 | 뱅가드그룹 전 회장 겸 CEO

전문 용어 뒤에 숨지 않는 투자자문가가 필요한가? 그렇다면 이 책을 읽어라. 배리의 책을 읽지 않는 것은 당신의 가장 큰 투자 실수다.

—레베카 패터슨│브리지워터 어소시에이츠 전 CIS(최고전략기획자)

당신의 계좌를 녹여버릴 수많은 어리석은 실수를 피하도록 돕는 책. 심지어 재미있기까지 하다.

—리처드 탈러│시카고대학교 석좌교수, 노벨경제학상 수상자, 《넛지》 저자

훌륭하고 매력적이며 재미있는 책이다. 명료하면서도 감동적인 통찰로 가득하다. 무엇보다 당신이 돈을 잃지 않게 해줄 것이다. 엄청난 성취이자 투자자들을 위한 선물이다.

—캐스 선스타인│하버드대학교 교수, 《넛지》 저자

월스트리트와 미디어가 쏟아내는 갖가지 허황된 투자 조언에 속지 않게 해줄 소중한 안내서이자, 효과가 입증된 투자 전략들을 소개하는 실용적인 입문서.

—스콧 갤러웨이│뉴욕대학교 교수, 《부의 공식》 저자

지나치게 진지한 투로 쓰이지 않았지만, 진지하게 읽게 되는 훌륭한 책.

—데이비드 더닝│미시간대학교 석좌교수, '더닝크루거 효과'의 창시자

흥미로운 사례와 근거를 통해 전문가를 포함한 대부분의 사람이 미래를 예측하는 데 형편없다는 사실과 따라서 단순한 투자 전략을 고수하는 편이 더 낫다는 사실을 일깨워준다.

—마이클 모부신│컬럼비아대학교 교수,
모건 스탠리 산하 카운터포인트 글로벌 융합연구책임자

이 책 덕분에 내가 피해야 할 투자 실수가 무엇인지 깨닫게 되었다. 그것은 이 책이 건네는 훌륭한 교훈을 실행에 옮기지 않는 것이다.

—로버트 치알디니│애리조나주립대학교 교수, 《설득의 심리학》 저자

이토록 많은 것을 배우고, 또 재미있게 읽은 책은 정말 오랜만이다. 투자 분야에서 새로운 고전이 될 책이다.

—윌리엄 번스타인│신경과 전문의이자 금융이론가, 《부의 세계사》 저자

이 책과 사랑에 빠졌다! 이 책은 당신을 더 현명한, 즉 덜 멍청한 투자자로 만들어줄 탄탄한 조언들로 가득하다. 무엇보다 너무나 재미있다.

—잭 슈웨거│트레이더 출신 작가, 《시장의 마법사들》 저자

박성진

이언투자자문 대표

오랫동안 건강을 유지하는 사람들에게 그 비결을 물으면, 좋은 음식을 먹는 것보다 나쁜 음식을 먹지 않는 것이 더 중요하다고 답하는 경우가 많다. 삶의 많은 부분에서 이런 '회피의 미학negative art'은 강력한 힘을 발휘한다.

미국을 대표하는 방산 기업 노스럽 그러먼Northrop Grumman의 전신 라모울드리지Ramo-Wooldridge를 설립하고 ICBM(대륙간탄도미사일) 개발을 주도한 전설적인 공학자 사이먼 라모Simon Ramo는 흥미롭게도 테니스에서 비슷한 미학을 발견했다. 사이먼의 저서 《평범한 사람을 위한 비범한 테니스Extraordinary Tennis for the Ordinary Player》에 따르면, 프로선수는 점수의 약 80퍼센트를 자신이 잘해서 따내지만, 아마추어선수는 점수의 약 80퍼센트를 상대방의 실책 덕분에 얻는다. 다시 말해 프로경기는 예리한 공격으로 득점하는 선수가 우승하는 '승자의 게임'인 반면, 아마추어경기는 실수를 적게 하는 사람이 승리하는 '패자의 게임'이라는 것이다.

놀랍게도 이 분석은 투자의 세계에도 적용된다. 전설적인 투자자 데이비드 스웬슨David Swensen과 함께 예일대학교 기금을 운영하며 놀라운 성과를 거두었던 찰스 엘리스Charles Ellis는 라모의 저서에서 영감을 얻어 《패자의 게임에서 승자가 되는 법Winning the Loser's Game》을 썼다. 엘리스는 주식시장 또한 '패자의 게임'이라고, 즉 큰 수익을 올리려 애쓰기보다는 손실 가능성을 염두에 두고 리스크를 제한해야 승자가 될 수 있다고 조언했다.

월스트리트의 최전선에서 30년간 활약해온 배리 리트홀츠가 《투자 불패의 법칙》에서 전하는 조언도 궤를 같이한다. 많은 투자자가 대박 종목을 발굴하고 최고 수익을 올릴 수 있는 방법을 찾기 위해 애쓴다. 하지만 리트홀츠는 제2의 엔비디아를 찾는 것보다는 잘못된 행동을 하지 않고, 실수를 줄이는 것이 부의 축적에 훨씬 더 중요하다고 말한다.

리트홀츠의 조언은 일반 투자자들에게 특히 중요하다. 그들은 기관투자자들이 갖지 못한 여러 장점을 가지고 있다. 가령 매년, 매분기, 또는 매달 벤치마크를 따라잡기 위해 노력할 필요가 없다. 변덕스러운 시장의 등락에 일희일비하지 않고 시간을 자기편 삼아 느긋하게 투자하면 된다. 하지만 대부분의 일반 투자자는 이런 장점을 전혀 활용하지 못하고 있다. 대박을 꿈꾸고 끊임없이 주도주를 쫓으며 주식을 사고판다. 단기적으로 돈을 버는 것 같지만, 결국에는 수익보다 손실이 큰 경우가 많다.

우리나라 연예계에는 오래전부터 리트홀츠의 조언을 잘 따른 인물이 있다. 주식으로만 수십억 원의 자산을 보유해 '전원버핏'으로 불리는 전원주 씨다. 그에게 특별한 비법이 있었던 것은 아니다. 즉 뛰어난 안목으로 대박 종목이나 주도주를 발굴한다거나, 시장의 변동성에 매 순간 기민하게 대응하며 부를 일군 것이 아니었다. 단지 멀리 내다보고 시장에 진득하게 머무르다 보니 어느 순간 자연스럽게 부자가 되었던 것이다. 전원주 씨가 리트홀츠를 알았을 리 만무하지만, 그의 조언은 이처럼 매우 강력하며, 무엇보다 실현 가능하다.

마지막으로 이 책에는 투자자들의 발목을 잡는 수많은 함정이 제시되어 있다. 세상은 끊임없이 혼란을 일으키며 투자자들을 잘못된 길로 유혹한다. 유튜브와 증권방송, 그 밖의 여러 매체가 온종일 경제, 시장, 투자에 대한 정보를 쏟아낸다. 수많은 전문가가 출연해 그 나름대로 분석한 주도주나 시장 대응 방안을 알려준다. 하지만 신호가 너무 많으면 소음이 되어버린다. 사바나에서 맹수에게 잡아먹히지 않기 위해 진화한 우리의 뇌는 이런 소음을 걸러내는 데 매우 서투르다.

이 책은 '잃지 않는 투자'에 초점을 맞춰 우리 내부의 편향과 외부의 소음에 흔들리지 않는 방법을 명쾌하게 제시한다. 이로써 버는 것보다 잃지 않는 것이 더 중요하다는 사실을 일깨워준다. 현명한 투자자라면 매 순간 시장을 이기는 것을 목표로 삼아서는 안 된다. 인생 후반부의 안락한 삶이 투자의 궁극적인 목표가 되어야 한다. 그러기 위해서는 워런 버핏과 함께 버크셔 해서웨이 제국을 건설한 찰리 멍거의 말처럼 "똑똑해지기보다는 멍청해지지 않으려고 노력"해야 한다. 시장의 소음에서 자유로워지고 싶은 모든 투자자에게 이 책을 강력히 추천한다.

이 책은 평생 얻은 교훈과 경험을 응축한 것이지만,
다음 두 사람의 조언보다 뛰어난 지혜는 없었다.

"투자에서 승리하는 법은 테니스와 비슷하다."
찰스 엘리스

"다른 사람보다 더 똑똑해지려 애쓰기보다는
덜 멍청해지려 노력하라."
찰리 멍거

한국어판 서문

주식투자는 부동산투자와 상당히 다르다. 주택이나 투자용 부동산은 실물자산으로, 한국의 부 축적 문화에 깊이 뿌리내려 있다. 하지만 아시아 전역에서, 특히 한국에서 '주식 붐'이 확산하며 투자자들의 이목을 끌고 있다.

시장이 사상 최고가를 기록할 때마다, 특히 장기 약세장 이후에는 새로운 세대의 투자자와 투기꾼들이 열광적으로 몰려든다. 엄청난 부의 창출이라는 유혹에 이끌려, 그들은 앞만 보고 뛰어든다. 그 결과는 '나쁨'부터 '재앙'까지 다양하다.

과열된 시장에 진입한 수백만 명의 초보 투자자는 심각하지만 쉽게 피할 수 있는 리스크들에 직면한다. 《투자 불패의 법칙》은 바로 그런 리스크에서 당신을 보호하기 위해 쓰였다. 이 책은 사소한 실수부터 엄청난 실패까지, 투자와 관련된 모든 리스크를 줄이는 방법을 알려준다. '자책점'을 내지 않을 수만 있다면, 투자자들의 삶은 훨씬 더 풍요로워지고 스트레스도 줄어들 것이다.

최근 코스피의 놀라운 성과가 대중의 관심을 사로잡고 있다. 수십 년 간 미국 주식시장에 뒤처져 있던 한국 주식시장과 개별 기업들의 주가가 폭발적으로 상승하며, 주식투자에 대한 관심을 불러일으키는 중이다.

코스피의 기록적인 상승세에 이끌려 주식투자에 처음 발을 들인 사람이라면 '겸손함'을 갖춰야 한다. 노련한 트레이더들 사이에서 전해지는 농담이 있다. "강세장을 천재성으로 착각하지 말라."

당신이 수년의 시간과 막대한 자금을 허비하지 않고도 현명한 투자자가 될 수 있는 방법은 무엇일까? 내 대답은 대박 주식을 찾지 말고, 자신의 실수를 줄이라는 것이다. 직관에 반하지만, 승리를 거두는 것보다 실수를 피하는 것이 더 중요하다. 이 진실을 깨우치기 위해 투자의 역사에서 터무니없는 실수로 파국에 이른 사례들을 차차 살펴볼 것이다.

좋은 투자는 화려하거나, 흥미진진하거나, 재미있지 않다. 단지 현명할 뿐이다.

전설적인 투자자 찰리 멍거는 실수에 관해 다음과 같은 유명한 말을 남겼다. "우리 같은 사람들이 '매우 똑똑해지려고' 노력하는 대신, '꾸준히 덜 멍청해지려고' 노력함으로써 얼마나 큰 장기적 이점을 얻었는지 알면 놀랄 것이다."

뱅가드그룹 이사회 이사이자 예일대학교 기금 이사장을 역임한 찰스 엘리스Charles Ellis는 투자를 테니스에 비유하며, 거기에 두 가지 게임이 존재한다고 지적했다. 프로들은 '승자의 게임'을 한다. 그들의 스윙은 강력하고, 서브만으로 점수를 내고, 공을 라인 바로 위에 정확히 떨어뜨린다. 그렇다면 우리는 어떨까? 아마추어들은 '패자의 게임'을 한다. 이 게임에서는 범실이 적은 선수가 결국 승리한다.

"꾸준히 덜 멍청해지기" 위해서는 우리의 뇌가 투자를 망치는 주적임을 인식해야 한다. 인간은 아주 오랫동안 사바나에서 생존하기 위해 진화했다. 우리의 변연계는 '투쟁-도피반응'에 맞춰져 있다. 시장에서는 이것이 공포와 탐욕으로 나타난다. 우리는 가격이 떨어지면 패닉에 빠진 채 투매하고, 가격이 최고점에 달하면 탐욕스럽게 매수한다. 우리는 FOMO, 즉 '기회를 놓칠까 봐 두려워하는 마음'에 시달린다.

투자 성공을 위해서는 장기적인 재무계획을 수립하고, 끊임없이 쏟아지는 미디어의 소음과 그것이 만들어내는 유혹에 휘둘려 실수를 반복하지 말아야 한다.

부동산투자에서 주식투자로의 전환은 한국인들에게 대를 이어 물려줄 만한 큰 부를 쌓을 기회가 될 것이다. 하지만 복리의 마법을 제대로 누리려면, 쉬지 않고 보도되는 뉴스의 산만함과 카지노 같은 과열된 분위기를 피해야 한다. 노벨경제학상 수상자 폴 새뮤얼슨Paul Samuelson은 이렇게 말했다. "투자는 페인트가 마르는 것을 보거나 풀이 자라는 것을 보는 것과 같아야 한다."

이 책을 읽고 그 교훈을 되새겨 자신의 본능을 뛰어넘는 법을 터득하라. 비용을 낮게 유지하고, 폭넓게 분산 투자하며, 소음을 피하고, 자초하는 실수를 줄여나간다면, 의심할 여지 없이 대다수의 투자자를 능가하게 될 것이다.

당신의 투자 여정에 최고의 행운이 함께하기를 기원한다.

2026년 3월

배리 리트홀츠

모건 하우절의 서문

배리 리트홀츠에 대해 처음 들은 것은 2010년이었다. 당시 캐나다 밴쿠버에서 열린 투자 콘퍼런스에 참석했는데, 그는 기조연설자였다.

이런 콘퍼런스에 가본 적이 있는가? 생각보다 연사들의 수준이 높지 않을 때가 많다. 온갖 그래프로 가득 채운 파워포인트 슬라이드와 자기 홍보가 끊임없이 이어지는 지루하고 힘든 45분을 견뎌야 한다. 발표가 끝나고 청중들이 박수를 치는 것은 드디어 쉴 수 있다는 안도감 때문이다.

하지만 배리는 달랐다. 나는 그의 강연을 절대 잊지 못할 것이다. 그 덕분에 돈뿐 아니라 소통에 대한 생각까지 바뀌었다.

잊기 쉽지만, 현대사에서 금융 논평은 전문가의 말을 인용하는 기자들의 몫인 경우가 많았다. 전문가가 수많은 청중 앞에서 긴 시간 직접 이야기할 기회는 드물었다.

배리는 그런 일을 처음으로 해낸 사람 중 하나였다. 이렇게 이야기하면 우리 둘의 나이가 드러나겠지만, 그는 내가 고등학교에 다니던 시절부터 금융 사이트를 운영하고 있었다. 그의 금융 사이트 '빅픽처The Big Picture'는 시대를 앞서갔고, 두 가지 측면에서 우리가 금융 뉴스를 소비하는 방식을 뒤집어놓았다.

첫째, 읽는 재미가 있다. 배리는 자신의 의견을 내놓는 데 두려움이 없다. 논란의 여지가 있는 순간에도 말이다. 더구나 그는 이야기꾼이다. 투자를 삭막한 데이터의 블랙홀이 아닌 인간 행동에 관한 유쾌한 이야기로 제시하는 덕분에, 독자들의 기대감을 자극한다. 역사학자 데이비드 매컬로David McCullough는 '대중 친화적' 역사에 대한 일각의 비판을 이렇게 반박했다. "역사를 누군가가 읽고 싶어 하는 것으로 만드는 일은 역사에 해가 되지 않는다." 배리는 금융계에서 바로 그런 일을 해냈다.

둘째, 배리는 자신이 무슨 이야기를 하는지 잘 알고 있다. 미국에서 가장 빠르게 성장하는 자산운용사 중 하나의 창립자인 배리의 견해는 단순한 탁상공론이 아니다. 그는 시장의 최전선에서 탐욕과 공포에 반응하는 엉뚱하고 예측 불가능한 인간 본성을 다루어왔다. 누구도 항상 옳을 수는 없지만, 적어도 배리를 현실과 동떨어진 상아탑의 설교자라고 비난할 수는 없다.

그 결과 금융 논평에서 수많은 사람이 바라고 필요로 하는 것이 만들어졌다. 경험 많고, 현명하며, 솔직한 친구와 가볍게 맥주 한잔하는 듯한 느낌 말이다.

밴쿠버에서 배리는 당시 논란이었던 중국 경제의 비관적 전망에 대해 논했다. 다른 연사들은 이해하기 힘든 전문용어와 이론을 늘어놓았다. 그러나 배리는 마이크에 얼굴을 가까이 대고 속삭이듯 말했다. "쉿, 그들은 공산주의자잖아요."

내가 배리의 작업을 좋아하는 이유는 투자를 지능과 데이터가 주도하는 게임이 아닌 감정과 행동의 게임으로 보기 때문이다. 이것은 무척 중요하다. 첫째, 그것이 사실이며, 둘째, 행동은 산만하고(심지어 엉성하기까지), 예측 불가능하고, 사람마다 다르고, (데이터와 달리) 간단한 해답을 내놓는 척하지 않기 때문이다. 우리의 행동이 어떻게 우리로 하여금 잘못을 저지르게 하는지 이해하는 것은 올바른 방법을 제시한다고 주장하는 데이터보다 더 가치 있다.

이 책은 바로 그런 이해의 길을 보여준다. 당신도 나만큼 이 책을 즐겁게 읽을 수 있으리라 믿는다.

2025년 겨울
모건 하우절

차례

일러두기

· 인명과 지명 등 외래어 고유명사는 국립국어원의 외래어표기법 및 용례를 따랐다. 단 표기가 불분명한 경우 실제 발음을 따라 썼다.

· 본문 하단 각주는 모두 옮긴이의 설명이다. 우리나라 사례나 최신 정보를 정리했다.

· 언급된 도서 중 국내에 번역 출간된 도서의 경우 한국어판 제목으로 표기하고, 국내 미출간 도서의 경우 원서 제목을 병기했다.

더 똑똑하기보다 덜 멍청하라

이 책은 돈과 관련된 실수, 특히 당신의 실수를 줄이기 위해 쓰였다. 작은 실수와 엄청난 실패 그리고 그 사이의 모든 것을. 투자자들이 늘 저지르는, 피할 수 있는 실수를 막는 법만 배울 수 있다면, 당신의 삶은 훨씬 풍요로워질 것이고 스트레스도 줄어들 것이다!

그것이 내가 맡은 역할이다. 내가 배워온 것을 공유해 투자자들이 흔히 저지르는 실수를 피해 갈 수 있게 돕는 것 말이다. 실수를 자초하지 않는다면 당신의 재정적 안정도는 주변 사람들의 90퍼센트를 능가하는 수준에 이를 것이다.

돈에 대해 글을 쓰는 대부분의 사람은 이런 접근법을 취하지 않는다. 전형적인 투자서는 '입문서'의 형식을 띤다. 그 책들은 열두 개 정도의 장을 통해 부자가 되기 위해 배워야 할 모든 것을 가르치려 한다. "이 100가지 전략을 실행하면, 돈이 쌓이기 시작한다!"라는 식이다.

하지만 현실 세계에서는 이런 접근법이 효과를 발휘하지 못한다. 배운 대로 모든 것을 올바르게 했더라도, 몇 번만 실수하면 이전까지의 모든 노력이 수포로 돌아간다.

직관에 반하지만 사실 승리를 거두는 것보다는 실수를 피하는 것이 더 중요하다. 이 훌륭한 통찰은 1975년 《금융분석가저널Financial Analysts Journal》에 실린 찰스 엘리스의 논문 〈패자의 게임Loser's Game〉에서 처음 빛을 발했다.[1] 엘리스는 투자가 테니스와 비슷하다고, 즉 대부분의 사람이 실수를 자초한 탓에 패배한다고 설명했다. 이 '패자의 게임'에서 승리하는 방법은 덜 지는 것이다. 실수를 줄이고 상대가 스스로 무너지게 두는 것이다. 10년 후 엘리스는 이 논지를 확장해 《패자의 게임에서 승자가 되는 법》이라는 명저를 펴냈다.[2]

《투자 불패의 법칙》도 그와 같은 일을 할 것이다. 나는 오늘날 대부분의 투자자를 무너뜨리는, 특히 소셜미디어, 밈, 24시간 뉴스에서 비롯된 수많은 실수를 어떻게 하면 피할 수 있는지 알려줄 것이다.

간단히 말해 실수를 줄이면 돈은 쌓인다.

버크셔 해서웨이의 독보적 투자자 찰리 멍거는 이렇게 말했다. "우리 같은 사람들은 똑똑해지려 애쓰기보다는 멍청한 짓을 꾸준히 피하려 애씀으로써 장기적으로 놀라울 만큼 큰 이득을 보았다."

나는 투자자들이 가장 흔히 저지르는 온갖 실수를 검토할 것이다. 그리고 너무나 많은 사람이 굳게 믿고 있지만, 결국 그들에게 손해를 입히는 근거 없는 믿음을 파헤칠 것이다. 내가 직접 저지른 몇 가지 실수를 비롯해 자주 눈에 띄는 실수와 대단히 부유하지만 또 대단히 실수도 잦은 투자자들에게서 얻은 교훈도 포함될 것이다.

인간은 누구나 실수를 저지른다. 그것이 인간이라는 존재의 본질이다. 우리는 미래를 예측하는 능력은 물론이고 심지어 과거와 현재를 이해하는 능력도 크게 부족하다. 그래서 모두 실수를 저지른다. 이 책은 당신이 실수를 줄이도록, 또 실수하더라도 너무 비싼 대가를 치르지 않도록 도와줄 것이다.

목표는 멍거와 같다. '꾸준히 멍청한 짓을 피할 것.'

30년 넘게 트레이더, 전략가, 자산관리사로 활동한 나는 시장에 대한 생각을 공개적으로 그리고 실시간으로 공유해왔다. 그런 아이디어와 경험을 다른 투자자들에게 특별히 유용한 형태로 정리하고 싶었다.

첫 번째 과제는 적절한 구조를 짜는 일이었다. 나는 《워싱턴포스트》, 블룸버그, 더스트리트닷컴 TheStreet.com에 1,000편에 달하는 칼럼을 기고했다. 게다가 빅픽처에는 2024년 12월 31일까지 4만 3158개의 글을 게시했다. 이런 상황이다 보니 유용한 구조를 만드는 것이 쉽지 않았다.

이 모든 칼럼과 게시글을 꼼꼼히 살피며 한 가지 패턴을 추려냈다. 놀랍게도 거의 모든 글이 투자에 관한 '개소리'를 폭로하고 있었다.[3] 1990년대부터 행동 오류를 분석하고 돈과 관련된 근거 없는 믿음을 파헤치는 것이 내 작업의 핵심이었다. 투자자들이 비관론자들을 무시하고, 예측을 잊어버리고, 월스트리트를 가까이하지 않고, 신뢰할 수 없는 정보원과 연을 끊고, 요즘 주식이 어쩌고저쩌고하는 처남의 조언을 듣지 않는다면 모두 더 나은 결과를 얻을 수 있을 것이다.

내가 제안하는 **하지 말아야 할 일들**의 목록은 끝도 없이 이어졌다. '값비싼 투자상품은 피하라', 'SPAC Special Purpose Acquisition Company과 IPO Initial Public Offering를 멀리하라', '자기 포트폴리오에 대해 알라(나는 왜 원자재에 투자했지?)', '펀드매니저의 액티브 active 운용을 의심하라' 등등.* 심지어

'자신의 뇌조차도 믿을 수 없다.' 사실 뇌는 투자를 위해 만들어지지 않았으며, 대개 당신을 속여 돈을 잃는 실수를 저지르게 할 것이다.

이처럼 기나긴 목록을 읽어가다 보니, 책의 구조가 자연스레 드러났다. 투자자들이 수많은 오류, 실수, 근거 없는 믿음을 피하는 데 도움을 줄 안내서가 어떨까? 제목은 '투자하지 않는 법How Not to Invest'으로 하자!

지난 세기 동안 시장과 리스크, 인간 본성과 행동에 대해 대단히 많은 것을 배워왔는데도, 여전히 너무 많은 사람이 투자에서 형편없는 성과를 내고 있다.

그 이유를 간단히 말하자면 실수가 너무 많기 때문이다.

이것은 의심할 여지가 없는 사실이다. 대부분의 투자자가 뛰어나지 못해서가 아니다. 그저 피할 수 있는 실수를 너무 많이 저지르기 때문이다. 야구에서 낮은 타율은 홈런이 부족한 데서 비롯되는 것이 아니다. 뜬공, 땅볼, 삼진이 너무 많기 때문이다. 멍거의 말을 되새겨보자. 더 똑똑해지려 애쓰기보다는 덜 멍청해지기 위해 노력해야 한다.

이것이 투자자로서의 성공을 위한 미묘하지만 결정적인 비결이다. 수십 년간 내 투자 실력이 나아지는 과정을 돌아보니, 그 성공은 더 똑똑한 짓을 해서가 아니라 덜 멍청해진 덕분이었다.

적지 않은 사람이 내게 충고했다. "책 제목에는 부정적인 표현을 쓰는 게 아니다!" 이런 중대한 결점을 만회하기 위해 나는 유용한 조언들로 이 책을 가득 채울 생각이다. 본문에는 하지 말아야 할 일들 만큼이

---

*　SPAC은 기업의 인수합병을 목적으로 만들어진 실체가 없는 페이퍼컴퍼니다. IPO는 기업 설립 후 처음으로 투자자들에게 신주를 발행 및 공모하는 것이다. '능동적 운용'으로도 불리는 액티브 운용은 직접 종목을 고르고 사고팔며 수익을 내는 투자법이다. 반면 패시브(passive) 운용은 시장 평균 수준의 수익을 기대하며 광범위한 지수를 따르는 ETF, 뮤추얼펀드 등에 투자한다. 이 때문에 '수동적 운용'으로도 불린다.

나 **해야 할 일**들에 대한 제안도 많이 담겨 있다. 그 내용이 유용하길 바란다.

이 책은 '나쁜 생각', '나쁜 숫자', '나쁜 행동', '좋은 원칙', 이렇게 네 개 부로 나뉜다. '나쁜 생각', '나쁜 숫자', '나쁜 행동'은 각각 세 개 장으로 구성되어 있다. '나쁜 생각'에서는 돈을 잃게 하는 조언, 그 조언을 퍼뜨리는 미디어 그리고 우리를 속이는 데 사용되는 궤변들을 살핀다. '나쁜 숫자'에서는 숫자, 통계, 확률에 대해 느끼는 불편함 때문에 시장이나 경제가 실제로 어떻게 작동하는지에 대한 이해가 왜곡된다는 것을 설명한다. '나쁜 행동'은 '나쁜 생각'과 '나쁜 숫자'가 투자자들이 돈을 생각하고 다루는 방식에 어떤 영향을 미치는지 보여준다.

이야기가 진행될수록 문제에서 해결책으로, 부정적인 것에서 긍정적인 것으로 나아가게 될 것이다. 실수를 지적하는 것은 쉬운 일이다. 하지만 투자자인 당신에게 가장 가치 있는 것은 이런 값비싼 실수를 피할 방법이다.

마지막 부인 '좋은 원칙'은 이런 실수를 최소화하는 데 도움이 되도록 전체 내용을 요약하고 그것을 구체적인 전략과 함께 제시한다. 이 부의 목표는 배운 내용을 실제로 활용할 수 있도록 일련의 해법을 제시하는 것이다. 이는 각자의 재정을 크게 개선하고 성공적인 투자를 뒷받침할 것이다.

이 책의 교훈을 잘 따른다면, 더 높아진 과세 등급과 행복한 은퇴 생활 속에서 내게 감사하는 마음을 가지게 될 것이다.

1부

나쁜 생각

1장

나쁜 조언

전문가들조차 아무것도 모른다

누구의 말을 들어야 할까

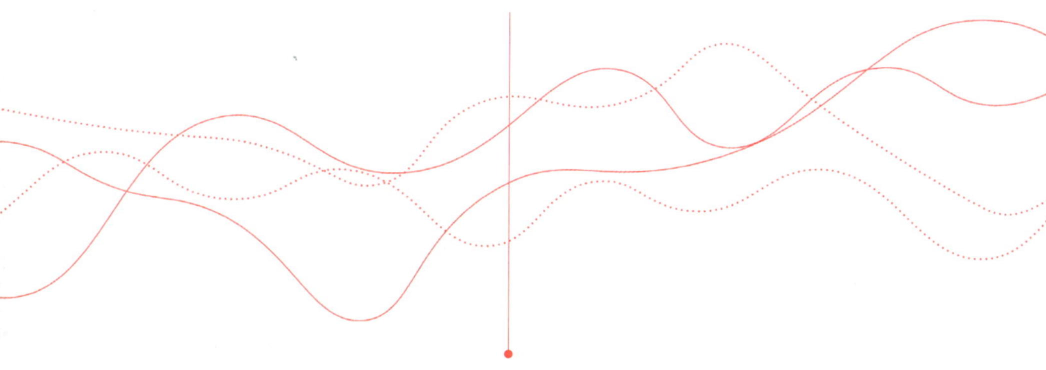

    돈을 어떻게 관리해야 하는지에 대해서는 다들 제 나름의 의견을 갖고 있다. 문제는 이런 조언이 좋게 봐도 믿을 수 없고, 최악의 경우엔 파괴적이라는 데 있다. 일부는 이해관계 때문에 왜곡되어 있고, 대부분은 당신과 무관하며, 많은 것이… 쓰레기와 다를 바 없다. 이 모든 것을 샅샅이 살펴 옥석을 가려내려면 시간이 오래 걸리고, 원래의 계획에서 벗어나게 된다.

    우리는 이어질 내용에서 금융계의 권위자와 명망 높은 저널리스트, 잘나가는 펀드매니저와 유명한 전망가 등 여러 인물을 만나게 될 것이다. 그들의 조언은 종종 매혹적이고 강렬하다. 하지만 우리에게는 그들이 가지지 못한 이점이 있다. 그들을 사후 평가할 수 있다는 것이다. 우리는 실제로 무슨 일이 일어났는지 그리고 그들의 조언이 어떤 결말을 맞았는지 알 수 있다. 이 때문에 우리는 그들의 주장을 평가하는 데 유리한 고지에 선다. 이 교훈은 TV나 소셜미디어, 심지어 저녁 식사 자리에서 당신에게 어떻게 투자해야 하는지 알려주려는 사람들을 평가하는 데 도움이 될 것이다.

스포일러 → 대부분의 조언은 좋지 않다.

미리 밝히건대 이 글의 목적은 남의 불행을 고소해하는 샤덴프로이데schadenfreude를 즐기려는 것이 아니라, 잘못된 조언이 무자비하게 쏟아진다는 것을 보여주기 위함이다. 예외적인 사례들을 억지로 묶은 것이 아니라, 미디어에 지극히 평범하게 소개되는, 언제든 듣고 볼 수 있는 내용들이다. 무엇보다 중요한 점은 이 모든 '공짜' 조언이 절대 투자 결정의 근거가 되어서는 안 된다는 것이다.

미디어가 뱉어내는 조언에는 끝이 없다. 추측과 의견이 소방 호스에서 물이 나오듯 쏟아진다. 대부분은 무시해도 될 것들이다.

미디어나 콘퍼런스, 기사에서 누군가가 이런저런 투자가 좋다고 자신 있게 선언하는 것을 볼 때면 나는 회의적 태도를 유지한다. 그 말을 한 사람과 그의 조언을 차분히 따져보는 식으로 말이다.

조언에 대해

- 이 조언을 따를 때 나는 어떤 리스크를 떠안게 되는가?
- 이 조언은 나(그리고 내 투자 계획)에게 맞춰진 것인가?
- 이 조언으로 내가 치르게 될 대가(수수료, 세금, 기회비용)는 얼마인가?

조언 제공자에 대해

- 무엇을 팔려고 하는가?
- 그의 전적은 어떤가?

•그와 상충하는 이해관계가 있는가?

이 여섯 가지 질문에 답하는 것만으로도 수많은 재정적 실수를 피할 수 있다. 더 큰 문제는 잘못된 조언 자체가 아니라, 마땅히 스스로 해야 할 생각을 제삼자에게 맡겨버리는 것이다. 스스로 생각해야 한다. 나는 당신이 인쇄매체에서 읽거나 TV에서 보거나 소셜미디어에서 접한 것에 의존할 필요 없이, 자기 자신과 능력을 충분히 확신함으로써 스스로 결정을 내리도록 돕고 싶다.

당신의 돈이다. 그 돈이 불어났을 때 당신보다 큰 혜택을 보는 사람은 없다. 따라서 책임도 당신이 져야 한다.

———

우리는 전적을 따지지 않고 자신감을 보이는 사람들을 지나치게 신뢰하곤 한다. 억만장자들이 TV에 출연해 대담하게 경제를 예측하고 시장을 내다본다면 무슨 일이 벌어질까?

함께 알아보자.

후광효과

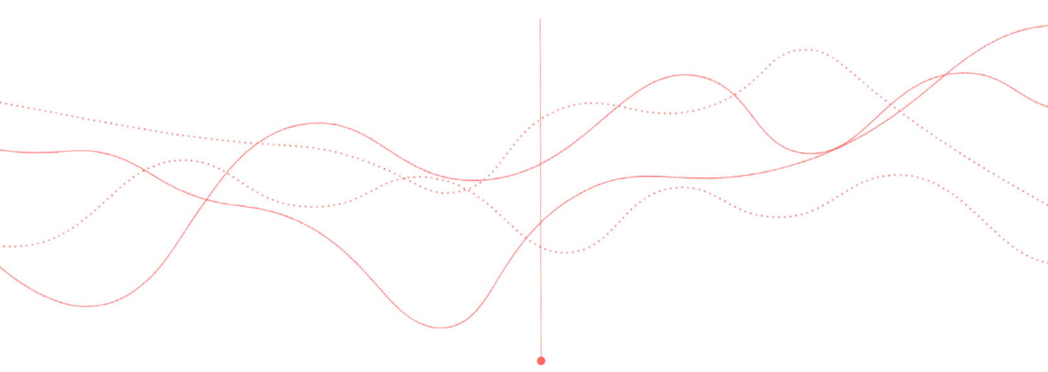

2015년 12월 18일, 부동산 재벌 샘 젤Sam Zell은 "향후 12개월 내 경기 침체가 찾아올 가능성이 매우 크다"라고 말했다.[1] 그는 블룸버그TV와의 인터뷰에서 달러 강세, 세계무역의 둔화, 다국적 기업들의 해고 바람, 전반적인 소비수요의 부진을 주된 요인으로 꼽았다.

시장 비관론자들은 젤의 말을 충실하게 반복했다. 주류 언론도 마찬가지였다. 이 사례를 통해 모든 전망가가 야기하는 투자 리스크에 대해 살펴보자.

젤은 전설적인 부동산 투자자였다. 헐값에 나온 '부실자산'을 구입하는 그의 안목은 탁월했다. 부동산을 사고팔아야 할 시점을 그보다 잘 이해하는 사람은 없어 보였다. 그는 1970년대에 자신의 성공을 "타인의 실수라는 해골 위에서 춤추는 것"이라고 표현해 '무덤 위의 댄서Grave Dancer'라는 별명을 얻었다.[2] 그러나 전망가로서는 다른 사람들보다 나을

게 없었다. 2015년 경기침체가 다가오고 있다는 그의 경고는 5년이나 빗나갔다. 2020년 팬데믹이 시장을 덮치기 전까지는 침체가 없었으며, 그 전에는 주식과 주택시장 모두 눈에 띄게 상승했다.

여기에서 두 가지 문제가 드러난다. 첫째, 한 분야에서 탁월한 성공을 거둔 사람들은 종종 다른 분야에서도 대담한 발언을 내놓곤 한다. (자신의 전문 분야 밖에서 권위를 행사하는 지적 월권epistemic trespass에 대해서는 뒤에서 더 자세히 살펴볼 것이다.) 둘째, 청중은 이런 예측에 큰 매력을 느낀다. 사업적 성공에 이미 깊은 인상을 받은 후이기 때문에 이런 예측을 쉽게 믿는다. 그 결과 종종 재정적 손실을 본다.

모두 후광효과 탓이다. 한 분야에서의 성공이나 긍정적 특질이 그와 무관한 영역에도 적용되는 것처럼 생각하는 것이다. 이 용어는 1920년대에 심리학자 에드워드 손다이크Edward Thorndike가 처음 사용했으나,[3] 널리 알려진 것은 2007년부터였다.[4]

젤의 경기침체 예측은 2015년이 처음이 아니었다. 그는 3년 전인 2012년 10월에도 "우리는 침체로 향하고 있다"라고 주장했다.[5]

하지만 그렇지 않았다.

당시는 미국의 제45대 대통령을 뽑는 선거가 한 달 남았을 때로, 젤은 공화당의 대통령선거 후보인 밋 롬니Mitt Romney를 지지하고 있었다. 아마도 약간의 정치적 편향이 무의식적으로 작용했을 것이다.

그 5년 전인 2008년 9월, 리먼 브라더스와 AIG가 무너지고 몇 주 지나지 않은 때에 젤은 "내년에 미국 경제가 경기침체에 빠질 수 있다"라고 경고했다.[6] 하지만 이는 그가 말하는 순간부터 틀린 예측이었다. 미국은 이미 대공황 이래 최악의 시기를 보내고 있었으니, 거의 1년 전인 2007년 12월부터 침체는 시작되었다.

하지만 젤은 2007년 펜실베이니아대학교 와튼스쿨에서 이렇게 말했다. "우리는 '신용경색credit crunch'을 겪고 있지 않다. 나는 우리가 겪고 있는 것이 '신뢰경색confidence crunch'이라고 생각한다."[7]

당시 미국은 수십 년 만에 가장 심각한 신용경색을 겪고 있었고, 상황은 계속 악화되고 있었다. 젤은 이렇게 덧붙였다. "우리가 경기침체의 한가운데에 있는데도 부동산 업계의 재무제표는 그 어느 때보다 좋아 보인다." (2008년에 주장할 내용과 모순되는 말이었다.)

이 역시 틀렸다. 주택시장은 무려 32퍼센트나 추락할 폭락의 초입이었고, 은행, 건설사, REITs(부동산투자신탁) 모두 재무제표에 심각한 문제가 생기기 직전이었다.

젤은 부실자산을 꾸준히 헐값에 사들여 수십억 달러를 벌었다. 그는 좋은 부동산 포트폴리오를 만들어두고 수십 년을 보유했다. 50년 동안 보유한 자산도 있었다! 그는 뛰어난 부동산 투자자였지만 경기 예측으로 벌어들인 돈은 한 푼도 없었다.

젤의 문제는 그가 틀렸다는 데 있지 않다. 모두가 틀릴 때가 있으며 대부분의 사람은 자주 틀린다. 문제는 부동산 분야에서 그가 가진 뛰어난 감각과 통찰 때문에 사람들이 그의 경기 예측에 지나치게 귀 기울였다는 것이다.

우리는 억만장자나 성공한 기업가들이 내놓는 의견에 지나치게 주의를 기울인다. 그들은 미래에 일어날 일에 대해 아는 것이 거의 없는데도 말이다. 그렇다면 다른 전문가들은 어떨까? 그들이 실제로 알고 있는 것

은 무엇일까?

할리우드에서부터 그 답을 찾아보기로 하자.

아무도 아무것도 모른다

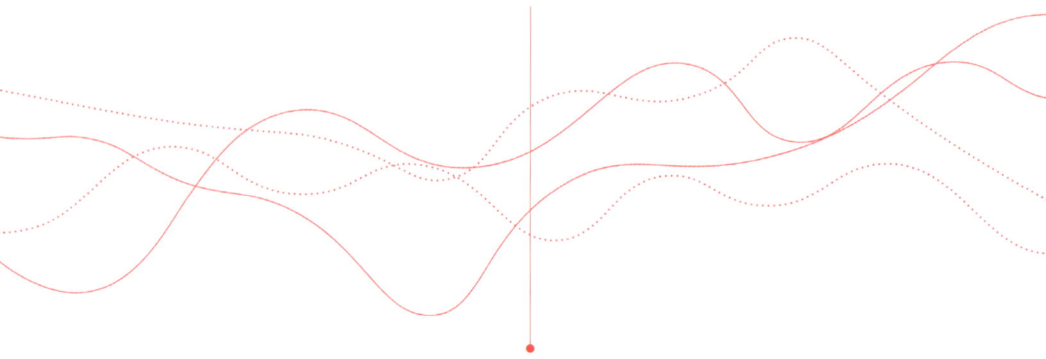

소설가이자 시나리오 작가인 윌리엄 골드먼William Goldman의 《영화계에서의 모험Adventures in the Screen Trade》은 영화 산업을 날카롭게 비판한 책이다. 1983년 출간된 이 베스트셀러는 좋은 글귀로 가득하다. 그중에서도 "아무도 아무것도 모른다nobody knows anything"는 특히 기억에 남는 구절이다. 이 말은 영화계뿐 아니라 훨씬 더 많은 분야에 적용된다.

골드먼은 할리우드 내부를 예리한 시선으로 관찰했다. 그는 〈내일을 향해 쏴라〉와 〈모두가 대통령의 사람들〉로 아카데미상을 받았다(각각 1969년 각본상과 1976년 각색상). 그가 쓴 소설 《마라톤 맨Marathon Man》은 이후 더스틴 호프만이 출연한 흡입력 있는 동명의 영화로 제작되었다. 그가 스티븐 킹의 소설을 각색한 영화 〈미저리〉에는 캐시 베이츠와 제임스 칸이 출연했다(베이츠는 이 작품으로 1990년 아카데미 여우주연상을 받았다). 무엇보다 재미있는 일은 그가 소설 《프린세스 브라이드》와 그 영화

시나리오를 집필했다는 것이다. 이 작품은 로브 라이너 감독의 명작 컬트영화가 되었다.

골드먼의 "아무도 아무것도 모른다"라는 말은 장래에 초대형 홍행작이 될 영화를 스튜디오 경영진들이 모두 거절한 일화에서 비롯되었다. 파라마운트를 제외한 모든 스튜디오가 '인디아나 존스' 시리즈의 시작을 알린 〈레이더스: 잃어버린 성궤를 찾아서〉를 거절했던 것이다. 이 영화는 역대 최고 홍행작이 되었으며 아카데미상 아홉 개 부문에 후보로 올랐다.

컬럼비아 픽처스는 여기에 더해 스티븐 스필버그의 프로젝트를 여러 개 놓친 전력도 있다. 가령 다른 외계인 영화(제프 브리지스 주연의 〈스타맨〉)를 제작 중이라는 이유로 〈E.T.〉를 거절했다. 〈백 투 더 퓨처〉와 〈펄프 픽션〉도 거절했다.[8]

〈스타워즈〉는 당시 할리우드 최대 규모를 자랑하던 유니버설 픽처스에서 거절당했다. 금융 작가 트렁 판Trung Phan이 지적했듯이, 조지 루카스는 이 작품을 처음부터 6부작 시리즈로 구상했다. 그는 할리우드를 신뢰하지 않았기 때문에 시리즈에 대한 통제권을 확보하고자 20세기 폭스 스튜디오(지금의 20세기 스튜디오)에 다음과 같이 제안했다. "(영화에 대한 일부 권리를 갖는 조건으로) 50만 달러의 기본급에서 70퍼센트를 삭감한 15만 달러의 감독료만 받겠다."[9]

지금이라면 〈스타워즈〉의 캐릭터 상품권과 후속작 제작 권리를 50만 달러도 안 되는 돈에 포기하는 것이 상상조차 하기 어려운 일로 여겨질 테다. 풋내기 영화 제작자가 20세기 폭스 스튜디오의 경영진을 한 수 앞섰던 셈이다. 〈스타워즈〉는 10억 달러의 수익을 올렸고, 역대 박스오피스 매출 상위 100위 안에 드는 다섯 편의 속편을 낳았다.[10] 월트 디즈니는 〈스타워즈〉 제작사인 루카스필름을 40억 달러 이상에 인수했다. 〈스타워즈〉 관련 상품은 월트 디즈니에 320억 달러 이상의 수익을 안겨다 주었다.[11]

"아무도 아무것도 모른다"라는 말은 엔터테인먼트 업계가 전문 지식, 경험, 포커스그룹인터뷰 등 모든 것을 동원해도 영화가 얼마나 흥행할지 미리 아는 것은 불가능하다는 사실의 골드먼식 표현이다. 5년 후 무엇이 팔릴지 알아내는 것은 불가능한 과제이고, 대개 우연한 행운에 좌우된다.

영화는 시나리오에서부터 시작된다. 종이에 적힌 시나리오가 시각매체인 영화로 잘 옮겨질지는 확실하지 않다. 감독의 비전은 얼마나 설득력 있는가? 등장인물들은 얼마나 매력적인가? 배우들의 연기가 어떤 특별한 재미를 더할 것인가? 주연배우들 사이의 연기 호흡은 어떠할까? 그리고 가장 예측 불가능한 것… 지금 막 제작이 승인된 이 아이디어의 떡잎이 영화로 완성되어 극장이나 OTT 서비스에서 공개되는 약 5년 후에 대중의 취향은 어떻게 변해 있을까?

영화 자체뿐 아니라, 어디서 어떻게 소비되는지도 결과를 예측할 수 없게 한다. 블록버스터Blockbuster는 2000년 넷플릭스의 인수 제안을 거절했다(금액은 5000만 달러로 알려졌다). 당시 이 대형 비디오 대여 체인은 9,000개 매장을 보유하고 있었고, 넷플릭스는 우편으로 DVD를 발송했다. 하지만 10년 후인 2010년 블록버스터는 파산을 신청했고, 현재 오리건주 벤드에 단 한 개의 매장만이 남아 있다. 반면 넷플릭스는 2억 6000만 명의 유료 구독자를 거느린 지배적 OTT 업체로 성장했으며, 2002년 이후 주가는 5만 퍼센트 이상 상승했다. 넷플릭스의 시가총액은 3950억 달러가 넘는다.[12]*

히트작은 좋은 스토리, 매력적인 배우, 특수 효과만으로 만들어지는 것이 아니다. 좋은 영화를 진정한 흥행작으로 바꾸는 데는 엄청난 우연과 행운이 필요하다. 결혼부터 경력, 선거, 투자 포트폴리오까지, 긴 세월이 흐른 후에야 결과를 알 수 있는 복잡한 인간사도 마찬가지다.

우린 너무 쉽게 우연을 실력으로 착각한다. 현재조차 제대로 이해하지 못하면서 미래를 볼 수 있다고 생각한다. 진실과는 거리가 한참 먼데도 자신의 운명을 통제한다고 너무 쉽게 믿어버린다.

자신의 무지를 인정해야 유리한 위치에 설 수 있다. 월스트리트는 이 사실을 싫어한다.

로버트 H. 프랭크Robert H. Frank는 코넬대학교 존슨경영대학원의 교수다. 여러 대학이 그가 연방준비제도이사회(이하 연준) 의장을 지낸 벤 버냉키와 공동 집필한 경제학 저서를 교재로 사용 중이다. 그는 우연이 성공에 미치는 영향을 분석한 《실력과 노력으로 성공했다는 당신에게》라는 책도 썼다.[13]

성공한 사람들은 자신의 행운을 본인의 능력, 노력, 지능 덕분으로 생각하는 경향이 강하다. 그러나 그것들은 게임에 뛰어들기 위한 참가비, 즉 기본적인 조건에 불과하다. 그것들이 성공을 보장해주는 것은 아니다. 프랭크는 크게 성공한 사람 한 명 뒤에는 그에 못지않게 유능하고, 성실하며, 지능이 높은 수많은 사람이 있다고 꼬집었다.[14] 뜻밖의 행운

---

*   2026년 2월 기준, 넷플릭스의 유료 고객은 3억 2500만 명 이상이고 시가총액은 4180억 달러에 달한다.

이 있고 없음이 큰 성공과 아까운 실패(또는 더 나쁜 결과) 사이의 차이를 만들 수 있다.

행운이라는 주제와 관련해 세계에서 가장 통찰력 있는 인물은 컬럼비아대학교 경영대학원의 금융학 겸임교수이자 모건 스탠리 산하 카운터포인트 글로벌Counterpoint Global의 융합연구책임자, 마이클 모부신Michael Mauboussin일 것이다. 그는 《마이클 모부신 운과 실력의 성공 방정식》에서 '기술의 역설paradox of skill'에 대해 설명했다.[15] 모부신에 따르면, 한 분야에 재능과 경험이 많은 플레이어가 많아질수록 운의 역할이 더욱 중요해진다. 모두가 최고 수준에서 경쟁할 때 기술, 노력, 지능 같은 개인적 자질은 서로 상쇄된다. 결과는 기술과 운의 조합으로 결정된다.

무작위적이고 상호 연결된 변수들, 외생적 요인들에 예측 불가능한 인간 행동까지 뒤섞인 복잡한 시스템을 예측하는 것은 참으로 어리석은 짓이다.

우리는 인정하려 하지 않지만, 미래에 대해서는 아무도 아무것도 모른다. 당신과 나만의 이야기가 아니다. 소위 전문가라는 사람들도 마찬가지다.

이번에는 전문가들이 음악에 대해 얼마나 무지한지 살펴보자.

"신사 숙녀 여러분, 비틀스입니다"

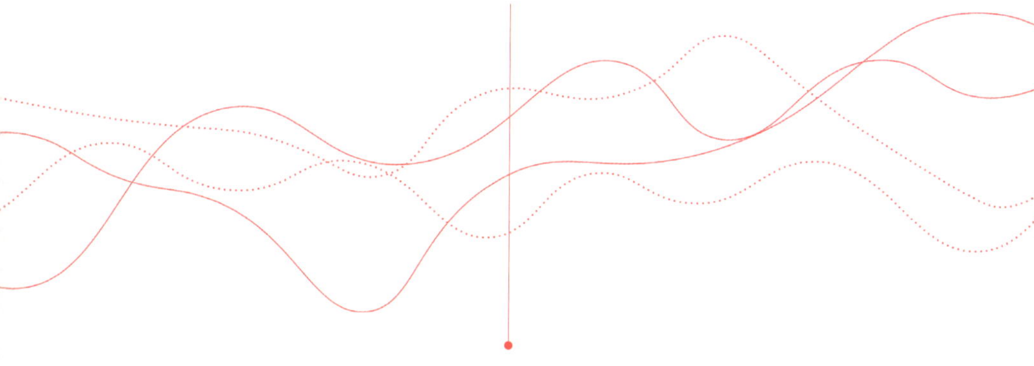

전문가들의 평가와 이후 전개된 역사의 간극이 비틀스보다 더 큰 경우가 있을까?

세계 최대의 음악 데이터베이스 사이트이자 웹진 '올뮤직AllMusic'은 '멋진 4인조fab four' 비틀스를 이렇게 설명하고 있다. "역사상 가장 인기 있고 영향력 있는 록 밴드로, 대중음악에 여러 새로운 길을 개척했다."[16] 지금으로서는 당연한 말이지만, 그들의 경력 초기에는 이런 평가가 공통된 의견이 아니었다.

밥 시라이트Bob Seawright가 세상의 온갖 것을 논평하는 웹진 '베터레터The Better Letter'에 이와 관련한 흥미로운 이야기가 실려 있다. 인간의 인지적 결함을 시라이트만큼 신랄하게 꼬집는 이는 없을 것이다. 그는 비틀스가 미국에 처음 진출했을 때를 되짚었다.[17] 당시 이 밴드는 1963년 한 해에만 다섯 개의 싱글을 영국 차트 상위 20위 안에 올렸는데, 그중 세

곡이 1위를 차지했다. 데뷔 앨범 〈플리즈 플리즈 미Please Please Me〉는 30주 간 영국 차트를 석권했고, 그것을 밀어낸 것은 그들의 다음 앨범 〈위드 더 비틀스With the Beatles〉였다.

영국에서 선풍적 인기를 끌었는데도, 그들의 레코드사(EMI)는 이 밴드의 싱글을 미국에서 발매해달라고 현지 파트너사(캐피톨Capitol)를 설득할 수 없었다. 캐피톨의 프로듀서 데이브 덱스터Dave Dexter는 겉보기에는 대중의 음악적 취향에 정통한 업계 전문가였다. 그는 비틀스의 싱글들을 "전반적으로 아마추어적이고 매력이 없다"라며 발매를 여러 차례 거절했다. 그는 '플리즈 플리즈 미'와 '쉬 러브스 유She Loves You'를 시작으로 영국 차트를 휩쓴 싱글들을 하나하나 거부했다.

에드 설리번Ed Sullivan도 이 밴드가 자신의 쇼에 출연하는 것을 두 번이나 거절했다. 하지만 그는 우연히 런던공항(지금의 히드로공항)에서 비틀스의 광팬들을 직접 목격했다. 스웨덴 투어를 마치고 귀국하던 밴드를 10대 소녀들이 열광적인 함성으로 맞이하고 있었다. 이 일로 설리번은 비틀스를 자신의 쇼에 출연시키기로 결심했다.

'에드 설리번 쇼'는 신인 아티스트들의 등용문이라 할 만한 의미 있는 자리였고, 마침내 캐피톨은 비틀스 출연 몇 주 전 '아이 워너 홀드 유어 핸드I Want to Hold Your Hand'를 발매하기로 결정했다. 덱스터의 잘못된 판단을 뒤집은 것은 일부 통찰력 있는 경영진 덕분이 아니라, 인기 절정의 TV 프로그램이 창출할 수요를 이용하기 위해서였다. 음악적 안목의 변화가 아닌 상업적 기회주의에 불과했던 것이다.

그래서 에드 설리번 쇼는 어떻게 되었을까?

놀랍게도 "비틀스가 공연하게 될 728석 규모의 스튜디오 50(지금의 에드 설리번 극장)에 5만 장의 입장권 신청이 쏟아졌다." 이는 1957년 엘비

스 프레슬리의 데뷔 무대가 기록한 7,000장의 입장권 신청을 크게 넘어선 수치였다.[18]

대중의 반응이 전문가들의 평가보다 정확했던 것은 아닐까?

비틀스는 두 차례 무대에 올라 다섯 곡을 불렀으며, 마지막 곡은 '아이 워너 홀드 유어 핸드'였다. 에드 설리번 쇼의 음악감독 레이 블로흐Ray Bloch는 큰 감흥이 없었다. "내가 보기엔 헤어스타일만 다를 뿐이야. 1년 정도 가겠지."

이 공연에 혹평을 가한 것은 그만이 아니었다. 시라이트는 지금에 와서 보자면 꽤 민망한 당시 신문들의 헤드라인과 평론을 수집했다.

- 《뉴욕헤럴드트리뷴》 "비틀스, TV에서 대실패." "75퍼센트는 홍보, 20퍼센트는 헤어스타일, 5퍼센트는 경쾌한 사랑 노래."
- 《보스턴글로브》 "비틀스에 신경 쓸 필요는 없다. 생각하지 않으면 사라질 테고, 몇 년 후면 대머리가 될 것이다."
- 《뉴욕타임스》 "비틀스의 보컬은 쉰 목소리로 알아듣기 어렵고, 형식적인 가사를 전달하는 데 필요한 최소한의 발음만 하고 있다고 묘사할 수 있다."
- 《로스앤젤레스타임스》 "그들의 어머니조차 그들이 노래를 잘한다고 주장하지 못할 것이다."

정말 "아무도 아무것도 모른다"가 아닌가![19]

문제는 평론들이 빗나갔다는 것만이 아니다. 주목할 점은 이것들 사이에서 드러나는 심한 편견과 개인적 선입견이다. 이는 '미디어'를 다루는 다음 장에서도 볼 수 있다(이후 왜 이런 일이 일어나는지 탐구할 것이다).

《뉴스위크》의 기사를 보자.

> 그들은 시각적인 면에서 가히 악몽이다. 에드워드 시대풍과 비트 세대풍이 섞여 지나치게 멋을 부린 느낌을 주는 꼭 끼는 양복에 거대한 푸딩 그릇 같은 머리카락. 음악적인 면에서는 거의 재앙에 가깝다. 기타와 드럼이 무자비한 비트를 만들어내는 통에 **부차적인 리듬, 화음, 멜로디가 모두 사라진다.**

비틀스의 노래를 좋아하든 싫어하든, 그들의 화성과 멜로디가 지닌 음악성과 아름다움에는 논쟁할 여지가 없다.

다음은 워싱턴 D.C.의 관점을 대변하는《워싱턴포스트》의 기사다.

> 그들은 악의적인 미영 엔터테인먼트 무역협정의 일부임이 분명하다. 영국인들은 수십 편의 끔찍한 미국 TV 프로그램을 끝까지 봐야 하고, 그 대가로 우리는 비틀스를 보게 된 것이다. 여느 때처럼 사기당했다. 최근 우리가 수출한 어떤 것도 양치기 개와 같은 생김새에 고통에 찬 길고양이 같은 음악을 하는 시골뜨기들을 수입한 일을 정당화하지 못한다.

1960년대에는 "꼰대 같은 소리는 그쯤 해둬"와 같은 말이 정녕 없었던 걸까?

그다음에 일어난 일은 역사가 되었다. '아이 워너 홀드 유어 핸드'가 미국 차트 1위에 오르며 순식간에 100만 장의 앨범이 팔려나갔다.[20] 결국 미국인의 취향도 영국인과 크게 다르지 않았다. '비틀마니아'는 미국

에서도 문화적 현상이 되었다.[21]

　역설적이게도 음악 '전문가'라는 사람들은 몇 세대에 한 번쯤 겨우 일어날 만한 엄청난 문화적 전환을 놓쳤다. 바로 눈앞에서 벌어지고 있었는데도 말이다. 그들은 어떻게 그런 큰 실수를 저지를 수 있었을까? 저널리스트 데릭 톰슨Derek Thompson은 저서 《히트 메이커스》에서 레이먼드 로위Raymond Loewy의 'MAYA' 개념, 즉 "가장 진보적이면서도 수용 가능한Most Advanced Yet Acceptable" 신제품에 대해 다음과 같이 설명했다.[22]

　"(로위는) 소비자들이 두 가지 상반된 힘, 즉 새로운 것에 대한 호기심인 네오폴리아neophila와 지나치게 새로운 것에 대한 두려움인 네오포비아neophobia 사이에서 갈등한다고 생각했다. 결과적으로 소비자는 대담하지만 즉각적으로 이해할 수 있는 제품에 끌린다." 한마디로 시대를 지나치게 앞선 혁신은 대중에게 거부당한다.

　하지만 나는 음악의 경우 MAYA가 나이에 따라 다르게 발현된다고 생각한다. 새로운 음악에 대한 수용도는 30대, 40대, 50대의 평론가와 10대 청소년 사이에 차이가 있다. 전자는 수십 년 전 취향이 형성되었지만, 후자는 아직 새로운 것을 받아들이는 중이다(부모 세대가 좋아했던 것 대부분을 거부하며). 음악적 취향이 굳어지면 최신 사운드에 대한 수용도는 낮아질 수밖에 없다.

　이는 비틀스가 활동하는 내내 비평가들에게 혹평받은 이유다. 역대 최고로 꼽히는 앨범들을 포함해 그들의 많은 음악이 초기에는 혹평받았다. 음악학자이자 역사학자인 테드 지오이아Ted Gioia는 비평가들이 "문자 그대로 그 시대 최고의 음반에 대한 리뷰 요청을 무시했다"라고 꼬집었다. "이 앨범들에 수록된 모든 명곡은 비난에서 그치지 않고 조롱당했다."[23]

MAYA는 그 이유를 설명하는 데 유용한 개념이다.

지오이아에 따르면, "비틀스는 록 음악을 너무 빠르게 발전시킨 대가로" 응징당했다. "평론가들이 이 리버풀 출신 청년들을 오해한 이유는 더없이 빈약한 것이었다. 그들은 끊임없이 배우고, 야망을 더 크게 키우며, 리스크를 기꺼이 감수하려 했기 때문에 오해받아야 했다."

영국의 록 가수 엘비스 코스텔로Elvis Costello는 이렇게 회상했다. "비틀스의 모든 음반은 충격이었다."[24] 에드 설리번 쇼 출연은 폭발적인 커리어 속의 작은 일화에 불과했다. 1960년대 내내 〈서전트 페퍼스 론리 하츠 클럽 밴드Sgt. Pepper's Lonely Hearts Club Band〉〈더 화이트 앨범The White Album〉〈애비 로드Abbey Road〉 같은 앨범들에 쏟아진 혹평은 이를 뱉은 평론가들의 꼬리표가 되어 그들을 괴롭혔다.

―――

"아무도 아무것도 모른다"라는 말은 음악에도 분명히 적용된다. 이번에는 할리우드로 다시 한번 돌아가 이런 엄청난 규모의 실수가 더 없는지 찾아보기로 하자.

〈존 윅〉

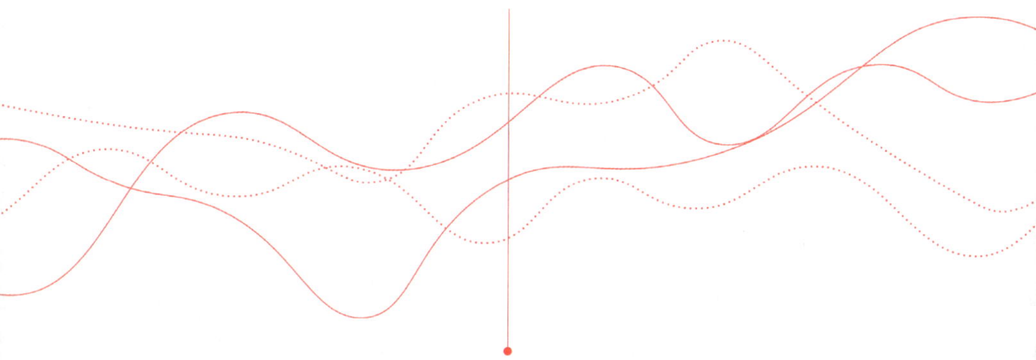

골드먼은 1960년대와 1970년대의 할리우드를 돌아보며 "아무도 아무것도 모른다"라고 평했다. 하지만 오늘날에는 관객의 취향을 평가하는 방식이 훨씬 정교해졌다. 우리에겐 빅데이터와 AI가 있으니까. 우리는 〈프린세스 브라이드〉를 거절하는 실수 따위는 절대 하지 않을 것이다.

그런데 잠깐….

2014년 개봉한 키아누 리브스 주연의 영화 〈존 윅〉에 대해 이야기를 좀 해도 될까? 놀랍게도 〈존 윅〉은 독립영화로 제작되었다. 대형 스튜디오 중 어느 곳도 자금을 대려 하지 않았기 때문이다.

한마디로 제작이 무산될 뻔했다.

〈스피드〉와 〈매트릭스〉 시리즈로 엄청난 성공을 거둔 리브스의 출연이 확정되었는데도, 스튜디오들은 〈존 윅〉에 전혀 관심을 두지 않았다. 〈매트릭스〉의 스턴트맨과 무술감독들이 감독과 작가로 참여했고, 액션 영화에 대한 수요는 끝이 없었는데도 모두가 〈존 윅〉을 거절했다. 정말이지 모두가.

영화 평론 유튜브 채널 '시네마스틱스Cinemastix'의 크리에이터 대니 보이드Danny Boyd는 〈존 윅〉이 직면했던 어려움을 설명하고자, 영화의 공동 감독인 채드 스타헬스키Chad Stahelski와 데이빗 레이치David Leitch의 말을 인용했다.[25] "말 그대로 모든 스튜디오에서 거절당했다. 리브스가 암살자로 나와서는 강아지 한 마리 때문에 수십 명의 사람을 죽이는 데다가, 〈매트릭스〉의 촬영팀 중에서도 정신 나간 놈, 그것도 두 명이 감독을 맡은 작품이었으니까."

보이드는 더 자세한 내용을 전한다. "영화가 완성된 후에도 끝난 것이 아니었다. 〈존 윅〉은 몇몇 스튜디오 임원의 당혹스러운 표정 때문에 극장에 걸리지도 못하고 블루레이가 될 뻔했다. 힘이 있는 사람 중 누구도 이 영화를 이해하지 못했고, 돈이 있는 사람 중 누구도 배급을 원하지 않았으며, 초기 시사회에 참석한 평론가 중 누구도 이 영화에 대해 들어본 적이 없었다."

촬영을 끝내기 위해 리브스가 제작비의 일부를 사비로 조달해야 할 정도였다. 결국 이것은 수익성이 좋은 결정으로 판명되었다. 리브스는 시리즈의 첫 세 편에 대해 각각 100~200만 달러의 출연료를 받았지만, 흥행수익의 일부를 인센티브로 지급받는 계약을 따로 맺었던 것으로 보인다.

2014년 개봉한 첫 번째 〈존 윅〉은 2000만 달러라는 빠듯한 예산으로 제작되어, 8600만 달러의 흥행수익을 올렸다.[26] 이어서 2017년 개봉한 〈존 윅: 리로드〉는 총 1억 7500만 달러의 수익을 올렸고,[27] 2019년 개봉한 〈존 윅 3: 파라벨룸〉의 수익은 3억 2800만 달러로 급증했다.[28] 최근

작인 〈존 윅 4〉는 2023년 여름 개봉해 4억 4000만 달러의 흥행수익을 기록했다.[29]

이들 네 편의 영화가 거둔 총수익은 10억 달러가 넘는다. 이는 비디오 게임, 만화책, TV 드라마 시리즈 그리고 원작에서 파생된 스핀오프 영화들의 수익을 포함하지 않은 수치다. 〈존 윅 5〉는 2026년 개봉될 예정이다. 나는 이 영화의 흥행 실패에 돈을 걸고 싶지 않다.

시리즈가 완결될 즈음 〈존 윅〉의 프랜차이즈 가치는 20억 달러를 넘어설 것이다. 그런데 이 영화는 빛을 보지 못할 뻔했다. 그 어떤 스튜디오도 흥행 보증수표인 액션 스타가 두 시간 동안 악당들을 박살 내는 영화의 상업적 잠재력을 제대로 알아보지 못했기 때문이다.

우리는 사후 평가라는 이점을 누리고 있기에 이제는 모든 게 당연해 보인다. 〈존 윅〉의 홍콩 쿵푸 스타일이 통하지 않을 리가 있겠어? 스튜디오들은 어쩜 그렇게나 안목이 없을까? 이로써 〈존 윅〉은 미래에 무슨 일이 일어날지 누구도 알 수 없다는 점을 다시 한번 일깨워준다.

전문가들조차 음악이나 영화의 미래를 예측하지 못한다. 그렇다면 TV는 어떨까? OTT 기업들은 대중의 취향을 꿰뚫고 있는 것처럼 보이지 않는가?

그들은 미래를 얼마나 잘 예측할 수 있는지 살펴보자.

〈오징어 게임〉

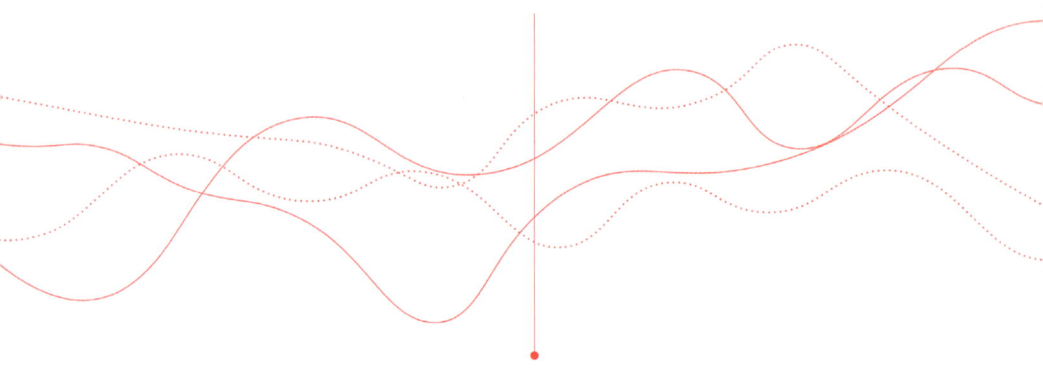

〈오징어 게임〉은 팬데믹 기간에 폭발적인 성공을 거둔 히트작이다. 황동혁 감독이 각본과 연출을 맡은 이 작품은 2021년 9월 넷플릭스에서 처음으로 공개되었다. 저예산, 폭력성, 자막이라는 제약이 있는데도 순식간에 꼭 봐야 할 작품으로 등극했다. 연예계 소식을 전하는《버라이어티Variety》는 이 작품이 공개 후 첫 4주 동안 16억 5000만 시간이라는 압도적인 스트리밍 기록을 세우며 전 세계적인 현상이 되었다고 보도했다.[30] 결과적으로 〈오징어 게임〉은 22억 시간 넘는 시청 기록을 세우며, 넷플릭스의 역대 스트리밍 기록을 모두 갈아치웠다. 2위인 〈기묘한 이야기〉와 3위인 〈웬즈데이〉를 무려 5억 시간이나 앞섰던 것이다.

처음부터 엄청난 성공을 예상한 스튜디오들이 이 놀라운 아이디어를 앞다퉈 사들이려 했을 법하지 않은가?

현실은 전혀 그렇지 않았다.

한국에서 만든 이 서바이벌 드라마는 10년이 넘도록 업계에서 외면 당했다. 기괴하고 비현실적이라는 것이 이유였다. 《월스트리트저널》은 이 작품이 공개 몇 주 만에 전 세계적 현상으로 등극한 후 그 내력을 보도했다.

〈오징어 게임〉의 제작자 황동혁은 어머니, 할머니와 함께 살던 **10여 년 전에** 이 작품의 아이디어를 생각해냈다. 그러나 그는 시나리오 집 필을 중단해야 했다. 돈이 없어 노트북을 675달러에 팔아야 했기 때문이다. 당시 잠재적 투자자와 배우들은 돈 때문에 죽기 살기로 경쟁하는 사람들과 잔혹한 살인의 비현실성에 거부감을 보였다.[31]

경험과 전문성, 자본을 갖춘 수많은 사람이 2020년대 최고의 인기를 구가하게 될 작품에 대한 투자를 거절했다는 것이 정말 놀랍지 않은가?

넷플릭스가 〈오징어 게임〉의 잠재력을 알아봤다고 섣불리 칭찬하기 전에, 실제 상황은 전혀 달랐다는 데 주목할 필요가 있다. 《월스트리트 저널》에 따르면, 넷플릭스는 산탄총식 접근법을 사용했을 뿐이다. 미 국의 이 거대 OTT 업체는 7억 달러를 들여 2015년부터 2020년까지 한 국 영화와 TV 프로그램 수백 편을 사들였다. 2021년에는 한국 콘텐츠 에 5억 달러를 추가로 쏟아부었다. 〈오징어 게임〉의 획득도 참가자들이 목숨을 거는 충격적인 게임의 매력을 예견했다기보다는 운이 좋았던 것 에 가깝다.

〈오징어 게임〉의 사례는 우리가 미래에 대해 아는 것이 얼마나 적은 지 그리고 순전한 우연이 결과를 좌우하는 경우가 얼마나 많은지를 다 시 한번 일깨워준다.

전문가들은 음악이나 영화, TV의 미래를 예측하지 못한다. 그렇다면 경제와 정책은? 아무래도 그 분야에서는 통찰력을 발휘하지 않겠느냐고?

농담이겠지?

파산한 베이비부머?

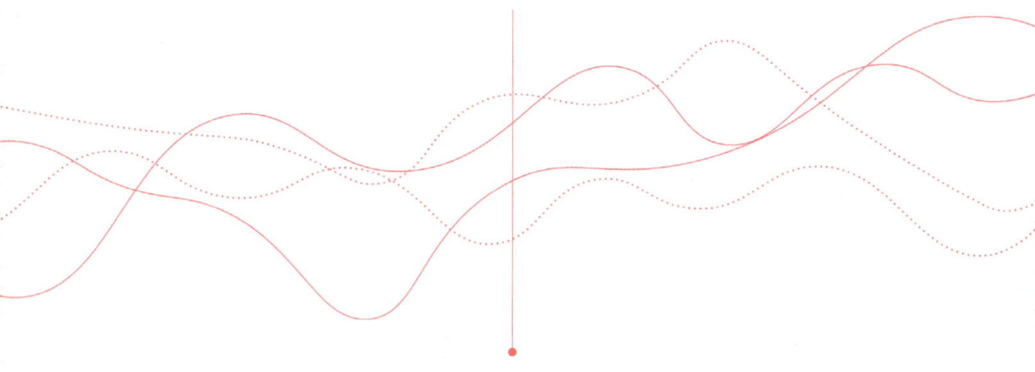

베이비붐세대. 제2차 세계대전에 참전한 미군 병사들이 귀국하고 9개월 후부터 태어난 이 세대가 은퇴할 때면 극복 불가능한 위기를 맞을 것이라는 이야기가 수십 년 전부터 파다했다. 전문가들은 베이비붐세대가 노년에 파산할 것이라고 예측했다.

맨해튼연구소Manhattan Institute의 선임연구원 스티븐 말랑가Steven Malanga에 따르면…

지금쯤이면 은퇴한 베이비붐세대 대부분은 가장 좋은 경우라도 돈을 아껴 써야 할 처지일 것이고, 최악의 경우에는 빈곤과 싸우고 있어야 한다. 미디어와 그들이 인용한 전문가들은 수십 년에 걸쳐 베이비붐세대가 편안한 은퇴 생활을 누릴 만큼 저축하지 못하고 있다며 경고해왔다. 민간 부문의 퇴직연금 제도와 이를 규제하는 정부

정책이 불충분하다고 상세히 설명하는 수천 건의 기사가 쏟아졌다. 베이비붐세대의 암울한 미래를 "일하고, 일하고, 일하고 그리고 죽는다"라고 예측하는 헤드라인도 있었다.[32]

전문가들의 예측은 어떻게 되었을까?

현재 은퇴 연령에 들어서고 있는 베이비붐세대는 역사상 가장 부유한 세대다. 그들은 78조 달러가 넘는 자산을 보유하고 있다. 《포춘》에 따르면 팬데믹 기간에만 14조 달러가 늘어났다.[33] 내 동료 벤 칼슨Ben Carlson은 그들을 "가장 운 좋은 세대"라고 부른다.[34]

'빈털터리 베이비붐세대'라는 예측도 그저 틀린 수준을 넘어 어이없을 정도로 빗나간 또 하나의 헛소리가 되었다.

물론 '존재한 적이 없는 은퇴 위기'는 수십 년 전에 예측된 것으로, 사실 먼 미래에 대한 예측은 최상의 조건을 갖춘다고 해도 어려운 일이다. 그렇다면 전문가들은 몇 달, 또는 몇 년 단위의 단기 예측은 잘해낼까?

이에 대한 답을 얻기 위해 로런스 서머스Lawrence Summers를 소개하려 한다.

뛰어난 경제학자인 서머스는 하버드대학교 총장을 지냈고, 버락 오바마 대통령 시절에는 국가경제위원회 위원장과 제71대 미국 재무부 장관을 역임했다. 또한 지난 10년간 연준 의장 후보로 꾸준히 거론되었다.

서머스가 그 자리에 임명되지 않은 것이 우리에겐 다행스러운 일이다.

'코로나바이러스 보조, 구호 및 경제 보장법Coronavirus Aid, Relief, and

Economic Security Act', 소위 케어스법CARES act은 팬데믹에 맞선 미국 정부의 총력 대응이었다. 전체 예산이 GDP(국내총생산)의 10퍼센트에 달하는 이 법안은 제2차 세계대전 이후 최대 규모의 재정부양책이었다. 막대한 재정지출은 뒤엉킨 공급망, 서비스에서 상품으로의 소비구조 전환과 맞물려 인플레이션을 9퍼센트까지 치솟게 만들었다. (경제 같은 복잡한 시스템은 한두 가지 요인만으로는 움직이지 않는다. 인플레이션이 상승하던 당시에 나는 15가지 요인을 지목했는데, 그 목록조차 불완전했을 가능성이 크다.[35]) 당시 많은 사람이 급등하는 인플레이션을 억제할 방법을 누구보다 잘 아는 사람으로 서머스를 떠올렸다.

하지만 틀렸다.

전 재무부 장관이었던 그는 2022년 6월 이렇게 말했다.

> 인플레이션을 억제하려면 5퍼센트 이상의 실업률이 5년간 지속되어야 한다. 달리 표현하면, 7.5퍼센트의 실업률이 2년간 지속되거나, 6퍼센트의 실업률이 5년간, 또는 10퍼센트의 실업률이 1년간 지속되어야 한다는 뜻이다.[36]

거의 모든 언론이 이 대담한 발언을 보도했다. 서머스는 이런 문제의 전문가였으니까.

정말 그런가?

서머스가 치솟는 물가를 잡으려면 실업률이 세 배는 높아져야 한다고 주장하던 바로 그때, 인플레이션은 이미 정점을 찍은 상태였다. 그가 "10퍼센트의 실업률이 1년간 지속되어야 한다"라고 말한 순간부터 CPI(소비자물가지수)는 하락세를 이어갔다. 실업률은 이후 24개월 동안

전년 대비 9퍼센트에서 3퍼센트로 추락했다. 그 와중에 서머스가 처방한 것과는 정반대의 일이 벌어졌다. 실업률은 60년 만에 최저치인 3.5퍼센트로 떨어졌고, 이후 2년간의 디플레이션 기간에 4퍼센트 미만으로 유지되었다. 이 글을 쓰는 지금까지도 전년 대비 실업률은 여전히 3.8퍼센트로, 1960년대 이후 가장 낮은 수준이다.[*]

서머스가 인플레이션을 억제하기 위한 필수 조건이라고 주장했던 것들은 정말이지 하나도 사실이 아니었다.

서머스의 사례에서 얻을 수 있는 교훈은 두 가지다. 첫째, 이런 일들은 감정적으로 민감한 시기에 벌어진다는 것이다. 인플레이션이 정점에 달했을 때 "1년간 실업률이 10퍼센트로 유지되어야 한다"라는 터무니없는 주장은 언론을 통해 들불처럼 번져나갔다.

이런 일은 흔히 일어난다.

경제나 시장이 극단에 이를 때마다 소음도 극에 달한다. 주목받기를 갈망하는 전문가들은 이런 시기에 소음 속에서 자신의 목소리가 두드러지도록 터무니없는 발언을 내놓는다. 언론은 기꺼이 그 공범이 된다.

이런 주장들이 전문가들에 대해 들춰내는 것을 눈여겨보아야 할 필요가 있다. 기술 투자자 폴 그레이엄Paul Graham의 통찰은 시사하는 바가 크다. "전문가들이 틀리는 것은 그들이 과거 버전의 세상에 대한 전문가이기 때문이다."[37]

서머스는 1970년대에 경제학자로 자리 잡았으며, 1975년 MIT를 졸

---

[*] 2025년 12월 미국의 실업률은 4.4퍼센트를 기록했다. 팬데믹 이후 최고치로, 무역전쟁 심화에 따른 제조업 불황, 예상보다 늦어지는 금리 인하 등이 이유로 꼽힌다. 다만 2026년 1월 실업률이 4.3퍼센트로 소폭 하락하며 경기침체 가능성을 낮추었다. 한편 CPI 또한 꾸준히 상승 중이다. 다만 상승률 자체는 조금씩 둔화되는 경향을 보이고 있다. 2026년 1월 CPI는 전년 동월 대비 2.4퍼센트 상승하는 데 그쳤다. 특히 에너지와 식품을 제외한 근원 CPI는 팬데믹 이후 가장 낮은 상승률인 2.5퍼센트을 기록했다.

업했다. 당시는 일시적 인플레이션이 아닌 구조적 인플레이션의 시대였다. 1966년부터 이어진 장기 약세장의 와중에 오일쇼크와 임금 상승의 악순환이 거듭되던 때였다. 시장심리가 침체된 상태였고, 미국은 워터게이트사건과 베트남전쟁 이후의 무력감에 빠져 있었다.

2020년대는 1970년대와 공통점이 거의 없다. 현재와 비교하는 데 더 나은 기준점은 1940년대 전후 시대다. 팬데믹과 제2차 세계대전 사이에는 엄청난 규모의 재정부양책부터 상황이 정상화되면서 억눌렸던 소비수요가 폭발한 것까지 유사점이 많다. 두 시대 모두 물가가 급등했고, 두 경우 모두 '일시적'이었다. 실업률도 하락했다.

서머스의 사례는 전문가들도 우리처럼 편견과 한계를 지낸 인간임을 되새기게 한다. 투자자와 정책결정권자들은 전문가들의 발언에 회의적인 태도를 가져야 한다. 위기일 때는 특히 더.

경제지표의 미래에 대해 아무도 알지 못한다면, 전문가들은 주식시장의 미래를 얼마나 잘 예측할 수 있을까?

다우지수 3만 6000포인트

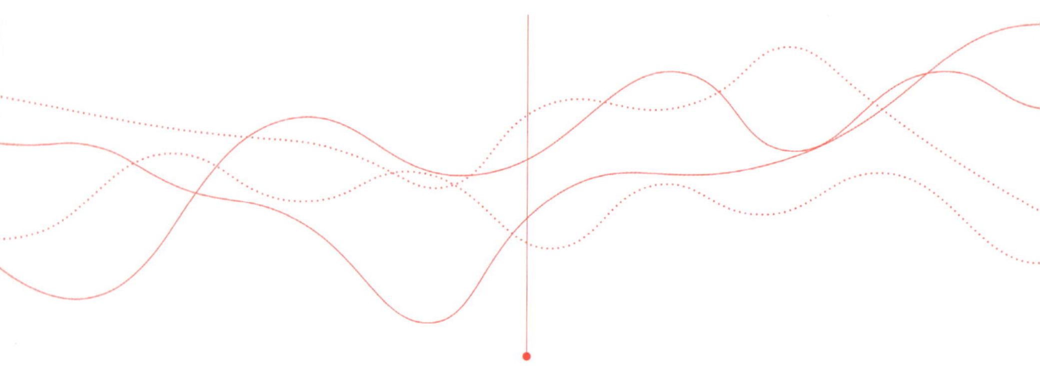

전문가들이 내놓은 시장 전망이 지나치게 비관적일 때가 있다. 시장이 하락할 것이라고 예측하지만 실제로는 하락하지 않는 경우다. 반대로 지나치게 낙관적인 경우도 있다. 시장이 상승할 것이라고 예측하지만 실제로는 오르지 않는 경우다.

제임스 K. 글래스먼James K. Glassman과 케빈 해셋Kevin Hassett의 경우를 살펴보자. '다우존스 산업평균지수Dow Jones Industrial Average'(이하 다우지수)가 1만 포인트 내외이던 1999년 9월, 두 사람은 《다우지수 36,000Dow 36,000》이라는 책을 펴냈다.[38] 그들은 다우지수가 3~5년 내에 세 배 이상 상승한다고 주장했다.

그러나 다우지수는 4개월 후인 2000년 1월, 1만 1722포인트로 정점을 찍은 뒤 곧 37.8퍼센트 하락했다. 책 제목처럼 다우지수가 마침내 3만 6000포인트를 돌파한 것은 22년 뒤의 일이었다.

《다우지수 36,000》은 '역사상 가장 어이없는 투자서'로 불린다.[39] 이 예측이 틀린 것은 단순히 내용이 형편없거나 기반이 되는 전제가 터무니없기 때문만은 아니었다(그렇기도 했지만). 무엇보다 저자들이 강세장의 광기에 휘말렸기 때문이다. 주식이 "채권보다 리스크가 낮다"라는 것은 사실이 아니며, 투자자들이 "지나치게 신중해 주식 보유에 대해 고위험 프리미엄을 과도하게 요구했던" 것도 아니었다. 주식이 수십 년간 저평가되었다는 주장도 터무니없는 것으로 입증되었다. 글래스먼과 해셋은 서문에서 다음과 같이 주장했다.

> 이 책은 21세기 초 주식에 관한 가장 중요한 사실, 즉 주식이 저평가되어 있다는 사실에 독자가 확신을 얻도록 해줄 것이다. (…) 시장의 큰 상승을 놓칠까 봐 걱정된다면, 아직 늦지 않았다는 것을 발견하게 될 것이다.

늦어도 너무 늦었다.

이 책의 조언을 따라 1999년 가을 다우지수의 상승에 베팅했다면, 그 후 여러 차례의 가격 하락(2000~2003년, 2008~2009년, 2011년)을 견디고 2012년이 되어서야 손해를 회복하게 되었을 것이다. 본전에 이르는 데만 13년이 걸리는 셈이다.

이 책에는 당시에는 의문스러웠으며 지금은 완전히 터무니없어 보이는 다른 주장들도 담겨 있다. 가장 큰 문제는 주가가 7년마다 세 배씩 증가한다고 추론한 것이었다. 이 어리석은 예측은 단순히 이전 7년간의 기록적인 상승세가 계속 이어질 수 있다고 가정한 데 따른 것이었다.

이제 남의 잘못을 비웃는 대신, 투자와 문학성 모두에서 실패한 책

《다우지수 36,000》을 읽고 (그 주장에 반대하며) 얻은 열 가지 귀중한 통찰을 나누려 한다.

1. 모든 **강세**장 뒤에는 **약세**장이 따른다.
2. 장기 강세장에서는 **매수 후 보유**가 쉽지만, 장기 약세장에서는 훨씬 더 어렵다.
3. 수익은 **리스크**의 함수다. 더 큰 수익을 추구할수록, 더 많은 리스크를 기꺼이 감수해야 한다.
4. **기업가치평가**는 매우 중요하다.
5. '리스크'란 때로 **기대수익**보다 적은 수익을 얻을 수 있다는 것을 의미한다.
6. 경기는 **순환**하며, 경기**침체**는 정기적으로 발생한다.
7. 시장에는 **극단**적인 변동이 나타날 수 있다. 결국 시장은 때로 논리보다 감정이 앞서는 사람들의 집합체다.
8. **행동**은 성과의 중요한 부분이다. 피할 수 없는 하락 국면에서 어리석게 행동하면 일시적 손실이 영구적 손실로 악화될 수 있다.
9. 현재 추세가 영원히 계속되거나 완전히 사그라들 것으로 **예측**하는 것은 어리석은 짓이다.
10. **정치와 투자**는 끔찍한 조합이다.

물론 이 교훈들은 저자들이 의도한 바가 아니라 사상 최악의 투자서를 둘러싼 참사에서 분별해낸 것들이다.

모든 시장은 새로운 교훈을 얻을 기회를 준다. 타인의 실수에서 배울 수 있다면 직접 경험하는 것보다 훨씬 적은 비용이 든다.

끔찍하게 틀린 예측을 하는 사람에게는 주의를 덜 기울여야 하는 것이 당연하다. 그렇다면 예측이 맞은 것으로 입증된 사람은 어떨까? 큰 흐름을 정확히 맞춘 사람 말이다.

이 문제를 살펴보자.

빅 쇼트

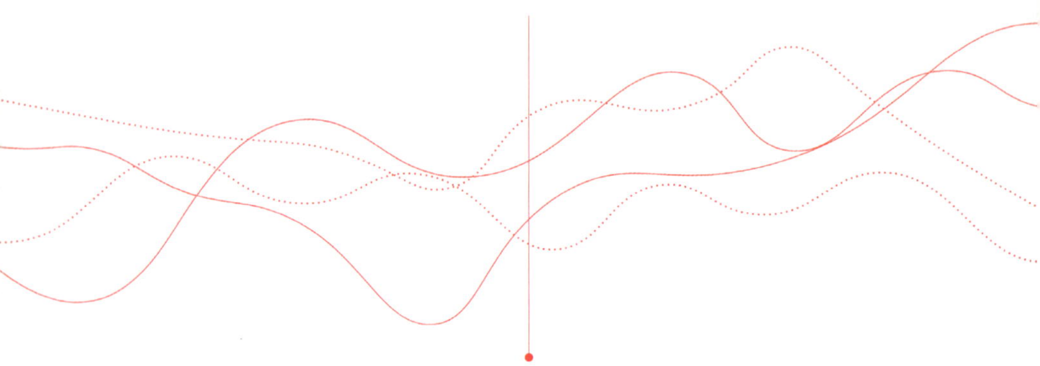

마이클 버리는 자신이 보기 드문 펀드매니저라는 사실을 입증했다. 그는 월스트리트의 통념과 다른 관점을 세운 뒤, 그것을 돈이 될 만한 포지션으로 구체화하는 데 탁월한 능력을 갖추고 있었다.

세계금융위기 직전 몇 년간 버리의 헤지펀드 사이언 캐피털Scion Capital 은 부채담보부증권Collateralized Debt Obligation, CDO을 통해 주택시장에 숏포지션을 취했다.[*]

마이클 루이스Michael Lewis의 저서 《빅 숏》에서 묘사되듯이,[40] 버리는

---

[*] 버리의 전략을 간단히 정리하면 이렇다. 2000년대 미국에서는 고위험 주택담보대출인 '서브프라임 모기지(subprime mortgage)'가 남발되었다. 월스트리트는 이들 주택담보대출을 담보로 삼아 발행하는 채권인 주택저당증권(Mortgage-Backed Securities, MBS)을 여러 개 묶어 다른 금융기관들에 판매하는 부채담보부증권을 만들었다. 버리는 그중에서도 리스크가 큰 것들을 신용부도스와프(Credit Default Swap, CDS)로 상품화한 다음 보험사들에 팔았다. 그러면 보험료를 부담해야 하지만, 부채담보부증권에 부실이 발생할 경우 보험사들이 손실액을 갚아주게 된다.

고객과 다른 이들의 반대에도 불구하고 자신의 신념을 고수하는 용기를 갖고 있었다. 그 결과 세계금융위기의 정점에서 엄청난 수익을 거두었다. 미국 주택시장이 32퍼센트 하락하고, S&P 500이 57퍼센트 폭락하는 동안, 버리의 펀드는 7억 2500만 달러가 넘는 수익을 올렸고, 그의 개인 수익은 1억 달러를 넘어섰다.[41]

문제는, 베팅을 하고 그 포지션을 유지하는 것과 예측은 다르다는 점이다. 거래일에 펀드매니저가 인터뷰(또는 X)에서 하는 말에는 대개 자신의 포지션을 옹호하거나 공짜로 홍보하려는 의도가 숨어 있다. 비용이 들지 않기에 대개는 쉽게 잊힌다.

애덤 쿠Adam Khoo 같은 사람들이 공개 발언을 추적할 때라면 예외겠지만 말이다.[42] 서브프라임 모기지의 붕괴를 정확히 예측한 것으로 유명한 버리는 그 시절을 재현하려 노력해왔지만 소득은 없었고, 주식시장 붕괴가 임박했다는 예측만을 꾸준히 내놓고 있다.

버리의 예측을 추적한 그래프는 그가 당분간 루이스의 책에 다시 등장할 가능성이 낮다는 것을 보여준다.

- **2015년 12월** 몇 달 내로 주식시장이 붕괴할 것이라고 예측. 이후 12개월간 S&P 500 11퍼센트 상승.
- **2017년 5월** 두 번째 세계금융위기 예측. 이후 12개월간 S&P 500 11퍼센트 상승.
- **2019년 9월** ETF 버블로 주식시장 붕괴 예측. 이후 12개월간 S&P 500 15퍼센트 상승.
- **2020년 3월** 대규모 숏포지션 베팅 공개. 이후 12개월간 S&P 500 72퍼센트 상승.

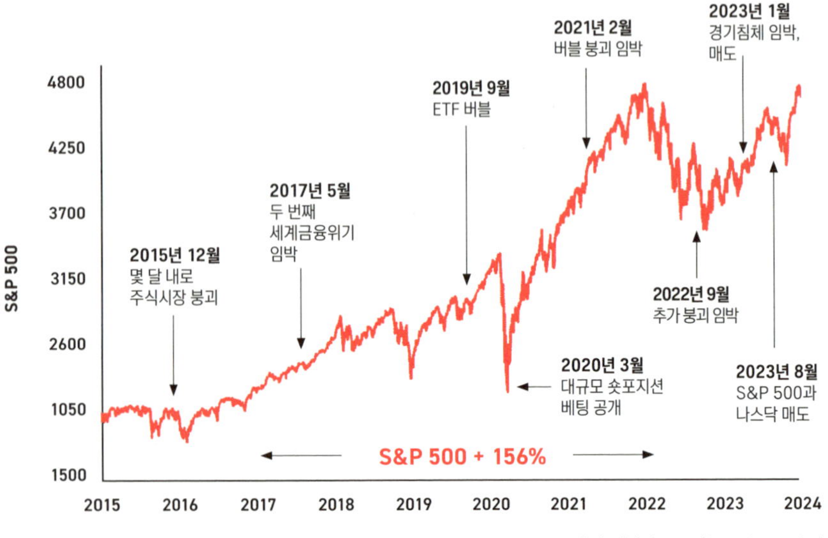

- **2021년 2월** 버블로 주식시장 붕괴 예측. 테슬라 공매도. 이후 12개월간 S&P 500 16퍼센트 상승, 테슬라 13퍼센트 상승.
- **2022년 9월** 추가 붕괴가 임박했으며, 아직 바닥이 아니라고 경고. 이후 12개월간 S&P 500 14퍼센트 상승.
- **2023년 1월** 경기침체와 새로운 인플레이션 국면 예측. "매도SELL" 하라고 권고. 해당 연도 S&P500 25퍼센트 상승.[43]

'다우지수 36,000'을 외치던 이들은 우스운 신세가 되었지만, 버리는 여전히 탁월한 투자자로 남아 있다. 그의 순자산은 10억 달러가 넘는데, 이는 위험자본을 맡아 남다른 통찰로 관리해낸 결과다. 그는 기꺼이 대중과 맞선다. 뒤에서 살펴보겠지만 이것은 대단히 불편한 일일 수 있다.

그는 리스크를 받아들일 뿐 아니라, 평범한 트레이더들을 무너뜨린 잔혹하고 고통스러운 자산가치의 하락도 견뎌낼 수 있다.

이처럼 투자자로서의 수완이 뛰어난데도 그의 예측 자체는 돈을 잃게 하는 것으로 드러났다. 이 모든 논의의 목적은 다른 누구의 예측도, 버리 같은 뛰어난 투자자의 예측조차 신경 써서는 안 된다는 점을 깨닫게 하는 데 있다.

여기에는 매우 구체적인 이유가 하나 더 있다. 이례적인 예측에 성공한 전망가들은 훨씬 더 많은 이례적인 예측을 내놓곤 한다. 설상가상으로 관찰자들은 과거의 '드문 성공'에 과도한 비중을 두어 향후 그 사람의 예측을 더 신뢰하고 만다.

저널리스트이자 작가인 조 코헤인Joe Keohane은 이 현상을 가리켜 '예측의 역설'이라 불렀다.

중대한 사건에 대해 그렇게 정확한 통찰력을 갖춘 사람이 어떻게 다른 수많은 사건에 대해서는 그토록 잘못된 견해를 가질 수 있을까? 최근 연구에 따르면 이유는 단순하다. 극단적 사건을 성공적으로 예측해 그 대가로 찬사받고, 베스트셀러를 내고, 고액 강연 계약을 따는 등의 영광을 누린 사람들은 판단력이 뛰어나서 그렇게 된 것이 아니다. 오히려 판단력이 형편없기 때문에 그렇게 된 것이다.[44]

다시 말해 그들은 다음 번 대재앙을 예측하고자 끊임없이 시도한다. 일생에 한 번 있을 법한 대단한 예측이 그들의 표준적인 행동 방식으로 굳어져버린 것이다. 《보스턴글로브》에 실린 코헤인의 칼럼은 리먼 브라더스의 파산을 맞춘 후 골수 비관론자로 거듭난 '닥터 둠Dr. Doom' 누리엘 루비니Nouriel Roubini를 다룬 것이었지만, 이는 버리를 비롯해 이례적인 예측으로 큰 성공을 거둔 다른 누구에게나 똑같이 적용된다.

나는 이 일을 하는 동안 시장 예측에 몇 번 성공한 적이 있다. 특히 세계금융위기의 고점과 저점을 정확히 맞췄다. 2020년 1분기 말에는 팬데믹이 강세장을 끝냈다고 예단하지 말 것을 권고하기도 했다.[45] 하지만 예측의 본질에 대해 충분히 알고 있기에, 내 예측이 적중한 것이 실력 때문인지 운 때문인지 알 수 없다는 사실을 인정할 수밖에 없다. 직감에만 의존해 70억 달러 규모의 고객 자산을 함부로 굴리고 싶지는 않다.

투자자들을 위한 내 조언은 변하지 않는다. 자본을 리스크에 노출시키려면 그 이유를 반드시 알아야 한다. 당신이 시장에서 얻고자 하는 것이 무엇인지 알아야 한다.

그리고 항상 스스로 생각하라.

———

이제 개인 자산 분야에서 역사상 가장 많은 책을 판 저자를 만나볼 것이다. 우리가 듣고 싶어 하는 것만 이야기해주는 데다가, 많은 예측이 맞았을 테니….

정말 그럴까?

아이고 이런!

부자 작가, 가난한 독자

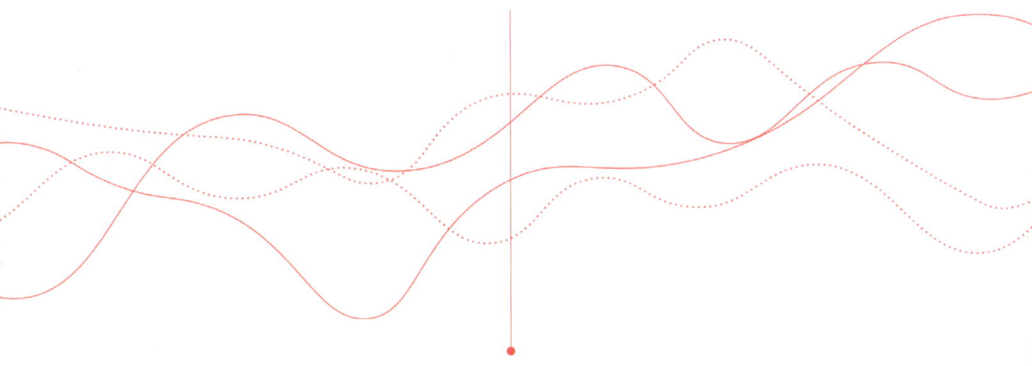

로버트 기요사키는 역대 최고의 인기를 누리며 3200만 부가 판매된 재테크 서적 《부자 아빠 가난한 아빠》의 저자다.[46] 이 정도의 사람이라면 투자에 대해 빈틈없이 알고 있을 것이라고 생각할 것이다. 하지만 그는 우리가 생각하는 자신감 넘치는 전문가의 모습을 보여주지 않았다. 아니 오히려 끊임없이 불길한 예측만을 내놓으며 불안을 조장하는 사람이 되어버렸다.[47]

이 사실을 까맣게 모르고 있던 나를 자극한 것은 동료 벤의 지적이었다.[48] 기요사키의 최근 행보에 호기심이 생긴 벤은 그가 2023년 12월 자신의 X에 남긴 글을 발견했다.

2008년처럼 은행 신용이 급락했다. 현금이 필요하다면 은행에서 미리 인출해두라. 역사상 가장 큰 폭락의 시작일 수 있다. 내가 틀리

길 바라지만, 지금은 인생을 걸고 러시안룰렛을 할 때가 아니다.[49]

모든 자산을 정리하고 뉴질랜드로 이주할 계획이라면, 먼저 기요사키의 과거 실적부터 살펴보는 것이 좋겠다. 기요사키의 경고가 있은 후 3개월 동안 시장은 상승세를 이어갔고, 1년 후인 2024년 12월의 S&P 500은 경고가 게시된 시점보다 30퍼센트 높았다.

벤은 "이런 걸 전에도 본 것 같은데"라고 말했다. 그렇다. 2021년 9월 26일, 기요사키는 이와 아주 유사한 경고를 남겼다.

10월에 거대한 주식시장 붕괴가 찾아올 것이다. 왜냐고? 재무부와 연준에 단기국채가 부족하기 때문이다. 금, 은, 비트코인도 폭락할 수 있다. 폭락 후 할인가로 자산을 사들이려면 지금 현금을 늘리는 것이 좋겠다. 금, 은, 비트코인은 팔지 말되, 주식시장에서는 붕괴 이후를 대비해 현금을 챙겨라. 주식은 위험하다. 조심하라.[50]

주식과 채권 모두 10퍼센트 이상 하락한 2022년은 호황이라고 부를 수 없는 해이긴 했다. 하지만 그 경고가 있은 때부터 저점에 이른 2022년 10월까지의 하락폭은 15퍼센트에 그쳤다. 재앙이라고 부르기에는 힘든 수준이었다. 부자 아빠의 경고는 이뿐이 아니었다.

그 이전, 2020년 10월에도 경고가 있었다.

모든 것이 무너질 것이다. 세계는 1987년부터 **버블 일색**이었다. 이제 모든 것이 무너진다. 금, 은, 비트코인의 가격도 폭락할 것이다. 다만 달러의 가치는 상승할 것이다. 끝까지 들어라. 대규모로 찍어낸 탓에 시간이 흐르면 결국 달러 가치도 폭락할 것이다. 금, 은, 비트코인을 더 사야 할 때가 다가오고 있다.[51]

그리고 그 며칠 전….

붕괴는 이제 시작일 뿐이다. 워런 버핏은 "물이 빠지면 누가 **벌거벗고 수영하고 있었는지 알게 된다**"라고 말했다. 벌거벗고 수영하던 수십억 명의 사람이 위기를 맞을 것이다. **비극**이다. 파산이 늘어나고 저평가된 상품이 수면 위로 떠오를 것이다. **안타까운 일**이지만, 부자가 될 수 있는 절호의 타이밍이기도 하다. **다음 차례는 연금이다.** 지금 은퇴하라. 위기는 곧 기회다. 이 기회를 놓치지 마라. 자유를 향해 헤엄쳐라.[52]

이후 다음 14개월 동안 시장은 46퍼센트 급등했고, 2024년 12월까지는 무려 85퍼센트 상승했다.

2018년 5월 10일, 기요사키는 다음과 같이 경고했다.

미국 주택시장이 정점을 찍은 다음 폭락을 향해 가고 있다는 또 다른 신호. #금융교육[53]

파멸적 미래를 예언하는 정말 오싹하고 끔찍한 경고였다. 그러나 미국에서 주택을 구매하려는 사람에게 2018년은 인생에 한 번 올까 말까 한 기회였다.

2015년 9월 1일, 기요사키는 꽤 인상적인 경고를 남겼다.

나는 2002년부터 2016년에 주식시장이 붕괴할 것이라고 예견해왔다. #부자아빠[54]

2016년 한 해 동안 S&P 500은 9.5퍼센트 상승했는데, 이는 장기적인 연평균 상승률을 약간 상회하는 수준이었다. 그해 최악의 하락률은 10.5퍼센트로, 이 또한 2~3년에 한 번씩 나타나는 수준에서 크게 벗어나지 않았다. 그리고 이번에도 역시, 다음 5년간 시장은 눈에 띄게 상승했다.

그 몇 개월 전인 2015년 5월 23일, 익히 보던 경고가 또 다른 미디어에서 울려퍼졌다.

'부자 아빠 라디오 쇼'
새로운 일화: 폭락장에서 돈을 버는 법[55]

2011년 4월 7일, 기요사키는 이렇게 말했다.

지식과 정보를 갖춘 사람들에게 경제위기는 부자가 되기에 가장 좋은 기회다. 알다시피, 붕괴는 아직 끝나지 않았다.[56]

알다시피, 붕괴는 끝났다!

벤은 이렇게 지적했다. "이 사람은 계속해서 금융 시스템의 종말만 예상하고 있잖아."

부자 아빠의 X 계정은 팔로워 수가 250만 명에 달한다. 대부분의 사람이 기요사키의 조언을 무시했길 바랄 뿐이다. 만약 그의 말을 들었다

기요사키의 예측 실적

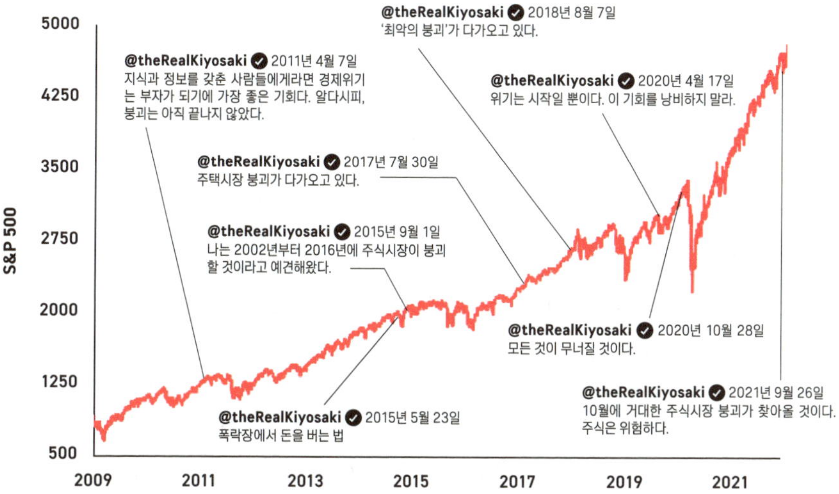

면, 그들은 역사상 가장 큰 기회를 놓쳤을 테니 말이다.

기요사키의 책은 큰 성공을 거두었지만, 정작 기요사키 본인은 자신의 조언을 따르지 않았던 모양이다. 그가 자신의 사업을 관리하기 위해 설립한 리치 글로벌Rich Global은 2012년에 파산을 신청했다.[57] 이후 그가 비관적인 전망으로 일관하는 것도 이해할 만하다.

신경과 전문의이자 작가이며 투자자이기도 한 윌리엄 번스타인William Bernstein은 날카로운 통찰을 선보였다. "guru(권위자)'라는 단어가 그렇게 인기 있는 이유는 'charlatan(전문 지식이 있는 척하는 협잡꾼)'이라는 단어의 철자가 너무 어렵기 때문이다."[58]

———

누군가가 자기 재능 밖의 분야로 진출할 때는 과도한 확장에 따른 리스크가 발생하는 법이다.

자기계발 분야의 권위자인 토니 로빈스Tony Robbins의 경우가 그렇다.[59] 로빈스는 수백만 부의 책을 팔면서 사람들이 자신의 잠재력을 최대한 끌어내도록 돕고 있다. 그가 왜 재정 자문 분야에 발을 들였는지는 알 수 없지만, 어쨌든 그렇게 했다. 2010년 8월 6일 공개된 〈중대한 경고An Important Note of Caution〉라는 제목의 영상에서, 그는 개인적인 의견일 뿐이라며 한참 단서를 늘어놓고 나더니 이렇게 말했다.

> 지금은 가지고 있는 주식을 일부 매도해 수익을 챙겨두는 것이 좋을 때다. 제조업, 소매업, 금융업 쪽이 특히 그렇고. 주택시장과 관련된 주식이라면 더 말할 것도 없다. 이런 경고를 하지 않는다면 두고두고 죄책감을 느낄 것 같아 입을 열기로 마음먹었다. 역사상 가장 큰 버블이 곧 붕괴할 것이다.

버블이라니! 사실 이때 우리는 이후 10년간 이어질 대세 상승장의 시작점에 서 있었다.

이 영상이 공개된 날 1,121.6포인트로 마감했던 S&P 500은 8월 말까지 몇십 포인트를 반납했지만, 이내 역대급 상승세로 돌아섰다. 2010년 말까지 12.1퍼센트가 상승했는데, 영상을 공개하고 3년 뒤에는 무려 51.3퍼센트나 상승해 있었다. 그로부터 2년이 더 지난 뒤의 상승률은 85.8퍼센트에 달했다. 로빈스가 특히 피해야 한다고 권고한 'S&P 주택건설업 지수S&P Homebuilders Index'는 149퍼센트 상승이라는 더 좋은 성적을 냈다. 'S&P 소매업 지수S&P Retail Index'는 158.2퍼센트 상승했다.

57퍼센트 폭락 후에 나온 이 자기계발 전문가의 경고는 최근의 정보가 인상이나 기억을 좌우한다는 최신편향recency bias에 영향받은 탓으로 보인다. 투자자들은 주식을 매수한 후에는 강세장을, 매도한 후에는 약세장을 전망하기 마련이다. 이는 자신의 결정을 합리화하고 행동을 정당화하는 과정의 일부다. 뒤를 돌아보는 이런 경향은 우리의 본능 깊숙한 곳에 뿌리내리고 있다.

성공한 사람들은 한 분야에서의 성취가 다른 분야에도 적용된다고 믿곤 한다(그리고 우리도 후광효과에 영향받는다). 마이클 조던은 역대 최고의 농구선수였지만, 화려한 경력을 접고 야구선수로 전향해 마이너리그에서 활동했다. 노벨물리학상 수상자인 윌리엄 쇼클리William Shockely는 실리콘밸리를 조성해 캘리포니아주 북부를 혁신 기술의 중심지로 변모시켰다. 그러나 쇼클리는 우생학에 심취한 나머지 가난한 사람들이나 그가 유전적으로 열등하다고 간주한 사람들(이라고 쓰고 흑인이라고 읽는다)이 자발적으로 불임시술을 받을 경우 재정적 보상을 하겠다고 제안했다(다행히도 그의 시도는 모두 실패로 끝났다). 캐나다 출신의 경제학자 존 케네스 갤브레이스John Kenneth Galbraith가 남긴 유명한 말이 있다. "미래를 예측하는 사람은 두 부류로 나눌 수 있다. 단지 미래를 모르는 사람과 자신이 모른다는 것조차 모르는 사람이다."

———

이제 당신은 어떻게 해야 좋지 못한 조언을 피할 수 있을지 궁금할 것이다. 내 조언은 이렇다.

나쁜 무리를 멀리하라.

군중심리

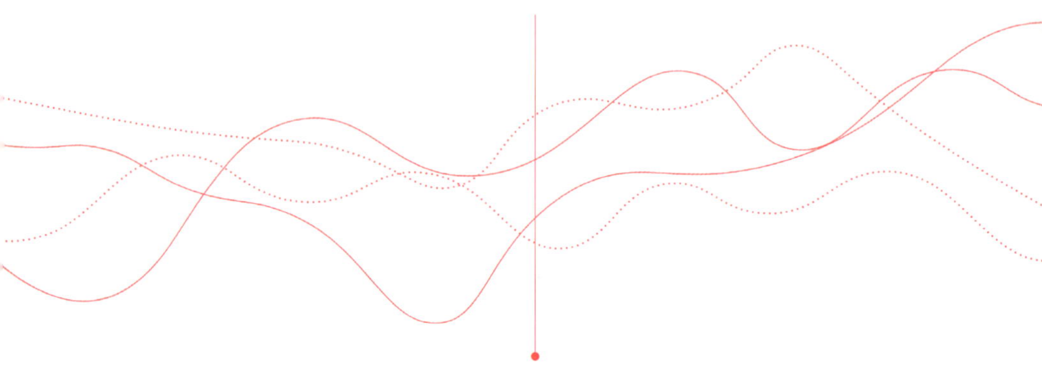

이런 경험을 해본 적이 있는가?

새로운 투자를 시작하려는 찰나, 모든 조사를 마치고 준비가 끝나 막 실행에 옮기려는 바로 그때, 누군가가 회사나 시장, 경제를 의심하게 하는 어떤 말을 속삭인다. 그 말이 머릿속에 들어와 스스로를 의심하게 만들면서 당신은 주저한다. 안전을 위해 조금 더 조사하기로 결심한다. 그런데 어느새 그 주식(이나 시장)은 당신을 두고 급등세를 탄다. 당신은 이렇게 생각하며 쓴웃음을 지을 뿐이다. '친구야, 네 덕분에 망했구나.'

나쁜 조언을 하는 이들은 어리석은 책을 쓰거나 TV에 나오는 사람들만이 아니다. 그들은 당신 주변 어디에나 있다. 다음과 같은 유형의 사람들을 멀리하라.

■ **정보꾼** 내부정보를 가질 만큼 인맥이 넓은 사람. 중대 발표가 임

박했다고 떠드는 사람. 그는 어떤 것에 흥분해 있지만, 사실 그를 더 신나게 하는 것은 그의 정보원이다. "내가 헤지펀드의 수석트레이더(증권사 데스크, 정부 관계자, 이사회의 구성원 등)를 알고 있잖아." 그처럼 화려한 인맥을 통해 얻은 정보라고 하지만, 정작 실적은 깜짝 놀랄 만큼 형편없다.

- **말 잘하는 무능력자** 1962년 출간된 베닛 굿스피드Bennett Goodspeed의 저서 《도道 존스 평균The Tao Jones Average》에는 월스트리트에 대한 신랄한 평가가 담겨 있다.[60] 굿스피드는 TV 홈쇼핑채널에서 최신 상품을 선전하는 듯한 유형의 애널리스트들을 "말 잘하는 무능력자들articulate incompetents"이라고 비꼬았다. TV에서 자신감 넘치는 모습을 보일수록 시청자들은 그들을 더 믿게 된다. 그러나 대부분은 적절한 유행어를 잘 활용하는, 말만 번지르르한 영업 사원일 뿐이며 실적이 형편없다.

- **열혈팬** 이들은 항상 숨 가쁘게 "곧 큰 뉴스가 나올 거야!"라며 조만간 대박을 터뜨릴 회사에 대해 이야기한다. 누군가가 금방 "이 회사들을 낚아챌 것"이라고 말이다. 그는 새로운 경영진에 매료되어 있다("신임 CEO는 구글의 열두 번째 직원이었어!"). 누구나 한 번쯤 이런 열혈팬의 전염성 있는 확언에 속아 넘어가본 적이 있을 것이다. 안타깝게도 그들의 이야기는 결코 실현되지 않는다.

- **퍼머베어** 서커스에서 가장 위험한 광대. 언제나 비관론을 유지하는 퍼머베어permabear들은 시장의 어떤 참가자보다 부의 파괴에 큰 책임이 있다. 이들은 모든 데이터에 붕괴의 씨앗이 내재되어 있다고 본다. 시장의 모든 흔들림을 다음 붕괴의 전조로 여긴다. 상황이 좋을 때는 투자자들이 안일하다는 뜻이고, 상황이 나빠지면

문제가 다가오고 있다는 증거라고 생각한다. 항상 강세장을 예견하는 **퍼머불**permabull들은 적어도 전체 시장의 추세를 자기편으로 두고 있다(시장은 시간이 흐르면 상승하는 경향이 있으므로). 퍼머베어들은 수세기 동안 지속된 추세는 물론이고 인간의 독창성, 혁신, 기술적 진보와도 싸우고 있는 셈이다. 이들의 베팅은 지난 수천 년간 늘 실패했다.

- **운명론자** 이들에 따르면, 세상은 언제나 재앙의 칼날 위에 서 있다. 모든 지정학적 위기는 세계대전의 소용돌이로, 신용시장의 모든 흔들림은 새로운 금융위기로 이어질 것이다. 경제 둔화는 경기침체도 아닌, 대공황의 전조다. 살인을 일삼는 무법자들에게서 멀리 떨어진 농지를 사들이고 생수와 탄약을 비축해둬야 한다고? (절대 사양. 살 가치가 없는 인생이다.)

- **이색 애호가** 이들은 난해할수록 좋아한다. 잘 알려지지 않은 지표에 매료된 이색 애호가들은 꿀을 찾는 나비처럼 이런저런 매매법을 옮겨 다닌다. 지난주에는 볼린저밴드Bollinger band와 맥클레런 오실레이터McClelan oscillator, 이번 주에는 엘리엇파동Elliott wave.[*] 이런 난해한 기법들은 기존 관점이나 생각에 대한 확신이 부족하다는 것을 가리는 가면일 뿐이다. 이들은 어떤 기법도 그 타당성을 검증할 만큼 오래 고수하지 않는다. 대신 존재하지 않는 기적의 해법을 찾아 헤맨다. 그런 것은 존재하지 않는다.

- **거짓말쟁이** 모든 업계에는 일정 비율의 허언증 환자가 있지만, 유

---

[*] 볼린저밴드는 주식 시세를 나타내는 이동평균선의 위와 아래에 밴드를 두어, 주가의 상한선과 하한선을 함께 파악할 수 있도록 하는 지표다. 맥클레런 오실레이터는 주가가 상승한 종목의 거래량과 주가가 하락한 종목의 거래량을 동시에 나타내는 지표다. 엘리엇파동은 주가 흐름의 일정한 패턴을 규정한 것으로, 상승 5파와 하락 3파의 순환이 계속된다고 본다.

독 금융계만의 특별한 유형이 있다. 그들에게는 손실 중인 포지션이 절대 없다. 매수가는 당일 최저가이고, 매도가는 당일 최고가다! 내가 최고점에서 매도한 경우는 한 손으로 셀 수 있을 정도다.[61] 그러나 어째선지 이 거짓말쟁이들은 수십 년을 거래해야 나올까 말까 한 매매 실적을 매일 오전 장에서 만들어낸다. 거짓말쟁이가 누구인지 기억해두고, 이후 그들이 무슨 말을 하든 무시하라.

■ **모든 것을 다 아는 사람** 자주 만나게 되는 녀석들이다. 그리고 항상 남자다. 그는 제품이나 빅테크기업에 대해 난해한 온갖 잡지식을 꿰고 있다. 이사회의 구성원, 모델 넘버, 쓸데없는 세부 사항. 그들의 방대한 지식은 투자와는 아무런 상관이 없다. 1999년의 한 바비큐파티에서 나는 이런 이야기를 들었다. "신형 2200 다이내믹 크로스 회로 라우터를 보면 깜짝 놀랄 걸. 시스코Cisco의 코를 납작하게 할 거야." 그래, 그러거나 말거나.

파괴적인 투자 성향을 알아보는 법을 배우고, 그런 성향을 가진 사람들과 거리를 두어라.

우리는 아무도 아무것도 모른다는 것을, 아무도 미래를 예측할 수 없다는 것을, 금융계를 비롯한 모든 분야에서 미래 예측은 갖가지 어려움으로 가득하고 실수하기 쉬운 일이라는 것을 확인했다. 그렇다면 애초에 예측이 이렇게나 만연한 것은 왜일까? 그 이유에 대해 알아보자.

예측 주식회사의 종말

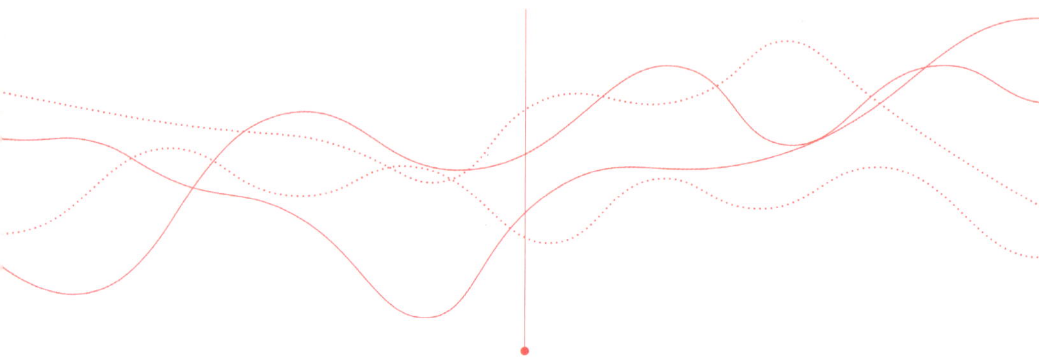

나는 전망가들을 칭찬하러 온 것이 아니라 그들을 묻어버리러 왔다.[*]

이토록 오랫동안 그들의 헛소리를 들었으면, 금융계는 물론이고 전망가들도 스스로 잘못을 인정할 때가 되지 않았을까? 하지만 대부분의 전망가는 과거에 무슨 일이 있었는지조차 인식하지 못한다. 그들이 말하고 쓰는 내용을 참고했을 때, 그들은 지금 벌어지고 있는 일조차 이해하지 못하는 것이 분명하다.

전망가들이 미래에 대한 아주 작은 단서라도 가졌을 것이라고 생각할 이유가 전혀 없다.

경제학자, 전략가, 애널리스트 모두 다가올 일에 대해 거창하고 종종 대담한(그리고 대체로 잘못된) 선언을 하는 데 마음이 끌리는 병을 앓고

---

[*] 윌리엄 셰익스피어의 희곡 《줄리어스 시저》의 유명한 대사 "나는 시저를 찬양하러 온 것이 아니라, 장례를 치러주러 왔다"에 빗댄 표현이다.

있다. 이는 투자자들에게 극히 해로운 영향을 미친다. 투자자들의 사고에 스며든 이런 추측은 결코 좋은 결과로 이어지지 않기 때문이다.

나는 이런 이야기를 20년간 계속해왔다. 이제 '예측 주식회사Prediction, Inc.'의 문을 완전히 닫아버리는 것이 어떨까?

예측 산업이란 것이 존재한다. 이 산업은 모든 선하고 진실한 것을 갉아먹는 해충이다. 미디어와 월스트리트의 공생관계는 돈을 잃는 멍청한 짓을 끊임없이 부추긴다. 하루 24시간을 채울 이야깃거리가 필요한 TV와 라디오는 대개의 시간을 공허한 헛소리로 때운다. 인쇄매체는 지면을 채울 이야깃거리가 필요하다. 온라인 매체는 더 심하다. 끝 모를 구렁텅이에 콘텐츠를 끊임없이 쏟아부어야 한다.

미디어와 월스트리트가 막대한 콘텐츠를 생성한다고 해서 당신이 그 과정의 희생양이 되어야 하는 것은 아니다.

이 공생관계의 다른 파트너는 금융계다. 예측은 그들이 사용하는 마케팅 전략의 일부일 뿐이다. 근거 없는 예측에 대한 미디어의 끝없는 요구를 충족시키기 위해 금융계는 두 가지 전략을 활용한다. 이를 '주류'와 '이단'으로 구분해보자.

주류 전략은 간단하다. 대상이 무엇이든 그 연평균 변화율을 구해 앞으로의 1년에도 똑같이 적용하면 된다. 짜잔! 이렇게 예측이 완성된다. 이로써 언제든 S&P 500이 8퍼센트 상승할 것이라고 과감하게 예측할 수 있다. 어떤 경제지표든 최근 6개월간의 평균치를 미래에 투영하면 된다. 존 메이너드 케인스가 지적했듯이, "세속의 지혜는 평범하게 실패하는 것이 비범하게 성공하는 것보다 평판에 더 낫다고 가르친다."[62]

다음은 이단 전략이다. 이는 극단적으로 비정통적인 예측을 내놓는 방식이다. 전망가들은 다우지수가 1만 5000포인트일 때 5,000포인트로 떨어질 것이라고 예측하거나, 초인플레이션이 발생할 것이라고, 금값이 1만 달러가 될 것이라고, 30년 만기 국채 수익률이 1퍼센트가 될 것이라고, 연준이 보유한 자산의 가치가 크게 떨어질 것이라고 예측한다. 최근에는 몇몇 전문가가 비트코인 시세가 100만 달러에 이를 것이라고 예측하기도 했다.[*]

예측이 적중하면, 그 예측을 내놓은 전망가는 록스타처럼 환대받는다. 그러지 못할 때는 대부분의 사람이 그 예측과 전망가를 잊어버린다(나처럼 이단적 전망가를 추적하는 사람도 있지만). 예측 산업의 종사자들은 강한 생명력을 갖고 있다. 그들은 인간의 심리를 어떻게 이용해야 이득을 볼 수 있는지 잘 알고 있다. 그들은 혼란하고 불확실한 상황에도 바퀴벌레처럼 잘 적응한다.

인간의 뇌는 예측을 원한다. 인간을 고통으로 밀어 넣는 진화적 성향, 즉 자신감 있는 리더들에게 구체적인 비전을 듣고자 하는 욕구 때문이다. 이러한 결함이 예측에 대한 수요를 낳는다.

이는 예측을 다룬 수많은 학술 자료로도 입증된 사실이다. 연구에 따르면 전망가의 자신감 표출과 신뢰도 사이에는 높은 상관관계가 있다. 그러나 안타깝게도 정확도와는 역상관관계를 가진다. 메타인지와 자기 평가의 특징을 밝힌 더닝크루거 효과Dunning–Kruger effect가 그 이유를 잘 설명한다(이 효과에 대해서는 뒤에서 더 자세히 살펴볼 것이다). 예측이 정밀할수록 신뢰도는 높아지지만, 예측이 맞을 가능성은 낮아진다. 이런 요인들 때문에 틀릴 가능성이 가장 큰 사람을 가장 신뢰하게 된다.

역사를 살펴보면 미래를 예측하는 사람들의 자질이 형편없다는 것을

---

[*] 비트코인 시세는 2025년 10월 12만 6000달러로 정점을 찍은 이후 폭락하기 시작해 2026년 2월이 되자 6만 달러 선까지 내려왔다.

알 수 있다. 다음 주, 다음 달은 물론이고 다음 해는 더 말할 것도 없다. 우리는 편향과 감정이 뒤범벅된 존재로 끊임없이 실수를 저지르는 오류 기계다. 우리는 기존 사고와 일치하는 것만을 찾아내고, 주목하며, 기억하려 한다.

전문가들도 일반 대중보다 나을 것이 없다. 펜실베이니아대학교의 정치학·경영학 교수인 필립 테틀록Philip Tetlock이 수행한 연구를 살펴보자.[63] 그는 다양한 분야의 전문가 수백 명이 내놓은 2만 8000건의 예측을 모두 분석했다. 그의 연구 결과는 이렇게 요약된다.

다양한 지역과 시기, 여러 경제·금융지표에 걸쳐 예측 결과를 살펴보면, 전문가의 예측이 믿을 만하다는 기존의 믿음을 정면으로 반박하는 근거를 발견하게 된다. 인간이 알고리즘을 명백히 능가하는 분야를 찾는 것은 불가능하며, 정교한 통계 모델과의 격차는 더 말할 나위가 없다.

다시 말해 전문가들의 예측은 통계적으로 무작위 추측과 다를 바가 없다.

예측이라 불리는, 근거 없는, 대부분 틀린, 무의미한 행위에 주의를 기울이는 대신 투자자들이 해야 할 일은 무엇일까? 다음 세 가지면 충분하다.

1. 미래에 일어날 일을 정확하게 예측하는 데 의존하지 않는, 신중하게 수립된 재무계획.
2. 핵심과 위성core & satellite 전략을 따른 자산 배분. 자산의 대부분은

주요 지수를 추종하는 ETF에, 나머지는 크리스마스트리에 원하는 장식품을 달 듯이 선택한다. 그리고 몇 년마다 리밸런싱을 한다. 이것을 영원히 반복한다.

3. 미디어에서 흘러나오는 쓸모없고 주의를 분산시키는 소음 제거.

투자자에게는 자신이 아는 것과 알지 못하는 것을 이해하는 일이 중요하다. 미래에 어떤 일이 일어날지 알 수 없다는 것, 시장이 내년에 어떠할지 예측하는 데 의존하는 재무계획은 실패할 수밖에 없다는 것을 인식하라.

이 단순한 진리를 잊지 말라. 모든 예측은 마케팅이다.

시장은 복잡하고 정교하기 때문에 예측이 형편없는 것은 놀랄 일이 아니다. 이번에는 무엇이 예측을 그토록 어렵게 만드는지 알아보자.

혼돈을 예측할 수 있을까

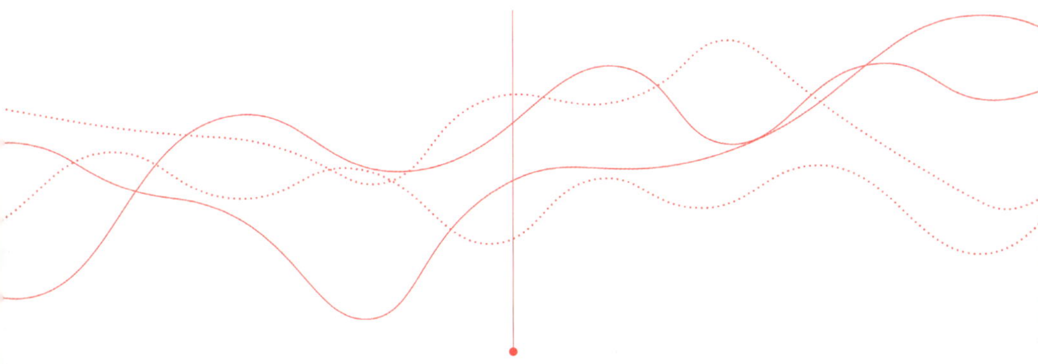

나처럼 금융계에서 일하는 사람이라면 누구나 예측이 얼마나 위험한지 잘 알고 있다. 미디어에 출연해 위험자산에 대한 의견을 제시하는 사람은 결국 누군가에게 예측을 요구받을 수밖에 없는 직업적 위험을 안고 있다.

안타깝게도 투자자들은 인쇄매체나 TV에서 마주치게 되는 예측에 과도한 비중을 둔다. 자신감 넘치는 어조로 대담하고 흥미로운 주장을 펼치는 애널리스트나 경제학자는 투자자들에게 고양이 앞에 놓인 캣닢과 같다. 완벽하게 만들어놓은 재무계획조차 무너뜨릴 정도다.

나는 증권거래위원회Securities & Exchange Commission, SEC 가 전문가들의 의견 앞에 다음과 같은 내용을 공시하도록 의무화했으면 한다.

나는 미래에 무슨 일이 일어날지 누구도 알지 못한다는 점을 인정하며, 본 예측은 근거 없는 무모한 추측에 불과함을 분명히 밝힌다.

나는 30년간 전문가들의 헛소리를 추적해왔지만, 어느 정도 정확성을 가지고 일관되게 시장을 예측하는 사람은 단 한 명도 보지 못했다. 시장이나 경제지표에서 기대할 수 있는 최선은 단기 추세를 미래에 대입해보는 것뿐이다. 이런 자명한 이치조차 '경제 예언가'들과 언론을 멈추지 못한다.

이익은 언제나 잠재적 리스크에 비례하며, 높은 수익은 그 정의상 더 높은 수준의 리스크를 수반하기 마련이다. 리스크에 대한 기준점은 항상 미국 국채가 제공하는 '무위험' 수익률과 비교된다. 이는 국채 수익률에서 인플레이션을 뺀 값이다.

하지만 나는 런던비즈니스스쿨의 금융학 명예교수 엘로이 딤슨Elroy Dimson이 사용하는 정의를 특히 좋아한다. "리스크란 실제로 일어날 일보다 더 많은 일이 일어날 수 있다는 것을 의미한다."[64] 즉 실제로 발생하는 단 하나의 결과보다 훨씬 많은 잠재적 결과가 존재한다는 것이다. 자본을 리스크에 노출시킨 투자자라면 "내가 얻고 있는 수익이나 상승 여력이 바람직하지 못한 결과가 발생할 가능성에 비해 충분히 큰가?"라고 스스로 물어야 한다. 이것이 (리스크에 기반한) 진정한 분석과 예측의 차이다.

확률을 평가할 때는 어떤 일이 일어날지 예측하는 것이 아니라, 가능한 결과의 범위, 즉 무슨 일이 일어날 수 있는지를 평가해야 한다. 마치 전략시뮬레이션게임을 하듯 생각하는 것이다. 각각의 시나리오마다 사건이 발생할 가능성도 모두 다르다. 우리는 그 결과들에 대략적인 확률을 부여함으로써 의견을 표현할 뿐이다(단 자신의 정확도에 대해 겸손함을 유지해야 한다). 실제로 어떤 시나리오가 펼쳐질지는 시간의 흐름에 따라 얽혀 들어가는 수많은 변수의 상호작용에 달려 있다.

미래에 대해 생각할 때는 이처럼 '느슨한' 방식이 유용하다. 오크트리 캐피털 매니지먼트Oaktree Capital Management의 공동 창립자이자 공동 회장인 하워드 막스는 이렇게 강조했다. "불확실성과 리스크는 삶과 투자에서 피할 수 없는 존재다."[65] 지금부터 딱 1년 후까지로만 기한을 한정해도, 예상치 못한 모든 일을 고려하다 보면 예측이 얼마나 성공 확률이 낮은 일인지 알 수 있다.

카오스이론

예측은 어째서 이토록 어려운가? 그 이유는 카오스이론에서 찾을 수 있다.

햄라인대학교의 철학 교수인 스티븐 켈러Stephen Keller는 카오스이론을 "결정론적 비선형 역학계에서의 불안정한 비주기적 행동에 대한 정성적 연구"라고 정의했다.[66]

쉽게 풀어보자면, '비선형'이란 작은 요인이 불균형하게 큰 반응을 일으키는 것을 의미한다(소문 하나가 투매를 유발하듯이). 시장은 비선형적이며 동시에 '불안정성'이 높다. 시스템 내의 모든 요인은 다른 모든 요인에 영향을 미치며(이것이 바로 '역학계'의 의미다), 이는 다시 2차적 효과, 3차적 영향 등으로 이어진다. 전설적인 투자자 조지 소로스는 이런 상호작용을 '재귀성reflexivity'이라고 표현했다.[67] 마지막으로 '비주기적'은 시장이 결코 똑같은 방식으로 반복되지 않는다는 것을 가리킨다. "역사는 반복되지 않지만, 운율이 있다."[68] 한 시대와 다음 시대 사이에 유사점이 있을 수는 있지만 결코 동일할 수는 없다.

게다가 아직 인간이라는 변수는 다루지도 않았다. 한 사람 한 사람이 수익을 창출하기 위해 노력하고 있다. 현대 자본시장에서 지적인 선택을 하기 위해 진화한 것이 아닌, 사바나에서 적응하고 생존하기 위해 진화한 생물학적 본능을 품은 채로 말이다. 우리의 변연계는 우리를 생존하게 하지만 거기에는 대가가 있다. 한순간 두려움에 사로잡히는가 하면, 다음 순간에는 탐욕에 사로잡힌다.

뛰어난 이론물리학자 리처드 파인만이 말했듯이, "전자電子에 감정이 있었다면 물리학이 얼마나 더 어려웠을지 상상해보라."[69]

나쁜 조언에는 수많은 형태가 있다. 이를 피하는 가장 좋은 방법은 간단한 질문을 던지는 것이다. 그것이 이제 우리가 할 일이다.

그들은 무엇을 파는가

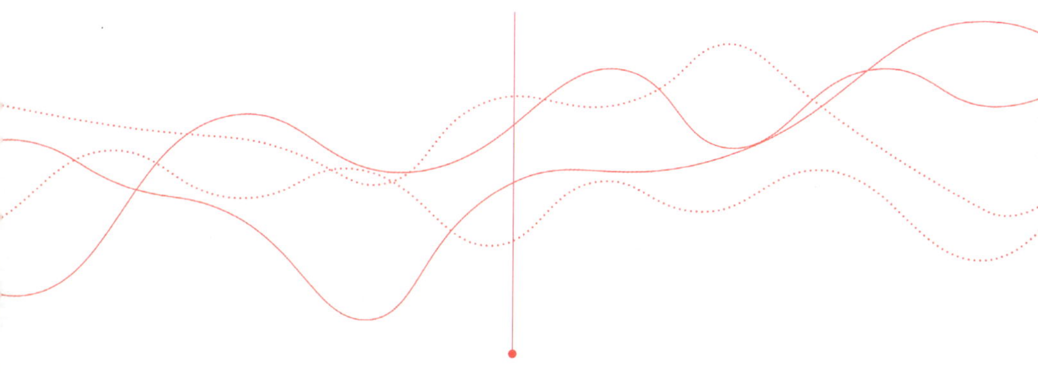

왜 우리는 타인의 의견에 관심을 갖는 것일까? 앞선 내용에서 그런 조언들이 얼마나 끔찍한 결과로 이어지는지 살펴봤을 것이다. 그런데도 우리는 왜 TV나 인쇄매체에 등장하는 사람들이 미래에 대해 알거나 앞으로 다가올 일을 볼 수 있다고 믿는 것일까?

간단히 말해, 왜 우리는 무언가를 팔려는 사람들을 그토록 쉽게 믿을까? 나쁜 조언이 셀 수 없을 정도로 많은데도 이 습관은 고치기가 어렵다. 우리는 사회적 동물이며, 부족의 일원으로서 협력하는 종으로 진화해왔다. 우리의 적응력과 협력은 지구를 정복하는 데 도움이 되었을지 모르지만, 현명한 투자 결정에는 방해만 된다. 특히 변동성과 스트레스가 심한 때에는 더욱더 그렇다. 뒤에서 살펴보겠지만, 우리의 유전적 소프트웨어는 현대 자본시장에서 불리하게 작용한다.

이를 바로잡기 위해 나는 당신이 타인의 조언에 더 회의적인 태도를 갖길, 또한 독립적으로 생각하고 판단하길 바란다. 당신의 돈이기 때문에 당신 스스로 생각해야 한다. 목표는 당신이 건전한 회의주의자로 거듭나는 것이다. 모든 것을 부정적으로 보라는 것이 아니다. 이전과 같이 순진해서는 안 된다는 뜻이다. 소련과 전략무기제한협정을 협상할 당시 로널드 레이건 대통령은 실무자들에게 "믿되 검증하라"라고 지시했다. 투자에도 비슷한 전략을 적용해야 한다.

나는 당신이 인생의 대부분 동안 그래왔던 것보다 금융 사기꾼들에게 덜 속는 사람이 되기를 바란다. 솔직히 말하자면, 나도 경력 초반에는 엄청나게 잘 속는 사람이었다. 나는 무엇이 세일즈맨들에게 동기를 부여하는지 이해하지 못했다(쯧쯧). 분기별 콘퍼런스에서 들은 헛소리를 믿었다! 중개인broker, 애널리스트, 트레이더, 경제학자, 펀드매니저, 전략가, 규제 당국자, 기자, 심지어 고객들까지 지나치게 믿은 탓에 비싼 대가를 치르고 교훈을 얻었다.

모두가 무언가를 팔고 있다.

문제는 나쁜 조언이 너무 흔하다는 점이다. 악의적인 동기에서 비롯된 것들은 물론이고, 세일즈맨 자신의 이익을 위한 것들도 있고, 순진한 선의에서 비롯된 것들도 있으며, 단순히 '비즈니스'일 뿐인 것들도 있다. 최소한 당신이 듣게 되는 대부분의 조언은 상충하는 이해관계로 얽히고 설켜 있다.

나쁜 조언을 피하려면 항상 이렇게 자문해야 한다. "이 사람은 무엇을 팔고 있는가?" 무엇을 팔고 있는지 파악하면 그 조언을 더 나은 맥락 속에서 이해할 수 있다.

이쯤에서 내가 무엇을 팔고 있는지, 내 상품이 무엇인지 공개할까 한다. 내 말에 어느 정도 비중을 두어야 할지 감을 잡을 수 있도록 말이다.

- **콘텐츠** 이 책이든, 팟캐스트든, 칼럼이든, 나는 당신이 내 아이디어를 소비하고 내 철학을 받아들이길 바란다. 그중 일부는 이타심에서 비롯된 것들이다(나는 내가 쓴 글 덕분에 투자에 대한 불안에서 벗어났다는 독자들의 이메일을 좋아한다). 하지만 순진하게 생각해선 안 된다. (나를 포함해) 이런 일을 하는 모든 사람은 브랜딩과 마케팅을 하고 있는 것이다.

- **시간** 무료 게시물을 읽거나 팟캐스트를 듣는 데도 대가가 따른다. 해당 콘텐츠에 당신의 시간과 관심이라는 비용을 지불하고 있는 것이다. 나는 청중들에게 라디오나 TV가 무엇을 판매하는지 묻곤 한다. 답은 한결같다. "광고." 그 답은 틀렸다. 무언가가 무료일 때, 우리는 우리가 바로 상품이라는 점을 간과한다. 우리의 관심은 우리의 데이터와 함께 광고주에게 팔리고 있다. 그리고 그 정보는 우리의 인터넷 검색 습관, 지리적 위치, 신용점수, 소득, 구매 내역을 비롯한 훨씬 더 많은 정보와 상호 참조된다.

- **투자 관리** 내가 설립한 자산운용사는 70억 달러에 이르는 고객 자산을 운용한다. 나와 내 동료들은 고객들에게 투자 및 재무계획 서비스를 제공하고 수수료를 받는다. 만약 당신이 우리에게 자금 관리를 맡기게 된다면, 회사의 매출과 이익은 증가할 것이다. (너무 직설적이라면 미안하다. 하지만 이것이 사실이다.)[70]

무료 조언(특히 돈에 관한)에는 이런 함정들이 숨어 있다. 돈 이야기가 나올 때마다 그 안에 영업 멘트가 숨어 있다고 가정해야 한다. 투자에 관해서라면 특히 더 그렇다. 우리가 지금까지 살펴봤듯이, 문제는 그런 조언 대부분이 별로 좋지 않다는 것이다.

우리는 투자자들에게 해를 끼치는 수많은 나쁜 조언을 살펴봤다. 이런 사례들을 통해 어떤 것을 찾고, 어떤 것을 피해야 하는지 감을 잡게 되었을 것이다. 1장의 핵심이 바로 그것이다.

다음 2장에서는 이런 조언들이 어떻게 투자자들에게 전달되는지 살펴보려 한다.

2장

미디어 중독

너무 많은 신호는 소음과 구분되지 않는다

연중무휴 금융 자문

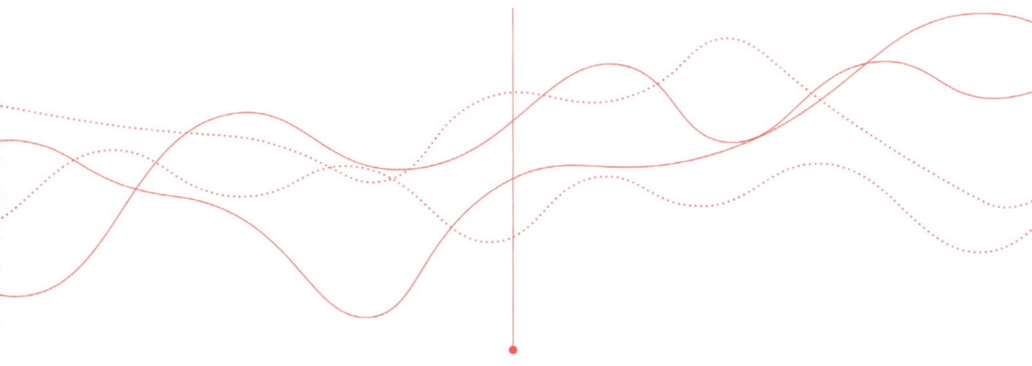

사람들이 TV 앞에서 모이던 때가 있었다. TV를 통해 국가적 재난, 전쟁, 대형 스포츠 이벤트를 보는 것은 이전 세대의 마지막 자취다. 예전에는 방송사가 한 손으로 셀 수 있을 만큼 적었고, 사무실에서 동료들과 소근거리는 잡담의 주제는 전날 밤 방송된 주요 뉴스였다.

이 문장에 등장한 시대에 뒤떨어진 표현들에 주목하라. 방송사, 사무실, 잡담, 방송.

현대적인 미디어 환경에 365일 24시간 몰입해 있는 나는 색다른 관점을 갖고 있다. 직업적인 차원에서 정신을 산만하게 하는 소음을 좀 더 큰 맥락과 관련짓는 법을 배운 것이다. 트레이더 생활을 몇 년 하다 보면, 감정을 분리해 다루는 법을 알게 된다. 좋은 트레이더는 맥락과 틀을 이해하며, 더 나은 의사결정을 낳는 미묘한 차이를 포착한다. 이는 일반 투자자들에게도 유용한 기술이다.

고객의 자산을 관리하는 게 직업인 나는 시장에서 벌어지는 일들에 대해 대중이 어떻게 느끼는지를 항상 파악하고자 한다. 변동성이 크고 매도세가 강한 시장에서라면 특히 더 그렇다. 비전문가들이 보고, 듣고, 특히 느끼는 바는 자본 흐름 그리고 궁극적으로 가격에 영향을 미친다.

2020년 2월, 미스터 마켓Mr. Market이 팬데믹의 악취를 맡았다.[*] 당시 나는 휴가 중이었다. 카리브해 해변에서 책을 읽던 기억이 생생하다. 인터넷 연결이 제한적이었고, 온갖 금융 데이터와 뉴스를 실시간으로 종합해 보여주는 단말기인 블룸버그 터미널Bloomberg Terminal도 없었다. 대신 트위터(지금의 X)와 TV(!)를 통해 무슨 일이 벌어지고 있는지 보았다. 이로써 일반 투자자들이 월스트리트에 등을 돌리고 TV를 끈 채 수조 달러를 저비용 인덱스펀드로 옮긴 이유를 알게 되었다.

많은 사람에게 이것은 복잡한 문제에 대한 쉬운 해법이었다. 그리고 나는 이것이 꽤 효과적인 해법이라고 생각한다(이에 대해서는 뒤에서 더 자세히 다룰 것이다.)

원예 방송을 전문으로 내보내는 케이블 채널을 상상해보라. 온종일 조경을 배우고, 어떤 기후에서 무슨 식물이 가장 잘 자라는지에 대한

---

[*] '미스터 마켓'이란 증권분석의 창시자이자 가치투자의 아버지라 불리는 벤저민 그레이엄(Benjamin Graham)이 시장심리를 의인화한 개념이다.

토론을 듣고, 퇴비 만드는 법을 익히고, 제초제나 살충제를 추천받을 수 있다. 다년생 식물, 일년생 식물, 분재를 키우고 싶은가? 온실을 만들 계획인가? 이 모든 것이 정규 코너로 편성되어 있다. 제작에 큰돈이 들지 않는 데다가 보는 것만으로도 마음이 치유된다.

이 채널의 웹사이트는 나무가 자라는 모습을 실시간으로 보여준다. 웹캠이 비추고 있는 나무는 언제 보아도 크게 자라지 않은 듯하다. 아마 6개월이나 1년에 한 번쯤 본다면 성장을 알아챌 수 있을지도.

어느 날 사모펀드 하나가 그 채널을 인수한다. 새 소유주는 ASMR 같은 목가적인 방송이 마음에 들지 않는다. 시청자들의 시선을 끌고, 광고를 판매하고, 시청률을 높여야 한다. 그들은 채널을 매각해 차익을 남길 생각인데 시청자가 충분치 않다.

그들은 원예 방송을 화려한 그래픽, 빵빵한 음향, 섹시한 진행자로 리브랜딩한다. 훌륭한 서사의 핵심인 역동적인 긴장감을 조성하기 위해 인위적인 갈등(즉 전형적인 리얼리티쇼)을 심는다.

의견 충돌이 일어나게끔 게스트를 배치한다. 시청자들은 원예에 대한 다양한 접근법을 보게 된다. 그중에는 그다지 효과가 좋지 않은 방법들도 있다. 웹캠이 비추는 나무를 두고 논쟁(이게 아니라 저거야!)을 벌이는 일이 잦다. 나무를 너무 깊게 심었다느니(아니, 너무 얕게 심었어!), 저기에 두어야 한다느니(아니, 여기야!), 물을 너무 적게 준다느니, 어떤 비료를 사용해야 한다느니, 계절마다 가지치기를 얼마나 해야 한다느니 등등.

이제 목가적인 풍경 대신 논쟁과 다툼, 비판이 가득하다. "거대 원예 산업이 조경을 억압하고 있다!" 식물에 대한 인위적 논쟁이 난무하는 종합격투기가 펼쳐진다.

시청률은 치솟는다. 단순한 진리, 즉 방송에서 떠들어대는 어떤 말도 그 나무를 진정으로 변화시키지 못한다는 진리는 외면당한다. 그 나무는 그저 시간의 흐름에 따라 조용히 자랄 뿐이다.

24시간 내내 이어지는 경제, 시장, 투자에 대한 보도를 소비해서 우리가 얻는 것은 무엇일까? 이 모든 '무료 조언'은 우리의 집단심리에 어떤 영향을 미칠까? 이것이 우리의 재정에 도움이 되는 것일까? 해가 되는 것은 아닐까? 끝없는 트윗, 블로그 포스팅, 팟캐스트와 유튜브 콘텐츠 그리고 가장 해로운 틱톡의 숏폼을 소비해 당신은 무엇을 얻을 수 있을까?

이런 것들에 중독된 사람들에게 제안할 것이 있다. 눈을 감고, 귀를 닫고, 입을 다문 채 나무가 자라게 내버려두라.

2013년 나는 매일 저녁 시간에 편성된 금융 방송의 진행자 자리를 제안받았지만 거절했다. 왜일까? 곧 문제에 부딪혔을 테니까. 그 자리를 수락했다면 나는 매번 똑같은 말만 했을 것이다. "전 세계에 분산 투자된 저렴한 ETF들로 포트폴리오를 채우세요. 그리고 몇 년마다 리밸런싱을 하세요. 자, 내일 뵙겠습니다!"

문제는 남은 59분 47초 동안 방송이 비어버린다는 것이다.

대신 나는 진정 가치 있다고 생각되는 일을 했다. 블룸버그의 친절한 사람들을 설득해 그들이 처음으로 진짜 팟캐스트를 시작하게 한 것이었다. 매주 나는 똑똑하고 성공한 전문가와 지적인 대화를 나누며 이런 질문들을 던졌다. "당신은 어떤 사람인가요? 그리고 어떻게 그렇게 되었나요? 당신의 투자 철학은 무엇인가요? 우리가 당신에게 배울 수 있는 것은 무엇인가요?" 나는 팟캐스트를 무척 좋아한다. 팟캐스트는 면도도 다이어트도 필요하지 않다.[1]

―――――

이로써 2장에서 다룰 질문이 드러났다. 당신은 누구에게 관심을 두고 있는가? 그리고 그 이유는 무엇인가? 이 끝없는 말의 폭포 속에서 무엇을 얻고 있는가? 당신이 그 모든 소음 속에서 발견하는 진짜 신호는 얼마나 되는가?

어떻게 시작해야 할까? 전부 허물어버리고 다시 시작해야 한다. 뉴스를 끊어라. 그것이 우리가 다음에 할 일이다.

뉴스를 꺼라

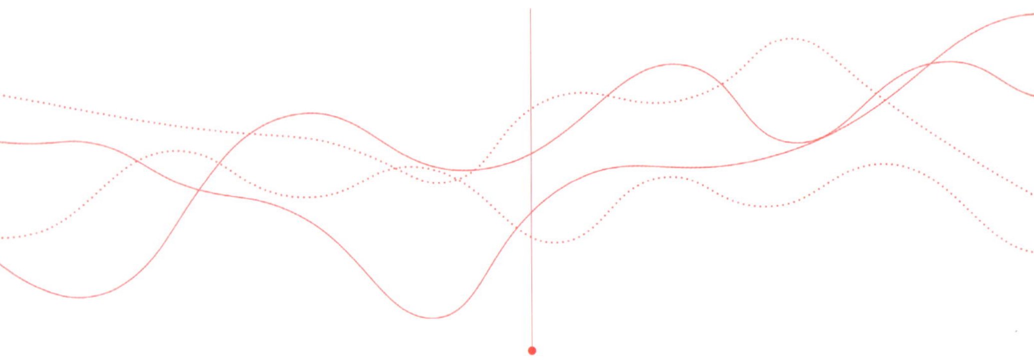

더 나은 투자자가 되려면 나쁜 아이디어와 오정보(또는 역정보)를 제거하는 것만으로는 부족하다. 자신의 감정 상태까지 인식해야 한다.

끊임없이 쏟아지는 뉴스를 받아들이다 보면 감정적으로 산만해진다. 어떻게 해야 그 소음에 맞설 수 있을까?

먼저 미디어가 기본적으로 허장허세에 불과하다는 것을 인식해야 한다. 미디어는 하루 24시간, 주 7일의 시간을 채워야 한다. 심지어 인터넷 공간은 무한하다. 결국 공허한 내용으로 시간을 때우게 된다. 대부분 당신의 의견보다 더 나을 것이 없는 의견들이다. 때로는 맞고, 때로는 틀리며, 때로는 어이 없게 틀리기도 한다(곧 보게 될 것이다).

원하는 미디어를 읽거나 시청하되, 부디 투자 결정의 기반으로 삼지는 말라.

뉴스는 이름과 달리 새로운 것이 아니다. 이미 일어난 일을 알려주는 과거지향적인 것이다. 반면 투자는 앞으로 벌어질 일에 관한 것이다. 가까운 과거는 흥미로울 수 있으나, 투자와는 밀접한 관련이 없다. 뉴스가 보도될 때쯤이면 그것은 이미 주가에 반영되어 있다.

하지만 뉴스(오래된 것이든 아니든)는 당신의 감정에 영향을 미칠 수 있다. 트레이더로 경력을 시작한 나는, 출근길이 아닌 퇴근길 지하철에서 《월스트리트저널》을 읽었다. 왜일까? 그날 하루 동안 뉴스가 내 의사결정 과정에 영향을 미치지 못하도록 막기 위해서였다. 헤드라인은 부지불식간에 우리에게 영향을 미치며, 우리는 그 영향이 무엇인지 인식하지 못한다.

"피가 흐르면 뉴스가 된다"라는 표현은 소셜미디어가 탄생하기 훨씬 전부터 존재했다. 금융 작가 앤드류 파인버그Andrew Feinberg는 금융 방송 제작자들에 대해 "불안은 그들의 친구이며, 시청자의 과도한 경계심은 그들의 밥줄이다"라고 평했다.[2] 시청자들을 "다음에 어떤 일이 일어날지 신경 쓰이고, 걱정스럽고, 혼란스러운 상태로 만들어 계속 몰입하게 하는 것"이 높은 시청률로 가는 길이다.

미디어가 쏟아내는 정보의 대부분은 당신의 포트폴리오와 무관하다. 가끔 중요한 데이터가 있을 수는 있지만, 많은 사람의 생각보다 훨씬 덜 중요하다. 은퇴자금 마련이나 수십 년 후의 세대 간 자산 이전을 위해 투자하고 있다면, 화요일 오전 10시 43분에 일어난 일은 그리 중요하지 않다. 금융 방송을 재미있게 보는 것은 문제가 되지 않는다. 하지만 그것이 투자 결정의 근거가 되어서는 안 된다. 절대!

빛의 속도로 퍼져나가는 뉴스의 흐름 속에서 시장 평균을 웃도는 초과수익, 즉 '알파alpha'는 빅데이터와 AI를 활용해 단기 가격변동을 포착하고 초단타매매로 승부를 보는 헤지펀드들의 몫이다. 어떻게 그들과 경쟁할 수 있겠나? 할 수도 없고, 해서도 안 된다. 내 동료 조시 브라운Josh Brown이 즐겨 말하듯, "월스트리트를 이기는 방법은 그들의 게임에 참여하지 않는 것이다."[3]

SEC의 결정, 인수합병, 소송 결과, 실적 보고서 등의 뉴스보다 더 중요한 것은 그 뉴스에 대한 시장의 반응이다. 이는 해당 뉴스가 시장 기대치와 주가에 이미 얼마나 반영되어 있는지를 보여준다.

뒤에서 살펴보겠지만, 지정학적으로 중대한 사건이 발생해도 시장은 잠깐 흔들릴 뿐 원래의 상태로 돌아가는 경향이 있다. 직관과는 크게 다르다.

한편 언론사는 많은 사람의 관심을 끌려 하기 때문에 트렌드가 정점에 달했을 때 포착하는 경향이 있다. 이 글 뒤에 첨부한 그래프들은 금융 작가 닐 프랭클Neal Frankle이 만든 것인데, 미디어를 투자 결정의 근거로 삼으면 안 되는 이유를 잘 보여준다.[4] 뒤이어 살펴보겠지만, 미디어는 반대 지표가 될 수 있다.

24시간 불을 밝히는 데다가 별 제한이 없는 인터넷은 필연적으로 선정적인 것에 집중하게 된다. 끝도 없이 '괴물을 먹여 살려야' 하기 때문에 품질이 떨어질 수밖에 없다. 설사 구독 기반 매체일지라도 비용을 정당화하기 위해 채워야 하는 양이 있다. 새로운 내용이 없더라도 이 상황은 달라지지 않는다. 《월스트리트저널》의 저명한 칼럼니스트 제이슨 츠바이크Jason Zweig (내 올스타팀 멤버)는 자신이 하는 일을 명쾌하게 정의했다. "내 일은 정확히 같은 내용을 1년에 50~100번 쓰는 것이다. 편집자나 독자가 내가 같은 말을 반복한다고 생각하지 못하게 하는 방식으로."

나는 이 말이 정말 마음에 든다.

내가 미디어에서 얻는 가장 가치 있는 것은 미디어가 아니었다면 알지 못했을 사람들(과 그들의 아이디어)이다. 내가 특히 좋아하는 것은 홍보하려 하지 않고, 어떤 목적이나 팔려는 것이 없는 사람들이다.

바로 여기에 지혜가 있다. 장기적으로 놀라운 실적을 (운이 아닌 실력으로) 내온 투자 거물들의 말은 들어볼 가치가 있다. 나는 특히 내 투자 과정을 개선하는 데 그들의 생각에서 배울 것이 있는지 관심을 갖는다. 현명한 투자자라면 그 나머지는 소음과 오락거리에 불과하다는 것을 안다.

뉴스 소비 방식을 재고하고 미디어 섭취 방식을 재설계하는 것은 가치 있는 일이다.

뉴스를 끊으라는 말이 과장이라고 생각할지 모르겠다. 그런 사람들을 위해 미디어에 귀 기울이는 것이 재앙으로 이어질 수 있음을 증명해 보이겠다. 이어지는 내용을 통해 내가 가장 좋아하는 기업, 경영진, 주식에 관한 사례를 공유할 것이다.

이것이 뉴스를 활용하는 방법에 대한 당신의 생각을 바꿀 것이라 확신한다.

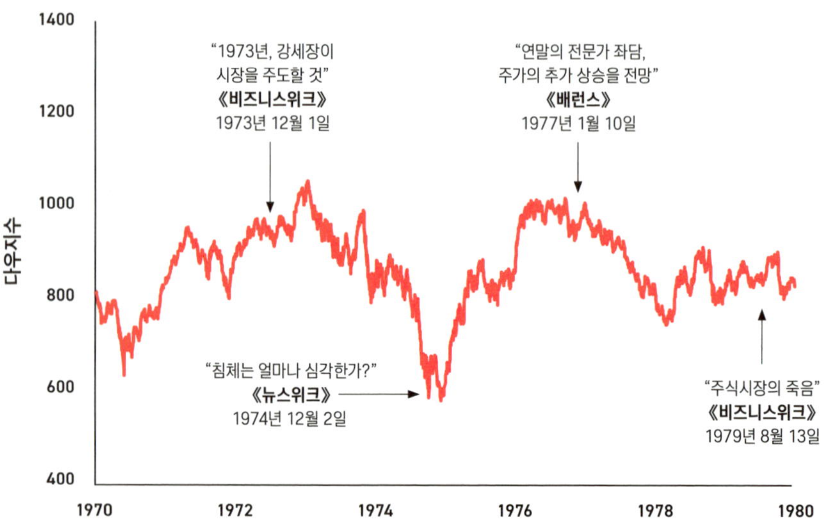

1970년대
1400
1200
1000
800
600
400
다우지수
"1973년, 강세장이
시장을 주도할 것"
《비즈니스위크》
1973년 12월 1일
"연말의 전문가 좌담,
주가의 추가 상승을 전망"
《배런스》
1977년 1월 10일
"침체는 얼마나 심각한가?"
《뉴스위크》
1974년 12월 2일
"주식시장의 죽음"
《비즈니스위크》
1979년 8월 13일
1970
1972
1974
1976
1978
1980

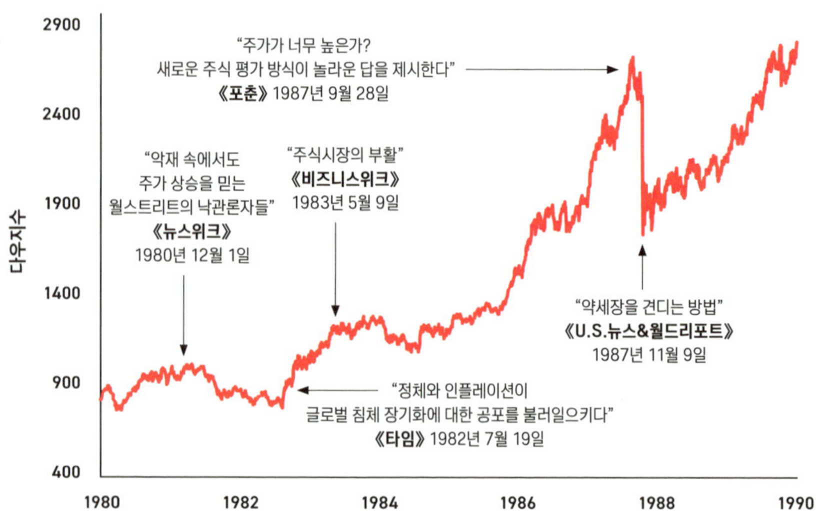

1980년대
2900
2400
1900
1400
900
400
다우지수
"주가가 너무 높은가?
새로운 주식 평가 방식이 놀라운 답을 제시한다"
《포춘》 1987년 9월 28일
"악재 속에서도
주가 상승을 믿는
월스트리트의 낙관론자들"
《뉴스위크》
1980년 12월 1일
"주식시장의 부활"
《비즈니스위크》
1983년 5월 9일
"약세장을 견디는 방법"
《U.S.뉴스&월드리포트》
1987년 11월 9일
"정체와 인플레이션이
글로벌 침체 장기화에 대한 공포를 불러일으키다"
《타임》 1982년 7월 19일
1980
1982
1984
1986
1988
1990

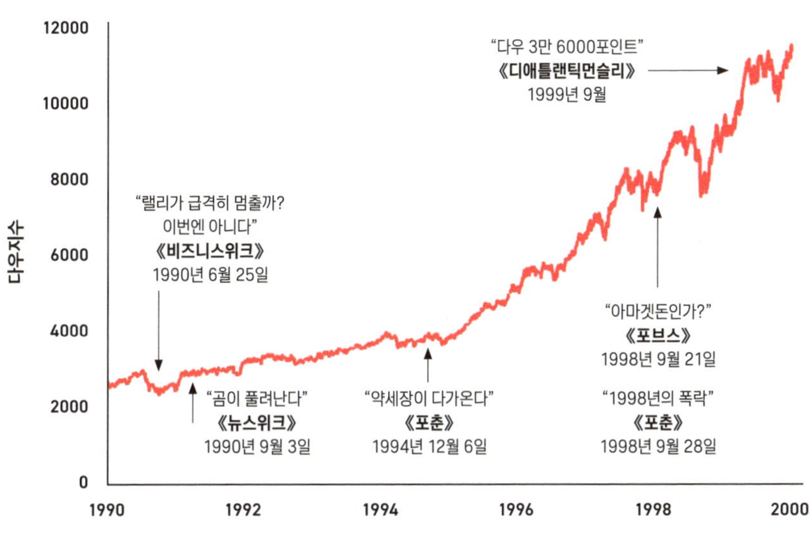

1990년대
12000
10000
8000
6000
4000
2000
0
다우지수
"다우 3만 6000포인트"
《디애틀랜틱먼슬리》
1999년 9월
"랠리가 급격히 멈출까?
이번엔 아니다"
《비즈니스위크》
1990년 6월 25일
"아마겟돈인가?"
《포브스》
1998년 9월 21일
"곰이 풀려난다"
《뉴스위크》
1990년 9월 3일
"약세장이 다가온다"
《포춘》
1994년 12월 6일
"1998년의 폭락"
《포춘》
1998년 9월 28일
1990
1992
1994
1996
1998
2000

2000년대
14000
12000
10000
8000
6000
다우지수
"소형주에서도 테크 랠리"
《비즈니스위크》
2000년 3월 13일
"대형주 상승 랠리"
《USA투데이》
2001년 5월 22일
"과대평가된 시장 신화"
《포춘》
2002년 5월 13일
"블루칩이 뭐길래?
나스닥이 다우를 압도한다"
《타임》
2000년 3월 13일
"베어 트랩"
《U.S.뉴스&월드리포트》
2001년 3월 25일
"다우 6,000포인트"
《포브스》
2001년 10월 15일
2000
2001
2003
2003

틱톡으로 투자한다고?

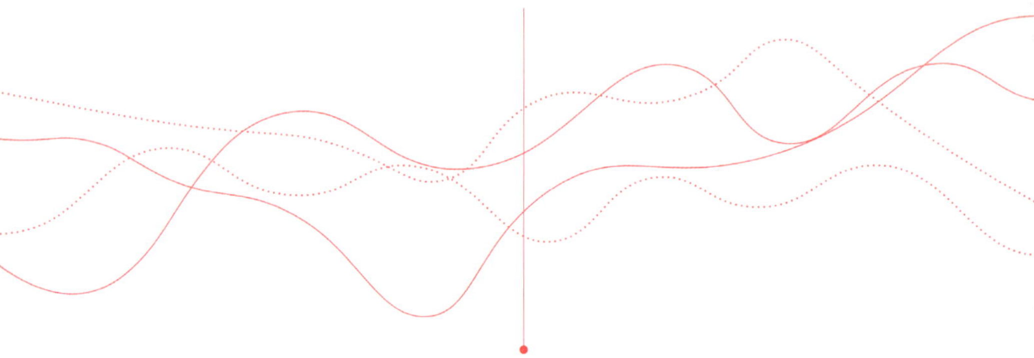

혼을 쏙 빼놓는 틱톡의 립싱크 댄서와 패션 인플루언서들 사이에 금융 사기가 도사리고 있다.

적어도 한 사람은 이를 알아차렸다. X의 틱톡인베스터@TikTokInvestors 계정은 지난 2020년 8월부터 틱톡의 소위 '금융 전문가들'이 내뱉은 가장 충격적인 조언들을 수집하고 있다.[5]

그 목록은 바보 같거나 위험하거나 심지어 범죄를 조장하는 조언들로 가득하다.

- 퇴직연금? 바보 같은 생각!
- 더 많은 돈을 벌고 싶다고? 집에서 단타를 해!
- 100달러를 100만 달러로 만들고 싶은가? 내 전략을 따라 매일 2퍼센트의 수익률을 올리면 된다!

• 세금 내기가 싫다고? 세금 신고 기간에 배 위에서 살면 돼!

아니, 아니, 아니, 절대 안 돼!

이것은 더닝크루거 효과의 전형이다. 경험이 부족한데도 자신감만 가득한 인플루언서들이 금융의 복잡성을 엉터리 영업 전략으로 가려버린다. 수익률이 검증되지 않은 것은 물론이고, 수학적으로 불가능한 주장인 데다가, 책임감도 찾아볼 수 없다.[6]

물론 주류 미디어도 문제지만, 소셜미디어는 훨씬 더 심각하다. 편집자나 감독관은 없고 사기꾼들과 순진한 일반인들이 뒤섞인, 거친 서부 시대를 연상시킨다. 나쁜 조언이 아무런 안전장치나 통제 없이 소비자들에게 전달된다.

틱톡인베스터는 틱톡에서 인기를 끈 몇 가지 어이없는 영상에 대해 일침을 날리기도 했다.

가령 퇴직연금이 다른 어떤 것보다 멍청한 아이디어라고 주장한 인플루언서에게는 다음과 같이 쏘아붙였다.[7]

사람들을 오해하게 만드는 그의 오만함과 부정확한 시장 통계는 일단 차치하고, 401k는 평범한 미국인에게 가장 좋은 투자수단일 것이다. 그가 과세이연 혜택을 받고 회사의 추가 지원이 더해진 돈을 주식시장에 투자했을 때의 실제 수치를 계산해본 적이 있는지 의심스럽다. 강의를 팔기 위해 미끼 전술을 사용하는 인플루언서들은 항상 조심해야 한다.[*]

다음은 매일 2퍼센트의 수익률을 꾸준히 올리면 100달러를 100만

달러로 손쉽게 만들 수 있다는 헛소리에 대한 일격이다.[8]

시장에서 매일 2퍼센트씩 수익을 냄으로써 100달러를 100만 달러로 만드는 것은 수학적으로 거의 불가능하다. 특히 위험한 점은 그가 훌륭한 말솜씨와 신뢰를 주는 외모를 갖고 있으며, 고객을 위해 이런 일을 해낼 수 있다는 자신감을 풍긴다는 것이다. 사실은 불가능하다. 대부분의 전문가는 S&P 500의 수익률을 능가하지 못한다(연간 기준).

팬데믹 때로 거슬러 올라가면 더 터무니없는 주장이 많았다. 내가 가장 인상 깊게 본 영상에서는 멋진 외모의 부부가 등장해 "우리가 어떻게 이런 삶을 유지하냐고?"라고 운을 뗀 다음 헛소리를 늘어놓았다.[9] 그들에 대해 틱톡인베스터는 이렇게 지적했다.

이 영상은 팬데믹 기간 중 강세장이 정점에 이르렀을 때 만들어진 것으로, 지금 봐도 헛웃음이 나온다. 투자가 이렇게 쉽지 않다는 것은 말할 필요도 없는 일이다. 단타를 하든 장기투자를 하든 자본을 투입하기 전에 고려해야 할 다양한 요소와 리스크가 존재한다. 모든 주식이 우상향할 것이라고 가정하는 것은 우스울 정도로 무지한 발상이다.

---

*   401k는 미국의 은퇴자금용 계좌로, 우리나라의 퇴직연금에 해당한다. 특정 한도까지 급여의 일정 비율을 납입하면 고용주도 일정 비율을 추가로 납입하는 '고용주 매칭' 때문에 고액 연봉자 사이에서 사적 연금으로 큰 인기를 누리고 있다. 대부분 S&P 500 지수를 추종하는 방식으로 운용되며, 은퇴 시점까지 과세를 이연한다는 장점이 있다.

세금 회피로 잡혀 가게 만드는 엉터리 조언은 끝이 없을 정도다. "세금 신고 기간엔 배 위에서 살아라!"[10] (안 돼.) "40만 달러짜리 집을 사면 18만 9000달러의 감가상각으로 과세 소득을 상쇄할 수 있다."[11] (어이가 없네.) 이러한 주장들이 어찌나 터무니없는지 미국 국세청이 직접 나서서 46가지 항목으로 구성된 '경솔한' 세금 회피 목록을 공개했을 정도다.[12] 오, 이런.

언급할 만한 조언이 두 가지 더 있다. "홈스쿨링 중인 10세 아이에게 단타를 가르치는 것은 포기하라."[13] "좋은 주식만 사라!"[14] (왜 나는 이런 생각을 못 했을까?) 정말 기막힌 조언들이다. 이는 수많은 사례의 극히 일부에 불과하다. 단지 핀인플루언서finfluencer(금융 인플루언서)의 세계에서 벌어지는 난장판의 맛보기일 뿐이다.

정부가 틱톡 금지 여부를 논의하는 동안, 투자자들은 소셜미디어 소비 습관에 변화를 주는 것이 어떨까? 세금, 단타, 장기투자에 관한 형편없는 조언들에 관심을 끄는 것은 좋은 출발점이 될 수 있다.

그렇다면 유력 잡지들의 표지를 장식한 종목 추천 기사는 얼마나 신뢰할 수 있을까?

한번 알아보기로 하자.

"수단과 방법을 가리지 말고 시스코를 사라"

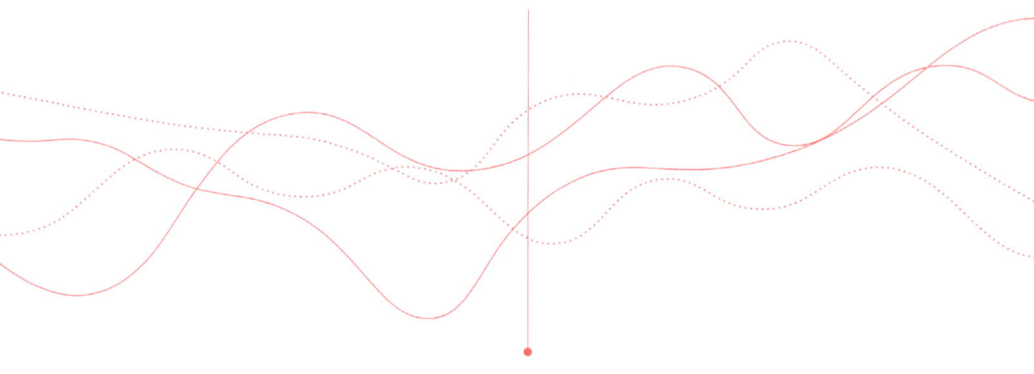

미래는 본질적으로 알려지지 않은 것이며 알 수도 없는 것이다. 이것이 내가 소중히 여기는 신념이다. 세상은 끝없이 이어지는 그리고 종종 눈에 보이지 않는 우연한 사건들로 가득하다. 이런 미지의 것들은 향후 일어날 일에 엄청난 영향을 미치며, 가장 신중한 예측조차 빗나가게 만든다. 우리가 첫 번째로 살펴볼 커버스토리는 내 신념이 틀리지 않았음을 증명한다.

"어떻게 보든, 시스코를 보유해야 한다."

2000년 5월 15일, 《포춘》은 네트워크 장비 제조업체인 시스코와 그 뛰어난 CEO 존 챔버스John Chambers를 잔뜩 치켜세우는 커버스토리를 실었다.[15] 표지에는

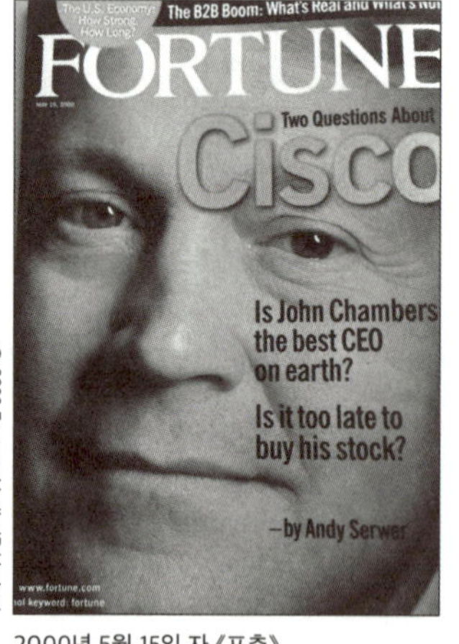

2000년 5월 15일 자 《포춘》.

시스코에 관한 이런 질문들이 적혀 있었다.

1. "존 챔버스는 지구 최고의 CEO인가?"
2. "그의 주식을 사기에는 너무 늦었나?"

지독한 인용구만 몇 줄 골라내기보다는, 기사의 첫 문단을 그대로 읽어보기로 하자.

무인도에 갇혀 단 한 종목의 주식만 보유할 수 있다고 상상해보자. 어떤 주식을 고를지 잠시 생각해보라. 올봄에 큰 타격을 받아 고점 대비 20퍼센트 하락한 주식일까? PER(주가수익비율)이 100배를 넘은 주식일까? 10년 전 상장 이후 이미 10만 퍼센트 가까이 치솟아 주식시장 역사상 가장 큰 상승세를 보여준 종목일까? 루슨트Lucent와 노텔Nortel 같은 기존 강자들은 물론이고, 무섭게 치고 올라오는 신예들까지 가세한 신시장에서 전례 없는 도전에 직면한 기업의 주식일까?

맞다, 바로 그 주식이다. **어떻게 보든, 시스코를 보유해야 한다.**

경영자에 대한 평가가 그보다 정확했던 기사는 기억나지 않는다(챔버스는 정말 훌륭한 CEO였다). 하지만 주가 전망에 대해 그보다 부정확했던 기사도 기억나지 않는다.

당시 시스코는 지구상에서 가장 성공적인 기업 중 하나였다. 이 회사는 1990년대를 주름잡았다. 인터넷 공급업체와 통신사들이 시스코의 라우터를 앞다퉈 사들였기 때문이다.《포춘》의 커버스토리에 등장할 무렵 시스코의 주가는 사상 최고치를 기록 중이었고, 역사상 최초로 시가 총액 1조 달러를 넘길 것처럼 보였다.

하지만 현실은 달랐다.

시스코의 주가는 2000년 3월 27일 이미 정점을 찍었다. 기사가 보도되기 불과 두 달 전의 일이었다. 이후 시스코는 나스닥에서 가장 부진한 기업으로 전락했다. 2002년 10월 나스닥이 바닥을 칠 무렵, 시스코의 주가는 최고치 대비 89.3퍼센트나 폭락했다. 시가총액의 정점도 1조 달러는커녕 그 절반이 조금 넘는 5567억 4000만 달러에 그쳤다. 《포춘》은 마이크로소프트와 제너럴 일렉트릭 대신 시스코를 선택했고, 시스코는 세 기업 중 가장 부진한 성과를 냈다. 모든 경쟁사를 박살 낸 마이크로소프트의 주가는 거의 600퍼센트 상승했다. 제너럴 일렉트릭의 주가는 그 이후 거의 30퍼센트 하락했지만 시스코보다는 한참 앞섰다.

시스코 주가 추이

출처: 와이차트(YCharts)

2000년 이후 지금까지 S&P 500은 300퍼센트 이상, 나스닥 100은 500퍼센트 이상 상승했지만, 시스코의 주가는 오히려 20퍼센트 낮아졌다. 놀라운 점은 나스닥 100이 한때 지수에서 가장 큰 비중을 차지했던 시스코의 부진에도 불구하고 큰 상승을 보였다는 것이다.

이는 주식시장에서 종목을 선정하거나 그 미래를 예측하는 일과 관련해 아무도 아무것도 모른다는 냉혹한 교훈을 건넨다. 물론 장기간에 걸쳐 꾸준히 좋은 종목을 고르며 실력을 입증해낸 극소수의 예외적인 사람이 있긴 하지만, 그들이 커버스토리를 쓰지 않는다는 것은 분명하다(이들에 대해서는 뒤에서 더 자세히 살펴볼 것이다).

나는 누군가가 특정 종목을 추천하는 일 자체에 불만이 있는 것이 아니다. 그보다는 미디어가 끊임없이 대담한 선언을 내놓는 방식에 문제를 제기할 뿐이다.

오늘날 지구상에서 가장 성공한 소매업체는 애플 스토어다. 그런데 애플 스토어가 막 개장했을 당시 미디어가 이를 어떻게 보도했는지 짐작이 되는가? 계속 읽어보면 알 수 있다.

애플이 망했다는 헛소리

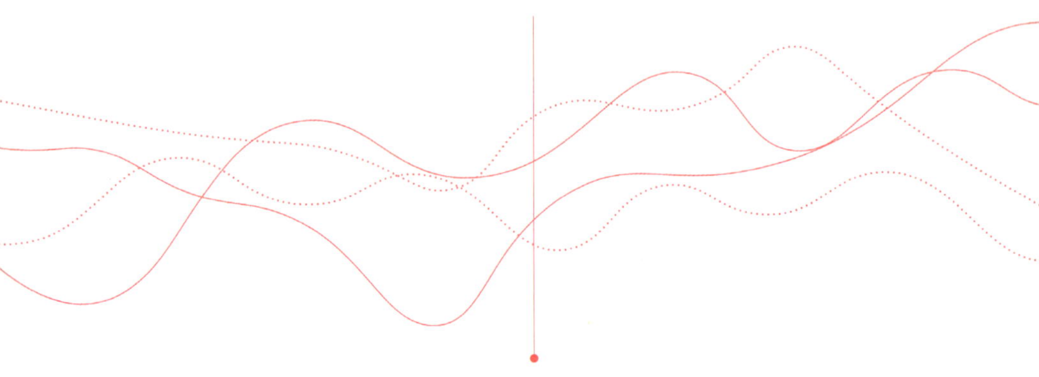

"스티브에겐 미안하지만, 애플 스토어가 통하지 않을 이유!"

대부분의 사람은 이렇게 생각한다. 아무리 치밀하게 기획한 신규 매장이라고 한들 그것이 애플을 다시 급성장의 궤도로 되돌려놓을 수는 없다고. 스티브 잡스도 이제는 남다른 사고방식을 멈출 때가 된 것 같다.

—《비즈니스위크》, 2001년 5월 21일

《포춘》이 시스코를 추켜세우고 1년 후,《비즈니스위크》가 애플의 소매업 진출을 논평한 기사를 실었다.[16]《비즈니스위크》뿐 아니라, 수많은 비관론자가 애플의 소매업 진출은 실패할 수밖에 없다며 비웃었다.[17] 여럿 책상물림 전문가가 그 이유에 대해 근거 없는 의견을 마음껏 쏟아냈다. 소매 컨설턴트인 데이비드 골드스타인David Goldstein은 "애플은 2년 내에

셔터를 내리고 이 고통스럽고 값비싼 실수를 마감할 것이다"라고 예측했다.[18]

기존의 가전제품 소매업체들은 모두 쇠퇴의 길을 걷고 있었고, 상황은 명백했다. 실제로 게이트웨이Gateway는 2004년에, 컴퓨USACompUSA는 2007년에 문을 닫았다.

투자자들은 미디어 보도의 구조적 오류를 항상 경계해야 한다. 전문 분야 밖에서 활동하는 저자들, 최근 동향을 모르는 기자들, 현재 추세를 먼 미래까지 무리하게 확장하는 전망가들. 이들은 투자자가 반드시 피해야 할 오류의 유형을 정확히 상기시켜준다. 지면에 실렸다는 이유만으로 오류투성이 인간의 무지한 의견을 투자 결정의 토대로 삼아서는 안 된다.

등장하는 것만으로 모든 것을 뒤집어버리는, 진정으로 혁신적인 제품과 서비스들이 있다. 아이팟과 아이폰, 테슬라 모델 S, 넷플릭스 스트리밍, 아마존 프라임, AI, 어쩌면 비트코인까지. 급진적인 제품은 기존의 틀을 깨부순다. 그것들은 차별성과 낯섦으로 우리에게 도전한다. 평범한 우리는 혁신을 알아보지 못하고, 그 영향을 예측하지 못한다. 그러나 일단 엄청난 성공을 거두고 나면, 그 제품이 존재하기 전의 삶이 어땠는지 잘 기억하지 못한다.

애플 스토어는 분명 그런 게임체인저였다. 2020년까지 애플은 25개국에 걸쳐 500개 이상의 매장을 열었다. 이로써 애플은 연 매출 10억 달러를 가장 빨리 달성한 기업으로 우뚝 서며, 제조업체에서 세계 최고 수준의 소매업체로 변신하는 데 성공했다. 2012년에는 다른 어떤 소매업체보다 제곱미터당 매출이 높았다.[19] 2017년에는 제곱미터당 약 1,800달러의 매출을 기록했는데, 2위인 티파니의 두 배에 달하는 액수였다.[20] 애플은 더 이상 매장 매출을 공개하지 않지만, 월 24억 달러 정도로 추정된다.

"스티브에겐 미안하지만, 애플 스토어가 통하지 않을 이유!"라고 기사를 쓴 사람의 포트폴리오가 무엇으로 채워져 있었을지 궁금하다.

금융계는 이런 식의 예측을 부추기는 듯하다. 다시 한번 강조하지만, 우리는 이런 예측에 영 재능이 없다. 무엇을 알고 무엇을 모르는지, 자기 전문성의 한계를 정확하게 인식하지 못하기 때문이다. 우리는 미래는커녕 현재조차 제대로 이해하지 못한다. 심지어 어떤 일이 일어날지 예측한다기보다는 현실이 되었으면 하고 바라는 것을 예측하곤 한다.

여기에서 배워야 할 점은 우리 대부분이 자신의 수준을 평가하는 메타인지 능력이 낮다는 것이다. 아는 것과 모르는 것을 파악하고, 능력 범위 안에서만 활동하는 것조차 우리에겐 어려운 일이다. 여기에 타인의 잘못된 예측까지 머릿속에 담고 있다면….

애플 스토어 관련 커버스토리가 형편없다고 생각하는가? 미디어가 블랙베리에 대해 뭐라고 떠들었는지 알게 된 당신의 반응이 궁금하다.

아이폰은 잊어라! 블랙베리가 있다

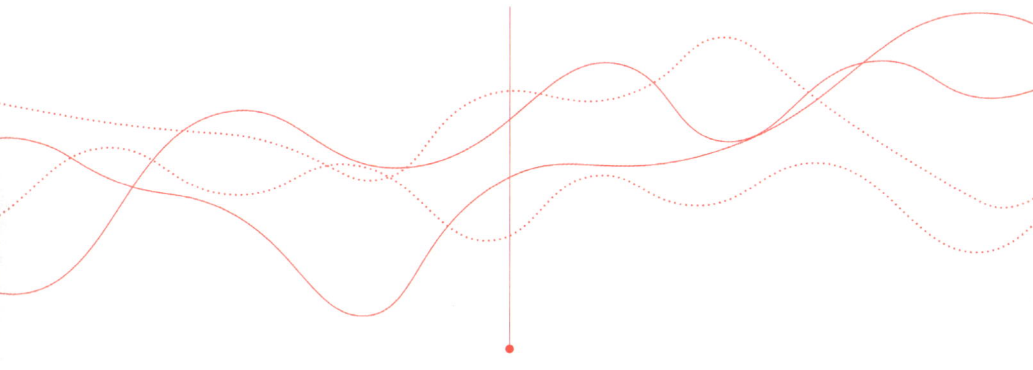

우리가 미래에 대해 얼마나 아는 것이 없는지 확인하는 한 가지 방법은 과거를 돌아보는 것, 즉 당시에 미래(바로 지금)를 어떻게 예측했는지 살펴보는 것이다.

2007년 늦여름, 블랙베리를 칭송한 《포춘》의 커버스토리가 대표적인 사례다.[21] 해당 기사를 읽다 보면 거침없는 논조에 한 번 놀라고, 아무것도 맞추지 못했다는 데 두 번 놀랄 것이다.

최근 스마트폰 업계에는 애플의 아이폰이 모바일 세계를 뒤흔드는 와중에 노키아가 신제품 발표로 새로운 도전에 나서리라는 뉴스가 많다. 하지만 이것은 모두 과장에 불과하다. 쟁쟁한 경쟁자들이 존재하지만, **리서치 인 모션**Research in Motion**의 블랙베리는 여전히 미국 스마트폰 시장에서 가장 강력한 존재다.**

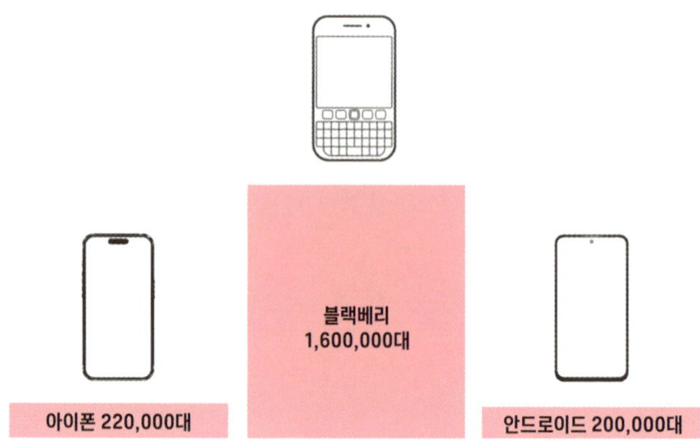

물론 이 주장은 대중적 인식과 완전히 반대되는 발언이다. 대중은 아이폰이야말로 꼭 손에 넣어야 할 물건이며 다른 어떤 제품도 상대가 되지 않는다고 생각한다. 하지만 그처럼 혁명적인 아이폰조차 아직 스마트폰 시장에서 리서치 인 모션이 확보한 발판을 위협할 위치에 있는 것은 아니다.

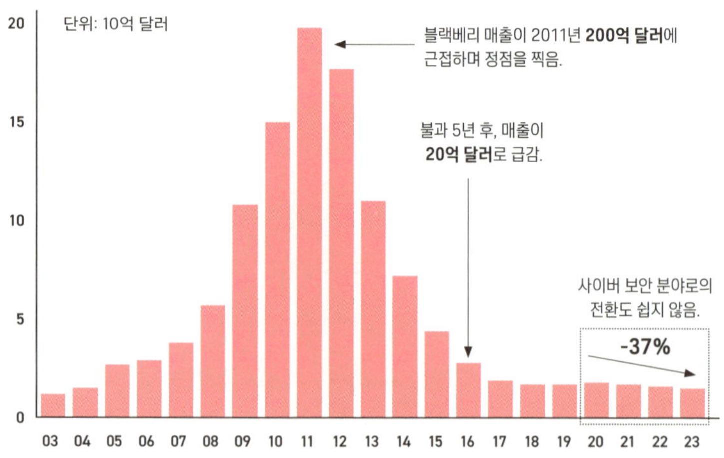

스마트폰 시장에서 가장 강력한 존재?

이 기사가 보도되었을 당시 리서치 인 모션의 매출은 200억 달러였으나, 이후 5년간 무려 10분의 1토막이 났다.[22] 주가는 2008년 고점 대비 98.1퍼센트나 하락했다. 리서치 인 모션은 2013년 블랙베리로 사명을 변경했다.

상황이 이런데도 《포춘》은 2년이나 더 리서치 인 모션을 지지하며, 스마트폰 업계에서 진행 중인 거대한 변화를 외면했다. 2009년의 커버스토리는 그들이 이 흐름을 얼마나 잘못 이해하고 있었는지 보여준다.

2009년 9월 7일 자 《포춘》(아시아퍼시픽판).

미디어는 기술과 정치 같은 이슈를 마치 경마처럼 다루는데, 구성이 부실하기 때문만은 아니다. 이런 경향은 근본적으로 게으름에서 기인한다. 그 결과 통찰력이 부족하고, 문제를 지나치게 단순화하며, 보다시피 시간이 지날수록 매우 부적절해지는 기사들이 양산된다.

투자자들은 많은 부분에서 틀릴 수 있지만, 사실 적중률 자체는 문제가 아니다. 대신 과한 자신감이 문제를 일으킬 수 있다는 점을 경계해야 한다. 연구에 따르면 우리는 자신감이 넘치는 이들을 지나치게 신뢰한다. 이런 태도는 도움이 되지 않는다.

———

마지막 사례는 노키아다. 그 후에는 미디어의 종목 추천에서 얻을 수 있는 교훈을 살펴보자.

잡지 표지모델

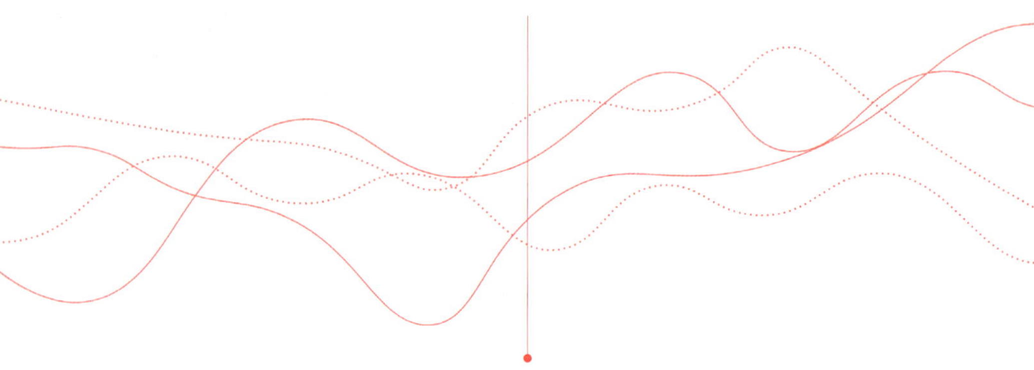

2007년 10월, 노키아의 CEO 올리페카 칼라스부오Olli-Pekka Kallasvuo의 사진이 《포브스》 표지를 장식했다.[23] 헤드라인은 당시 시장을 장악하고 있던 이 휴대전화 제조업체를 떠받들기에 여념이 없었다. "10억 명의 고객을 보유한 노키아, 누가 감히 이 휴대전화의 제왕을 따라잡을까?"

이제는 패턴이 보이지 않는가?

왕좌를 빼앗을 주인공은 수년간 터치스크린 모바일기기를 개발해온 애플이었다. 《포브스》가 노키아를 상찬하던 2007년, 애플은 아이폰을 출시했고, 얼마 지나지 않아 노키아의 쇠퇴가 시작되었다.

불과 5년 후인 2013년, 노키아는 약 50억 유로를 받고 전체 휴대전화 사업을 마이크로소프트에 매각했다.[24] 마이크로소프트가 원했던 것은 노키아의 특허권과 지적재산권이었으며, 노키아의 휴대전화 사업 자체는 사실상 아무 가치가 없었다.

노키아는 혁신자의 딜레마에 빠져 있었다. 소비자들은 더 뛰어난 모바일기기, 즉 스마트폰을 받아들이고 있었다. 이사회 회의실에서 격정적으로 논쟁하는 노키아 임원들의 모습이 선하다. "하지만 우리의 휴대전화 사업은 수익성이 대단히 높습니다!" 그 수익을 잠식하고 싶지 않았던 노키아는 스마트폰으로의 추세 전환에 늦고 말았다.

2007년 10월 26일 자 《포브스》.

지금까지 살펴본 네 가지 사례(시스코, 애플, 블랙베리, 노키아)는 미디어가 미래를 '알고 있다'고 자신만만해한다는 점을 명확하게 보여준다.

핵심은 몇몇 기자가 기업의 미래를 잘못 예측했다는 것이 아니다. 유력 잡지들의 표지가 모두 역투자 지표라는 것도 아니다. 그보다 더 중요한 교훈이 있다.

엄청난 비용을 치르게 한 이 과장된 커버스토리들에서 우리는 무엇을 배울 수 있을까?

이 또한 지나가리라

역사적으로 기업들은 큰 성공을 거둔 뒤 추락하고 무너졌다. 획득한 우위는 오래 지속되지 않을 수 있으며, 위대함을 낳은 역량이 그런 우위를 유지하는 데 필요한 역량과 같지 않을 수 있다. 때로는 기업이 인식하기도 전에 세상이 변해버리기도 한다. 우리는 지배적 기업이 영원히 그 자리를 지킬 것이라고 쉽게 가정한다. 블랙베리와 노키아뿐 아니라

루슨트와 노텔도 1990년대의 선두 주자였지만 모두가 금세 사라졌다. IBM, 제너럴 일렉트릭, 제너럴 모터스, 시어스Sears, K-마트K-Mart… 목록은 끝이 없다. 1996년 다우지수를 구성하던 30개 기업 중 지금까지 남아 있는 기업은 고작 12개다.

오늘날 시장을 지배하는 기업 중 어떤 곳이 같은 운명을 맞게 될까?

콘텐츠를 어떻게 평가해야 하는가

읽거나, 듣거나, 보는 모든 것은 그 진실성과 정확성을 분석해야 한다. 모든 정보는 그 자체의 가치, 작성자나 발행인들의 이해관계를 기준으로 평가해야 한다. 어떤 정보가 단순히 잡지에 실렸거나 TV에 나왔다는 이유만으로 무조건 받아들이거나 거부해서는 안 된다. 출처의 신뢰도를 따지지 않은 채 옳다거나 그르다고 가정해서는 안 된다.

모든 것은 순환한다

트렌드는 영원할 것처럼 느껴진다. 절정에 있을 때라면 특히 더 그렇다. 2007년 노키아는 무적처럼 보였지만, 그 몰락의 씨앗은 이미 수년 전에 심겨 있었다. 우리는 지금, 여기가 아닌 곳을 보는 데 어려움을 겪으며, 이 때문에 경제, 시장, 기업의 생애주기를 이해하지 못한다.

미래는 알 수 없다

우리가 미래를 모르는 것은 애초에 아는 것이 불가능하기 때문이다. 다가올 일을 아는 것처럼 구는 사람이라면 필시 무언가를 팔고 있는 것이다. 예측하기보다는 세상을 확률의 관점에서 바라보는 법을 배워야 한다. 이로써 더 겸손해지고, 더 유연하게 생각할 수 있다. 실수는 언제나 발생하지만, 그 규모를 줄이고 더 빠르게 회복하도록 해야 한다.

변화는 계속된다

흐름, 즉 끊임없는 변화는 지속적인 현상이다. 그러나 우리는 시간의 흐름에 따라 점진적으로 일어나는 변화를 놓칠 수 있다. 폴 그레이엄의 날카로운 통찰을 다시 인용하자면, "우리는 과거에 세상이 어떻게 돌아 갔는지에 대해서는 전문가다."[25] 따라서 점차 낡고 퇴색해가는 자신의 지식 기반을 끊임없이 점검해야 한다.

이런 일은 늘 벌어진다. 새로운 서비스나 제품이 왜 크게 성공할지, 왜 처참히 실패할지에 대한 거창한 선언들. 어떤 기업이 위대해질 운명인지, 어떤 사건이 일어나거나 일어나지 않을지에 대한 예측들. 우리의 선입견은 너무나 깊게 각인되어 있어서, 어떤 것(또는 모든 것)이 변했을 때 이를 놓치기 쉽다.

자신이 아는 것이 얼마나 적은지 인식하는 것은 매우 강력한 능력이다. 자신을 덜 확신하고 더 겸손하면, 더 나은 투자자가 될 수 있다.

시스코, 애플, 블랙베리, 노키아에 대해 잘못된 예측을 내놓긴 했지만, 잡지의 커버스토리는 원래 일관성이 없는 지표일 뿐이다. 즉 그것이 항상 틀렸다고 가정해서는 안 된다. 반대의 경우를 지금 바로 살펴보자.

기억상실증의 향연

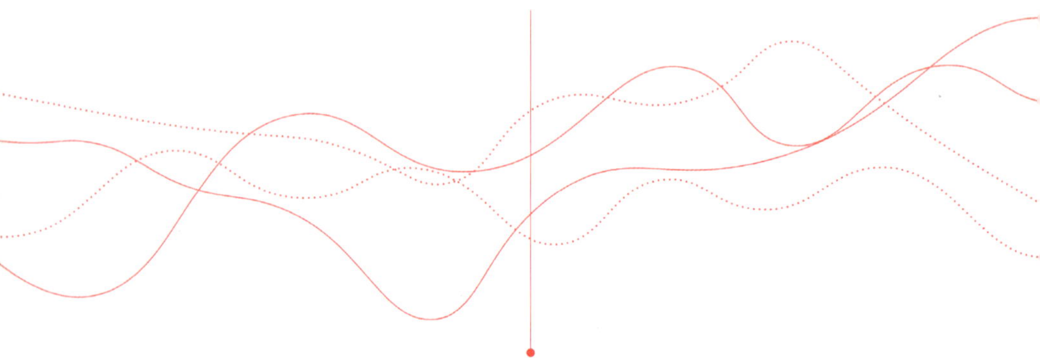

2017년 《배런스Barron's》는 커버스토리로 50억 달러를 들인 애플의 호화로운 새 사옥을 소개했다.[26] 헤드라인은 "애플, 2018년에 시가총액 1조 달러 돌파"였다. 대단히 많은 트레이더가 "이제 애플은 끝났다", "팔아라!"라는 반사적인 반응을 보였다.

통찰력인지 운인지 《배런스》의 예상은 적중했다. 2018년 8월, 애플은 정말 시가총액 1조 달러를 넘어섰다. 5년 후 애플의 시가총액은 3조 달러로 세 배가 되었다.

아마도 그 트레이더들은 과거의 커버스토리들에서 잘못된 교훈을 얻었던 것 같다. 모든 커버스토리가 신뢰할 만한 역투자 지표라고 가정해서는 안 된다. 나는 가장 극단적인 사례들만 소개했을 뿐이다.

시장분석가 폴 맥레이 몽고메리Paul Macrae Montgomery의 연구를 자세히 살펴보자. 그는 투자 트렌드가 커버스토리에 등장하는 순간 절정에 달

한다는 점을 포착해 '잡지 표지 지표magazine cover indicator'를 만들었다.[27]

몽고메리는 이 고전적인 지표에 대해 세 가지 규칙을 제시했다.

1. 비즈니스·금융 전문지가 아닌 대중지여야 한다.
2. 대중적인 투자 트렌드를 다루어야 한다.
3. 자산 가격의 큰 상승이 커버스토리에 실린 계기여야 한다.

몽고메리의 이론에 따르면, 투자 트렌드 열풍은 《타임》 편집진에게 도달할 즈음 김이 다 빠져버리고 만다. 이미 끝난 일이 되어 시장에는 후회만 가득하다.

이를 증명하는 수많은 사례가 있다. 2005년 《타임》은 주택시장을 주요하게 다루었다. 곧 정점을 찍은 주택시장이 32퍼센트나 폭락하며 대공황 이래 최악의 경기침체를 일으켰다.

1999년 12월, 《타임》은 아마존의 창립자 제프 베이조스를 올해의 인물로 선정했는데, 이는 닷컴 버블이 정점을 찍은 2000년 1분기로부터 불과 몇 주 전이었다. 《타임》이 2010년 마크 저커버그에게 선사한 같은 영예도 그와 페이스북(지금의 메타) 주주들에게 아무런 도움이 되지 못했다. 얼마지 않아 단행된 페이스북의 IPO는 실패로 돌아갔고, 수년 후 모바일 전략을 확립할 때까지 주가는 회복되지 못했다.

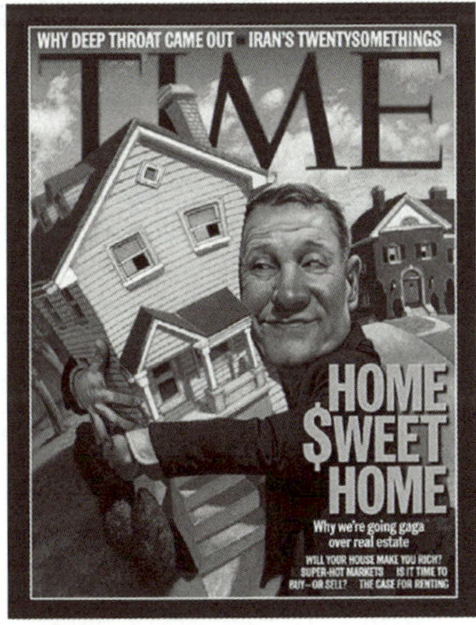

2005년 6월 13일 자 《타임》.

커버스토리에 실린 기업들의 주식을 팔기 전에 알아야 할 것이 있다. 잡지 표지 지표는 개별 기업에 적용되지 않는다. 애플이 대표적인 사례다. 애플은 1981년 이래 수십, 수백, 수천 번이나 커버스토리를 장식했다. 이것들을 매도 신호로 삼았다면, 큰 수익을 보지 못했을 게 분명하다.

커버스토리나 틱톡, X, 유튜브 영상, 온라인 뉴스, TV 프로그램 등을 투자자의 심리를 추적하는 도구로 사용하는 일은 허점이 많다. 우리는 이미 믿고 있는 것에 부합하는 사례를 선별하는 경향이 있다. 바로 이 '확증편향confirmation bias' 때문에 실제 존재하지 않는 신호를 보고 있다고 착각한다.

광범위한 사회적 정서를 파악하는 것은 결코 쉬운 일이 아니다. 전국적으로 발행되는 인쇄매체가 점점 줄어드는 상황에서는 더 어려운 일이 되고 있다. 미디어가 쪼개지고 그 각각을 맹신하는 현상은 우리가 더는 하나의 나라에 살고 있지 않음을 의미한다. 우리는 스스로 만든 수백만 방울의 편견의 거품 속에 살고 있다.

역사적으로 정서를 읽어내는 것은 그것이 극단적으로 부풀었을 때 가능했다. 지금은 그 파악이 더 어려워졌다.

———

우리는 미디어 속의 감정, 의견, 편견을 너무 쉽게 간과한다. 심지어 이런 오류를 찾고 나서도 간과하는 경우가 많다. 이 문제를 좀 더 자세히 들여다보자.

오래된 뉴스

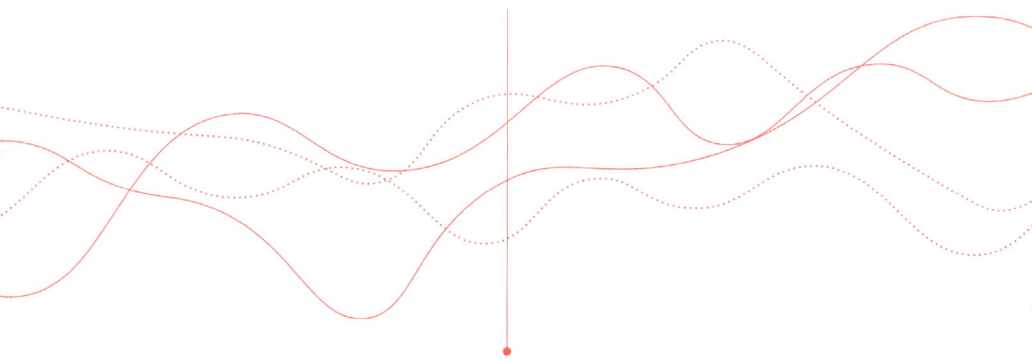

마이클 크라이튼Micahel Crichton은 하버드대학교 의과대학에서 의학박사 학위를 받았지만 의사로 일한 경력은 없다. 대신 그는 소설과 시나리오를 썼다. 그의 첫 작품은 1969년 출간된 《안드로메다 스트레인》으로, 1971년 영화화되었다. (때로는 직접 메가폰을 잡기도 한) 그는 《웨스트월드 Westworld》(1973년), 《죽음의 가스Coma》(1978년), 《쥬라기 공원》(1990년), 《떠오르는 태양》(1992년), 《잃어버린 세계》(1995년) 등 유명 작품들을 잇달아 펴냈다. 또한 장수 TV 드라마 시리즈인 〈ER〉(1994~2009년)의 시나리오를 쓰기도 했다.

크라이튼은 뛰어난 작가일 뿐 아니라 세상에 대한 예리한 관찰자이기도 했다. 작가이자 감독이라는 독특한 위상 덕분에 그는 대중매체에 대한 날카로운 통찰력을 갖게 되었다. 그는 특히 자극적인 의견을 퍼뜨리는 경향에 불편함을 느꼈다.

2002년 크라이튼은 〈왜 추측하는가?Why Speculate?〉라는 제목의 연설에서 이렇게 지적했다.[28]

> 누구나 알다시피 〈하드볼Hardball〉이나 〈오라일리 팩터The O'Reilly Factor〉 같은 프로그램들은 미래에 대한 추측만을 계속 내놓습니다. 일요일 아침 방영되는 이 토크쇼들은 전적으로 추측에 의존합니다. (…) 신문과 같은 소위 진지한 미디어에도 추측이 만연합니다.

이 통찰력 있는 관찰자는 이미 20여 년 전에 오늘날 우리를 괴롭히는 문제를 꿰뚫어 보고 있었다. 그가 지적한 "미디어를 향한 너무나 과분한 신뢰"는 투자자들이 반드시 경계해야 할 문제다.

크라이튼은 다음 예시를 통해 '겔만 망각Gell-Mann amnesia'이라는 충격적인 현상을 설명하기도 했다.

> 당신은 신문을 펼쳐 잘 아는 주제에 관한 기사를 읽습니다. 기사를 읽다 보면 기자가 그 사실이나 사안에 대해 전혀 이해하지 못하고 있음을 알게 됩니다. 기사가 너무 잘못된 나머지 원인과 결과가 뒤집힌 이야기를 하고 있을 때도 있지요. 나는 이것을 가리켜 "젖은 길이 비를 부른다"고 말합니다. 신문은 이런 기사로 가득합니다.
> 어쨌든 당신은 그 기사 속의 수많은 오류를 짜증스럽게 여기며, 또는 재미있다고 여기며 읽은 다음, 페이지를 넘겨 새로운 국내·국제 뉴스에 관심을 보입니다. 신문의 다른 부분들, 가령 저 먼 팔레스타인에 대한 기사는 당신이 방금 읽은 것보다 더 정확하리라는 듯 말입니다. 페이지를 넘기면서 알고 있던 사실을 잊어버리는 것입니다.

이것은 당신이 읽게 될 저널리즘의 탈을 쓴 추측성 기사, 논평, 헛소리에 대한 가장 강력한 비판이다. 크라이튼은 계속해서 "누군가가 당신에게 계속 허풍을 떨거나 거짓말한다면, 당신은 곧 그 사람이 하는 말을 한마디도 믿지 않게 될 것입니다"라고 꼬집었다. 이어서 ('부분적으로 거짓이면 전체가 거짓'이라는 뜻의 라틴어 격언) "falsus in uno, falsus in omnibus"를 인용하며, "우리는 영화, TV, 인터넷, 책, 신문, 잡지에는 그 기준을 적용하지 않습니다"라고 지적했다.

우리는 그 기준을 반드시 적용해야 한다.

———

크라이튼의 기준을 미디어에 적용해보고, 매일의 헤드라인이 시간이 지나면 어떻게 변하는지 살펴보자.

스포일러 → 그닥 좋지 않다.

시간이 지나면 뉴스는 어떻게 보일까?

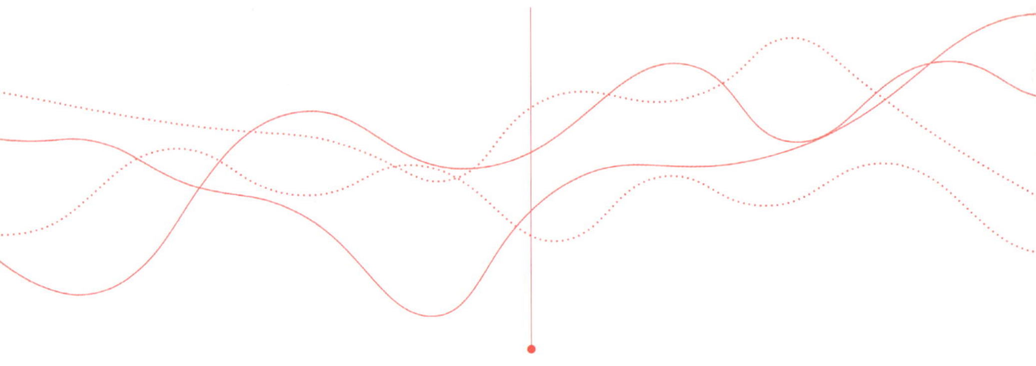

전설적인 트레이더 라슬로 비리니Laszlo Birinyi가 설립한 비리니 어소시에이츠Birinyi Associates는 매년 가장 영향력 있었던 기사들을 책으로 묶어 펴낸다.

몇 달 전의 기사들을 훑어보면 이만저만 거슬리는 것이 아니다. 기자들이 틀려서가 아니다(대부분은 정확하다). 다만 그 어조와 고양된 감정이 눈에 띈다. 이처럼 시간이 흐르면 보도에 선정주의가 얼마나 깊이 스며들어 있는지 명확히 드러난다.

전쟁, 팬데믹, 인수합병, 세계경제, 입법 그리고 무엇보다 시장의 움직임을 다룬 이야기들은 결말을 알고 난 후부터 "다음에 어떤 일이 벌어질까?" 하는 역동적인 긴장감이 사라진다. 남은 것은 패닉에 빠진 시대정신뿐이다.

뉴스를 소비한다면, 그 안에 얼마나 전염성 강한 감정이 스며들어 있는지 반드시 인식해야 한다. 이런 감정은 투자자들에게 해로운 방식으로 영향을 미치지만, 정작 뉴스를 소비할 당시에는 그냥 지나쳐버리기 일쑤다. 그 감정에 동조되어 있기 때문이다.

코로나19 바이러스가 전 세계를 덮친 2020년과 2021년, 온갖 절망적인 전망을 내놓았던 뉴스들을 떠올려보라. 오늘날 그것들은 좋은 평가를 받지 못한다. 장 본 물건들을 비눗물로 씻지 않으면 목숨을 지킬 수 없다고 모두가 믿던 그때, 당신을 두려움에 떨게 한 온갖 소식은 진부한 추측에 불과했다. 당시 중요하게 여겨졌던 것들이 지금 와 돌아보면 아무 의미도 없던 것으로 드러나기 일쑤다.

시대정신이 흘러간 뒤 남은 것은 과장된 헤드라인뿐이다. 그렇다면 투자자들이 혼란을 느끼거나 오도되는 것이 이상한 일일까?

다음 세 가지 사례를 살펴보자.

"투자자들은 최악의 순간이 아직 오지 않았다고 두려워한다"

2020년 3월 23일 자《월스트리트저널》의 헤드라인이다.[29] 온라인판의 헤드라인은 더욱 극적이었다. "은행과 투자자들은 전 세계적인 투매가 쏟아질 최악의 순간은 아직 오지 않았다고 경고한다." 시장이 바닥을 치고 하루 만에 나온 기사였다. 가히 완벽한 타이밍이었다. 시장은 이후 69퍼센트 상승했다.

"매우 모순적인 주식시장 반등"

2020년 4월 21일 자《뉴욕타임스》의 헤드라인이다. 기사는 많은 사람이 엄청난 투자 기회를 흘려보내고 있다고 꼬집었다.[30] 이 경우에도 온라인판의 헤드라인이 더 감정적이었다. "투자자들은 주식시장 랠리를 믿을 수 있을까?"

**"글로벌 펀드매니저들,
코로나19 백신 없이는 강세장이 이어질 수 없다고 경고"**

마지막으로, 2020년 5월 20일 자 《파이낸셜타임스》의 헤드라인이다.[31] 어쩌면 강세장은 백신이 나올 것을 이미 알고 있었던 것이 아닐까? 크라이튼의 표현을 빌리자면, 이는 젖은 길이 비를 부르는 식의 이야기다.

이들 중 사실만 따졌을 때 틀린 기사는 하나도 없다. 모두 그날의 뉴스를 정확히 보도했다는 점을 밝혀두어야겠다. 그러나 그렇다고 해서 사람들을 잘못된 길로 이끄는 불안감을 조장하지 않았다는 뜻은 아니다.

해법 → 겁을 주는 헤드라인을 접할 때마다 스스로에게 다음의 질문을 던져보라.

1. 이 기사는 감정적인 면에서 반향을 일으키는가, 아니면 논리적인 면에서 반향을 일으키는가?
2. 한 달 뒤에는 이 기사가 어떻게 보일까? 몇 년 후에는?
3. 이 뉴스는 주가에 어느 정도나 '이미' 반영되어 있을까?

이들 질문을 통해 적절한 관점을 얻게 되길 바란다.

다음으로는 소음을 줄여 정말 중요한 것에 집중할 수 있는 방법을 논의할 것이다. 어떻게 하면 미디어의 소음과 신호를 구분할 수 있을까?

신호 대 소음의 비율

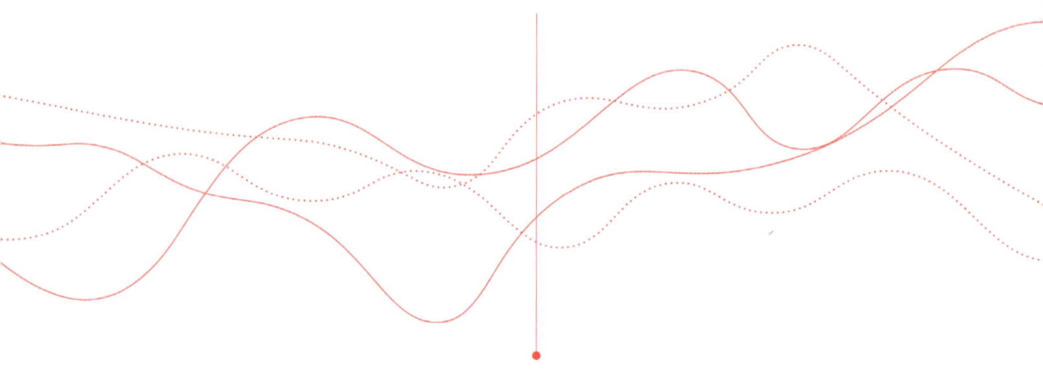

신호 대 소음의 비율은 거짓 정보나 쓸모없는 데이터 대비 실제로 유용한 정보가 얼마나 있는지에 초점을 맞추는 공학적 개념이다. 이는 투자자들에게 특히 중요하다.

나는 투자 과정에서 소음을 줄이기 위해 끊임없이 노력한다. 당신도 그렇게 해야 한다. 우리는 사고 과정(그리고 포트폴리오)을 방해하는 성가신 헛소리를 줄이고, 올바른 결정을 내릴 수 있게 도와주는 중요한 정보를 더 많이 확보할 필요가 있다.

궁극적으로 산만해지지 않고 목적에 집중하는 투자자가 되어야 한다.

이것은 지속적인 과정이다. 깊이 생각할 수 있는 고요한 명상의 순간을 찾는 것이 중요하다. 방해받지 않는 시간, 즉 심리학자들이 '딥워크 deep work'라고 부르는 시간은 점점 희소해지고, 그만큼 점점 중요해지고 있다. 내가 말하는 것은 컴퓨터 화면 앞에서 조용히 보내는 시간이 아니다. 일상에서 벗어나 깊은 사고를 향해 난 문을 열어주는 모든 활동(산책, 하이킹, 요가, 심지어 명상까지)을 포함한다.

초짜 트레이더 시절, 나는 집 안이 조용해진 새벽녘에 일어나 시장에서 일어나고 있는 일들에 대한 생각을 간단히 정리하곤 했다. 글을 통해 내 관점을 정리하는 것이 시장을 이해하는 데 큰 도움이 되었다. 정확히 말해 이것은 일종의 편집 과정이었다. 나는 조용한 시간의 상당 부분을 가치 없는 것들이 무엇인지 판단하는 데 사용했다. (이후 글을 다듬어 내 금융 사이트 '빅픽처'에 '리트홀츠 리즈Ritholtz Reads'라는 제목으로 올렸다.)

이것은… 해방감을 준다.

우리는 모두 사소한 일들 때문에 산만해진다. 대부분의 정보(뉴스, 기업 발표, 경제지표, 전문가 의견)는 장기 포트폴리오에 영향을 미치지 않는, 상관없는 것들로 드러나기 일쑤다. 이들을 제거한 뒤에야 신호가 들린다.

쉬운 일이 아니다. 소음을 제거하는 것은 우리 안에 가장 깊이 뿌리내린 습관과의 싸움이다.

이 아이디어를 의도적으로 뒤집는다면 어떨까? 즉 소음은 늘리고 신호를 줄이기 위해 해야 할 일들의 목록을 만든다면 어떨까? 아마도 이는 투자자로서 미디어를 소비할 때 해선 안 되는 일들의 목록이 될 것이다.

경고 → 아래 목록 중에서 자신의 모습을 발견할 수도 있다.

신호는 줄이고 소음은 늘리는 방법

1. **미디어를 끊임없이 소비하라.** 금융 방송은 실제 거래에 적용할 수 있는 아이디어의 훌륭한 원천이다.
2. **데이터를 경시하라.** 데이터는 과대평가되어 있다. 누군가가 겪은 일화와 본인의 직감을 믿어라.

3. 전문가들의 의견을 경청하라. 당신이 편안한 은퇴 생활을 즐길 수 있도록 돕는 것이 그들의 유일한 존재 이유다.

4. 내부정보를 입수하라. 시장에 관한 모든 중요한 정보(특히 시장이 폭락하거나 급등할 시점)는 소수의 내부자만이 알고 있다. 이런 내부 정보를 공유하겠다고 약속하는 뉴스레터를 구독하라!

5. 다음 사항들에 스트레스받아라. 연준과 금리, AI, 달러 대비 유로 환율, 가자지구 사태, 미국 의회, 엔비디아, 초인플레이션, 러우전쟁, 테슬라, 유럽 국가들의 국채 부실, 금, 중국, 디플레이션, 비트코인, 원자재 그리고 힌덴부르크 오멘Hindenburg Omen에 많은 에너지를 쏟고, 많은 시간을 투자하며, 긴장을 놓지 말아라.[*]

6. 계산하지 말라. 숫자는 지나치게 과대평가되었으며, 확률적 분석은 어차피 괴짜들만의 영역이다.

7. 반향실에 머물러라. 자신의 정치적 입장과 일치하는 뉴스에만 집중하라. 기존 의견과 투자 결정을 확인시켜주는 정보를 찾아라. 자신의 신념에 반하는 내용은 절대 읽지 말라.

8. 빠르게 생각하라. 큰돈은 단타에서 나온다! 장기적인 것은 신경 쓰지 말라. 그것은 먼 미래의 일이다. 성공을 연 단위가 아닌 시간과 분 단위로 측정하라.

9. 슈퍼 해피 펀 타임. 퇴직 계좌로 밈 주식을 거래하며 즐기는 것이 뭐가 나쁜가. 과세이연으로 자본이득세를 걱정할 필요도 없다. 즐겨라. 그것이 퇴직 계좌가 존재하는 이유다!

---

[*]　힌덴부르크 오멘은 증시 폭락의 전조를 알리는 지표로, 1987년의 검은 월요일, 2008년의 세계금융위기를 정확히 예측했다. 하지만 실제 적중률은 30퍼센트 안팎으로, 신뢰성 논란이 존재한다. 참고로 힌덴부르크는 1930년대 독일에서 개발된 호화 여객 비행선으로, 1937년 공중에서 폭발하며 많은 사상자를 낳았다.

10. 이런 질문을 던져라. '최근에 내게 해준 게 뭐야?' 장기 실적이 좋은 전문가라도 잠시 부진하다면 그의 말에 귀 기울이지 말라. 워런 버핏이 1999년 부진했을 때 당신은 바로 그를 버렸어야 했다. 가장 최근 분기, 아니 최근 한 달의 투자 성과만이 중요하다!

이 (비꼬는) 말들 속에서 자신의 나쁜 행동을 발견했는가? 이것들이야 말로 엄청난 소음으로 투자에 도움이 될 만한 신호를 가려버리는 요인들이다. 스스로 이렇게 질문해보라. 내 투자 과정에는 얼마나 많은 소음이 섞여 있는가?

이제는 미디어 소비 방식을 다시 설계할 때라는 생각이 들지 않는가? 다음 이야기를 읽으면 그 구체적인 방법을 알게 될 것이다.

미디어 디톡스

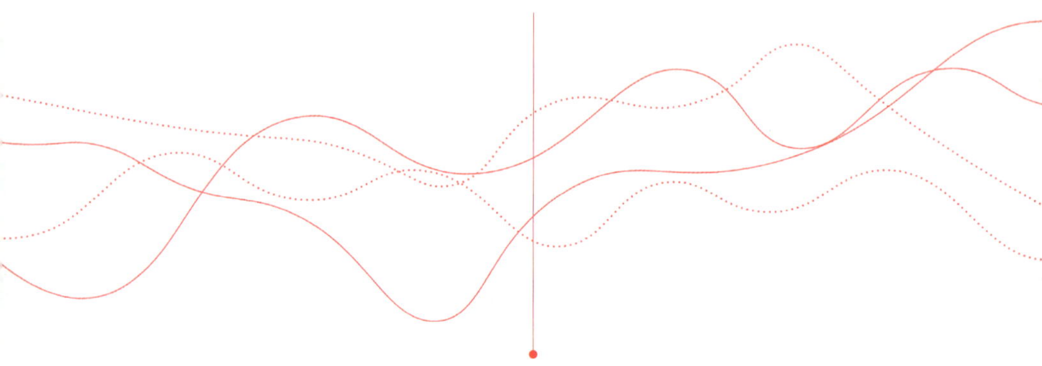

소형주 투자 전문가인 이안 카셀Ian Cassel의 표현대로, "모든 투자자의 성숙은 거의 모든 것을 흡수하는 것으로 시작해 거의 모든 것을 걸러내는 것으로 끝난다."[32]

'빼기를 통한 더하기'는 감정적이고 투기적인 헛소리를 제거하는 과정이다. 분석으로 가장한 사견을 버리고 예측에 기반한 과장을 걸러내야 한다.

현명하게 활용한다면 미디어는 당신의 투자 과정에 가치를 더할 수 있다.

그 방법은 다음과 같다.

전문가에게 책임을 묻는다

발언에 책임지지 않는 미디어의 행태는 가증스러울 정도다. 온갖 헛소리가 아무런 제재 없이 쏟아진다. 금융 방송 출연자들이 잘못된 예측이나 손실을 부른 종목 추천을 이유로 지적받는 경우는 드물다. 저널리스트들은 그들이 작성한 최악의 기사를 (나 같은 몇몇 괴짜를 제외한) 독자들이 기억할지 모른다는 두려움 없이 아무 글이나 쓸 수 있고, 실제로도 그렇게 한다.

나는 입만 살아 있는 자들에게 책임을 묻기 위해 달력을 이용한다. 누군가가 터무니없는 주장이나 예측을 내놓으면, 나는 그것을 기록해둔다. 벽걸이든 탁상용이든, 구글 캘린더든 애플 캘린더든 마이크로소프트 아웃룩이든, 어떤 달력인지는 중요하지 않다. 개인적으로 팔로우업덴FollowUpThen이라는 달력 앱을 애용한다. 어쨌든 몇 년 후면 이 무책임한 전문가들에게 얼마나 주의를 기울여야 하는지 자연스레 알게 된다. 나는 돈을 잃게 하는 사람들을 계속해서 솎아낸다.

나만의 리서치팀 구성하기

내게는 나만의 리서치팀이 있다. 내가 가장 선호하는 전문가들로 구성된 올스타팀이다. 그들의 뉴스레터와 X를 구독하고, 업로드되는 게시물들을 거의 모두 읽는다.

리서치팀의 면면은 이렇다. 우선 경제와 주택시장의 본질을 압축해서 보여주는 **빌 맥브라이드**Bill McBride, 월스트리트의 그 누구보다 시장 동인을 잘 이해하는 **샘 로**Sam Ro, 통찰력 있는 그래프를 제공하는 **토르스텐 슬록**Torsten Slock이 포함된다. 데이터와 맥락을 통합하는 데는 내 동료 **벤 칼슨**을 따라올 사람이 없다. 또한 나는 통찰력과 지혜로 가득한 **모건 하우절**의 칼럼을 빠짐없이 탐독한다. 연준에 관한 것이라면 무엇이든 **클라우디아 샴**Claudia Sahm이 최고이며, 투자자들의 나쁜 행동을 이해하는 데는

《월스트리트저널》의 **제이슨 츠바이크**보다 도움이 되는 사람을 찾기 힘들다. **데이브 나디그**Dave Nadig는 ETF 스승이나 다름없고, **조너선 밀러**Jonathan Miller는 주택시장의 마법사다. **에드 하이먼**Ed Hyman은 역대 최고의 경제학자다. 이 10명 외에도 더 많은 사람이 있다.

방법론, 분석력, 실적 등 어떤 차원에서든 가치를 더하는 전문가들의 목록을 직접 만들어라. 이때 이것이 제거의 과정이라는 것을 기억하라(즉 무조건 많다고 좋은 것이 아니다). 책임감 또한 목록의 길이를 알맞은 정도로 조절해줄 것이다(즉 자기 말에 책임지는 전문가를 찾아라).

미디어 소비를 계획하라

솔직히 말해 대부분의 금융 방송은 지루하다. 무엇에 대해 떠들든 재미없다.

왜 그럴까? 금융 방송은 본질적으로 TV로 옮겨진 라디오다. 눈길을 끄는 요소가 부족하니, 그것을 만회하고자 과잉 보상을 남발한다. 심지어 인위적 갈등까지 만들어낸다. 제작자가 '흥미진진한 방송'을 만들기 위해 내놓았다는 가짜 강세(또는 약세) 논쟁 같은 것들 말이다. (으으.)

다행히도 유튜브 덕분에 금융 방송 중 좋은 것만 골라 볼 수 있게 되었다. 블룸버그 서베일런스Bloomberg Surveillance의 **톰 킨**Tom Keene, 통찰력 있고 재치 있는 내 동료인 CNBC의 **조시 브라운**은 어떤 내용도 재미있게 만든다. 전 세계적인 투자은행 UBS의 **아트 캐신**Art Cashin이 출연하는 뉴욕증권거래소 현장 중계는 꼭 봐야 할 프로그램이다. 캐신의 말은 단 30초만 들어도 지혜가 쌓이는데, 다른 전문가들은 10명이 모여도 할 수 없는 일이다. 블룸버그TV의 **데이비드 루벤스타인**David Rubenstein은 놀라운 대담을 진행한다. **콘수엘로 맥**Consuelo Mack의 인터넷 방송 '웰스트랙

WealthTrack'은 좀 더 여유 있는 분위기에서 금융계 전설들과 깊이 있는 인터뷰를 진행한다. 그는 현대판 **루이스 루카이저**Louis Rukeyser다.

꼭 금융 방송을 봐야겠다면, 유튜브에서 양질의 콘텐츠를 찾아 정해진 시간만 시청하는 방식을 택하라. 시간 때우기용 콘텐츠에 주의력을 낭비해선 안 된다.

더 나은 투자자가 되어라

발전할 수 있는 방법을 가르쳐주는 콘텐츠에 우선순위를 두어야 한다. 당신의 투자 과정과 행동양식을 이해하고, 올바른 맥락을 형성하는 데 초점을 맞춘 콘텐츠는 볼 가치가 있다.

종목을 추천하거나, 의견을 늘어놓는 데만 관심 있는 사람들, 미래를 예측한다는 사람들은 건너뛰어라. 쓸모없는 헛소리다. 미디어 속의 스승들, 즉 자신의 경험과 힘들게 얻은 전문성을 공유할 수 있는 이들에게 집중하라. 물고기를 얻는 것보다 물고기를 잡는 법을 배우는 편이 낫다.

나는 미디어 소비와 세상을 더 잘 이해하려는 욕구를 일치시킨다. 제한된 주의력을 가치 있는 것들에만 쓰기 위해 아껴둔다는 뜻이다. 당신도 그렇게 해야 한다.

지금까지 온갖 잘못된 조언과 그것들이 퍼져나가는 방식을 살펴보았다. 도대체 그 근원은 무엇일까? 계속 읽으면 알게 될 것이다.

3장

궤변

누군가는 반드시 당신을 속이려 한다

투자란 무엇인가

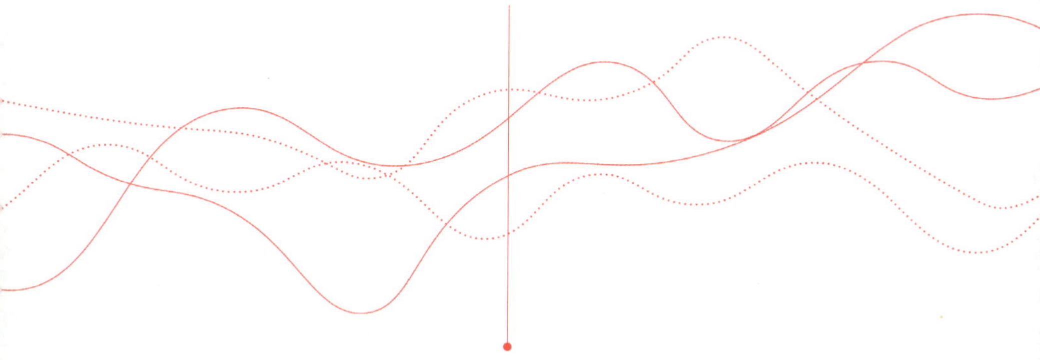

투자란 무엇인가?

이것은 당신이 생각하는 것보다 훨씬 미묘한 질문이며, 가볍게 넘겨서는 안 될 질문이다. 많은 전문가가 이를 그 무엇보다 어려운 질문으로 생각하며, 답을 찾고자 매달린다.

나 또한 수년에 걸쳐 나만의 답을 만들어왔다.

투자는 불완전한 정보imperfect information를 이용해 본질적으로 알 수 없는inherently unknowable 미래future에 대해 확률론적probabilistic 평가를 내리는 기술art이다.

내가 내린 정의를 뜯어보면, 이 길지 않은 문장 속에 많은 뉘앙스가 담겨 있다는 사실을 알 수 있다.

- **기술** 투자는 과학이 아니므로, 모든 사람에게 적용되는 단일한 최적의 해법이 존재하지 않는다.
- **불완전한 정보** 우리가 가진 정보는 동적이고, 불완전하며, 종종 혼란스럽고, 자주 틀린다. 특정 시점에 알아야 할 모든 것을 다 아는 사람은 없다.
- **확률** 가능한 결과가 많음을 인정해야 한다. 투자자는 자신이 바라는 결과뿐 아니라 예상하지 못한 상황에 대한 계획도 가지고 있어야 한다.
- **알 수 없음** 미래에 대해 아는 것이 얼마나 적은지를 겸손하게 인정해야 한다. 우리는 다음에 어떤 일이 일어날지 알지 못하며, 알 수도 없다. 이 명백한 사실이 리스크를 관리하고 자산을 배분하는 방식에 반영되어야 한다.
- **미래** 낙관주의를 견지해야 한다. 비관론자들은 인류 역사 내내 패배의 편에 섰다. 그러나 닷컴 버블 붕괴, 세계금융위기, 팬데믹 같은 좌절은 일시적이었다. 비관주의는 인간의 창의성을 부정하는 쪽에 베팅하는 짓이다. 그것은 50만 년 동안 지는 내기였다.

나는 알아서 수익을 만들어내는 과학 정도로 투자를 정의하고 마음 놓기보다는, 돈과 상호 작용하는 과정 내내 신중하게 행동하는 쪽을 선호한다. 돈에 대한 욕망이 의사결정에 어떤 영향을 미치는지, 어떤 리스크를 감수해야 하는지, 부에 대해 어떻게 생각하고 있는지, 수익을 창출하기 위해 감내해야 할 감정적 고통은 무엇인지 등을 모두 고려하는 것이다.

인간 행동과 관련된 모든 연구는 우리가 문제를 어떻게 해결하는지 살핀다. 이 모든 노력이 결국 문제 해결 활동이라면, 더 나은 투자자가 되기 위해서는 더 나은 결정을 내리는 법을 배워야 한다.

나는 더 나은 투자자가 되기 위해 필요한 기술, 즉 '덜 멍청해지기' 위해 필요한 기술이 다른 많은 영역에서 더 나은 결정을 내리는 데 필요한 기술과 비슷하다는 사실을 깨달았다. 이는 삶의 모든 측면에 영향을 미친다. 배우자를 택하고, 성공적인 경력을 쌓고, 건강을 관리하고, 심지어 만족스러운 인간관계를 맺는 일까지 말이다. 더 나은 결정은 더 큰 행복, 더 높은 만족도로 이어지며, 어쩌면 이룰 수 있는 최고의 모습으로 거듭나게 해줄지도 모른다.

너무 허황되게 들리는가? 나는 더 나은 투자자가 되어야만 더 나은 삶을 살 수 있다고 말하는 것이 아니다. 다만 당신의 투자 기술을 돈의 세계 밖에서도 적용할 수 있을지 고민해보길 바란다.

———

깊이 생각할수록 투자란 엄청난 문제 해결 활동임을 깨닫게 된다. 투자에 가장 뛰어난 이들은 지적으로 유연하다. 그들은 투자 기술을 학문처럼 다루며 그 과정에 집중한다. 확률이론을 이해하고 실수를 학습의 기회로 삼는다. 사고 모델을 활용하고 2단계 사고를 한다. 사실과 반대되는 상황을 따져보고 정보가 오염되지 않았는지 주의를 기울인다. 자신의 심리적 상태에 대한 자기 인식 수준이 높다. 자신에게 맹점이 있음을 잘 알고, 모른다는 것조차 모른다는 것을 인식한다.

당신도 자신이 어떤 과정을 거쳐 결정을 내리는지 따져봐야 한다. 인생의 중요한 분기점이나 자산 배분 모델에 대해 고민할 때 기본 설정대로 결정되도록 내버려둬서는 안 되기 때문이다.

투자에 대한 정의는 미래에 대해 알고 있는 것과 모르는 것을 인식하는 데 달려 있다. 우리는 어떤 일이 발생하든 견딜 만한 더 나은 결정을 내리기를 원한다. 그러기 위해서는 우리가 믿는 것이 무엇인지, 그렇게 믿고 있는 이유는 무엇인지 자문해보아야 한다. 그것이 우리가 다음으로 알아볼 주제다.

무엇을 왜 믿는가

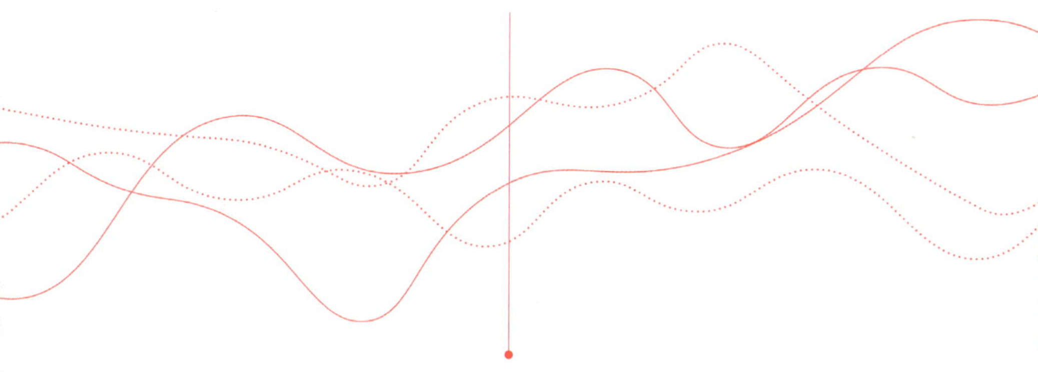

홀륭한 투자자가 되기 위해 해야 할 가장 중요한 일 중 하나는 주변 세상에 대한 모델을 구축하는 것이다. 이를 위해서는 불완전하고 때로는 모순되는 정보를 이해하는 능력이 필요하다.

쉽지 않은 일이다. 직관에 반하는 경우가 많기 때문이다.

시장을 뒤흔들 것 같은 데이터나 뉴스는 이미 가격에 반영되어 있는 경우가 태반이다. 내가 공개된 출처를 통해 발견한 정보라면, 다른 사람들도 이미 알고 있지 않을까? 많은 사람에게 널리 알려진 정보는 거의 항상 가격에 반영되어 있다.

이것이 정치, 스포츠, 종교 같은 다른 활동과 투자의 핵심적인 차이다. 시장에서는 실수에 대한 피드백이 다른 분야보다 빠르다. 당신의 근본적 신념이 틀렸거나 거짓으로 드러난 '사실'에 의존하고 있다면, 오래지 않아 그 점을 알게 되는 것이 보통이다. 또 이런 오류에는 큰 대가가 따른다. 당신의 근본적 신념이 틀렸다면, 포트폴리오가 크게 훼손될 것이다.

돈 관련 실수를 줄이고 성공적으로 투자하기 위해 올바른 사고방식을 기르고 싶다면 이렇게 자문하라. "왜 나는 모든 것에 대해 의견을 가지려 할까?" 바꿔 말해, 무지를 인정하지 못하는 이유는 무엇일까?

이것이 좋은 투자자가 세상을 바라보는 방식이다.

"나는 모른다"라는 말은, 그런 말을 할 용기만 있다면, 많은 문제를 피하게 해줄 매우 강력한 도구다. 뒤에서 살펴보겠지만, "나는 모른다"라고 말하는 것을 겁낸다면, 큰 실수를 저지르게 된다.

팬데믹이나 대통령 면책 특권, 중동 정세에 대한 의견이 어떻든, 당신이 할 수 있는 일은 많지 않다. 사람들이 이런 주제에 대해 뭐라고 떠드는지 한번 살펴보라. (특히 소셜미디어에서) 이런 문제를 논하는 대부분의 사람은 유행병학자, 헌법학자, 외교정책 전문가가 아니다. 대개 30분도 채 안 되는 짧은 시간에 벼락공부하고는 큰 소리를 낼 뿐이다. 엎친 데 덮친 격으로 미디어는 이런 목소리를 열정적으로 보도하는데, 사람들은 이를 보고 해당 주제에 대한 자신들의 이해가 피상적인 수준을 넘어선다고 착각한다. 자신이 무엇을 알고 무엇을 모르는지 잊어버릴 때 우리의 사고방식은 궤도를 벗어난다. 도저히 알 수 없는 것까지 알 수 있다고 착각하는 사고방식을 갖고 있을 때라면 더욱 그렇다.

좋은 투자자는 끊임없이 자문해야 한다. 내가 아는 것은 무엇인가? 내가 믿는 것은 무엇이며, 왜 그렇게 믿고 있는가? 내가 틀렸을 때 어떻게 알 수 있는가? 틀렸을 때 나는 무엇을 할 것인가?

나는 투자에 대해 생각하는 방식을 끊임없이 다듬으려 노력하고 있고, 그 사고방식은 수십 년에 걸쳐 진화해왔다. 블룸버그를 대표하는 팟캐스트 '마스터스 인 비즈니스Masters in Business'를 진행하며 얻는 가장 큰 이점은 역사상 가장 성공한 투자자들과 매주 한두 시간씩 함께하면서 그들의 사고방식에 대해 이야기 나눌 수 있다는 것이다. 사고방식에 대한 깊은 통찰을 얻는 대단히 유익한 시간이다.

백신 회의론, 미국 국회의사당 습격, 인플레이션, 부채한도, 지구 평평설 등을 둘러싸고 벌어진 지난 몇 년간의 논쟁은 생각에 대해 생각하는 법을 가르쳐주었다. 세심하게 살피면 사람들의 사고방식이 보이고, 그것이 어디에서 어떻게 잘못될 수 있는지도 보인다.

내가 투자자로서 가장 중요하게 생각하는 말이 "나는 모른다"라고 하면 놀랄지도 모르겠다. 하지만 이 말을 하지 못해서 투자자들은 수십억 달러의 손실을 본다. 책을 계속 읽다 보면, 그 이유를 알게 될 것이다.

"모르겠습니다"라고 말할 용기

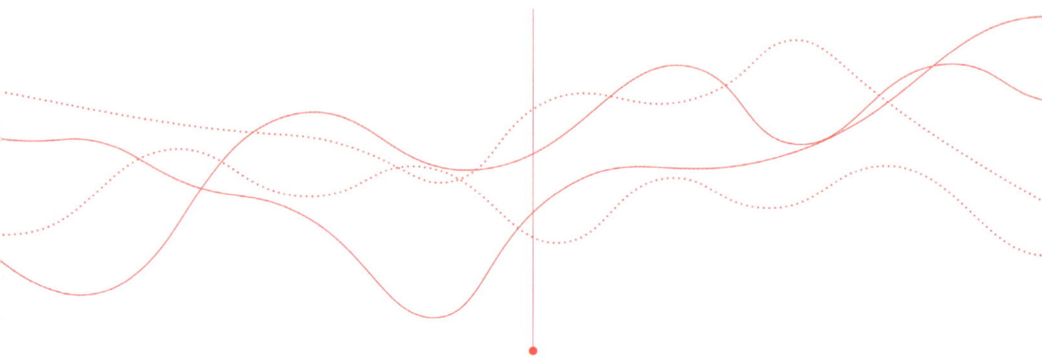

나의 무지함에 대해 이야기하고 싶다. 아니, "나는 모른다"라고 말할 줄 안다는 데서 느끼는 정당한 자부심에 대해 이야기하고 싶다. 나는 이 말을 자주 사용한다. 내가 정말이지 알지 못하는 주제가 너무나 많기 때문이다.

내가 절대 알 수 없는 것들, 특히 미래에 관한 질문을 받을 때가 있다. 나는 추측하기보다는 진실을 인정하고 그에 따라 계획을 세우는 것이 최선의 접근법이라고 믿는다. 그와는 반대로, 너무 많은 사람이 그러듯이, **예측하고 그 예측에 집착하는** 방법도 있다. 이는 대개 재앙적인 결과로 이어진다. 피할 수 있는 실수의 전형이다.

내가 모르는 것이 무엇인지 이해하는 것은 역설적이게도 세상을 이해하게 해준다. 내가 투자자의 심리와 인지적 문제에 그토록 집중하는 이유가 여기에 있다. 나는 내가 모르는 것이 무엇인지 그리고 언제 내 뇌가 내게 거짓말을 하는지 이해하고 싶다. 내 경험에 따르면 이러한 접근법은 쓸 만하다.

안타깝게도 이는 대부분의 분야에서 환영받지 못하고 있다. 과도한 입시 교육에서 무지를 인정하지 않는 태도가 비롯된 것인지도 모르겠다. 그것이 이유일 수도 있고 아닐 수도 있다. 나는 모른다.

투자의 세계에서 내가 모르는 것에 베팅해선 안 된다는 사실을 인식하는 일은 대단히 중요하다. 이는 모든 투자자가 갖춰야 할 중요한 자질로, 아무리 강조해도 지나치지 않다. 너무 많은 사람이 알고 있는 것에 기반해 결정한다고 생각하지만, 종종 그 결정은 알고 있다고 생각할 뿐 실은 모르는 것에 기반한다.

속내를 감추거나 일부러 남들과 반대의견을 내라는 것이 아니다. 물론 출연한 금융 방송의 진행자가 미래의 시장가격을 물을 때 짓궂은 즐거움을 조금 느끼긴 하지만.

진행자 "1년 후 다우지수는 어느 정도일까요?"

나 "전혀 모르겠습니다."

진행자 (당황)

저 질문에 대해 "모르겠습니다" 외의 다른 답변을 하는 모든 사람은 거짓말하고 있는 것이다. (윌리엄 골드먼의 격언을 기억하라.) 그들은 미래를 **알 수 없다.** 더 나쁜 점은 그들이 자신의 무지를 인식조차 하지 못할 때가 많다는 것이다(이에 대해서는 더닝크루거 효과를 다루는 부분에서 더 자세히 살펴볼 것이다). 아마도 가장 나쁜 점은, 그들이 시청자를 오도해 전문가로 불리는 자신들만이 미래를 알고, 당신은 미래를 모른다고 생각하게 만든다는 것이다. 결국 그들은 당신에게 '**내 상품을 사야 한다**'는 메시지를 보내고 있는 것이다.

진행자가 당황하는 모습을 보려고 그런 식으로 대답하는 것은 아니다(물론 재미있긴 하지만). 그 이유는 첫째, 그것이 적절한 답이고, 둘째, 나는 금융계에 속한 대부분의 사람이 부정하는 단순한 현실을 받아들이고 있기 때문이다.

자신이 모른다는 것을 인식하는 데는 엄청난 이점이 있다. 자신이 가진 정보의 한계를 인정하는 것은 일종의 상황 인식이다. 이는 예상치 못한 위기와 맞닥뜨리는 참사를 막아준다.

다른 이점도 있다. 초점을 결과보다 과정으로 옮김으로써, 어떤 결과가 실력에서 비롯된 것인지, 아니면 단순한 운에서 비롯된 것인지 더 잘 이해할 수 있게 해준다. 연장선에서 우연에 속는 것을 방지한다. 역사가 알려주듯 끊임없는 반복으로 빚어낸 성과는 행운에 의한 무작위적인 결과보다 훨씬 우월하다.

무엇을 모르는지 알고, 또 인정하는 것은 귀중한 자질이며, 당신의 관점이 통찰력 있다는 증거다. 한번은 어느 브랜딩 전문가가 내게 이런 말을 했다. "당신은 대기업들이 수익성 높은 분야로 떠나고 남겨진 '진실'이라는 틈새시장에서 활약하고 있어요."

나는 내 접근법이 마케팅 수법이라고 생각하지 않는다. 그것은 현실을 인정하는 것일 뿐이고, 더 현명한 계획과 더 나은 결과를 낳는다. 하지만 이러한 접근법은 사람들에게 팔기 어렵다. 아마 점점 더 어려워질 것이다. 매끄럽지도 않고, 팸플릿을 화려하게 꾸미는 데 도움이 되지도 않으며, 구호로 삼기도 힘들다.

하지만 효과적이다. 더 나은 투자자가 되고 싶은가? 스스로에게 자신이 모르는 것이 무엇인지 물어보라.

무엇을 모르는지 아는 것은 중요하다. 영업 사원들이 그것을 둘러싼 불안감을 이용해 상품을 팔기 때문이다. "모른다"라고 말하는 것만으로도 어떻게 끔찍한 투자상품을 피하고 수백만 달러를 아낄 수 있는지 곧 보게 될 것이다.

이해하지 못하는 것에 투자하지 말라

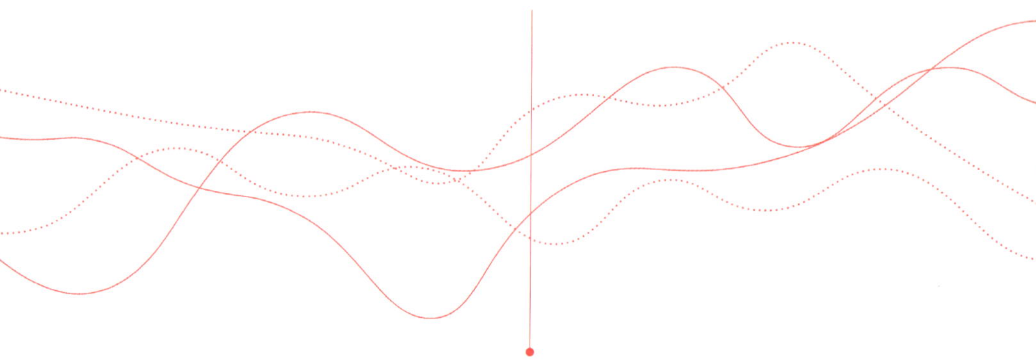

나는 테라노스에서 무슨 일이 벌어지고 있는지 전혀 이해하지 못했다. 이 실리콘밸리의 테크기업은 정맥에서 피를 왕창 뽑지 않고도 갖가지 혈액검사를 할 수 있다고 주장했다. 나로서는 감도 잡히지 않는 이야기였다.

당시에는 이런 무지를 인정하려는 사람을 찾기 힘들었다. 기술 분야와 금융계에서 반복적으로 나타나는 문제, 값비싼 대가를 치러야 하는 문제는 바로 "모른다"라는 말을 하지 못하는 것이다.

이 스타트업의 비전과 창업자의 명석함을 이해한다고 주장하며 그 가치를 수십억 달러로 평가해 막대한 자본을 리스크에 노출시킨 사람들은 사실 전혀 알지 못했다. 이곳에 자금을 댄 벤처캐피털리스트들은 이를 인정하지 못했다. 그들의 허세는 값비싼 맹점을 낳았다.

진실은 이렇다. 바늘을 두려워하던 엘리자베스 홈스Elizabeth Holmes 가

스탠퍼드대학교를 19세에 중퇴하고, 정맥에서 피를 뽑는 대신 손가락끝을 살짝 찌르기만 하면 되는 혈액검사 서비스를 상업화하기 위해 바이오테크 스타트업을 세웠다. 찬사가 뒤따랐고, 곧 젊은 창업자는 위대한 리더들에게 수여되는 허레이쇼 앨저 상Horatio Alger Award의 최연소 수상자가 되었다.[1] 의학이나 과학 분야에서 교육받은 적이 없는데도 그는 하버드대학교 의과대학의 자문위원으로 임명되었다! 이것이 끝이 아니었다. 《타임》은 홈스를 세계에서 가장 영향력 있는 100인 중 한 명으로 선정했다. 비즈니스 잡지인 《Inc.》는 그를 2015년 10월 호의 표지모델로 삼으며, "차세대 스티브 잡스"라고 칭송했다.[2] 테라노스는, 잠시나마, 90억 달러의 가치를 인정받았고, 홈스는 세계 최연소 자수성가 여성 억만장자가 되었다.

지금 우리가 알고 있는 모든 사실을 고려할 때, 온갖 상과 자문위원회, 벤처캐피털과 관련된 사람들이 테라노스의 꿈과 같은 기술을 철저하게 검증하지 않은 것이 도대체 어떻게 가능했을까 하는 의문이 든다. 많은 이가 이 스타트업과 창립자를 평가할 때 제 손이 아닌 다른 사람의 손에 의지했다. 하지만 어떻게 모두가 다른 이들의 검증에만 의존했던 것일까?

더 심각한 문제가 있었다. 테라노스에 투자하지 않은 이들이 있었던 것이다. 그들은 바이오테크 전문 벤처캐피털리스트들이었다. 하지만 그런 사실조차 테라노스의 지지자들을 막지 못했다.

버나드 메이도프Bernard Madoff가 저지른 폰지사기 사건의 여파가 여전하던 시기에 테라노스의 터무니없는 주장은 어째서 그토록 쉽게 감시망을 빠져나갈 수 있었을까?[*] 이와 관련해 테라노스의 붕괴가 실은 우리 자신의 불안감에서 비롯된 것이라는 설명이 있다. 이 가설은 다음과 같은 단순한 공식을 기반으로 한다.

> 신기술＋벤처캐피털리스트의 주장＝아무도 자신이 무슨 일이 벌어지고 있는지 모른다는 것을 기꺼이 인정하려 하지 않음

이 무모한 투자자들은 "모른다"라고 인정하기를 꺼린 탓에 수십억 달러의 손실을 보았다.

벤처캐피털은 내일을 빛낼 제품, 즉 아직 존재하지 않는 서비스에 투자되는 자금이다. 노련한 벤처캐피털리스트들은 몇 년 후의 시장과 수요를 예측하고 공이 튈 만한 방향으로 움직인다.

그러나 (애초에 실패 가능성이 매우 큰) 미래에 베팅하는 것과 노골적인 사기 행위는 완전히 다른 문제다. 당장 마땅한 시장을 찾지 못했을 뿐 성장 가능성이 충분한 아이디어를 발전시키는 것은, 말만 번지르르할 뿐 (바이오테크 전문 벤처캐피털리스트들이 앞서 눈치챘듯) 현실적 근거가 전혀 없는 제품에 대해 거짓말하는 것과 완전히 다르다.

현대 기술은 너무 빠르게 발전해 누구도 모든 것을 따라잡을 수 없다.[3] 하버드대학교 교수, 실리콘밸리 투자자 그리고 지리적·기술적으로 그 사이에 있는 모든 사람도 마찬가지다. 이런 상황에서 어느 벤처캐피털리스트가 자신의 전문 분야를 정하고 파고들기로 마음먹는다

---

* 메이도프는 원래 존경받는 인물이었다. 아메리칸드림을 이룬 자수성가형 부자이자, 자산을 믿고 맡길 만한 전문가로 명성이 높았다. 하지만 이는 모두 만들어진 이미지였고, 그의 진짜 투자 실력은 형편없었다. 그는 연평균 수익률 10퍼센트를 보장하며 초고액 자산가들에게 접근, 거액을 투자받았다. 하지만 정작 제대로 된 투자는 하지 않고, 새로운 고객의 돈에서 일부를 떼 기존 고객에게 지급하는 방식으로 사업을 영위했다. 한마디로 폰지사기였다. 결국 2008년 세계금융위기가 닥치며 여러 고객이 돈을 인출하려 하자 전모가 드러났고, 이듬해 재판장에 선 메이도프는 징역 150년 형을 선고받아 수감되었다. 여생을 교도소에서 보내던 그는 2021년 82세의 나이로 사망했다.

면? 거래를 성사시키고 자금을 조달하는 능력이 제한될지 모른다. 어떤 분야든 한동안 뜨거워졌다가 식을 수 있으므로, 차라리 일반화 전략이 낫다.

성공적인 벤처캐피털리스트들은 신기술을 이해할 뿐 아니라 그것이 어디로 향할지 아는 듯한 분위기를 풍긴다. 그런 평판을 얻는다면 일하기가 수월해진다. 그것이 현실을 반영하는지는 별로 중요하지 않다. 중요한 것은 창업자, 은행가, 직원 그리고 언론이 그것을 믿는지 여부다.

우리는 엔론의 사례에서 이런 모습을 이미 보았다.

회사가 잘 나갈 때 CEO 제프리 스킬링Jeffrey Skilling은 비즈니스 모델에 의문을 제기하는 애널리스트들을 향해 "너무 멍청해서 이해를 못 한다"라고 질책했다.[4] 엄청난 규모의 회계 부정이었다는 사실이 폭로되기 전까지 말이다. 메이도프도 마찬가지였다. 수십억 달러 규모의 폰지사기는 그것을 이해하지 못하는 사람들 덕분에 가능했다. 두 회사 모두 (그것을 이해하는 척하는) 다른 사람들 앞에서 바보처럼 보일까 봐 두려워하는 심리를 이용했다.

여기서 얻을 수 있는 교훈은 "이해가 안 된다", 또는 "설명해달라"라고 말하는 것을 지나치게 부끄러워할 때 나쁜 일이 벌어진다는 것이다.

"모른다"라고 말하는 것은 자랑할 만한 능력이다. 이것은 자신의 지적 능력에 대한 자신감을 반영한다. 자신의 방법론을 숨기거나 "이해가 안 된다"라고 말하는 투자자를 질책하는 전문가라면 자산을 맡을 자격이 없다.

오류를 인정하지 않으려는 태도는 투자자뿐 아니라 모든 이에게 문제가 된다. 실수를 피하는 간단한 규칙이 있다. '이해하지 못한다면 투자하지 말라.' 이 규칙만 지켜도 수십억 달러의 손실을 피할 수 있다.

자신의 무지를 인정하는 것은 현명한 투자자가 되는 데 필수적인 역량이다. 반면 잘못된 신념을 고수하는 데는 막대한 대가가 따른다. 하지만 이를 추동하는 나쁜 아이디어들은 좀처럼 사라지지 않는다. 마치 좀비처럼….

나쁜 생각의 끈질긴 생명력

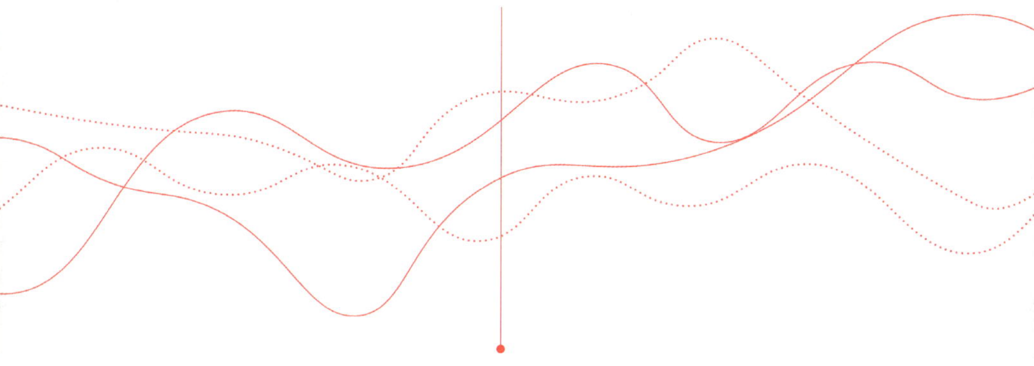

왜 '좀비 아이디어'가 존재하는 것일까? 근거 없는 믿음, 밈, 이미 틀렸다고 입증된 이론들은 죽어 파묻혀야 할 때가 훨씬 지났는데도 여전히 영향력을 발휘한다. 왜 투자자들은 이런 형편없는 아이디어를 받아들이고, 잘못된 아이디어와 사랑에 빠지며, 실체가 없는 아이디어에 돈을 거는 걸까?

경제학만큼 이 문제가 심각한 분야는 없다. 틀렸다고 폭로된 아이디어들의 긴 목록이 아마추어와 전문가 모두의 마음을 사로잡고 있다.

절대 사라지려 하지 않는 나쁜 아이디어들을 폭로한다.

점술가와 예언자들

사람들은 미래에 어떤 일이 일어날지 말해주는 전문가를 좋아한다. 실제 실적이 형편없다는 것은 문제 되지 않는다. 언제나 자신의 판단보다는 TV에 자주 얼굴을 비추는 전문가의 신비로운 예측을 더 신뢰한다.

잠시 생각해봐야 할 것이 있다. TV 속 전문가의 말투가 확신에 차 있을수록, 시청자들이 믿을 가능성은 커진다. 하지만 전문가의 자신감과 실적은 대개 반비례한다. 한 번의 예외적 현상을 맞춘 전문가는 장래에 더 대담한 예측을 내놓기 마련으로, 정확성이 점점 떨어질 수밖에 없다.

주주 가치

1970년대에 등장한 이 개념은 경영진이 주가 상승에 주력해야 한다고 강조한다. 오늘날 우리는 이 개념의 문제점을 잘 알고 있다. 분기별 수익과 같은 단기적인 목표에 초점을 맞추면 연구개발에 소홀해지는 등 기업의 장기적인 전망이 어두워진다. 단기 실적주의와 스톡옵션 중심의 보상 체계는 경영진이 눈앞의 분기별 수익에만 매몰되게 만들고, 이는 실적 부풀리기, 회계 부정을 비롯한 수많은 스캔들을 야기한다.

단기 차익을 챙기는 내부자들이 아닌 주주들은 결국 '주주 가치'라는 그럴듯한 명칭이 암시하는 것보다 훨씬 적은 가치를 얻게 된다.

호모에코노미쿠스

고전경제학은 사람을 돈에 대해 객관적이고 지적인 판단을 내릴 줄 아는 합리적이고 이기적인 행위자로 상정한다. 이는 틀릴 때가 많다. 때로는 어이가 없을 정도로.

우리는 자신의 이익에 반하는 행동을 자주 저지르는 비이성적이고 감정적인 존재다. 사바나에 적응하기 위해 진화했지, 패닉에 빠져 투매하는 시장에서 현명한 결정을 내리도록 진화하지 않았기 때문이다. 즉 순전히 경제적 이익만을 위해 행동하는 호모에코노미쿠스Homo Economicus가 아니라, 경제적 네안데르탈인Economicus Neanderthal에 가깝다.

과학으로서의 경제학

경제학자들은 잘못 생각하는 것이 많은 듯싶다. 그들은 파생상품의 위험성을 잘못 판단했다(그것이 대개 보험의 역할을 하지만, 막상 문제가 발생했을 때 안전장치가 없다는 점을 인식하지 못했다). 세계금융위기가 닥치기 직전, 그들의 모델은 주택시장이 절대 무너지지 않는다고 계산했다! 우리가 대공황 이후 최악의 경기침체에 빠져 있을 때도 그들은 현실을 받아들이지 못했다. 세계금융위기 이후 회복세가 왜 그렇게 약했는지에 대해서도 잘못 생각했다. 2020년대에는 물가 급등과 이후의 급락을 잘못 해석했다.

이 모든 일은 그들의 예측 능력이 부족하다는 것을 본격적으로 파헤치기도 전에 벌어졌다.

스스로 규제하는 시장

처음에는 그럴듯하게 시작했지만 곧 궤도를 이탈한 사례다. 전후 30년간의 경제성장 이후, 큰 정부는 지나치게 비효율적이고 복잡하다는 주장이 설득력을 얻었다. 중소기업을 억누르는 각종 규제를 축소하면 생산성이 향상될 것이라는 생각이었다.

좋은 아이디어도 극단으로 밀어붙이면 나쁜 아이디어가 된다. 텍사스주 공화당 상원의원인 필 그램Phil Gramm 같은 열성론자들은 모든 규제에 반대했다. 급진적 규제 완화는 AIG, 리먼 브라더스, 메릴 린치, 컨트리와

이드Countrywide 등 수많은 기업의 붕괴를 낳은 여러 나쁜 아이디어 중 하나였다.[5] 2008년 9월 리먼 브라더스가 붕괴된 직후, 노벨경제학상 수상자 폴 새뮤얼슨Paul Samuelson은 이렇게 말했다. "규제가 풀린 자본주의는 자멸할 수밖에 없는 연약한 꽃이다."

공급 중시 경제학

시작은 좋았지만 결국 나쁜 아이디어가 된 또 다른 사례다. '과도하게 높은(예를 들어 75~90퍼센트) 세율을 낮추면 경제활동이 활발해지며 전체 경제에 득이 된다. 높은 세율을 고집하면 사람들이 탈세에만 관심을 쏟는다.' 일견 논리적인 듯하지만, 이 개념을 무한대로 확대하면 낭패를 보게 된다. 모든 감세가 경제활동을 촉진해 결국 세수 하락을 상쇄한다는 주장은 완전히 틀린 것으로 드러났다.

긴축정책

(호황을 포함한) 모든 죄에 대해 속죄가 필요하다는 청교도주의에서 비롯된 사례다. 긴축론자들은 지출삭감과 증세가 버블 붕괴 후의 경제를 회복시키고 균형재정을 낳을 것이라고 주장한다. 1938년 미국이 이를 몸소 실천했으나, 다시 불황에 빠졌을 뿐이다. 2015년 그리스는 구제금융을 받는 조건으로 긴축정책을 받아들여야 했다. 결국 그리스는 심각한 경기침체에 빠졌다. 영국, 아일랜드, 스페인(사실상 유럽 전역)에서 시행된 긴축정책은 하나도 빠짐없이 침체로 이어졌다. 이 정책이 끔찍한 아이디어라는 것을 보여주는 증거가 이렇게나 많은데도, 죽지 않고 살아남았다.

이런 좀비 아이디어는 학계, 경제학, 금융계에 깊이 뿌리내린 채 유통 기한이 한참 지났는데도 계속 버티고 있다. 아무리 터무니없는 소리라도, 일단 청중을 얻으면 사라지기까지 무척 긴 시간이 걸린다.

1918년 양자역학 연구로 노벨물리학상을 수상한 막스 플랑크Max Planck의 유명한 말을 떠올려보라. "진리는 결코 승리하지 않는다. 반대자들이 죽어갈 뿐이다. 과학은 한 번의 장례식마다 앞으로 나아간다."

우리는 너무 쉽게 나쁜 아이디어의 덫에 걸린다. 그 이유를 더 깊이 파고들기 전에, 이런 궤변에 대한 우리의 시각을 어떻게 바꿀 수 있을지부터 생각해보자.

관점 전환

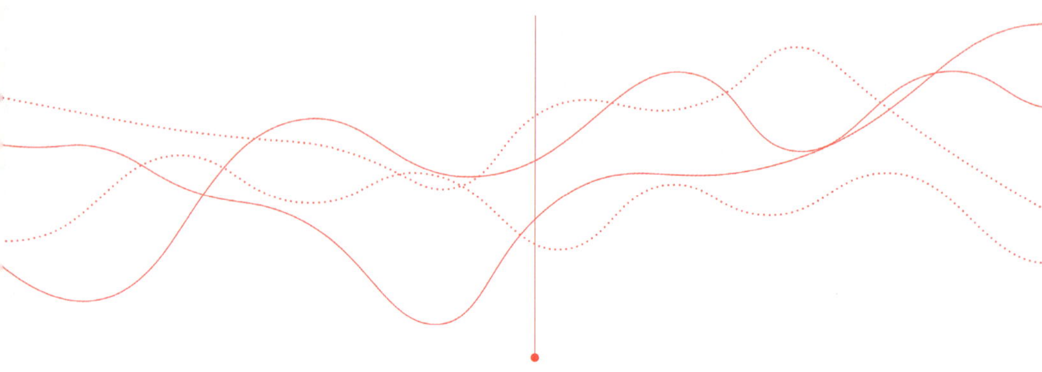

　우리는 자신의 생각에 이의를 제기하지 않는다. 왜 그런 생각을 하는지 그 근본 원리를 따지지도 않고, 이해하지도 못한다.

　나쁜 아이디어를 피하는 한 가지 방법은 관점을 바꾸는 것이다. 세상을 조금 다른 각도에서 바라보는 것은 모든 투자자에게 유용한 기술이다. 관점을 조금 바꾸는 것만으로도 나쁜 아이디어가 드러난다. 내가 즐겨 이용하는 방법을 몇 가지 소개하겠다.

예상치를 빗나간 실적

　실적 발표 시즌마다 이목을 *끄는* 기업들 일부가 예상치를 빗나간 수익을 보고한다. 전문가들은 "실적이 예상치와 다르다"라고 목소리를 높인다.

　모건 하우절은 그들이 저지르는 오류를 이렇게 지적한다. "실적이 예상치를 빗나간 것이 아니라, 예상치가 실적을 빗나간 것이다." 실적은 말 그대로 실적, 기업의 이익일 뿐이다. 정의상 실적을 빗나간다는 개념은 적절치 않다. 단지 예상보다 좋거나 나쁠 뿐이다.

실적을 잘못 예상한 것은 애널리스트들이다. 그들의 실적 추정이 틀린 것이다.

폭락

적립식 투자로 유명한 에디 엘펜바인Eddy Elfenbein은 'AdvisorShares Focused Equity ETF'(CWS)를 운용한다. 이 상품은 매년 초 포트폴리오를 구성한 다음 1년간 거의 손대지 않는다. 그런데도 지난 17년간 S&P 500을 102퍼센트나 상회하는 수익을 올렸다.

누군가가 현재 시장을 보며 과거의 특정 붕괴를 떠올릴 때마다, 엘펜바인은 비관적인 관점을 전환하는 완벽한 답변을 내놓는다.

"지금의 시장은 1987년을 생각나게 하네요."

"정말요? 그럼 다음 37년 동안 시장이 35배 성장할 것이라고 생각한다는 거지요?"[6]

적정주가

적정주가는 과연 얼마일까? 이 문제는 많은 투자자를 혼란스럽게 한다. 시장가격은 적정주가보다 높을 때가 절반, 낮을 때가 절반 정도다. 바꿔 말해 적정주가는 그 중간쯤에 있다. 시장가격은 대체로 적정주가를 기준으로 위나 아래에서 움직인다.

적정주가는 시장 사이클에서 단 하나의 지점이다. 강세장에서는 주가가 상승하며 이 지점을 지나치고, 몇 년 후 약세장에서는 주가가 급락하며 이 지점을 뚫고 내려간다. 시장 사이클이 이 지점을 지나는 순간은 찰나에 불과하다.

연극

친구와 이런 대화를 나눈 적이 있다. 저녁을 함께하기로 했는데, 약속 시간이 다 되어서 그가 전화를 걸어왔다.

친구 "미안, 좀 늦을 것 같아. 교통체증에 갇혔어."

워낙 어법에 까다로운 친구인지라, 그의 말을 바로잡아주기로 했다.

나 "자넨 평일 퇴근 시간대에 대도시 근교 고속도로에 있어. 교통체증에 갇힌 게 아니라, 자네가 바로 교통체증이야."

우리는 삶을 자기 주변에서 벌어지는 일로 생각하며, 구경꾼처럼 관찰하고 해설하려 한다. 하지만 사실 우리는 훨씬 더 큰 연극 속의 배우일 뿐이다.[7]

인플레이션

필수품과 서비스에 필요 이상으로 많은 돈을 지불하는 것은 분명 즐거운 일이 아니다. 하지만 우리는 일부 소비자가 가격에 상관없이 물건을 사고 선택적 소비재에 대해서도 더 높은 가격을 지불함으로써, 인플레이션을 키운다는 점은 간과한다.[8]

원자재 트레이더들은 종종 이렇게 말한다. "높은 가격에 대한 치료제는 높은 가격이다." 높은 가격은 일부 수요를 억제하거나, 더 많은 공급을 장려한다. 동시에 두 가지 일을 하기도 한다. 이것은 가격 하락에 도움을 준다. 필수품이나 서비스에 대해 더 높은 가격을 지불하는 소비자들은 가격 하락에 도움이 되지 않는다.

생존자편향

성공은 속임수다. 주변에서 보이는 것은 승자들뿐이다. 이 때문에 우리는 성공이 생각보다 쉽다고 믿는다. 그 결과 몇몇 사람은 식당이나 연극에 겁도 없이 투자한다.

'생존자편향survivorship bias'은 눈을 가린다. 제품이든, 기업이든, 펀드든, 사람이든, 성공한 모든 것은 크고 작은 실패의 결과물이다. 성공은 지난한 과정이다. 우리는 승리 뒤에 가려진 수많은 실수, 아깝게 놓친 기회, 처참한 실패를 보지 못하는 때가 많다. 모든 승자 뒤에는 수백, 수천 명의 패자가 있다.

반사실적 사고

"뒤집어라, 항상 뒤집어라." 찰리 멍거가 19세기 프로이센의 위대한 수학자 카를 구스타프 야코프 야코비Carl Gustav Jacob Jacobi의 방법론을 자기 식대로 풀어낸 말이다.[9] 반사실적 사고는 세상을 다른 시각에서 바라보는 가치 있는 지적 활동이다.

간단히 말해, 반사실적 사고란 특정 사건이 벌어지지 않은 세상을 상상하는 것이다. 가령 새로운 기업 계획이나 정부 정책이 시행되었으나 효과가 없는 것으로 판별되었다고 해보자. 사람들은 그것이 효과가 없다는 것을 어떻게 알 수 있었을까? 또는 그것이 시행되지 않았다면 상황은 얼마나 더 나빠졌을까? 이처럼 대조군을 두지 않고는 해당 사건이 벌어지지 않은 세상을 관찰할 수 없다.

반사실적 사고를 통해서만이 여러 경우의 수가 실현된 평행우주를 살펴볼 수 있다.

한 친구가 뜬금없이 이탈리아어를 배우겠고 선언했다.

나 "얼마나 걸릴 것 같아?"

친구 "5년."

나 "와, 꽤 긴 시간이네."

친구 "새로운 언어를 배우든 안 배우든 그 5년은 어차피 지나가."

나는 이 대화를 여전히 기억하고 있다. 영국을 대표하는 저널리스트 올리버 버크먼Oliver Burkeman은 이렇게 말했다. "평균적인 인간의 수명은 턱없이, 모욕적일 정도로 짧다. 80세까지 산다고 가정하면, 당신에게는 4,000주가 조금 넘는 시간이 있을 뿐이다."[10]

모든 사람에게 하루 24시간이 주어진다. 시계는 쉬지 않고 간다. 3,999주째에 되돌아봤을 때 후회가 되지 않토록 4,000주를 바쁘게 지내라.

지금까지 투자가 무엇인지 정의하고, 사고가 발생할 확률을 따져보고, 몇 가지 나쁜 아이디어를 검토하고, 그런 나쁜 아이디어를 피하는 방법을 살펴보았다. 이제 돈에 대한 사고방식을 개선하는 데 유용한 몇 가지 좋은 아이디어를 살펴보자.

투자 철학 바로 세우기

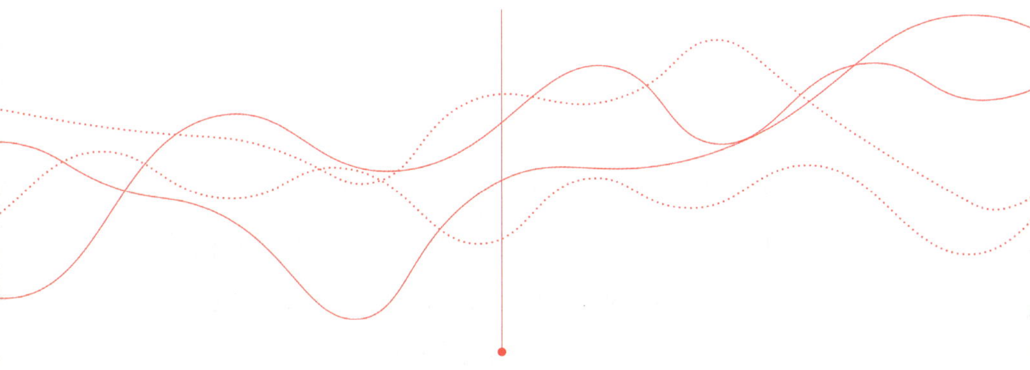

나쁜 아이디어는 어디에나 존재한다. 그에 대한 해독제는 경계심 그리고 좋은 아이디어다.

아이작 뉴턴의 말대로 우리는 물리학, 수학, 철학 그리고 투자와 관련해 "거인의 어깨 위에 서서" 더 먼 곳을 바라볼 수 있다.

대략 연대순으로 정리된 다음 격언들은 (경제, 시장, 투자에 대해 생각하는 법이 포함된) 내 세계관을 형성하는 데 큰 도움이 되었다.

1. "나는 내가 생각하는 바를 발견하기 위해 글을 쓴다. (결국 술집은 그리 일찍 열지 않으니까.)"

미국 의회도서관의 명예관장 대니얼 J. 부어스틴Daniel J. Boorstin은 글이 가진 힘을 이해하고 있었다. 글쓰기에 대한 내 신념은 그의 격언 위에 세워졌다고 해도 과언이 아니다.

글쓰기는 내가 생각을 정리하는 데 도움을 준다. 글은 특정 시점에 내가 믿었던 것들을 기록함으로써, (바라건대) 시간에 따른 발전을 보여준다. 내 생각을 대중과 공유하면 비슷한 사안을 고민해본 다른 사람들의 의견, 비판, 토론을 끌어낼 수 있다. 이는 경제, 시장, 투자에 대한 내 견해를 더 예리하게 다듬는 압력으로 작용한다.

2. "모든 것의 90퍼센트는 쓰레기다."

〈스타트렉〉의 각본을 쓰기도 했던 시어도어 스터전Theodore Sturgeon은 최악의 사례들만을 들먹이는 비평가들에게서 과학소설을 변호하는 데 지친 나머지 인간 활동의 대부분이 쓰레기로 가득하다고 쏘아붙였다. 모든 것의 90퍼센트가 쓸모없다는 스터전의 격언은 비단 과학소설에만 적용되지 않는다.

당신이 읽고 있는 '책'을 예로 들어보자. 매년 미국의 전통 있는 출판사들에서 출간되는 신간만 30만 종에 달한다.[11] 스터전의 법칙대로라면, 그중 3만 종만이 쓰레기가 아니다. 하지만 그 수치조차 관대해 보인다.

이제 뮤추얼펀드, ETF, 사모펀드, 헤지펀드, 벤처캐피털, 연금 등도 같은 기준으로 생각해보자. 대다수 투자상품은 시간이나 돈을 투자할 가치가 없다. 심지어 상장된 주식의 대부분도 숫자나 채우는 것들에 불과하다. 수익을 좌우하는 것은 극소수의 주식이다.

3. "미래에 대해 정보에 기반한 더 나은 결정을 내리려면 강한 의견을 갖되, 약하게 붙잡고 있어라."

미래는 무작위적이고 예상치 못한 사건들에 영향받는다. 역사의 단기적 흐름은 이에 따라 바뀔 수도 있다. 그럴 때마다 우리는 우리가 가진 정보가 불완전하거나 틀렸음을 깨닫는다. 가끔은 생각지도 못한 일이 매우 낮은 확률을 뚫고 실제로 벌어지며 우리의 기대를 무너뜨린다.

미래학자 밥 요한슨Bob Johansen의 격언은 이런 혼란과 충격에서 우리를 보호한다.[12] 가령 나는 내 신념이 무엇이든, 그것이 틀렸다는 증거가 충분히 제시된다면 언제든 버릴 준비가 되어 있다. 이것이 "강한 의견을 갖되, 약하게 붙잡고 있어라"라는 말의 뜻이다. 투자자라면 손실을 줄이기 위해 견해를 뒤집을 줄 알아야 한다. 즉 어떤 자산이나 신념에도 절대 집착하지 말아야 한다.

4. "모든 모델은 틀린다. 하지만 일부는 유용하다."

조지 E.P. 박스George E.P. Box는 통계학자였지만, 그의 격언은 진화론자에게도 유용한 통찰을 건넨다. 우리는 객관적 현실을 살지 않는다. 대신 스스로 구축한 모델 속에서 움직인다. 우리의 뇌는 정신적 윤곽을 만들고, 누락된 정보를 끊임없이 채워가며 세계를 창조해낸다. 이 진화적 특성은 발톱도, 송곳니도, 가시나 비늘도 없는 연약하고 부드러운 생물종인 인류가 적대적인 세상에서 번성할 수 있게 해주었다.

우리는 경제와 시장을 모델링하고, 몬테카를로 시뮬레이션Monte Carlo simulation을 활용해 포트폴리오가 어떤 성과를 낼지 계산한다.* 우리는 스스로 만든 인공적 구조물과 매 순간 상호 작용하면서도, 너무나 자주 그 사실을 잊는다.

모델의 유용성에 빠지면 그것이 틀릴 수 있다는 사실을 잊기 쉽다. 이

---

* 몬테카를로 시뮬레이션은 불확실성이 큰 상황에서 결과를 예측할 때 쓰이는 일종의 모의실험이다. 몇 가지 수치를 입력하는 대신, 무작위 시뮬레이션을 수천수만 번 반복해 가능한 결과들의 분포를 살핀다. 카지노로 유명한 모나코의 몬테카를로에서 그 명칭을 따왔다.

를 기억한다면 소비지출, 고용, 임금, 인플레이션, 수익 등 모델이 생성한 끝없는 데이터의 흐름을 더 잘 관리하게 될 것이다.

5. "아무도 아무것도 모른다"

우리는 나쁜 조언을 다룬 1장에서 골드먼을 이미 언급했다. 누군가가 미래를 자신 있게 예측할 때마다, 그의 탁월하고 겸손하며 직관에 반하는 통찰을 떠올리는 것은 가치 있는 일이다.

전문가들(그리고 나머지 사람들)이 아는 것이 얼마나 적은지를 깨닫게 되면, 우리가 얼마나 겸손해야 하는지도 자연스레 깨닫게 된다. 우리의 집단적 무지를 인정하는 지혜를 받아들이자. 자신이 틀렸는데도 모르는 것보다 그것이 더 나은 일이다.

6. "세상의 문제는, 바보와 광신도들은 항상 확신으로 가득 차 있는 반면, 현명한 사람들은 의심으로 가득 차 있다는 것이다."

영국을 대표하는 수학자이자 철학자 버트런드 러셀의 한탄처럼, 가장 무지한 사람들이 자신의 기술, 능력, 신념에 대해 가장 자신만만해한다. 이것은 특히 투자에서 값비싼 실수를 낳는다. 팬데믹 기간의 밈 주식 트레이더들, 그 이전의 밈 코인 트레이더들, 그 이전의 닷컴 트레이더들이 보인 태도를 떠올려보라. 이는 더닝크루거 효과의 명백한 사례다.

어떤 사안의 리스크와 문제를 제대로 파악하기 위해서는 해당 분야의 전문 지식이 필요하다. 현명한 사람들이 의심을 품는 것은 당연한 일이다. 그들은 사안의 전체 양상을 더 잘 볼 수 있기 때문이다. 찰스 다윈이 말한 것처럼, "자신감을 낳는 것은 지식보다 무지다."[13]

리처드 파인만은 물리학계의 위대한 지성이자 인간의 사고방식을 꿰뚫어 본 가장 현명한 사상가였다. 누군가가 "모른다"라고 기꺼이 인정하는 모습을 보기란 쉽지 않은 일이다. 내가 아는 것이 무엇인지 아는 일은 유용하다. 하지만 내가 모르는 것을 아는 일은 맹점을 줄이고 허를 찔릴 가능성을 낮춘다.

의사결정은 2단계로 이뤄진다. 먼저 결정을 내린 다음, 그 결정에 얼마나 무게를 두거나 확신을 품어야 할지 결정해야 한다. 우리는 종종 두 번째 단계를 잊는다.

월스트리트의 살아 있는 전설 하워드 막스는 뉴스를 넘어 시장참여자들이 그 뉴스에 어떻게 반응할지 생각하는 '2단계 사고'를 강조했다.

제인 스트리트 트레이딩Jane Street Trading은 (도널드 트럼프가 당선된) 2016년 대통령선거 때 주요 언론사들보다 몇 분 앞서 주별 투표 결과를 파악했다.[14] 그 덕분에 누구보다 앞서 주식시장 하락에 베팅해 하룻밤 사이에 3억 달러를 벌어들였다. 그러나 그들은 새 대통령이 일으킨 파급효과(감세와 경기부양)를 충분히 고려하지 못했고, 시장이 반전되자 이 엄청난 승리는 회사 역사상 최대의 손실로 바뀌었다. 2단계 사고는 첫 번째 인식, 즉 명백한 것 너머를 생각하라고 요구한다. 단순히 무슨 일이 일어났는지 파악하는 것만으로는 충분치 않다. 조지 소로스가 말했듯이 시장은 거울의 미로hall of mirrors 같아서, 새로운 정보들이 얽히고설키며 예측 불가능한 연쇄적 반사, 행동, 반작용을 유발한다. 제2, 제3의 파급효과를 생각할 수 있는 사람만이 큰돈을 벌 수 있다.

9. "돼지에게 노래를 가르치려 하지 말라. 시간을 낭비하고 돼지를 짜증 나게 할 뿐이다."

과학소설가 로버트 A. 하인라인Robert A. Heinlein의 이 격언은 종종 내게 큰 위로가 된다. 나는 25년간 대중 앞에 글을 발표하고 있다. 당연히 비판당할 때도 많다. 그럴 때면 오류를 바로잡거나 새로운 데이터를 공유한다. 하지만 누군가의 마음속 깊이 뿌리내린 근본적 신념은 절대 바꿀 수 없다.

그들은 자신의 세계관에 너무 많은 시간과 에너지를 투자했기 때문에, 이를 뒤집는 것은 그들에게 인지적으로 지나치게 큰 부담이 된다.

과학 저널리스트 데이비드 맥레이니David McRaney가 설명했듯이, "자기 정체성이 걸린 문제일 때는 특히 더 어렵다."[15]

하인라인이 지적했듯이 "인간은 이성적인 동물이 아니라, 합리화하는 동물이다."

10. "메멘토 모리."

죽음을 기억하라!《햄릿》의 유명한 구절처럼 결국 우리 모두는 "이 속세의 번뇌에서 벗어나" 영원한 안식에 이르게 된다. 스토아철학자 마르쿠스 아우렐리우스Marcus Aurelius는 "모든 필멸의 것이 얼마나 덧없고 하찮은지 생각하라"라고 충고하며, 어느 로마 장군의 이야기를 예로 들었다. 이 장군은 개선 행진 때 하인에게 자신의 뒤를 따르면서 "메멘토 모리"라고 속삭여 자신이 필멸의 존재임을 상기시키게 했다.[16]

긴 시간의 척도에서 보면 모든 것은 덧없다. 인생의 자잘하고 쓸모없는 일들을 헤쳐나가면서 이 사실을 잊지 말아야 한다.

이 아이디어들이 내게 가장 큰 영향을 주었다. 세상에는 나쁜 조언도 많지만, 소중한 지혜도 존재한다. (나는 내게 도움이 된 아이디어들의 목록을 100개로 늘릴 수도 있다.) 이들은 내게 깨달음을 주었고, 그만큼 오랫동안 내 마음속에서 살아남았다.

스스로에게 이렇게 물어보라. 당신의 철학을 이끄는 근본적인 아이디어는 무엇인가? 이것이 당신의 투자에 어떤 영향을 미치는가?

끊임없이 밀려드는 이 모든 나쁜 아이디어 사이에서 어떻게 올바른 길을 찾을 수 있을까? 잘못된 예측, 상충되는 조언, 마케팅을 위한 헛소리를 헤쳐나가기 위한 몇 가지 도구가 필요하다. 1부는 바로 그에 대한 것이었다.

2부에서는 시장을 움직이는 숫자들을 파헤쳐보기로 하자.

2부

나쁜 숫자

숫자 문맹

맥락이 제거된 데이터를 조심하라

나쁜 숫자

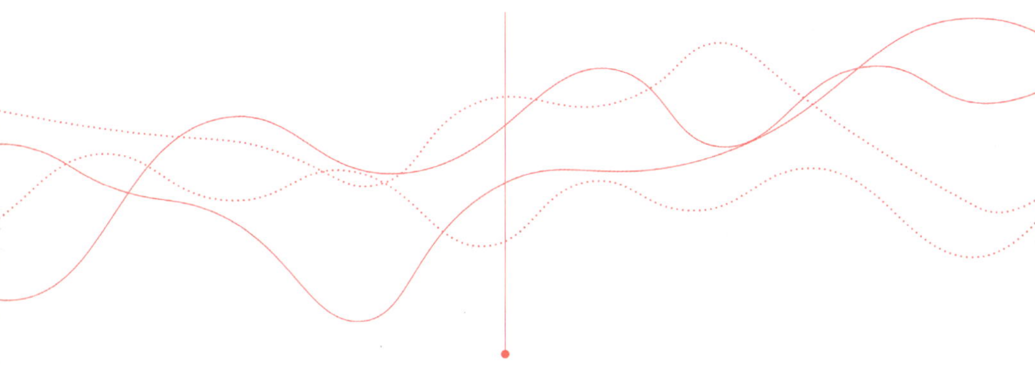

신입 회계사를 뽑는 일과 관련된 오래된 농담이 있다. 면접관은 단 하나의 질문만 던진다. "2 더하기 2는 얼마인가요?" 채용된 회계사는 누구일까? "얼마가 되기를 바라십니까?"라고 되물은 사람이다.

숫자는 정확할 수도 있고, 사람을 호도할 수도 있다. 모든 도구가 그렇듯, 숫자가 만들어내는 결과는 숫자를 다루는 사람의 손에 달려 있다. 우리는 숫자가 풍기는 정확해 보인다는 인상에 쉽게 속는다.

너무 많은 투자자를 희생자로 만드는 수학적 속임수와 오용을 피하려면 몇 가지 간단한 개념을 이해할 필요가 있다. 수학의 기본만 알아도 할 수 있는 일이다. 고등학교 수준의 기초 수학, 그러니까 확률에 대한 약간의 지식과 통계에 대한 그보다 적은 지식이면 족하다.

좋은 투자자가 되기 위해 고차원의 지식이 필요한 것은 아니다. 대부분의 투자자가 해야 할 일은 펀드의 상대적 성과, 지방채의 세후 수익률,

개별 기업의 수익이나 배당률을 보는 것 정도다. 인터넷을 뒤져보면 이런 일을 쉽고 빠르게 해줄 계산기 프로그램이 많이 나온다.

더 크고 어려운 과제는 수학을 손쉽게 다루는 악의적인 사람들에게 속지 않는 것이다. 그들은 숫자를 악용해 당신에게 겁을 줌으로써 시장을 떠나게 하거나, 미래를 두려워하게 하거나, 주식, 채권, 경제, 정치 등 거의 모든 것을 오해하게 한다. 그들은 심지어 당신 자신의 계획마저 의심하게 할 수 있다.

경제 데이터도 마찬가지다. 비농업 고용지수Nonfarm Payrolls, NFP나 CPI를 도출하는 데 사용되는 모델들의 특성을 생각하면, 이 일련의 데이터들의 오차범위가 매우 넓고 소음 또한 많이 섞여 있다는 것을 알 수 있다. 이런 통찰만 있다면 끝없이 쏟아지는 데이터들에 속지 않을 수 있다. 장기적 추세에서 본다면, 대부분의 데이터는 의미 없는 소음이다.

이제부터 '나쁜 숫자'에 속아 넘어간 여러 사례를 공유할 것이다. 숫자는 맥락과 달리 사용되거나, 오해를 유발하는 프레임과 함께 제시되거나, 몇몇 데이터만 선택적으로 추출되거나, 감정적 주장이 곁들어지며 투자자가 잘못된 결정을 내리게 한다. 이 모든 경우를 빠짐없이 다룰 것이다.

조앤 로빈슨Joan Robinson은 1931년부터 1971년까지 케임브리지대학교에서 학생들을 가르쳤던 선구적인 경제학자다. 당시 여성 교수는 극히 드물었다.[1] 로빈슨은 경제학에 대해 이처럼 지혜로운 말을 남겼다. "경제학을 공부하는 목적은 경제 문제에 대한 기존의 답변들을 배우기 위함이 아니라, 경제학자들에게 속지 않는 법을 배우기 위함이다." 그의 통찰은 경제학만이 아닌 시장까지 적용된다.

나쁜 숫자에 대한 논의는 당신의 자산에 해가 되는 방식으로 당신의 행동에 영향을 미치려고 하는 악의적 행위자를 식별해낼 도구를 제공할 것이다. 그들은 질 낮은 상품을 팔기도 하고, 감정에 영향을 미치기도 한다. 수학이 어떻게 오용되는지 이해함으로써, 누군가가 나쁜 숫자를 이용해 당신을 잘못된 방향으로 이끌려고 할 때마다 알아차릴 수 있게 되기를 바란다.

이어서 소개할 개념들은 이해하기 쉽다. 그 개념들은 당신의 이익을 염두에 두지 않거나 심지어 해하려 하는 사람들에게 속지 않도록 도와줄 것이다.

삶의 다른 모든 것이 그렇듯이, 숫자에도 맥락이 필요하다. 우리가 그 점을 잊을 때 어떤 일이 일어나는지 살펴보자.

분모와 분자

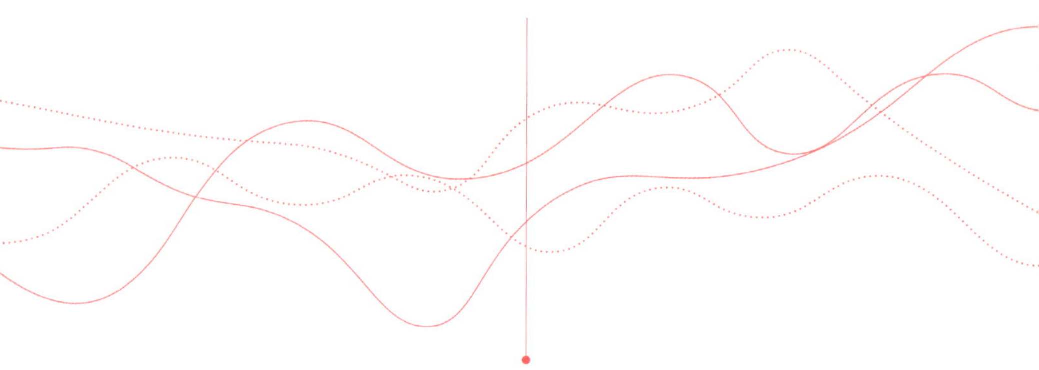

'분모 맹목denominator blindness'이란 어떤 숫자든, 특히 겁날 정도로 큰 숫자 앞에서는 맥락을 보지 못하게 되는 현상을 가리킨다. 이는 나쁜 숫자의 매우 흔한 사례로, 다음과 같은 헤드라인이 내걸릴 때마다 반복된다. '주식시장 300포인트 하락', 'ABC 펀드 8억 7900만 달러 손실', 'XYZ 기업 3,000명 감원'.

분수에서 위에 있는 숫자는 '분자'라 불리며, 어떤 변화가 일어났는지를 나타낸다. 그 아래에 있는 숫자는 '분모'로, 우리가 논하는 데이터(주식시장, 직원 수, 펀드 등)가 무엇인지를 나타낸다. 앞으로 보게 될 것처럼, 분자만 공유하고 분모를 밝히지 않는다면 오해를 부를 수밖에 없다.

분자만을 제시하는 것은 그림의 일부만을 보여주는 것과 같아서 본질적으로 쓸모가 없다.

위의 예시도 마찬가지다. 분자만이 아닌 전체 맥락을 함께 보여준다면 어떻게 될까? 8억 7900만 달러의 손실을 본 ABC 펀드의 총자산은 10억 달러였을까, 1000억 달러였을까? 백분율로 바꿔보자면, 90퍼센트를 잃으며 투자자들을 파멸시킨 완패였던 것일까, 아니면 1퍼센트 미만의 손실만 기록한 일시적인 변동에 불과했던 것일까? 헤드라인만으로는 알 수 없다. 맥락이 빠져 있다면 눈에 보이는 것은 무시무시하게 큰 숫자뿐이다. 분모에 대한 정보 없이는 그 숫자의 의미를 정확히 판단할 수 없다.

3,000명을 해고했다는 것은 대규모 구조조정처럼 보인다. 하지만 정말 그럴까? XYZ 기업의 직원이 모두 몇 명인지 알기 전까지는 그 의미를 알 수 없다. 3만 명을 고용한 소규모 기업이라면? 3,000명 해고는 인력의 10퍼센트 감축으로 상당히 큰일이다. 반면 19개국에 1만 500개 매장을 두고 210만 명의 직원을 거느린 소매업계의 거인 월마트라면? 세 개 매장당 한 명도 안 되는 인원을 해고한 것이다. 전혀 중요하지 않은 수치다.

주식시장 300포인트 하락은 내가 가장 좋아하는 예시다. 해당 수치가 이 글을 쓰고 있는 현재 약 4만 포인트 선에서 거래 중인 다우지수와 관련된 것이라면, 약 0.75퍼센트의 움직임에 불과하다. 한마디로 그 하락은 무의미하다. 반면 현재 5,000포인트를 넘어선 S&P 500과 관련된 것이라면, 하락폭이 6퍼센트에 달하므로 불안할 만하다.[*]

이처럼 맥락이 빠져 있다면 당신은 리스크를 잘못 파악하게 된다. 투자자로서 잘못된 것에 공포를 품게 되는 것이다.

---

[*] 2026년 2월 기준, 다우지수는 5만 포인트 수준으로, 여기에 비하면 300포인트는 더욱 작은 수치에 불과하다. S&P 500 또한 6,950포인트까지 치솟은 만큼, 하락폭이 6퍼센트에서 4.3퍼센트로 줄어든다. (참고로 S&P 500은 2026년 1월에 잠시 7,000포인트를 넘기도 했다.)

주식시장 붕괴가 염려되는가? 평생 동안 투자한 시간과 비교했을 때 붕괴의 빈도는 얼마나 되는가? 이것은 눈에 잘 띄지 않는 분모 맹목의 사례다. 붕괴는 매우 드문 일이므로, 수익률에 가장 큰 피해를 주는 일상적인 요인들, 즉 비용, (과도한) 매매, 수수료, 세금에 집중하는 편이 더 낫다.

여유자금이 있고, 은퇴까지 긴 시간이 남아 있으며, 감정과 행동을 통제할 수 있다면 붕괴는 오히려 기회다. 물론 이는 직관에 반하며, 대다수가 시장의 격변을 바라보는 방식과도 다르다.

테러가 걱정되는가? 9·11 테러는 극히 이례적인 사건이지만, 많은 미국인이 그 때문에 비행기를 두려워하게 되었다.[2] 그 사건 이후 수년에 걸쳐 진행된 연구에 따르면, 비행기 사용이 감소하고 자동차 운전은 증가하면서 예상치를 2,000명 이상 웃도는 교통사고 사망자가 발생했다.[3]

테러를 두려워할 수는 있지만, (적어도 통계적으로는) 미국에서 매년 4만 3000명 이상의 사망자를 내는 교통사고를 더 걱정해야 한다.[4] 테러에 대한 두려움을 줄이는 동시에 운전 중 안전벨트를 매고 휴대전화를 사용하지 말아야 한다.

이런 위험들 중 어느 것도 심장병으로 사망할 확률을 넘어서지 못한다. 질병통제예방센터Centers for Disease Control and Prevention에 따르면, 미국에서만 33초마다 한 명씩 심혈관 질환으로 사망한다. 이는 미국 내 연간 사망자의 5분의 1에 해당한다.[5]

우리는 드물게 발생하는 큰 사건들을 걱정하는 데 너무나 많은 시간을 쓰면서, 훨씬 더 위험한 일상적 요인들은 무시한다.[6]

적절한 맥락이 사라지면 불균형적인 판단이 뒤따른다.

탐사보도 저널리스트인 댄 가드너Dan Gardner는 저서 《이유 없는 두려움》에서 이런 관행을 만들어온 "공포 주식회사Fear, Inc."들을 고발했다.[7] 근거 없는 공포를 이용해 번창하는 수많은 산업이 존재한다는 것으로, 그들은 범죄자, 테러리스트, 세균, 종말, 초인플레이션을 비롯한 이례적인 재앙에서 당신을 안전하게 지켜준다는, 사실은 전혀 필요치 않은 상품들을 판매한다.

무서워 보이지만 실제로는 발생 가능성이 매우 낮은 것들을 두려워하게 되면, 위험을 어느 정도 감수해야 하는지에 대해 잘못된 결정을 내릴 수밖에 없다. 찰스 다윈의 진화론에 따르면, 실존적 위험을 무시하는 자들은 자신의 유전자를 다음 세대에 물려주지 못한다. 아마도 그 때문에 우리는 본능적으로 무서운 사건과 큰 숫자에 영향받는 것 같다. 분모 맹목은 단순한 수학적 무지의 문제가 아닌 훨씬 교묘하고 음흉한 문제다. 숫자가 심리에 미치는 미묘한 영향을 우리가 인식하지 못하는 때가 많기 때문이다.

분모 맹목은 수학을 전혀 모르는 사람에게는 문제가 되지 않지만, 수학에 대한 기초적인 이해를 갖춘 사람에게는 큰 골칫거리다. 누군가가 큰 숫자를 내세울 때마다 반드시 맥락을 이해하고, 항상 분모를 찾아라.[8]

———

이어서 분모 맹목이 어떻게 악용되는지 몇 가지 사례를 통해 살펴보자.

문맥을 벗어난 숫자

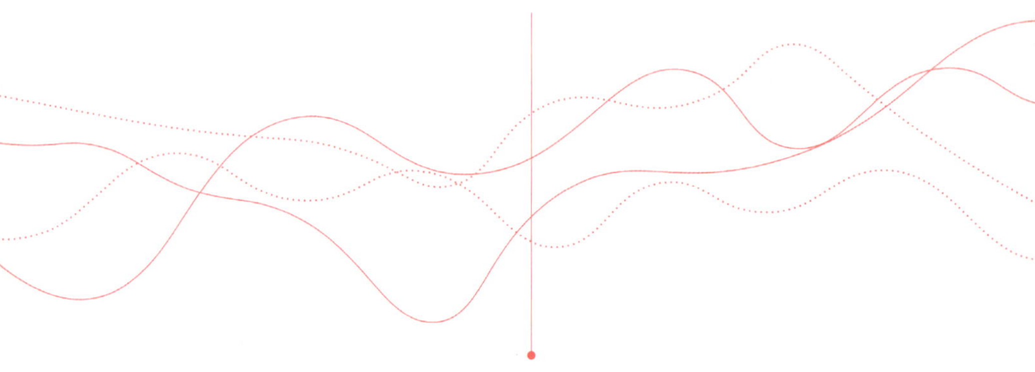

이전에 함께 일했던 사람에게 지구온난화가 거짓말이라는 "압도적인 증거"로 가득한 이메일을 받았다. 그 증거는 49명의 전 NASA 과학자가 서명한 편지였다.[9]

그 분자만으로도 촉이 왔다.

여기에서 분모는 무엇일까? 그 사람이 자문해야 할 첫 번째 질문이다. NASA에서 근무한 적이 있는 과학자는 몇 명일까? 기후학자나 기상학자뿐 아니라, 지구온난화가 거짓이라고 주장하는 그 49명과 비슷하게 자연과학이나 공학 분야의 전문 학위를 가진 모든 사람을 포함한다면?

1958년 설립 당시 8,000명이었던 NASA의 직원 수는 현재 약 1만 8000명으로 두 배 이상 늘었다. 그간 NASA를 거쳐간 직원 수는 어림잡아도 수만 명에 달할 것이다.[10] 아폴로 계획이 진행되던 시기에는 직원 수가 정점을 찍었으니, 정규직 직원, 계약직 직원, 지원 인력을 합쳐 40만 명이 넘었다. 또한 지금까지 NASA에서 일한 직원 중 약 절반이 전문 학위를 갖고 있었다. 따라서 보수적으로 계산해도 NASA에서 일한 과학자와 엔지니어의 수는 최소 10만 명 이상으로 추정된다.

살아 있거나 죽은 모든 사람 중 49명이 모여 서한을 작성했다.

맥락을 알고 나니, 49명을 내세운 그 편지가 우스꽝스럽게 보인다. 이 소수의 사람(그중 기상학자는 단 한 명)은 전현직 NASA 직원 중 극히 작은 비율만을 차지한다. 수치를 뒤집어 생각하면, 오히려 정반대의 증거가 된다. 수십만 명의 NASA 과학자와 엔지니어 중에서 지구온난화가 허위라는 것을 지지하는 사람을 겨우 49명밖에 찾지 못한 것이다!

문맥 없이 제시된 숫자를 접했을 때는 항상 의심해야 한다. 기만의 도구인 경우가 너무 많다.

빅테크 업계의 정리해고

2021년, 2022년, 2023년의 대규모 채용 이후, 2023년 말부터 많은 빅테크기업이 인력 감축에 나섰다. 경기침체가 임박했다고 예측했던 이들에게 이것은 하늘이 내린 선물이었다. 오랫동안 기다려온 불황이 마침내 찾아온 것이다!

그러나 기대만큼은 아니었다.

자세히 살펴보면 이 해고 사태도 또 다른 분모 맹목의 사례임을 알 수 있다.

먼저 직전 2년간의 해고 및 신규 채용 현황을 비교해보자.

다음 표가 보여주듯 해고자 수는 채용자 수(첫 번째 분모)와 비교해 작은 규모에 불과하다. 최근 채용된 100만 명 이상의 인력 중 약 5.5퍼센트가 해고된 셈이다. 채용자 20명 중 한 명이 직장을 나왔다고 보는 것

빅테크기업들의 해고 및 신규 채용

기업	2023년 해고(명)	2021~2023년 신규 채용(명)
아마존	18,000	746,000
구글(알파벳)	12,000	67,800
메타	11,000	42,372
마이크로소프트	10,000	77,000
세일즈포스	7,000	30,824
스포티파이	590	5,403
애플	0	95,102

이 합리적이다.

하지만 이것조차 해당 기업의 전체 직원 수가 아닌 채용자 수와 비교한 결과에 불과하다. 이 일곱 개 기업의 전체 고용 인원은 약 225만 명이다. 이번에 해고된 인력은 그중 약 2.6퍼센트 정도다.

마지막으로 두 번째 분모를 고려해보자. 미국 전체 노동인구는 1억 6000만 명이다.[11]

금융 작가 샘 로는 빅테크 업계의 노동인구가 전체의 겨우 3퍼센트인 480만 명에 불과하다고 지적했다.[12] 왜 우리는 1억 6000만 명의 노동자 중 480만 명의 빅테크 분야 종사자, 그중에서도 6만 명의 해고자에게만 초점을 맞추는 것일까? 거시적 관점에서 보면 이 정도 수치는 반올림 때문에 나타나는 오차 정도다. 맥락 없는 데이터의 전형적인 사례인 것이다.

세계금융위기 당시 대규모 해고가 있었다. 급작스러운 인수합병으로 중복 인력이 생겼기 때문인데, 부서 전체가 사라지기도 했다. 당시 이메일을 보내면 20퍼센트, 또는 그 이상 반송되었다(그만큼 누군가가 자리를 떠났던 것이다. 나는 그들의 이메일 주소를 삭제했다.) 실업률은 10퍼센트까지 치솟았고 어디에서나 해고가 진행되었다. 닷컴 버블 붕괴가 불과 몇 년 전 일이라 분위기가 무척 험악했다. 그때는 실업률이 6.3퍼센트를 기록했다. 지금의 거의 두 배에 달하는 수치다.

여기에서 세계금융위기가 남긴 심리적 상흔을 확인할 수 있다. 사람들은 일종의 경제적 PTSD를 겪었다. 하지만 2023년부터 2025년까지의 시기는 비록 금리도 높아지고 성장도 둔화되었지만, 그 이전 시기와 비교할 만큼 나쁘지 않았다.

사망세

분모 맹목은 너무나 흔한 나머지 심지어 언어 속에도 숨어들어 있다. 그 완벽한 예가 상속세다. 2025년 기준, 개인 1399만 달러, 부부 합산 2798만 달러를 초과하는 유산을 상속할 시 40퍼센트의 세금이 부과된다.[*]

1940년대에 상속세의 명칭을 '사망세Death Tax'로 바꾸려는 시도는 그리 성공적이지 못했다. 공화당의 커뮤니케이션 전문가 프랭크 런츠Frank Luntz가 1990년대에 더 큰 성과를 거두면서 비로소 이 명칭이 널리 퍼지게 되었다.[13]

질병통제예방센터에 따르면, 2023년 기준 한 해 동안 약 300만 명의

---

[*] 우리나라의 상속세율은 금액이 늘어날수록 단계별로 높아지는 누진세 구조다. 즉 모든 금액에 동일한 세율이 적용되는 것이 아니라, 과세 구간별로 10~50%의 세율이 적용된다. 아울러 상속세 공제 한도는 기초 공제 2억 원(또는 일괄 공제 5억 원), 자녀 공제 1인당 5억 원, 배우자 공제 최소 5억 원에서 최대 30억 원, 금융자산 상속 공제 2억 원, 장례비 공제 1000만 원 등이다. 채무 공제도 인정된다.

미국인이 사망했다.[14] 그러나 이 중 상속세를 납부해야 할 만큼의 유산을 남긴 사람은 5,000명에 불과했다. 달리 말해 2023년 사망한 299만 5000명의 미국인은 상속세를 한 푼도 내지 않았다.

왜 0.167퍼센트의 사람만 해당하는 것에 보편적인 명칭을 부여할까? 사망자의 99.82퍼센트가 과세 대상이 되지 않는 상황에서 이를 '사망세'라 부르는 것은 수학적으로 터무니없는 일이다.

2700만 달러를 초과하는 유산에 세금이 부과된다니, 안타까운가? 첫째, 이는 당신이 뭘 해야 할지도 모를 만큼의 막대한 돈이다. 둘째, 뒤에서 살펴보겠지만, 아주 간단한 계획만으로도 세금을 피할 수 있다.

99퍼센트 이상의 죽음에 세금이 부과되지 않는데도 왜 누군가는 '사망세'라는 표현을 사용할까? 항상 스스로에게 물어보라. "그들이 팔고 있는 것은 무엇인가?" 무언가를 팔려고 설득하는 시도 속에서 당신을 속이고 있는 것이다.

기왕 죽음에 대해 이야기한 김에, 정말 어이없는 분모 맹목의 사례를 살펴보자.

예외적인 숫자

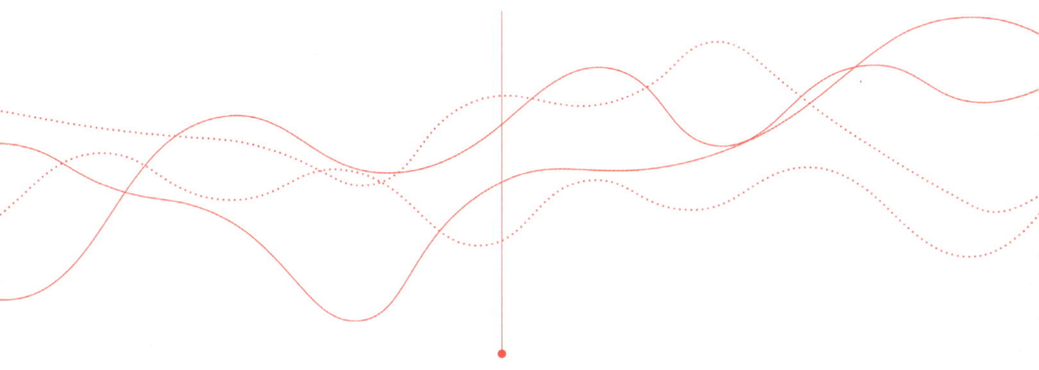

2019년 4월 아웃도어 활동 전문 잡지인 《아웃사이드Outside》에서 '셀카 사망'을 대서특필했다.[15] 2011년부터 2017년까지 전 세계적으로 259명의 목숨을 앗아간 이 '유행병'은 또 다른 분모 맹목의 사례다. 2015년 셀카 사망의 사례는 12건이었고, 침대에서 떨어져 사망한 미국인은 737명이 었다.[16] 그러나 셀카 사망만이 언론에 보도되었다.

《아웃사이드》가 언급한 유행병으로 사망한 사람은 8년간 연평균 43명이었다. 이것은 분자다. 분모는 무엇일까? 매년 촬영되는 셀카 수에 대한 신뢰할 만한 추정치를 계산하면 알게 될 것이다.

실마리를 얻기 위해 2014년 개최된 구글 I/O 콘퍼런스로 가보자. 당시 발표된 자료에 따르면, 세계 각국의 안드로이드폰 사용자들은 하루 평균 9300만 장의 셀카를 찍는다.[17] 이는 10년 전, 즉 수십억 대의 스마트폰이 판매되기 전의 수치다. 여기에 아이폰 사용자들을 더하면, 하루에 약 2억 장의 셀카가 찍힌다고 볼 수 있다. 연간으로 환산하면 약 750억 장이다. 그토록 많은 셀카가 찍히는 와중에 43명의 사망자가 나온 셈이다. 따라서 셀카 사망의 확률은 약 17억분의 1이다.

이는 흥미진진한 것에 집중하느라 평범한 것을 무시하는 또 다른 사례다. 암이나 심장병에 따른 사망은 발생 확률이 높은 사건이지만, 테러 같은 발생 확률이 극히 낮은 사건만큼의 감정적 동요를 일으키지 않는다.

2023년 미국의 상업 항공편에서는 단 한 명의 사망자도 발생하지 않았지만, 교통사고 사망자는 3만 6000명이 넘었다. 출장이든 여행이든, 공항까지 택시로 이동하는 동안이 여행에서 가장 위험한 순간일 수 있다.

통계적으로 보면, 상어 공격, 셀카 사망, 테러보다는 LDL 콜레스테롤과 고혈압을 훨씬 더 걱정해야 한다. 미국에서 연간 사망자의 거의 절반이 암과 심장병으로 목숨을 잃는다.[18] 극히 드문 사고들에 의한 사망과 비교해 거의 5만 배나 높은 수치다.

투자도 마찬가지다. 평범한 일에 집중해야 하는 순간, 우리가 정작 걱정하는 것은 시장 폭락, 달러 붕괴, 초인플레이션 같은 희귀한 사건이다. 다우지수가 하루 만에 22.8퍼센트 폭락한 1987년의 시장 붕괴처럼 극히 이례적인 사건, 즉 블랙 스완black swan을 염려한다. 광범위한 분산투자 그리고 비용과 세금 절감이 그런 걱정보다 훨씬 중요하다. 비유하자면, 폭락은 테러에 가깝고 장기 수익률을 잠식하는 높은 비용은 LDL 콜레스테롤이나 고혈압에 가깝다.

우리 모두는 이런 종류의 인지적·행동적 오류에 취약하다. 《아웃사이드》가 정확히 지적했듯이, "우리 종은 타인이 자신을 어떻게 인식하는지에 유독 민감한 초사회적 존재로 진화했다." 우리는 다른 사람들이 하는 일에 집착한다. 친구들의 입을 딱 벌어지게 할 셀카를 찍는 것이나,

엔비디아, 비트코인, 플리핑flipping* 등 핫한 투자 기회를 놓칠까 봐 두려워하는 것이 모두 그렇다. FOMO Fear of Missing Out는 공포와 탐욕의 또 다른 이름일 뿐이다.

셀카 사망은 분모를 고려하지 않고 분자에만 집중하는 것이 얼마나 어리석은지 보여주는 사례다. 이는 우리의 수학적 무지와 취약한 심리를 동시에 드러낸다. 이 둘을 더 잘 이해해야만 치명적인 투자 실수를 피할 수 있다.

죽음과 세금에 대해 이야기했으니, 이제 수학적 오류의 다음 사례인 생존자편향으로 넘어가보자.

---

* 플리핑이란 주택을 싸게 사서 수리 후 되팔아 차익을 얻는 투자 방식이다.

생존자편향을 주의하라

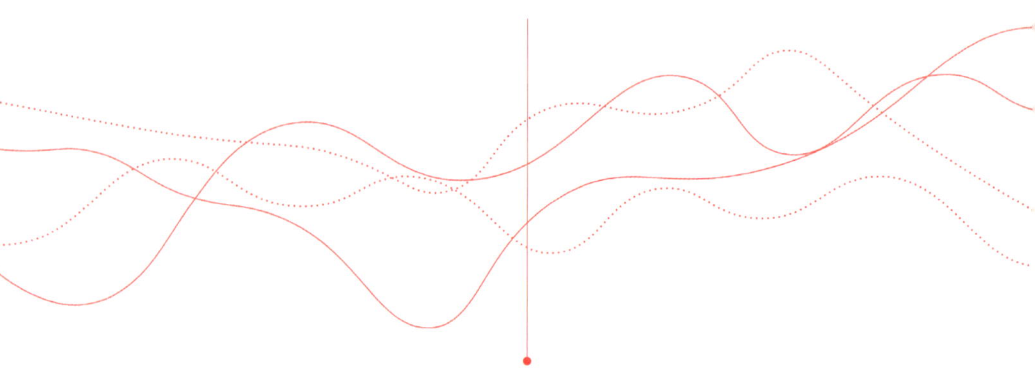

다음 그림을 본 적 있는가? 제2차 세계대전 당시 임무를 마치고 귀환한 미군 폭격기들이 공격받은 위치를 취합한 것이다.

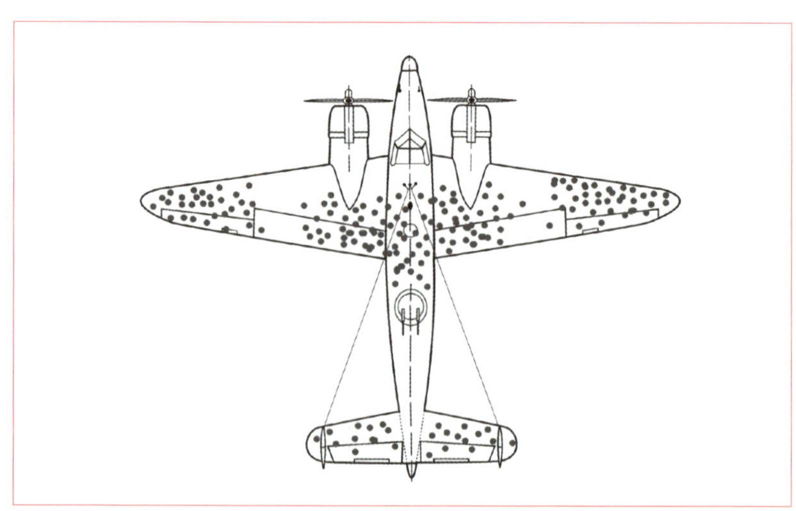

폭격기는 크고 느린 탓에 적들의 좋은 먹잇감이었는데, 고위 장성들은 이 문제를 해결하고자 통계연구그룹 Statistical Research Group 의 문을 두드렸다. 이는 미국 통계학자들이 조국의 승리를 돕기 위해 참여한 기밀 프로그램으로, 맨해튼 프로젝트의 또 다른 버전이었다. 다만 통계연구그룹이 개발하는 무기는 폭탄이 아닌 방정식이었다.[19] 장군들은 폭격기의 생존률을 높이기 위해 장갑을 덧대기를 원했다. 하지만 그렇게 한다면 연료 소비가 늘고, 항속거리, 속도, 기동성이 떨어지는 대가를 감수해야 했다. 장갑을 정확히 얼마나 어디에 덧댈지가 전쟁의 승패를 좌우했다.

아브라함 왈드 Abraham Wald 는 나치를 피해 미국으로 망명한 유대계 오스트리아인 수학자였다. 통계연구그룹의 핵심 멤버였던 왈드는 "총탄 구멍이 없는 곳에 장갑을 덧대라"라고 조언했고, 이는 전쟁의 양상이 달라지는 데 큰 영향을 미쳤다.

직관에는 반하지만, 생각해보면 타당하다는 것을 알 수 있다. 폭격기가 총탄을 맞은 채로 귀환했다는 것은 피격된 부분이 생존에 직결되는 곳이 아니었음을 의미한다. "귀환하지 못한 폭격기들은 어디를 공격당했을까?"라는 왈드의 탁월한 통찰은 문제 해결에 결정적인 실마리를 제시했다.

귀환한 폭격기의 피격 부위만 살펴보는 것은 역사상 가장 유명한 **생존자편향**의 사례가 되었다. 왈드는 데이터 전체, 즉 보이지 않는 데이터까지 고려해야 한다는 가르침을 주었다.

생존자에게만 지나치게 초점을 맞추면서 사망자를 배제하는 이런 경향은 뮤추얼펀드 업계에서 잘 알려진 그리고 오랜 역사를 지닌 문제다. 투자자들은 1990년대 진행된 일련의 연구를 통해 펀드 수익률이 크게 과대평가되고 있음이 드러난 것을 계기로, 생존자편향을 처음 인지하게 되었다.[20] 실적이 부진해 청산된 펀드들을 지우고 살아남은 펀드들만 남기면, 데이터가 훨씬 좋아 보인다! 청산되거나 퇴출된(즉 데이터에서 제외던) 펀드들을 다시 포함하면, 뛰어난 투자 성과는 사라지고 만다.

금융계의 대기업 뱅가드그룹은 대형주 펀드의 62퍼센트가 특정 벤치마크를 넘어서는 성과를 올렸다고 발표했다.[*] 그러나 이는 청산된 펀드들을 무시하고 생존한 펀드들만으로 만든 결과였다. 청산된 펀드들을 데이터에 다시 포함하면, 5년 기준 벤치마크보다 수익이 높았던 펀드는 전체의 46퍼센트로 절반에도 미치지 못했다.

전 세계적인 투자사 디멘셔널 펀드 어드바이저스Dimensional Funds Advisors는 모든 뮤추얼펀드의 약 절반이 15년 내에 사라진다는 사실을 발견했다. (청산되거나, 더 성공적인 펀드에 합병되거나, 아예 퇴출되는 등) 생존하지 못한 펀드들은 보통 저조한 성과만을 내다가 어느 순간 사라진다. 디멘셔널 펀드 어드바이저스에 따르면, 살아남은 펀드들로만 계산할 경우 데이터에 상당한 '상향편향upward bias'이 생겨 초과수익의 중간값이 50퍼센트나 과대평가된다.[21] 데이터에서 성과가 좋지 못한 펀드들을 제거하면 평균이 높아질 수밖에 없다.

뒤에서 보게 될 예술품, 와인, 자동차, 장난감 같은 대체 자산군도 마찬가지다.[22] 이쯤에서 흥미로운 질문이 하나 떠오른다.

만약 모든 것이 생존자편향이라면?

생존자편향은 우리가 하는 거의 모든 일에 영향을 미친다.

우리가 매일 사용하는 성공적인 제품들은 무수한 시행착오의 결과물이다. 실패한 초기 시도와 끝없는 개선의 결과물인 것이다. 이 반복적 과정은 눈에 보이지 않는다. 애용하는 제품들을 구성하는 수많은 부

---

[*] 벤치마크란 특정 포트폴리오나 펀드의 성과를 평가할 때 기준이 되는 지수를 뜻한다. 보통 S&P 500, 나스닥 등 시장 전체를 대표하는 지수가 벤치마크로 쓰인다.

품에 대해서, 그 각각이 시간이 흐르면서 어떻게 나아졌는지에 대해서 생각하는 사람은 많지 않다. 휴대전화, 냉장고, 자동차, 집, 운동화, 연필 등 모든 제품이 이런 과정을 거친다. 흥미로운 점은 이 과정이 철저히 가려져 있다는 것이다.

출판계도 예외는 아니다. 매년 약 100종의 책이 《뉴욕타임스》 베스트셀러 목록에 오른다. 하지만 각각의 책이 직면하는 확률을 생각해보라. 미국 출판사들은 매년 거의 30만 종의 책을 출간한다. 여기에 자비 출판된 책을 더하면 그 수는 90만 종까지 늘어나고, 전 세계로 범위를 넓히면 210만 종에 달한다. 거절당한 원고, 이런저런 이유로 출판되지 못한 작품 등 빛을 보지 못하고 영원히 미완으로 남는 수많은 책은 말할 것도 없다. 베스트셀러 목록에 오를 만한 책을 쓰려는 시도의 성공 확률은 믿기 힘들 정도로 낮다.

앱, 브로드웨이 연극, 테크 스타트업, 레스토랑, 비디오게임 등 인간이 창조한 모든 분야가 마찬가지다. 성공한 제품들은 눈에 보이지 않는 두 가지 실패 위에 탄생한다. 바로 성공하지 못한 경쟁 제품들의 무덤과 또 하나의 무덤, 즉 제품이 성공하기 전에 만들어진 수많은 프로토타입과 시험용 버전의 무덤이다.

우리가 준거의 틀로 삼는 것은 성공이다. 인기 레스토랑, 아카데미상을 받은 영화, 베스트셀러, 성공한 중소기업, 유행하는 신규 소매점. 우리가 소비하는 거의 모든 것은 승자다. 그것들은 시장을 떠난 열등한 제품들을 제치고 끝내 살아남았다.

문제는 이 숨겨진 실패가 세상에 대한 심하게 왜곡된 이해를 조성한다는 데 있다. 실패를 인식하지 못함으로써 우리는 성공이 얼마나 어려운지를 과소평가한다.

생존자편향의 또 다른 면이 있으니, 성공은 희귀하고 취약하다. 비율로 보면 실패가 훨씬 더 흔하다. 우리는 승자들(소비하는 것들)에 둘러싸여 있기 때문에 성공이 얼마나 희귀한 것인지 깨닫지 못한다. 실패는 우리 대부분이 인식하는 것보다 훨씬 더 많다.

결과 → 우리의 잘못된 사고 모델은 성공이 얼마나 어려운지를 제대로 이해하지 못한다. 앞으로 보게 되겠지만, 특히 확률을 이해하는 데 유난히 서툴다. 유전자를 다음 세대에 전달할 만큼 오래 생존하게 하는 데는 탁월한 모델이지만, 순간적으로 확률을 계산하는 일에 대해서라면… 애초에 그런 일을 위해 만들어진 것이 아니다. 게임과 카지노 산업은 우리 뇌의 이런 결함을 기반으로 한다.

올해에도 일부 펀드매니저는 우수한 성과를 낼 것이고, 누군가는 복권에 당첨될 것이고, 스포츠리그에서는 챔피언이 탄생할 것이다(뉴욕 닉스가 다시 한번 우승 트로피를 들어 올릴 때는 언제일까?). 우리는 이런 일이 얼마나 드문지, 그런 일을 달성하기가 얼마나 어려운지 과소평가한다. 성공 확률이 얼마나 낮은지 진정으로 이해한다면, 어째서 새 식당을 열거나 브로드웨이 연극에 투자하겠는가? 성공 확률이 생각보다 훨씬 낮은, 승산 없는 시도에 베팅하는 이유가 바로 이것이다.

우리가 보는 모든 것은 생존자편향의 결과다. 이것은 숨겨져 있고 쉽게 간과된다. 그래서 성공은 보기보다 훨씬 더 드물고, 더 어렵고, 더 취약하다.

생존자편향은 뮤추얼펀드만에만 숨어 있지 않다. 예술계에서도 찾아볼 수 있다. 그곳에서 우리가 무엇을 배울 수 있을지 살펴보자.

보이는 것과 보이지 않는 것

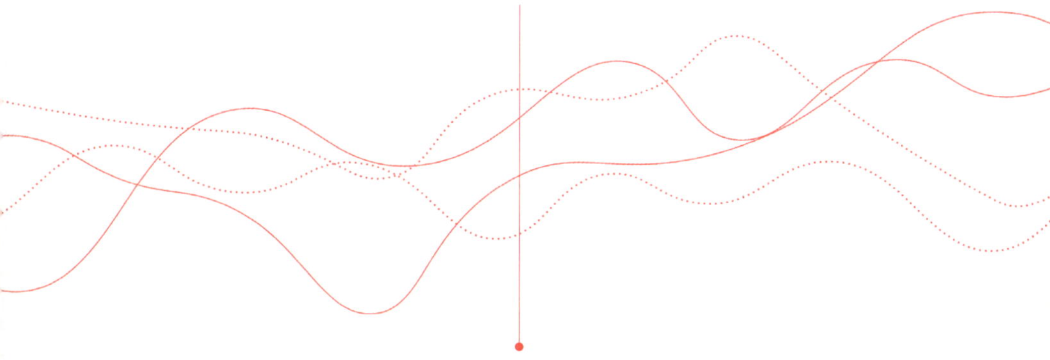

우리가 실패를 무시하고 오직 큰 성공만을 바라면 무슨 일이 벌어질까? 자산을 어디에 투자하고 배분해야 할지 잘못 판단하게 된다. 생각보다 쉬운 일로 치부해버리기 때문이다. 사실은 향후 수십 년 동안 어떤 분야가 승자, 또는 패자가 될지 모르는데도 말이다. 이 점을 이해하지 못하면 우리의 돈을 노리는 투자 권유에 넘어가게 된다.

뮤추얼펀드에만 적용되는 이야기가 아니다. 예술품, 자동차, 장난감 같은 수집품 시장에도 혹할 만한 투자 권유가 존재한다.

이런 시장에서 큰돈을 버는 데 필요한 것은 작품을 보는 안목, 약간의 자본 그리고 타임머신이다. 수십 년 전으로 돌아가 향후 가치가 치솟을 클로드 모네의 작품과 페라리를 사면 된다. 바꿔 말해, 무엇이 미래에 큰돈이 될지 알아내는 일은 엄청나게 어렵다.[23]

2019년 모네의 〈건초 더미Meules〉 연작 중 1890년 작이 소더비 경매에서 1억 1070만 달러에 낙찰되었다(경매 수수료 포함). 인상파 작가의 작품으로는 사상 최고가였다. 그 가격은 작품이 마지막으로 거래된 1986년 경매의 낙찰가 250만 달러보다 44배나 높은 것이었다.[24] 연평균 수익률로 환산하면 12.2퍼센트에 달한다. 미디어 기업 콘데 나스트Condé Nast의 회장이었던 S.I. 뉴하우스 주니어S.I. Newhouse Jr.의 유산 관리단은 2019년 뉴욕 크리스티 경매에 제프 쿤스의 스테인리스스틸 작품 〈토끼Rabbit〉를 내놓았다. 이 작품은 생존 작가의 조각품으로는 사상 최고가인 9100만 달러에 낙찰되었다.[25] 뉴하우스는 1992년 이 조각품을 100만 달러에 구입했다. 27년 전보다 91배 비싸진 이 작품의 연평균 수익률은 18.2퍼센트다.[26]

엄청나게 성공적인 투자임이 분명하지만, 가치를 높이 평가받지 못한 다른 수백만 점의 예술품은 어떨까? 라호야부터 이스트햄튼, 런던까지 수많은 가정집의 거실이나 침실을 장식하고 있는 작품들을 생각해보라. 이 압도적 다수는 모네나 쿤스의 작품 같은 수익을 내지 못한다. 사실 상당수, 아니 대부분은 오히려 가치가 점점 떨어진다.

박물관의 비공개 소장품은 말할 것도 없다. 큐레이터들은 방대한 소장품을 모으지만, 대부분은 창고에 있다. 뉴욕 메트로폴리탄미술관의 소장품은 150만 점 이상이다(전시 작품의 50배). 그곳에서 멀지 않은 현대미술관의 수장고에도 20만 점이 넘는 작품이 잠들어 있다. 이들 대부분은 1억 달러(아니 1000만 달러, 아니 100만 달러)의 경매가도 기록하지 못할 것이다.

다른 수집품들도 때때로 주목받는다. 시계, 와인, 클래식카 모두 투자자들의 관심을 끌기 위해 경쟁한다. 그중 소수의 엄청난 승자에만 주목하면서 패자에 대해서는 생각하지 못하는 것이 인간의 본성이다.

보이는 것보다 보이지 않는 것이 중요하다.

여기에는 미디어의 책임도 있다. 2018년 4분기 주식시장이 약세(약 20퍼센트 하락)를 보이자 《월스트리트저널》은 그해 와인, 예술품, 클래식카, 희귀한 색상의 다이아몬드에 대한 투자가 주식투자보다 나은 성과를 올렸다고 주장했다.[27]

꼭 그렇지는 않았다.

우리는 눈에 띄는 대형 경매에만 신경 쓸 뿐 거기에 끼지 못한 나머지 수집품들은 무시함으로써, 성과에 대한 왜곡된 인식을 갖는다. 신경과 전문의면서 작가이자 성공적인 투자자인 윌리엄 번스타인은 예술품 및 기타 수집품의 가치 상승이란 사실 복리의 마법을 증명하는 또 하나의 사례일 뿐이라고 지적했다.[28] 번스타인은 350년 전의 누군가가 지금 시세로 100달러를 주고 거장에게 직접 구매한 작품이 오늘날 수억 달러에 판매되었다고 해도, 연평균 수익률을 따지면 고작 3.3퍼센트에 불과하다고 계산했다. 2019년 4월 그는 내가 진행하는 블룸버그 팟캐스트 '마스터스 인 비즈니스'에 출연해 이렇게 말했다. "수익률이 크지 않더라도 저축하고 수백 년 동안 묵혀둔다면 엄청난 자산을 갖게 될 것이다."

이미 가치가 오를 대로 오른 예술품에 대해 이야기하는 것은 쉬운 일이다. 하지만 다음 문제에 답해보라. 어떤 작품이라면 지금 사서 50년간 기꺼이 보유할 수 있을까?

어려운 질문이다! 이는 수집품에 투자하는 것이 실제로 얼마나 어려운 일인지를 알려준다.

나는 아름다운 자동차를 좋아한다. 강철과 유리로 만들어진 굴러가

는 조각품, 강한 힘. 오픈탑 자동차를 몰고 화창한 봄날 드라이브를 즐기는 것보다 더 흐뭇한 일이 있을까? 우리 세대는 콜벳, 포르셰 911, 페라리 같은 장난감을 꿈꾸며 자랐다.

이미 가치가 상승한 자동차를 찾는 것은 쉬운 일이지만, 그 값이 아무리 올랐다고 해서 해당 자산군 전체의 성과를 보장하는 증거가 될 순 없다. 투자자에게는 한정 생산된 희귀 모델 몇 개가 아닌, 전체 자산군(모든 수집용 자동차)의 성과가 더 중요하다.

이런 자동차를 소유하는 것은 엄청난 수익을 안겨준다. 재미있는 프로젝트가 되며,[29] 차에 관심이 있는 다른 사람들을 만나고, 직접 운전해볼 수도 있다.

하지만 내 경험상 자동차는 유지보수, 보관, 보험에 계속해서 돈이 들어간다. 가령 최고의 클래식카를 선발하는 콩쿠르 델레강스Concours d'Elegance에 출품해도 될 만큼 최상급의 상태를 유지하려면 큰돈을 들여야 한다. 특히 클래식카는 시장 자체가 작기 때문에 현금화가 어렵다. 수억 달러 단위로 거래되는 희귀하고 비싼 수집용 자동차의 경우 구매자 풀이 매우 제한적이다. 일시적인 관심을 성공적인 투자로 전환하는 것은 대단히 어려운 일이다.

자동차 투자와 관련해 생존자편향을 걷어내려면 '해거티 가격 가이드 지수Hagerty Price Guide Index'를 살펴보라.[30] 이 지수는 자동차 1,400종의 가격 변화를 네 단계로 세분화해 추적한다. 이에 따르면, 2006년 이후 '페라리'는 500퍼센트, '수집 가능한 전후 독일차Post-War German Collectible Cars'와 '블루칩Blue Chip'은 300퍼센트 급등했다. 반면 '저렴한 클래식카Affordable Classics'는 18년간 가격이 두 배 뛰는 데 그쳤고, '미국 머슬카American Muscle Cars', '영국차Brithish Cars', '1950년대 미국 클래식카1950s

American Classics'는 소폭 상승했다. 같은 기간 S&P 500은 340퍼센트, 나스닥은 1,110퍼센트 상승했는데, 심지어 주식에는 보험료, 유지보수비, 연료비, 보관비가 전혀 들지 않는다.

가치가 이미 오른 자산을 투자처로 선정하는 것은 쉽다. 하지만 이렇게 자문해보라. 앞으로 50년 동안 보유하다가 팔아 수익을 남길 만한 자동차는 무엇인가?

이렇게 해서 생존자편향을 이해했다. 그렇다면 모델과 데이터에 대해 무엇을 더 알아야 할까? 곧 그 답을 알게 될 것이다.

모델이라는 함정

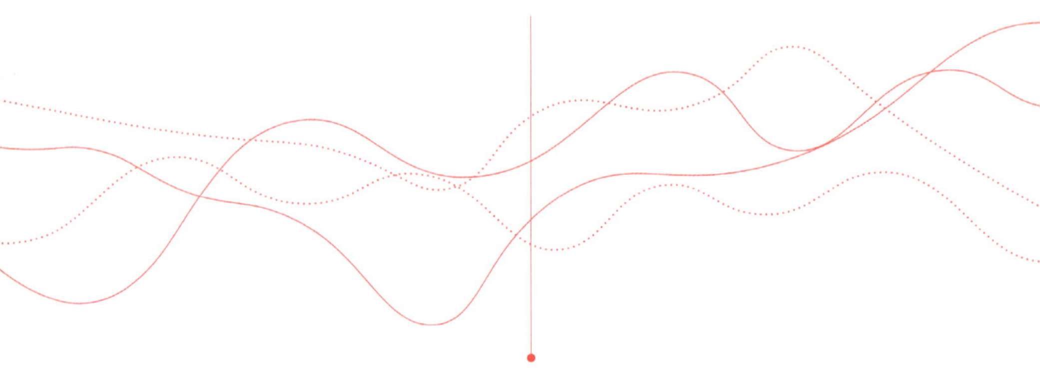

　수학적 모델은 세상을 이해하는 데 도움을 줄 수 있다. 주택시장 동향부터 코로나19 바이러스에 의한 사망자 수까지, 상상할 수 있는 거의 모든 상황을 그려낸다. 그러나 모델링된 데이터를 추적할 때는 항상 통계학자 조지 E.P. 박스의 경고를 명심해야 한다. "모든 모델은 틀린다. 하지만 일부는 유용하다."

　모델은 가정이 타당하고 잘못된 데이터를 입력하지 않을 경우에만 유용하다.

　대부분의 모델은 미래가 과거와 매우 유사할 것이라고 전제한다는 데 근본적인 결함이 있다. 예상치 못한 사건이 벌어질 때 모델은 완전히 무력화된다. 박스의 일침은 모델이 현실의 왜곡된 그림자를 만들어낸다는 점을 상기시킨다. 우주는 수학이 제시하는 것보다 훨씬 복잡하다.

　하지만 우리는 모델을 대단히 신뢰한다. 저널리스트 조너선 V. 라스트

Janathan V. Last가 지적했듯, 모델이 "미래에서 보내온 보고서가 아니"라는 사실을 잊을 때 문제가 발생한다.[31] 라스트는 모델에 투입되는 입력값들을 다음과 같이 세 가지 유형으로 구분했다.

1. 우리가 아는 것.
2. 우리가 안다고 생각하는 것.
3. 우리가 전혀 모르는 것.

모델의 오류가 그리 중요하지 않을 때도 있다. 넷플릭스가 개발한 알고리즘은 1억 6700만 명의 구독자와 당신의 시청 습관을 비교해 당신이 선호할 만한 콘텐츠를 추천한다. 알고리즘이 틀렸을 때의 리스크는 당신이 해당 콘텐츠를 별로라고 생각하는 것 정도다.

하지만 경제에 대해서라면 리스크의 차원이 달라진다. 2008년 경제학자들은 이미 진행 중인 세계금융위기를 예측하지 못했다.[32] 그들의 어떤 모델도 신용 조회, 고용 증빙, LTV(담보인정비율) 측정 같은 전통적 절차를 무시한 비은행권 대출 및 주택담보대출의 급증을 예상하지 못했다. 심지어 주택시장이 붕괴할 수 있다는 가능성조차 고려하지 않았다! 이런 모델들은 대공황 이후 최악의 경기침체인 세계금융위기를 제때 인식하고 대응하는 데 걸림돌이 되었다.

사실 이런 모델들에 대한 신뢰는 이미 10년 전에, 즉 롱텀 캐피털 매니지먼트Long-Term Capital Management가 붕괴했을 때 재고했어야 했다. 두 명의 노벨경제학상 수상자가 만든 정교한 모델조차 러시아 금융위기를 전혀 예상하지 못했다.[33] 세상이 변하는 가운데 모델만 제자리에 머물러 있다면 우리는 결국 파국을 맞이할 것이다.

- 주택저당증권MBS, 부채담보부증권CDO, 모기지담보부증권 Collateralized Mortgage Obligation, CMO, 대출채권담보부증권Collateralized Loan Obligation, CLO 등 각종 파생상품을 설계한 모델들은 주택시장 붕괴를 전혀 예상하지 못했다. 이는 세계금융위기를 초래한 결정적 요인이 되었다.

- 벤저민 그레이엄과 워런 버핏이 주창한 가치투자 모델은 2010년대에 이르러 문제에 봉착했다. 저인플레이션, 양적완화, 연준의 제로금리 정책 같은 유례없는 상황을 예측하지 못했기 때문이다.

- 2020년에는 팬데믹에 따른 봉쇄 조치로 대부분의 모델이 혼란에 빠졌다. 원유 수요가 폭락하고 재고가 남아돌면서 선물가격이 배럴당 -40달러까지 떨어지기도 했다. 이로써 원유를 보유한 사람이 원유를 가져가는 사람에게 돈을 내야 할 지경이 되었다.

- 2020년 이전에는 미국 노동부의 노동통계국Bureau of Labor Statistics이 단 한 달간 노동인구의 20퍼센트가 실업수당을 신청하는 상황을 겪어보지 못했다. 어떤 모델도 이런 사태를 예측하지 못했음이 확실하다.

- 2010년대 들어 전 세계로 퍼져나간 마이너스금리는 연준이 사용해온 모델을 비롯해 수많은 인플레이션 모델과 수익률 모델을 박살 냈다. "연준은 자기네 모델로 설명할 수 없는 현상은 존재하지 않는 것으로 간주한다"라는 채권 트레이더들의 농담은 현실이 되었다.

우리는 객관적 현실 속에서 살고 있지 않다. 대신 스스로 구축한 모델 속에서 살아간다. 우리의 뇌는 정신적 틀을 만들고 빠진 정보를 끊임없이 채워 넣으면서 세상을 인식하고 식별할 수 있는 하나의 그림을 만들어낸다. 이는 진화의 측면에서 유용한 특성이다. 맛있고 잡기 쉬운 먹잇감이었던 우리 종은 적대적인 세상에서 생존하고자 커다란 뇌가 창조해낸, 세상에 대한 정신적 모델에 의존해야만 했기 때문이다.

———

모델이 얼마나 오류에 취약한지 인식하지 못할 때 어떤 일이 벌어질 까? 경기침체가 발생했을 때를 보면 알 수 있다.

경기침체는 피할 수 없다

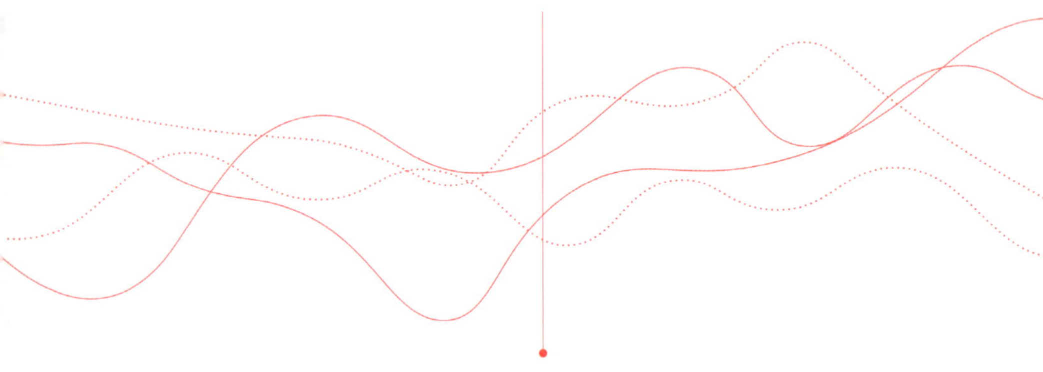

경제학자들의 끈기만은 칭찬해줘야 한다. 그들은 항상 경기침체가 얼마 남지 않았다고 외친다.

최근 일화를 살펴보자.

2016년 《월스트리트저널》은 일단의 경제학자를 대상으로 설문조사를 실시했다.[34] 그들은 "향후 4년 내에 경기침체가 발생할 확률을 거의 60퍼센트로 예상했다." 우선 2016년에는 침체가 없었다. 2017년, 2018년, 2019년에도. 2020년에만 팬데믹 탓에 짧고 급격한 침체가 있었다. 하지만 봉쇄 조치가 끝나고 재정지출이 시작되자 침체는 갑작스럽게 멈췄다. 2020년 2월에 시작된 침체는 2020년 4월에 끝났다.

겁에 질린 의회(불과 몇 주 후 이들은 워싱턴 D.C.의 지역 도서관 명칭 변경 문제로 교착 상태에 빠졌다)는 케어스법을 통과시켰고, 당시 대통령이었던 도널드 트럼프가 여기에 서명했다. 이 법안은 GDP 대비 사상 최대 규모의 재정부양책이었다. GDP의 10퍼센트를 넘는 규모로, 이에 비교할 만한 재정부양책은 제2차 세계대전 당시의 전시 총동원령과 전후의 마셜 플랜뿐이다. 시장은 급등했고, 소비지출은 폭발적으로 증가했으며, 곧 인플레이션이 뒤따랐다.

팬데믹 이후, 경제학자들은 계속해서 경기침체를 예측했지만 그런 일은 발생하지 않았다. 미국 경제가 침체에 가까워 보였던 것은 (인플레이션을 반영한) 실질GDP 측정 방식의 통계적 착시 효과 때문이었다. 간단히 말해, 경제활동 급증으로 인한 물가상승분이 GDP에서 차감되었던 것이다. 이 때문에 경제가 과열되고 있는 데도 두 분기 동안 GDP는 소폭 마이너스 성장을 기록했다(이후 데이터 보정을 통해 한 분기만 마이너스 성장한 것으로 기록되었다). 그런데도 2021년과 2022년 내내 침체가 임박했다는 주장은 계속되었다.

소비재 수요가 증가하면서 2021년 하반기와 2022년 상반기에 CPI가 급등했다. 인플레이션은 2022년 6월 정점을 찍은 후 전년 대비 3퍼센트 수준으로 급락했고, 이후 24개월 동안 대체로 그 수준을 유지하거나 하락했다.

그러나 경기침체에 대한 경고는 계속되었다. 2023년에는 S&P 500이 25퍼센트, 나스닥이 55퍼센트 상승했는데도 한목소리로 침체를 외쳤다. 경제학자들의 예측이 유독 쓸모없음을 드러내는 기나긴 목록에 또 다른 사례가 추가되었던 것이다.

수학적으로 따져보자. 4년 내 경기침체가 발생할 수 있다던 《월스트리트저널》의 설문조사에는 사실상 유용한 정보가 거의 없었다. 20세기

동안 스무 번의 침체가 있었다. 평균 5년에 한 번꼴이다.[35] 따라서 향후 4년 내 침체를 예측한다면 맞출 확률은 80퍼센트에 이른다. 북반구의 올겨울 기온이 떨어지고 내년 여름 기온이 오를 것이라는 기상예보관의 예측에는 유용한 정보가 얼마나 담겨 있을까? 물론 이 예측은 맞아떨어지겠지만, 가치라고는 전혀 없다.

왜 경제학자들은 경제 주기economic cycle라는 더 광범위하고 중요한 맥락은 무시하면서 과거 데이터를 미래에 그대로 적용하는 데만 열을 올릴까? 아마도 다음 경기침체가 언제 올지 전혀 모른다는 사실을 인정하고 싶지 않아서일 것이다. 경제학자들은 거의 예외 없이 "가장 최근에 있었던 세 번의 침체(1990년, 2001년, 2008년)를 예측하지 못했다. 심지어 침체가 시작된 후에도."[36] 가까운 시일 내에 이런 실적이 나아질 것이란 기대는 하지 말라.

경제학자들은 "복잡한 경제를 주로 과거지향적인 일련의 경직적 관계들로 축소하는" 모델을 사용하는 경향이 있다.[37] 과거 데이터로 앞으로의 추세를 추정하는 것은 경제 주기의 다음 전환점에서 허를 찔리게 되는 확실한 비결일 뿐이다.

연준의 데이터 분석가들도 이런 한계를 인식하고 있다. 클리블랜드연방준비은행은 12개월 후의 경기침체 가능성을 추정하는 모델을 개발했다. 뉴욕연방준비은행도 자체 모델을 내놓았다.[38] 두 기관 모두 12개월 이상의 시간 범위를 예측할 때 모델의 정확도가 급격히 떨어진다는 것을 발견했다. 침체를 예측하는 데 사용되는 표준 경제지표들(수익률곡선, 기업 이익, 신용 스프레드, 소비자신뢰지수)이 월별, 분기별로 너무 많이 바뀌어서 몇 분기만 지나도 쓸모없어지기 때문이다.

믿기 어렵겠지만, 우리는 벌써 20여 년 전의 일이 되어버린 세계금융위기의 후유증에서 여전히 빠져나오지 못하고 있다. 2016년《월스트리트저널》은 경기확장이 "88개월째 지속되고 있으며 1854년 이래 네 번째로 긴 성장 기간을 기록 중"이라고 경고했다. 그 경기침체 경고에 주의를 기울였다면, 이후 8년간 지속된 강력한 GDP 성장과 시장의 최고점 갱신 행진을 놓쳤을 것이다. 이것은 시장이 팬데믹 초기에 34퍼센트 급락한 것과 2022년 내내 20퍼센트 하락했던 일까지 포함한 이야기다.

경제는 그저 늙어 죽지 않는다. 진전을 멈추게 할 근본적인 사건이 발생해야 한다.

기자들은 '전례 없는'이라는 표현을 즐겨 쓰지만, 전례 없는 일은 늘 일어난다. 2020년 시장은 32번의 사상 최고가를 기록했다. 전례 없는 일! 팬데믹? 전례 없는 일! 브리지워터 어소시에이츠의 창립자 레이 달리오가 지적했듯, "전례 없다는 것은 보통 평생 본 적이 없다는 뜻이지만, 과거에 분명히 발생했던 일일 가능성이 매우 크다." 기록은 항상 깨지기 마련이다.

향후 4년 내 경기침체가 발생할 것이라는 예측은 종이와 픽셀의 낭비에 다름 아니다. 이런 예측이 하는 유일한 일은 미래의 언젠가 발생할 폭풍을 경고하는 것뿐이다. 하지만 그 폭풍이 언제 닥칠지는 절대 미리 알 수 없다.

모델링된 데이터에 의존할 때의 또 다른 단점은 돈이 어떻게 작동하는지를 너무 쉽게 잊어버릴 수 있다는 것이다. 다음으로는 돈과 관련된 가장 기만적인 데이터 범죄 중 하나를 다룰 것이다.

저축하는 달러, 소비하는 달러

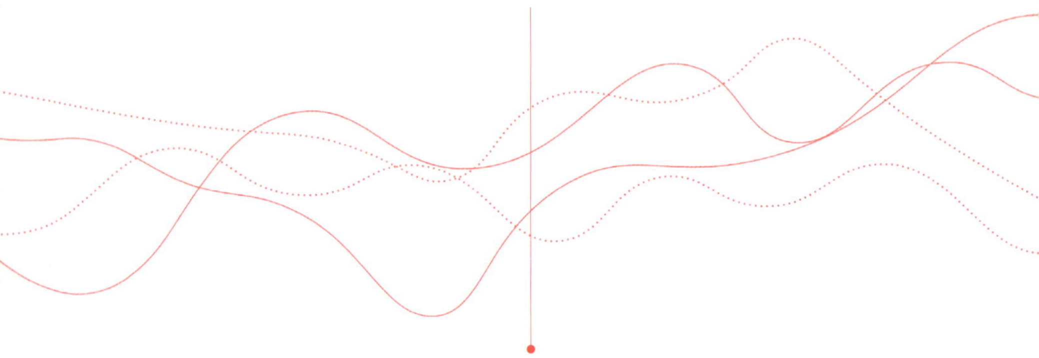

"지난 세기 동안 달러의 구매력은 96퍼센트 하락했다."

이 진술은 금융계의 어떤 주장보다 많은 오해를 불러일으킨다. 그 폐해는 두말할 필요가 없을 정도다.

달러의 구매력 하락이라는 말은 투자자들에게 겁을 주고, 의심스러운 투자상품을 사게 하며, 터무니없는 믿음을 품게 하는 데 이용된다. 오해의 소지가 있는 이 주장은 시장에서 언제나 목격된다. 이것이 왜 그토록 기만적인지 여러 측면에서 분석해보자.

가장 큰 문제부터 시작하겠다. 달러는 장기적인 **가치저장수단**이 아니다. 애초에 그것은 달러의 목적이 아니다. 달러는 **교환수단**이다. 이 두 용도 사이에는 엄청난 차이가 있으며, 나쁜 의도를 품은 이들은 대부분의 투자자가 이 차이를 잘 이해하지 못한다는 점을 악용한다.

사람들은 달러로 임금을 받는다. 달러는 널리 통용되는 화폐다. 당신은 물건을 사거나, 세금을 내거나, 기부할 때까지 계좌나 지갑 속의 달러가 가치저장수단의 역할을 해주기를 바란다. 달러는 이 용도로도 훌륭히 기능한다.

한편 당신은 주당 40시간 이상 일하면서 시간과 노력, 전문성에 대한 대가를 받는다. 보수는 보통 계좌로 직접 입금되며, 그 돈은 필수품 구매(식료품, 의약품, 주거, 의류, 교통 등), 선택적 소비(오락, 여행 등), 세금 납부에 사용된다. 2026년에 쓰는 돈은 1926년에 번 돈이 아닌 2026년에 번 돈이다.

여기까지는 문제가 없다.

하지만 이것이 전부가 아니다. 당신에게는 그 달러를 투자할 기회도 있다. 가령 잘나가는 기업의 주식을 산 다음 가치가 더 오를 때까지 기다리는 것이다. 채권을 사서 이자수익을 올릴 수도 있다. 주택을 구입해 살 곳을 마련하거나 임대수익을 얻는 것도 방법이다. 그 돈으로 사업을 시작하거나 확장해도 된다.

수십 년이 지나든 한 세기가 지나든, 수학적 원리는 똑같이 적용된다.

구매력이 96퍼센트나 떨어졌다고 추정되는 달러의 실체에 대해 알아보자. 여기 각각 1,000달러의 현금을 가진 두 젊은이가 전쟁에 나갈 채비를 하고 있다. 미국은 1917년 4월 독일에 선전포고를 하고 제1차 세계대전에 참전했다. 당시 1,000달러는 큰돈이었고, 두 병사는 자신의 돈에 대해 매우 다른 접근법을 취했다.

한 사람은 돈을 유리병에 넣어 뒷마당에 묻었고, 다른 한 사람은 여

주식에 투자해야 하는 이유

연도	금액(달러)
1917	1,000
1924	2,000
1931	4,000
1938	8,000
1945	16,000
1952	32,000
1959	64,000
1966	128,000
1973	256,000
1980	512,000
1987	1,024,000
1994	2,048,000
2001	4,096,000
2008	8,192,000
2015	16,384,000
2022	32,768,000

러 가지 주식을 샀다(만약을 대비해 신탁 계좌에 보관했다). 그들의 후손은 2023년 7월에 해당 자산을 상속받게 될 터였다.[39]

당신의 조상이 1,000달러를 주식에 투자한 군인이라면, 축하한다. 1917년 이후 주식시장의 연평균 수익률은 약 10.23퍼센트로, 당신은 3000만 달러를 상속받게 된다.[40]

100년에 걸쳐 누적된 수익률은 가히 기하급수적이라 직관적으로 이해하기가 대단히 어렵다. 1,000달러가 그토록 크게 불어날 수 있다는 사실을 받아들이기가 쉽지 않다. 이때 '72의 법칙'을 활용하면 쉽게 이해할 수 있다. 이 법칙은 투자금이 두 배가 되는 데 걸리는 시간을 계산해주는데, 72를 연평균 수익률인 10.23퍼센트로 나누면 된다. 그러면 투자금이 7.03년마다 두 배씩 늘어난다는 사실을 알 수 있다.

즉 주식시장은 1917년 이후 15번이나 두 배씩 증가해왔다.

굉장하지 않은가?

투자금을 주식시장에 100년간 묻어둔 결과, 구매력의 96퍼센트를 잃는 대신 311만 2292퍼센트라는 경이로운 수익률을 달성했으니 말이다.

임금을 달러(현금)로 받으면, 그것을 교환수단으로 사용할 수 있으며 또 그렇게 해야 한다. 몇 달간 보유해야 한다면 MMF를 고려하라. 1~2년 정도라면 적극적으로 운용되는 채권펀드를 추천한다. 수년 이상이라면 주식이 최선이며, 특히 광범위하고 비용이 저렴한 인덱스펀드가 좋다.

한 세기 동안 달러의 가치가 얼마나 하락했는지 보라는 식의 일방적인 주장을 나는 정말 싫어한다. 좋게 보아야 분모 맹목이고, 최악의 경우는 의도적으로 대중을 오도하는 주장, 또는 자신도 무슨 말을 하는지 모르는 무지한 주장, 한마디로 러시아 인터넷연구소Internet Research Agency의 선전과 다를 바 없는 주장이다.[*] 이런 쓰레기 같은 주장은 그것을 떠드는 사람이 금융에 대해 근본적으로 잘못 이해하고 있다는 것 외

---

[*] 인터넷연구소는 2013년 창설된 러시아의 정보전 기관이다. 2016년 미국 대통령선거에 개입하며 악명을 떨쳤다. 민간군사기업인 바그너그룹(Wagner Group)의 창립자 예브기네 프리고진(Yevgeny Prigozhin)이 운영했는데, 2023년 7월 그가 반란 모의 후 숙청당하며 함께 폐쇄되었다.

에는 알려주는 것이 별로 없다.

만약 뒷마당에 현금을 묻은 것이 당신의 조상이라면, 현재 그 돈의 구매력은 1917년 4월과 비교해 96퍼센트 감소한 상태다. 하지만 그것은 달러의 잘못이 아니라 당신 조상의 잘못이다. 그가 숫자 감각만 있었더라도 오늘날 당신은 훨씬 부유했을 것이다.

달러 같은 통화는 교환수단이지 가치저장수단이 아니다. 따라서 한 세기 동안 아무것도 하지 않고 그냥 두면 안 된다.

———

현금을 한 세기 동안 보유하는 것은 바보짓이다. 그렇다면 몇 년, 수십 년 정도 보유하는 것은 어떨까?

인플레이션과 임금

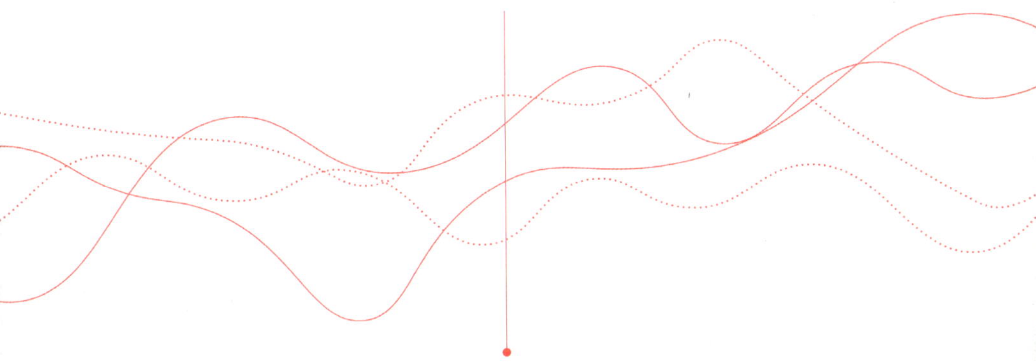

틱톡의 투자 인플루언서들도 형편없지만, 인스타그램의 경제사범들도 별반 나을 것이 없다.

내가 좋아하는 무지의 사례 중 하나는 크리스마스를 상징하는 영화 〈나 홀로 집에〉와 관련된다. 맥컬리 컬킨이 연기한 케빈 맥칼리스터는 부모님이 정신없이 공항으로 향하는 과정에서 실수로 집에 혼자 남겨진다. 그 와중에 케빈은 슈퍼마켓에 들러 여러 가지 식료품을 산다.

이 장면과 관련해 '부@Wealth'라는 이름의 인스타그램 계정에 이런 게시글이 올라왔다.[41] "〈나 홀로 집에〉 팬들은 영화 개봉 이후 지금까지 식료품 가격이 264퍼센트나 급등했다는 사실에 충격받을 것이다." 이 데이터는 정확하면서도 한편으로는 허위다. 맥락이 없고, 지출 방정식의 다른 절반인 임금을 의도적으로 배제했기 때문이다.

케빈이 쓸 돈을 누군가는 벌어야 하지 않겠는가? 1990년 맥칼리스터

가족은 식료품에 19.83달러를 지출했는데, 2023년이 되어 동일한 식료품을 다시 산다면 72.28달러를 내야 한다. 자, 계산해보자. 〈나 홀로 집에〉는 1990년 11월에 개봉했고, 이 게시글은 2023년 12월에 작성되었다. 이 기간 동안 해당 식료품의 가격은 264퍼센트 상승했지만, 같은 기간 임금은 274퍼센트 증가했다.[42] 즉 2023년의 장보기 비용이 1990년보다 오히려 더 저렴했다.

가격 상승만 보여주고 임금 상승은 언급하지 않는 비대칭성은 분모 맹목의 또 다른 형태다.

〈나 홀로 집에〉 팬들이 1990년 이후 식료품의 가격 상승에 정말 충격받았다면, 임금 상승에 대해서는 더 놀라지 않을까? 같은 기간 S&P 500이 2,670퍼센트 상승했다는 것을 알게 된다면 아예 기절할지 모른다.

즉 식료품 가격이 어쩌고저쩌고하는 것과 같은 주장을 하는 사람은 금융에 대한 무식자이거나(숫자 문맹), 의도적으로 대중을 오도하려는 사기꾼이다. 그 중간은 없다.

다음 그래프를 살펴보라. "1999년 1달러의 현재 가치는?"이라고 묻고 있다.[43]

같은 유형의 바보짓이다. 장부의 절반만 보여주면서 나머지 절반은 무시한다. 우리가 구매하는 물품의 가격이 얼마나 올랐는지 비교하고 싶다면, 같은 기간 동안 이런 물품을 구매하는 데 사용된 임금의 상승폭도 알려줘야 한다. 그것을 제시하지 않는다면, 지출 방정식의 절반만 보여주는 셈이다. 그 자체로는 맥락 없는 큰 숫자, 당신을 겁주려고 만들

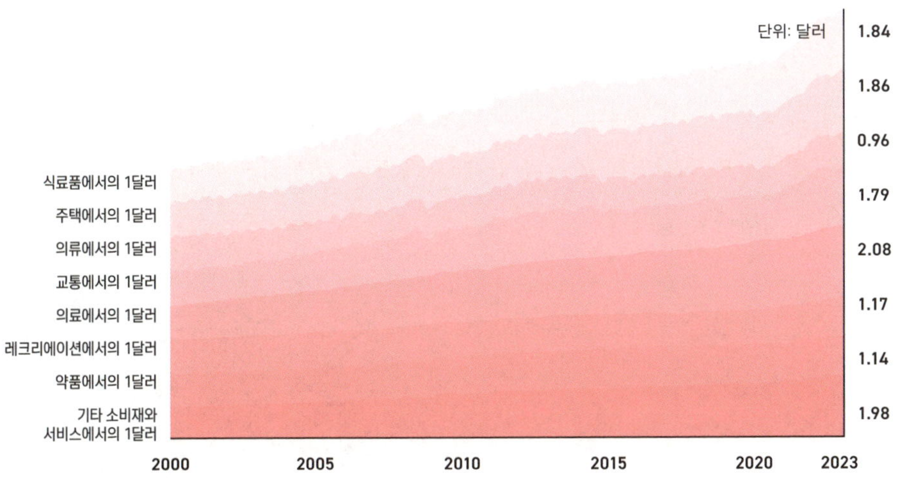

1999년 1달러의 현재 가치는?

어진 숫자에 불과하다.

노동통계국은 1999년 12월부터 이 그래프에 포함된 모든 물품의 가격을 추적하고 있다. 노동통계국은 임금도 추적하는데, 같은 기간 동안 주당 573달러에서 1,145달러로 크게 올랐다. 275퍼센트의 상승폭은 그래프에서 제시된 다양한 물품의 가격 상승폭을 크게 웃돈다. 다시 말하지만, 오늘날 장을 볼 때는 1999년의 달러가 아닌 2026년의 달러를 사용한다.

만약 1999년으로 돌아가 1달러를 S&P 500에 투자한다면 어떨까? 연평균 6.94퍼센트씩 불어나 2023년이 되면 약 5달러가 된다.[44] 그러면 식료품을 구매하고도 3.16달러가 남는다.[45]

결과가 완전히 달라지는 것이다. 돈의 작동 방식을 이해한다면 오히려 구매력이 커졌음을 알 수 있다.

금융을 막연히 어려워하는 사람들이 많아서일까? 트레이더, TV, 투자자, 소셜미디어는 '포트폴리오의 성과를 좌우할 가장 중요한 단 하나의 경제지표'를 간절히 바란다. 문제는? 후보로 제시되는 대부분이 소음에 불과하다는 것이다.

경제지표를 올바르게 읽는 법

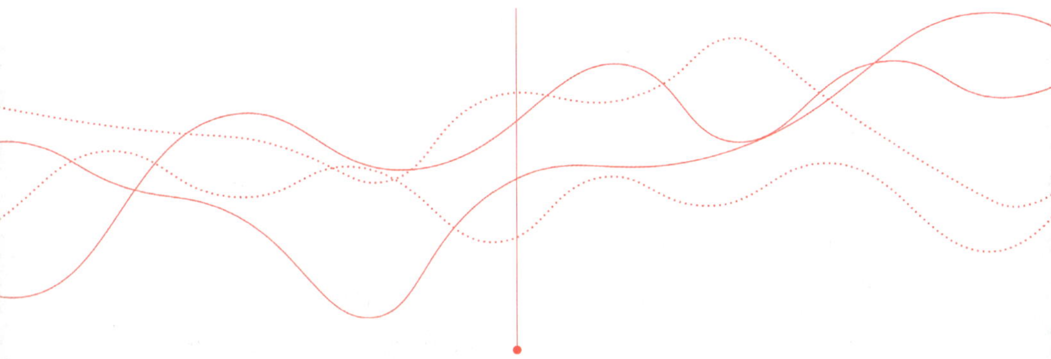

   한 달에 한 번 우리는 수많은 사람이 인생의 가장 중요한 데이터라 믿는 경제지표를 보게 된다. 매달 발표되는 비농업 고용지수로, 흔히 '고용 보고서'라 불리는 것이다.

   상황이 좋은 달에는 비농업 고용지수가 약 25만 명 증가한다. 나쁜 달에는 증가 폭이 10만 명을 밑돌거나 아예 변동이 없다. 최악인 달에는 10~30만 명 정도가 감소한다.

   하지만 비농업 고용지수는 분자일 뿐이다. 분모는 미국에서 정규직으로 일하는 전체 노동인구다.[46]

   이들은 약 1억 6000만 명에 달한다. 그중 0.1~0.2퍼센트만이 비농업 고용지수에 반영된다. 이쯤에서 당신은 "왜 이렇게 작은 수치에 그렇게 큰 의미를 부여할까?" 하는 의문을 품게 될 것이다.

   비농업 고용지수를 둘러싼 소란은 미국에서 직장을 그만두는 사람이 매달 약 360만 명이나 된다는 데서 최고조에 이른다. 그중 일부는 이직을 위해 잠시 쉬는 경우이고, 일부는 창업하기 위해 퇴사하는 경우다. 일부는 은퇴하고, 일부는 안식년을 가지거나 육아휴직을 쓰기도 한다. 그리고 일부는, 영국을 대표하는 코미디 극단 몬티 파이선_{Monty Python}의 유명한 대사를 빌리자면, "보이지 않는 합창단에 합류한다."(즉 사망한다.)[47]

반대로 매달 약 360만 명이 노동시장에 새로 진입한다. 학교를 졸업하고 취직하는 사람도 있고, 휴직 후 복귀하거나 새 직장으로 옮기는 사람도 있다.

비농업 고용지수는 이 두 집단, 즉 떠나는 사람과 (돌아)오는 사람의 차이를 보여준다. 1억 6000만 명 중 약 400만 명이 움직이는 것이다.

바꿔 말해 비농업 고용지수는 직장을 그만둔 약 400만 명과 새로 일을 시작한 약 400만 명 간의 미세한 순차이다. 단지 그뿐이다! 게다가 이 데이터는 이후 수정 및 업데이트가 반복되는 만큼 변동성이 크고 불안정하다. 한마디로 소음 덩어리다.

비농업 고용지수에 대한 집착은 최신편향의 전형적인 사례다. 우리는 방금 일어난 일에 지나치게 집중하느라 전체적인 맥락과 장기적 추세를 무시한다.

이런 것에 주의를 빼앗기고 싶지 않은 사람이라면 이동평균을 고려하라. 즉 특정 달의 보고서에 일희일비하기보다는, 특정 3개월(또는 6개월)간의 평균은 어떤지, 증가하고 있는지, 감소하고 있는지, 아니면 안정적으로 유지되고 있는지 살피는 것이다.

중요한 것은 지속적인 추세다. 매달 일자리가 창출되고 있는가, 아니면 사라지고 있는가? 경제 주기가 결정적인 변곡점을 지날 때 그런 변화는 큰 의미를 갖는다. 그럼 100개월 중 나머지 98개월에서는 어떨까? 개별 수치는 반올림으로 인한 오차 정도에 불과하다.

———

이제 최신편향이 어떻게 점진적이지만 꾸준한 개선을 보지 못하게 하는지, 왜 우리는 복리의 힘을 이해하지 못하는지 살펴볼 차례다.

"서서히, 그러다가 갑자기"

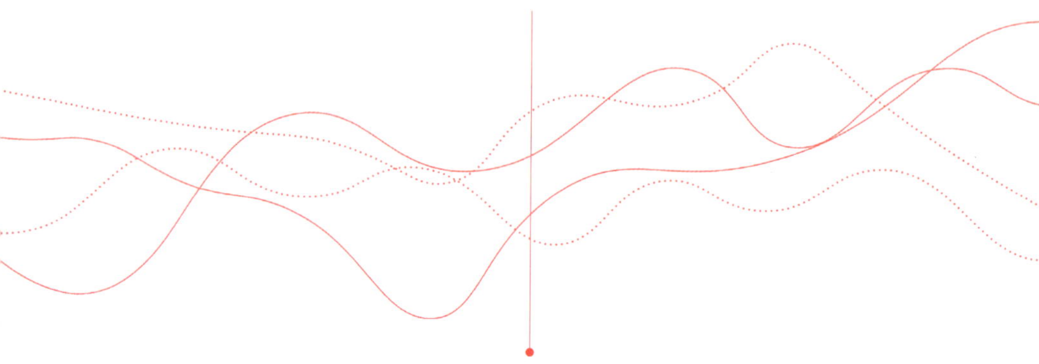

점진적인 변화는 매우 천천히 일어난다.

겨울눈이 녹으면, 그 물방울은 중력을 따라 아래로 떨어지면서 흙을 씻어내고 점토를 흩뜨리다가 결국 암반을 꿰뚫는다. 겨울, 봄, 여름, 가을… 이 일은 매년 반복된다. 하지만 수십 년, 심지어 수세기 동안 거의 눈에 띄지 않는다. 수천 년이 지나도 바뀐 게 거의 없다.

500만 년 후, 그것은 그랜드캐니언이 된다.

지질학적 시간의 척도는 우리에게 익숙한 준거의 틀과 차원이 다르다. 인간이 경험하는 속도와 전혀 다른 것이다.

세상은 이런 식으로 변한다. 천천히, 조금씩, 하지만 확실히.

어니스트 헤밍웨이의 《태양은 다시 떠오른다》에는 인상적인 장면이 나온다.[48] 많은 재산을 물려받았으나 돈을 흥청망청 쓴 탓에 파산하고만 한 등장인물은 그 과정을 묻는 사람에게 이렇게 답한다. "두 가지 방식으로. 서서히, 그러다가 갑자기." 이 문장은 처음 본 순간부터 내 마음을 사로잡았다. 짧은 글에 농축된 지혜로는 윌리엄 골드먼의 "아무도 아무것도 모른다"에 필적한다.

큰 변화가 확연히 눈에 띄는 때도 있다. 인터넷이 처음 등장했을 때, 그것이 많은 것을 바꿔놓으리란 점은 기술 거부론자들에게도 명백해 보였다. 하지만 우리는 대개 거대한 변화를 과소평가한다. 집단적 인식이 감지하지 못하는 수준에서 알지 못하는 사이에 발생하는 작고도 점진적인 변화들 때문이다.

불, 바퀴, 인쇄술, 전기, 비행기, 인터넷 그리고 AI는 모두 엄청난 기술적 진보다. 우리는 어떤 기술이 판도를 바꾸고 있다는 것은 알지만, 수십 년 후 그 판도가 어떤 모습이 될지는 전혀 알지 못한다. 스티브 잡스는 모든 사람의 주머니에 컴퓨터를 집어넣었지만, 모바일기기가 소셜미디어와 결합해 십대들의 삶을 아수라장으로 만들 것이라고는 상상하지 못했을 것이다.

나는 다양한 자동차를 몰아봤고, 최근에는 1967년식 C2 콜벳을 운전하며 여가를 즐기고 있다. 나는 자동차에 대해 꽤 잘 안다. 반세기 이상 운전했으니까(아버지의 무릎 위에 앉아 핸들을 잡은 것까지 포함해). 그간 등장했던 자동차 기술과 관련된 점진적인 변화들은 쉽게 잊혔다. 이런 새로운 기능, 저런 개선된 성능, 더 안전한 설계, 더 나은 공학적 해법 등등.

매년 이뤄지는 변화는 거의 눈에 띄지 않지만, 세월이 흐르면서 그 차이가 쌓여왔다.

3점식 안전벨트, 파워스티어링, 어라운드뷰, 차선 이탈 경고, 브레이크 잠김 방지 시스템, 트랙션 컨트롤 시스템이 없는 자동차를 한번 타보라. 최신 자동차들이 얼마나 뛰어난지 바로 깨닫게 될 것이다.

서서히, 그러다가 갑자기. 이는 아무도 아무것도 모르는 이유를 설명하는 데 도움이 된다.

C2 콜벳은 날렵하고 놀랍도록 현대적인 디자인이 매력적인 자동차다. (논란의 여지는 있겠지만) 역대 가장 아름다운 미국 자동차일 것이다. 하지만 구형 브레이크는 형편없고, 수동 핸들은 성가시고, 클러치조차 다루기 힘들다. 안전벨트도 어깨 벨트 없이 허리 벨트만 있다. 조수석에는 사이드미러조차 없다! 멋진 모습에 엔진 소리도 환상적이지만, 1967년식 자동차를 몰아보면 지난 반세기 동안 관련 기술이 얼마나 많이 발전했는지 절실히 깨닫게 된다.

오늘날 출시되는 자동차들은 안전하고 빠르며 신뢰할 수 있고 효율적이다.

금융계에서도 같은 일이 일어났다. 연준 의장을 지낸 폴 볼커Paul Volcker는 "은행이 지난 20년간 발명한 쓸모 있는 것은 ATM뿐이다"라는 농담을 즐겨 했다.[49] 하지만 나는 볼커의 의견에 동의할 수 없다.

우리는 투자, 은행업, 금융거래의 황금기에 살고 있다. 저 모든 일을 하기가 50년 전보다, 아니 불과 10년 전보다도 열 배는 편해졌다.

몇 가지 예를 들어볼까?

투자

1. 인덱스펀드 덕분에 전체 시장이나 섹터를 저렴하게 매수할 수 있다.
2. ETF 덕분에 펀드도 장 중 실시간 매매가 가능해졌고, 투자자 본인의 의도와 상관없이 펀드매니저의 매매로 생기는 자본이득세 또한 크게 줄었다.
3. 운용보수가 급락하며 비용 부담이 줄었다.

4. 투자자들의 행동을 더 잘 이해하게 되었다.

5. 그 어느 때보다 폭넓은 시장 데이터를 이용할 수 있다.

6. 수익률을 결정하는 요인들이 체계적으로 정리 및 분석되어 있다.

7. 디지털 플랫폼 덕분에 규모와 상관없이 전문적인 자산관리를 받을 수 있다.

8. 세금 손실 수확tax-loss harvesting 덕분에 실질수익률이 높아졌다.

9. 투자자의 개인적 가치관이 반영되도록 포트폴리오를 맞춤 설계할 수 있다.

10. 다이렉트 인덱싱direct indexing으로 ETF 거래에서도 개별 종목을 거래하는 수준의 유연성을 누린다.[*]

금융거래

1. 거래비용이 사실상 제로에 가깝게 낮아졌다.

2. 거래 후 대금 결제가 훨씬 빨라져 익일 결제(T+1)가 가능해졌다.

3. 앱을 통해 언제 어디서든 시장에 접속할 수 있다.

4. 분석 도구가 대중화되었다.

5. 시장 및 기업 정보가 실시간으로 제공된다.$$

뱅킹

1. 앱을 통해 문자 보내듯 간편하게 돈을 주고받을 수 있다.

---

[*] 세금 손실 수확은 포트폴리오 내에서 손해 본 자산을 팔아 손실을 확정하고, 그 손실로 이익을 상쇄해 세금 공제를 받은 다음, 다시 비슷한 자산에 재투자하는 전략을 가리킨다. 다이렉트 인덱싱은 특정 지수를 그대로 따라가도록 설계된 ETF나 펀드를 매수하는 인덱스 투자의 개인 맞춤형 버전이다. 즉 ETF나 펀드를 매수하는 대신 그 구성 종목들을 개별적으로 매수해 직접 지수를 구성한다.

2. 각종 결제 서비스를 통해 규모에 상관없이 모든 판매자가 신용카드 거래를 처리할 수 있다.

3. 스마트폰 카메라로 수표를 촬영해 계좌에 바로 입금할 수 있다.

4. 해외 송금이 간편해졌다.

5. 아, 여전히 현금을 사용하는 사람들에게는 ATM이 있다.

이쯤에서 줄이기로 하자.

지금이 금융거래의 황금기임을 아직 깨닫지 못했다면… 당신은 비주류일지 모른다. 하지만 위의 짧은 목록만으로도 우리가 얼마나 진보했는지 증명하는 데는 어려움이 없다. 서서히, 그러다가 갑자기.

당신은 이런 점진적인 발전을 눈치채지 못했을지 모르지만, 당신의 조부모에게는 이것들이 (그들 기준으로) 너무 시대를 앞서 나간 나머지 외계인의 기술처럼 느껴질 것이다.

변화는 복리처럼 쌓인다. 마치 돈이 복리 효과를 내듯이. 이 수학적 마법은 지질학적 속도보다 조금 더 빠르다. 세상은 이런 식으로 변한다.

"서서히, 그러다가 갑자기." 이 말은 투자자들의 좌우명이 되어야 할 것이다.

사람들은 데이터에 기반한 분석이 더 나은 방법을 제안할 때조차 특정 일화에 지나치게 의존하는 경향이 있다. 하지만 어떤 일화는 정말 가치 있는 아이디어를 끌어내기도 한다. 4장에서 마지막으로 다룰 것이 바로 그런 일화다.

"일화의 복수형은 데이터가 아니다"

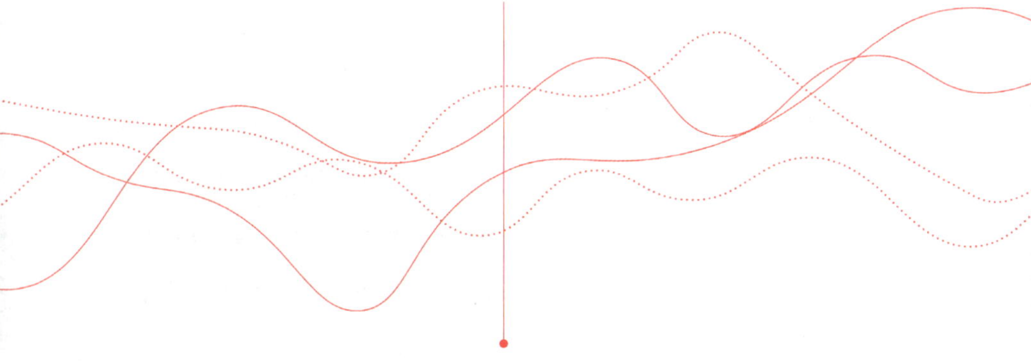

행동경제학은 자신의 신념을 점검하지 않을 때의 위험성을 강력히 경고한다. 의사결정의 근간이 되는 이유를 고려하지 않으면 오류가 발생할 가능성이 커진다. 일상생활의 대부분은 자동조종 모드로 살아도 괜찮지만, 모든 상황이 그렇게 관대한 것은 아니다. 자산을 리스크에 노출시킬 때, 그 결정에 영향을 미치는 것들을 올바로 이해하지 못하면 금전적 손실, 실직, 심지어 파산에 직면할 수 있다.

이런 맥락에서 "일화의 복수형은 데이터가 아니다"라는 격언을 생각해보자. 여기에는 주제가 무엇이든 단 하나의 사례에 기반해 광범위한 규칙을 추론해선 안 된다는 교훈이 담겨 있다. 이 지혜는 투자, 경제, 정치 등 증거가 부족한데도 그럴싸한 서사가 판단에 영향을 미치는 거의 모든 분야에 적용된다.

이 격언의 진실성은 너무나 자명해서 정확한지를 굳이 따질 필요도 없어 보인다. 우리는 개인적인 일화를 인용한 결론을 반박하려 할 때, 거의 반사적으로 이 격언을 사용한다. 일화적 증거는 수학적으로나 과학적으로나 타당하지 않다. 표본집합이 단 하나의 사례(N=1)로 구성될 경우, 우리가 내린 결론의 오차범위는 ±100퍼센트가 된다. 일화는 통계적으로 무의미하다.

심리학자 아모스 트버스키Amos Tversky와 대니얼 카너먼Daniel Kahneman의 연구 덕분에 우리는 단일 사례를 이용한 일반화의 문제점을 알게 되었다.[50] 1973년 그들은 불완전한 정보로 의사결정을 내릴 때 사람들이 의존하는 다양한 정신적 지름길을 연구했다. 사람들은 대개 (일화나 무작위 예시를 포함한) 특정 사례를 떠올렸지만, 그것은 현실 세계를 반영하거나 대표하지 못했다. 그렇게 트버스키와 카너먼은 '가용성편향availability bias'을 발견했다.[51]

가용성 편향의 가장 대표적인 예로 상어의 공격을 꼽을 수 있다.

대부분의 경우 인간과 상어의 상호작용은 크게 해롭지 않지만, 드물게 상어가 인간을 공격할 경우 언론의 대대적인 보도가 뒤따르는 경향이 있다.[52]

실제로 상어에게 공격당할 위험은 매우 낮다. 지난 100년간 상어에게 물려 사망한 사람보다 바로 지난해에 모기에 물려 사망한 사람이 더 많다. 심지어 셀카가 상어보다 더 많은 죽음을 초래한다. 뒤에서 살펴보겠지만, 상어의 공격보다는 의료과실(미국에서 세 번째로 큰 사망원인)로 사망할 확률이 훨씬 높다. 그렇다면 상어보다 더 치명적인 것은 무엇일까? 총을 쥔 어린아이들을 생각해보라.[53] 하지만 상어의 공격은 더 기억에 남고 자극적이기 때문에 쉽게 떠올리게 된다.

이런 이야기는 일화에 대해 다시 생각해보게 한다. 이번 글의 제목으로 삼은 격언은 사실 훨씬 더 미묘한 의미를 가지고 있다. 처음 이 말을 한 사람은 캘리포니아대학교 버클리캠퍼스의 정치학자 레이 울핑거Ray Wolfinger였다.[54]

울핑거는 우리가 살펴본 격언과 정반대의 말을 했다. 그는 "일화의 복수형은 데이터다"라고 말했다. 그 속뜻을 살피면, 우리가 서사와 데이터를 어떻게 이해하고 활용해야 하는지에 대한 실마리를 얻을 수 있다.

울핑거의 말과 관련해 추적할 수 있는 가장 오래된 논의가 미국방언학회American Dialect Society의 기록물에 담겨 있다. 《예일 인용어 사전Yale Dictionary of Quotations》의 전 편집자 프레드 샤피로Fred Shapiro는 울핑거와 그 말의 기원에 대해 이메일로 의견을 교환했다.[55] 울핑거는 사실적 진술을 단순한 일화로 치부한 어느 학생과의 대화를 떠올리며 샤피로에게 이렇게 설명했다. "이 말은 데이터가 처음부터 무결하게 탄생하는 것이 아니며, 일화가 더 깊은 숙의로 이어지고 이후 데이터가 된다는 점을 시사한다."

울핑거는 일반화나 일화적 증거의 위험을 경고하려 했던 것이 아니다. 오히려 그것들을 더 깊이 파고들어 연구와 탐구의 비옥한 새 영역을 발견하라고 독려했던 것이다. 설득력 있는 일화는 이것이 단순히 한 번 일어나고 마는 흥미로운 일인지, 아니면 앞으로의 트렌드를 견인하게 될 일인지 판단하기 위해 데이터를 파고드는 작업의 시작점이 되어야 한다.

더 정확히 표현하면, 일화의 복수형은 의미 있는 결론으로 이어질 만한 잠재력을 가진 유효한 데이터일 수 있다. 따라서 색다른 일화가 이목을 끌 때 가볍게 무시해서는 안 된다. 더 깊은 진실을 놓칠 수 있으니 말이다.

이것이 분석가, 경제학자, 펀드매니저가 일하는 방식에 미치는 파급효과를 고려해보라. 알고리즘이 점점 더 많은 업무를 대체하고 있는 현실은 금융계 종사자들에게 실존적 위협을 가한다. 일화적 증거에서 어떤 단초를 파악하고, 이후 데이터를 활용해 새로운 아이디어나 개념을 발견하는 능력은 AI의 침공에서 얼마간 당신을 보호해줄 것이다. 그러니 자신감을 가져라. AI가 그런 일을 할 만큼 정교해지기까지는 상당한 시간이 필요할 테다. 아니 영원히 하지 못할 수도 있다.

4장을 다 읽었다면 숫자에 대한 오해와 오독이 어떤 문제를 일으키는지 충분히 파악했을 것이다. 다음 장에서는 시장을 둘러싼 몇 가지 충격적인 진실을 살펴보자.

5장

플러스마이너스 게임

누가 강세장과 약세장을 정의하는가

강세장과 약세장

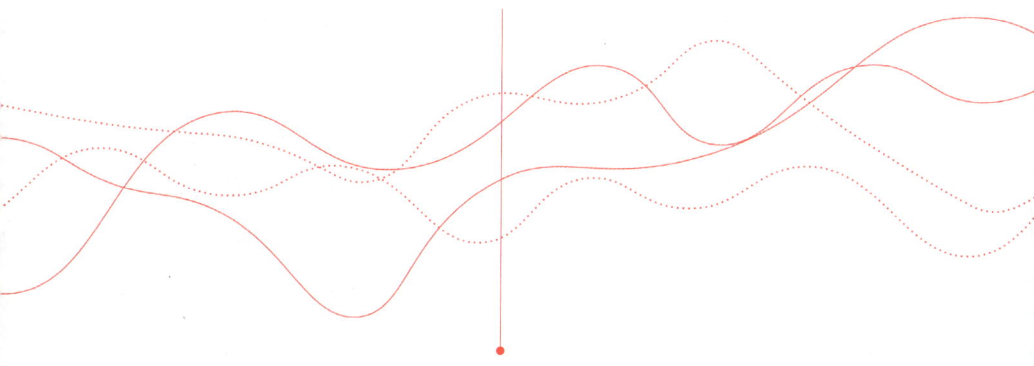

약세장이란 무엇인가?

일반적인 정의는 시장을 대표하는 여러 지수가 고점 대비 20퍼센트 하락하는 것이다. 수치별 기준도 있다. 예를 들어 5퍼센트 하락은 '일시적인 하락', 10퍼센트 하락은 '조정', 30퍼센트 이상 하락은 '폭락'이다.

이것들은 역사적 근거나 통계적 분석 없이 미디어나 전문가들이 떠드는 숫자 놀음에 불과하다. 10진수를 근거로 했다는 점(우리 영장류는 우연히도 손가락 10개, 발가락 10개를 가지고 있다) 외에는 이 백분율에 합리적 근거란 없다. 그 중요성을 뒷받침하는 확실한 데이터도 전혀 없다.

강세장이란 무엇인가?

일반적인 정의는 저점 대비 20퍼센트 상승하는 것이다.

왜 20퍼센트일까? 25퍼센트, 30퍼센트, 또는 21.759퍼센트면 안 되는 것일까?

이런 숫자들에는 역사적 기원이 없다. 더 중요한 질문은 이것이다. 이 정의들은 유용한가? 리스크 관리, 자산 배분, 심지어 시장 사이클에 대해 생각하는 데 도움이 되는가?[1]

내 대답은 분명히 "아니다"이다.

백분율의 변동만으로 강세장이나 약세장을 정의하는 것은 투자 결정에 필요한 통찰을 제공하지 못한다.

2015년 내내 투자자들을 괴롭힌 조정의 깊이를 생각해보라. S&P 500은 15퍼센트 하락한 반면, 소형주 지수인 러셀 2000은 27퍼센트 하락했다. S&P 500은 약세장이 아니지만, 러셀 2000은 약세장임을 아는 것이 투자자들에게 과연 얼마나 유용했을까? 2011년 5월부터 10월까지 S&P 500은 22퍼센트 하락한 반면, 러셀 2000은 31퍼센트 하락했다.

'20퍼센트'가 무의미한 기준인 이유를 가장 확실히 보여주는 사례가 있다. 바로 팬데믹 당시의 패닉이다. 2020년 2월 19일부터 3월 23일까지 S&P 500은 34퍼센트 폭락했다. 3월 11일이 되자 2월 고점 대비 19퍼센트 하락했고, 그다음 날은 하락폭이 27퍼센트에 달했다. 당신은 무엇을 해야 했을까? 13일 S&P 500은 살짝 반등해 11일 수준으로 돌아갔다. 자, 이제는 어떻게 할 텐가?

이 모든 사례에서, 백분율에 기반한 정의를 통해 약세장의 시작을 알아차렸다고 한들 별 의미 없는 일이었다. 시장은 1년 후부터(2020년의 경우 몇 주 후부터) 상당한 상승세를 보였고, 3~5년 후에는 훨씬 더 상승했다. 소위 약세장에 주식을 대량으로 매도한 사람들만 손실을 봤다.

그렇다면 시장과 관련된 다른 용어들은 어떨까? 이들은 과연 유용할까? 정량화할 수 있을까? 다음은 각종 현상을 나타내는 용어들의 목록이다. 이들 용어 각각에 백분율을 대응시키는 것은 불가능한 일이다.

조정, 되돌림, 폭락, 하락

부정적인 시장 움직임을 설명하는 용어	
매도세	약세론자
폭락	붕괴
반등	조정
되돌림	버블
추세 반전	차익실현
부의 소멸	위기
변동성	패닉

긍정적인 시장 움직임을 설명하는 용어	
회복	역추세
BTFD(Buy The Fucking Dip)*	강세장
랠리	저가 매수
급반등	안정
선 반영	급등
강세론자	상승폭
반등	추세
부의 창출	탐욕

이들 용어는 다채롭긴 하지만 정확한 의미가 없다. 전미경제연구소 National Bureau of Economic Research는 '경기침체'를 공식적으로 정의하고 있지만, 시장상황을 나타내는 다른 용어들에 대해서는 그런 정의를 제공하지 않는다. 따라서 목록을 가득 채운 용어들은 모호하고 부정확하다.

---

* 'Buy The Fucking Dip'은 하락장일수록 더 과감히 매수하라는 뜻이다.

이런 용어들은 과연 어떤 정보를 제공하는가?

아무것도.

뉴스를 보며 사건의 초기 보도에 겁먹을 때마다, 그런 상황에서 내린 투자 결정이 장기 포트폴리오에 긍정적인 영향을 미칠 가능성은 매우 낮다는 것을 기억하라.

나는 왜 이런 용어들이 무의미하다고, 즉 투자자들에게 의미 있는 방식으로 도움을 주지 못한다고 주장하는 것일까? 그것들은 리스크를 경고하지 않고, 자산을 언제 어디에 배치해야 할지 알려주지 않는다. 섣부른 정의는 좋지 못한 의사결정과 나쁜 결과로 이어지며, 기껏해야 투자자들의 헛된 믿음을 드러낼 뿐이다. 이는 그 누구도 타당성을 고려하지 않은 채 세대에서 세대로 전해지는 신화 중 하나다.

나는 30년 가까이 시장을 정의하는 더 나은 방법을 모색해왔다.[2] 2000년대 초, 나는 강세장과 약세장의 정의를 고민하기 시작했다. 내가 투자자로서 사용할 수 있는, 장기 추세가 이어지는 동안 시장에서 실제로 일어나게 될 일들을 반영하는 유용한 정의를 만들어보고자 했다. 나는 수익이나 손실을 출발점으로 삼고, 여기에 장기 추세와 투자자들의 심리(특히 가치평가)를 동등하게 반영하는 것이 실용적임을 발견했다.

내가 정의한 강세장과 약세장은 다음과 같다.

■ **장기 강세장** 일반적으로 10~20년간 이어지는 광범위한 경제 변화에 의해 주도된다. 이런 변화는 기업 이익 증가에 유리한 환경

을 조성한다. 시장 변동성은 감소하는 경향이 있다. 가장 두드러진 특징은 강세장이 진행될수록 기업이 벌어들이는 1달러에 대해 투자자들이 점점 더 많은 값을 치르려는 경향이 강해진다는 것이다.

- **장기 약세장** 장기 강세장 이후, 경제적으로 어려운 환경 속에서 변동성이 증가하고 주기적으로 반대 추세의 반등과 후퇴가 교차하는 기간이다. 주된 특징은 기업이 벌어들이는 1달러에 대해 투자자들이 점점 더 적은 값을 치르려 한다는 점이다.

백분율만 따지는 정의에는 시장을 지탱하는 근본적·장기적 변화 및 멀티플multiple의 확대나 축소라는 심리적 개념,[*] 이 두 가지 요소가 빠져 있다.

사회는 시간의 흐름에 따라 변화하기 마련이다. 산업, 기술, 경제 발전의 물결이 근로자의 임금, 소비자의 지갑, 기업의 이익에 영향을 미친다. 향상된 생활수준은 그 시대를 지배하는 심리에도 반영된다. 기업이 벌어들이는 이익은 동일한데도 투자자들이 더 많은 값을 치르려 하면 당연히 시장은 호조를 띤다. PER을 높이는 멀티플 확대는 기업의 이익이 실제로 늘어난 정도보다 시장 수익률을 더 끌어올린다. 이는 일시적이거나 대단치 않은 현상이 아니다. 사회 전반에 영향을 미치는 중대한 변화다.[3]

---

[*] 멀티플은 기업의 가치나 적정주가를 측정하는 과정인 밸류에이션(valuation)에 영향에 미치는 지표, 가령 PER, PBR(주가순자산비율) 등의 배수를 의미한다. 어떤 기업의 PER이 10배라고 하면, 주가가 주당 순이익의 10배라는 뜻으로, 그만큼 더 좋게 평가받고 있는 것이다. 따라서 주가를 더 비싸게 사려는 심리가 강할 때는 멀티플이 확대되고, 더 싸게 사려는 심리가 강할 때는 축소된다.

강세장의 역사를 살펴보면, 기업의 이익 개선은 멀티플 확대보다 시장에 미치는 영향이 더 적은 경우가 많았다. 1982년부터 2000년까지의 강세장에서 상승분의 4분의 3은 멀티블 확대 덕분이었다. 그 강세장이 시작된 1982년 12월, S&P 500에 포함된 기업들의 1달러당 연간 순수익은 31.72달러였는데, 강세장이 종료되는 18년 후에는 70.39달러로 두 배가량 증가했다.[4]

심지어 같은 기간에 주요 지수는 1,000퍼센트나 상승했다. 지수 PER은 강세장 시작 시점에 7배였고, 종료 시점에는 34배였다.[5] 즉 당시 강세장의 핵심은 기업이 벌어들인 1달러에 대해 더 많은 값을 치르려는 투자자들의 심리였고, 실제 증가한 기업 이익은 상승분의 일부(내 추정치로는 약 4분의 1)만을 뒷받침했을 뿐이다.

내가 적정주가 자체가 아니라, 시장의 방향성이 중요하다고 (계속해서) 주장해온 이유도 여기에 있다.[6]

대중의 우려에도 불구하고 시장이 계속 상승할 때는 그 저변에 깔려 있는 투자자들의 심리를 살펴봐야 한다. 이런 심리가 전환될 때까지는 약세장이 오지 않는다.

전문가들의 의견이 아니라, 실제로 시장을 움직이고 있는 요인들에 주의를 기울여라.

장기 강세장이라는 아이디어는 얼마나 중요할까? 곧 보게 될 것처럼, 결코 과소평가해서는 안 된다.

장기 강세장과 장기 약세장

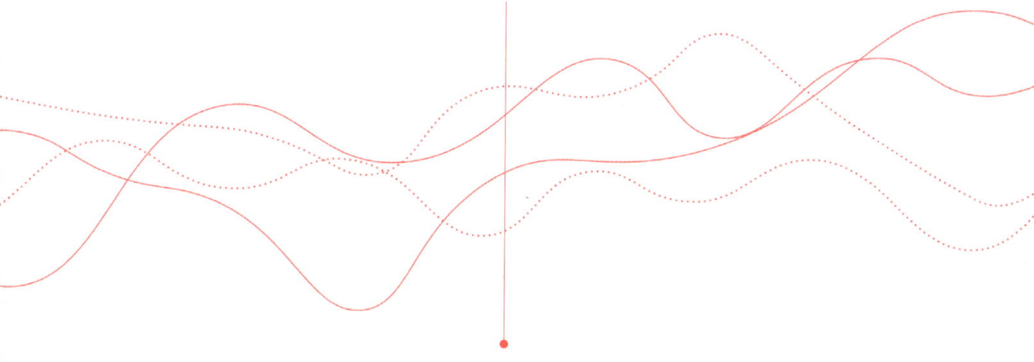

소위 전문가들의 말은 꼭 외국어 같다. 오래전부터 전문용어는 세상이 복잡한 것처럼 꾸며내고, 그것을 해석하려면 수준 높은 지식이 필요할 듯한 느낌을 주었다. 금융계도 '몬테카를로 시뮬레이션', '스푸스SPOOs'(선물지수), '볼Vol'(변동성), '가우시안 코퓰러Gaussian copula'[*] 같은 다채로운 전문용어로 가득하다.

나는 월스트리트에서 주로 쓰이는 전문용어를 최대한 삼가려고 노력하지만, 가끔 실수를 저지른다. 특히 '장기 사이클secular cycles'이라는 표현을 많이 사용하는데, 지적받기 전에 그것이 무엇이고 왜 중요한지, 당신

---

[*] 가우시안 코퓰러는 여러 확률변수가 어떻게 함께 움직이는지 보여주는 코퓰러 함수의 일종이다. 코퓰러 함수를 이용하면, A 주식과 B 주식이 의존성을 보일 때(즉 같이 오르거나 같이 내릴 때), 둘의 관계를 세밀히 파악할 수 있다. 이 코퓰러 함수 중 정규분포(가우시안 분포)를 활용한 것이 바로 가우시안 코퓰러다. 주로 채권, 특히 파생상품들의 부도율 간 연관성을 계산할 때 쓰인다.

의 포트폴리오에 어떤 의미를 가지는지 이야기해보자.

경제사를 공부한 결과, 나는 사회, 신념, 심지어 유행까지도 긴 시간의 흐름 속에서 움직인다는 것을 알게 되었다. 우리는 이런 시대를 '사이클', '기간', '국면', '단계' 등 다양한 이름으로 부른다. 그 기간과 강도는 다르지만, 각각의 시대에는 서로를 구분하는 독특한 특성이 있다.

어떤 이름을 붙이든, 우리는 무엇이 특정 시대를 정의하는지 직관적으로 이해한다. 어떤 시대든 일련의 지배적인 경제적·사회적 테마가 존재한다. 이런 테마는 결국 주식과 채권에도 영향을 미친다.

다음 몇 가지 구체적인 사례를 살펴보자.

장기 사이클은 말 그대로 꽤 오랫동안 이어지며 시장의 특정 시대를 규정하는데, 길게는 수십 년간 지속되기도 한다. 또한 장기 강세장과 장기 약세장이 번갈아 나타난다는 특징이 있다. 무엇보다 사회적 요소에 영향받으며, 지배적인 경제사상에 의해 주도된다.

장기 사이클은 시대의 핵심 이슈를 반영한다. 여기에는 지정학, 경제, 자원, 기술, 기타 다양한 요소가 포함된다. 시간이 지나면서 이런 요소들이 한 세대의 지배적인 테마를 정의하게 된다. 제2차 세계대전 후의 호황기, 1970년대의 스태그플레이션, 1980~1990년대의 호황기를 생각해보라. 이 셋은 대표적인 장기 사이클로, 국면마다 지배적인 추세가 나타났다. 역사적으로 이런 추세들은 매우 강력했으며, 일단 확립되면 깨기가 매우 어려웠다. 이들은 대개 10년에서 20년 동안 지속되었다.

전후 호황기를 자세히 살펴보자. 이 장기 강세장은 1946년부터 1966년까지 지속되었는데(그 과정에서 몇 차례 가벼운 경기침체가 있었다), 다양한 요소가 동시에 맞물리며 경기확장을 견인했다. (1945년 당시 미국 인구의 거의 10퍼센트에 해당하는) 1200만 명의 군인이 전선을 떠나 고향으로 돌아왔고, 그중 약 3분의 2가 흔히 'GI법GI Bill'으로 불린 '1944년 재향군인 재조정법Servicemen's Readjustment Act of 1944'의 혜택을 누렸다. 재향군인의 재정착을 지원하는 이 법을 통해 대학 교육을 받으면 월 10달러(현재 가치로 1,937달러)의 수당을 받을 수 있었다.

좋은 교육을 받은 노동력은 경기를 부양하는 법이다.

곧 전시체제에 속해 있던 민간 제조업이 수년간 억눌려온 소비수요에 대응하기 시작했다. 상업 항공은 급격히 성장해 일상생활의 일부가 되었다. 전자산업도 빠르게 성장했고, 반도체와 소프트웨어 혁명의 씨앗이 뿌려졌다. 또한 이 시기에는 신용 공급이 극적으로 늘면서 교외화, 주택 증가, 주간고속도로 증축, 자동차 문화의 부상을 이끌었다.

이런 요소들이 상호 작용하며 세계가 부러워할 광범위한 경기확장을 이끌었고, 미국을 경제 초강대국으로 변모시키는 데 이바지했다. 1946년부터 1966년까지 시장이 엄청난 상승세를 보인 것은 당연한 일이었다. 1946년 다우지수는 200포인트를 훨씬 밑돌았으나, 1963년이 되자 다섯 배 가까이 오른 1,000포인트 수준에서 거래되었다.

그러나 빛이 밝은 만큼 그림자가 짙은 법이다. 전후의 장기 강세장 이후 또 다른 장기 사이클이 이어졌다. 1966년부터 1982년까지의 끔찍한 장기 약세장이었다.

1970년대는 디스코, 폴리에스터, 주유소 앞의 긴 줄, 스태그플레이션, 경기침체로 기억된다. 사회적·정치적 격변과 불황이 계속된 그 시대는 물가 급등, 워터게이트사건, 오일쇼크, 베트남전쟁으로 규정된다. 시장은 수많은 반등과 급락을 경험하며 전반적으로 큰 진전을 이루지 못했다. 다우지수는 1966년 1,000포인트에 닿았지만, 그 수준을 안정적으로 넘어선 것은 좌절의 16년이 흐른 1982년의 일이었다. 이 기간에 상장기업들의 전체 시가총액은 75퍼센트 하락했다(인플레이션 반영).

2000년부터 2013년까지의 시기도 비슷했다. 닷컴 버블 붕괴, 9·11 테러, 대규모 회계 부정, 이라크·아프가니스탄전쟁 그리고 빠질 수 없는 세계금융위기로 규정된 이 시대도 물가 급등과 유가 상승이 두드러졌다. 다만 세계금융위기가 인플레이션을 억누르면서, 디플레이션이 더 큰 위협으로 다가왔다. 대규모 반등과 급락도 이 시대의 특징이었다. S&P 500은 2000년 1,500포인트에 도달했지만, 약 13년이 지난 2013년 3월이 되어서야 그 수준을 완전히 돌파했다.[7]

이것이 장기 사이클의 음과 양이다. 각 시대를 추동하는 근본적 요소들이 그 시대를 지배한다. 전쟁이 될 수도, 인플레이션이나, 기술이나, 또는 이들의 조합이 될 수도 있다. 이들의 힘은 극히 강력해서 세계경제를 수십 년간 주도하기도 한다.

핵심은 장기 강세장이 장기 약세장으로, 다시 장기 강세장으로 이어지는 사이클이 계속 반복된다는 것이다.

나는 2013년 들어 새로운 장기 강세장이 시작되었다고 판단했다. 지금 와 돌아보면 명백한 사실이지만, 당시에는 그런 주장이 의심받았다. 나는 2013년 3월 주식시장이 신고점을 찍었다는 데 주목했다. 장기 약세장에서 시장이 이전 장기 강세장의 최고치를 넘어선다는 것은 중요한 신호다.[8]

2013년 봄 주의를 기울였던 사람이라면, 미국의 주식시장과 주요 지수가 이전 13년간의 박스권을 돌파한 순간을 놓치지 않았을 것이다. 곧이어 다우존스, 러셀 2000, S&P 500 등이 사상 최고치를 기록했다. 결국 나스닥도 전고점을 돌파했다. 2000년 3월 고점 대비 81퍼센트 폭락했던 나스닥은 곧 이전 고점을 회복했고, 다른 지수들을 앞질렀다. 이로써 새로운 장기 사이클이 시작되었다.

장기 강세장이라고 모두 같을 수는 없다. 2013년부터 시작된 장기 강세장의 경우, 전반부는 전형적인 신용위기 이후의 회복 국면이었다. 역사적으로 이런 회복 국면은 일반적인 경기침체 후의 회복 국면보다 약하다.[9] 실제로 해당 장기 사이클은 기대 이하의 GDP, 부진한 고용, 저조한 소매 판매와 같은 특징을 보였다. 그런데도 주식시장은 강하게 치고 올라갔다. 주가와 기업의 실적은 많은 사람이 생각하는 것보다 훨씬 느슨하게 연결되어 있다.

1970년대와 1980년대에 월스트리트에서 일했던 제프 사우트Jeff Saut(투자은행 레이먼드 제임스Raymond James의 전 수석전략가)나 랠프 아캄포라Ralph Acampora(프루덴셜증권의 전 기술분석책임자이자 시장기술분석가협회Market Technicians Association 창립자) 같은 내 지인들은 2010년대 초반의 시장심리가 1980년대 초반과 대단히 비슷하다고 입을 모았다. 당시 누구도 1970년대를 지배한 장기 약세장이 끝났다는 사실을 받아들이려 하지 않았다. 여전히 고통스러웠고, 기억이 생생했기에 회의론이 팽배했다.

큰 차이는 세계금융위기 이후 연준의 공격적인 대응이었다. 전례를 찾아볼 수 없는 규모의 양적완화와 제로금리 정책이 펼쳐졌다.

초대받은 금융계 인사들의 모임인 캠프 코톡Camp Kotok에서 비앙코 리서치Bianco Research의 창립자 짐 비앙코Jim Bianco를 만나 이 문제로 이야기를 나누었던 기억이 난다. 비앙코는 제로금리인 상황에서는 자금이 주식시장 외에 갈 곳이 없다고 지적했다. 나도 비슷한 결론에 도달했지만, 다른 각도에서 접근했다. 즉 시장이 반 토막 날 때마다 항상 공격적인 매수자가 되기로 마음먹었다. 2007년 10월 9일의 고점에서 2009년 3월 9일의 저점까지 S&P 500은 56.8퍼센트 하락했다.[10]

2009년 여름, 짐과 내가 메인주에서 낚시를 즐기던 무렵에 이런 것들은 모두 이단적인 견해였다. 당시에는 이런 견해가 합리적이라고 생각하는 사람이 많지 않았다.

자산운용사 피델리티Fidelity가 2013년 발표한 연구에 따르면, 장기 사이클은 다음과 같은 특징을 갖는다.[11]

- **평균적인 장기 강세장** 21.2년간 지속되었고, 연간 명목 수익률은 17.2퍼센트, 실질수익률은 15.9퍼센트였다. 주식시장의 PER은 시작 시점 10.1배에서 종료 시점 20.5배로 거의 두 배가 되었다.
- **평균적인 장기 약세장** 14.5년간 지속되었고, 연간 명목 수익률은 1퍼센트, 실질수익률은 -2.3퍼센트였다. 주식시장의 PER은 시작 시점 20.5배에서 종료 시점 11.3배로 거의 반 토막이 났다.

모든 장기 강세장과 장기 약세장이 똑같지는 않겠지만, 이는 훌륭한 지침이 된다.

2014년 나는 역사적 패턴이 유효하다면, 새로운 장기 강세장은 훨씬 더 오래(10년 이상 더) 지속될 수 있다고 설명했다.[12] 10여 년이 지난 지금, 그것은 선견지명이었음이 입증되었고, 그 논리는 여전히 유효하다. 장기 사이클을 과소평가하는 것은 큰 리스크를 감수해야 하는 일이다.

이제 장기 사이클을 이해하게 되었으니, 수많은 투자자를 어리둥절하게 하는 단기 순환 시장에 대해 알아보자.

단기 순환 시장

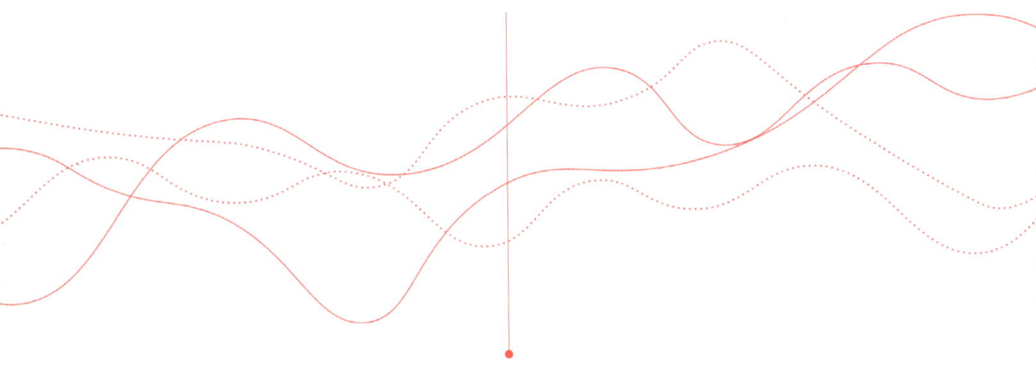

앞서 설명했듯이, **장기 강세장**은 기업 이익이 증가하는 광범위한 경기 확장으로 정의된다. 새로운 유형의 일자리들이 생겨나고, 수많은 신제품과 서비스가 제공되며, 소비지출이 증가하는 특징을 보인다. 물론 **장기 약세장**은 이와 정반대다. 이들 장기 사이클은 사회의 거의 모든 요소에 영향을 미친다. 장기 강세장은 15년에서 20년(또는 그 이상)까지 지속되고, 장기 약세장은 그 기간의 절반에서 4분의 3 정도 지속된다.

반면 **단기 순환 시장**은 추세에 역행하는 상승, 또는 하락 움직임이다. 지속 기간이 훨씬 짧고 강도가 약한 단기 순환 시장은 경제 전반이 아닌 특정 산업이나 분야에만 제한되기도 한다. 따라서 여기에는 일반적인 경기확장과 침체는 물론이고 단일 산업 부문의 호황과 불황도 포함된다.

이 구분은 소수의 경제사 연구자만 사용하는 단순한 기술적 개념이

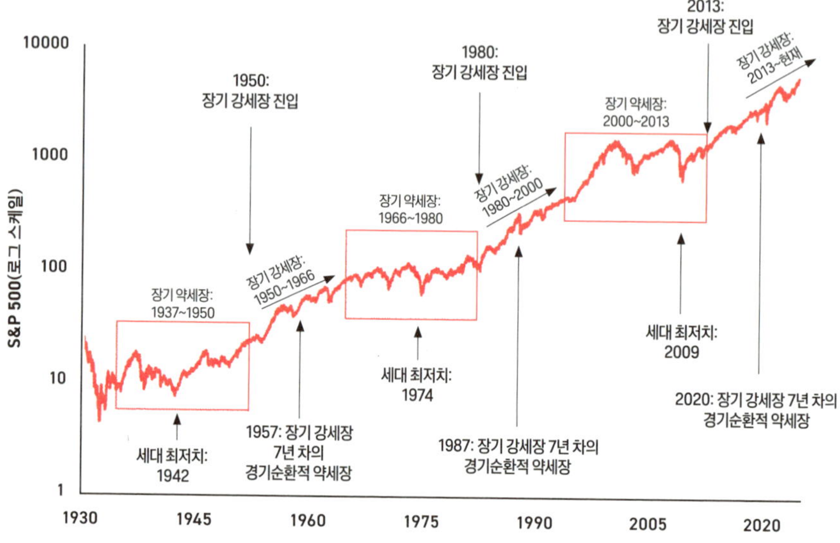

아니라, 많은 사람이 헷갈리는 시장의 움직임을 명백히 이해하게 해줄 유용한 도구다.

이 구분이 왜 중요할까?

포트폴리오의 기대수익률에 큰 영향을 미치기 때문이다. 즉 이 구분을 통해 리스크 감수 성향을 올바로 파악하고, 그에 맞춰 적절한 포지션을 설정할 수 있다. 이는 감정적인 면에서 단기 순환 시장을 무사히 버텨내게 해준다.

위의 그래프는 뱅크 오브 아메리카의 스티븐 서트마이어Stephen Suttmeier가 만든 것이다. 이 그래프는 전후(1950~1966년), 20세기 후반(1982~2000년), 현재(2013~) 등 세 번의 뚜렷한 장기 강세장(화살표)을 보여준다. 이 세 기간 모두 그 나름의 극적인 기술적·경제적 성장으로 정의된다.

각각의 장기 강세장 속에서도 수많은 경기순환적 약세장(하락, 조정, 급락)이 발생했다는 데 주목하라. 이런 역행이 바로 단기 순환 시장이다.

네모로 표시한 세 번의 장기 약세장(1937~1950년, 1966~1982년, 2000~2013년)도 살펴보라. 이들 시기에는 경기침체, 지정학적·사회적 불안정이 반복되었고, 기업 수익성 개선은 거의 없거나 전혀 없었다. 이런 장기 하락장 속에서도 수많은 경기순환적 강세장(반등, 상승, 급등)이 있었음에 주목하라.

한 가지 짚고 넘어가야 할 것이 있다. 개인적으로 수십 개의 장기 사이클을 살펴보았지만, 투자자로서 큰 가치를 발견하지 못했다. 10.8년의 흑점주기는 농부들에게 중요하며,[13] 엘니뇨와 라니냐도 그렇다. 하지만 지방채나 지수 투자자들에게는? 그다지 중요하지 않다.

우리의 수명은 포트폴리오에 케리 밸런티란Kerry Balenthiran의 17.6년 주기나 새뮤얼 베너Samuel Benner의 56년 주기를 적용해볼 만큼 길지 않다. 심지어 이들을 믿어야 할 충분한 데이터(또는 합리적인 설명)도 없다.

현대는 앱부터 수압파쇄, 재료과학, mRNA까지 새로운 기술들에 의해 주도되고 있다. AI가 앞으로 할 일은 말할 것도 없다. 이들은 (과거의 상업 항공이나 전자산업처럼) 하나하나가 과거의 장기 사이클만큼이나 중요하며, 파급효과도 그에 못지않다. 이들 중 어느 것이든 장기적 추세를 바꿀 만한 막대한 영향력을 행사할 수 있다.

장기 사이클은 엄격한 규칙을 적용하기보다는 넓은 시야로 바라봐야 하며, 이전 시대와 완전히 똑같은 시대는 없다는 것을 염두에 두어야 한다. 그러나 여러 시대에 걸쳐 경제와 시장을 움직이는 동인에는 몇 가지 공통점이 있음 또한 알아야 한다. 그리고 미래에 정확히 어떤 일이 벌어질지는 결코 알 수 없기 때문에, 이분법적(강세 아니면 약세) 예측보다는 확률적 접근이 유용하다.

이제 장기 사이클과 단기 순환 시장의 차이를 이해했으니, 적정주가가 시장에 어떤 영향을 미치는지 살펴보기로 하자. 당신은 그 결과에 놀랄지 모른다.

적정주가는 정말 중요할까

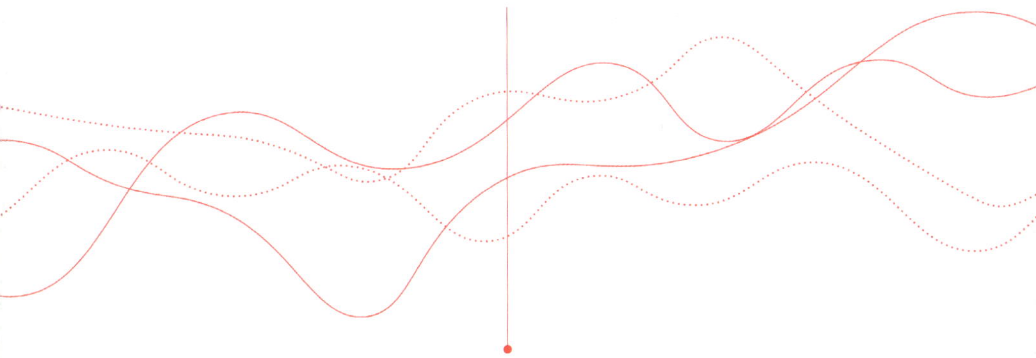

지금 주식은 얼마나 비싼가(또는 싼가)? 이는 언제나 흥미로운 논쟁거리다. 시장 사이클의 어느 시점에서든, 누구에게든 혼란스러운 질문이다. 이 질문은 공포, 마비, 좋지 못한 의사결정, 또는 이 세 가지의 조합으로 이어지곤 한다.

사실 이 질문에는 함정이 있다. 대개는 그리 중요한 문제가 아니라는 것이다. 더 나은 그리고 더 중요한 질문은 "장기투자자에게 적정주가가 중요할까? 의사결정에 의미 있는 요소일까?"이다. 그 답은 당신을 놀라게 할 것이다.

완벽한 사례가 있다. 바로 2018년 새해 첫날 《월스트리트저널》에 실린 〈싼 것이 없다면 무엇을 사야 할까?What to Buy When Nothing Is Cheap?〉라는 기사다.[14] 대형 기관이든 일반 투자자든 이 딜레마에 직면해 있다. "사기에는 너무 비싼가?" 사실 이 질문에는 적정주가가 투자자가 신경 써야 할 유일한 요소라는 시각이 담겨 있다.

적정주가를 넘어선다는 이유만으로 주식을 사지 않거나 팔아버리는 행위는 손실을 초래하는 끔찍한 전략이다. 특히 퇴직연금이나 정기 저축을 통해 매월 정해진 금액만큼 주식을 매수하는 달러 코스트 애버리징dollar cost averaging 전략을 택한 경우라면 더욱더 그렇다.

2018년 1월 1일 이후 S&P 500은 두 배 상승했다. 다만 투자자들은 2018년 4분기의 20퍼센트 하락, 2020년 팬데믹 초반의 34퍼센트 폭락, 2022년의 또 다른 20퍼센트 하락 구간을 견뎌내야 했다. 격년으로 찾아온 이들 고통은 수익을 위해 치러야 하는 대가였다. 이를 견뎌냈다면 2024년 중반까지 수익률은 103퍼센트에 달했을 것이다.

가치평가가 비교적 합리적인 S&P 500의 경우가 이 정도였으니, 만약 심하게 고평가되는 나스닥 100을 보유하고 있었다면 동 기간의 수익률이 200퍼센트도 넘었을 것이다.

이 둘보다 훨씬 합리적인 러셀 2000은 어땠을까? 2018년부터 2024년까지 6년간 수익률이 33퍼센트를 밑돌았다. 유럽과 아시아 국가들의 시장도 성과가 부진했다. 예를 들어 미국을 제외한 전 세계 선진국과 신흥국 지수인 'MSCI ACWI Ex-US'의 수익률은 32퍼센트 미만으로, 러셀 2000과 비슷한 수준이었다.[15]

이것은 2018년 이후의 상황이다. 내 동료 닉 매기울리Nick Maggiulli는 2012년에 구글에서 '주식시장 과대평가'를 검색하면, 현재 주가가 얼마나 비싼지 그리고 세계금융위기로 인한 2009년 3월의 저점 이후 얼마나 치솟았는지 강조하는 기사가 쏟아졌다고 귀띔했다.[16] 그런 잘못된 조언들을 무시했다면, 이후 5년간 큰 보상을 받았을 것이다. S&P 500은 두 배 이상(131퍼센트), 나스닥은 세 배 이상(236퍼센트) 급등했기 때문이다.[17]

특정한 해도 좋고, 10년 정도 이어진 긴 시기도 좋다. 나는 당신이 어느 때를 지목하든 전문가들의 잘못된 조언 이후 시장이 큰 폭으로 상승한 사례를 보여줄 수 있다. 장기 약세장에서도 부정적인 전망은 시장이 바닥을 칠 때야 정점을 찍는다. 사실 투자자들이 완전히 항복하기 전까지 바닥은 형성되지 않는다.

내가 얻은 교훈은 주가가 정기적 주식 매수에 영향을 미쳐선 안 된다는 것이다. 닉도 재미있는 제목의 저서 《저스트.킵.바잉.》에서 비슷한 주장을 펼쳤다. 특히 그는 젊은 사람일수록 이 점에 유의해야 한다고 강조했다. 20~30대라면 남은 투자 기간이 50~60년에 달한다. 따라서 당장 가격이 비싸 보이더라도 두려워할 필요가 없다. 넓은 시야에서 보면, 이는 오히려 할인된 가격으로 주식을 살 수 있는 절호의 기회다.

적정주가를 연속선 위의 한 지점, 즉 강세장을 기저에 깔고 투자자들의 주식 수요가 점점 커짐에 따라 변화하는 것으로 보는 시각은 전통적인 이해와 큰 차이가 있다. 가치를 사진처럼 특정 시점에 고정된 것이 아니라 영상처럼 계속해서 움직이는 것으로 생각하기 때문이다.[18]

적정주가의 주요 특징을 정리하면 다음과 같다.

- 시장 사이클은 주로 심리에 의해 주도되며, 적정주가는 연속선 위의 한 지점에 불과하다. 이 사이클은 투자자의 무관심에서 시작해 과도한 열광으로 끝난다.
- 저평가된 주식이 항상 좋은 결과를 보장하는 것도 아니며, 고평가된 주식이 항상 실망으로 이어지는 것도 아니다.
- 고평가된 주식의 경우 수익률에 대한 기대치를 낮춰야 하고, 저평가된 주식의 경우 그 기대치를 높여야 한다. 하지만 이는 주가

가 장기간에 걸쳐 평균적인 수준으로 돌아가는 경향, 즉 평균회귀가 작동할 때만 그렇다.

- 보유 주식의 비중을 조정하고 싶은 유혹이 들 만큼 적정주가가 극도로 왜곡되는(지나치게 싸지거나 터무니없이 비싸지는) 순간은 매우 드물다. 내 추산으로는 2퍼센트 미만이다.
- 고점에서 매도하고 저점에서 매수하는 것은 멋진 일이지만, 대부분의 투자자는 이 일에 끔찍하게 서툴다. 뒤에서 살펴보겠지만, 대개가 해야 하는 선택과 정반대의 선택을 한다.
- 정기적인 포트폴리오 리밸런싱, 즉 상승폭이 큰 주식은 조금 매도하고 하락폭이 큰 주식은 조금 매수하는 전략이 가장 효과적이다.

전반적으로 적정주가는 우리 생각만큼 중요하지 않다. 그것이 중요할 때조차 우리는 잘못된 결정을 내리기 일쑤다.

기업의 이익 증가는 주가에 긍정적인 영향을 미치지만, 그보다 더 중요한 것은 멀티플이다. 이제 그 작동 방식을 살펴보자.

기업 이익의 의미

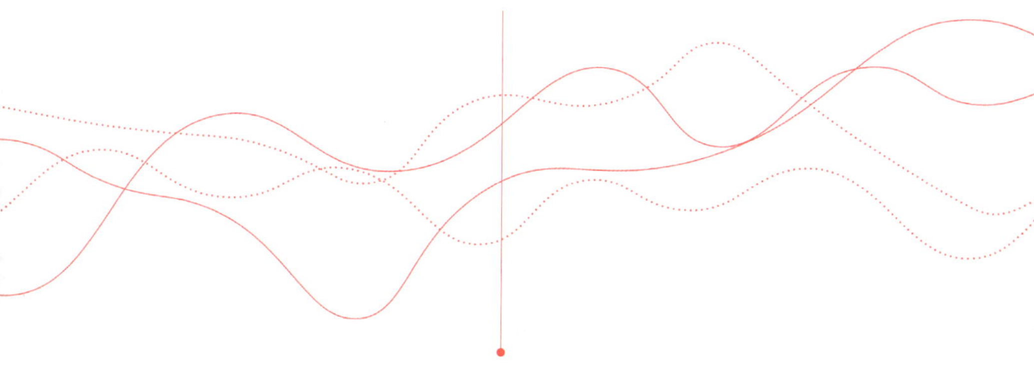

1980년대와 1990년대의 장기 강세장은 주식시장 역사상 가장 흥미로운 시기 중 하나다. 우리가 알아야 할 많은 중요한 것이 그때 명백히 드러났다. 적정주가가 수익을 좌우하지 않을 뿐 아니라, 기업 이익(적정주가의 핵심 요소)조차 시장 상승에 미치는 영향이 미약하다는 사실이 대표적이다.

풋힐스자산운용Foothills Asset Management의 키이스 위벨Keith Wibel은 기업 이익과 주식시장의 상관관계를 다음과 같이 설명했다.

10년 단위로 보면, 시장 상승의 주된 요인은 기업 이익의 증가가 아니라 PER의 변화다. 1980년대의 강세장은 멀티플이 두 배가 된 시기였으며, 1990년대에는 다시 두 배가 되었다. 기업 이익은 연간 약 6퍼센트 증가했지만, 시장은 연간 거의 14퍼센트 상승했다.[19]

이는 내가 추정한 요인과 비슷하다. 해당 장기 강세장에서 주식시장 상승분의 75~80퍼센트는 기업 이익 증가가 아니라 멀티플 확대에 기인한다. 이는 경영대학원에서 가르치는 것과 반대될뿐더러 직관에도 반한다. 그러나 데이터는 기존의 분석이 틀렸다는 것을 대단히 설득력 있게 보여준다.[20]

위벨은 통념을 검증하기 위해 1950년대부터 매 10년간 기업 이익이 얼마만큼 증가해왔는지 검토했다. 그가 정리한 역사적 데이터는 다음과 같다.[21]

S&P 500

연대	연간 변동률(퍼센트)		PER	
	EPS(주당순이익)	지수	기초	기말
1950년대	3.9	13.6	7.2	17.7
1960년대	5.5	5.1	17.7	15.9
1970년대	9.9	1.6	15.9	7.3
1980년대	4.4	12.6	7.3	15.4
1990년대	7.7	15.3	15.4	30.5
2000년대*	4.1	-3.8	30.5	20.7
평균	6.1	8.1	7.2	16.4

* 2004년 12월 31일까지
** 복리 수익률
*** 2005년 7월 31일 S&P 500 기준(1,234.18포인트)

결론 →

기업 이익 증가와 시장 상승 사이에는 상관관계가 거의 없다. 1950년대에 기업 이익은 연간 4퍼센트도 증가하지 못했지만, 그 시기는 시장의 실적이 가장 좋은 10년 중 하나였다. 1970년대는 지난 55년간 기업 이익이 가장 빠르게 증가한 시기였지만, 투자자들에게는 최악의 10년이었다.

주식시장과의 상관관계가 이토록 미미하다면, 우리는 왜 기업 이익에 매달리는 것일까? 기업 이익은 단일 지표이며 이해하기 쉽기 때문이다. 그런 이유로 기업 이익에는 지나치게 집착하면서, 마찬가지로 중요한 수많은 다른 요소는 외면하고 만다.

엄청나게 복잡한 생태계를 단순화해버린다면 우리가 얻게 되는 것은 왜곡된 현실뿐이다.

기업 이익은 우리가 생각하는 만큼 중요하지 않을 수 있지만, 미스터 마켓은 우리가 생각하는 것보다 훨씬 더 합리적이다. 이제 그와 만나보자.

합리적인 '미스터 마켓'

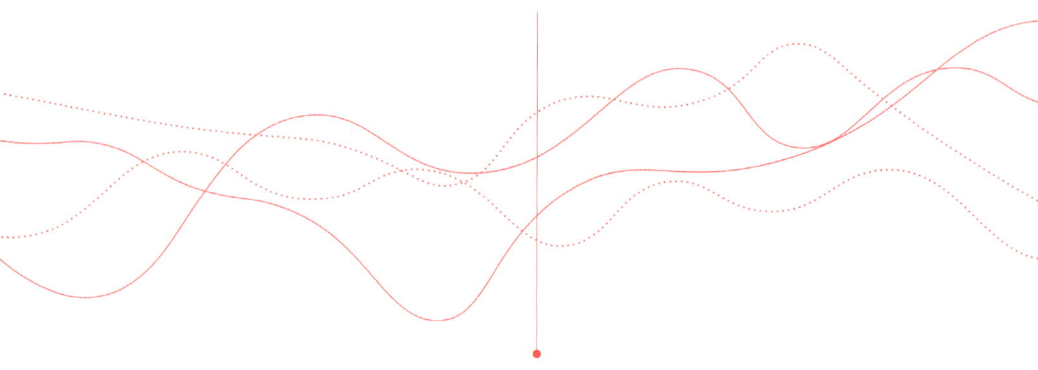

또는 주식시장이 당신 생각만큼 경제에 신경 쓰지 않는 이유.

2020년의 팬데믹을 떠올려보라(이것이 왜 독특한 외부효과였는지는 뒤에서 더 자세히 다룰 것이다). 3월 25일 바닥을 친 주식시장은 이후 급등하기 시작했고, 그해 남은 기간 내내 거의 수직 상승하며 69퍼센트 가까이 치솟았다.

이는 대공황 이후 처음 겪는 경제 붕괴 속에서 벌어진 일이었다. 당시 미국의 경제 상황은 '차트를 벗어나_off the chart_' 있었다.[22] GDP, 실업률, 주간 신규 실업수당 신청 건수 같은 경제지표들이 너무 나쁜 나머지 주식 차트에 반영하려면 축을 재조정해야 할 정도였다. 미국 역사상 팬데믹만큼 깊고 빠른 경제 붕괴는 없었다.

당시 사람들을 괴롭힌 가장 큰 의문은 "어떻게 주식시장이 현실과 이토록 동떨어질 수 있나?"였다. 고객, 동료, 기자, 친구, 가족들이 하나같이 내게 똑같은 질문을 던졌다. (실업률이 10퍼센트에 달하고 GDP가 폭락하며 사업장 폐쇄가 이어지는 등) 경제가 박살 나는 와중에 시장이 날아오르자 사람들은 갈피를 잡지 못했다.

흔히 그렇듯 해답은 데이터에 있었다.

우리 각자가 경험하는 경제(지역적·개인적 경험 그리고 주식시장에 거의 반영되지 않는 경험)는 끔찍했다. 하지만 그 경제는 전체의 아주 작은 부분에 불과했다. 이런 주관적 경험이 시장에 영향을 미치지 않은 이유를 설명하려면, 2020년 당시 가장 취약했던 산업 부문들과 그것들이 시장에 미친 영향을 살펴봐야 한다.

놀라운 결론 →

가장 눈에 띄고 경제적으로 중요한 산업 부문들조차 시가총액을 기준으로 보면 그 비중이 매우 작다.

———

다음 표는 2020년 1월부터 7월까지 다양한 산업 부문의 주가 추이를 정리한 것이다. 당시 성과가 가장 나빴던 산업 부문들을 살펴보면, 백화점은 63퍼센트 하락, 항공사는 55퍼센트 하락, 여행 서비스는 51퍼센트 하락, 석유·가스 장비 및 서비스는 51퍼센트 하락, 리조트 및 카지노는 45퍼센트 하락, 호텔·모텔 REITs는 42퍼센트 하락했다. 역시 지수에 포함된 나머지 15개 산업 부문은 31~42퍼센트 하락했다. 주식시장이 3월 말의 저점에서 반등한 지 불과 4개월 만에 오히려 반 토막이 났던 것이다.

이들 산업 부문은 뉴스에서 자주 언급되고, 소비자들에게 잘 알려진

<h3 align="center">2020년 1~7월 산업 부문별 주가 추이</h3>

산업 부문	변동 폭	산업 부문	변동 폭
백화점	-63%	지역 은행	-33%
항공사	-55%	생명보험	-32%
여행 서비스	-51%	레저	-31%
석유·가스 장비 및 서비스	-51%	제약 소매	-31%
리조트 및 카지노	-45%	자동차 제조	-30%
석유·가스 탐사 및 생산	-43%	음료-양조	-30%
REITs-호텔·모텔	-42%	REITs-의료 시설	-30%
석유·가스 정제 및 마케팅	-42%	부동산 서비스	-29%
의류 제조	-40%	사치품	-28%
REITs-소매	-40%	광고 대행	-28%
석유·가스 운송·저장·처리	-39%	종합보험	-26%
숙박	-39%	철강	-25%
식품 유통	-38%	REITs-주거용 부동산	-24%
은행-종합	-38%	항공우주·방위	-2%
석유·가스 통합	-35%	건축자재	-2%

눈에 띄는 기업들로 이루어져 있다. 소매업체는 우리가 가는 곳마다 있다. 주유소, 레스토랑, 호텔은 전국 도시와 교외 어디에서나 볼 수 있다. 대부분의 미국인은 테마파크, 리조트, 호텔, 카지노가 있는 곳으로 가족여행을 떠난다(비행기는 1년에 몇 번밖에 타지 않지만).

합리적인 사람이라면 2020년 2분기 GDP가 3분의 1 정도 감소한 것을 보고 S&P 500도 그에 따라 움직일 것이라고 생각했을지 모른다. 더욱이 S&P 500에 포함된 500개 기업 중 약 450개의 실적이 끔찍할 정도로 부진했다. 소매, 여행, 에너지, 엔터테인먼트, 외식 산업은 매출이

2020년 7월 산업 부문별 시가총액 비중

산업 부문	비중	산업 부문	비중
백화점	0.01%	사치품	0.06%
보험-특수	0.02%	개인 서비스	0.07%
REITs-호텔·모텔	0.03%	건강 정보 서비스	0.07%
음료-양조	0.03%	화물운송	0.07%
유틸리티-독립 발전	0.03%	공익사업-규제 상수도	0.09%
보험-재보험	0.03%	식품 유통	0.09%
보안·경호 서비스	0.03%	식료품점	0.09%
비즈니스 장비·용품	0.03%	건축자재	0.10%
레저	0.03%	공구·액세서리	0.11%
임대·렌탈 서비스	0.04%	가구·비품·가전	0.11%
철강	0.04%	공익사업-규제 가스	0.11%
부동산 서비스	0.05%	제약 소매	0.12%
자동차·트럭 판매	0.05%	자동차 부품	0.12%
광고 대행	0.06%	건축용 부속·장비	0.13%
구리	0.06%	엔지니어링·건설	0.15%

급감했다. 파산이 잇따랐는데, 전설적인 소매업체 로드 앤드 테일러_{Lord} &Taylor도 그중 하나였다. 그러나 S&P 500은 3월의 급락 이후 연말까지 반등을 이어갔다.

눈에 띄는 산업 부문은 경제에 상당히 중요할 수 있지만, 시가총액 가중 지수(가령 S&P 500에 포함된 기업들의 전체 시가총액)로 따지면 그리 큰 의미가 없다.

위의 표는 2020년 7월 기준 각 산업 부문의 시가총액이 S&P 500의 전체 시가총액에서 차지하는 비중을 정리한 것이다. 이에 따르면 백화점 부문

은 시가총액 기준으로 S&P 500의 0.01퍼센트에 불과했다. 주가가 63퍼센
트 하락하든 상승하든 애초에 큰 영향을 미치기 어려웠던 셈이다. 항공
사 부문은 그보다 규모가 크지만 그래봤자 0.18퍼센트에 불과했다. 여행
서비스, 호텔·모텔 REITs, 리조트 및 카지노 부문도 다르지 않았다.

2020년 중반에 경제적으로 가장 큰 타격을 입은 30개 산업 부문이 설
사 모두 상장 폐지되었다고 해도, S&P 500은 불과 몇 퍼센트포인트만 하
락하는 데 그쳤을 것이다. 이로써 눈에 띄지만 상대적으로 비중이 낮은
산업 부문은 주식시장에 큰 영향을 미치지 못한다는 사실이 드러났다.

이들 산업 부문의 영향력이 작은 이유는 시가총액이라는 지수의 구
조 때문이다.

경제가 곧 주식시장이 아니듯, 주식시장이 곧 경제인 것도 아니다.

정말 중요한 산업 부문은? 단 네 가지 섹터만 살펴보라. 인터넷 콘텐
츠internet content, 소프트웨어 인프라software infrastructure, 소비자 가전consumer
electronics, 전자상거래internet retailers. 이들의 시가총액은 8조 달러가 넘는
데, 2020년 중반 기준 35조 달러를 기록한 미국 주식시장의 전체 시가
총액 가운데 거의 4분의 1을 차지한다. S&P 500에 포함된 10대 빅테크
기업을 동일한 비중으로 계산하면, 그해 이들의 주가는 37퍼센트 상승
했다. 나머지 490개 기업을 동일한 비중으로 계산하면, 그들의 주가는
8퍼센트 하락했다. 이 결과는 소수의 거대 기업이 시장에서 얼마나 중요
한 존재인지를 여실히 보여준다.

팬데믹 기간에 급성장한 FAANMG(페이스북, 아마존, 애플, 넷플릭스, 마
이크로소프트, 구글)은 매출의 절반(경우에 따라서는 그 이상)을 해외에서
벌어들인다. 특히 팬데믹에 따른 봉쇄 조치가 이들 기업의 매출과 이익
증가를 견인했다.[23] 1분기의 대규모 매도세에도 불구하고, 빅테크기업들

이 주도하는 나스닥은 2020년 중반 17퍼센트 상승했는데, 저점 대비 84퍼센트, 연간 기준 47퍼센트 치솟았다.

———

끔찍한 경제 붕괴가 그에 걸맞은 주식시장 붕괴로 이어지지 않을 때, 이는 또 다른 형태의 분모 맹목을 일으킨다. 모두가 분자(경제가 특정 산업 부문에 미치는 영향)는 보지만, 대부분 분모(시가총액 가중 지수에서 해당 산업 부문의 비중)를 놓친다. 2020년 상반기에 최악의 실적을 기록한 50개 산업 부문은 S&P 500의 전체 시가총액 가운데 6퍼센트도 차지하지 못했다. 이것을 대수롭지 않게 여기라는 것은 아니지만, 이들 산업 부문이 시장에 별 영향을 미치지 못한다는 사실은 유념해야 한다.

심정적으로는 주식시장이 현실과 동떨어져 있다고 믿는 사람들을 충분히 이해할 수 있다. 시장의 오르내림은 개인의 실직, 경제적 어려움, 절망 같은 경험과 일치하지 않기 때문이다. 그러나 시가총액 가중 지수가 종종 소수 기업의 성과에 크게 좌우된다는 사실을 잊어선 안 된다.

주식시장이 현실과 괴리되어 있는 것처럼 보일지라도 시가총액과 그것이 지수에 미치는 영향은 절대 현실과 동떨어져 있지 않다. 결국 미스터 마켓은 개인이 자신의 경험을 통해 생각하는 것보다 훨씬 이성적이다.

———

다음으로 외부효과(팬데믹, 전쟁, 테러, 암살 등 비금융적 사건)가 주식시장에 미치는 영향을 살펴보자.

외부효과에 떨지 말라

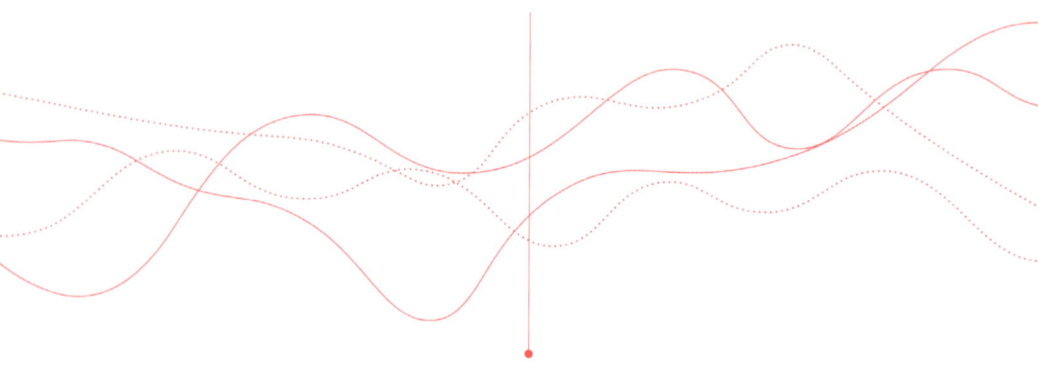

지구에서 생명체(단세포생물)가 등장하는 데는 약 10억 년이 걸렸다. 이후 5억 년이 지나 광합성을 하는 단순한 생물이 나타났고, 또다시 10~20억 년이 지나 다세포생물이 등장했다. 그 후 약 10억 년 동안 식물, 공룡, 조류, 포유류가 출현했다.

진화는 이런 변화의 원동력이었다. 적합성과 적응력은 경쟁에서 살아남기 위한 무기였다. 생명체는 변화하는 환경에 적응하도록 진화했다. 그러나 때때로 운명이 개입했다. 다섯 차례의 대멸종이라는 형태로.[24]

가장 최근 사건 → 약 6600만 년 전, 직경 2.7킬로미터짜리 소행성이 시속 8만 킬로미터의 속도로 날아와 멕시코 유카탄반도 근처 해상에 충돌했다. 그 폭발력이 100조 톤 이상의 TNT가 한 번에 터진 수준이었으니, 히로시마에 떨어진 원자폭탄의 10억 배에 달하는 에너지가 분출되었다. 그 충격으로 깊이 수 킬로미터, 너비 185킬로미터에 달하는 거대한 구덩이가 생겼다.

공룡에게 반가운 날은 아니었다.

반경 1,600킬로미터 내의 모든 생명체가 거대한 불덩어리에 의해 죽음을 맞았다. 이어 300미터 높이의 쓰나미가 남은 생명체들을 모조리 휩쓸었다. 끈질기게 살아남은 생명체들은 시속 960킬로미터의 강풍에 찢겨나갔다. 모두 단 하루 만에 벌어진 일이었다. 곧 두꺼운 먼지구름이 태양을 가리며 지구 평균기온을 14~18도나 떨어뜨렸다. 이런 환경에 적응할 수 있는 종만이 살아남았다. 공룡의 멸종은 포유류에게 기회였다.

도대체 이 이야기가 경제, 시장, 투자와 무슨 상관일까? 당신이 상상하는 것보다 훨씬 깊이 연결되어 있다.

외부효과가 전체 시스템에 미치는 영향은 너무나 자주 간과된다. 일반적으로 친숙한 변수들이 장기 사이클에 영향을 미친다. 다시 말해 경기침체와 확장, 물가, 소비지출, 고용, 재정·통화정책, 심리, 금리 등이 모두 장기 사이클에 영향을 미친다.

우주에서 날아온 소행성처럼 외부효과가 시장과 충돌하면 어떤 일이 벌어질까?[25] 비경제적 사건이 주식과 채권시장에 충돌해 기존 궤도를 이탈하게 만들면 어떻게 될까? 그 답을 찾고자, 시장에 영향을 미친 대표적인 외부효과 몇 가지를 살펴보자.

- **1914년** 프란츠 페르디난트Franz Ferdinand 대공 암살로 제1차 세계대전 발발.
- **1941년** 일본의 진주만공격과 미국의 제2차 세계대전 참전.
- **1963년** 존 F. 케네디 대통령 암살.
- **2001년** 9·11 테러.

- ■ 2011년 동일본 대지진과 쓰나미로 후쿠시마 제1원자력발전소 원
  자로 폭발.
- ■ 2020년 팬데믹과 전 세계적 봉쇄 조치.

수많은 사례 중에서 특히 두드러진 여섯 가지만을 선정한 것이다.

외부효과가 발생하면 초기의 감정적 반응이 시장을 뒤흔든다. 공포가 확산하며 빠르고 강력한 매도세가 이어진다. 다음 반응은 이성의 회복이다. 패닉이 지나쳤고, 시장이 우려했던 것보다 부실하지 않음을 깨닫게 된다. 이후 시장은 정상화되며 이전 추세가 다시 이어진다.

정리하면 패닉, 이성의 회복, (깨달음이 시장 기대치에 반영된 결과) 이전 추세의 재개가 이어지는 것이다. 경제사학자들은 역사 속에서 이 과정을 수없이 목격해왔다.[26]

팬데믹은 교과서적인 사례다. 역사상 가장 빠른 하락 이후에 역사상 가장 빠른 반등이 이루어졌다.

외부효과가 이전 추세를 궤도에서 이탈시키기에 충분하다는 가정은 금물이다.

그렇다면 시스템 외부에서 날아온 이 소행성들이 모든 것을 날려버릴 때 우리는 어떻게 해야 할까?

외부효과는 강세장의 종말을 부르는가

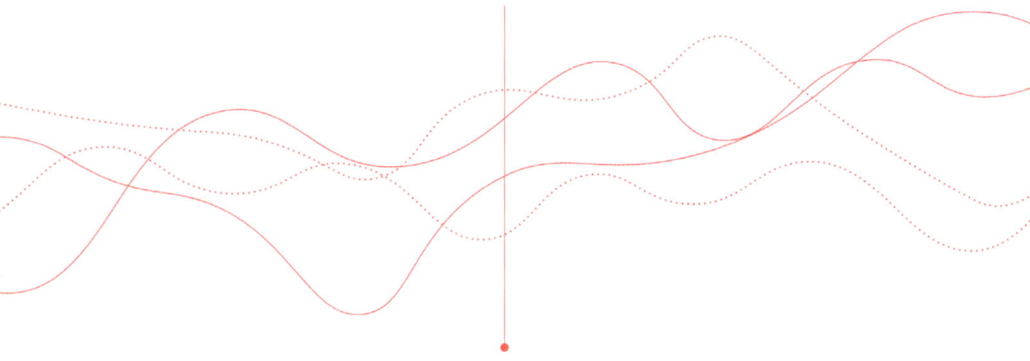

지난 30년간 내가 시장에 대해 쓴 글 중 2020년 4월 1일의 블룸버그 칼럼만큼 요란한 반응을 낳은 것은 없었다.[27] 지금 와 돌아보면 당시의 패닉이 어떠했는지 엿볼 수 있다. 이는 투자자가 감정을 통제해야 하는 이유를 여실히 보여준다.

그 칼럼 제목은 〈코로나19 바이러스도 막지 못한 강세장. 아직 끝이 아니다Maybe the Coronavirus Didn't End the Bull Market〉였다. 곧 욕설로 가득한 이메일들이 날아들었다. 수많은 사람이 내가 바보이거나 사기꾼이거나 아무것도 모르는 무능력한 인간이라고 비난했다. 차마 옮기지 못할 더 심한 내용도 많았다.

공포와 분노가 뒤섞인 어조는 사람들이 완전히 패닉에 빠졌음을 분명히 보여주었다. S&P 500의 34퍼센트 급락은 앞으로 계속될 기나긴 매도세의 첫 번째 단계임에 불과하다는 것이 당시의 지배적인 시각이었다. 사람들은 외부효과에 관한 과거의 실제 기록을 살펴보기보다는 머릿속에 각인된 세계금융위기 때의 폭락만을 떠올리고 있었다. 나는 이런 반응을 최신편향과 PTSD가 복합적으로 작용한 결과로 보았다.

2020년 3월 말까지 시장은 계속 흘러내렸다. 장기 강세장이 끝나고 새로운 장기 약세장이 시작되었다는 가정이 널리 퍼졌다.

앞서 설명했듯이, 장기 사이클의 시작이나 끝을 '20퍼센트'라는 잣대로 판단하는 것은 지나치게 단순하고 기계적이다. 그 기준은 어디에 투자해야 할지, 더 중요하게는 언제 투자해야 할지 판단하는 데 전혀 도움이 되지 않는다.

그러는 대신 상황이 틀어졌을 때 시장이 보통 어떤 모습이었는지를 생각해보라.

평균적으로 시장이 정점 대비 20퍼센트 하락하는 데는 255일이 걸린다.[28] 팬데믹으로 인한 폭락은 가장 빨라 17거래일밖에 걸리지 않았다.

코로나19 바이러스의 확산을 과연 통제할 수 있을지, 언제 치료제나 백신을 쓸 수 있을지, 무엇보다 언제 사업을 재개할 수 있을지 등 알려지지 않은 수많은 요인이 작용하는 상황에서 많은 사람이 패닉에 빠진 것은 놀라운 일이 아니다. 하지만 재택근무가 확산하며 관련 지출을 촉진했고, 엔터테인먼트 및 주택 리모델링 또한 지출의 또 다른 원천이 되었다. 이런 것들은 차를 타고 동네를 둘러본다고 해서 드러나는 것이 아니다.

팬데믹과 같은 외부효과는 지출 감소, 실업률 상승, 긴축정책으로 발생하는 경기침체와 다르다. 은행의 자산건전성에 대한 신뢰 상실로 발생하는 금융위기와도 전혀 다르다. 이것은 외생적 쇼크의 여파가 경제와 시장을 광범위하게 뒤흔든 경우로, 세계금융위기보다는 일본의 진주만 공격이나 9·11 테러와 더 비슷하다.

이 모든 사항을 기억할 필요는 없다. 다만 한 가지 사실은 명심해야 한다. 장기 강세장 속에서도 정기적으로 충격적인 규모의 매도세가 나타난다. 마찬가지로 장기 약세장 속에서도 거센 반등이 종종 나타난다.

이런 관점에서 지난 세 차례의 장기 사이클(1966~1982년의 장기 약세장, 1982~2000년의 장기 강세장, 2000~2013년의 장기 약세장)을 살펴보자.

제2차 세계대전 이후 20년간 지속된 시장 상승은 1966년 결국 벽에 부딪혔다. 그해 초 다우지수가 당시에는 천문학적인 수치로만 보였던 1,000포인트에 근접했다. 이는 오래가지 못했고 베트남전쟁에 자금을 조달하기 위한 적자지출과 오일쇼크, 워터게이트사건이 시장을 끌어내렸다. 다우지수가 마침내 1,000포인트를 돌파하는 데는 16년이 더 걸렸다. 그사이 시장에는 27퍼센트, 19퍼센트, 67퍼센트, 75퍼센트, 38퍼센트에 달하는 반등이 몇 차례 나타났지만, 이들 중 어느 것도 장기 약세장의 종식이나 새로운 장기 강세장의 시작을 알리는 신호탄이 되지는 못했다.[29]

장기 강세장에서는 정반대의 상황이 나타났다. 1982~2000년의 장기 강세장만 보아도 그렇다. S&P 500은 1987년에 33퍼센트 하락했고(단 하루 동안 22퍼센트나 급락했다), 1990년에는 20퍼센트 하락했으며, 1997년 아시아금융위기 때는 14퍼센트 하락했고, 1998년에는 롱텀 캐피털 매니지먼트Long-Term Capital Management 가 붕괴하며 20퍼센트 하락했다.

20퍼센트 이상의 매도세는 장기 강세장 중에도 발생할 수 있고 실제로 발생하지만, 경기확장의 근본적인 힘을 약화하지는 못한다.

시간이 흘러 2020년 3월 23일 시장이 바닥에 닿았음은 사실로 밝혀졌다. 하지만 그 당시에는 그런 가능성을 믿기는커녕 고려해보는 사람도 찾기 힘들었다. 그러거나 말거나 세계금융위기 이후 장기적으로 경기확장을 주도한 요인들(저금리, 기술 혁신, 서비스 산업으로의 지속적인 전환 등)은 여전히 유효했다.

일반 투자자는 팬데믹이나 정치인 암살 같은 단기적 혼란에 흔들리지 않는 장기적 계획을 따라 투자해야 한다. 항상 자제력을 유지하고 목표를 고수하는 것이 중요하다.

팬데믹이 유발한 폭락에도 불구하고, 2020년 시장은 바닥을 친 후 강하게 반등해 하락분을 빠르게 만회했고, 이후 사상 최고치를 향해 나아갔다. 이 경험에서 어떤 교훈을 얻을 수 있는지 살펴보도록 하자.

팬데믹의 교훈

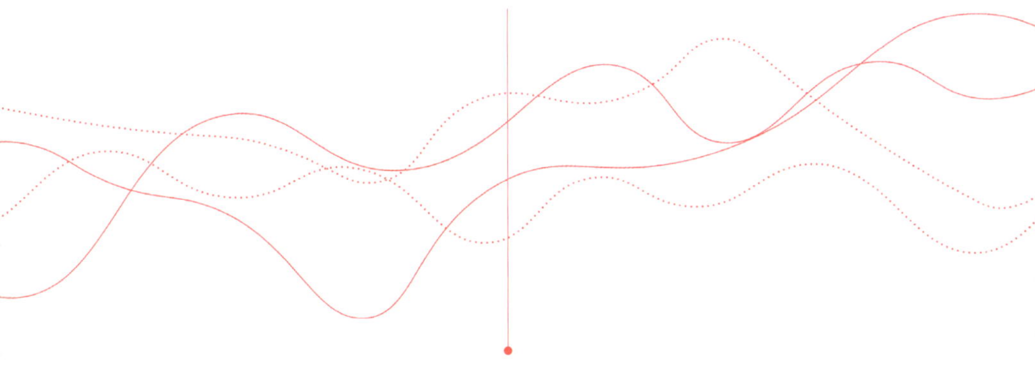

시장이 폭락하고 투매가 나오는 동안 어떤 일이 벌어질까? 그런 혼란이 언제, 어떻게, 왜 발생하는지 살펴보는 것은 가치 있는 일이다. 투자자라면 누구나 교훈을 얻을 수 있기 때문이다.

팬데믹이 전 세계를 휩쓸었던 2020년 1분기의 사례를 살펴보자. S&P 500이 34퍼센트 폭락하는 데는 2020년 2월 19일부터 3월 23일까지 불과 한 달밖에 걸리지 않았다. 사람들은 패닉에 빠져 주식을 내던졌고, 그러고는 또 그만큼이나 빠르게 주식을 되사들였다. 대부분은 적절한 매도 타이밍과 매수 타이밍을 모두 놓치며 손실을 봤고, 그런 난리 끝에 얻은 것은 막대한 자본이득세 고지서뿐이었다.

2020년 3월에 68퍼센트라는 괴물 같은 반등을 보인 후, 2021년에도 30퍼센트 가까이 추가 상승한 시장은 늘 그렇듯 또 한 차례의 발작을 일으키기로 했다. 너무 빨리, 또 너무 많이 움직였기 때문일까? 제로금

팬데믹과 패닉

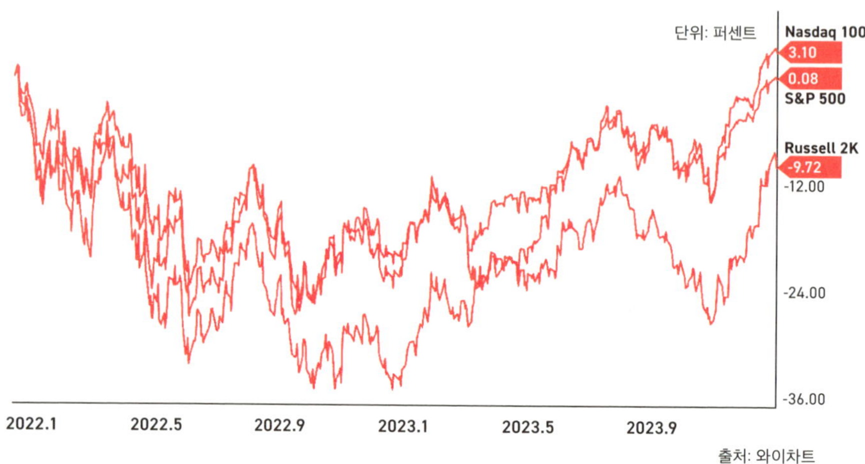

리 정책이 끝났기 때문일까? 원인을 무엇으로 돌리든, 고점을 찍은 시장은 상당한 되돌림을 겪어야 했다. 2022년 S&P 500은 19퍼센트, 러셀 2000은 22퍼센트, 나스닥 100은 33퍼센트 하락했다.

1년 후 시장은 사상 최고치를 거의 회복했다. 2022년 6월의 저점 이후로는 13개월, 10월의 바닥 이후로는 9개월 만에 팬데믹 이전 수준으로 돌아왔다.

이 여정을 살펴보며, 그렇게 많은 사람이 어디에서 잘못된 길로 빠졌는지 알아보자.

대중과 폭도

당신은 상승장 동안 YOLO_{You Only Live Once} 열풍에 휩쓸려 시장에 신경 쓰지 않았나? 그러다가 2021년 뒤늦게 FOMO에 빠져 매수 버튼을 눌렀나? 2022년 6월과 10월에는 패닉에 압도된 채 주식을 모두 팔아버렸나?

시장이 효율적으로 잘 작동하는 것은 대부분 대중의 지혜 덕분이다. 하지만 극단적인 상황에서는 이성적인 대중이 생각 없는 폭도로 변한다. 그 순간을 알아볼 수 있어야 한다.

프레임과 맥락

시장은 2010년대 들어 엄청난 상승세를 보였다. S&P 500이 100퍼센트 상승하고 20퍼센트 하락했다면, 또 나스닥 100이 200퍼센트 상승하고 30퍼센트 하락했다면 이를 적절한 맥락에서 볼 줄 알아야 한다.

시장은 오르내리기 마련이다. 하락폭이 이전 상승폭 대비 크지 않다면, 하락장을 더 쉽게 견딜 수 있다.

어리석은 예측

끝없는 비관적 예측에 빨려 들어갔는가? 경기침체가 임박했다는 전문가들에게 설득당했나? 예측은 마케팅이라는 점을 절대 잊지 말라. 20세기를 풍미한 경제학자 존 케네스 갤브레이스가 지적했듯, "경제 예측의 유일한 기능은 점성술을 꽤 괜찮아 보이게 하는 것뿐이다."

기술주 집중

몇몇 거대 기술주가 시장 상승을 주도하고 있는 것은 사실이다. 하지만 지금은 수익 없는 아이디어가 만연하던 닷컴 시대와는 다르다. 애플, 마이크로소프트, 구글, 아마존 같은 빅테크기업들은 빠르게 성장하며 높은 수익성을 증명하고 있다.

애플을 예로 들어보자. 2023년 기준 매출 4000억 달러, 이익 1010억 달러, 5년간 매출 성장률 11.5퍼센트, 5년간 이익 성장률 20퍼센트 이상이다. 매그니피센트 7Magnificent 7(애플, 아마존, 메타, 구글, 마이크로소프트, 엔비디아, 테슬라)의 매출은 2조 달러, 이익은 3000억 달러가 넘는다. 이들이 '장대하다'고 수식되는 것은 당연한 일이다. 나는 S&P 500에서 IT 섹터의 비중이 30퍼센트 안팎에 불과한 이유가 항상 궁금하다.

고평가된 시장

적정주가로 회귀해야 한다는 환상이 존재한다. 앞서 살펴봤듯이, 이는 시장을 이해하는 데 부적절한 틀이다. 적정주가는 저평가에서 고평가로 이어지는 연속선상의 한 지점으로 생각하라. 시장은 이 지점을 지나치며 위든, 아래든 제 갈 길을 갈 뿐이다.

과대평가되었다고 오해받더라도, 장기 강세장에 진입한 시장은 꽤 오랫동안 고평가 상태에 머물 수 있다.

역전된 수익률곡선

듀크대학교의 금융학 교수 캠벨 하비Campbell Harvey는 자신이 만든 이 지표가 여덟 번 경기침체를 예측해 여덟 번 모두 적중시켰다고 강조해왔다.[30] 훌륭한 실적인 것은 맞지만, 표본이 매우 작은 것도 사실이다. 또한 금리가 10년 이상 제로, 또는 제로 근처에 머물렀던 시기에는 단 한 번도 제대로 작동하지 않았다.

일부 전문가는 역전된 수익률곡선이 경기침체를 예측하기보다는, 물가 하락에 대한 연준의 반응을 예측한다고 주장한다. 이는 침체와 연관될 수도 있지만, 항상 그런 것은 아니다.

여기에서 얻을 수 있는 교훈은 완벽한 해법이나 절대적으로 신뢰할 수 있는 지표는 존재하지 않는다는 것이다.

내러티브

트레이더들은 주식의 보유 기간이 대단히 짧고, 매일, 심지어 매분 단위로 주가를 움직이는 요인에 집중한다. 반면 일반 투자자들은 장기적인 가치 창출과 복리 효과를 누리기 위해 자산을 운용한다.

투자 결정을 정당화하기 위해 트레이더들의 내러티브를 끌어올 때 그리고 그 반대 상황에서 비극은 시작된다. 당신의 '투자 시계'가 분 단위인지, 또는 수십 년 단위인지 명확히 파악해야 한다. 자신의 투자 결정을 정당화하는 도구로 타인의 내러티브를 사용해선 절대 안 된다.

하워드 막스는 "경험이란 원하는 것을 얻지 못했을 때 얻는 것"이라는 말을 즐겨 했다.[31] 2022년의 저점 이후 시장에서 원하는 것을 얻지 못했다면, 경험을 얻었다는 것으로 위안을 삼아라.

지금까지 외부효과에 따른 단기적인 하락장에서 얻을 수 있는 몇 가지 교훈을 살펴봤다. 그렇다면 본격적인 버블 붕괴는 우리에게 어떤 교훈을 줄까?

버블 붕괴의 공포

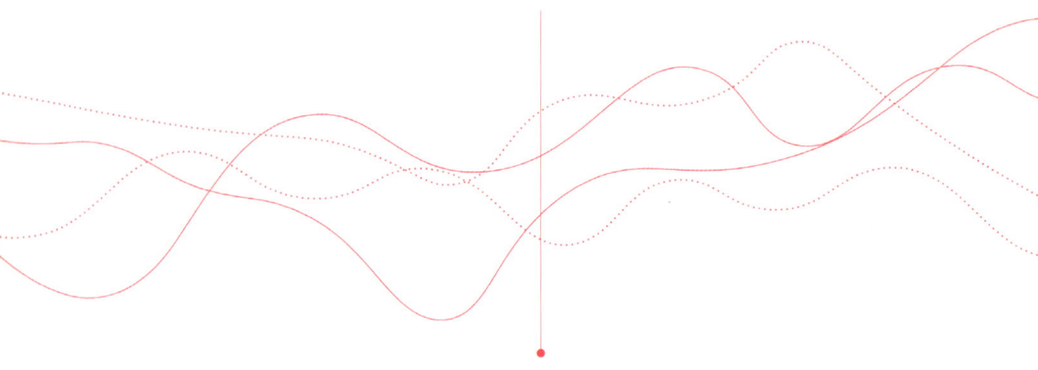

버블 붕괴는 수년간의 수익을 한 번에 날려버린다.

2000년부터 2년간 투자자들을 떨게 한 대폭락을 떠올려보라. 닷컴 버블 붕괴로 나스닥은 고점 대비 81퍼센트 하락했다. 2002년 10월까지 나스닥 100은 815포인트까지 추락했다. 1997년 초, 또는 1996년 말 이후 처음 보는 수치였다.

지난 몇 차례의 버블 붕괴에 관심을 두지 않았던(또는 그때 태어나지 않았던) 사람들에게 관련 시나리오를 살펴보는 것은 가치 있는 일이다.

머리로 이해하는 것은 쉽지만, 폭락장에서 투자자들의 심리에 작용하는 힘을 온전히 느끼고 체득하는 것은 어려운 일이다. 일각에서는 이를 전쟁과 비슷하다고 말한다. 상상해보려 노력할 수는 있겠지만, 직접 겪지 않은 공포를 진정으로 이해하기란 불가능하다.

지금부터 보게 될 충격적인 수치들의 출처는 나스닥 100을 그대로 추종하는 'Invesco QQQ ETF'(QQQ)다. 1990년대에 나스닥은 모든 관심을 독차지했다. 자잘한 거래들을 일일이 뒤져가며 당신을 지루하게 만들진 않을 것이다. 그러나 그 호황과 붕괴를 직접 겪은 트레이더나 펀드 매니저들에게는 평생의 한 번뿐인 경험이었다(정말 그랬다면 좋았을 텐데). 책상 밑에 숨어 있지 않는 한, 리스크 관리, 인간 행동과 심리 등에 대해 자연스레 배우게 되던 때였다.

나는 닷컴 버블 붕괴 외에도 여러 차례 폭락(30퍼센트 이상)을 겪었다. 2008년에 시작되어 해를 넘긴 세계금융위기와 2020년에 팬데믹이 촉발한 폭락이 대표적이다. 그 전에는 1973년부터 1974년까지 꼬리에 꼬리를 물고 이어진 인플레이션, 스태그플레이션, 오일쇼크, 불황 탓에 시장이 56퍼센트나 폭락했고(당시 나는 유대교 성인식 준비에 정신이 팔려 있었다), 1987년에도 큰 폭락이 있었다(이번에는 로스쿨 재학 중이라 정신이 없었다). 하지만 그 어떤 경우도 버블 붕괴는 아니었다. 그만큼 1990년대의 닷컴 버블 붕괴는 특별한 경험이었다. 그 시절 나는 다음과 같은 것들에 관심을 빼앗겼다.

- **기술과 경험** 뛰어난 트레이더들은 다양한 전략을 활용했다. 예를 들어 가격이 오를 때는 성공적인 포지션에서 추가 매수를 시도하는 피라미드 전략을 사용했다. 일부는 평균 매수 가격을 낮추는 물타기 전략(때로는 운이 따르지만, 대개 재앙이 되는 전략)을 사용했다. 운명의 2000년이 오기 전까지 4년간 다섯 배 가까이 상승한 강세장에서 큰 성과를 낸 이 전략들은 수익률이 낮아진 이후 10년간은 성공적이지 못했다.
- **자본** 노련한 트레이더들은 더 많은 고객 자산을 운용하며 더 큰

리스크를 감수하는 것이 허용되었다. 그들은 포지션을 더 오래 유지할 수 있었으며(강세장에서 매우 유리하다), 전산화가 완전히 이루어지기 전에는 당일 거래 중 일시적으로 자본 한도를 초과할 수도 있었다. 돈을 잘 벌어들인다는 것을 입증해낸 이들은 더 많은 탄약을 얻었고 목줄도 훨씬 길어졌다(즉 재량권이 커졌다). 이는 1990년대에는 훌륭하게 작동했으나, 정점을 지나자 결과가 엇갈렸다. 이런 종류의 리스크를 관리하는 능력은 최고의 트레이딩 업체들(시타델Citadel, 르네상스Renaissance, 밀레니엄Millennium, 제인 스트리트Jane Street)과 재앙을 맞이한 업체들의 운명을 갈랐다.

■ **레버리지** 자본 부족을 레버리지나 옵션으로 보완해 수익을 증폭시키려 한 트레이더들이 있었다. 이는 양쪽 모두에서 결과를 강화했을 뿐이다. 즉 상승폭이 커진 만큼 하락폭도 커졌다. 로빈후드Robinhood나 레딧Reddit 같은 앱을 사용하는 초보 트레이더들은 이런 리스크를 충분히 이해하지 못했다. 물론 결국에는 그들도 깨달았다. 대부분은 고통스럽게.

■ **몸에 밴 기억** 1990년대에 시장이 하락할 때마다 매수해 좋은 결과를 낸 트레이더라면, 그 10년간 통했던 방식을 잊기까지 긴 시간이 필요했을 것이다. 1997년의 아시아금융위기와 1998년의 롱텀캐피털 매니지먼트 붕괴는 시장을 뒤흔들었지만, 강력한 회복세와 추가 상승으로 이어졌다. 이런 경험들은 하락 시의 매수 습관을 버리기 어렵게 만들었다. 2000년 3월부터 2002년 10월까지의 닷컴 버블 붕괴가 유난히 파괴적이었던 이유 중 하나는 모든 하락에 이어진 반등이 결국 실패했기 때문이다. 1999년 12월을 시작으로 16퍼센트, 11퍼센트, 32퍼센트, 21퍼센트, 14퍼센트, 27퍼

센트에 이은 또 한 번의 27퍼센트, 28퍼센트, 49퍼센트, 45퍼센트, 50퍼센트에 달하는 하락세가 연이어 나타났다. 그럴 때마다 저가 매수 기회를 노린 사람들이 뛰어들었지만, 결국 반등은 실패로 돌아갔다. 새로운 저점들이 만들어졌고, 매수자들은 점점 줄어들었다. 바로 이것이 기술적 분석가들이 말하는 '매도자 소진sellers' exhaustion'으로 나아가는 과정이다.

■ **변동성** 리스크와 보상은 동전의 양면과 같다. 가장 큰 수익을 낸 종목일수록 종종 더 크게 떨어진다. 1990년대 나스닥은 S&P 500을 능가했으며, S&P 500은 자주 다우지수를 앞섰다. 폭락 시에는 정반대의 일이 벌어졌다. 닷컴 버블이 터지자 다우지수는 38퍼센트 하락한 반면, 나스닥 100은 83퍼센트, S&P 500은 49퍼센트 하락했다. 기술적 분석가인 내 친구 J.C. 파레츠J.C. Parets가 즐겨 말하듯, "고점이 높을수록 하락은 더 가혹하다."

■ **후회의 최소화** 뒤에서 더 자세히 살펴보겠지만, 큰 수익을 보고 있을 때는 일부를 현금화하는 것이 현명하다(특히 고용된 회사의 주식이나 자기 스타트업의 주식을 들고 있을 때). 일부를 현금화한 후에도 여전히 많은 주식을 보유 중이니, 시장이 계속 상승하면 그 혜택을 누릴 수 있고, 설사 시장이 하락하더라도 손에 남는 것이 있기 때문이다.

■ **주택**(다른 자산군) 1990년대 중반 유행했던 전략은 주식 일부를 매도해 주택을 사는 것이었다. 고객들이 주식을 현금화해 별장, 더 큰 집, 직장과 더 가까운 집, 더 좋은 동네의 집을 사던 것이 생생히 기억난다. 주가가 계속 오르자 일부는 적절한 교환이었다고 애써 합리화했지만, 폭락 후에는 몹시 흐뭇해했다. 모두가 그렇게

운이 좋은 것은 아니었다.

장기 강세장은 가장 낙관적인 투자자의 예상보다 훨씬 더 멀리, 더 오래 지속되는 경향이 있다. 대다수가 마지막 타석이라 여기는 순간이 실은 수년간 이어지는 장기 강세장의 5회나 6회쯤인 경우가 흔하다.

모든 버블과 폭락의 국면마다 온갖 예측이 쏟아진다. 이제 이런 예측이 빗나갈 때 어떤 변명이 나오는지 살펴볼 차례다.

시장 예측이 어려운 이유

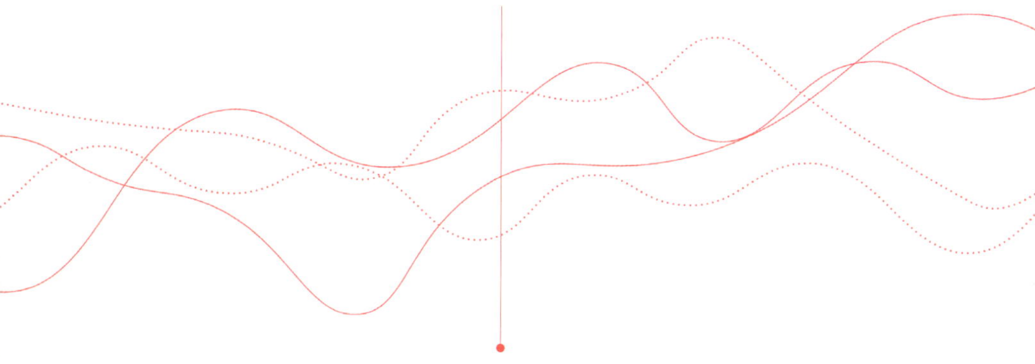

왜 시장은 예측하기가 이토록 어려운가?

이 질문에 답하기 위해 나는 많은 글을 써왔다.[32] 결론은 이렇다. 시장을 움직이는 요인들 자체가 예측이라는 행위나 과정에 적합하지 않다. 이 요인들은 합리적·비합리적 신념, 충족되지 않은 기대 그리고 전혀 알 수 없는 사건들이 뒤섞인 불안정한 혼합물이다. 그 결과 나타나는 것은 경제학자 버턴 말킬Burton Malkiel과 나심 탈레브Nassim Taleb가 묘사한 무작위성과 매우 비슷한 모습을 하고 있다.

예측과 무작위성의 중간 지점에 와튼스쿨 교수인 필립 테틀록의 흥미로운 연구가 있다. 테틀록은 "대부분의 전망가는 실적이 형편없다"라고 꼬집고는[33] 좀 더 성공적인 전망가들이 더 나은 예측을 위해 무엇을 하고 있는지 폭로했다.[34] 절묘한 원투펀치가 아닌가!

테틀록은 예측이 빗나갔을 때 사용되는 변명들을 다음과 같이 분류했다.[35] 이 모든 변명이 공통적으로 지닌 특징을 찾아보자.

1. **단** 한 가지만 내 뜻대로 되었다면 예측이 맞았을 텐데.
2. **전혀** 예상치 못한 일이 발생했으니 내 잘못이 아니다.
3. **맞진** 않았지만 거의 맞을 뻔했다.
4. **내가** 틀린 게 아니라 너무 일찍 말했을 뿐이다.
5. **그저** 하나의 예측이었을 뿐이다.

공통점은 이렇다. 미래는 알려지지 않은 것이며 알 수도 없다. 예상치 못한 사건 때문에 예측이 빗나갔다는 것은 변명이 될 수 없다. 이런 일은 항상 일어나며, 이것이 거의 모든 예측이 무가치한 이유다. 자산, 시점, 가격을 동시에 예측하는 것은 이 치명적인 결함 탓에 매번 실패한다.

모든 예측에서 재난의 씨앗은 미래가 과거와 같을 것이라는 가정에 심겨져 있다. 전망가들은 실제로 일어났던 일 중 얼마나 많은 것이 예상치 못한, 예상할 수 없는, 따라서 모델에서 벗어난 것이었는지를 간과한다. 우리는 선험적으로priori 예측하지만 사후적으로posterior 경험한다. 그 때문에 실제보다 더 많이 알고 있었다고 착각하게 된다.

'사후확신편향hindsight bias'은 이 잘못된 과정의 시작점에 불과하다. 우리는 본래 이렇게 만들어졌다.

나도 썩 괜찮게 시장을 예측한 적이 몇 번 있었다(정말 어이없었던 예측들은 잊자). 다만 거기에 노력, 천재성, 운이 각각 얼마나 작용했는지는 알지 못한다. 사실 노력이 일부 있었고, 운이 대부분이었으며, 천재성은 전혀 없었다. 분명한 것은, 예측은 내 고객들의 자산을 운용하는 방식이 될 수 없다는 점이다.

하지만 세상은 누군가에게 비밀 공식이 있다고, 그가 (저렴한 가격으로) 기꺼이 비밀을 공유해 당신이 엄청난 부를 누릴 수 있게 해주리라고 속삭인다.

안타깝게도 미래는 그렇게 작동하지 않는다.

———

이제 완벽한 예측의 비밀을 공개할 것이다. 당신이 좋아할 것 같지는 않지만….

완벽한 예측의 비밀

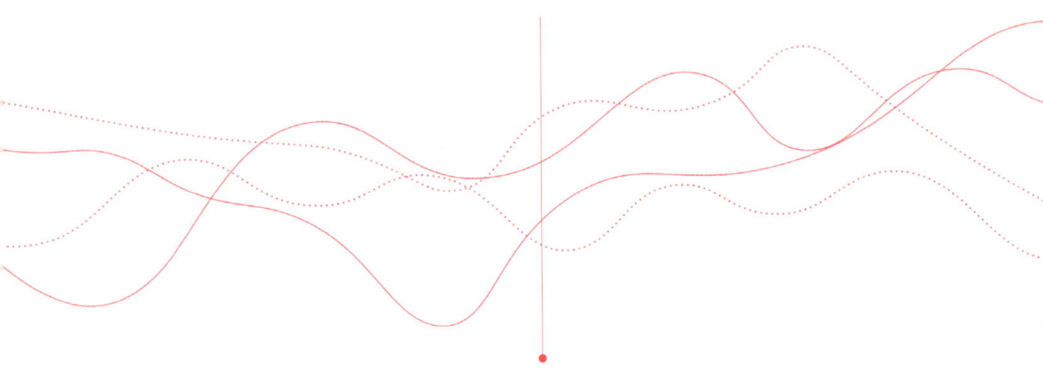

　신문 1면이나 잡지 커버스토리에서 본 투자 조언 중 좋은 것이 있었던가?

　다음 질문을 스스로에게 던져보라.

- 미디어가 임박한 경기침체에 대한 경고를 적시에 내놓았던 적이 있는가?
- 전문가들이 버블을 실시간으로 정확히 짚어냈던 적이 있는가?
- 적정주가와 향후 시장 향방에 대한 대중의 관점이 옳았던 적이 있는가?

　뮤추얼펀드의 흐름만 봐도 개인의 판단이 얼마나 자주, 또 크게 틀리는지 알 수 있다. 대중, 미디어, 전문가들의 견해는 극단적인 반대론자들에게는 분명 유용하겠지만, 투자자인 내게는 아무런 쓸모가 없다. 나는 전문가들이 그들의 말에 귀 기울이는 사람들의 돈을 불려주기보다는 오히려 갉아먹는다고 자신 있게 말할 수 있다.

리트홀츠 당신은? 당신도 전문가면서 어떻게 미디어와 다른 전문가들을 비난할 수 있나?

나는 내 죄를 인정한다. 다만 내게는 정상 참작할 사유가 있다. 내가 쓴 글이나 출연한 방송에는 일관된 주제가 있다.

- 나는 내가 전혀 모르는 것에 대해서는 의견을 제시하지 않는다.
- 논의의 기본적 토대는 출처를 신뢰할 수 있는 데이터다.
- 나는 내 자신의 인지적 약점을 인정하며, 인간의 뇌가 지닌 한계와 허점을 자각하고자 꾸준히 노력한다.
- 나는 결코 예측하지 않는다.

마지막 항목에 대해서는, 나도 과거에 비슷한 바보짓을 저질렀음을 인정해야겠다. 한때 나는 과감한 예측을 즐겨 떠벌였는데, 사람들이 그것을 정말 진지하게 받아들일 때마다 놀라곤 했다. 이에 대한 고백과 회개가 2005년에 쓴 〈예측의 어리석음 The Folly of Forecasting〉이라는 칼럼이다.[36] 여전히 많은 사람이 어리석은 예측을 진지하게 받아들이고, 여기에 기반해 투자 결정을 내린다.

이 때문에 나는 예측을 그만두었다. 나는 예측으로 돈을 버는 사람이 아니다.[37] 나는 시장이나 경제에서 간과된 측면('차별화된 관점')을 찾아내고, 그에 대해 자세히 설명하는 것을 좋아한다. 무의미하게 미래를 예측하는 것보다는 훨씬 생산적이고 유용한 작업이다.

전문가들의 예측은 무작위 추측과 통계적으로 구분되지 않는다. 그 예측이 위험한 데는 다 이유가 있다. 예측이 구체적이고 전문가의 자신감이 넘칠수록 사람들이 그를 믿게 될 가능성은 커진다. 더욱 놀라운 점은 그에 비례해 전문가의 실적이 나빠진다는 것이다. 1부에서 보았듯이, 가장 부정확한 예측은 단 한 번의 몹시 이례적인 예측이 운 좋게 맞아떨어졌던 이들에게서 나온다.

진정한 전문가라면 지난 수십 년간 어떤 행보를 보였을지 생각해보라. 닷컴 버블의 정점, 2002년 10월과 2003년 3월의 쌍 바닥, 2007년의 고점, 2009년의 저점, 2010년 5월의 플래시 크래시Flash Crash,* 2018년 4분기의 20퍼센트 하락, 2020년 팬데믹에 의한 34퍼센트 하락을 피하고, 2020년 3월의 저점을 예측했어야 하며, 2022년의 금리 인상이 주식과 채권시장에 미칠 영향도 내다봤어야 한다. 2022년 10월의 저점이 실은 다음 상승 국면의 시작점임을 예측하고, 그것이 이 글을 쓰는 지금까지도 이어진다는 것을 예측했어야 한다.

큰 예측과 관련해 내 실적은 꽤 괜찮은 편이다. 하지만 내 고객 중 그 누구도 내가 직감만으로 자신의 소중한 은퇴자금을 다루길 원치 않을 것이다. 나도 절대 그렇게 하고 싶지 않다.

고점과 저점을 맞추는 사람은 언제나 존재한다. 다만 그것은 순전히 운이다. 예측이 맞아떨어지더라도 그 근거가 잘못되었다면 별 도움이 되지 않는다. 투자자들에게 필요한 것은 합리적이고 반복 가능한 프로세스다.

---

* 플래시 크래시는 다우지수가 단 몇 분 만에 1,000포인트(9퍼센트) 가까이 급락했다가 곧바로 회복한 사건을 가리킨다.

나는 가장 크게 베팅했던 시기가 사실 가장 중요하지 않았던 약세장이었음을 뒤늦게 깨닫고 놀란 적이 있었다. 그 이유가 무엇이었는지 알아보자.

통제 가능한 약세장

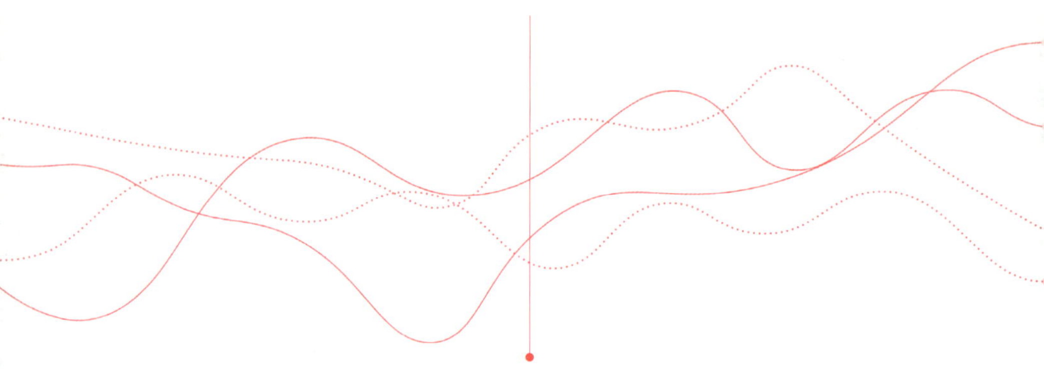

이것은 내가 좋아하는 그래프 중 하나다. 하지만 그 이유를 쉽게 눈치 채긴 힘들 것이다.

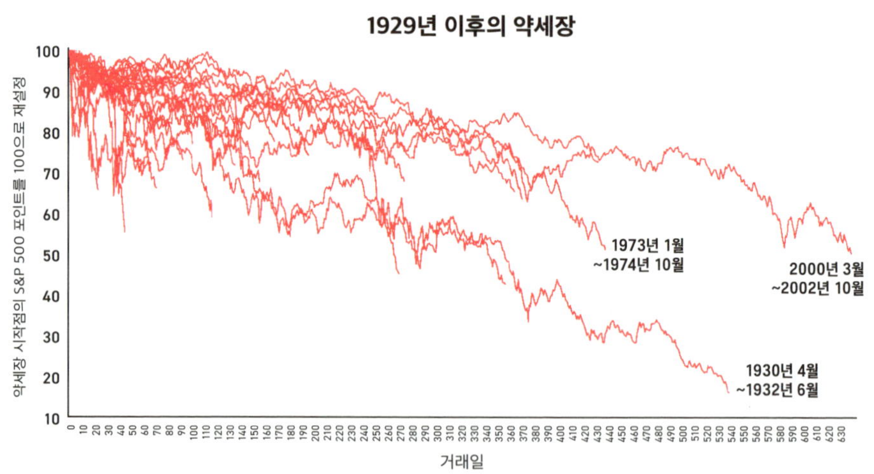

이 그래프는 (나는 별로 선호하지 않지만) 흔히 쓰이는 정의(20퍼센트 하락)에 부합하는 모든 약세장의 고점부터 저점까지의 하락폭을, 다시 20퍼센트 반등이 나오는 시점까지 측정해 보여준다. 2022년 이후의 움직임은 좌상단에 몰려 있어 비교적 굵게 보인다.

내 동료 마이클 배트닉Michael Batnick은 이 모든 끔찍한 고통의 시기가 이미 시장의 장기 수익률에 반영되어 있다고 지적해왔다.[38] 즉 단기 순환 시장의 하락세부터 장기 약세장과 완전한 시장 붕괴까지, 상당한 수의 사건을 견디지 않고서는 8~10퍼센트의 장기 수익률을 얻을 수 없다는 뜻이다. 이는 리스크를 감수하는 대가로 수익을 얻는 위험자산 시장의 가장 기본적인 역학 관계다.

"좋은 시절을 누리고 싶다면, 나쁜 시절을 견뎌야 한다."

다음은 내 개인적인 경험에서 비롯된 통찰이다.

가장 중요하지 않았던 약세장이 가장 중요하게 느껴졌고, 그 반대도 마찬가지였다.

이 통찰과 관련된 이야기를 자세히 풀어볼까 한다.

1990년대 중반 트레이딩 데스크에서 일하기 시작한 이래, 나는 여러 단·장기 약세장을 경험했다.

- 1990년 경기침체 → 주식시장 20퍼센트 하락.
- 1998년 러시아 금융위기 → 주식시장 19퍼센트 하락.
- 2000~2003년 닷컴 버블 붕괴 → 나스닥 81퍼센트 폭락.
- 2008~2009년 세계금융위기 → 신용 시장 동결로 S&P 500 57

퍼센트 하락.

- **2000~2013년** 장기 약세장 → 사상 최고치를 회복하기까지 13년 소요(2000년 3월~2013년 3월).
- **2018년** 경제 둔화 및 연준의 금리 인상 → 주식시장 19.8퍼센트 하락.
- **2020년** 팬데믹 → 사상 최단기간에 주식시장 34퍼센트 급락.
- **2022년** 1981년 이후 처음으로 주식과 채권시장이 동시에 10퍼센트 이상 하락.

이 모든 사례는 정점 대비 20퍼센트 하락이라는 약세장의 우스꽝스러운 정의에 부합한다.

나는 1989년에 로스쿨을 졸업하자마자 경기침체를 겪었다(데이터에 따르면 이는 평생 소득에 부정적 영향을 미친다). 당시 어디에도 투자하지 않은 상태였고 학자금대출로 빚더미에 올라 있었다. 내가 경험한 첫 번째 약세장은 포트폴리오 측면에서 아무런 의미가 없었지만, 재정적으로 좋지 못한 상황에 처한 것처럼 느껴졌다. 1990년대 중반에 이르러 나는 법조계에서 금융계로 커리어를 전환했다.

재정적으로 여전히 불확실한 상태였지만, 잘해낼 수 있으리란 자신감이 있었다. 내 포트폴리오는 아주 작은 규모였다. 퇴직연금(401k)은 없었고, 아내의 비영리기관 퇴직연금(403b)은 납입 기간이 10년도 채 되지 않아 10만 달러에 불과했다.

1997년은 조금 무서웠고, 1998년도 마찬가지였다. 2000년의 폭락은 최악이었다. 나스닥은 고점 대비 80퍼센트 이상 급락했다.

사실 이 폭락들은 내 재정에 악영향을 끼치지 못했다. 리스크에 노출된 자산 자체가 거의 없었기 때문이다. 대신 내게는 저축을 복리로 불릴 수십 년의 시간이 있었다. 상당한 가격 하락은 좋은 매수 기회를 제공했다(그 기회를 활용할 만큼 똑똑하진 못했지만).

하지만 당시에는 그렇게 느껴지지 않았다. 시장상황이 급여, 보너스, 경제적 안정, 심지어 생존까지 좌우하는 새 직장에서는 약세장이 좋게 느껴질 리 없었다. 사실 끔찍했다. 주변 사람들은 모두 당황해했고 엄청난 스트레스에 기절할 지경이었다.

이 초기 약세장들은 재정적으로 내게 별로 중요하지 않았지만, 당시에는 그렇게 느껴지지 않았다.

커리어 후반부에 들어서야 일이 흥미로워지기 시작했다. 그때쯤 나는 저축 계좌와 퇴직연금에 상당한 자산을 쌓아두고 있었다. 그러자 약세장이 비로소 내 재정에 의미 있는 영향을 미치기 시작했다. 세계금융위기와 팬데믹은 세계적 현상이었다. 2022년 시장은 60/40 포트폴리오 기준으로 1981년 이래 최악이었다.[*] 규모가 상당해진 내 포트폴리오와 사업 전체(리트홀츠자산관리에서 관리하는 70억 달러 규모의 고객 자산)가 리스크에 노출되었다. 내 퇴직연금, 급여, 분기별 배당금, 보너스도 마찬가지였다. 그리고 기업가치도!

경기침체는 내게 큰 고통을 줬어야 마땅하지만… 그렇지 않았다. 오히려 정반대였다. 최근의 약세장들은 재정적으로 내게 큰 영향을 미쳤지만, 그렇게 느껴지지 않았다. 이상한 일이지만, 생각해볼수록 이해된다.

약세장을 삶이라는 더 넓은 맥락에서 재구성해보라. 이런 일들을 겪

으면서 나이 들다 보면, 모든 것이 순환한다는 사실을 깨닫게 된다. 지혜의 왕 솔로몬은 "이 또한 지나가리라"라고 말했다. 그러니 호시절에는 겸손하고 절망스러울 때는 낙관하라.

시장도 마찬가지다. 오르기도 하고 내리기도 하며, 당신은 이를 통제할 수 없다. 마르쿠스 아우렐리우스 같은 스토아철학자들은 우리가 통제할 수 있는 유일한 것은 눈앞의 도전과 기회에 대응하는 행동 방식임을 일깨워주었다.

———

어떤 사건이 발생했을 때 투자자로서 당신의 성공과 실패를 좌우하는 가장 큰 단일 요인은, 해당 사건을 심리적으로 어떻게 맥락화할지 결정하는 당신의 행동 방식이다.

그리고 그것은 (어느 정도) 당신의 통제하에 있다.

6장

거래의 함정

당신은 건초 더미에서 바늘을 찾을 수 있는가

승자독식

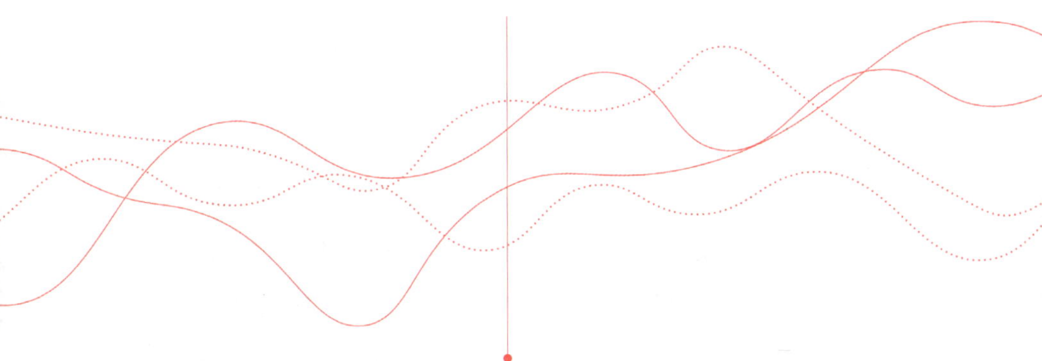

스포츠 스타, 팝 가수, 소설가, 배우, 펀드매니저 사이의 승자독식 현상은 이미 입증된 사실이다. 정상에 있는 사람들은 엄청난 보상을 얻는 반면 그 외의 사람들은 간신히 먹고산다.

주식시장도 마찬가지다. 미국에서 지난 30년간 시장 상승에 실질적으로 이바지한 기업은 단 1.3퍼센트에 불과하다. 미국 외 지역에서는 그 비율이 1퍼센트 미만으로, 수익 집중도가 더 심하다.

이 수치는 수익 분배 방식을 분석한 획기적인 논문에서 인용했다.[1] 액티브 운용에 열심인 개별 종목 투자자라도 이 논문을 읽으면 인덱스 투자로 전향할지 모른다.

이 논문의 주저자인 헨드릭 베셈빈더Hendrik Bessembinder는 애리조나주립대학교 캐리경영대학원의 금융학 교수다.[2] 베셈빈더와 그의 연구팀은 1990년부터 2018년까지 세계 각국의 보통주 6만 2000개를 분석해 복리 수익률을 기준으로 순위를 매겼다. 그 기간에는 두 번의 장기 강세장(1990~2000년, 2009~2018년)과 두 번의 시장 붕괴(2000년, 2008년)가 포함된다. 즉 시장 상승과 하락을 모두 아우르므로, 연구 결과가 특이 현상이나 일회성 사건에 영향받았을 가능성은 희박하다.

베셈빈더의 분석에 따르면, 해당 기간에 극소수의 종목만이 순이익을 실현했다(즉 수수료, 세금 등 각종 비용을 제하고도 이익을 볼 만큼 주가가 올랐다). 그 수는 시장참여자들이 일반적으로 생각하는 것보다 훨씬 적다.

단 다섯 개 기업, 즉 애플, 마이크로소프트, 아마존, 구글 그리고 엑손모빌이 전 세계 순자산의 8퍼센트를 창출했다. 이보다 더 극명한 승자독식의 사례는 상상하기 어렵다. 이들 기업은 6만 2000개 기업으로 이루어진 전체 표본의 0.01퍼센트에 불과하다. 범위를 좀 더 넓혀볼까? 전 세계 순자산의 73퍼센트가 전체 표본의 0.5퍼센트에 해당하는 306개 기업에서 창출되었다.

좀 더 극단적으로 설명하자면, 실적 상위 811개 기업(전체 표본의 1.33퍼센트)에서 전 세계 순자산이 전부 만들어졌다. 1990년부터 2018년까지 이들 기업은 (무위험자산인) 국채 수익률을 초과한 주식시장의 순상승분 44조 7000억 달러를 전부 견인했다. 비미국 주식의 경우 1퍼센트도 안 되는 종목들에서 (역시 국채 수익률을 초과한) 16조 달러의 자본이득이 창출되었다.

누적수익률이 플러스인 것은 연구 대상이 된 종목 중 절반에도 못 미치는 2만 3905개뿐이었다. 이들 종목과 실적 상위 기업들에 해당하는 811개 종목을 합해 66조 6000억 달러의 부가 창출되었다. 그러나 나머지 대다수 종목(전체 표본의 60.9퍼센트인 3만 7195개)은 순손실을 기록하며 전체 부에서 21조 8300억 달러를 갉아먹었다. 승자들의 총수익에서 패자들의 총손실을 차감한 순수익이 바로 44조 7000억 달러다.

사실 연구의 진짜 목적은 주식시장의 수익이 어디에 집중되어 있는지 밝히는 것이 아니었다. 그보다는 단기적으로 국채의 성과를 능가하는 종목이 얼마나 되는지 파악하는 것이었다. 수익 집중도가 극단적이라는 발견은 뜻밖의 결과로 보인다. 더 짧은 기간(한 달)으로 한정하면, 미국 주식에서는 56퍼센트의 종목이, 비미국 주식에서는 61퍼센트의 종목이 1개월 만기 국채 수익률을 밑돌았다. 29년에 달하는 전체 표본 기간 중 특정 달에만 각각 44퍼센트와 39퍼센트의 종목이 1개월 만기 국채 수익률을 상회했다.[3]

이 데이터에 크게 신경 쓸 필요는 없다. 결국 주식은 장기투자 대상이기 때문이다. 모든 투자자(또는 성실히 저축하는 사람)가 유념해야 할 것은 복리 효과, 특히 배당금을 재투자했을 때의 복리 효과다. 베셈빈더의 연구에서 뚜렷하게 드러난 점은 매수 후 오래 보유할수록 국채 대비 수익률이 높아졌다는 것이다. 평균적으로 한 달 기준 1퍼센트, 1년 기준 14퍼센트, 10년 기준 95퍼센트, 전체 표본 기간인 29년 기준 무려 260퍼센트 더 높은 성과를 냈다.

물론 연구 결과가 이렇다고 해서 액티브 운용을 당장 그만둘 필요는 없다. 논문에는 개별 종목 투자자들에게 유용한 내용도 담겨 있다. 액티브 운용으로 수익을 내기 위해서는 종목 선정보다는 종목 배제, 즉 나쁜 종목을 피하는 데 집중해야 한다는 것이다. 이는 이 책의 핵심 주제인 '실수를 줄여라'(찰스 엘리스), '덜 멍청해져라'(찰리 멍거)와도 일맥상통한다.

장기적으로 손실을 낸 3만 7195개 종목의 특징(그것들이 공유하는, 숫자로 걸러낼 수 있는 정량적 특징)을 식별해낸다면 유용할 것이다. 기준에 부합하지 않는 기업, 섹터, 투자상품을 배제하는 전략인 네거티브 스크리닝negative screening을 활용할 수 있기 때문이다. 이는 특히 퀀트 투자에서 흔히 쓰이는 방법인데, 손실을 내는 종목의 수가 너무 많아 얼마나 효율적일지는 의문이다. 다만 네거티브 스크리닝을 통해 장기적으로 손실을 유발하는 종목들을 미리 걸러낼 수 있다면, 수익률 개선뿐 아니라 인덱스 투자보다 높은 수수료를 정당화하는 데도 큰 도움이 될 것이다. 하지만 오늘날 거의 모든 펀드매니저는 수수료를 챙기면서도, 비용이 저렴한 인덱스 투자보다 높은 수익을 올리지 못하고 있다.

내가 보기에 베셈빈더의 연구는 인덱스 투자의 또 다른 장점을 드러낸다. 인덱스 투자는 비용이 낮을뿐더러, 시장 평균 수준의 수익, 즉 '베타beta'를 보장한다. 여기에 더해 시간이 흐를수록 시장을 주도할 만큼 막대한 수익을 올리는 특별한 종목을 보유할 가능성이 커진다.

내가 그 막대한 수익을 올리는 종목(전체 표본의 1퍼센트)을 보유할 수 있는 확실한 방법이 있다고 말한다면 당신은 어떻게 생각할까? 그 방법을 알고 싶다면 계속 읽어보라.

포괄과 배제

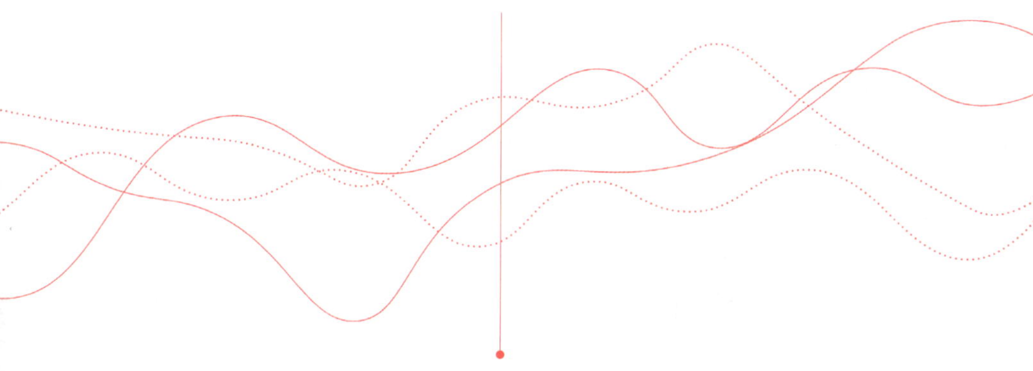

“애플은 1926년 이후 다른 어떤 미국 기업보다 투자자들에게 더 많은 수익을 안겨주었다.”

2017년 9월 《뉴욕타임스》에 실린 금융 작가 제프 소머스Jeff Sommers의 칼럼 중 한 구절이다. 적어도 2016년까지는 엑손모빌이 모든 상장주 가운데 단연 선두였다.[4] 이 석유 대기업의 상장 기간은 애플의 세 배에 달한다.

연간 주가상승률은 아마존이 37퍼센트로 가장 높았으나, 역사가 오래되지 않아 투자자들에게 많은 부를 창출해주지는 못했다. 앞서 살펴본 베셈빈더의 연구에서 아마존은 14위를 차지했다. (페이스북, 비자, 구글, 마이크로소프트, 버크셔 해서웨이 등도 높은 순위를 기록했다.)

우리는 극소수의 종목이 모든 순자산을 창출했던 지난 30년에 대해 알아봤다. 소머스는 베셈빈더의 연구를 참고해 더 도발적인 데이터를 제시했다. 1926년 이후 상장주의 단 4퍼센트가 주식시장이 창출한 순자산 전부를 책임졌다는 것이다. 이 4퍼센트 안에서도 30개 종목이 순자산의 30퍼센트를, 50개 종목이 40퍼센트를 창출했다.

이 데이터를 잠시 숙고해보자. 거의 한 세기 동안 주식시장의 모든 순수익이 (비유하자면) 전체 25개 종목 중 단 한 개에서 나왔다. 나머지 24개 종목, 즉 96퍼센트는 짐이었던 셈이다.

이 충격적인 사실 뒤에는 금융계가 영원히 고민해온 질문이 숨어 있다. "투자자들은 어떻게 해야 애플, 아마존, 엑손모빌 같은 최고의 성과를 내는 종목을 찾을 수 있을까?"

많은 투자자가 이 질문에 자기 나름의 답을 내놨다. "왜 굳이 그렇게 해야 하지?"

투자자들이 이처럼 엄청난 승자를 소유할 수 있는 방법은 단 두 가지뿐이다. 포괄inclusivity과 배제exclusivity.

배제 방식은 모든 종목을 꼼꼼히 조사해 큰 수익을 낼 극소수만 찾아내는 것을 목표로 한다. 나머지는 모두 배제하고, 최고 중의 최고일 것이라고 기대하는 종목들만 보유한다. 그리고 몇 년, 또는 수십 년을 인내하며 결과를 기다린다.

포괄 방식은 정반대다. 모든 종목을 매수함으로써, 평범한 성과를 내는 종목과 완전히 실패하는 종목은 물론이고 크게 성공하는 종목까지 몽땅 보유한다. 이로써 비용을 낮추고 시간을 자신의 편으로 만든다. 이후 시가총액을 기준으로 승자들의 비중이 점점 커지며 패자들은 자연스레 밀려난다. (심지어 손실을 보는 종목도 유용하게 활용할 수 있다. 뒤에서 자세히 살펴볼 것이다.)

"건초 더미에서 바늘을 찾지 말라. 그냥 건초 더미를 사라." 오늘날 9

조 5000억 달러의 자산을 운용하고 있는 거대 투자사 뱅가드그룹의 창립자인 잭 보글Jack Bogle의 조언이다.

두 접근법에는 장점만큼이나 단점도 존재한다. 우선 배제 방식은 수많은 사건이 당신에게 유리한 방향으로 흘러가는 것을 전제로 한다. 여기에서 비롯되는 문제로는, 첫째, 시간이 지날수록 엄청난 수익을 창출하게 될 종목을 미리 식별할 선구안이 필요하다. 동시에 좀처럼 주가가 오르지 않거나 오히려 하락하는 현상인 밸류 트랩value trap 등의 온갖 함정을 피할 수 있어야 한다. 불가능한 것은 아니지만 매우, 매우 어렵다. 이는 투자자들이 그들의 돈과 멀어지는 데 놀라운 효과를 발휘해왔다.

둘째, 운 좋게 상위 4퍼센트에 속하는 종목을 찾아냈더라도 이를 계속 보유할 인내심과 절제력이 필요하다. 이것도 생각보다 훨씬 어려운 일이다. 뛰어난 종목이라고 해서 정기적으로 애간장을 끓이게 하는 폭락을 피해갈 수 없다. 지난 수십 년간 큰 수익을 낸 종목들의 이름을 대보라. 모두 엄청난 부를 창출하는 과정에서 50퍼센트, 60퍼센트, 심지어 90퍼센트까지 하락을 겪었다. 일반적인 투자자들은 이처럼 극단적인 가격변동의 고통을 견뎌낼 수 없다. 그런 종목이 순자산에서 큰 비중을 차지하게 될 때라면 특히 더 그렇다.

셋째, 제아무리 최고의 종목이라도 최적의 타이밍에 팔지 못하면 빛이 바란다. 최고의 실적을 내던 종목도 결국에는 꺾이기 마련이다. 수십 년간 훌륭한 성과를 보여온 제너럴 모터스는 2009년 파산했다. AT&T는 잘게 쪼개졌는데, 그중에는 실적이 좋은 기업(버라이즌Verizon)도 있지만, 그렇지 못한 기업(루슨트)도 있다. 인터내셔널 페이퍼International Paper, 시어스Sears, US 스틸US Steel, 베들레헴 스틸Bethlehem Steel, 울워스Woolworth 모두 한때는 다우지수에 이름을 올렸지만, 지금은 당시 가치의 편린만을 간직하고 있다. 제너럴 일렉트릭이 사랑받던 것도 그리 오래되지 않은 일이다. 오늘날 그 회사는 껍데기만 남았다. 회계 부정으로 무너진 엔론, 리먼 브라더스, 월드컴WorldCom 등은 말할 것도 없다.

최고의 종목을 찾아 매수하는 것은 대단히 어렵다. 어떤 종목을 계속 보유할지 판단하는 것은 더 어렵다.

물론 모든 종목을 포괄하는 방식에도 그 나름의 어려움은 있다. 인덱스 투자는 지루하며, 파티에서 이야기할 거리를 만들어주지도 않는다. 이는 게으른 투자 방식이자, 심지어 비미국적이고[5] 자본주의에 반하는 것,[6] 때로는 그보다 더 나쁜 것으로[7] 여겨진다.

하지만 주식시장의 가장 큰 승자를 찾는 이들에게 인덱스 투자가 주는 두 가지 부인할 수 없는 장점이 있다. 첫째, 비용이 훨씬 적게 들고 세금 부담도 적다. 둘째, 투자 성공이 거의 보장된다.

엔비디아를 아쉬운 마음으로 바라보게 될 때면 이 점을 떠올려보라.

최고의 종목을 매수하는 게 어렵겠다는 생각이 드는가? 승자를 매도하는 데 따르는 어려움을 알고 나면 생각이 바뀔 것이다.

좋은 매수와 끔찍한 매도

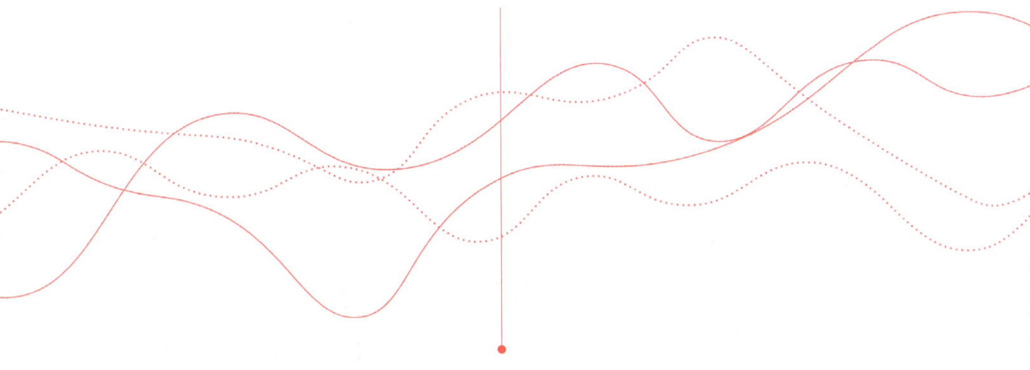

펀드매니저들은 매수하는 법을 안다. 하지만 매도하는 법은 배워야 할 필요가 있다. 대개 그 실력이 끔찍하다.

나만 그렇게 생각하는 것이 아니다. 2019년 발표된 놀라운 연구 결과도 똑같은 내용을 담고 있다.[8] 자산을 직접 운용하거나 펀드매니저에게 맡긴 사람이라면 관련 논문을 반드시 읽어보라. 액티브 운용의 낮은 성과에 대한 흔한 비판에 그치지 않고, 펀드매니저들이 투자의 이 중요한 측면에 왜 그토록 서툰지를 꿰뚫는다.

이 논문은 수많은 자산운용사를 분석해 쓰였는데, 이로써 밝혀낸 가장 심오하고 놀라운 사실은 다음과 같다. 펀드매니저들이 보유 종목을 완전히 무작위로 매도할 때의 결과가 대개 더 낫다는, 어떤 경우에는 훨씬 더 낫다는 것이다.

펀드매니저들은 어떤 종목을 매수할지 선택하는 데 탁월한 모습을 보여주었다. 그러나…

투자자들은 매수에서 분명한 능력을 보여주지만, 매도에서는 벤치마크 대비 수익률이나 리스크 조정 수익률의 측면에서 모두 성과가 크게 떨어진다. 무작위 매도처럼 기술이 전혀 필요 없는 전략과 비교해도 말이다.

매수와 매도 사이에는 비대칭성이 존재한다. 매수는 미래지향적이고, 일관성과 수치화 가능성을 갖춘 것처럼 보이는 분석 도구에 의지할 수 있다. 문제는 무엇을 언제 매도할지에 대한 결정에서 발생한다.

매도는 과거지향적이다. 이런 회고적 성격은 일반 투자자들 사이에서 흔히 발견되는 편향과 인지 오류에 취약하다. 그러나 전문가들도 비슷한 문제를 겪을 가능성이 크다.[9]

당신은 매도가 포트폴리오의 총수익에 큰 영향을 미치는 매우 중요한 일인 만큼 과학적으로 검증된 원리가 존재할 것이라고 생각할지 모른다. 전혀 아니다. 오히려 펀드매니저들은 매도에 대한 건전한 분석 틀을 갖추지 못한 채, 조악한 경험칙이나 직감에 의존하는 경우가 많으며, 당연히 이 둘 모두 좋은 실적을 내지 못한다. 매도의 가장 흔한 이유는 다음 번의 훌륭한 종목을 사들일 자금을 확보하는 것이다. 인기 있어 보이는 종목을 좇는 이런 노력은 수익 측면에서나 금융 산업 전반에서나 재앙의 공식이 되어버렸다.

물론 보유 종목을 무작위로 매도하는 방식은 펀드매니저들이 수용할 만한 방법론으로도, 투자자들이 비용을 지불할 만한 방법론으로도 보이지 않는다.

이 연구가 흥미로운 이유는 분석에 쓰인 데이터의 양과 질이 모두 뛰어나다는 데 있다. 연구팀은 평균 5억 7300만 달러 규모의 포트폴리오 783개를 선별해 일별 보유 종목과 거래 내역을 분석했다. 그 과정에서 8900만 개 이상의 거래 데이터와 440만 건의 거래를 들여다볼 수 있었다. 표본 기간은 2000년부터 2016년까지였는데, 여기에는 최소 두 차례의 시장 붕괴와 두 차례의 장기 강세장(하나는 소규모, 다른 하나는 지속 기간 면에서 상당히 큰 규모)이 포함된다. 이로써 흔히 발생하는 문제, 즉 유리한 시기만을 선택적으로 뽑아 사용하는 문제를 피했다. 궁극적으로 자산운용사에 소속된 노련한 펀드매니저들이 실행한 200만 건의 매도와 240만 건의 매수를 전량 분석했다.

이때 연구팀은 투자 성과를 분석하기 위해 단순히 벤치마크와 비교하는 대신, 가상 포트폴리오를 만들어 비교하는 영리한 방법을 택했다. 실제 펀드매니저들이 어떤 종목을 매도할 때마다, 가상 포트폴리오에서도 무작위로 선정한 종목을 매도한 것이었다.

결과는 놀라웠다. 무작위로 매도하는 가상 포트폴리오가 펀드매니저들이 직접 매도하는 포트폴리오보다 일관되게 나은 성과를 냈고, 그 격차도 상당히 컸다.

한 해 동안 가상 포트폴리오는 펀드매니저들의 포트폴리오보다 50~100베이시스포인트(1퍼센트=100베이시스포인트) 높은 성과를 보였다. 다시 말해 무작위 매도가 수익 종목을 유지하고 손실 종목을 처분하는 데서 펀드매니저들보다 더 뛰어났던 것이다.

흥미로운 사실이 또 하나 있다. 무작위로 매수하는 가상 포트폴리오의 경우 펀드매니저들이 직접 매수하는 포트폴리오보다 성과가 떨어졌다. 펀드매니저들은 매수에서는 진짜 실력을 보여주었지만, 매도에서는 거의, 또는 전혀 실력을 발휘하지 못했다.

이 연구는 펀드매니저들의 운용 방식을 개선할 계기가 된다. 이들이 인덱스 투자에 맞서 시장점유율과 수수료를 되찾고 싶다면, 매수만큼 매도에서도 기술과 자제력을 갖춰야 한다. 연구 결과를 고려하면, 그들에겐 해야 할 일이 많다.

당신이 세계 최고의 트레이더라면 당신의 포트폴리오는 어떤 모습일까? 인덱스 투자자와 비교해 얼마나 좋은 성과를 낼까? 장담하건대 이 질문의 답은 충격적일 것이다.

세계 최고의 트레이더?

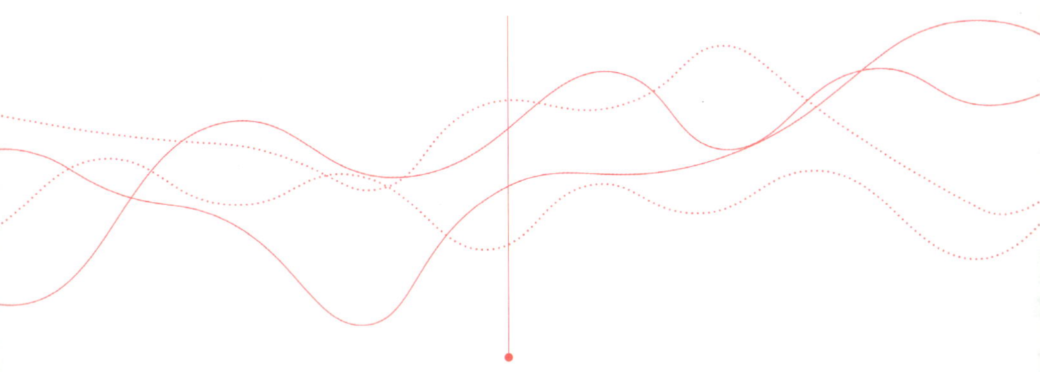

　이렇게 상상해보라. 투자자인 당신은 종목 선정에 신기할 정도로 재능이 있다고 자부한다. 그리하여 주식거래 계좌를 만들고 매매를 시작한다.

　곧 당신이 정말 실력이 좋다는 것이 드러난다. 사실상 세계 최고다.

　당신은 계좌에 더 많은 돈을 쏟아붓고 거래량을 늘린다. 첫 해가 지나고 결과를 살펴본다. 지수를 크게 압도했다. 패시브 운영을 선호하는 친구들을 비웃는다.

　매해 당신은 S&P 500을 완파한다. 계속해서 투자한다. 장기적으로 벤치마크를 크게 앞지른다. 어떤 해에는 S&P 500보다 30퍼센트, 40퍼센트, 심지어 50퍼센트나 많은 수익을 낸다. 얼마나 잘해냈는지 보기 위해 스프레드시트에 수익률을 기록한다.

　그렇게 24년이 흐른다. 전체 수익과 손실의 총계를 낸다. 시장의 연평균 수익률은 9퍼센트 정도다. 세계 최고의 트레이더인 당신은 그보다 훨씬 높은 12퍼센트를 기록한다. 수많은 일반 투자자는 물론이고 대부분의 헤지펀드보다도 나은 성과다.

당신의 성과를 인덱스 투자에 집중한 친구들과 비교하면 어떨까?

비슷하다.

잠깐, 대체 어떻게 그런 일이 가능하지? 당신은 지수를 압살하고 벤치마크를 완파한 세계 최고의 트레이더다! 도대체 말이 되는 일인가?

세금 때문이다. 보유 기간, 세율 구간, 거주하는 지역에 따라 정부가 수익의 상당 부분을 가져간다. 미국의 경우 장기 자본이득에 대한 세율은 24퍼센트, 단기 자본이득에 대한 세율은 30퍼센트다. 여기에 최대 13퍼센트에 달하는 주 세금과 시 세금까지 더하면 수익의 거의 절반이 날아가기도 한다.

시간이 흐를수록 세금이 떠안기는 불이익은 순수익에 엄청난 악영향을 끼친다. 바로 이것이 적절한 종목을 선택하는 극히 낮은 가능성을 위해 치러야 할 엄청난 대가다.

이것은 극복하기 어려운 큰 장애물이다. 좋은 종목을 골라내고 완벽한 타이밍에 매매하는 데 더해, 실현 수익 대비 24~45퍼센트의 거래비용(수수료, 세금 등)까지 지불해야만 본전을 찾을 수 있다.

반면 매수 후 보유 전략을 고수하는 인덱스 투자자들은 모든 수익에 대해 복리 효과를 누린다. 세기가 전환될 즈음 당신의 친한 친구는 S&P 500 추종 ETF에 1만 달러를 투자했다. 2024년이 되자 그 돈은 7만 6266달러로 불어났다(최고 과세 구간에 해당하는 배당금에 대해 세금을 공제

하기 전 금액이다).

이를 세계 최고의 트레이더인 당신의 성과와 비교해보자. 같은 해에 1만 달러를 주식거래 계좌에 넣은 당신은 매년 S&P 500 대비 400베이시스포인트(4퍼센트)의 초과수익을 올렸다. 그런데도 세후 수익은 고작 6만 9197달러에 불과할 것이다.

이로써 인덱스 투자를 선택한 친구의 성과가 세계 최고의 트레이더인 당신의 성과보다 약 10퍼센트 앞섰다(거래비용은 모두 무시했다).

이 계산은 내 동료 마이클 배트닉이 맡아주었다. 계산기를 두드리던 마이클은 몇 시간 동안 충격에서 헤어 나오지 못했다. 우리는 이 계산에 허점이 있을까 싶어 수차례 반복했다. 물론 계산은 완벽했다. 사실 세전 기준으로 패시브 운용이 액티브 운용을 능가한다는 것은 이미 잘 알려진 사실이다. 그런데 정부가 먹는 큰 몫을 빼고 나자, 액티브 운용은 완전히 바보짓으로 보일 지경이 되었다. 도대체 누가 이런 어처구니없는 취미에 빠지는 걸까?

만약 당신이 세계 최고의 타이밍 전문가라면 어떨까?

같은 시나리오지만 능력은 다르다. 당신은 고점에서 매도하고 저점에서 매수하는 세계 최고의 타이밍 전문가다. 신비한 예지력 덕분에 바닥에서 매수할 수 있다. 그렇게 시장이 폭락할 때마다 S&P 500 추종 ETF에 투자한다. 세계 최고의 트레이더를 따라 주식거래 계좌를 만든 당신의 매매 타이밍은 그 누구와 비교해도 완벽하다.

이런 기술을 가진 트레이더의 성과는 어떨까?

이 사고실험은 내 동료 벤 칼슨의 원래 버전을 살짝 비튼 것이다. 벤이 궁금해했던 것은 다음과 같다. 만약 당신이 세계 최악의 타이밍 전문가라면, 즉 폭락 직전에만 매수한다면 어떨까?[10]

벤의 투자자는 고점에서만 매수하는 영 좋지 못한 능력을 갖고 있다. 그도 S&P 500 추종 ETF에 투자했는데, 1970년부터 매년 2,000달러를 모아 시장이 정점일 때 한 번에 털어 넣었다. 그는 급여 인상에 따라 10년마다 연간 저축액을 2,000달러씩 늘렸다(즉 1980년대에는 연 4,000달러, 1990년대에는 연 6,000달러 등). 그러다가 2013년 말에 65세의 나이로 은퇴했다.

반면 세계 최고의 타이밍 전문가는 지수가 최근 52주 동안 최저점일 때만(단 마지막 매수가 대비 17퍼센트 하락한 때만) 매수했다.

이 두 사고실험의 결과는 당신을 놀라게 할 것이다. 누구나 예상할 수 있듯, 세계 최고의 타이밍 전문가는 매우 좋은 성과를 냈다. 그런데 S&P 500 추종 ETF에 적립식으로 투자한 사람의 성과도 크게 다르지 않았다(백분율 기준). 대부분의 나라에서는 세계 최고의 타이밍 전문가가 적립식 투자자를 근소하게 앞질렀지만 미국과 그리스(?!) 시장의 경우, 적립식 투자자가 오히려 약간 앞섰다.

놀랍게도 항상 고점에서 매수하는 불운한 투자자조차 꽤 괜찮은 성과를 냈다. ETF가 어떤 지수를 추종하느냐에 따라 결과가 다소 달라졌지만, 전반적으로 비슷했다.

보통은 세계 최고의 타이밍 전문가(저점에서만 투자)가 적립식 투자자보다 훨씬 좋은 성과를 낼 것이라고 생각한다. 또 세계 최악의 타이밍 전문가(고점에서만 매수)는 손실을 볼 것이라고 가정한다.

실제로는 그렇지 않다.

이유는? 복리 효과 때문이다. 복리 효과는 수익이 수익 위에 계속 쌓일 때 발생한다. 알베르트 아인슈타인이 "복리 이자는 우주에서 가장 강력한 힘이다"라고 말했다는 것은 근거가 부족한 도시 전설이지만,[11] 누가 떠들었든 그 말이 진리라는 것은 변함이 없다.

복리의 힘이 발휘되는 가장 대표적인 예가 주택담보대출이다. 30년 만기에 5퍼센트 고정금리로 50만 달러의 주택담보대출을 상환한다고 가정해보자. 매년 원금이 줄어드는데도, 30년 동안 거의 두 배에 달하는 금액(96만 6279.6달러)을 갚아야 한다. 이번에는 연평균 수익률이 8퍼센트인 주식시장에 투자한다고 가정해보자. 50만 달러를 투자한 다음 30년을 기다리면 500만 달러 이상으로 불어난다(추가 납입이 없는 일회성 투자일 경우). 이것이 바로 복리의 힘이다.

세계 최고의 타이밍 전문가도 (세계 최고의 트레이더와 마찬가지로) 이런 이점을 누리지 못한다. 저점에서만 매수한다는 것은 매수하지 않는 기간이 길다는 뜻이기도 하다. 세계금융위기 이후를 예로 들면, 2009년 3월, 2010년 7월, 2011년 10월을 제외한 수년간 매수하지 못할 것이다.

또한 세계 최고의 트레이더와 마찬가지로, 세계 최고의 타이밍 전문가도 세금의 영향을 받는다.

그렇다면 전문가들은 어떻게 이런 일을 할 수 있을까? 뮤추얼펀드와 헤지펀드는 일반 투자자인 당신이 갖지 못한 엄청난 이점을 갖고 있다. 그들은 사업체이기 때문에 순이익에 대해 세금을 낸다. 다시 말해 수익을 손실로 상계해 세금을 최소화한다.

또한 그들은 좋은 종목을 골라내고 좋은 타이밍에 진입하는 대가로 보수를 받는다. 좋든 나쁘든(대개 나쁘지만) 그것이 그들의 일이기에 액티브 운용에 열심이다.

일반 투자자의 경우, 손실이 발생한 해에는 연간 3,000달러의 손실만 이월해 일반 소득과 상계할 수 있다. 이 때문에 세계금융위기 당시 규모가 큰 포트폴리오들은 수백만 달러의 손실을 봤다. 특히 2009년 바닥에서 매도한 사람들은 40~60퍼센트의 손실을 봤다. LDL 콜레스테롤과 혈압을 완벽하게 관리한다고 해도, (매년 3,000달러씩) 그 손실을 다 상각할 만큼 오래 살긴 어려울 것이다.

반면 자산 배분 모델을 활용하는 장기투자에는 액티브 운용이 갖지 못한 이점이 있다. 바로 세금 손실 수확이다. 오늘날에는 뛰어난 성능의 소프트웨어들 덕분에 이 전략을 더 효율적으로 활용할 수 있다.

과거 세금 손실 수확은 비효율적인 추측 작업이자 수수료가 붙는 마케팅 수단에 불과했다. 하지만 기술 발달에 힘입어 버튼 하나만 클릭해도 손실을 효율적으로 포착해내는 정밀한 프로세스로 탈바꿈했다.

세금 손실 수확은 이렇게 작동한다. 어떤 자산 배분 모델이든 설정된 비중(가령 주식 60퍼센트, 채권 40퍼센트)에 따라 여러 자산군의 상승과 하락에 영향받는다. 이 때문에 정기적인 리밸런싱이 필요하다. 특히 원래 비중으로의 리밸런싱은 장기적으로 추가 비용이나 리스크 없이 75~150 베이시스포인트의 수익을 더하는 것으로 밝혀졌다. 이는 월스트리트가 제공하는 공짜점심이라 할 수 있다.

새로운 소프트웨어 덕분에 투자자들은 리밸런싱 과정에서 일부 미실현 손실을 포착해 자본이득세를 줄이는 데 활용할 수 있다. 우리 회사는 패트릭 오쇼너시Patrick O'Shaughnessy와 짐 오쇼너시Jim O'Shaughnessy가 개발하고 대형 투자사인 프랭클린 템플턴Franklin Templeton이 관리하는 캔버스Canvas를 사용한다. 리트홀츠자산관리는 2019년 출시된 캔버스를 가장 먼저 도입한 회사로, 현재 70억 달러에 달하는 고객 자산 중 15억 달러 이상을 해당 소프트웨어로 운용하고 있다. 나는 이 소프트웨어가 강력하면서도 유연하다고 생각한다. 그 외에도 다양한 소프트웨어가 출시되어 있으며, 각종 프로모션을 활용한다면 적은 비용만으로, 운이 좋다면 공짜로도 사용할 수 있다.

그렇다면 세계 최고의 트레이더는 어떻게 해야 할까? 두 가지 선택지가 있다. 직장을 그만두고 헤지펀드를 설립하거나, 자산 배분 모델에 따른 장기투자로 방향을 튼 다음 정기적으로 리밸런싱을 하는 것이다.

———

적립식 투자자라면? 그들은 세계 최고의 타이밍 전문가와 비교해 엄청나게 큰 이점을 누릴 수 있다. 즉 '적립식 투자'라는 전략을 실제로 실행하는 것이 가능하다! 세계 최고의 타이밍 전문가는 존재하지도, 존재할 수도 없다. 타이밍을 완벽하게 맞추게 해줄 수정 구슬이나 마법의 공식은 존재하지 않는다. 대신 적립식 투자자는 그저 정기적으로 포트폴리오에 자금을 투입하기만 하면 된다. 이는 미래에 대한 특별한 예측 능력이 필요 없는, 실제 존재하는 공식을 활용하는 단순하면서도 강력한 전략이다.

완벽한 타이밍을 기다리며 장기간 시장에 참여하지 않는 투자자들은 그들의 가장 소중한 자산인 시간을 포기하는 것이다.

투자 가능 기간이 가장 긴 집단은 현재 20~30대인 MZ세대다. 오쇼너시는 저서 《밀레니얼 머니》에서 투자 가능 기간이 대단히 긴 그들이 기회를 놓치고 있다고 한탄했다. 은퇴까지 남은 기간에 비해 투자 규모가 대단히 적다는 것이다. 실제로 팬데믹 이전까지는 그랬다. 이후 많은 이가 보조금을 받아 로빈후드에서 데이트레이딩을 시작했다. 그 결과는 당신이 예상한 그대로였다. 대참사였다.

오쇼너시는 1990년대와 2000년대의 수많은 월스트리트 스캔들 그리고 세계금융위기로 파국에 이른 여러 사건을 나열하며, 밀레니얼세대가 "월스트리트를 신뢰하지 않는" 것은 당연한 일이라고 꼬집었다. "그들은 주요 은행들을 가장 혐오하는 브랜드 중 하나로 꼽는다."[12]

오쇼너시에 따르면, "투자자로서 내리는 가장 기본적인(그리고 중요한) 결정은 주요 자산군(주로 주식, 채권, 현금) 사이의 배분이다." 밀레니얼세대의 경우 전체 자산군에서 주식 비중이 28퍼센트에 불과한 데 반해, 현금 비중은 52퍼센트로 매우 높다(2014년 기준). 시장 변동성을 흡수할 잠재력이 가장 큰 집단이 오히려 투자에 가장 무관심한 셈이다. 투자 성공의 열쇠는 '타이밍'이 아닌 '타임'(시간)이다.

———

무엇이 타이밍을 맞추는 일을 그토록 어렵게 만드는 것일까? 하락은 피하면서 상승은 누릴 수 있을 것이란 환상을 품은 사람이라면, 다음의 세 가지 질문을 스스로에게 던져야만 한다.

1. 우연이 아닌, 어떤 반복 가능한 프로세스가 있어야 지난 10번의 고점에서 매도할 수 있었을까?
2. 어떤 프로세스를 따랐다면 30퍼센트 이상 폭락 후 재매수할 수 있었을까?
3. **가장 중요한 질문** 나는 저점에서 적시에 재매수하기 위해 필요한, 모든 본능적 충동을 무시할 수 있는 절제력을 갖추고 있는가?

매도와 매수는 타이밍을 잡기가 어려울 뿐 아니라, 감정적으로도 부담스러우며, 생각보다 훨씬 더 많은 비용이 든다.

코로나19 바이러스가 기승을 부리던 2020년 7월, 블룸버그에서 손발을 맞춰온 동료 파르누시 토라비 Farnoosh Torabi 가 폭탄선언을 했다. 자신의 포트폴리오에서 81퍼센트를 차지하던 주식 비중을 60퍼센트로 줄이고, 퇴직 계좌 내 채권 비중을 27퍼센트로 세 배 늘리겠다는 것이었다.[13]

나는 여러 가지 이유에서, 특히 그의 나이를 고려했을 때(당시 그는 40세였고 은퇴까지 수십 년이 남아 있었다), 그 선택이 바람직하지 않다고 생각했다.

왜일까? 리밸런싱에 성공하려면 타이밍을 맞춰야 하고, 이를 위해서는 감정과 비용을 비롯한 모든 면에서 문제가 없어야 한다. 5년이 지난 지금, 시장은 눈에 띄게 상승했다.

매도

보유 종목의 전부, 또는 일부를 매도하게 되는 동기는 무엇일까? 대부분 감정이다. "모든 게 잘 돌아가고 있고 시장과 경제도 대단히 좋아 보여. 그러니까 내가 가진 종목들을 즉시 다 팔아야 해!"라고 말하는 투자자를 본 적이 있는가? 하지만 시장의 정점에서 매도하려면 그런 결단이 필요하다. 이런 조치가 냉철하고 신중한 분석에서 나오는 경우는 드물다. 그런 과정을 견딜 만한 절제력을 가진 투자자도 드물다.

보통은 시장이 하락하면서 끊임없이 생성되는 나쁜 소식들에 점점 휘말리다가 결국 패닉에 빠지고 만다. 곧 기술적 분석가들이 '항복 capitulation'이라 부르는 현상이 나타난다. 이 개념은 완전한 포기를 가리키며, 고통을 멈추기 위해 무슨 짓이든 하는 것을 뜻한다. 그런 매도 전략이 수익을 갉아먹는다는 연구는 셀 수 없을 정도로 많다.

재진입

모두가 빠져나가고자 할 때 다시 진입하는 것은 무척 어렵다. 우리는 사회적 동물로 진화했고, 그 결과 당신이 가진 능력은 집단의 구성원으로서 생존하는 데 방점이 찍혀 있다. 동료들이 하는 것과 정반대의 일을 하려면 가장 기본적인 본능과 싸워야 한다.

모두가 패닉에 빠져 매도하는 와중에 홀로 매수하는 것은 말처럼 쉽지 않다. 기술적 지표, 정량적 지표, 심리 지표, 모멘텀 지표 등 다양한 지표가 존재하지만, 어느 것도 저점을 정확히 짚어내는 데 높은 신뢰성을 보여주지 못한다.

바닥을 잡으려면 세 가지가 필요하다. 첫째, 시장이 최악의 순간에 도달하며 매도세마저 끝난 시점을 짚어내는 감각을 길러야 한다. 둘째, 거의 모든 투자자가 하지 못하는 일을 해낼 수 있다는 강한 자기 확신이 필요하다. 셋째, 시장이 고꾸라져 혼란스러운 상황에서도 계획을 따르며 신념에 따라 행동하는 절제력을 갖춰야 한다.

그 어떤 것도 쉽지 않다.

결국 대부분의 사람은 타이밍을 맞추려 애쓰기보다는 단순히 버티는 편이 훨씬 낫다. 월스트리트의 박사학위 소지자들도 복제할 수 없는 모종의 비밀 공식을 개발한 것이 아닌 한, 미래의 자신을 위해 타이밍은 머리에서 지워라.

트레이더들에 관한 재미있는 사실이 있다. 최고를 제외하면 대부분 피노키오를 닮는다는 것이다. 왜 그런지 알아보자.

트레이더의 작은 거짓말

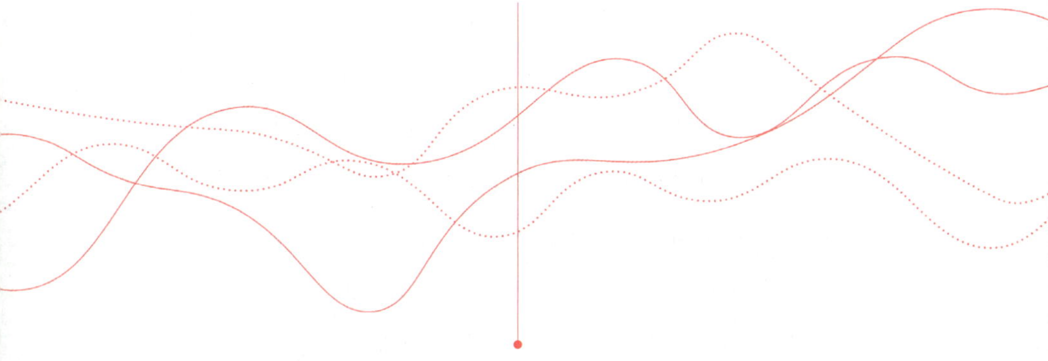

마이클 두세 번의 그럴듯한 자기 합리화 없이 하루를 버틸 수 있는
사람은 본 적이 없어. 그건 섹스보다 더 중요해.
샘 그럴 리가. 섹스보다 중요한 건 없어.
마이클 정말? 그럼 자기 합리화 없이 일주일을 살아본 적이 있단 말
이야?

—영화 〈새로운 탄생〉

내가 매년 하는 일이 하나 있다. ('내 탓이오'라는 뜻의 라틴어 격언에서 이
름을 따온) '메아 쿨파mea culpa'다. 즉 지난 한 해를 돌아보며 내가 잘못한
것이 무엇인지, 왜 그랬는지 평가하는 시간을 갖는 것이다. 이는 더 나
은 투자자가 되기 위해 스스로 고안한 겸손함을 찾는 의식으로, 몇 년
째 공개적으로 실천하고 있다. 금융계에선 이런 일이 드물다.

그래서인지 매년 이 일의 본질을 잘못 이해해 자신의 훌륭한 성과를 자랑할 기회로 착각한 소수의 트레이더에게 이메일을 받곤 한다. (그 이메일에 따르면) 놀랍게도 그들은 한 명도 빠짐없이 수년에 걸쳐 시장을 크게 웃도는 환상적인 수익률을 기록했다. 어떠한 거래에서도 손실을 보지 않았다. 테슬라는 정확히 409.97달러에 매도했고, 금은 정확히 바닥에서 매수했다. 더욱 놀라운 점은 2007년 10월의 정점에서 빠져나왔다가 2009년 3월의 바닥에서 정확히 재진입했다는 것이다.

이런 사람들을 가리키는 전문용어가 있다. 바로 '허풍쟁이_{bullshit artist}'다.

이처럼 일관되게 화려한 실적을 낸다는 것은 확률상 불가능에 가깝다. 내가 가장 흥미롭게 여기는 점은 이런 피노키오들이 우리에게 거짓말하고 있다는 것이 아니라, 실은 자기 자신에게 거짓말하고 있다는 것이다.

사람들은 늘 악의가 없는 사소한 거짓말을 한다. 사실 거짓말은 일상의 행복을 보장하기 위한 최소한의 방어막이다. 나나 당신이나 행동, 신념, 의사결정을 합리화하는 데 많은 시간과 에너지를 쏟는다.

또한 투자자로서 똑똑하고 통찰력 있으며 특별한 재능을 가졌다고 믿고 싶어 한다. 실제로는 힘들게 노력하고, 긴 시간을 인내하며, 불편하지만 필요한 결정을 내리는 데 자주 실패하면서도 말이다.

투자의 세계에서는 자기기만에 유난히 큰 대가를 치러야 한다. 많은 사람이 스스로에게 하고 있는 거짓말과 그 거짓말이 수익에 미칠 수 있는 영향을 살펴보자.

수익률을 알고 있다

실제로 자신의 수익률을 아는 사람이 얼마나 적은지 알면 깜짝 놀랄 것이다. 벤치마크 대비 수익률을 아는 사람은 더 적다. 독일 경제학자 마르쿠스 글라저Markus Glaser와 마르틴 베버Martin Weber의 연구에 따르면, "예상 수익률과 실제 수익률 간의 상관계수는 0과 다름없다."[14] 쉽게 말해, 우리가 생각하는 수익률과 실제 수익률은 말 그대로 아무런 관련이 없다.

이를 바로잡는 것은 그리 복잡한 일이 아니다. 마이크로소프트 엑셀이나 구글 스프레드시트, 또는 이용 가능한 프로그램 중 하나로 간단한 스프레드시트를 만들어라. 거기에 포트폴리오, 누적수익률, 연초 대비 수익률을 꼼꼼히 기록해두면 수익률에 대한 망상을 없앨 수 있다.

미래를 예측할 수 있다

내년에 무슨 일이 일어날지 안다고 떠벌리는 사람은 (거의) 없겠지만, 행동은 다들 그런 식으로 한다.

시장의 고점과 저점을 맞추려 할 때마다 예측하고 있는 것이다. 어떤 종목이 시장을 능가할지 추측하는 것도 예측이고, 뚜렷한 이유 없이 매도하는 것도 예측이다. 사실 대부분의 사람이 내리는 거의 모든 투자 결정이 무의식적 예측이다.

이 이야기를 여러 번 했지만, 앞으로도 여러 번 반복할 가치가 있다. 누구도 미래를 꾸준히 정확하게 예측할 수는 없다. 투자에 성공하기 위해 노스트라다무스가 되어야 한다고 생각한다면, 당신은 실패할 수밖에 없다.

비용이 수익에 미치는 영향을 알고 있다

얼마 전 지인이 올해 성과가 좋다고 자랑했다. 그의 총수익률은 정말 인상적이었다.

나는 그에게 순수익률을 계산해보라고 했다. 거래 회전율, 수수료, 특히 세금을 따져보자, 그는 자신의 수익을 갉아먹는 엄청난 비용이 존재한다는 것을 깨닫고는 충격에 빠졌다. 모든 비용을 차감하자, 그의 대단한 총수익률은 시장 평균에도 못 미치는 수준으로 전락했다.

그때 내가 말했다. "75세인 우리 어머니는 지난 1월에 S&P 500 추종 ETF를 사서, 수수료로 8달러(지금은 무료)를 내고 1년 동안 잊고 계셨어요. 결과적으로 어머니의 실적이 당신 같은 전문가들을 발라버린 거죠." 그는 이 말을 듣고 몹시 불쾌해했다.

액티브 운용에는 부칙이 필요한 것 같다. '총수익은 중요하지 않다. 중요한 것은 오로지 순수익이다.'

뛰어난 펀드매니저를 고를 수 있다

지난 20년간 뛰어난 실적을 낸 펀드매니저가 누구였는지는 쉽게 알 수 있다. 하지만 그것은 지나간 뒤에야 알 수 있는 것이다. 어째서 다음 20년간 최고의 펀드매니저가 될 사람을 알 수 있다고, 또 그들의 방법론, 자제력, 성품 그리고 본인의 투자 이론을 구현하는 능력을 평가할 수 있다고 생각하는가?

실제로 수수료가 아깝지 않은 펀드매니저는 극소수(대략 상위 1퍼센트)에 불과하다. 그들을 골라낼 수 있다고 믿는 이유는 무엇인가?

평균회귀를 이해하고 있다

매년 운이 따라주어 언론의 총아가 되는 펀드매니저들이 있다. 과거 실적을 맹신하는 풍토 덕분에 수많은 고객이 그들에게 자산을 맡긴다. 펀드의 규모는 풍선처럼 불어난다. 이후 실망스러운 결과가 찾아온다.

이유는 이렇다. 매년 벤치마크를 크게 웃도는 성과를 내는 상위 20퍼센트의 펀드매니저들조차 실력보다는 운에 의지할 때가 많다. 그 운이 다하면, 다른 20퍼센트가 나타나 그들의 자리를 차지한다. 곧 그들이 선택한 방법론이나 섹터는 한물가고, 성과는 평균으로 회귀한다. (수학은 가혹한 연인이다.)

계획이 있다

나는 퇴직연금이나 IRA(개인퇴직계좌)에 돈을 조금 넣어두고 좋은 결과를 바라는 것 외에 장기적인 계획을 가진 사람이 매우 적다는 데 항상 놀라곤 한다.

좋은 종목을 고를 수 있다

솔직히 말해보자. 주식시장이 강세를 띨 때 이런저런 종목에 대해 이야기하는 것은 정말 재미있는 일이다. 신제품, 경영진, 흥미로운 신기술에 대한 수다는 칵테일파티의 좋은 안줏거리다.

문제는 우리에게 좋은 종목을 고를 만한 구체적인 기술이 없다는 데 있다. 여기에는 적정주가에 대한 이해, 문제의 조기 발견 그리고 무엇보다 일이 틀어졌을 때 손실을 제한하는 자제력이 포함된다.

은퇴를 대비해 충분히 저축하고 있다

설교는 접어두겠다. 하지만 대부분의 경우 그렇지 못하다.

근로자복지연구소Employee Benefit Research Institute에 따르면, 미국인 60퍼센트가 보유한 퇴직 계좌의 평균 잔액은 2만 5000달러 미만이다. 피델리티에 따르면, 퇴직연금(401k)의 평균 잔액은 7만 7300달러다. 근로자복지연구소는 미국인 중에 은퇴 후 편안하게 살 만큼 충분한 자금이 있다고 자신하는 이들이 14퍼센트뿐이라고 밝혔다.

위대한 소설가 마크 트웨인이 지적했듯이, "모두 거짓말을 한다. 매일, 매시간, 깨어 있을 때도, 잠들었을 때도, 꿈속에서도, 기쁠 때도, 슬플 때도."

당신은 자신에게 어떤 거짓말을 하고 있는가?

(내 자신의 실수를 포함한) 잘못된 거래의 몇 가지 사례를 살펴보며, 여기에서 무엇을 배울 수 있을지 생각해보자.

내가 저지른 최악의 거래

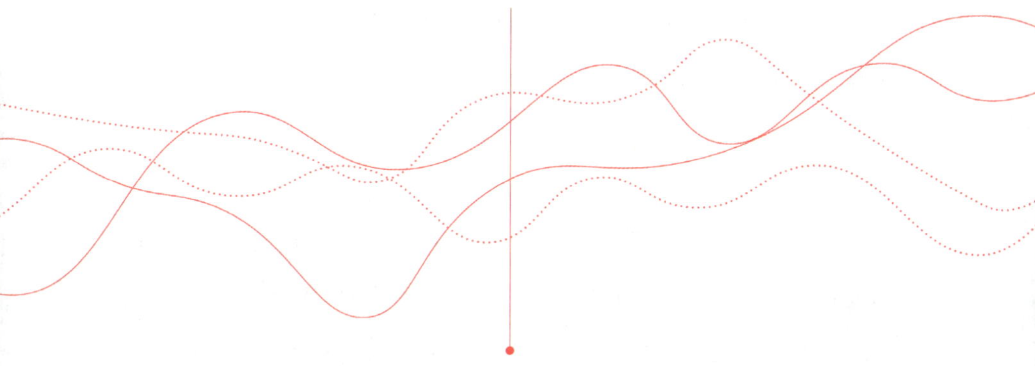

블룸버그TV에 출연한 어느 날, 앵커 톰 킨이 갑자기 이런 질문을 던졌다. "애플과 관련된 당신의 이야기 중 최고는 무엇인가요?"[15]

나는 2000년대 초반에 정식 출시 전 테스트용으로 제작된 아이팟을 손에 넣었던 일을 떠올렸다. 그것은 1980년대에 유행했던 소니 워크맨의 완전히 새로운 디지털 버전이 확실했다. 당시 애플의 주가는 15달러였는데, 그중 13달러는 대차대조표상 현금 보유액에 해당했다. 나는 거기에서 큰 리스크를 찾지 못했다. 내 이야기에 귀 기울인 800여 명의 중개인이 곧 자신의 고객들을 위해 애플을 대량 매수했다.

얼마 안 가 주가가 20달러까지 치솟자 중개인들은 기쁜 마음으로 매도 버튼을 눌렀다. "33퍼센트나 올랐으니 이제 차익실현에 나서야 한다." 하지만 나는 주가가 45달러를 찍을 때까지 버텼다. 이후 조정장에서 상승 추세를 예상하며 설정해놓은 손절매stop-loss 주문이 체결되면서 매도

하게 되었다. 결과적으로 300퍼센트의 수익을 챙겼다.[*]

"세 배야!" 나는 중개인들의 새가슴을 꾸짖으며 한껏 우쭐댔다. 하지만 그것은 **내 인생을 통틀어 최악의 매도**였다.

형편없는 거래, 떠나간 기회, 판단 착오로 점철된 경력 속에서도 유독 눈에 띄는 실패가 있다. 단순히 돈을 잃었기 때문이 아니라, 무언가를 배웠기 때문이다.

애플의 주가

내가 매수했을 때 애플의 주가는 15달러였다. 이후 애플은 여러 차례 액면분할을 단행했다.[16] 만약 2024년까지 보유했다면 평균 매수 단가는 26.78센트까지 떨어졌을 것이다. 이는 애플의 시가총액이 약 2조 4000억 달러 증가한 것과 같다.

여기에서 나는 두 가지 교훈을 얻었다. 첫째, 너무 촘촘하게 손절매 주문을 걸지 말아야 한다는 것이다. 나는 주가가 10달러 오를 때마다 손절매 주문을 수정했다. 가령 15달러에 처음 샀을 때는 28달러에 손절매 주문을 걸었고, 이후 주가가 올라 25달러가 되자 (기존 손절매 주문이 체결되기까지 3달러의 여유밖에 남지 않았으므로) 손절매 주문이 48달러에 체결되도록 수정했다. 이처럼 주가와의 간극이 너무 촘촘했던 나머지 손절매 주문이 순식간에 체결되었던 것이다.

둘째, 장기투자에 어울리는 사고방식을 가져야 한다는 것이다. 나는 일반 투자자가 되었을 때도 여전히 트레이더처럼 행동하고 있었다. 포지션 관리를 떠나 내 투자 방식은 투자 기간이나 리스크 감수 성향과 적

---

[*] 손절매 주문이란 손실을 제한하기 위해 미리 특정 가격에 걸어두는 주문이다. 주가가 (상승하든 하락하든) 해당 가격에 닿으면 주문이 자동으로 체결된다. '자동감시주문'이라고도 부른다.

절히 조화되지 못했다. 결국 이들을 조화시키는 데 성공했지만, 오랫동안 비싼 대가를 치러야 했다.

로빈후드의 시드 라운드

"지금까지 들어본 투자 아이디어 중 가장 멍청해."

페이스북(지금의 메타), 트위터(지금의 X) 등 수많은 빅테크기업의 초기 투자자로 샌디에이고에서 성공적인 벤처펀드를 운영하고 있는 하워드 린즌Howard Lindzon에게 내가 했던 말이다. 우리는 샌프란시스코의 명물 페리빌딩 앞에 앉아 있었고, 하워드는 로빈후드의 시드 라운드seed round에 참여하라고 나를 설득하느라 여념이 없었다.[*] 그는 무료로 주식을 거래할 수 있게 해주는 새로운 앱의 가능성에 대해 일장 연설을 늘어놓았다.

"하워드, 세상은 액티브 운용에서 패시브 운용으로, 주식에서 ETF로 옮겨가고 있어. 대체 왜 자본도 없는 젊은이들이 공짜로 거래하게 해주는 앱에 투자해야 해? 이익은커녕 매출이나 올릴 수 있겠어?" 나는 잘난 체하며 물었다.

내 나름대로 변명거리가 있긴 하다. 로빈후드는 우리 회사의 투자 방식이나 내 블룸버그 칼럼들의 주제와는 다른, 즉 내 '브랜드와 맞지 않는' 투자처였다. 팬데믹 기간에 심심해하던 MZ세대의 유입이 로빈후드가 성공한 이유라고 설명할 수도 있겠지만, 지금 와 그게 무슨 소용인가?

그래도 훌륭한 헤징 전략이 될 수 있었고, 특히 시드 라운드의 수익

---

[*] 시드 라운드는 스타트업이 제품이나 서비스를 출시한 직후에, 때로는 창업 직후에 투자금을 모으는 단계다. 이후 시리즈 A(시장 진입 단계), 시리즈 B(사업 확장 단계), 시리즈 C(시장 주도 단계)가 이어진다.

률은 눈이 돌아갈 정도였다. 하워드는 1억 달러대의 수익을 누렸지만, 나는 놓쳤다. 자책하면서 그에게 한 말은 "난 정말 한심해!"였다.

이 사건을 통해 나는 몇 가지 교훈을 얻었다.

1. 자기 분야에 충실하라. 내 전문 분야는 벤처기업이 아니었으니 전문가에게 맡겼어야 했다.
2. 최신편향을 경계하라. 그 전에 하워드와 내가 투자했던 스타트업의 경우 자금 회수에 실패했다. 단 한 건의 사례가 내 관점을 왜곡했던 것이다.
3. 성숙한 기업은 물론이고 스타트업이 6개월 후, 하물며 5년 후에 지금과 같을 것이라고 가정하지 말라. 이런 진리를 인식하지 못한 탓에 나는 큰돈을 놓쳤다.

가격에 반영된 악재

중개인들에게 애플을 매수하라고 권유했을 때, 이 회사는 회생 시도 중이었다. 그 결과를 확신하고 있던 사람들의 격한 반응을 잊을 수 없다. 심지어 전직 부동산중개인인 우리 어머니조차 다른 사람들과 똑같이 말했다. "애플? 그 회사는 곧 망할 거야!" (앞선 사례에서 드러난 내 잘난 체하는 태도에 주목하라.)

어떤 아이디어든 즉각적인 혐오 반응을 일으킨다면, 주목할 필요가 있다. 이 반응은 나중에 올지도 모르는 호재가 아닌, 이미 가격에 반영된 악재를 모두 드러낸다. 여기에서 배워야 할 교훈은 무엇일까? 감정적 반응은 과거에 근거한 심리에서 비롯됨을 늘 인식해야 한다는 것이다.

공매도

오늘날 월스트리트에서 공매도자들은 멸종위기종이나 다름없다. 안타까운 일이다. 세계금융위기 당시 내가 근무했던 회사는 2008년을 앞두고 리먼 브라더스, CIT, 아메리칸 인터내셔널Amercian International 등을 공매도했다. 한 해 전에는 베어 스턴스Bear Stearns도 공매도했다.

이처럼 완벽한 거래였는데도 결국 기회를 놓친 것으로 판명되었다. 그 이유로는, 첫째, 쇼트 스퀴즈short squeeze의 지속적인 위협으로 포지션이 언제든 청산될 수 있었다.* 둘째, 규모가 적절치 못했다. 이 공매도는 강한 확신이 동반된 거래였기에 더 큰 금액을 베팅했어야 했다.[17]

이들 공매도의 수익은 다른 트레이더들의 손실(백분율이 아닌 금액 기준)을 상쇄하지 못했다. 한 트레이더는 세계금융위기 당시 웰스 파고Wells Fargo 같은 은행주들의 떨어지는 칼날을 잡으려 했다. 그의 롱포지션이 낸 손실이 아니었다면 회사는 2008년 흑자를 냈을 것이다. 그는 너무 형편없는 트레이더여서 나는 "그라면 어떻게 했을까?"라고 자문한 뒤 반대 포지션을 취하곤 했다. 쉽게 돈을 벌 수 있는 방법이었다.[18]

사실 기회를 놓친 가장 큰 이유는 따로 있었다. 돈을 벌 여지 자체가 제한적이었다는 것이다. 공매도는 주가가 제로가 되어야만 투자금을 두 배로 늘릴 수 있다(100퍼센트 수익을 낼 수 있다). 나는 시브리즈 파트너스Seabreeze Partners의 유명한 공매도자 더그 카스Doug Kass가 나무랄 데 없는 좋은 거래에서 얻은 미미한 수익을 보고 한탄했다. 더그는 다음과 같은 조언을 남겼다. "공매도에는 항상 풋옵션을 결합하라."** 바꿔 말해 풋옵션을 결합할 만큼 확신이 없다면, 공매도해선 안 된다는 것이다. 실제

---

* 쇼트 스퀴즈는 특정 종목을 공매도한 투자자들이 주가 상승으로 손실을 보자, 추가 손실을 막기 위해 해당 종목을 마구 매수한 결과, 주가가 더욱 급등하는 현상을 가리킨다.

로 나는 이후 단 한 번도 공매도하지 않았다.[19] 하지만 만약 언젠가 공매도할 일이 생긴다면, 20퍼센트의 풋옵션을 결합할 것이다. 가령 공매도에 100달러를 베팅하고 싶다면, 20달러로는 풋옵션을 매수하고 80달러로는 해당 종목을 공매도할 것이다.

확신에는 용기가 뒤따라야 한다. 또한 거래에 대한 확신이 있다면, 그 거래는 수익에 영향을 미칠 만큼의 의미가 있어야 한다. 그렇지 않다면 왜 거래하겠는가?

나는 잘못된 거래로 수백만 달러짜리 기회를 놓쳤다. 이제 약 3000억 달러를 날린 다른 사람의 사례를 살펴보자.

** 풋옵션이란 특정 자산을 일정 기간 안에 정해진 가격으로 팔 수 있는 권리를 사는 것이다. 보통 풋옵션은 공매도의 헤징 수단으로 쓰인다. 공매도는 주가가 오를 경우 손실이 끝없이 불어나지만, 풋옵션은 주가가 아무리 올라도 해당 권리를 살 때 지불한 비용 외에는 손실이 없다. 가령 주가가 100달러인 A 종목의 풋옵션을 10달러에 샀다고 해보자(즉 언제든 A 종목을 100달러에 팔 수 있다). 이후 주가가 반 토막 나면, 50달러에 A 종목을 매수한 다음 100달러에 팔아 50달러의 수익을 올릴 수 있다. 여기에 풋옵션 가격 10달러까지 뺀 40달러가 순수익이다. 반면 주가가 두 배 오르더라도 풋옵션을 행사하지 않는 것으로 (풋옵션 가격 10달러를 제외한) 모든 손실을 막을 수 있다.

1976년의 애플

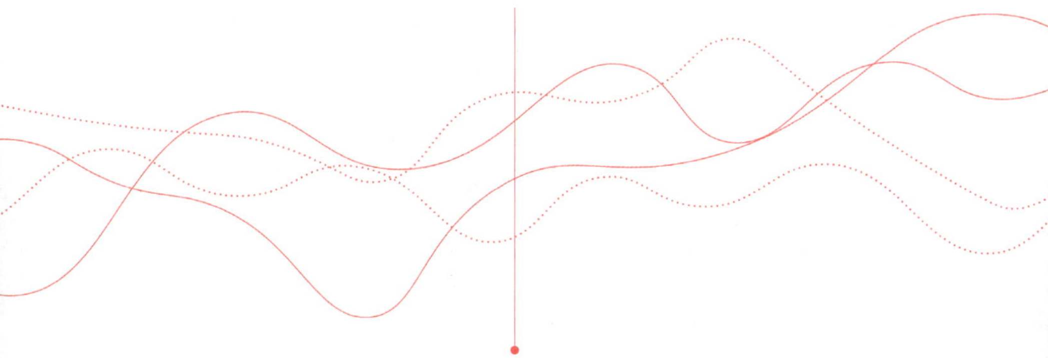

스티브 잡스가 누군지는 누구나 알고 있다. 기술 분야에 관심 있는 사람이라면 스티브 워즈니악이 누군지도 알 것이다.

그렇다면 로널드 웨인Ronald Wayne이 누군지 아는가?

잡스와 워즈니악에 이어 애플의 세 번째 공동 창립자였던 웨인은 10퍼센트의 지분을 갖고 있었다. 흥미롭게도 그는 자신의 지분을 고작 800달러에 팔아버렸다.[20] 만약 그가 지분을 계속 보유했다면, 그 가치는 40년이 지나는 동안 3290억 달러까지 불어났을 것이다.

잠시 눈을 감고 상상해보라. 800달러가 3290억 달러로….

이것은 아마 사상 최악의 거래일 것이다.

우리 모두가 여기에서 배울 교훈이 있다. 하지만 그 전에 잠시 곁길로 새보자.

애플은 거의 50년 전인 1976년 만우절에 탄생했다. 마케팅 천재이자 비전가였던 잡스와 뛰어난 엔지니어이자 해커인 워즈니악이 차고에서 고생했던 이야기는 실리콘밸리의 유명한 전설이 되었다. 하지만 첫날부터 함께했던 세 번째 파트너 웨인의 이야기는 많이 알려지지 않았다.

웨인의 공헌은 결코 사소하지 않았다. 애플을 상징하는 사과 로고를 디자인했고, 애플 최초의 PC '애플 I'의 사용자 매뉴얼을 작성했으며, 역시 애플 최초의 파트너십 계약서 초안을 꾸몄다. 그러나 웨인은 애플과 함께한 지 일주일 만에 두 스티브에게 완전히 질린 나머지 자신의 지분을 800달러에 매각했다. 워즈니악은 자서전에서 그에 대해 이렇게 평가했다.[21] "론은 애플 초창기에 엄청난 역할을 했다."

믿기 힘들지만 실화인 이 이야기에서 우리는 몇 가지 교훈을 얻을 수 있다.

누구도 미래에 어떤 일이 벌어질지 모른다

미래는 본질적으로 알려지지 않으며, 알 수도 없다(미안하지만 반복해서 강조할 가치가 있다). 가끔 미래를 살짝 엿보는 사람들이 있다. 잡스는 GUI(그래픽사용자인터페이스)의 가치를 알아보고, 복잡한 기술을 누구나 사용할 수 있도록 다듬었다. 무엇보다 PC의 모든 기능을 터치스크린이 달린 모바일기기에 담아냈다. 워즈니악은 불가능한 일을 공학적 문제로 환원해 답을 찾아냈다. 하지만 1976년에는 단 한 사람도 애플이 수십 년 후에 세계 최대 기업이 되어 세상을 완전히 바꿀 것이라고 생각하지 못했다.

감당할 수 있는 리스크의 수준을 확인한다

웨인은 두 스티브와 합류했을 때 40대였으며, 망해버린 사업들을 비롯해 그 나름의 인생 경험을 가지고 있었다. 그는 동업의 리스크(사업으로 발생한 채무에 대해 동업자 각각이 나눠 부담하는 연대책임 등)를 이해하고 있었다.

웨인이 감당할 수 있는 리스크의 수준은 이 벤처기업과 잘 맞지 않았다.

웨인은 전설적인 비디오게임 회사 아타리에서 일할 때 잡스와 친분을 쌓았다. 젊고 경험이 없는 파트너들을 고려한(그리고 잡스가 아무런 두려움 없이 리스크를 감수한다는 것을 알아본) 그는 결국 이 벤처기업이 실패(스타트업에게 너무 흔한 결말)할 경우 그 뒷감당을 떠맡지 않는 편이 낫겠다고 판단했다.

웨인은 또한 어른 감독자의 역할을 하고 있었다. 동업의 리스크 때문이든, 단순히 혈기 넘치는 20대들을 따라잡는 데 대한 우려 때문이든, 이 사업은 그에게 맞지 않았다. 결과와 상관없이 이 판단 자체는 꽤 합리적이었다.

훌륭한 변호사는 몸무게만큼의 금과 맞먹는 가치가 있다

애플을 주식회사가 아닌 파트너십으로 창업한 것은 법적 구조를 갖추는 가장 빠르고 저렴한 방법이었다.

그러나 그것은 최악의 방법이기도 했다.

좋은 변호사라면 누구나 파트너십 구조는 벤처기업이 망했을 때 창업자를 보호하지 못한다고 조언할 것이다. 더 나은 방법은 유한책임회사Limited Libaility Corporation, LLC를 설립하는 것이다. 주마다 규정과 세율이 다르기 때문에 각각에 알맞은 계획이 필요하며, 이 때문에 요령 있는 창업자들은 다른 구조(S-법인S-Corporation이나 C-법인C-Corporation)를 택하기

도 한다.[*]

이런 모든 변수는 세금과 개인 책임의 측면에서 이해하고 논의해야 한다. 이를 잘 설명해주고 서류 또한 완벽히 꾸며줄 수 있는 변호사는 매우 귀중한 존재다.

어디에서 누구와 일하는지가 삶의 만족도를 좌우한다.

선禪을 논하려는 것은 아니다. 하지만 직장에 다닌다는 것은 매일 똑같은 사람들과 긴 시간을 함께한다는 뜻이다. 그들은 배우자나 친구 다음으로 가장 친밀한 관계를 맺는 사람들이다. 나는 '다르게 생각하는 미친 사람들'이라는 뛰어난 그룹과 함께 일하는 행운을 누리고 있다. 그들은 흥미로운 방식으로 일을 진전시킨다.

직장 동료들과의 화합은 삶의 만족도에 큰 영향을 미친다. 웨인이 애플에 남아 있었다면, 부유하긴 하지만 불행했을지 모른다.

계획을 세운다

(사업, 재정, 투자에 대해) 세심한 계획을 세워라. 무계획은 실패를 보장한다.

애플은 초창기에 상당히 즉흥적이었다. 계획이 거의 없었고, 파트너들의 우선순위가 서로 달랐던 것 같다. 물론 이처럼 정돈되지 못한 파트너십은 오래가지 못했다.

---

[*] 미국에서 모든 법인은 기본적으로 C-법인 형태로 설립된다. C-법인은 지분 거래가 자유로운 편이라 투자받는 데 편리하다. 다만 수익과 배당금 모두에서 세금이 발생해 이중 과세의 부담을 진다. 따라서 절세 혜택을 원한다면 서류 절차를 거쳐 S-법인으로 기업 형태를 바꿔야 한다. 단 S-법인은 지분 거래의 기준이 까다로운 편이다. 하여 C-법인 형태로 사업을 영위하다가 규모가 커지면 S-법인으로 바꾸는 게 일반적이다.

금융 작가라면 마이크 타이슨의 말을 즐겨 인용할 것이다. "누구나 계획이 있다. 얼굴을 얻어맞기 전까지는." 하지만 계획(그리고 비상계획)이 있다는 것은, 적어도 피를 흘리고 감정적일 때가 아니라 침착하고 이성적일 때 정리해놓은 선택지가 있다는 뜻이다. 타이슨의 말에서 위안을 얻는 것은 미래에 벌어질 일들을 생각하고 대비하는 대신 가장 게으른 회피 수단으로 도망치는 안이한 태도다.

복리 효과는 기적이다

새로운 사업을 시작할 때는 이전 수익 위에 재투자된 수익이 쌓이며 수십 년에 걸쳐 기하급수적으로 늘어나는 일이 좀처럼 상상되지 않을 것이다. 그러나 성공한 기업에서는 정확히 그런 일이 벌어진다.

수익을 50년 동안 꾸준히 재투자하면 엄청나게 불어난다. 물론 3290억 달러는 평균에서 크게 벗어난 이상치다. 99.999퍼센트의 경우 그보다 적은 수익을 얻게 된다. 하지만 40년간 꾸준히 재투자한다면 그 정도로 큰 성공을 달성한 회사(또는 포트폴리오)가 아니더라도 수백만 달러까지는 불릴 수 있을 것이다.

이것이 바로 복리의 기적이다.

적정주가를 이해하라

수십 년이 지나서야 발휘될 기업의 잠재력을 이해하지 못하는 것은 누구나 저지를 수 있는 실수다. 세상은 단 몇 년 만에 극적으로 변하기도 한다. 1997년 6월 호《와이어드Wired》의 악명 높았던 헤드라인을 떠올려보라 "기도하라Pray!"[22] 애플이 파산 직전이라고 여겨지던 때였다. 어떤 일이든 벌어질 수 있다.

그 3년 전, 웨인의 잘못된 거래가 또 있었다. 그는 1994년 자신과 잡스, 워즈니악이 서명한 파트너십 문서를 단돈 500달러에 팔아버렸다. 애플이 상장하고 14년이 지난 시점이었고, 회사는 이미 열성적인 추종자들을 거느리고 있었다.

2011년 경매에 부쳐진 그 문서는 160만 달러에 낙찰되었다.[23] 사물의 본질적 가치와 시장가치를 이해하지 못하는 것은 여러 차례 반복하기엔 너무나 값비싼 실수다.

———

이 글을 쓰고 있는 현재, 웨인은 90세이며, "일주일에 이틀 정도 비디오 포커 머신에서 운을 시험해보는" 일로 소일한다.[24] 그는 한때 역사상 가장 큰 액수의 복권을 손에 쥐고 있었다. 어떤 사람들은 눈앞에 있는 것을 보지 못한다.

———

지금까지 나쁜 거래의 온갖 유형을 살펴보았다. 물론 단 한 번의 잘못된 거래에서도 무언가를 배울 수 있다. 그것도 아주 많은 것을….

나쁜 거래에서 배우기

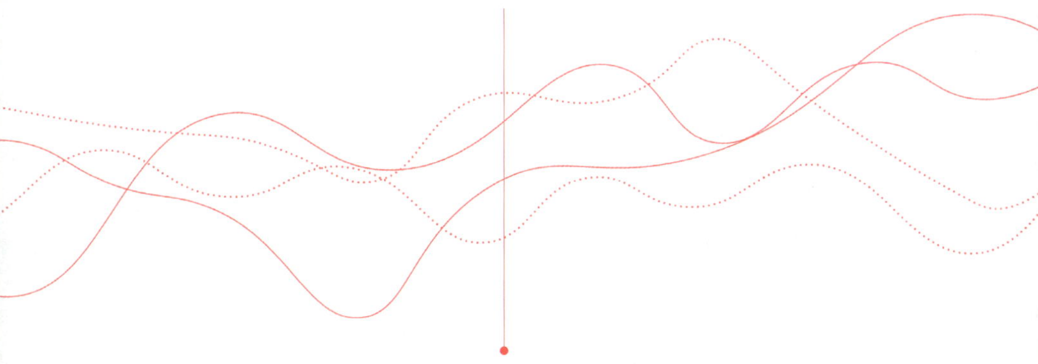

거래가 틀어졌을 때는 어떻게 해야 할까?

2019년 크리스마스, 《월스트리트저널》에 실린 〈JP모건의 베어 스턴스 인수, 11년 만에 손익분기 달성Eleven Years in the Making: Breaking Even on JPMorgan's Purchase of Bear Stearns〉이 던진 질문이다.[25] 해당 칼럼에서 과거 웰스 파고에 투자했던 트레이더 스티븐 베어스Stephen Bearce는 이렇게 선언했다.

"4,209일이 걸렸지만, 드디어 본전을 찾았다!"

베어스는 베어 스턴스의 주가가 171.51달러(2007년 1월 12일에 기록한 사상 최고가)에서 엄청나게 폭락하던 와중인 2008년 3월 14일 금요일, 모험 삼아 주당 30달러에 100주를 매수했다. 파산 직전이었던 베어 스턴스는 주말 동안 주당 2달러라는 헐값으로 JP모건에 매각되었다(얼마 간 합의가 이어지며 JP모건은 인수가를 주당 10달러로 올렸다). 이후 JP모건의 주가가 상승하며 베어스가 원금을 회복하는 데 무려 4,209일이 걸렸던 것이다. 이는 11년이 넘는다!

베어스가 베어 스턴스를 매수한 이유는 무엇이었을까? 이 투자은행이 매각될 때 프리미엄이 붙는다면, 단숨에 큰돈을 벌 수 있으리라고 생각했기 때문이다. 《월스트리트저널》 칼럼은 "돈은 천천히 벌고 빨리 잃는다"라는 교훈으로 끝난다. 하지만 이는 사태를 제대로 설명하지 못한다.

투자자들에게 더 유용한 통찰이 있을지 모른다는 예감에, 내가 아는 가장 노련한 트레이더와 펀드매니저 몇 명에게 연락을 돌렸다. 다음은 우리가 실패한 거래에 대해 논의하며 얻은 몇 가지 교훈이다.

실수를 합리화하지 말라

소로스 펀드 매니지먼트Soros Fund Management의 애널리스트이자 전략가였고 현재 울프 리서치Wolfe Research의 전무이사인 존 로크John Roque는 이렇게 충고했다.

> 잘못을 즉시 인정하라. 증권사에서 리포트를 발행하는 사람이라면, 실수를 인정할 때 고객들에게 더 큰 신뢰를 얻게 될 것이다. 당신의 투자 논리가 무너지고 있는데도 그것을 계속 합리화하는 것은 심각한 실수다.

로크는 또한 "손실을 유발한 포지션이 청구하는 감정적 부담의 비용"이 상당하다고 지적했다. 따라서 "해당 포지션이 얼마나 많은 시간과 노력을 독점하고 있는지" 반드시 고려해야 하며, 여기에는 "포지션을 유지하는 것을 합리화하는 데" 쓰이는 시간도 포함된다.

매몰비용 오류를 조심하라

1920억 달러 규모의 자산을 운용하는 오크트리 캐피털 매니지먼트의 공동 회장이자, 투자 분야의 고전으로 꼽히는 《투자에 대한 생각》의 저자 하워드 막스는 매수가란 매몰비용으로 아무런 의미가 없다고 충고했다.[26] "돈은 이미 지갑에서 빠져나갔고, 그 사실은 되돌릴 수 없다. 중요한 것은 오늘 무엇을 해야 하는지다." 막스는 베어 스턴스를 주당 30달러에 샀어도 결국 주당 2달러에 인수되었으니, 결과적으로 28달러는 사라진 것이라고 꼬집었다. "이때 해야 할 질문은 '30달러에 샀으니 계속 보유해야 하는가'가 아니라, '오늘 2달러에 다시 살 것인가'이다."

과거의 행동이 현재의 결정을 좌우해서는 안 된다.

심리적 회계를 피하라

'AdvisorShares Focused Equity ETF'(CWS)의 펀드매니저이자 《크로싱 월스트리트Crossing Wall Street》의 필진인 에디 엘펜바인은 이렇게 충고했다. "최악의 투자자는 주식을 매수한 뒤에야 자신이 생각했던 종목이 아니라는 사실을 깨닫고는 손실을 그대로 떠안고 있는 사람이다." 손실을 확정 짓고 싶지 않아서 매도를 거부하는 투자자는 손실이 발생했다는 사실을 헛되게 부정하는 셈이다. 본전이라도 찾으려는 것은 일종의 심리적 회계로, 돈을 형편없이 굴리는 데 지나지 않는다. 엘펜바인의 표현을 빌리자면, "주식은 당신의 매수가를 전혀 알지 못한다."

기회비용을 고려하라

3450억 달러 규모의 자산을 운용하는 크리에이티브 플래닝Creative Planning의 CEO 피터 말룩Peter Mallouk은 이렇게 충고했다. "나는 보유 중인 포지션들을 정기적으로 살피며 '오늘이라면 살까?' 하고 자문한다. 대답이 '아니'라면 매도한다." 말룩은 다음과 같이 강조했다. "투자자는 자신의 목표가 단순히 본전을 되찾는 것이 아니라 자산의 성장임을 잊지 말아야 한다."

시장이 전하는 메시지에 귀 기울여라

데이터 트렉 리서치Data Trek Research의 공동 창립자 니콜라스 콜라스Nicholas Colas는 시장 흐름을 거스르지 말라고 충고했다. "절대 신저점에서 매수하거나 신고점에서 공매도하지 말라." 강한 모멘텀에 맞서면 값비싼 대가를 치를 수 있다. 이것은 콜라스가 SAC 캐피털SAC Capital의 펀드매니저로 일하면서 얻은 교훈이다. "시장이 자유 낙하할 때는 안정될 때까지 며칠(또는 몇 주) 기다려라. 그리고 매일 신고점을 기록할 때 꼭 공매도하고 싶다면 소액으로 하라."

콜라스는 베어 스턴스의 사례에 대해 "본전을 찾은 것만으로도 행운이다. 그것은 성공담이 아닌 경고 사례다"라고 일침을 날렸다.

항상 출구전략을 마련하라

저명한 기술적 분석가이자 올스타 차트All Star Charts의 창립자인 J.C. 파레츠는 포트폴리오를 구성하는 모든 자산을 자본으로 취급해야 한다고 충고했다. "현금으로 남아 있었다면, 이 종목을 살 것인가, 아니면 그 돈으로 다른 것을 할 것인가?"

파레츠는 너무나 중요하지만 자주 간과되는 전략을 상기시켰다. "들어가기 전에 어디에서 나올지 정하라." 이는 수익 거래와 손실 거래 모두에 적용되는 기본적인 매도 원칙이다. 성공적인 거래의 열쇠는 결과와 무관하게 출구를 관리하는 것이다. "시장은 당신의 매수가를 신경 쓰지 않는다."

실수를 인정하라

거래가 끝내 손실로 마무리되었다면, 그 점을 인정하고, 책임지며, 거기에서 배워야 한다. 실수를 인정하지 않으면 당신의 포트폴리오는 앞으로 더 큰 손실을 보게 될 것이다. 레이 달리오의 《원칙》은 실수가 학습의 기회를 제공한다는 철학 위에 쓰였다.[27] 이를 받아들이지 못하는 사람들은 발전하지 못할 뿐 아니라 다시 실패할 가능성이 크다.

본전이 될 때까지 손에 쥐고 있는 것은 실수를 인정하지 않는 태도일 뿐이다. 자신의 투자 논리가 틀렸음을 인정하지 않는 한 매도는 물 건너간다.

베어 스턴스의 사례를 다룬 《월스트리트저널》 칼럼을 읽는 내내, 그 일이 벌어졌을 당시 근무하던 회사의 트레이딩 데스크 책임자가 손실 포지션을 쥐고 있는 신입 트레이더에게 던지던 질문들이 떠올랐다.

1. 이 거래에서 당신이 가진 차별점은 무엇인가?

2. 떨어지는 칼날을 잡을 수 있는가?

3. 단기투자를 장기투자로 전환해도 되는가?

4. 손실 포지션을 보유하는 데 따른 기회비용은 무엇인가?

5. 거래가 실수임을 깨달았을 때 어떻게 할 것인가?

6. 포지션이 유리하게 바뀔 경우 어떻게 할 것인가? 불리하게 바뀔
경우에는?

7. 보유하기로 결심한 이유가 사라졌을 때는 어떻게 할 것인가?

트레이더로 활동한 기간은 그리 길지 않았지만, 수년간의 거래 경험
으로 단련된 본능이 내 안에 여전히 꿈틀거리고 있다.

———

전문가라면 나쁜 거래를 피할 수 있지 않을까? 하지만 자산을 누구
(펀드매니저, 투자자문가 등)에게 맡길지, 또는 어디(주식, 채권 등)에 배분할
지 선택하는 것은 생각보다 훨씬 어려운 일이다. 그것이 정확히 얼마나
어려운 일인지 알아보자.

액티브 운용으로 시장을 이기는 법

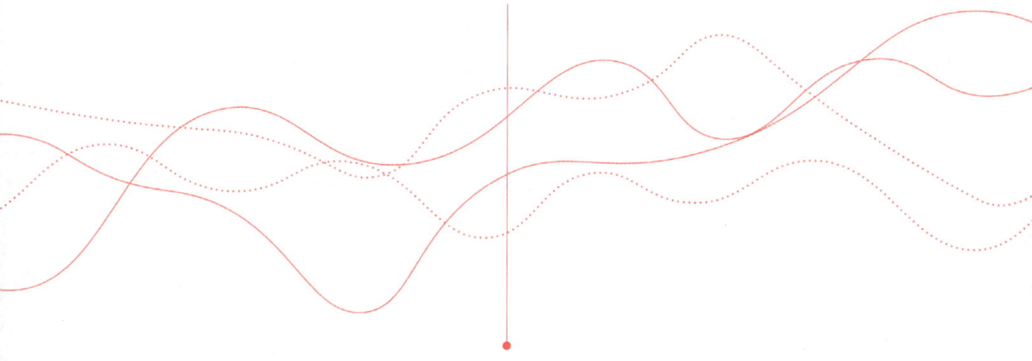

벌써 여러 차례 경고했는데도 여전히 자산을 액티브 방식으로 운용하고자 하는 사람들이 있을 것이다. 여기에 성공하려면 개별 종목을 선택하거나 펀드매니저를 선택해야 한다. 비교적 안정적인 수익을 위해 채권을 보유하고 싶을 수도 있고, 헤지펀드, 벤처캐피털, 사모펀드, (여러 펀드에 투자하는) 펀드 오브 펀드fund of fund 같은 대체투자상품alternative investment에 자산을 배분할 수도 있다.

액티브 운용에 관한 데이터는 두 가지 중요한 사실을 드러낸다. 첫째, 성공 확률이 매우 낮다. 불가능한 것은 아니지만, 성공 확률이 극히 낮다. 둘째, 벤치마크를 능가하기가 쉽지 않다. 그런 일을 해내는 능력자는 매우 드물기 때문에, 금융계에서 일하는 대부분의 사람은 그들이 누구인지 알고 있다. 수년, 또는 수십 년간 액티브 운용에 꾸준히 성공하는 사람은 너무나 드물어서, 워런 버핏이나 피터 린치처럼 유명 인사가 된다.

그렇다고 해서 액티브 운용이 아예 불가능한 일도 아니기 때문에 그 (희박한) 가능성이 사람들을 계속해서 끌어당긴다.

산타클라라대학교 금융학 교수인 메이어 스태트먼Meir Statman은 사람들이 어떤 기준으로 투자 결정을 내리는지 연구했다. 스태트먼의 저서 《투자자가 진정으로 원하는 것What Investors Really Want》에 따르면, 투자자들은 자산 증식 이상으로 웰빙, 안전, 개인적 가치관과의 부합, 공정성을 원했다.[28] 또한 정말 많은 투자자가 자신의 지능을 과시하며 인정과 지위를 얻고 싶어 했다. 시장을 이기려는 시도는 투자자들의 다양한 동기, 특히 지능 및 지위와 분명한 관계가 있다.

여전히 자신이 이를 해낼 수 있다고 생각하는가? 액티브 운용의 어떤 방식(주식, 채권, 뮤추얼펀드, 사모펀드, 헤지펀드, 펀드 오브 펀드 등)으로든 시장을 이기고 싶다면, 다음 지침을 명심하라. 난이도 순으로 나열하면 다음과 같다.

- **주식** 시장을 능가하는 종목을 골라야 한다.
- **뮤추얼펀드** 시장을 능가하는 종목을 고르는 사람을 골라야 한다.
- **헤지펀드** 시장을 능가하는 종목을 고르는 사람을 고르는 사람을 골라야 한다.
- **펀드 오브 펀드** 시장을 능가하는 종목을 고르는 사람을 고르는 사람을 고르는 사람을 골라야 한다.

이런 식으로 계속된다.

농담처럼 보이지만 사실이다. 액티브 운용은 단계가 높아질수록 더 희귀한 기술과 더 큰 행운을 필요로 한다.

이 논리는 다른 자산군에도 적용된다. 다만 채권을 고르는 것은 조금 더 쉽다. 액티브 채권운용사는 고정수익 자산에서 가장 매력적이지 않은 신용위험을 제거하는 것만으로도 벤치마크를 이길 수 있다. 미국에는 주식이 3,500종 있지만 채권은 400만 종에 달하기 때문에, 네거티브 스크리닝이 효과적이다. 특히 '블룸버그 미국종합채권지수Bloomberg U.S. Aggregate Bond Index'(이하 블룸버그지수)보다 성과가 좋은 채권을 고르는 것은 액티브 운용의 모든 전략을 통틀어 가장 승산이 높은 방법이다.

대체투자상품에 발을 들이는 순간 상황은 더 복잡해진다. 투자 대상에 대한 데이터가 거의 없기 때문이다. 비공개 기업들은 자신들이 원하는 정보만 공개하거나 아예 공개하지 않는다. 이들 기업의 공시 시의성이나 재무 보고에 관한 SEC 규정조차 없다. '사기 금지' 정도가 전부랄까? 이로써 정보 비효율성이 나타나는데, 그 결과 누군가는 시장을 능가하는 전략을 찾게 된다. 그러나 사전에 그의 정체를 파악하는 것은 어렵고, 해당 전략을 장기간 지속하는 것은 더 어렵다.

잠깐 기술적인 이야기를 해보자. 사모펀드나 사모대출에서 투자자가 얻는 가치의 상당 부분은 '비유동성 프리미엄illiquidity premium'에서 나온다. 해당 상품을 택한 투자자들은 5~7년간 자산을 되찾지 않는 데 동의한다. (보통 매력적이라고 생각되지 않는) 그 결정에서 시장 비효율성이 발생한다. 이로써 투자 기회가 자산보다 많아지므로, 초과수익의 가능성이 커진다.

적어도 연준이 거의 20년간 금리를 제로 수준으로 유지하기 전까지는 그랬다. 그동안 사모펀드와 사모대출 모두 급성장해 수조 달러 규모의 자산을 확보했다. 시장 비효율성이 여전히 존재하는지 그리고 그 모든 자산이 투자 기회를 포착할 수 있을지는 시간이 지나 봐야 알게 될

것이다.[*]

마지막으로 벤처캐피털은 승자를 찾는 독특한 접근법을 갖고 있다. 벤처캐피털리스트는 기업을 고르는 대신, 창업자(와 경영진)를 선택한다. 이 창업자는 새로운 아이디어를 창출(선택)한다. 시드 라운드, 또는 엔젤 라운드(달리 말해 친구와 가족들의 투자)에 참여하기로 결정한다면, 성공할 가능성이 있는 아이디어를 선택하는 창업자를 선택하는 것이다. 벤처캐피털리스트에게 자금을 맡기기로 결정한다면, 성공할 가능성이 있는 아이디어를 선택하는 창업자를 선택하는 사람을 선택하는 것이다.

주식시장에서 좋은 종목을 선택하기란 어려운 일이다. 하지만 다른 영역들에서는 더 어렵다.

다음으로 이 모든 문제에 대한 간단한 해법을 살펴보자. 투자에 확실한 것은 없다. 하지만 확실에 가장 가까운 방법은 있다.

---

[*] 사모펀드의 경우 투자자들이 일정 기간 자산을 회수할 수 없으므로, 비교적 자유롭게 운용된다. 바꿔 말해, 자산이 한정적인 상태에서 투자 기회만 늘어난다. 그 결과 각각의 투자에 대해 비유동성 프리미엄이 붙게 된다. 하지만 제로금리가 오래 지속되며 사모펀드로 유입된 자산 또한 크게 늘어난 만큼, 저자는 이런 상황에서도 비유동성 프리미엄이 유지될지 묻고 있다.

건초 더미에서 바늘 찾기

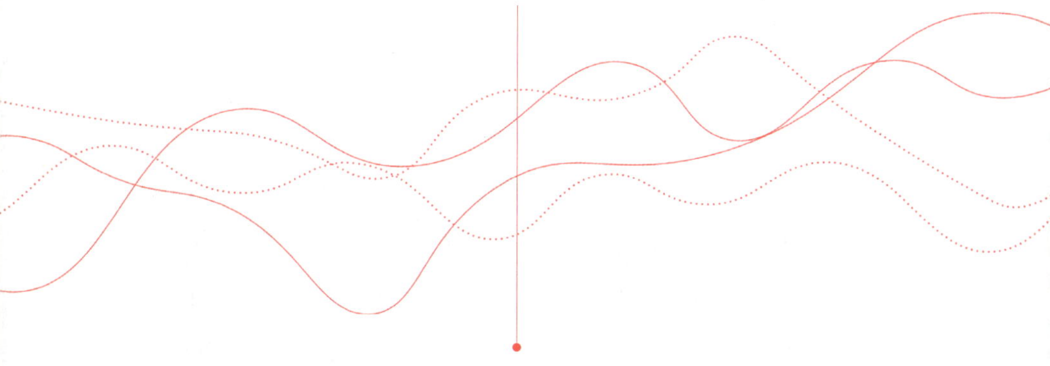

수년간 인덱스 투자에 대한 공격이 이어졌지만, 모두 실패했다. 투자자들은 여전히 이를 애용한다. 법률과 규제를 통해 제한하려는 시도들도 마찬가지였다. 이조차 인덱스 투자의 해악을 설득하는 데 실패했다.

반대 진영의 가스라이팅에 놀랄 필요는 없다. 업턴 싱클레어Upton Sinclair가 한 세기 전에 설명했듯이, "누군가의 급여가 무언가를 이해하지 못하는 데 달려 있다면, 그에게 그것을 이해시키기란 어려운 일이다."[29] 싱클레어의 이 말은 정치와 육가공 산업의 유착에 대한 것이었지만, 오히려 액티브 운용의 맹점을 정확히 꿰뚫어 보았다.

"건초 더미에서 바늘을 찾지 말라"라는 뱅가드그룹 창립자 보글의 말은 인덱스 투자가 성공한 이유를 잘 설명한다. 블룸버그의 수석 ETF 애널리스트인 에릭 발추나스Eric Balchunas가 지적했듯이, 인덱스 투자는 약 1조 달러의 수수료를 절약하게 해주었다.[30] 세계 최대의 ETF 운용사인 뱅가드그룹(9조 5000억 달러)과 블랙록(11조 5000억 달러)의 규모만 봐도 액티브 운용사들이 인덱스 투자를 두려워하는 이유가 명백해진다.

안타깝게도 잘못된 정보와의 전쟁은 끝없는 소규모 전투의 연속이다. 다음 다섯 가지 전투를 살펴보면, 인덱스 투자가 왜 그토록 중요한지 이해하게 될 것이다.

비용

투자자들은 단 몇 베이시스포인트의 비용만으로 다우지수, S&P 500, MSCI 등 광범위한 지수를 보유할 수 있다. 액티브 운용에 드는 비용은 과거 200베이시스포인트에서 현재 100베이시스포인트로, 심지어 50베이시스포인트까지 하락했으나, 인덱스 투자와 비교하면 여전히 비싸다.

인덱스 투자에 반대하는 사람들은 항상 이 문제(비용)를 간과한다. 그들은 "인덱스 투자는 개별 종목 매수보다 위험하다", "ETF 운용사들이 가격을 담합할 수 있다", "다음 경기침체가 오면 액티브 운용의 가치를 분명 보게 될 것이다" 같은 주장을 늘어놓는다. 하지만 지금까지는 그런 '가치'를 입증하는 데 실패했다.

종목 선정

뛰어난 종목 선정 능력을 꾸준히 입증해온 천재들이 있다. 그 명단에는 버핏, 린치, 벤저민 그레이엄, 존 템플턴John Templeton, 토머스 로 프라이스 주니어Thomas Rowe Price Jr., 존 네프John Neff, 줄리언 로버트슨Julian Robertson, 윌 다노프Will Danoff 등이 올라 있다. 당연하게도 그 목록은 매우 짧다. 이들 천재는 오히려 규칙을 증명하는 예외다.

종목 선정의 어려움은 대다수의 종목이 주식시장에 큰 영향을 미치지 못한다는 데서 기인한다. 앞서 살펴보았듯이 대부분의 종목은 큰 의미가 없다. 그중 대부분은 주가가 조금 오르거나 내릴 뿐이고, 상당수는 재앙적인 폭락을 겪고 사라진다. 시장 수익률을 끌어올리는 주요 동인은 장기간에 걸쳐 엄청난 성과를 내는 극소수의 종목이다. 투자자로서 성공하려면 반드시 이들을 보유해야 한다.

이런 대박 종목들을 고를 확률은 50분의 1보다 낮으며, 오로지 대박 종목들만 골라내는 것은 불가능에 가깝다.

반면 인덱스 투자는 그런 대박 종목들을 보유하게 해줄 뿐 아니라, 이들의 성과가 좋을수록 더 많이 보유하게 해준다. 이 전략을 능가하기란 매우 어렵다는 것이 시간을 통해 입증되었다. 여기에 낮은 비용까지 고려하면, 이 공식을 이기기란 사실상 불가능하다.

간소한 결정

인덱스 투자를 시작할 때 결정해야 할 것들이 있다. 주식, 비미국 주식, 채권의 비중은 얼마로 할지, 매달 급여에서 얼마를 쪼개 넣을지, 리밸런싱을 얼마나 자주할지 등을 결정하는 것이다. 하지만 그것이 전부다. 계좌를 만들 때 이 다섯 가지를 결정하고 나면, 이후 수십 년 동안은 그냥 잊어버려도 된다. (다섯 가지 결정을 언제 조정해야 하는지에 대해서는 뒤에서 자세히 살펴볼 것이다.)

바로 여기에 인덱스 투자의 진정한 장점이 있다. 그 밖의 모든 결정은 인지 오류를 수반한다. 종목을 선정하든 매도 타이밍을 가늠하든, 이런 결정들은 어김없이 최적에 미치지 못한다. 행동 오류를 피하고 실수를 줄이면, 거의 모든 사람보다 나은 성과를 올릴 수 있다.

평균

막스는 평균의 장기적 이점을 다음과 같이 예리하게 지적했다. "복리 효과에 부정적 영향을 미치는 나쁜 해year를 피할 수 있다." 매해 중간 수준의 성과를 내며 실수를 피하는 것만으로도 전체 투자자의 상위 25 퍼센트에 들 수 있다. 평균적인 성과는 시간이 흘러 우수한 성과로 바뀐다. 그 이유가 직관에 반할지도 모르겠다. 이런 결과는 특정 해에 탁월한 성과를 보여서가 아니라, 재앙적인 하락을 보인 해를 피하는 데서 나온다. 엘리스와 멍거가 말했듯, 똑똑해질 필요는 없다. 불필요한 실수를 줄이고 덜 멍청해지는 것만으로도 큰 승리에 이를 수 있다. 다른 투자자들이 가끔 시장을 이기기도 하고, 종종 지기도 하며, 때로는 완전히 망하는 동안, 매해 시장이 주는 것을 그저 받아먹기만 하면 된다. 단순히 베타을 얻는 것만으로도 시간이 지나면 알파에 근접하게 된다.

단순함

다른 모든 조건이 같다면, 단순함은 언제나 복잡함을 이긴다. 인덱스 투자가 포트폴리오 관리의 핵심이 되어야 한다. 더 복잡한 것을 원한다면, 설득력 있는 이유가 필요하다.

우리 회사는 이 철학을 넘어서는 많은 일을 하지만, 장점이 단점을 현저히 능가하는 경우에 한한다. 인덱스 투자를 핵심으로 삼는 것 이상의 여러 접근법은 책의 후반부에서 다룰 것이다. 당신은 큰 자본이득을 상쇄해야 할 수도 있고, 감정을 관리하거나, 바람직한 행동을 유도하거나, 소득을 창출해야 할 수도 있다. 이들 각각의 목표에는 어느 정도의 복잡함이 따르지만, 그것이 만들어내는 긍정적 결과에 비하면 (복잡함이라는) 단점은 미미하다.

결론 → 인덱스 투자는 한때 투자자들에게 무시당하던 추상적인 투자 이론이었지만, 월스트리트가 보인 경멸에도 불구하고(아니, 어쩌면 그 덕분에) 수백만 명이 선택하는 핵심 방법론이 되었다.

3부

나쁜 행동

7장

실수

투자를 망치는 것은 당신 자신이다

부자가 저지르는 실수

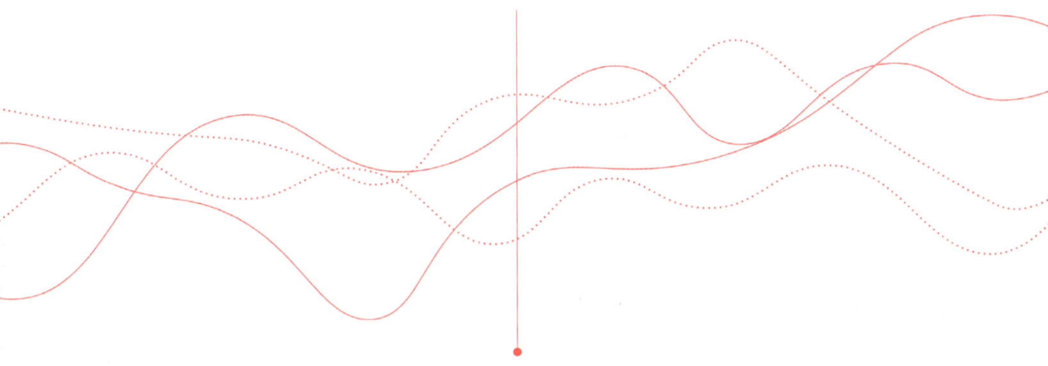

행동 오류에 대한 논의는 '피할 수 있는' 투자 실수에서 시작한다. 앞으로 보게 되겠지만, 이런 유의 실수는 감정적 의사결정이나 인지적 결함과는 다른 방식으로 나타난다.

투자 실수의 원인은 여러 가지인데, 그 각각을 파악하고 있어야 미리 포착하고 회피할 수 있다. 자기 인식과 겸손은 모든 투자자에게 귀중한 자질이다. 감정이 결정을 주도하는 순간을 인지한다면 더 이성적으로 결정할 수 있다. 작은 깨달음만으로도 큰 변화를 일으킬 수 있다.

과거에 저지른(미래에도 저지를 가능성이 큰) 투자 실수가 당신의 잘못이 아니라는 점을 이해하는 것이 중요하다. 뇌가 제 할 일, 즉 당신이 살아남게끔 보호하느라 그리되었던 것뿐이다. 자책에서 벗어나라. 우리는 애초에 투자자로 만들어지거나 진화하지 않았다.

그렇다고 해서 에너지를 많이 소모하는 커다란 뇌가 완전히 무용지물이란 말은 아니다. 우리는 우리 뇌를 이용해 이 문제의 해법을 찾을 수 있다. 사실 이미 그 답을 찾았다. 앞서 살펴봤듯이, "투자는 이미 해결된 문제다." 여전히 해결되지 않은 채 남은 것은 행동 오류뿐이다.

나쁜 행동은 나쁜 투자로 이어진다. 대표적인 나쁜 행동 10가지는 다음과 같다.

1. 계획 실패
2. 자신의 욕구에 대한 (잘못된) 이해
3. 액티브 운용 대 패시브 운용
4. 주식과 다른 자산군 간의 부적절한 자산 배분
5. 과도한 집중투자(분산투자 부족)
6. 과도한 수수료(비용 대비 저효과)
7. 리스크 관리, 또는 인식 실패
8. 잘못된 사람에 대한 신뢰
9. 자본이득세 관리 실패
10. 오만 그리고 겸손의 부족

이 나쁜 행동들은 내가 30년 동안 트레이더, 중개인, 펀드매니저, 고객들과 함께하며 목격한 거의 모든 투자 실수를 포함한다. 이어지는 내용에서 실제 사례를 살펴볼 것이다. 위의 나쁜 행동 중 몇 가지나 발견할 수 있는지 확인해보라.

한 억만장자 가문이 나쁜 행동들을 연달아 저지른 탓에 전 재산을 잃기 직전까지 갔다는 이야기가 믿어지는가? 그들을 괴롭힌 지옥의 3연타가 펼쳐진다.

지옥에 간 억만장자들

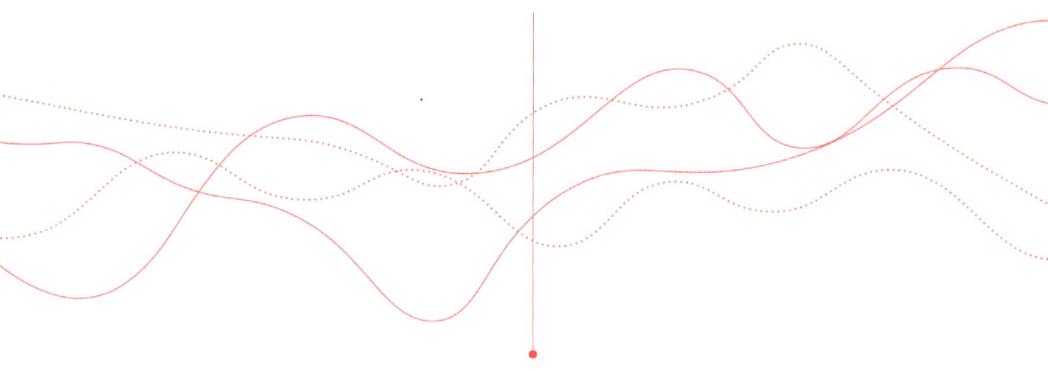

벨퍼Belfer 가문에 대해 들어본 적 있는가? 그들은 아메리칸드림의 상 징이다. 하지만 그들의 이야기는 일이 얼마나 쉽게 궤도를 이탈할 수 있 는지 보여주는 좋은 사례이기도 하다. 재정적으로 크게 성공한 사람들 도 예외일 순 없다.

벨퍼 가문(모든 역경에도 불구하고 여전히 잘 지내고 있는 관대한 가문)의 발자취를 따라가다 보면, 월스트리트의 헛소리를 적극적으로 좇는 것보 다 실수를 피하는 것이 훨씬 중요하다는 통찰을 얻게 된다. 또한 당신이 나 나 같은 평범한 사람들뿐 아니라 억만장자들도 돈에 관한 실수로 고 통받는다는 사실을 새삼 깨닫는다.

우리가 더 나은 결정을 내렸더라면 우리 모두 더 나은 삶을 누리고 있을 텐데.

아서 벨퍼Arthur Belfer와 그의 가족은 폴란드 크라쿠프에서 살았다. 벨퍼는 깃털을 취급하는 상인이었다. 1939년 여름 그는 주머니에 몇 즈워티를 쑤셔 넣은 채 도미했다. 그가 탄 배가 대서양을 항해하는 사이, 독일이 폴란드를 침공했다. 독일군이 바르샤바로 진격하는 동안, 남은 가족들(아내와 아이들)도 폴란드를 탈출해 몇 달 후 뉴욕에서 그와 합류했다.

즈워티는 폴란드의 공식 화폐로, 1528년부터 4세기 동안 안정적인 통화로 쓰였다. 그러나 나치가 국경을 넘자 벨퍼의 수중에 있던 즈워티는 갑자기 휴지 조각이 되어버렸다. 빈털터리가 된 그는 가족이 도착하기만을 기다리며 뉴욕에서의 삶을 일구기 시작했다. 그는 자신이 가장 잘하는 일을 했다. 깃털을 파는 일이었다.

빈털터리였는데도 벨퍼는 뉴욕의 한 중개인을 설득해 유럽에서 깃털을 수입했고, 이를 다시 팔아 이익을 남겼다.

이렇게 주식회사 '벨퍼'가 탄생했다.

깃털 판매에 수완이 좋았던 벨퍼는 한국전쟁 당시 군용 침낭의 공급 계약을 따내는 데 성공했다. 발포 고무로 사업을 확장한 그는 1953년 벨코 퍼트롤리엄Belco Petroleum을 설립했다. 5년 뒤 그의 아들 로버트 벨퍼Robert Belfer가 회사에 합류했다.[1]

벨코 퍼트롤리엄은 이후 10년간 빠르게 성장했다. 1962년에는 《포춘》이 선정한 500대 기업에 이름을 올렸고, 곧 뉴욕증권거래소에 상장되었다. 1965년 로버트가 아버지의 자리를 물려받아 새 사장이 되었다.

회사는 계속 성장했다. 1970년대와 1980년대의 유가 상승 속에서 로버트는 여러 건의 인수합병을 성공적으로 마무리했다. 1983년 벨코 퍼트

롤리엄은 인터노스InterNorth와 합병해 벨노스 퍼트롤리엄BelNorth Petroleum
이 되었다. 2년 후에는 휴스턴천연가스Houston Natural Gas와도 합병했다.

수십 년간 벨코 퍼트롤리엄이 보유한 주식이 복리로 불어나면서 벨퍼
가문은 막대한 부를 쌓았다. 1993년 아서 벨퍼가 86세로 눈을 감았을
때, 그는 조용히 억만장자가 되어 있었다.

1985년의 합병은 얼마 안 가 운명적인 사건으로 드러났다. 휴스턴천
연가스의 최근 이름을 알게 된다면 당신도 그리 생각할 것이다. 바로
엔론이다.

오늘날 엔론은 회계 부정 탓에 2001년 파산한 회사로 기억된다. 그러
나 그 이전 15년 동안은 천연가스와 원자재 분야에서 빠르게 성장하던
신흥 강자였다.

로버트는 그 기간에 이사회 구성원이었다. 그는 컬럼비아대학교를 졸
업하고 하버드대학교 로스쿨에서 박사학위를 받았다. 이런 배경을 가졌
는데도 엔론의 창립자이자 회장, CEO였던 켄 레이Ken Lay와 사장 제프
리 스킬링의 헛소리에 속아 넘어갔다.[2] 우리와 다를 바 없이 말이다.

당시 《뉴욕타임스》는 "엔론 붕괴와 같은 규모의 재앙에서는 최대 피
해자를 꼽기 어렵다. 하지만 유력한 후보는 뉴욕의 벨퍼 가문일 것이다"
라고 보도했다.[3] 이런 숙덕거림 속에서 이사가 주식을 매도하는 꼴이 보
기 좋지 않겠다고 생각한 로버트는 그 가치가 완전히 사라질 때까지 쥐
고 있다가 20억 달러를 잃었다.

다행히 벨퍼 가문은 자선사업 덕분에 더 큰 재앙을 피할 수 있었다.

1990년 설립된 벨퍼가문재단 Belfer Family Foundation 은 뉴욕의 예술, 문화, 고등교육(특히 의학 연구), 유대인 자선사업에 거액을 기부했다. 그들은 메트로폴리탄미술관의 북쪽 건물 건립에도 기금을 지원했으니, 이곳은 현재 '로버트와 르네 벨퍼 초기 그리스 미술 전시실 Robert and Renée Belfer Court for early Greek art '로 불린다.

링컨센터, 뉴욕 현대미술관, 구겐하임미술관, 카네기홀, 휘트니미술관, 반명예훼손연맹 Anti-Defamation League , 미국유대인위원회 American Jewish Committee , 유대교 중앙회당 Central Synagogue , 이스라엘정책포럼 Israel Policy Forum , 유대인구호연합 United Jewish Appeal , 예술연맹 Federation of the Arts 등 벨퍼 가문의 수혜자 목록은 끝이 없다. 그들은 하버드대학교 케네디대학에 벨퍼과학·국제관계센터 Belfer Center for Science and International Affairs 를 설립했고, 코넬대학교 의과대학에는 벨퍼연구동 Belfer Research Building 을 세웠다. 로버트는 예시바대학교의 알베르트아인슈타인의과대학 이사회 의장이 되었으며, 가족은 이 대학에 벨퍼홀 Belfer Hall 을 세우는 등 여러 기금을 지원했다.

이 모든 기금을 마련하기 위해 벨퍼 가문은 약간의 분산투자를 시도했다. 1990년대에 (엔론을 포함한) 많은 주식을 매각해 《뉴욕타임스》가 표현한 대로 "상당한 부동산을 보유"하게 되었다. 한편 로버트는 1992년 설립한 벨코 오일 앤드 가스 Belco OIl and Gas 를 1996년 상장해 1억 달러를 조달했다.

지금 기준으로는 최적의 분산투자였다고 하기 어렵지만, 벨퍼 가문은 여전히 부유했다. 하지만 20억 달러의 손실은 그들을 쓰러뜨리기에 충분했다. 지금도 결코 적은 액수는 아니지만, 2001년에는 정말 천문학적인 규모였다. 친구들은 로버트의 상태를 "슬퍼하고 있으며 자의식이 강해졌다”, “우울해하면서 자신을 바보로 느낀다”라고 묘사했다.

수십억 달러의 자산을 직접 관리하는 일이 어려웠다면, 전문가에게 조언을 구하는 것이 어땠을까?

벨퍼 가문은 뉴욕 예술계, 사교계, 금융계를 아우를 만큼 인맥이 두터웠고 유대인 관련 사업에 매우 관대했다. 결국 버나드 메이도프를 소개받게 되는 것은 불가피한 일이었다.

———

엔론 사태 이후 벨퍼 가문은 평판이 좋은 전문가들을 신뢰하게 되었다. 하지만 충분히 검증하지 않은 채였다. 메이도프에 대해서도 유명세와 실적이 비례하지 않는다는 위험신호가 있었으나, 벨퍼 가문은 이를 무시했다.

2001년 《배런스》는 메이도프의 과도한 비밀주의 성향을 꼬집었다.[4] 다른 투자자들도 그의 자산운용 방식을 조사한 후 거리를 두었다. 수익률이 너무 일관되게 좋았고, 변동성도 손실도 전혀 없었다. 내부정보를 이용한 거래나 선행매매, 아니면 아예 사기가 아니고서는 불가능한 일이었다.

당시 파생상품 거래 회사의 정량 분석가였던 해리 마르코폴로스Harry Markopolos는 상사에게 메이도프의 수익률을 재현해보라고 요청받았다. 《파이낸셜타임스》와의 인터뷰에서 마르코폴로스는 이렇게 회고했다. “5분 만에 사기라는 것을 알 수 있었다. 그리고 사기임을 증명하는 수학적 모델을 구축하는 데 추가로 네 시간이 걸렸다.”[5] 다른 이들도 비슷한 결론에 도달했다.

　

메이도프는 자신의 자산운용 전략을 이렇게 설명했다. 첫째, 우량주를 보유한다. 둘째, 해당 종목에 대한 칼라 옵션collar option을 매입한다.* 하지만 말뿐이었고 실제로는 그런 거래 자체를 하지 않았다. 그의 사업은 적어도 1993년부터, 어쩌면 그보다 더 오래전부터 폰지사기였다. 사실 칼라 옵션은 잘 알려진 헤징 전략으로, 연간 몇 퍼센트의 비용만으로 손실을 방지하는 파생상품이다. 주택 화재보험과 비슷하다. 역설적이게도, 로버트가 엔론 사태 전에 칼라 옵션을 알았더라면 20억 달러의 재앙을 피할 수 있었을 것이다.

아마도 이것이 로버트가 자산을 직접 관리하기보다는 메이도프에게 맡기는 편이 더 낫겠다고 생각한 이유였을 것이다. 엔론의 파산을 무력하게 지켜보며 그는 이렇게 생각했을지 모른다. '버니에게 맡겼다면 그 손실을 피할 수 있었을 텐데.'

그랬더라면….

2000년대 초반은 메이도프에게 힘겨운 시기였다. 소수점 가격 표시 제도(주가를 분수로 표시하던 방식에서 벗어나게 한 제도)의 도입으로 그의 합법적인 사업이 취하던 매수-매도 스프레드가 줄어들었기 때문이다.** 그 결과 회사의 수익성이 크게 떨어졌지만, 메이도프는 이를 견뎌낼 수 있

---

* 칼라 옵션은 '주식 매수+풋옵션 매수+콜옵션 매도'로 구성된다. 주식시장에서 특정 종목을 매수했는데 하락이 예상된다면, 풋옵션은 좋은 헤징 수단이 된다. 이때 풋옵션 매수 비용의 일부를 보전하기 위해 콜옵션을 매도하는 것이 바로 칼라 옵션의 구조다. 앞서 살펴봤듯, 풋옵션이 특정 가격에 팔 수 있는 권리라면, 콜옵션은 특정 가격에 살 수 있는 권리다. 이 콜옵션을 매도한다는 것은 얼마간의 비용을 받는 대가로, 정해진 기간이 지나면 정해진 가격으로 해당 종목을 팔아야 한다는 뜻이다. 가령 어떤 종목의 주가가 50달러일 때, 5달러를 받고 60달러에 콜옵션을 매도한다면, 정해진 기간이 지났을 때 주가가 60달러에 이르지 못하면 5달러에 더해 추가 수익을 볼 수 있다. 참고로 메이도프는 자신이 설계한 칼라 옵션을 '스플릿 스트라이크 컨버전(split-strike conversion)'이라 불렀다.

** 스프레드는 쉽게 말해 두 가격 간의 차이다. 가령 1원에 사서 5원에 팔면 스프레드는 4원이다. 이 차이가 소수점 단위로 세밀해졌기에 수익 또한 잘게 쪼개졌다는 뜻이다.

었다. 한 고객의 자산에서 손실이 발생하면, 다른 고객의 자산으로 돌려막고 있었던 것이다. 그러나 2008년 세계금융위기가 닥치자, 이런 범죄행위를 더는 숨길 수 없게 되었다. 메이도프를 포함한 월스트리트 전체에 갑작스럽고 긴급한 유동성 수요가 발생했기 때문이다. 바꿔 말해 고객들이 현금을 찾기 시작했다. 결국 액면상의 자산을 현금화하지 못하며 메이도프의 폰지사기가 만천하에 드러났다.

로버트와 메이도프의 관계에 대해 알려진 사실은 다음과 같다. 로버트는 "메이도프의 사기 계획이 무너지기 전에 2800만 달러 이상을 인출했다."[6] 관련 법원 문서는 "아서 앤드 로셸 벨퍼 재단Arthur and Rochelle Belfer Foundation, 정보불명"을 잠재적 채권자로 언급하고 있다.[7] 이 사기꾼에게 로버트의 돈이 얼마나 더 묶여 있는지, 누가 그를 메이도프에게 소개했는지, 또는 그가 다른 사람에게 메이도프를 소개했는지는 전혀 알 수 없다.

우리가 아는 것은, 이 억만장자 가문의 불운이 훨씬 더 악화할 참이었다는 점이다.

주식과 채권으로 구성된 포트폴리오를 직접 관리하는 것도, 타인에게 맡기는 것도 잘되지 않았다. 벨퍼 가문은 '이런 것 따위는 다 집어치우고, 저급하고 무능한 도둑놈들이 접근할 수 없는 색다른 무언가가 필요하다'라고 생각했는지 모른다.

바로 그때 샘 뱅크먼프리드Sam Bankman-Fried와 FTX가 등장했다.

뱅크먼프리드는 2017년 암호화폐 벤처기업 알라메다 리서치Alameda

Research를 설립해 큰 성공을 거두었다. 2년 후 그는 암호화폐 거래소 FTX를 론칭했다. 막대한 돈이 굴러들어 왔고, 찬사와 정치적 영향력도 뒤따랐다. 곧 그는 가장 단기간에 260억 달러를 모은 최초의 30세 미만 자수성가 억만장자, 암호화폐계의 신동이 되었다.

벨퍼 가문은 알라메다 리서치 그리고 어쩌면 암호화폐 자체에 기대를 걸고 FTX에 거액을 투자했다.《파이낸셜타임스》에 따르면, "벨퍼 인베스트먼트 파트너스Belfer Investment Partners는 2021년과 2022년 초 FTX의 증자 과정에서 지분을 보유했고, 해당 암호화폐 거래소의 미국 사업에도 투자했다. (…) 가문과 연계된 또 다른 회사, 라임 파트너스Lime Partners도 FTX와 FTX US의 지분을 보유했다."[8]

벨퍼 가문의 연속적인 투자 실패를 고려하면 다음 전개도 충분히 예상할 수 있으리라. 80억 달러의 자금이 증발했고, FTX는 파산을 신청할 수밖에 없었다. SEC 소속 검사들이 알라메다 리서치와 FTX 간의 혼합된 자금을 추적하기 시작했고, 뱅크먼프리드는 재판받기 위해 바하마에서 미국으로 송환되었다. 그는 25년 형을 선고받았다.

엔론, 메이도프 그리고 **FTX**… 이보다 더 끔찍한 3연타가 있을까?

나는 처음부터 벨퍼 가문은 괜찮을 것이라 말했고, 실제로도 그렇다. 메이도프피해자기금Madoff Victim Fund의 최근 보고서에 따르면 사기 피해금의 91퍼센트가 회수되었다.[9] 그리고 파산한 FTX에서 회수한 채권의 비율도 118.42퍼센트에 달한다.[10] (우연히도 엔론의 채권 회수를 감독했던 존 J. 레이 3세John J. Ray III가 특별 파산관재인으로 임명되었다.[11])

피해금은 다음과 같은 과정을 거쳐 회수된다. 피해자들은 전체 피해금에서 자신의 투자금이 차지하는 비율만큼, 파산관재인이 찾아낸 채권의 일부를 돌려받는다. 전체 피해금이 수백만 달러 규모로 적을 때는 회수율도 낮다. 잡범들은 부동산, 여행, 시계, 자동차, 기타 사치품에 돈을 쓰기 때문에, 감가상각과 거래비용 등으로 상당한 손실이 이미 발생했기 때문이다.

반면 (50억 달러를 훔친 메이도프나 80억 달러를 날려버린 FTX의 경우처럼) 대규모 사기 사건이라면 회수율이 높다. 수백만 달러를 무모하게 써버리는 일은 쉽지만, 수십억 달러를 회수 불가능한 방식으로 써버리는 일은 몹시 어렵기 때문이다.

하지만 회수된 피해금은 피해자들이 투자한 원금일 뿐, 사기꾼이 꾸며낸 가짜 수익률로 불어난 돈이 아니다. 메이도프의 고객들이 입은 진정한 피해는 수십 년간 놓친 기회였다.

즉 메이도프가 훔친 것은 돈이라기보다 시간이었다.

1985년 메이도프에게 100만 달러를 맡겼다면, 2015년에 91만 달러를 돌려받았을 것이다. 같은 기간 S&P 500에 100만 달러를 투자했다면 2,257퍼센트의 수익률을 맛보았을 것이다. 메이도프가 훔친 9만 달러는 30년간의 수익률에 비하면 아무것도 아니다. 100만 달러의 91퍼센트를 돌려받았을 때 사실 그 돈은 2356만 7689.243달러였어야 했다.[12]

따라서 메이도프가 정말 훔친 것은 기회비용이다.

메이도프가 거짓말과 절도만큼이나 복리 효과를 잘 이해했더라면 얼마나 좋았을까. 그의 수학적 무지 탓에 고객들은 수십억 달러 규모의 정상적인 수익을 빼앗겼다.

단테의 《신곡》에서 사기꾼들은 지옥의 여덟 번째 구역인 말레볼제 Malegbolge로 떨어진다. 이 구역은 열 개의 작은 도랑으로 나뉘어 있는데, 각각을 지날 때마다 더 모진 고문과 저주를 당하게 된다. 메이도프에게 딱 맞는 형벌일 듯싶다.

벨퍼 가문만이 끔찍한 투자 결정을 내렸던 것은 아니다. 수많은 초부유층이 비슷한 실수를 저지른다. 다음으로는 총자산의 절반을 단하나의 대상에 쏟아부어 수십억 달러를 날릴 뻔했던 억만장자를 살펴볼 것이다.

함부로 올인하지 말라

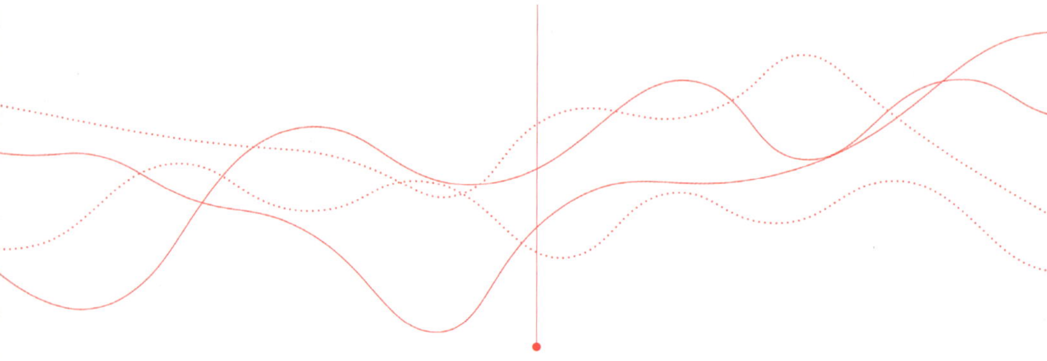

억만장자들이 청하지도 않은 내 조언 따위에 기꺼워할 것 같지는 않다. 그들은 나 없이도 잘 지낼 것이다. 특히 소름 끼칠 정도로 끔찍하고 무모한 실수를 저질러 수십억 달러 규모의 불필요한 리스크를 떠안게 된 상황에서 구경꾼의 훈수를 원할 사람은 아무도 없다.

그러나 2018년 5월 3일 자 블룸버그에 실린 기사 〈순자산의 절반을 금에 올인, 어느 억만장자의 파격적인 선택This Billionaire Says He's Put Half His Net Worth Into Gold〉을 읽고는 참을 수가 없었다.[13] "이집트 억만장자 나기브 사위리스Naguib Sawiris 가 행동에 나섰다."[14] 기사에 따르면 사위리스는 (현금 47억 5000만 달러가 포함된) 순자산 57억 달러의 절반을 금에 투자했다. 그 결과와 무관하게, 이처럼 지나치게 집중된 투자는 불필요한 리스크로 가득하다.

금에 올인한 문제의 억만장자는 이집트에서 가장 부유한 가문 출신으로, 블룸버그가 하루 단위로 집계해 발표하는 전 세계 억만장자들의 순위인 '블룸버그 억만장자 지수Bloomberg Billionaire Index'에서 338위를 차지했다. 그의 아버지 온시 사위리스Onsi Sawiris도 억만장자로 이집트에서 가장 큰 기업 오라스콤그룹Orascom Group을 설립했다. 나기브의 막냇동생 나세프 사위리스Nassef Sawiris는 이집트에서 가장 부유한 사람이다.

이 글은 사위리스 가문을 위한 것이 아니다. 그들은 자신들을 충분히 돌볼 수 있다.* 대신 나는 포트폴리오 구성, 집중도, 리스크 그리고 (물론!) 금에 대해 논할 것이다. 일반 투자자가 리스크 감수 성향이 자신과 전혀 다른 억만장자를 모방하는 것은 실수를 자초하는 일이다.

사위리스의 금 거래는 불필요한 리스크로 가득했다. 우리가 배워야 할 점은 다음과 같다.

- **집중된 포지션** 제너럴 일렉트릭을 다룬 부분에서 보게 되겠지만, 사람들은 한두 종목에 지나치게 베팅하곤 한다. 이는 주식부터 현물까지 모든 자산군에 걸쳐 나타나는 현상이다. 집중된 포지션은 잠재력이 큰 만큼 리스크도 크다. 늘 스스로에게 물어야 할 질문이 있다. "나는 무엇을 위해 리스크를 더하고 있는가?"
- **예측에 의한 투자** 모든 집중된 포지션에는 예측이 내재되어 있다. '멀지 않은 미래 어느 시점에, **이** 자산이 **저** 자산보다 비싸질 것이다' 하는 예측 말이다. 그것이 실현되든 안 되든, 집중된 포지션은 그런 예측을 반영한다. 하지만 역사는 예측을 기반으로 한 베팅이 자산을 운용하고도 보상받지 못하는 방법임을 가르쳐준다. 인

---

*　실제로 2026년 3월 1일 기준 블룸버그 억만장자 지수에서 나기브는 287위, 나세프는 363위를 기록하고 있다.

간이라는 종에게는 미래에 어떤 일이 일어날지 내다볼 능력이 없다. 인간은 이런 종류의 추측에 끔찍할 정도로 재주가 없다. 우리는 오늘에 대해서도 잘 알지 못하며 내일에 대해서는 더 알지 못한다.

- **과대평가된 시장이 곧 폭락한다는 믿음** 이 또한 예측이다. 그것도 상당히 극단적인 예측. 수십억 달러 규모의 자산을 배분하는 데 근거로 삼기에는 턱없이 빈약하다. 이는 적정주가에 기반해 타이밍을 맞출 수 있다는 착각을 반영한다. 시장은 2000년과 2008년의 대폭락 직후를 제외한 지난 30년 내내 과대평가된 상태였다. 어떤 데이터도 사람들이 적정주가나 다른 기준을 활용해 타이밍을 효과적으로 예측할 수 있다는 근거를 보여주지 못한다.

- **전망가들의 실적** 항상 스스로에게 물어보라. 전망가가 자신의 예측을 바탕으로 시장 평균 이상의 수익을 창출했는가? 만약 그랬다면, 그들의 역량 때문이었나, 아니면 단지 우연한 행운 때문이었나? 대부분의 예측은 감정, 특히 희망을 반영한다. 이는 건전한 투자가 아니다.

- **선반영에 대한 오해** 사람들은 어떤 요소가 가격에 미리 반영되는 현상을 종종 오해한다. 중국이나 인도 같은 사회에서 금의 문화적 의미를 강조하는 금 옹호론자들의 사례가 대표적이다.[15] 그들의 주장은 완벽하게 옳다. 그 나라들에서 금은 지위의 상징이자, 부의 저장수단이며, 결혼지참금 역할을 한다. 하지만 중요한 것은 그것이 아득한 옛날부터 그랬다는 점이다. 이 때문에 이미 금 가격에 반영되어 있다. 자산 가격의 움직임은 시장에 이미 반영된 과거의 구매자가 아니라, 아직 가격에 반영되지 않은, 즉 새롭게

시장에 진입할 다음의 한계 구매자marginal buyer가 좌우한다.

- **왜 투자하는가?** 이 간단한 질문은 중요성에 비해 간과되기 쉽다. 당신은 어떤 목적과 목표를 위해 투자하고 있는가? 재무설계 개론 수업에서나 들을 법한 질문 같겠지만, 그 답에 따라 당신의 목표에 상응하는 구체적이고 적절한 리스크 수준이 정해진다. 자산의 절반을 단일 종목에 집중 투자하는 것은 상상하기 어려운 일이다. 빌 게이츠, 스티브 잡스, 제프 베이조스, 일론 머스크, 워런 버핏 같은 인물들은 수십 년간 자신의 분신과도 같은 기업을 운영하면서 피땀이 녹아든 지분을 그대로 유지했다. 지금도 그럴까? 그럴 수도 있다. 또는 자신의 자산을 홍보하고 있는 것일 수도 있다.

- **마케팅** 자신이 이미 투자한 종목을 홍보하는 사람을 의심하라. 사위리스는 자신이 이미 보유한 방대한 금과 금광 기업들의 지분을 과대 선전하고 있었던 것인지 모른다. 《파이낸셜타임스》에 따르면, 그는 2017년 "전 세계 금광 자산을 인수하기 위한 새로운 투자법인을 출범시켰고, 이로써 해당 분야에서 보유한 약 15억 달러 규모의 자산을 확대하고 있다."[16]

이런 종류의 투자에는 다음과 같은 질문이 뒤따르게 마련이다. 이미 57억 달러를 보유한 상황에서 왜 이런 투자를 감행할까? 이미 승자인데! 왜 자산의 상당 부분을 과도하게 집중된 베팅으로 리스크에 노출시킬까? 단지 **이** 자산이 **저** 자산보다 더 나을 것 같다는 느낌 때문일까?

이 베팅의 결과는 잠시 접어두고 그 과정을 살펴보자. 이는 극도로 집중되고, 불필요하게 위험하며, 이해할 만한 목적도 없다. 사위리스의 예측이 맞다 해도, 리스크가 잠재적 보상보다 훨씬 크다.

나는 억만장자 고객들에게 이런 질문을 던지곤 한다. "10억 달러와 20억 달러는 얼마나 차이가 납니까?" 답은 '10억 달러'가 아니다. 답은 **'차이가 없다'**이다! 10억 달러로는 할 수 없고 20억 달러로는 할 수 있는 일 같은 것은 없다. 그 돈을 리스크에 노출시키는 것은 이후 몇 세대의 가족이 누릴 부, 자선사업, 생활 방식, 안전을 리스크에 노출시키는 것이다. 굳이 왜?

결과를 살펴보자. 2018년 사위리스는 금값이 온스당 1,300달러 초반에서 1,800달러까지 치솟을 것이며, "과대평가된" 주식시장은 폭락할 것이라고 말했다. 2024년 늦여름까지 금값은 2,500달러를 넘어 92퍼센트 상승했다. 그러나 주식시장은 94퍼센트라는 더 높은 상승률을 기록했다(S&P 500 기준).

하지만 이는 이론적 수익률일 뿐 실제 수익률은 아니다. ETF로 비교한다면 사위리스의 실적은 훨씬 뒤처진다. 실제로 동 기간에 대표적인 금 ETF인 'SPDR Gold Shares'(GLD)는 85.5퍼센트 상승한 반면 대표적인 S&P 500 추종 ETF인 'SPDR S&P 500 ETF Trust'(SPY)는 105.8퍼센트 상승했다. GLD의 높은 비용과 SPY의 배당금 재투자로 격차가 벌어졌기 때문이다.

하지만 이 억만장자는 ETF를 산 것이 아니었다. 그는 실물, 즉 금괴와 금광 기업의 지분을 사들였다. 금괴를 보유하려면 보관비, 운송비, 보험료를 직접 지불해야 한다. 게다가 수십억 달러 상당의 금괴를 도난당하지 않으려면 경비 인력을 고용해야 한다. 이런 방식으로 금을 보유하는 것은 GLD 투자보다 훨씬 복잡하다.

다음으로 금광 기업들을 검토해보자. 1993년 출범한 'NYSE 아르카 금광 기업 지수NYSE Arca Gold Miners Index'의 수익률은 40퍼센트다.[17] 이는 연평균 수익률이 아닌 지난 30년간의 총수익률이다. 같은 기간 금은 650퍼센트, S&P 500은 1,150퍼센트 상승했다. 금광 기업들이 금 자체에 비해 부진한 이유는 명백하다. 경영 실패, 운영 비용 등이 수익을 갉아먹기 때문이다. 더욱이 2004년 GLD가 출시된 이후 투자자들이 금광 기업 대신 이 ETF를 사들이고 있다.[18]

사위리스의 예측은 틀렸다. 그의 금 투자는 포지션이 지나치게 집중된 위험한 베팅이었다.[19] 그것은 수십억 달러 규모의 자산을 관리하는 최선의 방법이 아니다.

큰 의미는 없지만, 이후 블룸버그 억만장자 지수에서 사위리스의 순위는 405위까지 떨어졌다. 물론 그는 괜찮겠지만, 그가 저지른 투자 실수는 우리 모두에게 교훈을 준다.

고전적인 투자 실수의 목록은 아직 끝이 아니다. 다음으로는 극단적인 집중보유에 대해 살펴보자.

전형적인 투자 실수

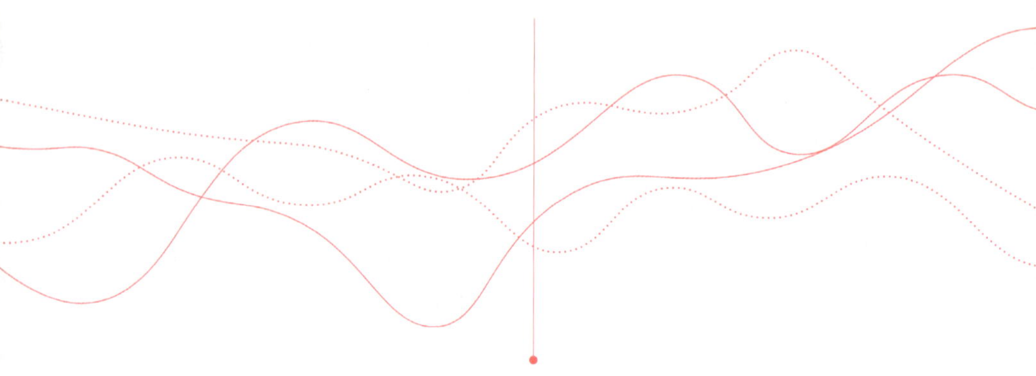

순자산의 절반을 베팅할 때 문제가 되는 것은 금뿐이 아니다. 어떤 것이든 지나치게 보유하면 문제가 된다.

특히 당신이 보유한 가장 큰 단일 자산이 당신이 일하는 회사의 주식일 때 문제가 심각해진다. 재정적 안정을 단 한 기업의 운명에 묶어두는 것은 소득과 자산 모두에 리스크를 초래할 수 있다. 역사는 이것이 재앙으로 가는 지름길이라고 가르친다.

엔론이나 리먼 브라더스에서 벌어진 회계 부정만이 문제인 것은 아니다. 가장 우량한 블루칩조차 결국에는 쇠퇴한다. 1980년대와 1990년대의 장기 강세장에서 뛰어난 실적을 냈던 '막강한 제너럴 일렉트릭the mighty General Electric'을 생각해보라.

아니, 한때 막강했던 제너럴 일렉트릭이라고 해야 할까?

제너럴 일렉트릭은 1896년 다우지수에 최초 편입된 12개 기업 중 하나였다. 단순한 우량주가 아니라 미국 경제 전체의 선도 지표 그 자체였다. 오늘날 제너럴 일렉트릭은 과거의 영광을 잃었고, 2024년 항공우주, 의료기기, 에너지의 세 개 부문으로 분할되었다.

수십 년 전의 모습은 찾아볼 수 없다. 제너럴 일렉트릭은 누구도 막을 수 없는 산업계의 거인이었다. 회사는 직원들에게 자사주를 매수하도록 장려하며, 비용(급여에서 직접 공제)의 무려 50퍼센트를 지원해주었다. 대부분의 기업이 직원들의 퇴직연금(401k)에 대해 최대 6퍼센트의 기여금만 부담한다는 점을 고려하면, 제너럴 일렉트릭의 자사주 매수 지원은 그냥 지나치기 어려울 만큼 매력적인 인센티브였다.

그래서 퇴직연금 기여금을 자사주로 받은 제너럴 일렉트릭 직원들은 어떻게 되었을까? 그리 좋지 않았다.

2018년 어느 날 아침 《월스트리트저널》을 읽던 중 지난 12개월 동안 제너럴 일렉트릭의 시가총액이 1400억 달러 하락했다는 기사를 발견했다. "제너럴 일렉트릭이 12개월 동안 잃은 시가총액은 2001년 엔론이 붕괴했을 때 사라진 금액의 두 배이며, 세계금융위기 당시 리먼 브라더스와 제너럴 모터스의 파산으로 증발한 시가총액을 모두 합친 것보다도 많다."[20]

기사는 제너럴 일렉트릭이 1년 만에 엄청난 손실을 본 것처럼 설명했지만, 기간을 넓히면 상황은 훨씬 더 심각하다. 2000년 8월 정점을 찍었을 때 제너럴 일렉트릭의 시가총액은 5940억 달러였다. 현재 살아남은 세 부문의 시가총액은 그 절반 수준인 약 3000억 달러다. 《월스트리트저널》의 보도 시점에는 시가총액이 2000년의 정점 대비 거의 5000억 달러나 증발한 상태였다. 이후 부분적으로 회복되어 50퍼센트 하락에 그쳤지만, 2000년대나 2010년대에 돈이 필요했던 은퇴자들에게는 별 위안이 되지 못했을 것이다.[21]

제너럴 일렉트릭이 군림했던 2000년 이후 시장은 늘 하던 대로 시간이 갈수록 상승했다. 제너럴 일렉트릭이 반 토막 난 25년 동안 S&P 500에 투자했다면 수익률은 473퍼센트(연평균 수익률 8퍼센트)였을 것이다. 가장 기본적인 60/40 포트폴리오더라도 수익률이 356퍼센트(연평균 수익률 7퍼센트)에 달했을 것이다.[22]

제너럴 일렉트릭의 추락은 스캔들, 재앙적인 경제 상황, 시장 붕괴 때문이 아니었다. 제너럴 일렉트릭 이전의 수많은 기업이 그랬듯이, 제너럴 일렉트릭의 시대가 끝났을 뿐이었다. 뉴욕대학교 스턴경영대학원에서 기업재무를 가르치는 아스와스 다모다란Aswath Damodaran은 저서《다모다란의 기업 생애주기》에서 모든 기업의 일반적인 생애주기를 제시했다.[23] 기업은 탄생하고, 성장하고, 성숙하고, 쇠퇴하고, 사라진다.

한때 시장을 지배하던, 그래서 누구나 알던 수많은 기업이 영광의 뒤안길로 사라졌다. 팬암(1927~1991), 아타리(1976~1993), 울워스(1879~1997), 폴라로이드(1937~2001), 컴팩Compaq(1982~2002), 올즈모빌Oldsmobile(1897~2004), 타워 레코드Tower Records(1960~2004), 제너럴 모터스(1908~2009), 블록버스터(1985~2010), 보더스Borders(1971~2011), 코닥(1889~2012), 노키아(1864~2013), 블랙베리(1984~2013), 토이저러스Toys "R" Us(1948~2017), 시어스Sears(1886~2024), IBM(1911~현재), 보잉(1916~현재) 등 목록은 끝이 없다.

제너럴 일렉트릭의 몰락에서 주목할 점은 그것이 유일하거나 특별했다는 것이 아니라, 오히려 너무나 평범했다는 것이다.

제너럴 일렉트릭의 몰락은 많은 사람에게 큰 고통을 안겼다. 그러나 그것은 쉽게 피할 수 있었던 일이다. 사람들은 왜 같은 투자 실수를 반복할까? 왜 그렇게 많은 사람이 단일 종목을 과도하게 보유할까?

생존자편향

우리는 보고 기억하는 것을 기반으로 세상을 평가하는 경향이 있다. 이에 따라 개별 기업의 장기적인 전망에 대해 다소 왜곡된 시각을 갖게 된다.[24]

자주 언급되는 예로 분실되거나 잊었던 주식 증서를 꼽을 만하다.[25] 몇 년마다 한 번씩 이를 둘러싼 이야기가 주목받는다. 누군가가 2000년에 우연히, 13년 전 1만 6000달러를 주고 구매한 EMC의 주식 증서를 발견했는데, 그 가치가 500만 달러로 뛰어 있었다는 이야기가 대표적이다. 최근 사례로는 오래전에 사둔 비트코인을 잊고 살다가 문득 떠올라 우여곡절 끝에 찾게 되었다는 이야기가 있다.[26]

많은 사람이 이런 이야기에서 좋은 주식을 사놓고 수십 년간 잊어버리면 부자가 된다는 잘못된 교훈을 얻는다. 제너럴 일렉트릭 직원들도 퇴직 계좌에 자사주 비중을 과도하게 높이면서 같은 생각을 했다.

진실은 보도되지 않은 모든 이야기 속에 있다. 뉴스는 우연히 막대한 부가 창출된 이야기만 다룬다. 먼지 쌓인 엔론이나 리먼 브라더스, 블록버스터, 시어스의 주식 증서는 그런 주목을 받지 못한다. 〈동네 주민, 다

락방에서 발견한 가치 없는 종이 뭉치〉 같은 기사는 아무도 쓰지 않을 것이고, 어디에도 게재되지 않을 것이며, 아무도 읽지 않을 것이다.

리스크와 보상

기대수익이 커질수록 낮은 수익을 거둘 리스크도 커진다. 이것은 투자에서 가장 중요한 법칙이다. 평균 이상의 수익을 얻으려면 더 높은(때로는 훨씬 더 높은) 수준의 리스크를 기꺼이 감수해야 한다. 이는 때때로 더 낮은 수익을 얻거나 심지어 손실을 볼 수도 있다는 의미다.

이것이 투자가 작동하는 방식이다. 반대로 리스크를 줄일수록 수익도 줄어든다. 보상이 리스크의 반대급부임을 이해하지 못하는 것은 대부분의 투자자가 저지르는 중대한 실수 중 하나다.

재무계획의 부재

애초에 왜 투자하는가? 무엇을 목표로? 성실히 저축하거나 퇴직연금을 운용하는 사람들이 투자에도 뛰어드는 데는 주택 구입, 자녀 대학 학자금 마련, 은퇴 생활 준비 같은 목표가 있다. 제너럴 일렉트릭 직원들이 장기 재무계획을 세웠더라면, 이런 목표를 달성하기 위해 필요한 것보다 훨씬 큰 리스크를 감수하고 있다는 사실을 깨달았을 것이다.

분산투자의 가치

제너럴 일렉트릭 직원들은 왜 자산을 폭넓게 분산하지 않았을까? 충성심이 부족해 보일까 봐 두려웠을지 모른다. 어쩌면 자신의 회사가 제2의 애플, 아마존, 구글이 될지 모른다는 기대가 반영된 것일 수도 있다.

희망 회로를 돌릴 때는 분산투자가 큰 부를 포기하는 것처럼 보인다.

그러나 자사주를 받는 근로자는 급여도 그 회사에서 받는다. 현명한 접근법은 자사주에 쏠린 자산을 광범위한 지수를 따르는 인덱스펀드로 분산하는 것이다. 그렇게 하면 차세대 베이조스나 머스크가 되지는 못하겠지만, 넉넉한 은퇴 생활은 누릴 수 있다.

제너럴 일렉트릭이 겪은 맹렬한 상승과 날개 잃은 추락은 전형적인 일이다. 수많은 기업이 겪은 일이고 분명히 다시 일어날 일이다. 지금으로서는 상상하기 어렵겠지만, 당신의 증손자들이 스타벅스, 메타, 엔비디아, 아마존, 구글, 심지어 애플을 숭배하던 옛사람들을 비웃는 날이 올지 모른다.

다음으로는 수수료와 부적절한 인센티브가 미치는 악영향에 대해 살펴볼 것이다. 피해자들에게 벌어진 일이 믿어지지 않을 것이다.

투자자문가를 너무 믿지 말라

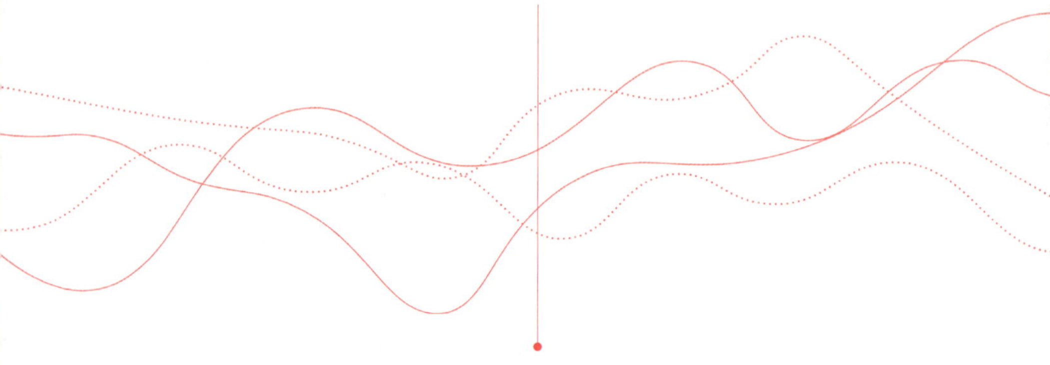

지금까지 내가 가장 좋아하는 '전쟁 이야기'들을 몇 편 소개했다. 이 모든 이야기의 공통점은 돈을 더 잘 관리하는 방법을 가르쳐준다는 것이다. 비틀스를 싫어했던 평론가들부터 벨퍼 가문을 무릎 꿇린 지옥의 3연타까지, 모든 이야기가 재미와 놀라움으로 가득하다. 사실 이는 미묘한 심리적 장치다. 이야기가 매력적이라면 독자의 머릿속으로 교훈이 자연스레 스며들게 된다.

이제부터 두 가지 놀라운 이야기를 소개하려 한다. 제목에서 무슨 일이 벌어졌는지 눈치챘겠지만, 자세한 내용을 알면 알수록 정말 극적이다. 두 사건 모두 2024년 여름 눈에 띄지 않게 일어났다.

첫 번째 충격적인 사건은 블룸버그 기사 〈베일에 쌓인 부호 가문, 투자자문가들은 '억만장자' 등극 Secretive Dynasty Missed Out on Billions While Advisers Got Rich〉을 통해 수면 위로 드러났다.[27]

한 가문에 속한 두 자산관리사가 엄청난 수익을 챙겨 억만장자가 되었다. 그 주인공 피터 하프Peter Harf와 올리비에 구데Olivier Goudet는 "19세기에 화학 기업 벤키저Benckiser를 설립해 부를 축적한" 라이만Reimann 가문의 자산을 관리해왔다.

하프와 구데는 커피 기업들에 투자해 업계 최강자 네슬레에 맞서자는 "대담한" 전략을 세웠다. 그들은 라이만 가문의 자산 300억 달러를 투입해 K컵(일종의 캡슐 커피) 제조업체 큐리그Keurig, 피츠 커피Peet's Coffee, 크리스피 크림Krispy Kreme, 파네라 브레드Panera Bread, 프레타 망제Pret A Manger 등을 비롯한 여러 기업을 인수했다. 그리고 각각을 인수할 때마다 엄청난 프리미엄을 지불했다.

블룸버그에 따르면 "그 대규모 베팅은 완벽한 실패"였다. "만약 라이만 가문이 관련 지수를 추종하는 인덱스펀드에 투자했다면, 그 가치는 500억 달러 이상이 되었을 것이다."

그런데 이 실패한 투자가 "43년간 라인만 가문의 자산을 관리해온 78세의 하프와 59세의 구데에게 큰 보수를 안겨준 것으로 드러났다." 이들 때문에 라인만 가문이 놓친 수익은 130~170억 달러로 추정된다.

실망스러운 성과가 10억 달러 이상의 축재로 이어지다니! "한 가문의 자산을 관리해온 이들이 10억 달러 규모의 부를 축적한 드문 사례다." 그러면서도 블룸버그는 불법 행위의 징후가 없다고 강조했다.

나는 이렇게 해석한다. 벤치마크에 비해 극히 저조한 성과를 내면서도 보수로 10억 달러를 챙기는 투자자문가라면 고객의 재정적 안녕보다는 자신의 이익에 더 관심이 있는 것이다.

라틴어 격언이 떠오른다. 'Res ipsa loquitur.' 사건 자체가 말해준다.

꼭 억만장자여야 잘못된 투자자문가를 믿는 것은 아니다.

2008년 봄, 미니애폴리스 와세카의 폴 로제나우Paul Rosenau와 수 로제나우Sue Rosenau 부부는 파워볼 복권에 당첨되어 세후 5960만 달러를 받았다. 독실한 루터교 신자였던 이들은(폴은 목사의 아들이었다) 당첨금으로 크라베병을 앓는 어린이들을 치료하고 지원하는 비영리단체 로제나우가족연구재단Rosenau Family Research Foundation을 설립했다. 5년 전 사랑스러운 손녀를 같은 병으로 떠나보낸 로제나우 부부에게 당첨금의 거의 절반인 2640만 달러를 비영리단체에 쏟아붓는 것은 어려운 결정이 아니었다.

투자 경험이 전혀 없던 그들은 가족과 재단의 자산관리사로 프린시플증권Principal Securities에 소속된 보험설계사 존 프리베John Priebe를 고용했다.

위험신호는 거의 즉시 나타났다. 제이슨 츠바이크의 《월스트리트저널》 보도에 따르면, "로제나우 부부는 파워볼에 당첨되고 불과 몇 주 만에 프리베와 함께 전용기(!?!)를 타고 프린시플증권 본사로 날아가 고위 경영진 및 '청소부를 제외한 모두'를 만났다."[28]

수년 후 열린 재판에서 밝혀진 바에 따르면, 프리베는 재단 앞으로 1890만 달러 상당의 변액연금을 가입함으로써 120만 달러의 수수료를 챙겼다. 이 거액의 수수료만으로도 경각심을 가져야 마땅한 일이지만, 더 심각한 문제는 바로 변액연금 자체였다.

연금의 가장 큰 장점은 과세이연 혜택이다. 퇴직연금이나 IRA를 보면 알 수 있듯이, 연금은 수십 년 후 돈을 인출할 때까지 세금을 내지 않아도 된다. 따라서 세금 부담이 큰 투자자들에게 유용한 상품이다.

하지만 세후 자금으로 조성된 비영리단체라면? 이는 최악의 투자다. 수익률도 낮은 데다가 수수료도 비싸 딱히 이득이 없다. 전 밴더빌트대학교 CIO(최고투자책임자)이자 비영리단체 전문 자산운용사 디스시플리나그룹Disciplina Group 대표인 매슈 라이트Matthew Wright는 《월스트리트저널》과의 인터뷰에서 이렇게 지적했다. "비영리단체가 투자 전략의 일환으로 변액연금에 가입한다는 이야기는 들어본 적이 없다."

게다가 수수료가 계속 불어났다. 프리베는 로제나우가족연구재단에 연간 2퍼센트의 수수료를 부과했으며, 6퍼센트가 넘는 커미션을 챙겼다. 《월스트리트저널》에 따르면 전체 커미션은 330만 달러, 또는 그 이상이었다.

거기에서 끝이 아니었다. 성과는 참담했다. 시장이 두 배 이상 상승한 6년간 재단의 자산은 200만 달러나 감소했다.

결국 이 사건은 법정다툼으로 비화했고, 프린시플증권이 재단에 730만 달러의 배상금을 지급하는 것으로 일단락되었다. 이는 재단의 자산이 적절히 투자되었을 경우 얻을 수 있었던 수익에 비하면 미미한 수준이었다.

아직도 패턴을 감지하지 못했는가?

수탁자 의무를 지지 않는 사람에게 돈을 맡기는 것은 과도한 수수료와 저조한 수익률을 초래하는 지름길이다.

로제나우 부부의 이야기를 취재한 츠바이크는 《월스트리트저널》의 투자 행동 전문가 중 한 명이다(그는 《투자의 비밀》을 썼다[29]). 기사에서 그는 투자자들을 위한 조언도 빼놓지 않았다. "투자자들은 투자자문가, 중개인, 보험설계사가 고객의 이익을 위해 행동하도록 요구하는 규제를 환영해야 한다." 물론 금융계는 이런 규제가 수익성에 부정적 영향을 미칠 것으로 우려해 강력히 반대해왔다.

2011년, 라인만 가문의 자산관리사 중 한 명인 하프는《하버드비즈니스리뷰》와의 인터뷰에서 이렇게 말했다. "나는 리스크를 두려워하지 않는다. 손실을 보는 것도, 무언가를 사는 것도 두렵지 않다."

수탁자 의무를 지지 않는 사람만이 이런 말을 할 수 있다. 고객의 이익을 책임지는 사람이라면, '고객이 재정적 목표를 달성하기 위해 견뎌야 할 최소한의 리스크와 변동성은 어느 정도일까?' 하는 물음을 머릿속에 새기고 있어야 한다.

눈을 가늘게 뜨고 보면, 그 차이를 알아챌 수 있을 것이다.

다음으로는 갑작스러운 횡재의 위험성을 깊이 탐구할 것이다.

갑작스러운 횡재의 끔찍한 결말

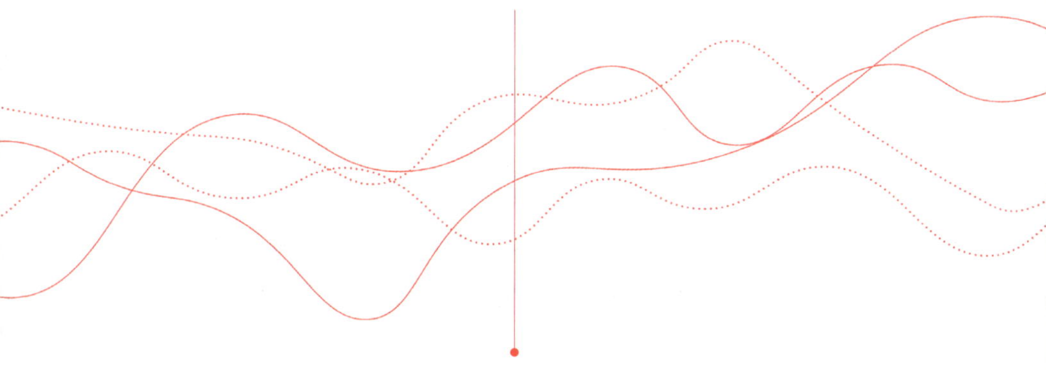

마이클 샘Michael Sam은 NFL 사상 처음으로 동성애자임을 공개하며 스포츠 역사에 이름을 새겼다. 만약 샘이 현명하다면 더 특별한 그룹에 합류할 수 있을 것이다. 파산하지 않은 운동선수들의 그룹 말이다.

스포츠계를 둘러싼 잘 알려지지 않은 불편한 사실이 하나 있다. 수십 년간 놀라울 정도로 많은 운동선수가 파산했다는 것이다. 스포츠 역사 초기에는 운동선수들의 수익이 적었기에 파산 규모도 작았다. 그러나 중계권 계약과 광고 계약 등으로 수익이 점점 커지고 있다. 오늘날 신인 선수들의 최저 연봉조차 옛 올스타 선수들이 겨우 꿈꿔봤을 수준이다.

이렇게 수익이 커졌는데도, 아니 어떤 경우에는 오히려 그 때문에 점점 더 많은 운동선수가 파산하고 있다. 2009년《스포츠일러스트레이티드Sports Illustrated》가 〈운동선수들은 어떻게(그리고 왜) 파산하는가How (and Why) Athletes Go Broke〉라는 기사에서 이 추한 진실을 파고들었다.[30] "NFL,

NBA, MLB의 수많은 선수가 자신의 돈 대부분, 또는 전부를 잃는다. 그들이 얼마나 버는지는 중요하지 않다. 그들이 돈을 날리는 방식은 놀랄 만큼 비슷하다."

관련 데이터는 충격적이다. 《스포츠일러스트레이티드》에 따르면, NFL 선수 다섯 명 중 거의 네 명이 은퇴 직후 파산하거나 재정적 압박을 받으며 살아간다. 실직과 이혼이 주된 원인이다. NBA 선수들의 상황은 약간 나아, 은퇴 후 5년 이내에 세 명 중 거의 두 명이 파산한다.

복권에 당첨되든, MLB에 진출해 3억 2500만 달러짜리 계약을 맺든 상관없다.[31] 수년간 투자 경험을 쌓고 (훌륭한) 전문가에게 조언받는 초부유층에게도 자산관리는 어려운 일이다. 갑자기 큰돈이 생긴 이들은 말할 것도 없다. 자산관리 경험이 거의, 또는 전혀 없는 상태에서 어떻게 써야 할지 짐작도 못 할 만큼의 돈을 갑자기 얻게 된다면 이는 재정적 재앙으로 이어질 수 있다.[32] 이 문제와 관련된 또 다른 사례를 살펴보자.

———

팬데믹 기간에 사람들의 생활은 급격히 달라졌다. 반복되던 일상의 흐름이 완전히 깨졌고, 생활, 업무, 놀이가 모두 집 안에서 이루어졌다. 이 덕분에 애플, 마이크로소프트, 구글, 월마트, 도큐사인Docusign, 인스타카트Instacart, 타깃Target 그리고 무엇보다 아마존 등 다수의 기업이 혜택을 보았다.

그중에서도 실내 자전거 회사 펠로톤Peloton만큼 주가가 급등한 기업은 찾기 힘들었다. 국가 비상사태가 선포된 2020년 3월 13일, 펠로톤의 주가는 20달러에 조금 못 미쳤다. 이후 2021년 1월까지 9개월 동안 750

퍼센트 급등해 167달러를 넘어섰다. 팬데믹이 종식되자 상승세도 끝났다. 2021년 말까지 79퍼센트 하락하며 35달러가 되었다. 현재는 팬데믹 당시의 최고점 대비 97퍼센트 하락한 상태다.[*]

펠로톤의 공동 창립자이자 전 CEO 존 폴리John Foley는 한때 19억 달러 가치의 자사주를 갖고 있었지만, 이제는 거의 전부 사라졌다.[33] 폴리는《뉴욕포스트》와의 인터뷰에서 이렇게 말했다. "한때는 서류상으로 엄청난 돈을 가지고 있었다."[34] 그는 이스트 햄프턴에 있는 5500만 달러 상당의 저택 등 여러 부동산을 매각해 현금을 마련해야 했다.

어떻게 19억 달러 가치의 자사주를 가졌던 사람이 끝내 부동산을 매각할 수밖에 없는 상황에 이르렀을까?

여기에는 온갖 이유가 작용했다. 과도한 레버리지, 분수에 맞지 않는 생활, 천천히 부자가 되겠다는 인내심의 부족…. 이것들의 치명적인 조합은 그 누구라도 자산의 가치가 갑자기 하락할 때 버티지 못하게 한다.

내 동료 조시 브라운은 이 문제를 다룬 책도 썼다.《그것을 보지 말았어야 했다You Weren't Supposed to See That》에서 그는 주식담보대출이 인기 있는 이유를 다음과 같이 설명했다.

은행들은 기꺼이 고객 포트폴리오 내 어떤 주식이든 담보로 잡고 대출을 주선했다. 왜 아니겠는가? 이렇게 하면 주식도 팔고 세금도 내지 않을 수 있다. 또한 관리 자산이 계속 유지되기에 수수료도 영원히 빼먹을 수 있다. 이렇게 그들은 부자가 되고 부를 유지할 수 있었다. 마음껏 돈을 빌림으로써, 주머니에서 한 푼도 빠져나가지

---

[*]　펠로톤의 주가는 2026년 2월 기준 4달러대까지 추락했다.

않고 지분을 포기하지 않으면서도 원하는 것은 무엇이든 살 수 있었다.[35]

수수료 인상과 고객잔류율 상승이 실제 고객에게 어떤 이점이 있을까? 거의 없다. 하지만 증권사는 리스크가 더 높고 반드시 고객의 이익에 부합하지도 않는 투자상품과 서비스를 판매함으로써, 고객과 고객의 자산을 돈벌이에 최대한 이용한다. (월스트리트는 주주의 이익을 위해 노력해야 한다는 수탁자 의무를 지지 않는다.)

펠로톤 창업자의 포트폴리오를 직접 본 적은 없지만, 그 안에 무엇이 있었는지, 또 무엇이 없었는지는 짐작할 수 있다. 자사주를 담보로 한 대출이 많았을 것이고, 주가 하락을 방어할 헤징 수단은 없었을 것이다. 집중된 포지션(단일 종목 리스크)을 추구하며, 분산투자는 거의, 또는 전혀 하지 않았을 것이다.

이런 일들이 계속 반복되는 것은 같은 이유 때문이다. 갑작스러운 횡재를 맞은, 경험이 부족한 사람들은 비슷한 실수를 저지른다. 복권 당첨자나 운동선수뿐 아니라, 사업을 매각하거나 자사주의 가치가 급등해 수혜를 입은 사람, IPO로 재산이 크게 늘어난 사람 등이 이런 문제에 직면한다.

갑작스러운 현금 유입은 세대 문제가 되려는 참이다. 왜일까? 일부에서 '부의 대이동great wealth transfer'이라 부르는 것 때문이다.[36] 일부 추산에 따르면, 2045년까지 84조 4000억 달러 규모의 자산이 베이비붐세대에서 MZ세대로 상속될 전망이다.[37] 로빈후드에서 밈 주식을 거래하는 것은 그 수조 달러를 관리하는 최적의 방법이 아니다.

갑작스럽게 큰돈을 만지게 된 모든 사람이 배워야 할 교훈을 소개하겠다. 많지 않은 유산을 상속받았든, 뉴욕 메츠와 7억 6500만 달러짜리 계약을 맺었든, 그것은 문제가 아니다. 몇 가지 간단한 지침만 따라도 갑자기 늘어난 자산을 더 잘 관리할 수 있다.

직접 참여하라

투자자는 자산관리를 시작하는 순간부터 재무계획에 직접 참여해야 한다. 당신이 고용한 사람이 당신을 위해 돈을 잘 보살펴줄 것이라고 가정하지 말라. 포트폴리오에 어떤 자산이 포함되는지, 세금과 수수료는 얼마인지 등을 모두 파악해야 한다.

언제까지 일할 계획인지, 기대수명은 얼마인지, 선택한 생활 방식을 유지하는 데 돈은 얼마나 드는지 등 각종 수치를 꿰고 있어야 한다.

단순하게 투자하라

재무계획을 짤 때 대부분의 사람이 가장 어렵다고 생각하는 부분이 사실은 가장 쉽다. 광범위한 지수(미국 주식, 비미국 주식, 회사채, 국채)에 기반한 인덱스 투자면 충분하다. 주식과 채권의 비율은 나이와 리스크 감수 성향에 따라 조정하면 된다.

부유해진 후에는 리스크를 덜 감수해도 되는 여유가 생긴다. 개별 종목이나 타이밍 선정에 시간을 낭비하지 말라. 시장이 당신을 위해 일하게 하라. 복잡한 투자상품, 고비용 펀드, 대체투자상품은 피하라.

계획을 세워라

재무계획으로 세 가지를 얻을 수 있다. 첫째, 현재 보유한 자산 규모를 파악할 수 있다. 둘째, 미래에 확보할 수 있는 자산 규모를 계산할 수 있다. 셋째, 그 자산을 활용해 이룰 목표를 구체화할 수 있다.

부채와 레버리지를 피하라

누구나 분수에 맞게 살아야 한다. 이는 가장 기본적인 부의 기술이다. 뜻밖에 큰돈을 거머쥔 사람에게는 특히 더 중요하다.

참을성이 없고 부주의한 젊은 운동선수들을 노리는 최신 함정은 급여담보대출이다. 보통 수년 단위로 계약하는 운동선수들의 경우, 거액의 수수료를 내면 급여의 상당 부분을 미리 수령할 수 있다. 이런 대출은 연이율 25퍼센트 이상에 수수료까지 붙는 등 사실상 고리대금이다. 무슨 일이 있어도 피해야 한다.

비용에 주의를 기울여라

투자자들은 과도한 비용, 세금, 수수료가 장기적으로 포트폴리오를 망친다는 사실을 알고 있어야 한다.

잘못된 조언에 따른 투자나 대출도 마찬가지다. 친구나 가족에게 돈을 빌려주거나 투자해서는 안 된다. 큰돈이 생기면 거창한 사업계획이 있거나 사정이 딱한 먼 친척들이 갑자기 나타난다. 그들의 요청에 대해 당신의 자산관리사가 대신 처리할 것이라고 말하라(그 답이 항상 "안 됩니다"라는 것은 말하지 말라).

그리고 제발, 무슨 일이 있어도 식당, 연극, 영화에 투자하지 말라.

운동선수, 복권 당첨자, 자사주나 IPO 등으로 횡재한 많은 사람이 돈을 탕진한 후 재정적인 어려움을 겪는다. 이런 운명을 피하는 특별한 비결은 없다. 약간의 계획, 조금의 감독 그리고 인내심은 항상 더 나은 결과를 낳는다. 곧 새 주인의 품에 안기게 될 수조 달러가 이 책에서 소개한 사례들보다 더 잘 관리되길 바란다.

갑작스러운 행운만큼이나 높은 수익의 유혹은 탐욕스러운 투자자들에게 마약과 같다. 하지만 투자 기회가 너무 좋아서 사실인 것 같지 않아 보일 정도라면… 사실이 아닐 가능성이 크다는 점을 명심하라.

리스크 없는 수익?

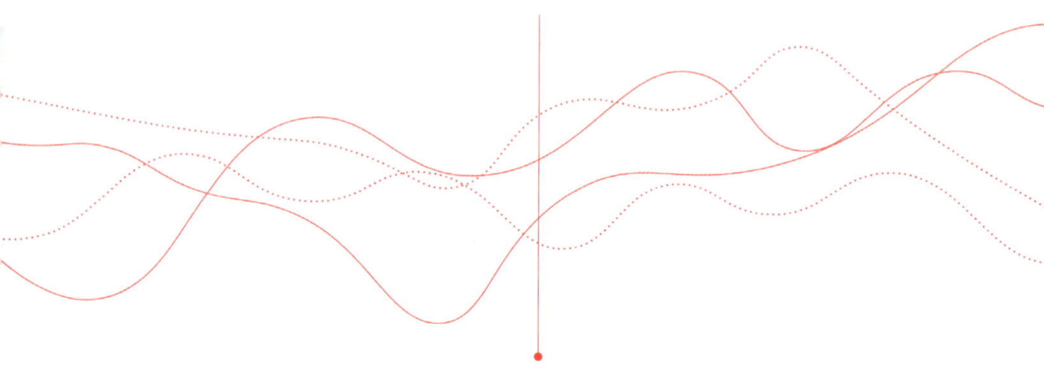

탐욕은 인류의 동반자였다. 탐욕은 기독교의 7대 죄악 중 하나다.[38] 부처님은 물질적 부에 대한 갈망이 불행의 근원이라고 설파했다. 불교는 탐욕이 고통을 낳는 삼독三毒(탐貪, 진瞋, 치癡) 중 하나라고 가르친다. 유대교는 탐욕과 이기심을 비난하며, 힌두교도 마찬가지다. 이슬람교는 탐욕이 영적 빈곤으로 이어진다고 경고하며, 《쿠란》은 탐욕을 사악한 성품이자 악덕으로 명시한다.

천천히 부자가 되는 데 필요한 인내심을 갖추지 못한 사람이 너무나 많다. 30년간 월스트리트에서 일하는 동안, 나는 업계에서 쫓겨난 수많은 사람을 보았다. 거의 모두가 천천히, 인내심을 가지고, 합법적으로 부를 쌓는 대신 빠르게 얻으려다가 자멸했다.

투자자들도 사람이기에 똑같은 약점을 갖고 있다. 탐욕은 불필요한 실수의 주된 원천이다. 이것이 어떻게 마수를 뻗치는지 자세히 살펴보자.

2022년 라스베이거스에서 벌어진 폰지사기의 전모가 폭로되었다.《워싱턴포스트》에 실린 해당 기사는 눈을 떼기 힘들 정도로 흥미로우면서도 끔찍한데, 사라진 자금, 모르몬교(예수그리스도후기성도), FBI, 총기, 살인 등이 얽히고설켜 있다.[39] 나는 '금융 재앙 헤쳐나가기(벨퍼 가문의 이야기)'라는 주제로 프레젠테이션을 준비하다가[40] 이 추악한 이야기를 접했다.

당국은 비즐리Beasley가 동업자 제프리 저드Jeffrey Judd와 함께 주로 모르몬교도를 대상으로 한 대규모 폰지사기를 꾸미고 있다고 오랫동안 의심해왔다. 이 투자는 소송 합의 후 보상금을 기다리는 낙상 사고 피해자들에게 돈을 빌려줌으로써, 리스크 없이 연평균 수익률 50퍼센트를 거둘 수 있는 기회라고 홍보되었다.

탐욕을 억누르고 숫자에 집중한 사람이라면 누구든 위험신호를 감지할 수 있었다. 이 폰지사기가 시작된 2010년대 당시 무위험 수익률(즉 10년 만기 미국 국채 수익률)은 2~3퍼센트 수준이었다.

위험신호는 잠재적 투자자들에게 이렇게 외치고 있었다. "국채 수익률의 20배를 보장하는 상품이 어떻게 무위험일 수 있지?" 세계금융위기의 원인이 된 서브프라임 모기지조차 10년 만기 국채보다 겨우 몇백 베이시스포인트 높은 수익률을 약속했다. 이를 "리스크 없이 연평균 수익률 50퍼센트"를 보장한 폰지사기와 비교하면 하찮게 보일 정도다.

감이 오기 시작했다면 주의를 기울이고 이런 질문을 던져보라.

- 시장금리가 2.5퍼센트인 환경에서, 왜 낙상 사고 피해자들이 50퍼센트의 금리를 부담하며 돈을 빌리려 하겠는가?

- 보상금을 받기까지 몇 달만 기다리면 되는데, 그 절반을 왜 미리 포기하려 하겠는가?
- 다른 차입 수단은 검토해보았을까?
- 기관, 은행, 벤처캐피털에 이 제안을 해보았을까? 그들이 이 거래를 검토했을까? (그들은 어떤 결정을 내렸을까?)
- 50퍼센트, 25퍼센트, 10퍼센트의 수익률을 보장하는 다른 안전한 투자처를 알고 있는가?

낙상 사고 피해자들에게 이것이 얼마나 끔찍한 거래인지 알아차리는 데는 복잡한 분석이 필요치 않다. 그들에게는 너무 불리하고 투자자에게는 너무 유리하다. 따라서 말이 되지 않는다. 처음부터 끝까지 거대한 위험신호다.

이것을 표현하는 다양한 방법이 있겠지만, 내가 특히 좋아하는 구절을 몇 가지 소개해보겠다.

- 너무 좋아서 사실일 것 같지 않다면, 아마도 사실이 아닐 것이다.
- 공짜점심은 없다.
- 보상은 감수한 리스크의 함수다.

승산이 얼마나 낮은지 알면서도 복권을 사는 것과, 복권 당첨 같은 무위험 수익을 기대하며 투자하는 것은 완전히 다른 문제다.

이 폰지사기를 서브프라임 모기지와 비교해보자. 해당 증권은 합법적 투자상품이었지만 리스크가 컸다. 다만 판매자들이 공격적인 영업으로 리스크를 감췄고 초저금리 시대를 맞이한 투자자들은 그 리스크를 과소평가했다. 증권화된 저신용 주택담보대출은 합법적이었지만 끔찍한 투자였으며, 보상과 리스크의 불균형이 극심했다. 언젠가 폭발하리라고 눈치챈 사람들도 있었지만, 돈에 눈이 먼 대부분의 사람에게 이를 설득하기란 불가능했다.

탐욕은 무위험 수익과 무수익 리스크를 혼동하게 만든다.

언젠가는 사람들의 머릿속에 컴퓨터 칩을 이식해 사기의 명백한 단서가 발견되면 귓구멍에서 경보음이 울리게 될지 모르겠다. 하지만 그날이 오기 전까지, 우리의 인간 본성은 사기꾼들의 감언이설 앞에 여전히 취약할 것이다. 하지만 그들의 술수가 어떠한지 미리 파악한다면, 최악의 상황은 피할 수 있다.

일차원적인 사기는 단숨에 간파할 것 같은, 경제와 금융에 빠삭한 뛰어난 교수진과 통찰력 있는 연구자들로 가득한 대학 기금의 성과는 어떨까? (별로다.) 어떤 학교들이 'F'를 받았는지 알면 놀라게 될 것이다.

마지막 기회?

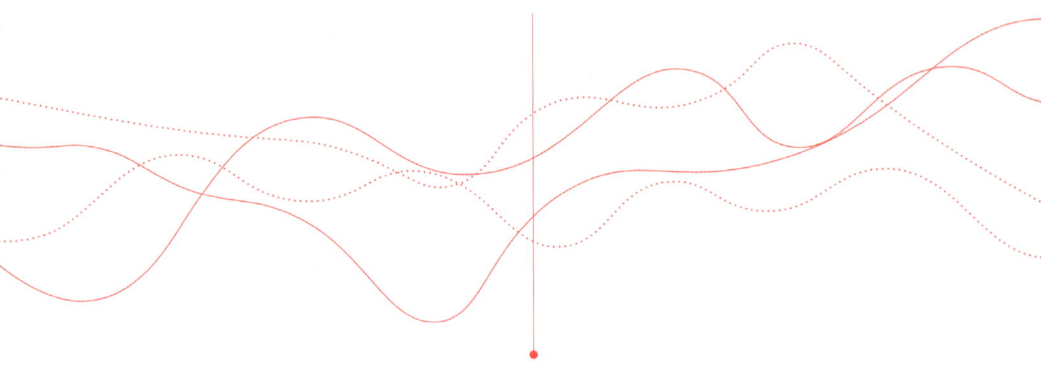

　1985년 이래 예일대학교의 기금은 모든 대학 기금의 기준으로 여겨졌다.

　이름을 날리기 훨씬 전부터 예일대학교의 포트폴리오는 일반적인 주식과 채권이 아닌 사모펀드, 원자재, 부동산 등 대체투자상품으로 가득했다. 데이비드 스웬슨과 그의 동료 딘 다카하시Dean Takahashi가 개발한 '예일 모델'은 아이비리그의 다른 대학들에서 부러움을 샀다.

　예일 모델의 성공은 수많은 모방자를 낳았다. 그러나 스웬슨 없이는 예일 모델의 외형만 흉내 낼 수 있었을 뿐, 그 본질적인 감각은 따라하지 못했다.[41]

　예일대학교의 성공으로 오랜 경쟁자인 하버드 매니지먼트 컴퍼니Harvard Management Company는 좌절할 수밖에 없었고, 결국 독자적인 모델을 찾아 나서게 되었다. 그들은 잭 마이어Jack Meyer에게서 해법을 찾았다. 마이어는 하버드 매니지먼트 컴퍼니를 15년간 이끌면서 하버드대학교의 자산운용 방식을 완전히 바꾸었다. 마이어는 1990년 48억 달러였던 기금을 2005년 259억 달러로 키웠다.[42] 10년간 연평균 수익률 16퍼센트를 기록했으며, 기금의 비영리적 성격과 장기적 관점을 활용한 적극적 전략으로 꾸준히 벤치마크를 초과했다.

월스트리트에서 고빈도 매매가 유행하기 훨씬 전부터 마이어가 이끄는 하버드 매니지먼트 컴퍼니는 그것을 마스터한 상태였다. 실제로 2005년 《포춘》은 다음과 같이 보도했다. "그곳에서 일하는 약 120명의 직원은 고빈도 매매의 달인으로, 연 최대 25만 건의 거래를 수행한다. 그들의 베팅은 주로 비미국 주식 및 채권시장의 차익거래 기회와 저평가 상황에 집중되어 있다."[43]

그러나 이후 하버드 매니지먼트 컴퍼니는 문제아가 되어버렸다. 무엇이 잘못되었던 것일까? 한때 하버드대학교의 기금은 아이비리그는 물론 모든 대학 중 최고였다. 문제는 학문적 오만과 정치적 올바름의 조합에서 비롯되었고, 일련의 끔찍한 그리고 값비싼 결정이 이어졌다.[44]

마이어의 연봉은 700만 달러를 넘어서며, 스웬슨의 연봉보다 일곱 배나 많아졌다. 성과에 따라 보상하는 능력주의는 월스트리트에나 적합하지, 품격 있는 아이비리그에 어울리는 덕목이 아니었다.

이를 마뜩잖게 여기던 사람들 중에 테리 M. 베넷Terry M. Bennett이 있었다. 베넷은 1964년 하버드대학교 의과대학을 졸업했고, 이후 모교에 정기적으로 거액을 후원해왔다.[45] 2004년 그는 하버드대학교가 자산관리사들의 보수를 삭감하지 않는다면 향후 기부를 중단하겠다고 위협했다. (자산관리사들이 벤치마크를 초과하는 수익을 냈다는 것은 그에게 중요한 일이 아니었다.) 《뉴욕타임스》와의 인터뷰에서 그는 "지난해 자산관리사들이 가져간 돈으로 4,000명 이상의 학생을 1년간 하버드대학교에 보낼 수 있었다"라고 주장했다.[46] 하버드대학교는 결국 자산관리사들의 보수 수준에 관한 동문들과 교수진의 요구를 받아들였다.

이후 수십 년간 하버드 매니지먼트 컴퍼니의 수익률은 추락을 거듭했고, 끝내 회복되지 못했다.[47]

당시 하버드 매니지먼트 컴퍼니의 연평균 수익률은 13퍼센트로, 예일대학교의 9퍼센트를 크게 앞질렀다. 약 400베이시스포인트의 차이는 하버드대학교에 연간 10억 달러에 달하는 초과수익을 안겨주었다.

엎친 데 덮친 격으로 당시 하버드대학교 총장이었던 로런스 서머스가 하버드 매니지먼트 컴퍼니에 영향력을 행사하며 문제를 키웠다.《보스턴 글로브》에 따르면, 서머스는 "기본 운용금을 잘못 관리하고 있다"라는 마이어의 경고를 무시한 채 위험한 주식, 채권, 대체투자상품에 베팅했다.[48] 이런 잘못된 투자는 세계금융위기 동안 엄청난 손실을 초래했다.

고액 연봉을 받는 자산관리사들에 대한 부정적 인식은, 현실 세계의 사람들이라면 어리석게 볼 과시적 태도로 이어졌다. 기관은 사람들로 이루어지며, 그 사람들은 다른 사람들과 똑같은 실수를 저지른다. 이 유능한 자산관리사들의 높은 보수에 기분이 상한 하버드대학교 교수진은 정보는 부족하지만 자부심이 강한 동문들의 부추김에 힘입어 마이어와 그의 팀을 몰아냈다.

이쯤 되면 당신은 왜 아이비리그가 운용하는 500억 달러 규모의 대학 기금에 관심을 가져야 하는지 궁금해하고 있을 것이다. 이유는 간단하다. 그들의 이야기가 불필요한 실수와 관련해 놀라운 교훈을 건네기 때문이다.

우리는 이미 투자 성공이 얼마나 드문 일인지 살펴봤다. 우리가 버핏,

피터 린치, 짐 사이먼스Jim Simons 같은 사람들의 이름을 아는 이유는 그들이 그만큼 이례적이기 때문이다.

2005년 마이어가 떠난 후 하버드 매니지먼트 컴퍼니는 완전히 몰락했다. 세계금융위기에서 큰 손실을 겪었고, 이후의 회복 국면에 동참하지 못했으며, 대학 기금 중 최하위의 실적을 기록했다. 이 참사는 겪지 않을 수 있었던, 자초한 실수였다. 모든 손실이 마이어의 방식을 활용했다면 충분히 피할 수 있는 것들이었다. 세계금융위기 동안 하버드대학교는 기금의 3분의 1을 잃었다. 5년이 지난 후에도 연평균 수익률은 2퍼센트에 불과했다. 하버드 매니지먼트 컴퍼니의 2016년 연례보고서는 처음부터 끝까지 우울한 내용으로 채워졌다. 시장이 거의 12퍼센트 상승했는데도 20억 달러의 손실을 봤다.[49]

2016년의 참사 이후 하버드 매니지먼트 컴퍼니는 자신들이 보유한 세계 최대 규모의 대학 기금을 다른 방식으로 운용하기 시작했다. 230명의 직원 중 절반을 해고하고 자산운용의 대부분을 외부 전문가들에게 위탁했던 것이다.

자산운용이 벤치마크를 초과하는 실적을 낼 때라면, 그 성과를 망칠 만한 어떤 조치도 취하지 말아야 한다. 많은 것이 잘못될 수 있는 세상에서 투자 성공은 드물고도 연약한 존재다. 그 섬세한 균형을 틀어지게 할 만한 행동은 어떤 것도 하지 말라.

물론 하버드대학교는 자산관리사들의 보너스 5000만 달러를 절감했다. 그 결과 연간 수십억 달러의 초과수익을 창출하고 있었고, 앞으로도 놀라운 성과를 보여줄 인재들을 잃었다.

5000만 달러를 절약하기 위해 수십억 달러를 포기하는 것은 절대 해서는 안 될 거래다.

———

다음으로는 과정보다 결과에 집중할 때의 위험성을 다룰 것이다.

결과와 과정

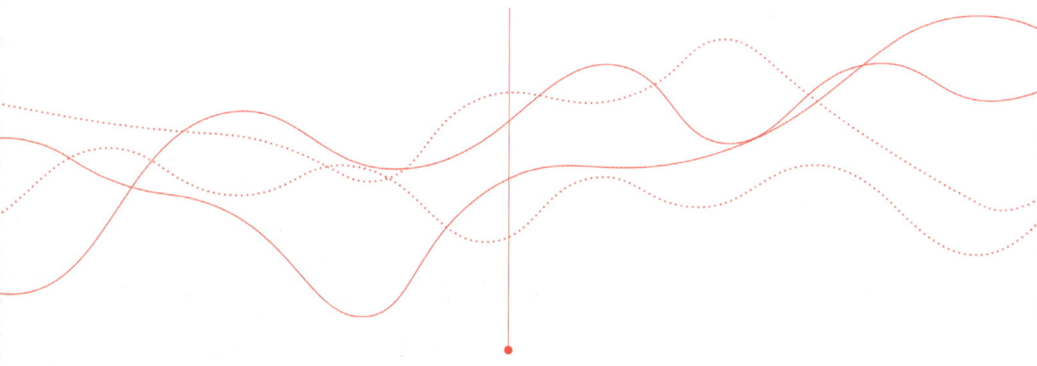

스포츠 팬과 투자자들은 비슷한 실수를 저지르는 경향이 있다. 가장 큰 실수는 과정보다는 결과에 집중하는 것이다. 열성 스포츠 팬들은 모두 '월요일 아침의 쿼터백'들이다. 그들은 경기 막판, 엔드존까지 2미터도 채 남지 않은 네 번째 공격 상황에서 어떻게 했어야 했는지를 조목조목 따진다. 물론 경기가 끝난 후라야 가능한 일이다.[50]

이를 사후확신편향이라고 부르며, 투자자들도 여기에 영향받는다. 투자자들은 지난해 주식시장에서 어떤 종목을 매수했어야 했는지, 20년 전 어떤 펀드매니저에게 자산을 맡겼어야 했는지, 넷플릭스, 테슬라, 애플의 주가가 왜 5,000퍼센트 상승했는지 등을 끊임없이 설명한다.

참, 고맙군!

그렇다면 과정이란 무엇이며, 결과와 어떻게 다른가?

여기에서 과정은 어떤 일을 성취하는 데 사용되는 방법론이다. 간단한 체크리스트일 수도 있고 복잡한 접근법일 수도 있다. 과정은 결과와 상관없이 반드시 취해야 할 구체적인 행동에 초점을 맞춘다.

결과는 성과다. 이는 기술, 운, 지능을 비롯한 수많은 우발적 요인에 좌우된다. 결국 가장 중요한 것은 경기에서 누가 이겼는지, 몇 대의 비행기가 안전하게 착륙했는지, 어떤 종목이 올랐는지, 어떤 환자가 살았는지다.

스포츠에 빗대어 표현하자면, 과정은 플레이북(전략집)이고 결과는 점수다. 투자에서 과정은 접근법, 매매 스타일, 규율, 일관성이며, 결과는 수익률이나 성과다.

여기 두 사람이 동전 던지기 대결 중이다. A는 놀랍게도 동전을 던지는 족족 앞면이 나오고, B는 앞면, 뒷면, 뒷면, 앞면, 뒷면 등 결과가 무작위다. 당신이라면 A가 다시 던졌을 때 앞면이 나오리라는 데 돈을 걸겠는가? 그렇다고 답했다면, 결과 중심적 사고를 하고 있는 것이다.

무모해 보이지만, 많은 투자자가 정확히 그렇게 행동한다. 그들은 그 순간에 가장 성과가 좋아 보이는 동전 던지기 전문가(?)를 추종한다. 금융계라면 금손을 가진, 최근 연승을 기록한, 잡지 표지에 실린, 최근 상을 받은 펀드매니저가 최고의 인기를 누릴 것이다.

펀드매니저의 방법론을 분석하고 이해하지 못했다면, 그 결과가 실력 때문인지 우연 때문인지 어떻게 알 수 있겠는가? 나심 탈레브의 말을 빌리면, 우리는 너무나 자주 무작위성에 속아 넘어간다.

투자 성공은 펀드매니저와 근본적인 인과관계가 없을 수 있다. 즉 명징한 과정의 산물이 아니라 순전한 운 덕분이었을지 모른다.

어쩌면 그 펀드매니저의 매매 스타일(모멘텀, 밸류, 추세추종 등)이 (일시적으로) 다시 유행했을 수도 있다. 그가 투자한 섹터가 (일시적으로) 과열

되었거나, 집중한 산업 부문이 (일시적인) 호황을 맞았을 수도 있다. 이처럼 개인의 탁월함처럼 보이는 것이 실제로는 그렇지 않은 경우가 매우 흔하다(그 반대도 마찬가지다).

그렇다고 나쁜 결과를 항상 무시해야 한다는 뜻은 아니다. 일련의 부진한 성과는 과정에 문제가 있음을 경고하는 신호일지 모른다.

역설적이게도 투자자들은 수익을 자신의 기량과 통찰 덕분이라고 여기는 동시에 손실에 대해서는 불운을 탓한다. 이는 자만심이 더해진 결과 중심적 사고다. 이런 사고방식으로는 장기적인 투자 성공을 기대할 수 없다.

왜 우리는 무작위성에 그토록 쉽게 속는 것일까? 우리의 뇌는 위협을 식별하도록 진화했다. 풀숲에 어른거리는 그림자는 당신을 잡아먹으려는 포식자의 것일 수 있다. 이처럼 리스크가 아닌 것을 리스크로 판단하는 '긍정 오류 false positive'는 100번 중 99번 틀릴 수 있지만, 단 한 번 옳은 것만으로도 사바나에서 목숨을 부지하게 해준다. 우리는 모두 결과 중심적 사고를 하는 경향이 있으며, 이는 올바른 과정을 택하는 데 방해가 될 때가 많다.

금융계 밖의 사례에서 교훈을 얻어보자. 당신이 수술을 앞둔 환자라고 상상해보라. 까다롭지만 성공률이 높은 수술이다. 당신은 몇 명의 의사를 만난 다음 그들의 학력, 논문, 경험, 평판을 알아본다. 그중 두 명으로 후보를 좁히고, 성공률을 포함한 그들의 수술 기록을 확인한다.

두 의사 모두 평판이 매우 좋다. 한 명은 자신의 개인병원에서 주로 보험을 가진 환자들을 진료하고, 다른 한 명은 명문 의과대학 소속이다. 전자의 수술 성공률은 86퍼센트인 반면, 후자는 61퍼센트다.

누구를 선택하겠는가?

고민 없이 개인병원 의사를 선택했다면, 결과 중심적 사고다. 더 나은 결과만이 알아야 할 전부라고 판단했기 때문이다. 월드 시리즈 오브 포커World Series of Poker Tournament의 챔피언 애니 듀크Annie Duke는 2018년 출간한 저서 《결정, 흔들리지 않고 마음먹은 대로》에서 결과 중심적 사고를 "결과로 판단하기resulting"라고 불렀다.[51] 이는 과정의 질보다 결과에만 의존해 판단하는 인지 오류다.

당신은 결과로 판단하는 대신, 의과대학에 소속된 평판 좋은 의사의 수술 성공률이 훨씬 낮은 이유를 궁금해할 수도 있다. 그리하여 당신은 좀 더 깊이 그를 조사한다. 곧 그가 관련 수술법을 30년 전에 처음 고안했다는 사실을 알게 된다. 그는 초기 수술을 직접 집도하는 과정에서 수많은 실패(나쁜 수술 결과와 낮은 생존율)를 겪었다. 그러나 시행착오 속에서 수술법을 개선했고, 생명을 구하는 기술로 발전시켰다. 실제로 해당 수술법은 그의 연구 덕분에 표준이 되었다. 이후 모든 의사와 환자가 그 수술법의 혜택을 누리고 있다.[52]

이런 배경 덕분에 이 의사는 모든 '불가능한' 수술을 맡는다. 다른 의사들은 수술할 수 없다고(또는 자신의 수술 성공률을 낮출지 모른다고) 판단한 환자를 그가 있는 의과대학으로 보낸다. 이 때문에 그는 복잡하고 희망이 없어 보이는 수술들을 주로 맡는다. 한편 그에게 수술받기 위해 전 세계에서 환자들이 찾아온다. 이로써 모든 유형의 환자를 다뤄본 그는 어느 의사보다 풍부한 경험을 쌓게 되었다.

이 새로운 정보를 알게 되었다면, 당신은 어느 의사를 선택하겠는가? 개인병원 의사도 꽤 훌륭하지만, 의과대학에 소속된 의사는 탁월하다! 수술 성공률이 낮은 후자를 선택하려 하는가? 축하한다. 이제 당신은 과정 중심적 사고를 하게 되었다.

과정에 더 집중하는 사고의 핵심은 좋은 결과가 좋은 과정을 뒤따른다는 점을 이해하는 데 있다. 근간이 되는 과정을 이해하지 못하면, 좋은 결과가 실력 때문인지 운 때문인지 알 수 없다.

"과거 성과가 미래 결과를 보장하지 않습니다"라는 면책조항을 볼 때마다 이 점을 떠올려야 한다. 사실 이 조항은 결과의 무작위성을 인정하는 것이다. 과거 성과가 운에 의한 것이라면, 그것은 미래 결과에 대해 아무런 통찰도 제공하지 못한다.

'운=결과, 실력=과정'인 경우가 대부분이다.

좋은 결과의 원인을 정확히 아는 경우는 드물다. 그러나 좋은 과정이 좋은 결과로 이어질 확률에 대해서는 꽤 강한 확신을 가질 수 있다. 좋은 과정조차 결과나 성과를 보장하지는 못한다. 하지만 원하는 결과를 얻을 확률은 높여준다.

이것이 과정이 중요한 이유다.

이제 모든 투자자가 저지르는 12가지 실수와 이를 피하는 방법을 살펴보기로 하자.

피할 수 있는 실수

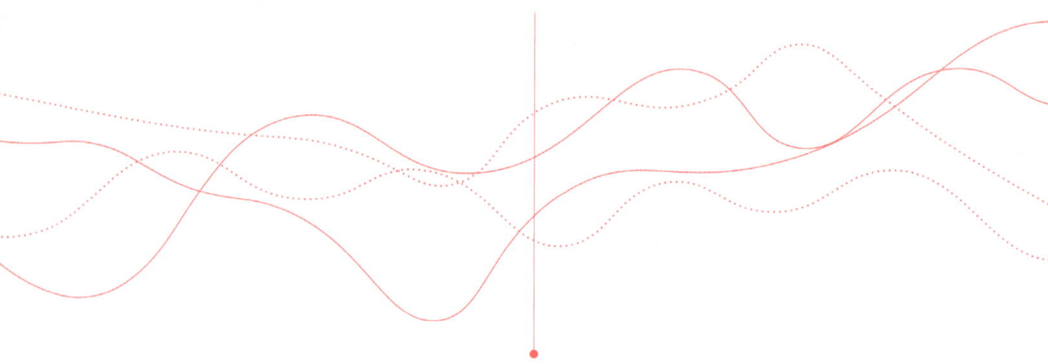

시장에 혼란이 닥칠 때마다 기자, 투자자, 고객들에게 전화와 이메일이 쏟아진다. 당장의 혼란에 흥분한 그들은 내가 과감한 의견을 내놓기를 바란다. 나는 솔로몬의 말을 빌려 "이 또한 지나가리라"라며 그들을 실망시킨다.

월스트리트에서 수십 년간 트레이더이자 애널리스트로 활동한 경험 덕분에 공포는 왔다가 가는 것이라는 것을 배웠다. 하락, 조정, 폭락 자체는 문제가 아니다. 오히려 혼란에 대한 투자자들의 반응이 큰 피해를 초래한다.

나는 행동 오류를 보여주기 위해 실수의 가장 극단적인 사례들을 인용할 것이다. 하지만 엄청난 실수만이 손실을 초래한다고 생각해서는 안 된다. 크지 않은 실수조차 나쁜 결과를 낳는다.

억만장자들을 비롯해 우리 모두가 저지르는 실수에서 배운 열두 가지 교훈은 다음과 같다.

실수를 피하는 방법

1. 계획을 세워라.

2. 과도한 수수료를 피하라.

3. 세금에 유의하라.

4. 행동을 관리하라.

5. 자산을 적절히 배분하라.

6. 패시브 운용 대 액티브 운용.

7. 과도한 수익 추구를 경계하라.

8. 사이클을 이해하라.

9. 지불한 만큼 얻어라.

10. 멀리 내다보라.

11. 리스크의 본질을 파악하라.

12. 감정적 의사결정과 인지 오류를 피하라.

계획을 세워라

투자 계획을 세울 최적의 시기는 위기가 발생한 후가 아닌 그 전이다. 자신의 목표와 전략, 리스크 감수 성향을 이해하고 있다면 문제가 닥쳤을 때 충분히 준비된 상태일 것이다. 필요한 계획의 종류를 생각해본 후, 수탁자 의무를 진(즉 고객의 이익을 최우선으로 여기는) 전문가를 찾아 도움을 구하라.

목표가 간단하고 직관적인 경우라면(그리고 이 책에서 교훈을 얻은 경우라면) 직접 계획을 짤 수도 있다. (단 행동을 통제할 수 있어야 한다!) 상황이 더 복잡한 사람들은 좋은 전문가에게 도움받아야 한다.

과도한 수수료를 피하라

어떤 비용이든 수익률에 영향을 미치지만, 앞서 살펴본 것처럼 지나치게 높은 수수료는 장기적인 성과에 막대한 타격을 가한다. 이 문제를 다룬 모든 연구가 같은 결론을 제시하고 있다.

2~3퍼센트의 수수료가 대단치 않게 보일지 모르지만, 수십 년간 복리로 쌓인다고 계산하면 엄청난 금액이 된다. 이는 순수익을 갉아먹는 복병이다.

대체투자상품에서 흔히 볼 수 있는 연 2퍼센트의 운용보수와 20퍼센트의 성과보수 구조는 수익률에 큰 부담이 되니 각별히 주의해야 한다. 소수의 슈퍼스타 펀드매니저(당신은 그들이 운용하는 펀드에 들어갈 수도 없다)를 제외하면, 대개 돈값을 하지 못한다. 월스트리트에서 활동하는 대부분의 중개인과 (수탁자 의무가 없는) 전문가도 마찬가지다.

세금에 유의하라

목표는 국세청의 지침을 따르면서도 세후 수익을 최대한 늘리는 것이다. 생각보다 쉬운 일이다.

과세 대상 계좌일 경우, 고비용 뮤추얼펀드 대신 저비용 ETF로 대체하라. 세제 혜택 계좌(특히 회사가 기여금을 적립하는 계좌)는 최대한 활용하라. 소프트웨어의 도움을 받아 세금 손실 수확에 나서라. 자산 배분, 즉 과세 대상 계좌와 세제 혜택 계좌에 무엇을 넣을지 주의를 기울여라. 세금 절감은 장기적 성과를 개선하는 가장 확실한 방법인 데다가, 수익률을 높이는 것보다 쉽다.

행동을 관리하라

자초하는 실수는 피할 수 있는 실수다. 지금까지 살펴본 끔찍한 사례들은 무엇 하나 불가피하지 않았다. 모두 다 누군가가 내린 잘못된, 때로는 재앙적인 결정의 결과였다. 이 책의 목적은 당신이 이런 실수를 피하도록 돕는 것이다.

많은 투자자에게 가장 큰 적은 자기 자신이다. 하지만 꼭 그렇게 되어야 할 필요는 없다.

자산을 적절히 배분하라

당신의 계획에서 가장 중요한 것은 주식, 채권, 현금의 비율이다. 자산배분은 주식시장에서 어떤 종목을 선택하거나 타이밍을 재는 것보다 성공에 훨씬 더 큰 영향을 미친다. 이 또한 수많은 연구와 현실 세계에서 반복적으로 입증되고 있다.

만약 당신의 포트폴리오에서 현금 비중이 너무 높았거나 주식 비중이 너무 낮았다면, 2009년 3월이나 2020년 3월 이후의 대규모 주가 반등을 놓쳤을 것이다. 이제 채권이 어느 정도 수익을 내고 있으니, 자산배분을 재고해볼 필요가 있다.

재미있는 것은 종목 선택일지 모르지만, 장기적으로 돈을 벌게 해주는 것은 자산 배분이다.

패시브 운용 대 액티브 운용

2026년에도 이런 말을 하고 있다는 게 믿기지 않지만, (펀드매니저가 우수한 종목 선정과 타이밍으로 벤치마크를 초과하려 시도하는) 액티브 운용은 극히 어렵다. 매년 액티브 운영에 뛰어든 펀드매니저의 60~80퍼센트가 벤치마크를 밑돈다는 것은 수차례 입증된 사실이다. 물론 우리는 오랫동안 계속해서 벤치마크를 능가해온 10여 명의 펀드매니저를 알고 있다. 하지만 이들은 규칙의 존재를 증명하는 예외일 뿐이다.

대부분의 경우 액티브 운용을 패시브 운용, 특히 인덱스 투자로 대체하는 편이 더 나을 것이다.

과도한 수익 추구를 경계하라

무턱대고 수익을 좇는 것만큼 값비싼 실수는 없다. 수익을 늘리려고 서브프라임 모기지에 과도하게 투자했던 사람들에게 효과가 있었는지 물어보라.

과도한 수익 추구는 주로 세 가지 방식으로 이루어진다. ① 만기가 긴 채권 매입, ② 신용등급이 낮고 위험한 채권 매입, ③ 레버리지를 통한 수익 증대(손실도 같이 늘어난다). 이들 모두 지난 수십 년간 큰 손실을 초래했다.

사이클을 이해하라

사회, 경제, 시장은 모두 긴 흐름 속에서 움직인다. 때로는 장기 강세장이라 불리는 긍정적 흐름이 나타나고(1946~1966년, 1982~2000년, 2013~현재), 때로는 장기 약세장이라 불리는 부정적 흐름이 나타난다(1966~1982년, 2000~2013년).

장기 강세장에서는 수익을 즐겨라. 그것은 쉬운 일이다. 그러나 어려운 시기(경기침체와 장기 약세장)를 견딜 각오도 되어 있어야 한다. 진정한 투자자는 바로 그때 미래를 준비한다.

지불한 만큼 얻어라

많은 사람에게 전문가 고용은 합리적인 선택일 수 있다. 세금 문제가 복잡하거나, 이혼한 배우자나 자녀 때문에 재무 상태가 어지럽거나, 상속이나 사업 매각에 관심이 있거나, 기부나 증여에 대한 의문이 있다면 전문가의 도움이 필요할 것이다.

하지만 서비스를 충분히 활용하지 못할 것 같다면 나를 비롯한 그 누구에게도 비용을 지불하지 말라. 전문가와 함께 계획을 수립한 후에는 정기적으로(최소 연 1회, 상황이 급변한다면 더 자주) 검토하라. 세금, 상속, 보험, 재정과 관련된 모든 사항을 상담하라. 그는 (똑같지는 않더라도) 비슷한 상황을 이미 경험했을 가능성이 크다.

자신이 비용을 지불한 서비스를 충분히 활용하지 못하는 사람이 얼마나 많은지… 충격적일 정도다.

멀리 내다보라

장기 강세장은 앞으로 10년간의 수익을 앞당겨 끌어오는 경향이 있다. 진짜 돈을 벌 기회는 장기 약세장에 있다. 가령 2000년부터 2013년까지 이어진 장기 약세장에서 주식 비중을 늘리며 버틴 사람들은 2010년대에 엄청난 수익을 챙겼다. 10년 동안은 끔찍한 기분이겠지만, 그만한 가치가 있었다.

몇 분이나 몇 달이 아닌 수십 년 단위로 생각하라.

리스크의 본질을 파악하라

리스크는 기대수익을 얻지 못할 확률이다.

수익이란 리스크의 함수다. 수익과 리스크는 동전의 양면과 같아서,

어느 하나만 가질 수 없다. 수익률이 높은 투자일수록, 리스크에 노출될 확률도 높아진다는 것을 이해해야 한다. 안전한 투자는 수익률도 낮을 수밖에 없다.

감정적 의사결정과 인지 오류를 피하라

이 두 가지 유형의 오류는 우리 신경계에 깊이 내재되어 있다. 이런 결함을 완전히 피할 수는 없겠지만, 방심하지 말고 경계한다면 가장 파괴적인 결과는 피할 수 있을 것이다.

———

이어지는 8장과 9장에서는 이처럼 다양한 오류가 어디에서 비롯되는지 자세히 살펴볼 것이다. 인지 오류는 우리가 저지르는 실수의 주된 원인이며, 감정적 의사결정도 그렇다.

당신을 움직이게 하는 동기에 대한 놀라운 통찰을 맞이할 마음의 준비를 하라!

8장

감정적 의사결정

리스크와 패닉을 구분하라

변연계

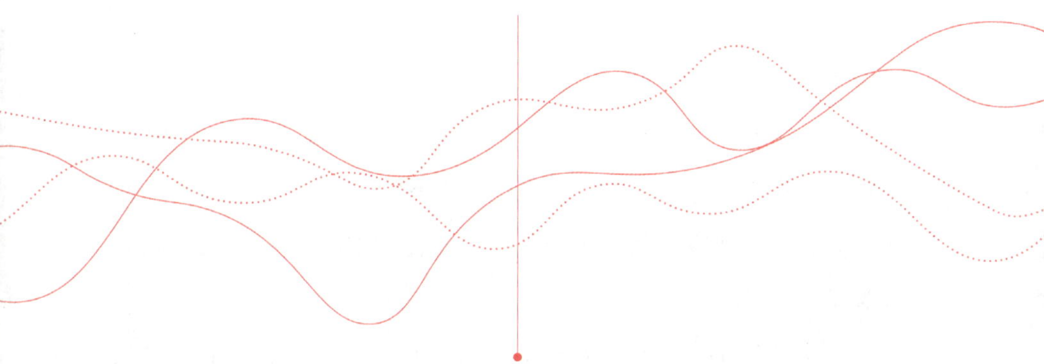

인간의 변연계는 감정, 행동, 장기기억을 통제한다. 편도체는 변연계에서 감정을 처리하는 부분이다. 뇌 깊숙이 자리한 아몬드 모양의 이 작은 부위는 감정을 기억, 학습, 감각과 연결한다.

위협이 감지되면 편도체는 시상하부에 코르티솔과 아드레날린 같은 호르몬을 분비하라고 지시한다. 이 과정은 '투쟁-도피반응Fight or Flight response'이라는 비공식적 이름으로 더 잘 알려져 있다.

변연계는 투자에도 큰 영향을 미친다. "투자 성공은 당신이 변연계, 즉 '시스템 I'(즉각적으로 반응하는 감정 시스템)을 억제하는 데 달려 있다. 이를 억제하지 못하면 가난하게 죽을 것이다."[1]

이는 신경과 전문의이자, 자산운용사 이피션트 프론티어 어드바이저Efficient Frontier Advisors의 핵심 인물이며, 여러 권의 베스트셀러를 쓴 윌리엄 번스타인의 말이다.[2]

《군중의 망상》에서 번스타인은 우리 뇌가 어떻게 우리를 오도하는지 설명했다.[3] 그에 따르면, "인간은 이야기하고, 타인을 모방하며, 지위를 추구하는 유인원이다." 이 세 가지 요소가 얽히고설키며 인류 특유의 집단 역학이 만들어진다. 그 결과 수많은 사람이 특정 신념에 깊이 빠져들게 된다. 그 신념은 거짓으로 밝혀지기 전까지 걷잡을 수 없을 만큼 빠르게 퍼져나가 사회를 통제 불능 상태로 만든다.

특히 시장만큼 감정적 행동의 영향을 명확하게 보여주는 곳은 없다. 감정은 겸손해야 할 때 오만하게 하고, 신중해야 할 때 공포에 빠지게 하며, 기존 신념에 반하는 정보보다는 그것을 확인해주는 정보를 찾는 데 몰두하게 한다.

그 결과는 역사에서 마녀재판부터 재정파탄까지 다양한 형태로 나타났다. 오늘날에는 이런 본능적 행동이 가짜뉴스에 대한 믿음, 밈 주식의 부상, 버블과 시장 붕괴로 이어지고 있다.

왜 이러는 것일까?

번스타인은 인간을 "인지적 구두쇠"로 규정했다. 머리를 많이 써야 하는(즉 비용이 많이 드는) 분석적 사고 대신 쉽게 받아들일 수 있는(즉 비용이 적게 드는) 서사에 의존한다는 것이다. 바꿔 말해, 그럴듯한 서사일수록 분석 능력을 갉아먹는다. 그중 가장 설득력 있는 두 가지 서사가 "세상의 종말"과 "노력 없이 부자 되기"다. 소셜미디어와 종교 경전에는 이런 이야기들이 수두룩하다. 그것들이 감정을 대단히 효과적으로 자극하기 때문이다. 여기에서 종종 큰 규모의 집단적 망상이 비롯된다.

진화론적 관점에서 보면, 패턴화(패턴이 존재하지 않는 데서 패턴을 보는 것으로, 아마추어 차트 분석가들이 자주 저지르는 실수)는 비용이 거의 들지 않는다. 이때 독사처럼 보이는 덩굴을 피하는 것은 긍정 오류다. 그 비용이라고 해봤자 길을 돌아가는 정도에 그친다. 그러나 부정 오류(독사를 덩굴로 여기고 무시하는 것)의 비용은 죽음일 수 있다. 아마 이것이 우리가 좋은 소식은 무시하면서 나쁜 소식에만 지나치게 주의를 기울이는 이유일 것이다.

실존적 위협은 우리의 변연계에 큰 영향을 미친다. 투자자들은 이런 진화적 특성(사바나에서의 생존과 적응을 도왔던 특성)이 오늘날에는 값비싼 실수로 이어질 수 있다는 점을 이해해야 한다.

인간이라면 모두가 지니고 있는 이 진화적 특성이 현대 사회에서도 여전히 큰 영향력을 행사하는 이유는 무엇일까? 우리는 그 단계를 넘어서지 않았나?

컬럼비아대학교 경영대학원에서 금융학을 가르치는 마이클 모부신의 말로 답을 대신하겠다. "인간의 정신은 베이지안 분석Bayesian analysis을 이해하는 일보다는 '사냥과 채집'에 더 적합하다."[*] 한마디로 인간은 시장에서 리스크를 분석하고 보상을 따지도록 진화하지 않았다!

모부신의 결론도 번스타인과 유사하다. 대부분의 사람은 시장에서 장기적으로 좋은 성과를 내는 데 필요한 자제력이 부족하다는 것이다.

호모사피엔스라는 영장류 종은 약 200만 년 동안 존재해왔다. 반면 현대 금융의 역사는 수십 년에 불과하다. 저 200만 년을 24시간으로 환산하면, 투자라는 개념은 23시 59분 58초에 등장했을 뿐이다.

---

[*]　베이지안 분석은 어떤 가설에 대해, 그것이 참이라는 믿음의 정도를 확률로 나타내는 수학적 분석법이다. 참고로 '베이지안'이라는 용어 자체가 '확률'을 뜻한다.

1997년 모부신은 이런 질문을 던졌다. "지난 2초 동안 무엇을 배웠는가?"[4]

그때나 지금이나 안타깝게도 답은 "충분히 배우지 못했다…"이다.

금융의 역사는 얼마나 긴가?

호모사피엔스의 연대표

사건	시기 (~년 전)	24시간 변환
호모사피엔스 출현	2,000,000	12:00
미토콘드리아 이브 ('모든 인류의 어머니')	180,000	21:50
정착을 시작한 호모사피엔스	20,000	23:46
힌두·아라비아숫자 체계의 서양 유입	800	23:59:25
현대 금융 이론	40	23:59:58

변연계는 종종 우리를 패닉에 빠지게 한다. 패닉은 생존에 필요한 일이지만, 자주 투자를 망친다.

리스크와 패닉

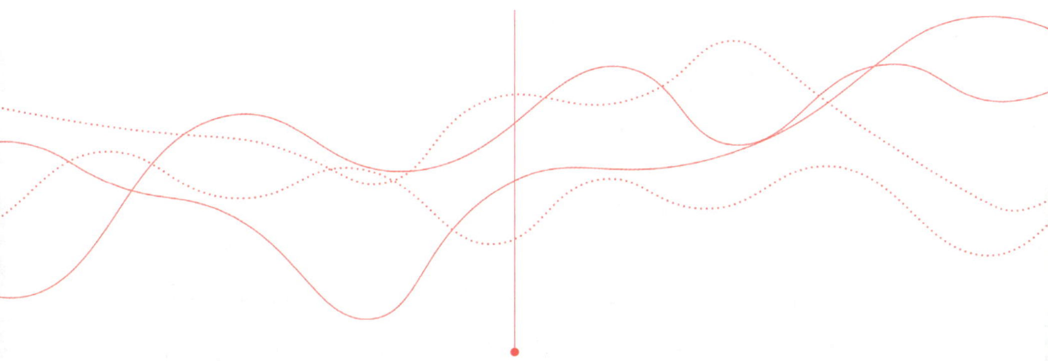

앞서 인간이 왜, 또 어떻게 위협에 반응하는지 살펴봤다.

변연계는 즉각적으로 아드레날린을 분비해 행동을 촉발한다. 이는 수백만 년에 걸친 진화의 산물이다. 이 덕분에 인간은 조금 더 영리한 영장류로 거듭나, 지구상에서 가장 성공적인 종들과 어깨를 나란히 하게 되었다.[5]

적어도 적응과 생존의 측면에서는 그렇다. 인간은 지구를 지배하는 데는 탁월하지만, 투자에는 그만한 재능이 없다.

더글러스 애덤스Douglas Adams의 위트 넘치는 매력적인 소설《은하수를 여행하는 히치하이커를 위한 안내서》는 이런 폭로로 시작된다. 주인공 아서 덴트는 친구 포드 프리펙트가 외계 종족인 베텔게우스인이라는 사실을 알게 된다. 아, 그리고 지구는 태양계를 관통하는 초공간 고속도로를 건설 중인 보곤족에 의해 곧 파괴될 참이다.

포드는 하얗게 질린 아서에게 은하계 최고의 베스트셀러 《은하수를 여행하는 히치하이커를 위한 안내서》를 빌려준다.

《은하수를 여행하는 히치하이커를 위한 안내서》는 수많은 확연한 (때로는 치명적인) 오류에도 불구하고, 《은하계 백과사전》보다 더 많이 팔렸다고 한다. 값이 조금 더 싸기 때문이기도 하고, 표지에 친근한 글씨체로 커다랗게 **"당황하지 말라"**라고 쓰여 있기 때문이기도 하다.

"당황하지 말라"는 당신의 뇌가 인지된 위협(실제든 아니든)에 즉각적으로 반응하라고 재촉할 때 꼭 필요한 조언이다. 그러나 안타깝게도 대개 효과를 발휘하지 못한다. 투쟁-도피반응 중에 그 말을 따를 사람은 거의 없기 때문이다.

이 책을 소파에 앉아 읽고 있거나 차 안에서 오디오로 듣고 있을 당신에게 "당황하지 말라"가 왜 그토록 훌륭한 조언인지 설명하기 위해, 패닉이 초래할 수 있는 피해를 수치화해보겠다.

투매의 정량화

가장 누르기 쉬운 버튼은 **매도** 버튼이다. 이는 감정적 고통을 누그러뜨리는 연고다. 변동성이 크거나 붕괴하는 시장에서라면 특히 더 그렇다. 투매는 쓰린 속을 진정시키거나 숙면을 도울지는 몰라도, 포트폴리오에는 큰 피해를 준다.

게다가 투매에는 여러 난제가 뒤따른다. 언제, 어떻게 재매수할 것인가? 무엇이 재매수 결정을 좌우하는가? **재매수**의 근거로 삼을 지표는 무엇인가?[6]

투매에 대한 내 인식은 2008년과 2009년의 세계금융위기, 2000년의 닷컴 버블 붕괴, 2020년의 팬데믹 당시 직접 목격한 투자자들의 행동에서 큰 영향을 받았다.

몇몇 일화를 넘어 투매가 왜 그렇게 나쁜지 뒷받침하는 확실한 증거를 보여주겠다.

공포에 질린 투자자들이 투매할 때 어떤 일이 벌어지는지 분석한 대단히 흥미로운 연구가 있다.[7] "미국 최대 증권사 중 한 곳이 보유한 익명 계좌 65만 3455개(29만 8556가구)의 금융 활동"을 분석한 이 연구는 다음과 같은 흥미로운 결과를 보여주었다. "남성, 45세 이상, 기혼, 다수의 부양가족, 스스로 투자 경험이나 지식이 뛰어나다고 생각. 이런 특징을 가진 투자자들이 더 자주 패닉에 빠지는 경향이 있다."[8]

하지만 이것은 본질을 가린다. 정말 눈여겨봐야 할 점은 투매 이후 벌어진 일이다. 이 연구의 진정한 교훈은 이것이다. "투매한 투자자의 30.9퍼센트는 더는 위험자산에 투자하지 않는다."

정말 놀라운 데이터가 아닌가! 투매한 투자자의 거의 3분의 1이 **다시는 주식을 사지 않는다.** 영원히! 나머지 3분의 2는 투매한 가격보다 훨씬 높은 가격에 다시 산다. 이런 매수는 시장이 회복세를 보이며 좋은 뉴스가 들려올 때 이루어지는 경향이 있다. 반대로 끔찍한 헤드라인의 홍수 속에서 시장이 바닥을 칠 때는 감정적 매도emotional capitulation가 기승을 부린다.

이는 세계금융위기 때의 내 경험과도 일치한다. 나는 다음과 같은 말을 수없이 들었다. "2008년 당신을 따라 시장에서 빠져나왔지만, 2009년 3월 당신이 상승장을 예측했을 때는 미쳤다고 생각했어요." 이런 내용의 이메일을 2010년, 2011년, 2012년에도 받았다. 2013년 리트홀츠자산관리를 설립한 후에도, 심지어 2014년과 2015년까지 끊이지 않았다.

투매는 쉽지만, 저점에서 시장에 다시 진입하는 것은 어렵다. 아예 재진입을 못 하는 것은 가히 파멸적인 결과를 낳는다.

"당황하지 말라"는 투자자들을 위한 최고의 조언이다. 이는 보곤족이 지구를 파괴하려 할 때든, 개장과 동시에 S&P 500이 폭락할 때든, 모든 상황에 적용된다.

패닉은 어떤 것도 나아지게 하지 않으며, 오히려 상황을 악화시킨다. 때로는 훨씬 더.

다음으로는 정치에 기반한 감정적 결정에 대해 살펴보자. 짐작했겠지만, 그것은 투자와 어울리지 않는다.

정치를 멀리하라

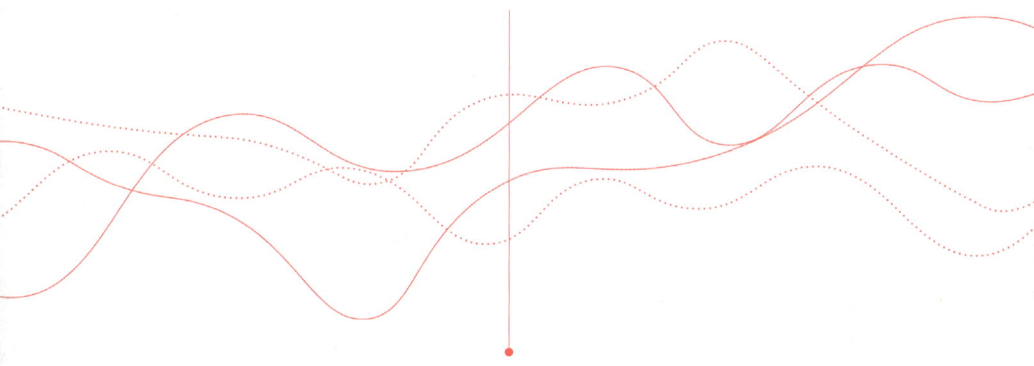

2011년 2월 6일 자 《워싱턴포스트》에 기고한 첫 칼럼에서 나는 폭탄을 던졌다.

> 워싱턴 시민인 당신에게. 분명히 말하건대, 정치와 투자는 어울리지 않는다. 나는 당신이 가장 소중히 여기는 신념을 뒤흔들며 투자에 관한 대화를 시작할 생각이다. 많은 사람이 정당정치에 적극적으로 참여하거나, 정부 기관에서 일하거나, 관련 분야에 종사하고 있을 것이다. 그런데 안타까운 소식이 있다. 당신의 정치적 성향이 시장에서 당신을 망치고 있다.[9]

지금쯤이면 행동심리학, 데이터 분석, 통계학, 경제사를 조합한 내 방법론에 어느 정도 익숙해졌을 것이다. 나는 더 나은 투자 결정을 내리기 위해 이 모든 것을 활용한다. 15년 전 《워싱턴포스트》에 썼듯이, "이것들은 절대 해선 안 될 일들이 무엇인지 알게 해주는 열쇠다. 좋은 결정을 내리는 것은 포트폴리오에 도움을 주지만, 나쁜 결정을 피하는 것이 훨씬 더 중요하다."

우리는 모두 같은 실수를 반복한다. 투쟁-도피반응은 조상들이 굶주린 호랑이나 경계를 침범한 크로마뇽인들을 상대할 때는 도움이 되었을지 모르지만, 오늘날에는 투자자들에게 감정적 의사결정을 내리게 할 뿐이다.

신경생리학자들은 감정적으로 행동하는 사람의 뇌가 특정 유형의 손상에서 비롯된 인지 결핍을 겪는 뇌와 비슷하다고 설명한다.[10] 정치광뿐 아니라 열렬한 스포츠 팬, 독실한 신자, 심지어 취미에 몰두한 사람의 뇌도 마찬가지다. 무언가에 대해 강렬한 감정을 가진 사람은 그것을 객관적으로 보지 못한다. 사건을 선택적으로 인지하고, 자신의 신념과 일치하지 않는 사실은 무시한다. 심지어 기억도 왜곡한다. 자신이 믿는 기억만 선택적으로 유지하고, 신념과 충돌하는 기억은 가려버리는 것이다.

여러 연구가 우리의 시각적 인식, 즉 세상을 보는 방식조차 신념의 영향으로 편향될 수 있음을 보여준다.[11]

이것은 투자의 세계에서 어떻게 나타날까? 두 가지 사례를 소개하겠다. 어느 한쪽의 편을 들 생각은 없다. 민주당과 공화당 모두가 연루되어 있다.

2003년, 닷컴 버블 붕괴가 거의 끝났다. 2000년 3월의 고점에서 2002년 10월의 바닥까지 나스닥은 83퍼센트나 폭락했다.

앨런 그린스펀Alan Greenspan 연준 의장이 금리를 1퍼센트까지 인하하는 동안, 조지 W. 부시 행정부는 1조 달러 규모의 감세안을 통과시켰다.

곧 시장에서 벌어지게 될 일을 예상한 듯한 누군가가 이런 농담을 던졌다. "1조 달러만 주면 내가 끝내주는 파티를 열어주지."

그런데도 월스트리트의 민주당 지지자들(펀드매니저, 트레이더, 애널리스트 등)은 이 감세안을 강하게 비판했다. 당시 나는 감세안이 왜 그토록 나쁜지에 대한 온갖 이유를 들었다. 재정적자를 폭증시키고, 일자리 창출 가능성이 적으며, 부자들에게 주는 특혜에 불과하다는 것이었다.

그 비판들이 사실이었을 수도 있다. 하지만 가장 중요한 사실은 모두 시장과 무관한 이야기였다는 것이다. 방구석 전문가들은 이런 문제들에 집착하면서 정작 더 큰 그림을 놓쳤다. 경제와 시장의 성과를 좌우하는 주된 요소는 유동성이다. 수조 달러의 현금은 주가를 부양할 가능성이 매우 크다. (팬데믹 때의 정부 대응과 비슷해 보이지 않는가?) 실제로 감세안은 바로 그런 효과를 발휘했다. 연준의 초저금리와 결합하면서 경기순환적 강세장의 토대가 마련되었던 것이다. 2003년부터 2007년까지 S&P 500은 거의 두 배 올랐다.

그리고 좌파 성향의 투자자들은 이 상승장에 올라타지 못했다.

세계금융위기가 찾아온 6년 후에는 정반대의 일이 벌어졌다. 2007년 10월의 고점 이후 S&P 500은 57퍼센트 하락했다. 2009년 3월 6일 자 《월스트리트저널》에 실린 마이클 J. 보스킨Michael J. Boskin의 칼럼은 그 원인을 다음과 같이 지목했다. "버락 오바마의 급진주의가 다우지수를 죽이고 있다."[12]

보스킨은 이미 수년 전부터 시작된 부동산 가치의 급락과 증권화된 저신용 주택담보대출의 붕괴 같은 위기의 전조를 무시했다. 스탠퍼드대학교 후버연구소Hoover Institution의 극우 경제학자이자 조지 H.W. 부시 행정부에서 경제자문위원회Council of Economic Advisers 의장을 지냈던 그는 새 대통령으로 취임하고 한 달밖에 지나지 않은 오바마에게 모든 잘못을 뒤집어씌웠다.

이는 당파적 경제학자들이 자신의 전문성을 정치적 무기로 활용한 수많은 잘못된 시도 중 하나였다. 그들의 편향된 정치적 발언을 정당한 경제분석으로 혼동한 투자자들은 어쩌면 좋은가.[13]

나는 이 점을 고객, 기자, 동료들에게 설명했다. 그러자 이번에는 우파 측에서 들고일어났다. 공화당원인 동료들은 백악관의 새 주인을 비난하며 이렇게 말했다. "오바마는 케냐인이고, 무슬림이며, 사회주의자다. 그가 경제를 죽일 것이다."

역사적으로 시장이 반토막 나는 때는 매도가 아니라 매수할 기회였다.[14] 보스킨의 칼럼이 게재되고 사흘 만인 3월 9일 시장은 바닥을 쳤고, 오바마의 임기 내내 수직 상승했다. 그 결과 S&P 500은 375퍼센트나 폭등했다.

물론 우파 성향의 투자자들은 이 기회를 놓쳤다.

기억하라. 호황과 불황의 사이클은 놀라울 정도로 규칙적이다. 사람들이 "100년에 한 번 오는 재난"이라고 부르는 일이 실제로는 훨씬 자주 벌어진다. 1929년 이후 18번의 폭락이 있었다. 21세기에 들어선 후에도 우리는 한 세대에 한 번 있을 법한 사건을 세 번이나 겪었다.

내 동료 캘리 콕스Callie Cox가 만든 다음 그래프가 보여주듯, 수익률을 주도하는 것은 백악관을 차지한 정당이 아니라 복리 효과다.[15]

결론은 명백하다. 투표할 때는 양심을 따라야 하고, 투자할 때는 감정이 배제된 냉정한 시각을 따라야 한다.

자신의 편향이 투자에 미치는 영향을 이해하는 것은 중요한 일이다. 실수를 피하고 싶다면 최소한 편향을 인지하기라도 해야 한다.

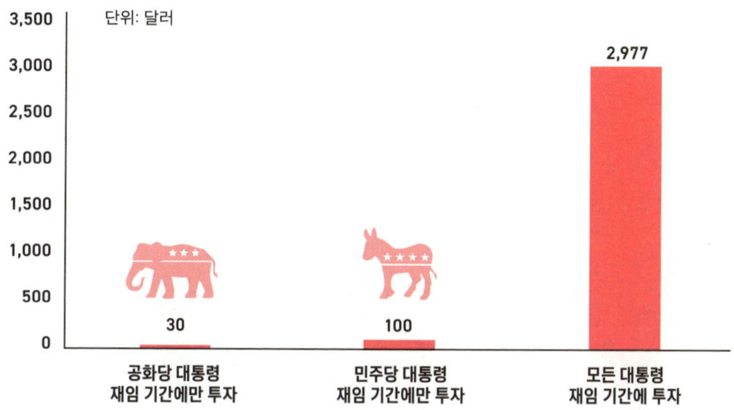

정치적 의도에서 작성된 그리고 타이밍마저 엉망인 보스킨의 칼럼으로 투자자들은 크나큰 기회를 놓쳤다. 하지만 이것조차 사상 최악의 칼럼은 아니었다.[16]

그렇다면 사상 최악의 칼럼은? 곧 보게 될 것이다.

경기가 나쁘다는 말

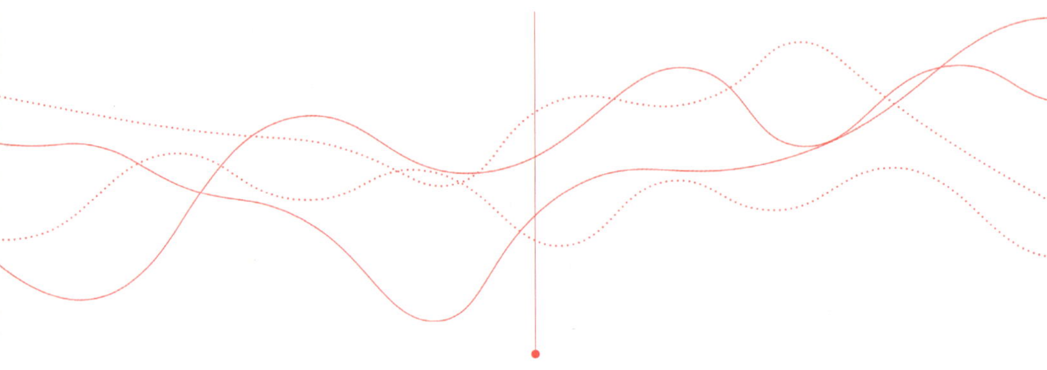

　정치적 색채가 짙은 논평들은 객관적이지 않을뿐더러 투자에 도움도 되지 않는다. 이들 논평은 부시 재임 시절에는 민주당을, 오바마 재임 시절에는 공화당을 헐뜯었다.

　정치적 성향에 기반한 논평이 어떤 피해를 줄 수 있는지 살펴볼 때, 결코 빼놓을 수 없는 인물이 있다. 바로 사상 최악의 타이밍으로 유명한 평론가 도널드 루스킨Donald Luskin이다. 그보다 더 믿음직한 반反 지표는 존재하지 않는다. 금융 작가로서 그의 실적은 좌파에서든 우파에서든 견줄 만한 사람이 없다. 그가 주목받는 이유는 시장에 대한 과장된 의견이 형편없었기 때문만은 아니다(물론 끔찍하긴 했지만). 그보다는 흠잡을 데 없는 타이밍으로 강렬한 인상을 남겼다.

　루스킨은 정치와 투자의 파괴적 상호작용을 몸소 보여준, 잊지 못할 인물이다.

2008년 9월 14일은 《워싱턴포스트》에 역대 최악의 칼럼이 실린 날이다. 바로 루스킨의 〈경기가 나쁘다는 말은 이제 그만Quit Doling Out That Bad-Economy Line〉으로,[17] 미국 경제에 대한 모든 우려가 마치 "바이러스" 같다는 내용이었다.

루스킨의 무지함은 숨이 막혔고, 오류 가능성은 충격적이었으며, 왜곡되고 잘못 인식된 세계관은 놀라웠다. 이 칼럼은 순수한 무지의 극치를 보여주는 기념비적 사례다.

> 대공황 이후 11번의 경기침체가 있었다. 그러나 지금 우리는 12번째 침체와 아주 멀리 떨어져 있다. 이것은 단순한 의견의 문제가 아니다. 단어들은, 심지어 '침체'처럼 주관적으로 쓰이는 단어조차 그 나름의 정의가 있다.

이 형편없는 칼럼을 비판하는 것이 잔인한 일처럼 느껴질 지경이다. 모든 생각이 틀렸고, 모든 단락에서 여러 오류가 튀어나왔으며, 모든 단어가 앞선 단어를 더 나쁘게 만들었다.[18] 칼럼의 부제인 '과장하는 자들의 나라A Nation of Exaggerators'는 지금까지도 모욕적으로 들린다.

당시 미국은 대공황 이후 최악의 경기침체를 9개월째 겪고 있었다. 이 칼럼이 실린 《워싱턴포스트》가 워싱턴 D.C. 전역의 각 집으로 배달된 그 일요일, 상황은 악화 일로를 걷는 중이었다. 바로 그날 리먼 브라더스가 무너졌고, 바로 다음 날 파산을 신청했다. 초대형 보험사 AIG도 같은 날 무너졌지만, 리먼 브라더스와 달리 '시스템적으로 중요한' 기업으로 간주되어 구제금융을 받았다.

루스킨의 칼럼이 얼마나 끔찍한지를 온전히 이해하려면 전문을 읽어야 한다. 칼럼은 주택시장 붕괴를 부정하고, 채권시장을 잘못 해석하고, 은행 자본이 충분하다고 왜곡하고, 고용 추세를 경기침체가 없다는 증거로 제시하고, 경제성장률을 칭찬하고, '위기crisis'나 '붕괴meltdown' 같은 용어의 사용을 비난했다. 그리고 이 모든 주장이 완전히 틀렸다. 타임머신을 타고 미래를 보고 온 사람이 의도적으로 가능한 한 틀리게 쓰려고 했다 해도 이보다 더 잘할 수는 없었을 것이다.

"상황은 그리 나쁘지 않다. 안심하라"라는 루스킨의 조언을 듣고 주식시장에 뛰어들었다면 46퍼센트의 폭락을 겪었을 것이다. 1년이 지난 후에도 시장은 거의 20퍼센트 하락한 상태였다.

물론 누구든 좋지 않은 타이밍에 칼럼을 쓸 수는 있다. 하지만 루스킨을 끔찍한 평론가들 중에서도 두드러지게 한 것은 그의 일관성이었다. 그의 칼럼을 꾸준히 따른 독자들은 시기에 맞지 않는 형편없는 조언 탓에 큰돈을 잃었다.

〈경기가 나쁘다는 말은 이제 그만〉이 게재되기 1년 전쯤인 2007년 11월, 루스킨은 또 하나의 굉장한 칼럼을 썼다. 바로 〈지금 주식을 사야 할 11가지 이유11 Reasons to Buy Now〉였다.[19] 그때는 주식시장이 고점을 찍고 한 달 정도 지난 시점으로, 이후 18개월 동안 57퍼센트 폭락하는, 정말 토가 나오는 하락장이 이어졌다. 그의 조언을 따랐다면 본전을 찾는 데만 6년이 걸렸을 것이다. 그는 심지어 씨티그룹을 매수 종목으로 지목했는데, 이후 주가가 97퍼센트 폭락했다. 현재 기준으로도 추천 당시보다 87퍼센트 떨어진 상태다.*

두 칼럼으로 독자의 포트폴리오를 반 토막 낸 후, 루스킨은 최악의 시

---

* 2007년 11월 씨티은행의 주가는 330달러대였다. 2026년 2월 기준 110달러대에서 거래되고 있다.

점에 전망을 뒤집었다. 2009년 3월 6일 자《스마트머니Smart Money》에는 하락 국면이 아직 절반밖에 지나지 않았다고 주장하는 그의 칼럼〈대공황보다 더한 위기가 온다Even Worse Than the Great Depression〉에 실렸다.[20] 어이가 없을 정도로 틀린 예측이었다. 주식시장은 바로 그날 바닥을 친 후, 무려 139퍼센트나 반등했다.

1년 후인 2010년 5월 10일, 루스킨은 역시《스마트머니》에〈주가 하락—이제 때가 되었다Stocks Slide—It's About Time〉라는 칼럼을 게재했다.[21] 그는 "신중해져야" 한다면서 "나는 금에 베팅했다. 금을 사라"라고 조언했다. 실제로 금값은 잠시 반등했으나 이후 5년간 3퍼센트 하락했다. 한편 같은 기간 S&P 500은 플래시 크래시 등의 사태에도 불구하고 두 배 가까이 상승했다.

러스킨의 칼럼이 손실을 초래하는 일은 여기에서 끝나지 않았다. 2012년 5월 4일 자《월스트리트저널》에 실린 칼럼에서는 주식시장에서 빠져나올 것을 촉구했다.[22] "2013년 재정절벽이 주가를 내리누를 수 있다." 그는 독자들에게 "배당세를 계산해보라"라고 조언하며, 배당률이 낮아지고 주가가 상당히, "아마도 30퍼센트 정도" 하락할 것이라고 경고했다.

결과 → 그 근처에도 가지 않았다.

이후 1년간 배당금 인상이 이어졌다. 주식시장은? S&P 500은 칼럼이 게재된 5월 이후 2012년 말까지 소폭 상승했고, 2013년 내내 35퍼센트 올랐다.

이 모든 끔찍한 예측은 전형적인 인지 오류다. 시장분석이 정치색(어느 쪽이든)에 좌우된 것이다. 지지하는 정당이 백악관을 차지했을 때는 강세론, 그렇지 않을 때는 약세론에 치우치는 것은 재앙으로 가는 지름

길이다. 이런 대실패는 분석의 탈을 쓴 정치적 선동에 불과하며, 어리석게도 거기에 귀 기울인 사람들에게 기록적인 손실을 안겨줄 뿐이다.

또 하나 주목할 점은 이 칼럼들이 루스킨의 뮤추얼펀드가 2001년 파괴적인 손실로 문을 닫고 수년이 지난 후에 나왔다는 것이다.[23] 《머니Money》가 폐간된 것은 전혀 놀라운 일이 아니다. 루스킨의 조언을 따른 독자들에게는 5달러짜리 잡지를 사볼 여력이 없었을 테니까 말이다.

투자자에게 주는 교훈은 분명하다. 무임소장관들을 피하라.[*] 고객 자산에 대해 책임지지 않고, 극심한 저성과에 대해 답할 필요도 없고, 자신의 우선순위와 의제가 고객의 재정적 안녕과 무관한, 멀찍이 서서 입만 놀리는 평론가들을 말이다.

당신이 진지한 투자자라면 정치에 적극적으로 관여하는 사람들(후원자, 열성적인 신봉자, 활동가)을 근처에도 오지 못하게 해야 한다. 그 반대의 경우도 마찬가지다. 고객 자산을 운용하는 사람들도 정치를 피해야 한다. 정치 참여는 업무를 잘 수행하는 데 필요한 객관성과 냉철함의 상실로 이어지기 때문이다. 정치는 엄청난 방해 요소다. 정치적 성향은 투자와 잘 분리되지도 않으며, 이 때문에 신중하지 못한 감정적 의사결정으로 이어지곤 한다.

버클리대학교 경제학 교수인 브래드 들롱Brad DeLong은 2005년 12월 루스킨을 "살아 있는 가장 멍청한 사람"이라고 비난했다.[24] 나는 들롱이 너무 지나쳤다고 생각한다. 사실 루스킨은 지적인 사람이다. 다만 정치적 성향이 잘못된 시점에 잘못된 결론으로 그를 이끌었을 뿐이다. 통제 불능인 루스킨의 변연계 때문에 가장 큰 고통을 겪은 것은 그의 감정적

---

[*]　무임소장관이란 내각에 속해 있지만 특정한 부서나 역할을 맡지 않는 장관을 가리킨다.

조언을 읽고 따랐던 이들이다. 객관성 결여에 대한 대가를 그들이 대신 치렀던 셈이다.

내가 계속해서 이 말을 반복하는 이유는 더할 나위 없는 진실이기 때문이다. 정치와 투자는 섞이지 않는다.

———

정치와 투자를 섞는 것이 나쁘다면… 선호하는 대통령 후보의 당선 여부에 따라 자산을 배분할 때 포트폴리오에는 과연 어떤 일이 벌어질까? 함께 알아보자.

트럼프 효과

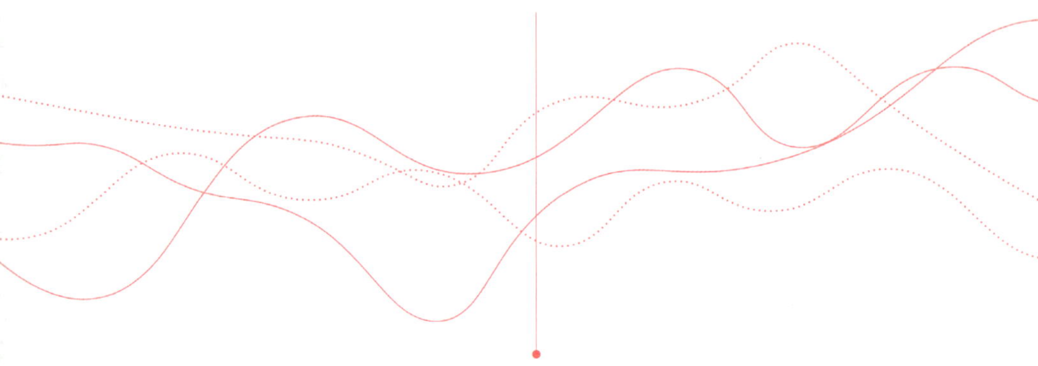

정치적 성향에 따라 투자하는 것은 몹시 끔찍한 발상이다. 그러나 그 사실만으로는 그렇게 하는 사람들을 막을 수 없다. 이 블룸버그의 기사의 헤드라인을 보라. 〈트럼프 당선 후 주식에 베팅한 공화당 지지자들, 관망세 유지한 민주당 지지자들Republican Voters Bet on Stocks After Trump Win. Dems Didn't〉.[25]

놀랄 일은 아니다. 인간 행동의 많은 부분이 이성보다는 감정에 기반한다는 것이 분명하니까. 하지만 이렇게 잘 알려진 사실이 여전히 잘못된 투자 결정을 막지 못한다는 데는 적잖이 실망하게 된다.

이 기사는 전미경제연구소의 연구 결과를 소개하는데, 정치적 성향이 투자 결정에 어떤 영향을 미치는지 잘 보여준다. 2016년 11월, 도널드 트럼프가 대통령에 당선되자, 미국인의 절반은 우쭐해하고 절반은 우울해했다. 충분히 예상할 수 있는 일이었다. 문제는 누구에게 투표했느냐에 따라 투자 성과가 좋아지거나 나빠졌다는 것이다.

선거 이후 공화당 지지자들은 민주당 지지자들보다 주식투자 비중을 높였다. 민주당 지지자들은 상대적으로 채권과 현금성 자산의 비중을 높였다.

당신이 옳게 읽은 게 맞다. 대통령선거 결과 외에는 다른 이유 없이, 공화당 지지자들은 주식을 더 매수한 반면 민주당 지지자들은 채권과 현금으로 전환했다.

더 심각한 문제는 이것이 일회적인 자산 배분이 아니었다는 점이다. "선거 후 6개월 동안의 액티브 운용"에 따른 것이었다. 연구는 기존의 활발한 투자자들 사이에서 주식의 비중이 "두 배나 커졌다"라고 지적했다. 단순히 자산 배분에 변화가 있었을 뿐 아니라, 이들 투자자는 선거 후 두 분기 동안 더 활발히 거래했던 것이다.

공화당 지지자들에게 이렇게 말해주고 싶다. "축하해. 잘못된 이유로 좋은 결과를 얻었어. 그러니 실력이 아닌 운이라는 걸 기억해!" 민주당 지지자들에게는 이렇게 말해주고 싶다 "어쩌다 그런 짓을 했어? 정치적 반감 때문에 엄청난 수익을 놓쳤잖아."

이런 일이 처음 벌어졌던 것은 아니다. 앞서 살펴봤듯이, 부시(2003~2007년)와 오바마(2009~2017년)의 재임 기간에도 당파성은 투자 성과에 부정적인 영향을 미쳤다. 이 관찰은 일화에 기반을 두었지만, 전미경제연구소의 연구는 정치와 투자를 섞는 것의 위험성에 대한 확실한 데이터를 제공한다.

선거 몇 주 전부터 선거일 당일까지, 전문가들은 그 결과가 시장에 어떤 영향을 미칠지 떠들어댄다. 예를 들어 2016년 그들은 "시장이 트럼프를 두려워한다"라고 경고했다.[26] (웃음) 시장이 이 주장을 무시하고 반등하자, 새로운 해설이 제기되었다. 이번에는 규제 완화, 인프라 투자 확대, 감세 등을 들먹였다. 곧이어 시장이 정체되고 한동안 횡보하자, 전문가들은 미국 주식이 고평가된 탓으로 돌렸다. (다시 한번 웃음)

역사는 이런 전문가들이 입을 닥치고 투자자들에게 완전히 외면당해야 한다는 것을 강력히 시사한다.[27] 그 이유는 많지만, 부시, 오바마, 트럼프의 사례만 보아도 명백하다. 정치적 성향에 따라 행동하면 잘못된 투자 결정을 내릴 확률만 높아질 뿐이다.

이는 감정에 기반한 투자를 피해야 한다는 점을 또 한 번 상기시켜준다. 우리가 투자 결정을 내릴 때 내세우는 온갖 이유는 충동적이고 비합리적이며 종종 큰 대가를 초래한다. 오늘부터 이 점을 명심한다면 50년 후 당신(과 당신의 자녀들)은 풍족한 삶을 누리게 될 것이다.

다음으로는 경기침체 후에 벌어지는 일들에 대해 살펴보자. 누가 갑자기 큰 영향력을 휘두르게 되는지 알면 놀랄 것이다.

부정적 예측을 맹신하지 말라

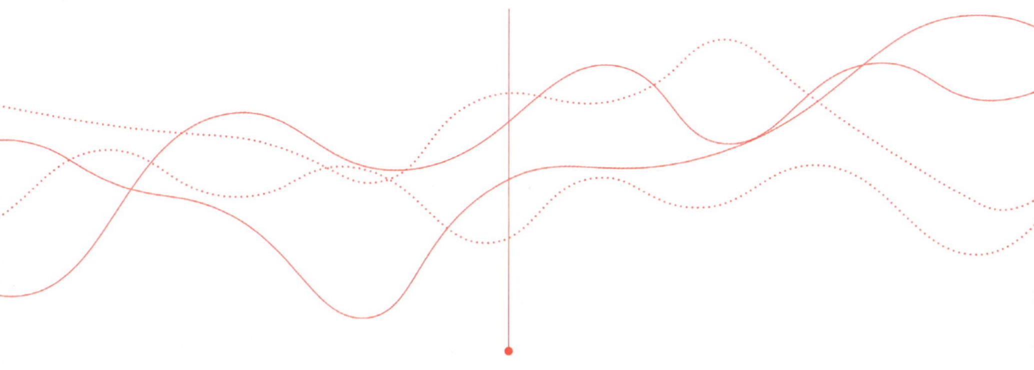

이 글을 읽고 있다면, 이전부터 예정되어 있던 세상의 종말은 오지 않은 것이다.

수천 년간 아마겟돈에 대한 예언이 끊이지 않았지만, 여기에 베팅하는 것은 항상 돈을 잃는 일이었다. 이 전적 0.000퍼센트의 무안타 기록을 떠올릴 때마다 어째서 이런 유의 예언이 정기적으로 유행하는지 궁금해진다. 월스트리트의 펀드매니저들, 투자 중독자들, 강단의 경제학자들 모두가 이상하게도 종말론에 매력을 느끼는 듯하다. 하지만 세상이 망하는 데 돈을 거는 것은 애초에 말이 되지 않는다. 내기에 이긴다고 해도 돈을 받아낼 상대가 남아 있지 않을 테니까. (이를 '거래상대방 리스크'라고 한다.)

인류는 강인한 종이다. 절망적인 상황에서도 번영해왔다.

우리는 빙하기, 암흑기, 중세, 물병자리 시대Age of Aquarius에도 살아남았다(디스코와 폴리에스터 시대도 포함해서).[*] 대자연은 우리에게 홍수, 지진, 가뭄, 전염병, 토네이도, 소행성, 쓰나미, 허리케인, 빙하 해빙, 지구온난화를 퍼부었다. 세계대전과 핵 확산은 말할 것도 없다.

경제적으로는 1819년, 1825년, 1837년, 1847년, 1857년, 1866년, 1873년, 1884년, 1890년, 1893년, 1896년, 1907년, 1929년, 1933년, 1938년, 1973년, 1987년, 1998년, 2000년, 2008~2009년, 2020년의 대공황을 견뎠다. 이것들은 겨우 지난 2세기 동안의 일이다. 튤립 버블, 남해회사South Sea 버블, 대공황과 대침체, 니프티 피프티Nifty Fifty,[**] 아시아금융위기, 닷컴 버블, 서브프라임 모기지 사태, 버나드 메이도프의 폰지사기 사건, 가장 최근의 팬데믹도 헤쳐나왔다.

이 종을 없애려면, 아니 적어도 파산시키려면 무슨 일이 벌어져야 하는 걸까? 이처럼 길고도 다채로운 생존의 역사를 두고, 종말론을 외치는 바보들의 말에 어째서 수많은 사람이 귀 기울이는 걸까?

그럴듯한 설명이 있다. 우리는 부정적 뉴스에 주목하도록 설계되어 있다. 여기에 더해 최신편향, 즉 가장 최근의 경험을 지나치게 강조하는 유감스러운 경향이 상황을 더 악화시킨다. 최근 벌어진 사건에 대한 기억은 옛 사건에 대한 기억보다 생생하다. 우리는 앞 유리창 너머보다는 백미러에 더 집중하는 경향이 있다.

이는 엄청난 결과로 이어진다. 주가가 최고점일 때 사들이고, 바닥일 때 파는 이유가 여기에 있다. 트레이더들은 매수 후에는 강세론자인 척하고, 매도 후에는 약세론자인 척한다. 최근 벌어진 일은 광범위한 합리

---

[*] 물병자리 시대는 점성술에서 인류가 큰 시련을 겪는다고 하는 특정 시기다.

[**] 니프티 피프티는 1960년대 말부터 1970년대 초까지 주식시장에서 큰 인기를 끈 50개 종목을 가리킨다.

화에 이용된다. 이렇게 자신의 행동을 정당화하는 것이다.

　최신편향은 경기침체 때마다 헛소리를 늘어놓는 괴짜들이 분에 넘치게 신뢰받는 현상을 이해하는 데도 도움이 된다. (여기에는 번스타인이 언급한 '종말의 날' 예언도 포함된다.) 시장 붕괴 이후 그들은 미래에 대해 파멸과 어둠만을 본다. 이 비관론자들은 다음과 같이 분류할 수 있다.

- **위기의 스타** 닷컴 버블 붕괴, 세계금융위기, 플래시 크래시, 팬데믹 등의 위기 속에서 명성을 얻은 탓에 정상적인 상황에 대해서는 아무 말도 하지 못한다.
- **초인플레이션론자** 바이마르공화국 시절로 돌아갈 것이라고 확신한다.
- **금 신봉자** 금이 장기간(40년 정도) 부진했는데도 이제 때가 왔다고 확신한다.[28]
- **음모론자** 버서Birther부터 트루서Truther, 플랫 어서Flat-Earther, 백신 반대론자까지, 평소라면 무시당할 온갖 헛소리를 아무렇지 않게 지껄이는 바보들.*
- **긴축주의자** 고통스러운 지출삭감이 유일한 해법이라고 믿는다.
- **속내가 뻔한 정치 편향자** 위기를 기회 삼아 상대방이 통치에 부적합하다고 주장한다.
- **애널리스트** 단 한 번의 성공적인 예측을 새로운 비즈니스 모델로 전환하려 애쓴다.

---

*　버서는 오바마가 사실 미국인이 아니기 때문에 애초에 대통령이 될 자격이 없다고 주장하는 사람들이다. 트루서는 9·11 테러가 알카에다의 소행이 아니라 미국 정부의 공작이라고 주장하는 사람들이다. 플랫 어서는 지구 평평설을 주장하는 사람들이다.

■ **편향된 웹사이트** 어떤 상황에서도 어떤 긍정적 데이터도 보지 못한다. 웹사이트 주소에 'Doom'(파멸), 'Collapse'(붕괴), 'ZeroHedge'(방어 불능) 같은 단어가 들어간다.

대규모 경기침체나 시장 붕괴 이후 부정적 예측이 늘어나는 것은 우연이 아니다. 이들은 앞으로 일어날 일이 아닌 막 일어난 일을 예측하고 있는 것이다. 무엇보다 추종자들이 돈을 벌게끔 해주지 않는다.

종말론에 귀 기울이는 사람들은 시장 반등을 놓친다. 가령 원자재 시장에 뛰어들었다가 큰 폭락을 겪고, 겁에 질린 채 신용 문제나 부도 위험이 없는 지방채를 팔아버린다. 그러지 않았다면 기회가 되었을 것을 놓치고 돈마저 잃는다.

나는 영원한 낙관론자가 아니다. 내 성격이 그렇지 않기도 하거니와, 커리어를 이어온 지난 30년간 늘 최근 시장에서 불거진 리스크가 과거보다 더 크게 느껴졌기 때문이다.

하지만 그것이 끔찍한 실적을 가진 괴짜들이 무언가를 팔려고 할 때 주의를 기울여야 한다는 뜻은 아니다.

———

최신편향은 사람들의 리스크 감수 성향에도 영향을 미친다. 그 이유를 알아보자.

충격은 계속된다

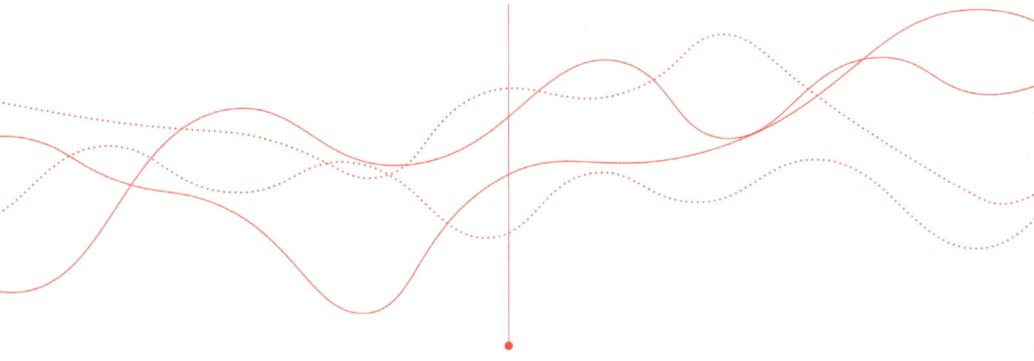

1980년대 초반, 시장은 활력이 넘쳤다. 당시 연준 의장이었던 폴 볼커는 금리를 11퍼센트까지 끌어올려 인플레이션의 '허리'를 부러뜨렸다.* 이를 발판 삼아 장기 강세장이 채권시장의 경우 40년간, 주식시장의 경우 20년간 이어졌다. 1982년 주식시장은 16년 만에 최고치를 경신했다. 이후로도 꾸준히 상승해 1986년 훨씬 더 높은 수준에 도달했다. 1987년 8월에는 그보다도 더 높아졌다.

그러다가 폭락이 찾아왔다. 1987년 10월 15일, 주식시장은 거래일 하루 만에 22퍼센트 급락했다. 이는 전례 없는 일이었고, 이후로도 다시 볼 수 없었다.

---

* 〈이것이 스파이널 탭이다〉라는 영화 대사의 패러디다. 영화에 등장하는 가상의 헤비메탈 그룹 '스파이널 탭(Spinal Tap)'이 자신들의 앰프 볼륨은 11까지 있다고 자랑하며 "이것이 스파이널 탭이다"라고 외친다(일반적인 앰프 볼륨은 10이 최고다).

1987년의 폭락이 재현될 가능성은 얼마나 될까? 그 답은 누구에게 묻느냐에 따라 다르다. 하지만 더 중요한 것은, 언제 묻느냐이다.

가장 최근 데이터에 지나치게 큰 비중을 두는 최신편향 때문이다. 우리는 월간 비농업 고용지수, 분기별 실적 발표, 주간 신규 실업수당 청구 건수가 발표될 때마다 최신편향을 목격한다. 이들 데이터는 변동성이 크고 소음이 많이 섞여 있는데도, 방금 일어난 일이라는 이유만으로 지나치게 주목받는다.

이 책의 다른 많은 내용과 마찬가지로, 진화를 탓해야 한다. 우리는 적대적인 세상에서 생존하고 생존에 대한 위협에 신속히 반응하도록 진화했다. 지금 당장 우리에게 닥칠 만한 위협에는 어떤 것이 있을까? 오늘 밤 다른 동물의 먹이가 된다면 장기적인 생존이 무슨 의미겠는가?

좋은 재무계획을 설계하기 위해서는 자신의 리스크 감수 성향을 알아야 한다. 문제는 자신이 얼마만큼의 변동성을 견딜 수 있는지, 시장 급락이 자신의 정신상태에 어떤 영향을 미치는지 아는 사람이 얼마 없다는 것이다. 우리는 자신이 리스크를 어느 정도 감내할 수 있는지 알지 못한다.

연장선에서 시장의 지난 6개월간 추세는 투자자들에게 큰 영향을 미친다. 시장이 강한 상승세를 보였다면, 사람들은 리스크를 감수해도 괜찮다고 말할 것이다. 곧 여기저기에서 "나는 리스크를 감수하는 공격적인 투자자다"라는 말이 들려온다.

이것은 탐욕이 하는 말이다.

하락세가 이어진 후 같은 질문을 던지면, 전혀 다른 답을 듣게 될 것이다. "나는 리스크를 회피하는 보수적인 투자자다."

이것은 두려움이 하는 말이다.

두 답변 모두 정확하지 않다. 다만 둘 다 방금 일어난 일을 반영하는 것만은 분명하다. 이것이 바로 최신편향의 효과다.

3년의 간격을 두고 《월스트리트저널》에 실린 두 기사를 비교해보자. 첫 번째 기사는 2007년 10월 15일 자에, 두 번째 기사는 2010년 5월 17일 자에 실렸다. 두 기사 사이에는 3년이라는 시간 그리고 대공황 이후 최악의 경기침체 속에서 벌어진 주식시장 폭락(57퍼센트)이 놓여 있다.

두 기사의 논조가 얼마나 다를지 짐작되는가?

2007년 기사의 헤드라인은 강력했다. 〈10월의 유령을 몰아내다 Exorcising Ghosts of Octobers Past〉. 부제까지 낙관적이었다. '주택시장 침체에도… 1987년식 대폭락은 옛말로 남을 것 Despite Housing Slump, Crashes Such as in 1987 Likely to Stay Memories'.[29] 이 기사는 1987년의 폭락으로부터는 20년 후에, 닷컴 버블 붕괴로부터는 7년 후에 쓰였다. 그 재앙들은 먼 기억이었고, 게다가 주가는 2003년의 저점보다 두 배 올라 있었다. 주택과 신용시장이 흔들리고 있었지만, 그 영향은 "제한적"이라고 알려졌다.[30]

다우지수가 1만 4000포인트를 넘어서고 시장심리가 낙관적일 때, 《월스트리트저널》은 1987년의 폭락에 대해 이렇게 평가했다.

최근 주식시장의 호황으로 많은 투자자가 주택시장 하락과 여름 신용경색에 대한 걱정을 접어두고 있다. 동시에 다가오는 기념일을 생각하는 이들도 있다. (…) 그러나 1987년 폭락의 근본 원인 중 일부는 오늘날에는 보이지 않는 듯하다. 20년 전의 큰 문제는 주가가 너무 빠르게, 너무 많이 오른 것이었다. 다우지수는 8월의 최고점 대비 1987년 한 해에만 43퍼센트 이상 상승했다. 놀라운 단기 급등이었다.

그 뒤 세계금융위기가 찾아왔다. 주택시장은 3분의 1이 증발했고, 주식시장은 반 토막이 났다(그러고도 더 하락했다). 주가는 2009년 3월에야 바닥을 쳤고, 2013년 3월까지는 전 고점을 넘어서지 못했다.

그 와중인 2010년 주식시장은 플래시 크래시를 겪었다. (논란의 여지가 있지만) "역사상 최대 규모의 주문 불균형"과 초단타매매의 조합이 유발한 플래시 크래시는 동부 표준시 기준 2010년 5월 6일 오후 2시 32분부터 36분간 지속되었다. 이 사건으로 시가총액 1조 달러 이상이 증발했다.

세계금융위기의 기억이 여전히 생생하던 2010년, 《월스트리트저널》은 이렇게 보도했다.

> 뉴욕 시포트증권Seaport Securities의 테드 와이스버그Ted Weisberg 사장은 "5월 6일의 변동성은 충격적이었다. 내가 트레이더로 일하던 **1987년 10월을 제외하면** 전에 본 적이 없는 수준이었다"라고 말했다.
>
> 모닝스타Morningstar에서 주식거래를 분석하는 애널리스트 마이클 윙Michael Wong은 "**블랙먼데이의 폭락과 플래시 크래시 사이에는 강한 유사성이 있다**"라고 말했다.[31]

2008년과 2010년은 무엇이 달랐을까? 초단타매매는 아니었다. 사실 초단타매매는 1983년부터 존재했다. 《뉴욕타임스》는 2009년 이에 관한 눈에 띄는 칼럼을 실었다. 〈주식 트레이더들, 밀리초 단위의 속도가 수익이 되는 것을 발견Stock Traders Find Speed Pays, in Milliseconds〉.[32]

1987년 10월 19일, 다우지수는 22퍼센트 이상 급락했고, 그 하락세는 다음 날까지 이어졌다가 반등했다. 전화로 거래하던 장내 트레이더들이 주식시장을 지배했고, 컴퓨터 매매는 아직 초기 단계였다. 비공개 장외시장인 다크풀dark pool과 고빈도 거래는 과학소설 속의 이야기였다. 거래량은 6억 주에 불과했다.

2010년 5월 6일에는 어땠을까? 번개 같은 하락이 10분간 지속되었고, 최저점까지의 낙폭은 9.8퍼센트였다. 밀리초 단위로 이루어진 거래량은 190억 주에 달했다.[33]

3년 전 주식시장을 움직인 것과 기술적 요인들은 같았지만, 전문가들(그들도 인간이다)의 관점은 매우 달랐다. 최근 벌어진 일이 그들의 전망에 지나치게 큰 영향을 미쳤던 것이다.

물론 사람들은 세계금융위기가 끝나가던 2009년에도 1987년과의 유사점을 발견했다. 이 또한 최신편향의 작용이다! 우리는 그렇게 설계되어 있다.

우리의 기준점은 방금 일어난 일이다. 우리는 앞이 아닌 뒤를 본다. 최근 벌어진 일에 지나치게 무게를 두면서, 현재의 위험을 피할 수 있다고 믿는다. 우리는 수백만 년 동안 사바나에서 효과를 발휘했던 전략을 따라 진화해왔다. 현대 자본시장에서는 효과가 있을까? 그다지….

이 모든 인간적 감정이 포트폴리오 관리를 방해한다. 〈스타트렉〉의 등장인물 스팍이 대신 포트폴리오를 관리한다면 더 나아지지 않을까?

이성과 감정의 균형

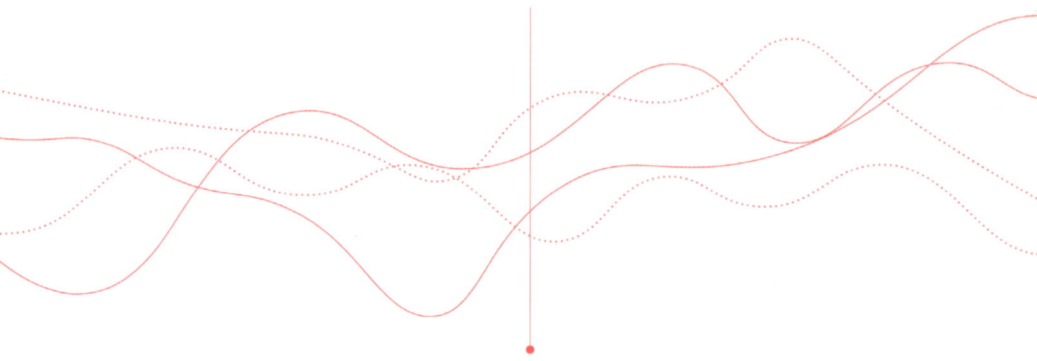

나는 미스터 마켓의 진짜 이름을 안다.

스팍

〈스타트렉〉을 잘 모르는 독자들을 위해 간단히 설명하자면, 스팍은 우주선 USS 엔터프라이즈호의 과학 장교이자 부함장이다.[34] 그는 인간 어머니와 외계 종족인 벌칸족 아버지 사이에서 태어났다.[35] 〈스타트렉〉 세계관에서 인간은 감정적이고, 예측 불가능하며, 비이성적인 존재로 묘사된다(그러니까 아주 정확히 묘사된다). 벌칸족은 널뛰는 감정과 지나친 폭력성 때문에 자멸할 뻔한 역사를 가졌다. 똑같은 실수를 피하기 위해 종족 전체가 극단적인 감정 통제를 받는다.

벌칸족의 행성에서 성장한 스팍은 정교한 논리에 기반한 철학을 온전히 받아들였다.[36] 그러나 절반은 인간이기 때문에 논리와 감정의 균형을 맞추기 위해 애쓴다. 미스터 마켓이 스팍이라는 사실을 받아들이면, 시장을 둘러싼 걷잡을 수 없는 혼란이 사라진다.

다음 사항들을 생각해보라.

투자자들은 이성적이다

대부분의 경우 시장은 이해 가능하며 직관에 부합한다. 기업 이익이 증가하면 시장도 상승한다. 경제가 곤두박질치면 시장도 나가떨어진다. 시장이 기술, 세금, 물가 등의 긍정적 발전을 반영하며 장기간 상승하는 기간이 있다. 이때는 투자자들의 집단적 이성이 힘을 발휘한다.

투자자들은 비이성적이다

투자자들은 극단적인 상황에 직면할 때 정신을 잃는 듯하다. 그들은 감정에 휩쓸린다. 시장의 변곡점에서 특히 그렇다. 스타트업들이 매출의 100배에 달하는 가치로 상장되던 2000년 3월, 즉 닷컴 버블의 고점을 떠올려보라. 시장이 반 토막 나고 무차별적인 매도가 쏟아지던 2009년 3월, 즉 세계금융위기의 저점을 생각해보라. 군중심리가 휘몰아치고, 감정이 폭발하며, 탐욕과 공포가 만연하는 시점, 바로 투자자들이 인간적 본능에 휩쓸리는 시점이다. 노벨상위원회는 2013년 유진 파마Eugene Fama와 로버트 실러Robert Shiller에게 노벨경제학상을 공동 수여하면서 이 점을 인정했다.[37]

2020년 투자자들은 시장이 상승하고 있다는 이유만으로 상장폐지 직전의 종목들을 매수했고, 다른 이들이 그렇게 한다는 이유만으로 우량 종목들을 매우 싼값에 매도했다. 놓칠까 봐 두려워하는 마음,

FOMO보다 더 인간적인 것이 있을까? 끔찍한 매도세 속에서 계좌가 녹아내릴 때 느끼는 진정한 두려움인 손실회피 심리만이 FOMO보다 인간적일 것이다. 비이성적 투자자들은 이런 상황을 실시간으로 포착하는 사람들에게 기회를 마련해준다.

시장은 효율적이다

시장에 흐르는 정보의 양은 한 사람이 전부 파악할 수 없을 만큼 방대하다. 그렇지만 가격은 공개된 모든 정보를 반영하며, 사람들이 집단적 이성에 근거해 행동함으로써 드러난다. 즉 시장은 (파편화된 정보를 가진 사람들 간의) 거래를 통해 표현된 정보의 총합을 가격이란 형태로 전달한다.

한마디로 가격은 미래에 대한 가장 높은 확률의 집단적 베팅이다. 따라서 가격은 대단히 이성적이다.

시장은 비효율적이다

때로 시장은 완전히 비효율적이기도 하다. 이것은 단순히 거래가 손실로 끝난 경우를 말하는 것이 아니다. 손실은 잘 계산된 확률적 분석에서도 발생할 수 있다. 문제는 그 거래를 뒷받침하는 분석 틀 자체가 완전히 근거 없는 것으로 드러날 때다.

바로 이때 우리의 감정이 이성을 탈선하게 만든다. 시장은 효율적이기보다는, 대체로 효율적이며 결국 완벽한 효율성에 가까워지는 것, 인간 감정과 반대로 오르내리는 것이다.[38]

대부분의 투자자는 자신이 모른다는 것을 모른다

시장의 움직임을 해설하는 온갖 설명에 귀 기울여보라. 사후확신편향과 합리화로 가득하다. 사후에 시장을 평가하지 않는 사람은 드물다. "모르겠다"라거나 "본질적으로 무작위다"라고 말하는 사람은 거의 없다.

반면 스팍은 더닝크루거 효과 곡선(9장에서 자세히 살펴볼 것이다)에서 매우 앞 단계에 있다. 그는 "대단히 흥미롭군"이라는 말로 자신이 이해하지 못하고 있음을 인정한다. 정교한 논리와 감정 통제 덕분에 그는 자신이 모른다는 사실을 인정할 수 있다. 투자자들은 자신이 이해하지 못하는 것을 이해한다고 생각할 때 종종 곤란을 겪는다. 그들은 더닝크루거 효과 곡선에서 매우 뒤 단계에 있다.

인간과 벌칸족 혼혈인 스팍의 존재는 〈스타트렉〉이 인간 본성(그리고 냉전)을 은근히 비꼴 수 있게 해준 훌륭한 장치였다. 아모스 트버스키와 대니얼 카너먼이 인간의 의사결정을 연구하기 훨씬 전부터, 스팍의 이중성이라는 은유는 인간의 이성과 감정, 지적 능력과 원초적 동기 사이의 갈등을 꼬집었다.

스팍(미스터 마켓)이 어떤 존재인지 이해하는 투자자들은 자신의 행동이 포트폴리오에 미치는 영향을 더 잘 인식하게 될 것이다.[39]

논평에서 '불확실성'보다 남용되는 단어가 있을까? 이 단어가 실제로 어떤 뜻을 갖는지 이해한다면, 그런 남용에 쉽게 속지 않을 것이다. 자세히 살펴보자.

불확실성의 의미

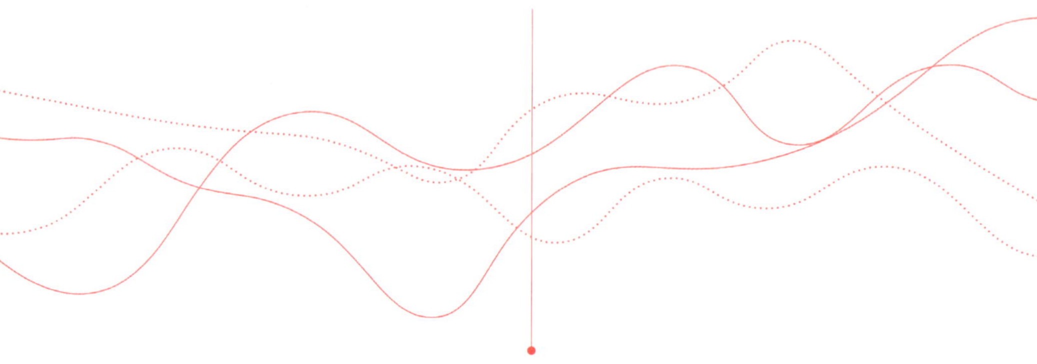

"시장은 불확실성을 싫어한다."

선거, 연준의 FOMC(연방공개시장위원회) 회의, 비농업 고용지수 발표를 앞두었을 때면 TV 근처에만 가도 듣게 되는 상투적인 표현이다. 이것은 전문가들이 가장 좋아하는 격언이 되었다.

월스트리트는 이런 유의 격언을 좋아한다. 그런 말들은 12월의 독감처럼 빠르게 퍼져나간다. 분별없는 헛소리도 지겹도록 반복되면 보편적인 생각으로 뿌리내린다.

이런 뻔한 말의 문제는 그것이 조작된 것이며, 강세장과 약세장을 구분하는 작위적인 기준(20퍼센트)보다도 쓸모없다는 데 있다. 자세히 들여다보면 이 불확실성이라는 밈이 '허위주의false-ism'임을 알 수 있다. 트레이더들 사이를 떠도는, 감정에 호소하는 말일 뿐이다. 사람들은 그 전제를 뒷받침하는 증거가 부족하다는 점을 전혀 개의치 않는다.

이 주장이 얼마나 무의미한지 깨달으려면, 정반대로 생각해보아야 한다. 불확실성이 없다면 시장이 기능할 수 있을까? 조금만 따져봐도 시장이 의심, 불완전한 정보, 합의 부재 속에서 번성한다는 것을 깨닫게 된다.

불확실성은 시장의 가격 설정 메커니즘을 주도한다. 투자는 의견 차이가 있어야 가능하다. 불확실성이 전혀 없다면, 누가 당신과 반대되는 거래를 하겠는가?

역사는 그 정반대의 상황일 때, 즉 불확실성이 확실성에 압도될 때마다 대중이 틀리는 경향이 있음을 가르쳐준다. 시장에서 불확실성이 거의 다 사라지는 극히 드문 경우, 그 결과는 보통 재앙이었다.

닷컴 버블을 떠올려보라. 확신이 지배하던 때였다. 기업 이익이 더는 중요하지 않다는 것을 모두가 알았다. 불확실성은 사라진 것처럼 보였다. 나스닥은 6개월 만에 두 배 가까이 뛰었고 엄청난 폭락이 뒤이었다.

버블이 터진 후 우리는 정반대의 극단을 목격했다. 수익성이 좋고 부채가 없는 닷컴기업들이 장부 가치에 못 미치는 가격에 거래되었고, 드물지만 보유 현금보다 낮은 가격에 팔리기도 했다. 사람들은 1달러의 가치가 실은 75센트라는 것을 확신하게 되었다.

마찬가지로 시장 붕괴가 뚜렷하던 2009년 3월, 불확실성은 찾아보기 힘들었다. 거의 모두가 세상이 나락으로 떨어지고 있다고 확신했다. 그 대규모 매도세 와중에는 누구도 집이나 차를 사지 않고, 아이들을 학교에 보내지 않고, 심지어 먹이고 입히지도 않을 것이 거의 확실해 보였다. 그런 의견 일치는 어떻게 이루어졌을까? (그 결과는 좋지 않았다.)

불확실성에 대해 논할 때, 실제로 논하고 있는 대상은 미지의 것이다. 모든 미지에는 본질적으로 리스크가 내재되어 있으며, 손실 가능성이 숨어 있다. 그러나 성과를 추구하는 사람은 리스크를 감수해야 한다. 리스크 없이는 보상이 있을 수 없기 때문이다.

　독창적인 사상가 모부신은 사람들이 때로 리스크와 불확실성을 혼동한다고 지적한다.

　모부신에 따르면 리스크는 다음에 무슨 일이 벌어질지 모르지만, 가능한 결과가 어떤 식으로 분포되어 있는지를 알 때 발생한다. 반면 불확실성은 다음에 무슨 일이 벌어질지 전혀 모르고 가능한 결과의 분포도 알지 못할 때 발생한다.

　달리 말해 미래는 언제나 미지이지만, 그렇다고 불확실한 것은 아니다. 우리는 이를 확률의 언어로 정량화해야 한다.

　미래가 어떻게 될지 몰라도 확률분포를 이해한다면, 불확실성은 피할 수 있다(리스크는 감내하라). 가령 주사위를 던져 어떤 숫자가 나올지는 미리 알 수 없지만, 여섯 가지 중 하나일 것은 안다.

　이것이 불확실성인가? 답은 "아니오"이다. 이것은 명확한 가능성을 지닌, 하지만 알 수 없는 결과일 뿐이다.

　불확실성은 가능한 결과가 전혀 알려지지 않고, 또 알 수 없는 상태다. 전쟁은 불확실성의 전형적인 사례다. 뉴허라이즌스 탐사선이 명왕성에 접근했을 때 우리가 무엇을 발견하게 될지는 진정으로 불확실했다. 하지만 놀라운 발견이 뒤따랐다!

　문제는 전문가들이 불확실성과 알지 못하는 것을 뒤섞을 때 발생한다. 그럴 때마다 불확실성의 진짜 정의를 떠올려보라. 불확실성은 가능한 결과가 무엇일지 전혀 알지 못할 때, 확률분포가 알려지지 않았을 때

　

(또는 확률분포가 너무 커서 사실상 알지 못하는 것과 같을 때) 발생한다.

———

나는 불확실성이 유행어가 되도록 몰아가는 것이 무엇인지 마침내 깨달았다. 대규모 매도세가 휘몰아치는 와중에 블룸버그TV에 출연한 어느 CEO의 초조한 모습을 보고 알게 되었다.

인간은 평생을 스스로가 만들어낸 망상이라는 행복한 작은 피난처 속에서 살아간다. 우리는 끊임없이 스스로에게 거짓말한다. 우리는 과거에 한 모든 행동, 현재에 하는 모든 행동을 합리화한다. 우리는 자신의 생각과 일치하는 것만 인식한다. 우리의 선택적 기억은 좋은 것만 유지하고 나머지 대부분은 무시한다. 우리가 상상한 자신의 모습은 실제보다 더 젊고, 더 잘생기고, 더 날씬하고, 머리카락도 더 많다.

요컨대 우리는 객관적 우주와 겉보기만 비슷한, 현실의 인공적 구조물을 만들어낸다.

불확실성은 우리의 망상이 사라지는 순간, 즉 우리가 미래에 대한 영원한 무지를 깨닫는 순간 등장한다. 우리 대부분은 벌거벗은 진실보다 잘 차려입은 거짓말을 선호한다. (시장이 추락하는 중에는 특히 더 그렇다.) 가면이 벗겨지고, 장막이 걷히며, 추악한 현실이 드러나는 순간, 우리는 자신의 이해 부족을 어렴풋이 깨닫게 된다. 바로 그때 암울한 현실이 드러나며, 이에 우리는 공포에 질린다.

불확실성은 마음의 상태다. 확실성은 일종의 안락함이다. 무슨 일이 일어날지 안다는 근거 없는 믿음이다. 미래를 안다면 불확실성이 없기 때문에 앞으로의 일을 쉽게 계획할 수 있다.

물론 이것은 잘못된 믿음이다. 우리 종에 내재된 완전한 오류다.

불확실성의 부재는 현재 당신의 기분이 상당히 좋다는, 즉 자신이 얼마나 알고 있는지에 대해 스스로에게 무심코 거짓말할 만큼 편안하며 위협을 느끼지 않고 있다는 뜻일 뿐이다. 걱정되는 것이 없기 때문에 미래를 볼 수 있는 척할 수 있다. 시장이 상승하면 당신은 미래를 낙관한다. 오늘부터 수년, 또는 수십 년 뒤를 예측할 수 있다고 믿는다.

물론 이는 완전한 헛소리다.

당신은 올해 무슨 일이 일어날지 전혀 몰랐으며, 내년에 무슨 일이 일어날지도 전혀 모른다. 지난해 당신이 편안했다면 그것은 미래에 대해 실제로 아는 것이 얼마나 적은지 깨닫게 되는 일이 없었기 때문이다. 시장도, 경제도, 지정학적 상황도 말이다. 그런데도 당신은 끊임없이 예측한다. 예측이 형편없다는 압도적인 증거에도 불구하고….

당신은 어째선지 미래에 대해 아는 게 거의 없다는 점을 잊어버렸다. 변연계가 자극받지 않을 때, 조금은 긴장을 풀 수 있을 때, 숨을 깊게 들이마시고… 참았다가… 깊게 내쉬며… 내보낼 때… 당신은 어떤 형태의 헛소리라도 믿게끔 자신을 속일 수 있다. 이것이 바로 인간이다.

다음에 누군가가 불확실성을 언급한다면 이렇게 자문하라. 사람들이 오늘 미래에 대해 알고 있는 것이, 지난주나 작년에 알던 것보다 얼마나 늘었을까? 그들은 자신이 모른다는 것을 얼마나 알고 있을까?

불확실성이라는 말은 상황이 불확실할 때 제기되는 것이 아니다(상황은 **항상** 불확실하다). 그것은 우리가 잠시 현실을 인정하는 매우 드문 순간에 등장한다. 그 순간이 지나면 우리는 이전에 만들어둔 인공적 구조물로 돌아간다.

영화 〈매트릭스〉에서 네오(우리의 존 윅)는 빨간 알약과 파란 알약 중 하나를 선택해야 하는 상황에 직면한다. 파란 알약을 선택하면 안락한 망상의 거품 속으로 돌아가게 된다. 〈매트릭스〉는 빨간 알약을 선택한 네오가 진실을 파헤치는 할리우드식 판타지다. 현실 세계에서는 대부분 파란 알약을 삼킨다. 우리 대부분은 무슨 일이 벌어지고 있는지 (사실은 모르면서) 안다는 망상을 선호한다.

전문가들은 불확실성을 싫어할지 모른다. 그들을 어리석어 보이게 만들기 때문이다. 하지만 시장은 그런 편견을 품지 않는다. 사실 시장은 불확실성 속에서 번성한다. 그것이 시장의 존재 이유다.

당신의 인공적 구조물이 손짓한다….

이제 불확실성이 무엇인지(그리고 그에 대해 우리가 스스로에게 어떻게 거짓말하는지) 더 잘 이해했으니, 시장 붕괴 때 어떻게 대처해야 하는지에 대한 다음의 조언이 유용할 것이다.

폭락 시 행동 지침

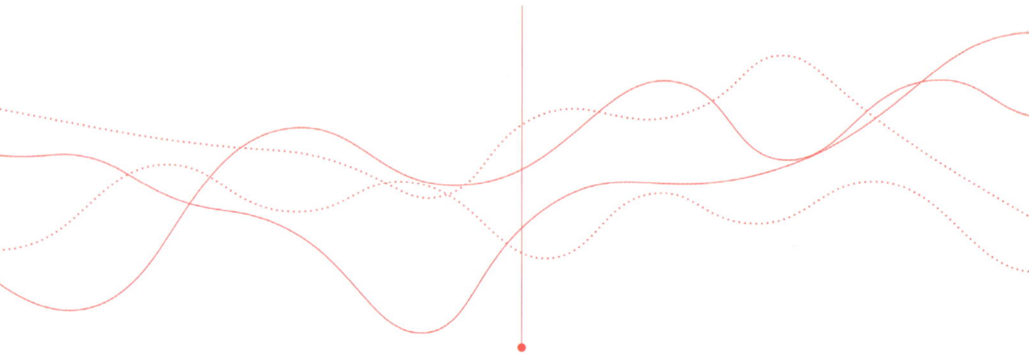

몇 분기마다 똑같은 비상 상황이 반복된다. 세계 어딘가에서 무슨 일이 터지면 시장이 잠시 요동치며 10퍼센트 정도 하락한다. 늘 그렇듯 사람들은 패닉에 빠진다. 결국 상황이 안정되면 모두가 대체 무슨 일이 벌어졌던 것인지 의아해한다. 곧 그 나름의 논리를 갖춘, 꽤 그럴듯해 보이는 분석이 제기된다(물론 사후이기 때문에 가능한 것이고, 사전에는 절대 그렇지 못하다).

버블, 설거지 그리고 반복.

변동성에 대한 의견을 묻는 기자들이 전화를 건다. "시장에 무슨 일이 벌어지고 있나요?" 내 대답은 항상 똑같다. "제 대답이 마음에 들지 않을 겁니다. 시장은 원래 이렇습니다. 오르기도 하고 내리기도 하며, 때로는 맹렬하게 움직이죠."

그들은 "감사합니다"라고 말한 뒤 서둘러 전화를 끊는다.

늘 반복되다 보니 자면서도 답할 수 있을 것 같다.

2015년 말? 중국 시장 15퍼센트 하락, 유럽 시장도 비슷한 하락. 2018년 4분기? S&P 500이 20퍼센트 하락. 2020년 1분기? S&P 500이 34퍼센트 하락. 2022년? 주식시장 20퍼센트 하락, 나스닥 30퍼센트 이상 하락, 채권시장 15퍼센트 하락! 2024년 여름? 일본 시장 단 이틀 만에 9퍼센트 하락!

매주 깜짝 놀랄 일이 벌어지고, 곧 전 세계로 퍼져나간다. 이것은 마치 모종의 패턴처럼, 시장의 정상적인 부분처럼 보일 지경이다!

내 동료 캘리가 이를 증명해냈다.[40]

보통 시장의 하루 변동 폭은 약 0.5퍼센트다. 캘리에 따르면, "S&P 500은 전체 거래일의 53퍼센트 동안 0.5퍼센트 미만의 등락을 보였다." 변동 폭이 1퍼센트인 날은 전체 거래일의 20퍼센트였다. 평균을 내면 주당 한 번꼴이지만, "'5일마다 한 번꼴'처럼 구체적으로 예측 가능한 것은 아니다." 시장은 자주 5~10퍼센트 하락한다. 이런 규모의 하락은 1950년 이후 57번 있었다(3년에 두 번꼴).

같은 기간 10~20퍼센트 하락은 23번 있었고(3년에 한 번꼴), 20퍼센트 이상 하락도 11번이나 있었다(7년에 한 번꼴).

평소와 같은 일이 발생할 때, 내 조언은 항상 같다. TV를 끄고, 자신의 계획을 따르며, 소파 쿠션 아래까지 뒤져 현금을 확보하라. 훌륭한 매수 기회가 다가오고 있으니까.

시장 붕괴 시 '해야 할 일과 하지 말아야 할 일'을 구체적으로 알아보자.

사이클에 주목하라

시장은 충격적일 만큼 규칙적으로 오르내린다. 태양계처럼 엄격한 일정표를 따르지는 않지만(계절, 일출과 일몰, 달의 위상, 심지어 혜성의 출현까지), 시장은 반≠규칙적인 주기로 움직인다. 시장 조정과 붕괴도 마찬가지다. 1950년부터 2014년까지 해마다 시장은 10퍼센트 이상의 조정을 겪었다. 강세장과 약세장은 각자의 일정을 따르며 원하는 만큼 머물다 떠난다. 이런 일이 발생한다는 것을 기억하는 것 외에 당신이 할 수 있는 일은 없다.

감정적으로 대응하지 말라

본능에 굴복하지 말라. 순간적으로 이성을 상실할지 모른다. (속이 불편하고, 시야가 좁아지고, 손에 땀이 차고, 숨이 가빠지고, 심박수가 증가하는) 투쟁-도피반응은 스트레스의 신호임을 기억하라. 이런 동요는 오류가 아니다. 신체를 각성시켜 위험에 대비하도록 의도된 기능이다. 이것은 조상들이 생존하는 데 큰 역할을 했지만, 현대 자본시장에서는 별 도움이 안 된다. 아드레날린을 합리적인 판단이나 포트폴리오 관리에 끌어들여선 안 된다.

계획을 고수하라

당신은 애초에 다음 1년(또는 다음 몇 년)이 아닌, 수십 년 후까지 아우르는 장기 계획을 세웠다. 2050년이 되면 2025년 4월에 벌어진 일 따위는 전혀 문제 되지 않을 것이다. 단기적인 것은 항상 장기적인 것을 방해한다. 나는 2009년 3월 패닉에 빠져 시장을 떠난 후 다시 복귀하지 못한 투자자들의 이야기를 수없이 들었다. 그들은 엄청난 기회를 놓쳤다. 이는 계획을 고수한 것도 아니고, 훌륭한 계획도 아니다.

전문가, 점쟁이, 평론가들의 말에 의존하지 말라

그들은 당신의 목표, 리스크 감수 성향, 세금 등에 대해 전혀 알지 못한다. 나는 20년 이상 금융 방송에 출연하면서, 이런 사람들을 숱하게 만나왔다. 본인이 하는 말에 대해 조금이라도 아는 사람은 극소수이며, 대부분의 조언은 오로지 오락용이다. 예측은 마케팅에 지나지 않는다. 그들을 그런 식으로 대하라.

자신의 정신상태에 관심을 기울여라

불안한가? 충격받았는가? 스트레스받고 있는가? 시장 때문에 밤잠을 설치고 있는가? 외부 자극에 감정적으로 반응하는 것과 중요한 것을 잊어버린 듯한 느낌 사이의 미묘한 차이를 감지하라. 몸이 무언가를 말해줄 때도 있다. 포트폴리오가 자신의 리스크 감수 성향에 부합하는가? 고위험자산에 지나치게 많이 노출된 것은 아닌가? 상황이 변했는데 포트폴리오는 그대로인가? 무의식이 신호를 보낼 때 감지할 수 있도록 노력하라. 중요한 것일 수 있다.

불편한 상태에서는 행동하지 말라

고통을 멈추기 위해 내린 결정은 후회로 이어진다. 정신이 차분한 상태에서 행동해야 한다. 중요한 투자 결정은 계획에 따라 신중하게 내려야 한다. 최근의 시장 움직임, 속보, 헤드라인에 반응하는 것은 공포로 인한 본능적인 반응일 뿐이다. 그것은 재앙의 씨앗이다.

패닉을 의식하라

금융 방송에 출연한 게스트들의 반응(과 과잉 반응)을 지켜보라. 그들은 얼마나 감정적이고 격앙되어 있는가? 목소리가 한 옥타브 높아졌나? 땀을 흘리는 게 보이나? 세계금융위기 당시에는 CNBC의 간판 앵커 마리아 바티로모Maria Bartiromo의 목소리만 들어도 그날 시장이 얼마나 하락했는지 알 수 있을 정도였다. 시장에서 금융 방송으로, 다시 시장으로 이어지는 피드백 루프가 존재한다. 그것을 포착할 수 있는가? 단 거기에 영향받지는 말라.

타이밍을 맞추려 하지 말라

당신에게는 그런 기술도, 자제력도, 능력도 없다. 운이 따라준다고 해도 그것은 우연일 뿐이다. 그리고 그 뜻밖의 행운 탓에 미래에 더 무모하고 어리석게 행동할 가능성이 커진다. (이와 관련해 4부에서 '카우보이 계좌'를 살펴볼 것이다.) 적시에 시장에서 빠져나왔다가 다시 진입할 수 있을 확률은 매우 낮다. 세금과 기타 비용까지 더해지면 헛수고가 된다.

항복(또는 포기) 신호를 찾아라

바닥은 충분히 많은 투자자가 항복하고, 카드를 내던지며, 투매에 나설 때 만들어진다. 모두가 더 못 버티고 마침내 "항복"을 외치는 순간을 포착하라.

단기와 장기를 혼동하지 말라

전업 트레이더가 아닌 이상, 하루 단위의 변동 폭은 소음에 불과하다. 투자를 트레이딩처럼 취급하거나, 트레이딩을 투자처럼 취급하면 돈을 잃게 된다.

유머 감각을 가져라

강력한 매도세가 시장을 휩쓸고 있을 때 우연히 듣게 된 농담에서 유머 감각에 대한 통찰을 얻었다. 이 농담은 누군가가 친한 펀드매니저에게 안부를 묻는 것으로 시작한다.

"아기처럼 자고 있어"라고 그는 차분하게 답한다.

"정말? 이 미친 시장 속에서 어떻게 아기처럼 잘 수 있어?"

"쉬운 일이지! 두 시간마다 비명을 지르며 깨고, 오줌을 지리고, 엄마를 부르며 울거든."

월스트리트에는 이처럼 비극적인 상황을 비트는 유머가 흔하다. 하지만 위의 조언들을 따른다면, 포트폴리오가 당신을 위해 일하고 있음을 믿고 편히 잠들 수 있을 것이다.

위의 조언들을 따를 때 어떤 혜택을 누리게 되는지 자세히 살펴보자.

전문가의 투매 대 개인의 매수

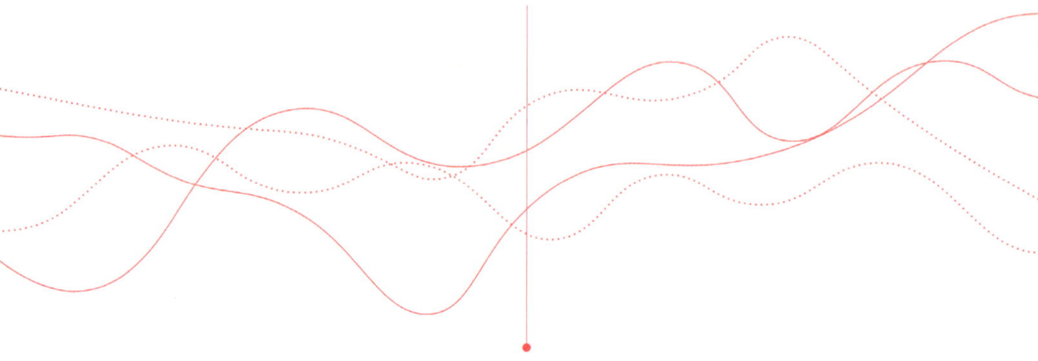

만약 당신이 패시브 운용과 ETF가 시장을 망가뜨릴 것이라고 경계해 온 사람들(전문가, 투자자, 펀드매니저) 중 한 명이라면, 나쁜 소식이 있다. 먼저 패시브 운용에 쏟아졌던 몇 가지 경고를 떠올려보자.

- 인덱스펀드는 마르크스주의적이거나[41] 공산주의적이다.[42]
- 또는 사회주의적이다.[43]
- 패시브 운용은 "자본주의를 집어삼키고 있다."[44]
- 그것은 "광기"에 이르렀다.[45]
- 패시브 운용의 인기는 시장에 "섬뜩한" 위협을 초래하고 있다.[46] 패시브 운용은 "전두엽 절제술을 받은 투자"다.[47]
- 인덱스 투자는 경제에 위협이 된다.[48]
- 인덱스펀드에 대한 사랑은 우리 경제에 끔찍한 일이다.[49]

- "그것들은 터질 날을 기다리는 버블이다."[50]
- 패시브 운용은 전체 금융 시스템을 붕괴시킬 수 있는 체계적 리스크systemic risk를 초래한다.[51]

그런데 이 위험하고, 체계적이며, 마르크스주의적인 버블이 부풀어오르는 과정에서 재미있는 일이 벌어졌다.

아무 일도 일어나지 않은 것이다.

패시브 운용이 정말 실패할 운명이었다면, 2020년에 그 가능성이 가장 컸을 것이다. 팬데믹이라는 외부효과는 급격한 변동성을 유발했고 세계금융위기 이후 가장 큰 시장 붕괴로 이어졌다. 30세 미만의 투자자들에게 2020년 3월은 아마도 인생에서 가장 힘든 시기였을 것이다. (2월 19일부터 3월 20일까지) 4주 동안 시장은 34퍼센트 폭락했다.

액티브 운용이 빛을 발할 기회가 있었다면, 바로 이때였다. 그러나 현실은 달랐다. 정작 패닉에 빠진 이들은 일반 투자자들이 아닌 펀드매니저들이었다. 전문가들이 사용하는 투자수단과 아마추어들이 선호하는 투자수단의 차이가 이 현상을 극적으로 보여주었다.

세계 3대 S&P 500 추종 ETF인 SPY(스파이더Spyder로더 불리는, 스테이트 스트리트State Street의 'SPDR S&P 500 ETF Trust'), IVV(블랙록의 'iShares Core S&P 500 ETF'), VOO(뱅가드그룹의 'Vanguard 500 Index Fund')를 살펴보자. SPY는 전문가들을 위한 상품이라고 할 수 있다. 최초의 주요 지수 추종 ETF이자 유동성이 가장 크기 때문이다. 일반 투자자들은 IVV와 VOO를 선호한다. 이들 ETF가 사실 모두 똑같은 것에 투자하며, 걸 포장만 다를 뿐이라는 데 주목하라.

팬데믹 기간에 블랙록과 뱅가드그룹의 고객들은 매일 샀던 반면, 스테이트 스트리트의 고객들은 매일 팔았다.[52]

다시 말해, 월스트리트의 전문가들은 패닉에 빠져 매도했지만, 아마추어들은 침착하게 매수에 나섰다.[53] 일반 투자자들과 전업 트레이더들 사이의 투자 기간 차이, 또는 장단기투자의 차이에서 비롯된 측면도 있었겠지만, 심리 또한 작용했다고 생각하지 않을 수 없다. 전문가들은 보너스, 어쩌면 직장까지 걸려 있는 처지였다. 일반 투자자들은 이런 부담 없이 가격 하락을 기회로 삼으려 했다.

뱅가드그룹의 데이터는 이 현상을 확인해준다. 이 회사의 자금 흐름을 보면, 2020년 2월부터 3월 첫 주까지 시장은 순유입을 기록했다. 하루도 빠짐없이 말이다.

이는 세계금융위기 당시 뱅가드그룹의 회장이자 CEO였던 F. 윌리엄 맥냅F. William McNabb이 관찰한 것과 매우 비슷하다. "전문가들은 팔고 아마추어들은 샀다."[54]

정말 일반 투자자들의 돈은 손해만 보는 덤머니dumb money인가? 몇십 년 전이라면 그랬을지도. 하지만 요즘이라면 훨씬 덜하다.

오늘날 대부분의 투자상품은 여전히 액티브 방식으로 운용된다. 그러나 내가 2017년에 지적했듯이, 액티브 운용은 점차 축소되고 있다. 아니, 더 정확히 말하면 적정 규모로 조정되고 있다.[55] 월스트리트는 세계금융위기에 뒤따른 대격변에 조금씩 적응하고 있는 중이다.[56]

인덱스 투자와 ETF는 공포에 질려 투매에 나서는 트레이더들에 맞서 든든한 균형추 역할을 해왔다. 누군가가 패시브 운용의 위험성을 경고하려 든다면, 이 사실을 꼭 기억하라.

9장

인지 오류

우리 머릿속에는 악어가 살고 있다

시장의 원시인

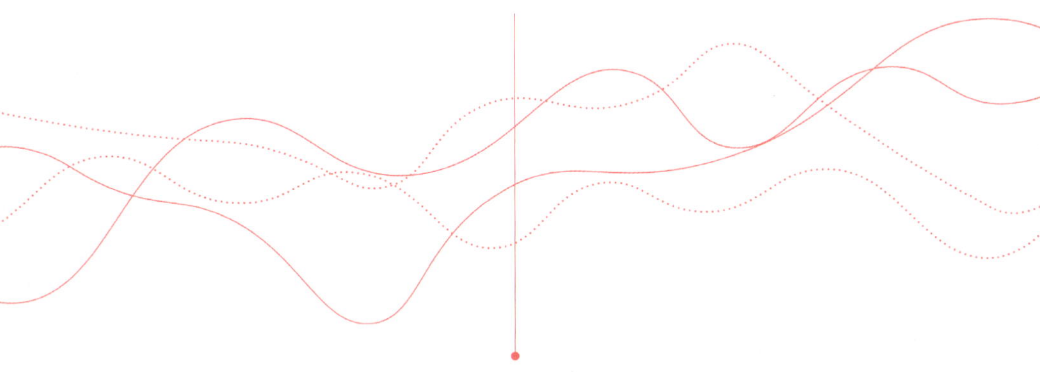

감정과 비합리성 외에도 우리 뇌에 내재된 문제가 또 있다. 바로 인지 오류다.

이들 오류는 지난 200만 년 동안 이어진 진화의 결과다. 세렝게티 초원에서 돈은 문제가 아니다. 사자에게 잡아먹히지 않는 것이 더 중요하다.

원래 목적과 다른 용도로 처방되는 약물을 '오프라벨off-label'이라고 부른다. 마찬가지로 우리 뇌는 현대 사회와는 전혀 다른 환경에서 사용될 목적으로 진화했다. 그 결과 예측 가능한 일련의 오류가 우리의 사고와 행동에 영향을 미친다.

이를 전문용어로 '진화적 불일치 가설evolutionary mismatch hypothesis'이라고 한다. 이 이론에 따르면, 과거 야생에서 유리했던 특성이 오늘날의 급변하는 환경에서는 문제를 일으킨다. 우리의 뇌는 최대한 오래 살아남는 것을 목표로 수백만 년에 걸쳐 천천히 진화했다. 그러다가 갑자기 현대 자본시장이라는 낯선 생태계에 쑤셔 넣어졌다. 시장 앞에서 매 순간 갈 팡질팡하고 일희일비하는 투자자들의 생물학적 특성을 이보다 완벽히 묘사할 수 있을까?

이는 몇 가지 유감스러운 경향으로 이어진다.

- 존재하지 않는 패턴을 본다.
- 긴 시간의 흐름을 개념화하는 데 어려움을 겪는다.
- 자연에서는 기하급수적으로 증가하는 현상을 접할 기회가 없다. 이 때문에 복리 효과는 본능에 반하는 지적 도전이 된다.
- 기존의 기대와 일치하는 것들만 선택적으로 인지하고 기억하며, 자신의 신념에 반하는 것들은 무시한다.
- 우리의 자아는 자신이 실제보다 훨씬 뛰어나다고 믿는다. 자신의 실패는 잊고 성공은 과도하게 강조한다.
- 우리는 '위협편향threat-bias'을 갖고 있다. 우리 뇌는 좋은 소식보다는 나쁜 소식을 더 잘 처리한다.
- 실제 보상보다는 보상을 기대하는 데 더 큰 전율을 느낀다. (소문에 사서 뉴스에 판다는 말이 어떤 의미인지 생각해보라.)
- 방법이야 어떻든 도파민을 높이는 자극을 추구한다. 도박꾼, 알코올의존증 환자, 성중독자, 쇼핑중독자, 과도하게 매매하는 트레이더 등이 느끼는 화학적 흥분은 매우 유사하다.
- 우리는 이야기를 통해 정보를 공유하도록 진화했다. 이 때문에 데이터로 뒷받침되지 않는 가짜뉴스나 오해의 소지가 큰 일화에 취약하다.

인간은 자산 배분과 리스크 관리에 적합하게 만들어지지 않았다. 즉 투자보다는 몇몇이 함께 들판을 배회하며 수렵, 채집하는 데 훨씬 더 적합한 존재다.

이런 인지 오류는 누구에게나 있는 것이며, 의식하든 못 하든 의사결정에 중대한 영향을 미친다. 이런 선천적 결함은 피할 수 없다. 우리는 그렇게 만들어졌다. 하지만 이 문제를 인식한다면, 최소한 가장 해로운 영향은 피할 수 있을지 모른다.

———

이 모든 인지 오류는 당신이 인간이라는 것을 증명한다. 이번 장에서는 그것이 어떻게 당신의 포트폴리오를 망치는지 알아보자.

인간은 완벽하지 않다

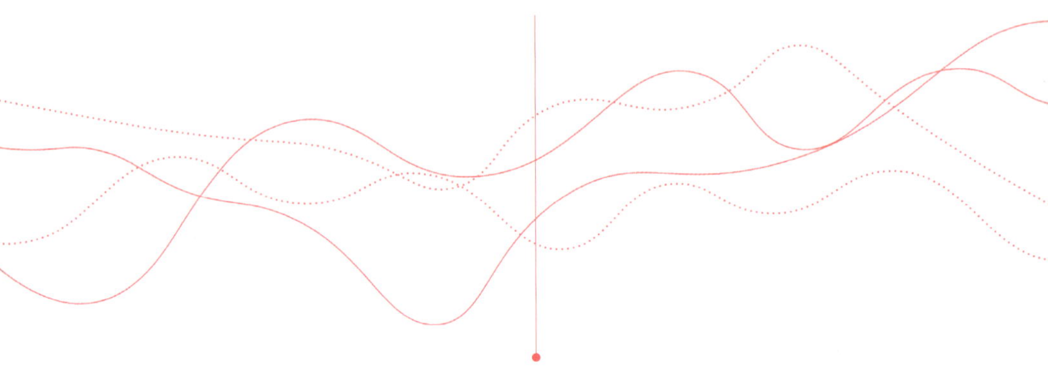

내 본업은 리트홀츠자산관리의 회장이자 CIO(최고투자책임자)다. 부업으로는 블룸버그에서 몇 개의 프로그램을 진행하고 있다. 그중 '마스터스 인 비즈니스'는 금융계의 거물들과 이야기 나누는 세계 최초의 팟캐스트로 2014년 시작되었다. 그 덕분에 일주일에 두 시간씩 흥미로운 인물들과 대화를 나누고 있다.

그중 한 사람이 시카고대학교에서 행동과학과 경제학을 가르치는 리처드 탈러Richard Thaler다. 나는 탈러가 노벨경제학상을 받기 전부터 여러 차례 인터뷰했다. 그와의 대화는 언제나 깨달음으로 가득하다.

탈러는 행동경제학의 창시자 중 한 명으로 인정받고 있다. 현실 세계에서 나타나는 사람들의 행동 방식에 대한 그의 날카로운 관찰은 고전경제학에 만연한 잘못된 가정들에서 벗어날 실마리가 되어준다. 그의 발견은 투자자들에게 중요한 통찰을 건넨다.

탈러는 사람들을 이콘econ과 휴먼human으로 나눈다. 전자는 인위적인 개념으로 완벽하게 이성적이고, 자제력이 뛰어나고, 기계처럼 계산하고, 자신에게 최선이 무엇인지 정확히 아는 이상적인 존재다. 고전경제학은 이콘이 사는 곳이다.

반면 후자는 고전경제학이 금지한 일들을 아무렇지 않게 저지르는 존재다. 그들은 감정적이고, 인내심이 부족하고, 결과를 고려하지 못하고, 기하급수적인 계산(특히 복리)에 당황한다. 그들의 머릿속은 온갖 편향과 오류로 가득 차 있다. 이콘이 보기에 휴먼의 생존은 기적 그 자체다.

탈러의 기념비적인 저서 《행동경제학》은 원제가 'Misbehaving'(잘못된 행동)으로,[1] 사람들이 이콘처럼 행동하지 않는다는 통찰이 담겨 있다. 이 책에 따르면, 인간의 비합리성은 지극히 정상적인 현상이다. 하지만 해롭다. 특히 포트폴리오 관리에 대해서라면 두말할 필요가 없다.

이제 탈러가 발견한 몇 가지 인지 오류가 투자자들에게서 어떤 (나쁜) 행동으로 나타나는지 살펴보자.

보유 효과

《행동경제학》에는 유명한 '머그컵 실험'이 소개되어 있다. 탈러는 실험 참가자들에게 학교 로고가 새겨진 머그컵(본질적으로 가치가 없는 잡동사니)을 주고는 사고팔게 했다. 그들은 이 머그컵을 살 때보다 팔 때 더 높은 금액을 불렀다. 즉 이미 소유한 자산에 더 높은 가치를 부여했던 것이다.

이것이 바로 '소유효과endowment effect'다. 소유효과가 포트폴리오 관리에 미치는 영향은 상당하다. 투자자들은 자신이 보유한 자산을 투자 가능한 다른 모든 자산보다 더 높이 평가하는 경향이 있다. 이는 주식, 뮤추얼펀드, 대체투자상품, ETF에도 해당된다.

이것은 대부분의 사람이 왜 그토록 형편없는 투자자인지를 설명해준다. 그들은 손실을 인정하는 데 어려움을 겪는다. 자신이 보유한 자산이 시장에서 밝혀진 것보다 더 가치 있다고 믿기 때문이다.

매몰비용 오류

레스토랑에서 비싼 디저트를 주문했다고 상상해보라. 설탕이 잔뜩 들어간 1,000칼로리짜리 디저트인데도 썩 마음에 들지 않는다. 그러나 어쨌든 먹는다. 이미 돈을 냈으니까!

이것이야말로 매몰비용 오류의 완벽한 예시다. 탈러의 조언은 다음과 같다. "이미 돈을 냈기 때문에 마음에 들지도 않는 걸 먹고 칼로리 부담까지 감수한다고? 먹든 안 먹든 이미 돈은 낸 거잖아!"

이 원리를 주식이나 펀드에 적용해보라(소유효과 포함). 당신은 그 대가를 지불했을 뿐 아니라 시간과 에너지까지 투입했다. 회사에 대해 조사했고, 경영진이 누구인지 파악했으며, 신제품, 분기별 실적, 콘퍼런스 등에 관한 모든 뉴스를 빠짐없이 챙겼다.

이로써 상당한 매몰비용이 발생했다. 이런 상황에서 손실이 발생한다면, 올바른 대응은 이렇다. 그 비용은 이미 사라졌고, 결코 회복되지 않는다. 따라서 계속 붙잡고 있어서는 안 된다. 헤지펀드, 사모펀드, ETF 등 어떤 자산도 마찬가지다. 물론 대부분의 사람은 이렇게 행동하지 않는다.

손실회피

아마도 가장 중요한 통찰은 손실을 회피하려는 우리의 성향일 것이다. 연구 결과에 따르면, 사람들이 이익에서 느끼는 기쁨보다 손실에서 느끼는 고통이 두 배 정도 강하다. 이를 설명하는 수많은 이유가 있겠지만, 가장 단순한 이유는 이익이 일시적으로 보인다는 데 있다. 이익은 결국 소비되거나 배경 속으로 사라진다. 반면 손실은 영구적이다.

손실회피는 시장이 폭락한 후에 투자자들이 소극적으로 변하는 이유를 설명해준다. 세계금융위기 직후 수많은 포트폴리오(당신의 것도 포함해)에 무슨 일이 벌어졌는지 보라. 대부분의 사람은 마땅히 늘렸어야 할 비중보다 한참 적은 주식을 보유하는 데 그쳤다. 반면 리스크가 적다고 인식되는 자산의 비중을 과도하게 높였다. 그 결과 변동성이 줄어들었을지 몰라도, 성과 또한 낮아졌다.

사후확신편향

당신은 2008년에 거대한 붕괴가 다가오고 있음을 알았다. 그렇지 않은가? 너무나 명백해서 놓칠 수 없었다. 주택시장이 2006년에 정점을 찍은 것도 알고 있었다. 닷컴 버블 때도 당신은 시장이 터무니없을 만큼 고평가되었다고 친구들에게 경고했다.

당연히 그랬을 것이다! 하지만 그런 일을 실제로 경고한 사람은 극소수에 불과했고, 대부분 괴짜 취급받으며 무시당했다. 사후확신편향은 그런 붕괴가 발생했을 때 당신이 올바른 편에 있었다고 믿게 만드는 인지 오류다. 분명 그러지 않았는데도 말이다(적어도 통계적으로는 그렇다).

그 이유는 이렇다. 당신은 지금 그 사건이 어땠는지를 **알고** 있기 때문이다. 당신의 기억은 오늘 당신이 알고 있는 것과 당시 당신이 알고 있었던(알고 있었다고 생각하는) 것을 결합한다. 물론 2026년에 알고 있는 것을 고려하면⋯ 당신은 세계금융위기 당시에 꽤 신중한 편이었다! 무슨 일이 일어났는지 알게 된 이상, 몰랐던 적이 있었다는 것을 기억해내기란 어려운 일이다.

탈러의 연구에서 얻을 수 있는 주된 가르침은 우리 자신을 신뢰할 수 없다는 것이다. 우리는 명확히 생각하거나, 인내심을 갖고 계획을 세우거나, 일관되게 올바른 결정을 내리지 못한다.

당신의 뇌가 당신에게 최선인 것을 안다고 가정하기보다는, 인지적 결함을 최대한 피해야 한다. 1.4킬로그램짜리 뇌는 2000억 개의 뉴런과 125조 개의 시냅스로 구성된, 생체공학의 경이로운 산물이다. 그것은 당신이 야생에서 살아남도록 진화했다. 하지만 현대 자본시장에서 살아남는 데 필요한 리스크 관리와 투자 결정에는 그리 성공적이지 못하다.

탈러는 우리 안에 탑재된 소프트웨어가 투자 과정을 방해하게 두지 말라고 가르친다. 본능을 우회해야 뇌보다 한 수 앞설 수 있다. 한 가지 방법은 저비용 ETF를 중심으로 한 광범위하고 분산된 포트폴리오를 보유하고, 정기적으로 리밸런싱을 하며, 스스로 투자를 망치지 않는 것이다.

투자 과정 중에 우리 뇌에서는 어떤 일이 벌어질까? 그것을 이해하는 것은 신경경제학의 영역이다. 이 분야가 우리에게 무엇을 가르쳐줄 수 있는지 살펴보자.

신경경제학

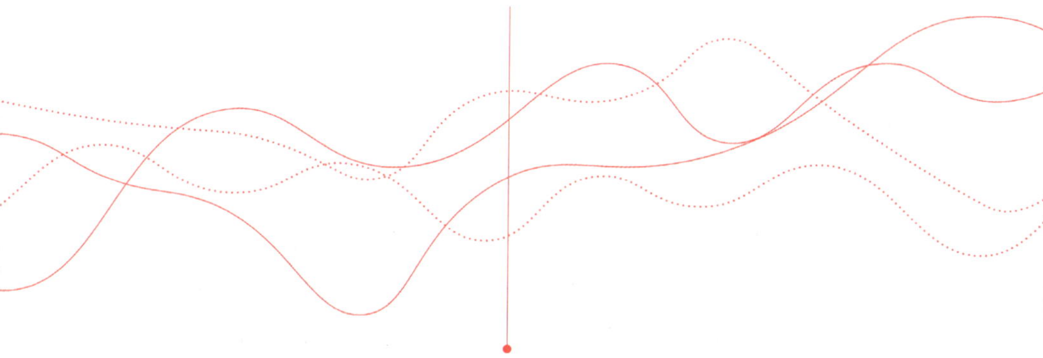

당신의 머릿속 깊은 곳에 웅크린 '파충류의 뇌'는 어떻게 지내고 있는가?[*]

지금까지 논의한 모든 인지 오류는 쉽게 관찰된다. 우리는 단지 사람들을 지켜보면서 그들이 어떻게 돈을 쓰고 투자하는지 알아낼 수 있다.

그렇다면 사람들의 머릿속에서는 어떤 일이 벌어지고 있을까? 우리 뇌의 어떤 부분이 투자 과정에 관여할까? 우리가 깃들어 사는 몸, 즉 호르몬, 화학물질, 약물, 음식 등으로 가득 찬 이 몸은 의사결정에 어떤 영향을 미칠까?

신경경제학은 행동경제학이 확장된 분야다. 이 분야는 우리가 무언가

---

[*] 파충류의 뇌는 인간의 뇌에서 가장 원시적이고 본능적인 기능(호흡, 심장 박동, 혈압, 체온, 수면 등)을 담당하는 부분을 가리킨다. 뇌관(brain stem), 소뇌(cerebellum), 기저핵(basal ganglion)으로 구성된다. '제1의 뇌'라고도 부른다.

를 선택할 때 일어나는 생리적 과정을 밝히려 애쓴다. 이를 통해 새로운 사실이 많이 발견되었는데, 그중 상당수는 의사결정이 무의식에 의해 주도된다는 점을 시사한다.

콜린 캐머러Colin Camerer는 캘리포니아대학교 공과대학의 행동금융학 및 경제학 교수이자, 와튼신경과학연구소Wharton Neuroscience의 선임연구원이다. 행동게임이론Behavioral Game Theory을 창안한 캐머러는 리스크, 자기통제, 전략적 선택에 관한 연구로 2013년 맥아더 지니어스 펠로우MacArthur Genius Fellow로 선정되었다.[2]

캐머러는 '마스터스 인 비즈니스'에서 출연해 '가정편향hypothetical bias'과 관련된 흥미로운 실험을 소개해주었다.[3] 그에 따르면 연구자들이 "이번 선거에 투표하시겠습니까?"와 같은 가정적 질문을 던지자, 실험 참가자의 약 70퍼센트가 긍정적으로 답했다. 그러나 실제 행동은 그와 크게 달랐다. 실제로 투표한 사람은 약 45퍼센트에 불과했다. 1퍼센트포인트가 결과를 좌우하는 선거에서 의도와 행동 사이의 25퍼센트포인트 차이는 엄청난 것이다. 여론조사 기관들의 예측이 계속 빗나가는 것도 당연하다.

가정편향을 피하기 위한 캐머러의 제안은 이렇다. "사람에게 묻지 말고, 뇌에 물어라!" 무엇을 할 것이라는 말을 믿기보다는 결정을 내리는 동안 뇌에서 벌어지는 일을 관찰하라는 것이다. 이때 fMRI(기능적 자기공명영상), EEG(뇌파검사), 시선 추적, 혈액 화학 분석, 피부 전도 반응 등의 기술을 활용하면 신체 내부 신호인 내부수용감각interoception을 분석할 수 있다.

캐머러는 일련의 실험을 통해 몇몇 의사결정은 몇 밀리초 안에 끝난다는 사실을 밝혀냈다. 즉 의식하기도 전에 결정된다는 것이다. 가령

fMRI를 활용하면, 단 30밀리초(24분의 1초)간 노출된 위협적인 이미지에 편도체가 반응하는 것을 볼 수 있다. 위협을 의식적으로 인식하기도 전에, 뇌는 어떻게 행동할지 한발 앞서 결정한다.

뇌의 전두엽 피질은 현대인의 지능과 원시인의 지능을 구분하는 요소다. 반면 즉각적인 반응을 관장하는 심부뇌와 중뇌는 고대로부터 이어져온 것으로, 여기에서 인지적 결함이 발생한다.

대니얼 카너먼의 책 제목을 빌리자면, 파충류의 뇌는 때로는 매우 빠르게, 때로는 매우 느리게 생각한다.*

전체 뉴런의 1퍼센트 미만을 차지하는 도파민작동성 뉴런은 신경계 내 도파민의 주요 공급원이다. 성관계, 음주, 식사, 도박 같은 활동을 할 때 이 신경전달물질이 뇌의 보상회로에 도파민이 흐르게 만든다. 그 결과가 쾌감, 만족감, 동기부여다.

정신과 의사로 《도파민네이션》을 쓴 애나 렘키Anna Lembke는 어떤 활동이 도파민을 증가시키는지 연구했다.[4] 이에 따르면, 초콜릿은 도파민을 50퍼센트, 성관계는 100퍼센트, 니코틴은 150퍼센트 증가시킨다.[5] 흡연자가 성관계 자체보다 성관계 후 흡연을 더 즐거워하는 이유다.[6]

우리는 의사결정 과정의 상당 부분을 인지하지 못한다. 특정한 결정을 내리게 되는 이유를 모른다면 어떻게 개선할 수 있을까? 흥분, 두려움, 질투, 탐욕, 공포를 느낄 때 우리 뇌에 호르몬이 흘러넘친다는 사실

---

* 카너먼의 세계적인 베스트셀러 《생각에 관한 생각》의 원제가 'Thinking, Fast And Slow'다.

을 이해하는 것이 그 시작이다.

　당신은 자신의 능력을 평가하는 데 얼마나 능숙한가? 사실 그 부분에서 우리의 능력은 그리 좋지 않다. 우리의 메타인지는 굉장히 후한 편이다. 즉 자신을 실제보다 더 낫다고 생각한다. 이런 현상을 설명하는 더닝크루거 효과에 대해 알아보자.

메타인지

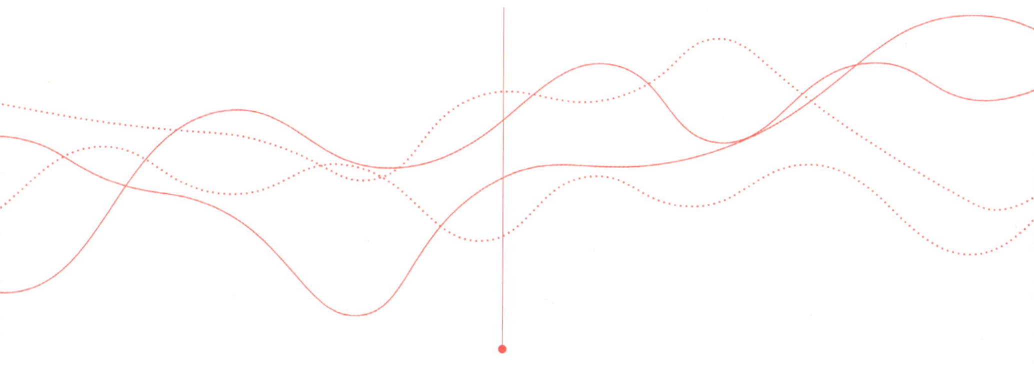

모든 인지 오류 중 덜 멍청해지기라는 과제와 관련해 가장 경계해야 할 것으로 더닝크루거 효과를 꼽을 만하다. 이 효과는 대중문화에서 많이 언급된 덕분에 꽤 유명하지만, 그만큼 많은 오해를 받고 있다. 한편 나는 시장에서 관찰되는 각종 인지 오류를 더 잘 이해하기 위한 도구로 더닝크루거 효과를 애용한다.

미시간대학교 심리학 교수인 데이비드 더닝David Dunning은 인간의 이해 능력에 관심이 많았다. 1999년 더닝과 대학원생 저스틴 크루거Justin Kruger는 사람들이 자신의 기술을 어떻게 평가하는지에 대한 연구 결과를 발표했다. 해당 논문의 제목은 〈무능함과 그에 대한 무지Unskilled and Unaware of It〉였는데, 이에 따르면 사람들은 특정 영역에 제한된 자신의 능력을 과대평가하는 경향이 강했다.[7] 이로써 메타인지 그 자체가 독립적인 기술로 밝혀졌다. 실제로 판단의 기반이 되는 역량이 향상됨에 따라

메타인지도 강화된다. 즉 어떤 것을 잘하게 될수록, 그것에 대한 자신의 기술을 평가하는 능력도 향상된다.

무능할수록 더닝크루거 효과의 영향을 크게 받지만, 평균적인 역량을 가진 사람들도 예외는 아니다. 심지어 전문가들조차 더닝크루거 효과에 영향받는다. 자신의 깊은 지식이 역설적이게도 자신의 능력을 과소평가하게 만들기 때문이다.

메타인지란 이처럼 까다로운 것이다.

더닝크루거 효과는 단순히 과신, 오만, 무능의 지표가 아니다. 누군가가 자신만만하다고 해서 꼭 더닝크루거 효과 때문인 것도 아니다. 다만 더닝크루거 효과는 어떤 능력을 평가하는 매우 구체적인 방식이자, 의사결정 과정에서 어떻게 오류가 발생하는지 이해하는 데 도움을 주는 유용한 프레임이다.

더닝크루거 효과 곡선은 자신감과 역량의 상호작용에 따른 메타인지의 수준을 나타낸다.[8] 더닝크루거 효과가 실재하지 않는다면, 역량이 향상될수록 자신감도 그에 비례해 높아질 것이다.

그러나 현실에서 우리가 보게 되는 것은 이와 다르다. 곡선은 정점(어떤 이들은 이를 '무지의 봉우리Mount Stupid'라 부른다)까지 곧바로 치솟았다가 '절망의 계곡Valley of Despair'으로 추락한다. 이후 긴 시간에 걸쳐 '깨달음의 언덕Slope of Enlightenment'을 오른다. 그렇게 당도한 '지속가능성의 고원Plateau of Sustainability'에서 초기 정점을 넘어선다.

역량을 발휘해야 할 과제를 떠올려보라. 내 경우 그것은 음악에서 시

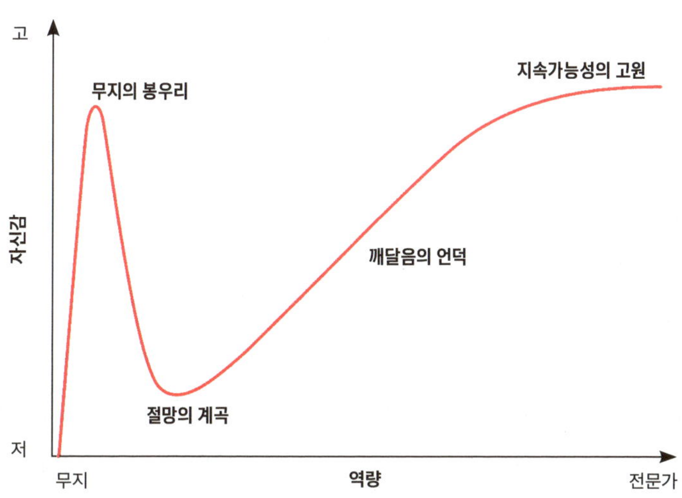

작해 영화, 요리, 시계, 건축, 우주론과 천문학, 자동차, 테니스, 보트, 투자로 이어진다. 나는 이것들에 흥미를 느껴 더 배워보려 노력했다.

가장 이해하기 쉬운 예는 테니스일 것이다. 나는 테니스를 늦게 시작했고, 50대가 되어서야 진지하게 치기 시작했다. 나는 내가 꽤 잘한다고 생각했다. 힘 있게 정확히 공을 쳐서 원하는 곳에 보낼 수 있었다. 하지만 더 노련한 선수들과 겨루기 시작하자, 곧 내가 무지의 봉우리에 서 있다는 것을 알 수 있었다. 한 수 아래로 얕잡아 봤던 사람들에게 계속 패배했던 것이다. 나는 긴 시간을 절망의 계곡에서 방황했다.

좌절감에 코치와 함께 훈련을 시작했다. 나를 깨달음의 언덕으로 인도한 그는 스윙 방법을 개선하는 데 도움을 주었다. 이전에는 포핸드로 공을 치면 너무 높이 튀어 올라 상대방이 쉽게 처리할 수 있었다. 이에 대해 코치는 톱스핀으로 공을 회전시켜 상대가 치기 어렵게 만들라고 조언했다. 그 외에도 코트 포지셔닝과 볼 접근법이 좋지 않았고, 서브는 약했으며, 백핸드(내 최고의 스윙)를 제대로 활용하지 못했다. 지금은 훨씬 나아졌다. 내가 얼마나 평범한지 정확히 아는 것이 큰 역할을 했다. 나는 내 능력과 기술 수준 안에서 플레이하며 실수를 피하고 상대가 스스로 무너지게 두는 법을 배웠다. 어느새 내 앞에는 끝없는 개선과 학습이 이어지는 지속가능성의 고원이 펼쳐져 있었다.

"더닝크루거 효과가 실제로 무엇인지 제대로 아는 사람이 있을까?" 이는 회귀적 성격의 질문이다. 예상했겠지만, 그것을 연구하지 않는 사람들은 그것을 진정으로 이해하지 못한다. 이는 브래드 피트와 에드워드 노튼이 출연한 영화 〈파이트 클럽〉을 떠올리게 한다. '더닝크루거 클럽'의 첫 번째 규칙은 자신이 그곳에 속해 있음을 모르는 것이다.[9]

인지 오류를 잘 인식하고 있더라도 '편향 맹점bias blind spot'을 피하기란 쉽지 않다. 우리 모두는 다른 사람들과 똑같은 편향을 갖고 있지만 대부분 그것을 인식하지 못한다. 이 책을 쓰기 위해 이전의 내 연구들을 검토하던 중, 내가 언급한 오류들에 나 자신이 얼마나 자주 빠졌는지를 수도 없이 발견했다.

카너먼은 자신의 편향들을 열거하며 "나는 내가 그런 편향들에서 자유롭다고 주장하지 않는다. 나도 그 모든 편향으로 고통받는다"라고 고백했다.[10]

자신에 대한 이해는 투자자에게 대단히 중요하다. 이것은 우주와의 일체감이나 자기 깨달음에 대한 선불교적 논의가 아니다. 이것은 자신이 실제로 아는 것과 모르는 것이 무엇인지 알고, (실제로는 모르지만) 알고 있다고 생각할 때의 위험성을 깊이 인식하는 일의 중요성과 관련된다.

펀드매니저에게(또는 투자자 스스로에게) 던질 수 있는 최고의 질문은 "당신은 얼마나 똑똑한가?"가 아니라, "당신은 스스로를 얼마나 잘 알고 있는가? 당신은 자신의 행동을 통제할 수 있는가?"이다.

벤저민 그레이엄은 《벤저민 그레이엄의 현명한 투자자》에서 이렇게 조언했다.[11] "투자는 다른 사람들의 게임에서 그들을 물리치는 것이 아니다. 투자는 자신의 게임에서 자신을 통제하는 것이다." 그레이엄의 제자인 워런 버핏은 그 책의 개정판 서문에서 비슷한 생각을 밝혔다. "투자 성공에는 엄청나게 높은 IQ, 비범한 통찰력, 내부정보가 필요하지 않다. 정말 필요한 것은 의사결정을 위한 건전한 지적 틀과 감정이 그 틀을 부식시키지 못하게 지키는 능력이다." 버핏은 공개적인 자리에서 스승의 책을 언급하며 이렇게 덧붙였다고 한다. "125를 넘는 IQ는 낭비다."

자기 인식과 통제가 핵심이다. 자신의 기질, 역량, 한계를 이해하는 것이 중요하다. 아마추어들은 물론이고 많은 전문가가 자신의 부족한 지식과 감정 통제력을 놀라울 만큼 인식하지 못하고 있다. 그들은 자신이 무엇을 모르는지 모른다. (적어도 그들의 포트폴리오에) 치명적일 정도로.

소크라테스는 메타인지에 대해 설파한 최초의 사람일 것이다. "나는 내가 아는 것이 없다는 것을 안다." 직관에 반할 수 있지만, 자신의 무지를 이해하는 것이 지식을 얻는 첫걸음이다. 그의 제자 아리스토텔레스는 "자신을 아는 것이 모든 지혜의 시작이다"라고 말했다. 이 두 철학자는 더닝이 메타인지를 상세히 연구하기 2,400년 전에 이미 그 핵심을 꿰뚫었던 셈이다.

당신은 셰익스피어의 희곡 《당신이 좋으실 대로》에 나온 표현이 더 마음에 들지 모르겠다. "바보는 자신이 현명하다고 생각하지만, 현명한 사람은 자신이 바보임을 안다."

당신의 메타인지는 어떤가?

전문가들은 종종 메타인지에 취약한 모습을 보인다. 한 분야의 전문가가 전혀 다른 분야로 옮겨가면 어떤 일이 벌어질까? 그것이 다음으로 논할 주제다.

지적 월권

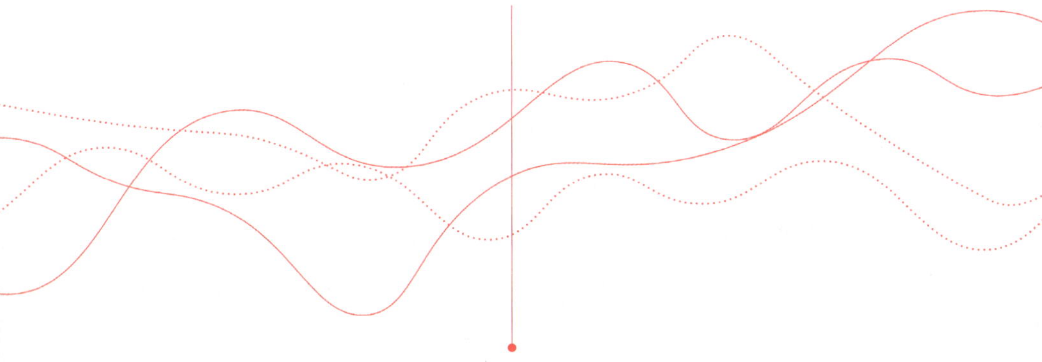

전문가들은 자신의 전문 분야에서조차 항상 옳지 않다. 지금까지 살펴본 수많은 사례가 그 증거다. 하물며 그들이 다른 분야로 진출할 때 틀릴 가능성은 더 커진다. 이를 '지적 월권'이라 부른다.

네이선 밸런타인Nathan Ballantyne은 애리조나주립대학교의 철학·인지학·문화학 부교수다. 밸런타인은 "뚜렷한 경계 너머, 관련 증거나 기술이 없는 영역으로 넘어가서도 (…) 계속해서 발언을 이어가는" 전문가들을 발견했다.[12]

전문가들은 특정 분야에서 좋은 판단을 내릴 수 있는 역량을 갈고닦은 사람들이다. 따라서 우리는 "자신의 역량이 부족한 다른 분야로 넘어가서도 판단을 내리려 하는" 이들에게 더 회의적인 태도를 가져야 한다.[13] 지적 월권을 행하는 자들은 자신이 외부자에 불과한 분야에서 신뢰할 수 없는 판단을 내릴 수밖에 없다. 내가 가장 좋아하는 사례는 (역설적이게도) 더닝크루거 효과를 반박하려는 반복적인 시도와 관련된다. 대체로 수학자들은 더닝크루거 효과가 통계적으로 유의미하지 않다거나 무작위적인 소음이라고 주장한다. 이런 유의 주장은 더닝크루거 효과의 기반이 된 1차 연구를 대규모로 반복 수행한 2차 연구에 의해 반박된다.[14]

똑똑한 사람들도 '왜곡된 직업관déformation professionnelle'을 가질 수 있다. 세상을 자신의 직업적 관점으로만 바라보고 이해하는 것으로, 이 또한 더닝크루거 효과와 관련된다.[15] 수학자가 심리학적 현상을 보고도 통계에만 주의를 기울이는 것은 사실 별로 놀라운 일이 아니다. 심리학이 수십 년간 축적한 연구 성과를 알려고 하지 않은 채 통계적으로만 접근하는 것 자체가 더닝크루거 효과가 존재한다는 증거다.

이 때문에 나는 모든 것, 아니 적어도 초보 투자자들이 첫 10년간 저지르는 대부분의 실수를 더닝크루거 효과로 설명할 수 있다고 생각한다.

더닝크루거 효과와 관련된 것으로 보이는 개념이 있다. 무언가에 대해 많이 알고 쉽게 설명할 수 있다고 생각하지만, 사실은 그렇지 않다는 것을 꼬집는 '설명 깊이의 착각the illusion of explanatory depth'이다.[16]

금융 작가 스티븐 더브너Stephen Dubner는 경제학을 아주 흥미롭게 풀어내는 팟캐스트 '프리코노믹스 라디오Freaknomics Radio'에서 이 개념을 다음과 같이 설명했다. "당신이 정말 강한 의견을 가지고 있는 어떤 것을 떠올려보라. (⋯) 이번에는 왜 그렇게 강한 의견을 가지고 있는지 생각해보라. 자신의 입장을 얼마나 잘 설명할 수 있나?"[17]

변기나 지퍼, 볼펜, 자전거가 어떻게 작동하는지 묘사할 수 있는가? 연필이 어떻게 제조되는지 설명할 수 있는가? 이런 것들을 이해하고 있다고 생각할 수 있지만, 막상 구체적인 내용을 풀어내려면 머뭇거리게 된다.

브라운대학교의 인지심리학 교수인 스티븐 슬로먼Steven Sloman은 저서 《지식의 착각》에서 더브너의 질문에 이렇게 답했다.[18]

> 무언가를 설명해야 할 때는, 대상을 진정으로 이해해야 하며, 자신이 이해하지 못하고 있을지도 모른다는 사실에 직면해야 한다. 이유를 제시해야 할 때, 사람들은 추수감사절 저녁 식탁에서 하는 일을 한다. 즉 대상에 대한 자신의 감정, 좋아하는 점, 싫어하는 점을 늘어놓는 것이다.

오늘날 이런 환상이 생기는 주된 이유는 클릭 한 번으로 인류가 축적한 모든 지식에 가닿을 수 있기 때문이다. 상호 연결된 환경에서 우리는 모두 지식 인접knowledge adjacent의 상태에 있다. 지퍼나 볼펜이 정확히 어떻게 작동하는지 모르더라도, 그것을 찾는 방법은 알고 있다.

노벨물리학상을 받은 리처드 파인만은 이렇게 제안했다. "무언가를 마스터하고 싶다면 가르쳐라." (그는 "나는 무언가의 이름을 아는 것과 무언가를 아는 것의 차이를 아주 일찍 배웠다"라고도 말했다.)

철학연구소Institute for Philosophical Research의 창립자 모티머 애들러Mortimer Adler는 더 직설적이었다. "자신이 생각하는 바를 안다고 말하면서 표현하지 못하는 사람은 대개 자신이 생각하는 바에 대해 모른다."

지식은 우리 사회 전반에 널리 퍼져 있다. 이런 지식을 이해하고 있다고 믿는 것은 큰 실수다.

———

안다고 생각하는 것과 정말 아는 것이 충돌할 때만큼이나 사실과 신념이 충돌할 때도 유감스러운 상황이 펼쳐진다. 바로 인지부조화다. 이것이 투자에 어떤 해를 끼치는지 알아보자.

인지부조화와 수익률

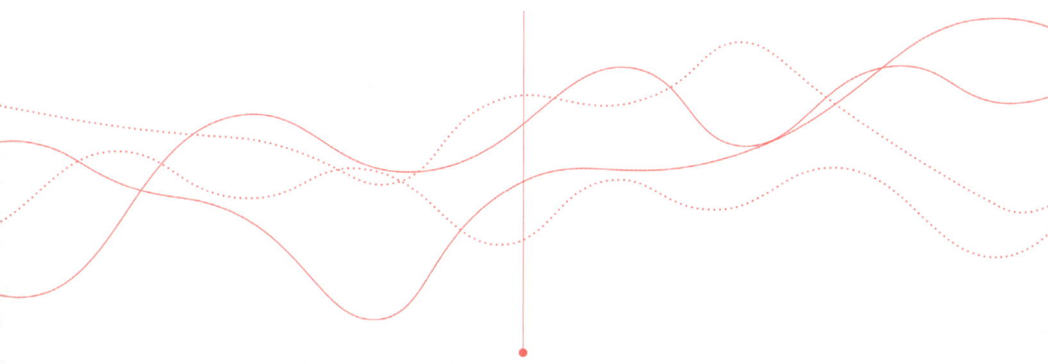

　인간의 뇌가 지닌 모든 결함 중에서도 가장 흥미로운 것은 인지부조화가 아닐까? 이 용어를 처음 고안한 사람은 사회심리학자 레온 페스팅거Leon Festinger였다.[19] 1956년 페스팅거는 "인간은 현실 세계에서 정신적으로 기능하기 위해 내적·심리적 일관성을 추구한다"라며 인지부조화의 기본 원리를 밝혔다.[20]

　사실과 신념이 충돌할 때, 사람들은 사실을 무시하는 방법을 찾아내 신념이 살아남게 한다. 그러지 않으면 사실과 신념의 불일치가 인지적 긴장을 유발하기 때문이다.

　경제학자 존 케네스 갤브레이스는 인지부조화라는 용어가 널리 쓰이기 전부터 그 개념을 파고들었다. 갤브레이스는 "생각을 바꾸는 일과 생각을 바꿀 필요가 없다는 것을 증명하는 일 사이에서 선택을 강요받을 때 거의 모든 사람은 후자에 열중한다"라고 꼬집었다.[21]

우리의 생각과 행동은 대개 우리의 신념에 바탕을 둔다. 투자의 세계에서 인지부조화는 투자자의 신념과 그가 가장 좋아하는 이론이 예측한 결과가 충돌할 때 발생한다. 이때 중요한 것은 반응이다. 데이터를 억지로 해석해 신념을 유지할 수도 있고, 사실을 받아들여 신념을 바꿀 수도 있다.

물론 그냥 아무것도 하지 않고 신념을 바꾸지 않을 수도 있다.

———

당신이 속한 이념적 세계(당신이 생각하는 것, 당신이 믿는 것, 정치·종교·철학과 같이 당신이 공감하는 것)를 떠올려보라. 세상에 대한 당신만의 모델을 구축하는 데 얼마나 많은 인지적 비용이 들었는지 따져본다면, 그와 모순되는 것은 모두 의심할 수밖에 없다.

뇌는 그 무게가 약 1.4킬로그램으로 전체 체중의 2퍼센트에 불과하지만, 하루 칼로리의 20퍼센트를 소비한다. 크기 대비 10배의 에너지를 소모하는 것이다. 이는 정신적 모델을 구축하고 유지하는 데 얼마나 많은 비용이 드는지를 알려준다.

이에 대해 윌리엄 번스타인은 "우리는 인지적 구두쇠다"라고 표현했다.

생각에는 많은 비용이 든다.

인지부조화는 왜 그토록 해로운 것일까? 아마도 매몰비용 오류와 관련될 것이다. 틀렸다는 증거에 노출되어도, 우리는 비싼 비용을 치르고 구축한 신념을 고수하려 애쓴다. 거기에 쏟아부은 모든 시간과 노력이 쓸데없어지지 않도록 합리화하는 것이다. 하지만 이미 소비한 에너지는 사라진 것이다. 반증당한 신념을 고수하든 아니든 말이다. 그런데도 우리는 효과가 없는 것으로 드러난 신념을 버리는 대신 더 강하게 고집한다.

현실을 반영하도록 신념을 업데이트하지 않고 실패한 신념을 그대로 고수한다면, 시장에서 큰 대가를 치르게 될 것이다.

인지부조화를 겪는 사람들은 눈앞에 놓인 사실을 애써 무시하고, 예측한 결과가 발생하지 않은 그 나름의 논리를 만들어낸다. 그들은 다른 곳에서 이유를 찾으며, 자신의 잘못된 이념은 결코 탓하지 않는다.

그 예는 수없이 많다. 온갖 리스크를 무시하고 초저평가주를 사들였다가 그것이 50퍼센트 더 하락하는 것을 보게 된 딥밸류deep value 투자자들. 임박한 초인플레이션과 법정통화 붕괴를 끊임없이 경고하는 오스트리아학파 경제학자들.

연준 의장을 지낸 앨런 그린스펀은 급진적 규제 완화의 열렬한 지지자였다. 하지만 주식과 주택시장이 한꺼번에 붕괴하자, 그는 자신의 실수를 거의 인정하며 이렇게 말했다. "나는 내 논리에서 결함을 발견했다. 그 결함이 얼마나 중대하고 영구적인지는 모르겠지만, 그 사실 때문에 몹시 괴로웠다."[22]

내가 좋아하는 사례는 주택시장 붕괴와 관련된다. 세계금융위기를 촉발한 것은 비은행 대출 기관들의 무책임한 행동이나, 어째서인지 AAA 등급을 받은 저신용 주택담보대출의 증권화가 아니라고 주장하는 사람들이 많았다. 그들은 그 밖의 이런저런 이유를 댔고, 정부 기관을 탓할 수 있다면 더욱 좋아했다. 세계금융위기 이후 무엇이든 맞아떨어지는 이유를 찾아내려는 시도가 끝없이 이어졌다. 지역재투자법Community Reinvestment Act 때문이었어! 잠깐, 연방주택관리청Federal Housing Administration 의 VA 대출Veterans Affairs Loan 때문이었지! 아니, 패니 메이Fannie Mae와 프레디 맥Freddie Mac 때문이야!* 사실 사람들은 (진짜로) '가난한 사람들'을 탓하는 것을 가장 좋아했다. (변동금리로 설정한) 주택담보대출의 금리가 급등하자, 이를 감당하지 못한 그 쓸모없는 저소득 대출자들 말이다![23]

늘 그렇듯 현실은 훨씬 복잡했다. 매우 많은 요인이 얽히고설키며 문제를 일으켰다. 초저금리와 실질소득 하락부터 수익을 좇는 펀드매니저들이 벌인 광란의 경쟁까지. 여기에 월스트리트의 급진적 규제 완화가 결합하며 전통적 대출 기준이 무너지는 특이한 환경이 조성되었다.

그 결과가 어땠는지는 당신도 알고 있다.

자신의 신념과 충돌하는 현실의 복잡성을 인정하지 않는 것은 인지 부조화의 전형적인 사례다. 2000년대 주택시장의 호황과 붕괴라는 현실을 직시할 수 없어 자신의 신념에 부합하는 설명을 꾸며내는 사람들에게 그 설명이 쉽게 반박당할 수 있다는 것은 중요하지 않다.

돈과 관련해서도 항상 같은 종류의 오류를 목격하게 된다. 자신의 방법론에 확신을 가지는 것과 혼자만의 환상 속에 사는 것 사이에는 미묘한 차이가 있다. 좋든 싫든 이것이 바로 인간을 움직이는 운영체제의 본질이다. 이를 인식하는 것만으로도 그 영향을 최소화할 수 있다. 우리가 인간이라고 해서 인간의 모든 결점에 항상 굴복해야 하는 것은 아니다.

---

* 지역재투자법은 금융기관이 저소득층을 차별하지 못하도록 하는 법으로, 1977년 제정되었다. VA 대출은 전현직 군인 가족을 위한 정부 보증 주택담보대출이다. 패니 메이와 프레디 맥은 주택담보대출을 사들여 증권화하고 이를 판매한 연방국립모기지협회(Federal National Mortgage Association)와 연방주택담보공사(Federal Home Loan Mortgage Corporation)를 가리킨다. 두 곳 모두 특정 분야의 자금 흐름을 원활하게 할 목적으로 정부가 설립하고 민간이 소유하는 정부후원기업(government-sponsored enterprise)이다.

사람들은 인지부조화 앞에서 그럭저럭 상황을 설명하는 이야기를 꾸며낸다. 누구나 좋은 이야기를 좋아한다. 그러나 이는 심각한 문제를 일으킬 수 있다. 그 이유를 알아보자.

누구나 좋은 이야기를 좋아한다

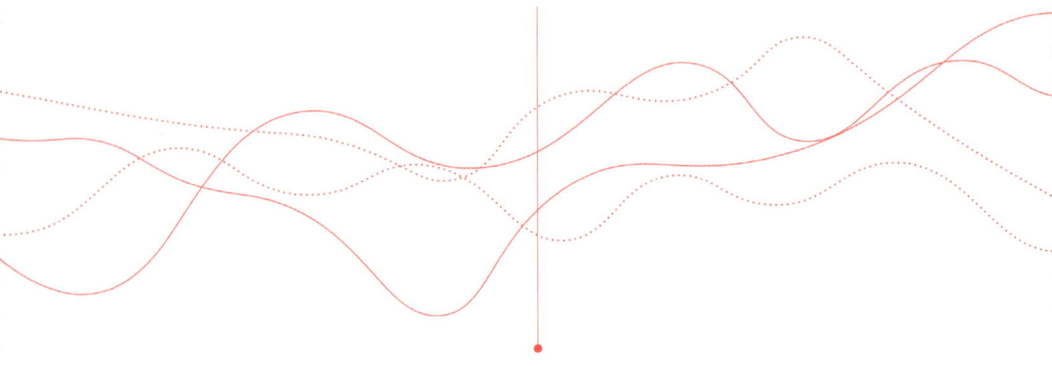

스토리텔링의 역사는 고색창연하다.

말할 수 있는 능력은 5~10만 년 전에 등장했는데, 당시 지식 공유의 유일한 방법이었다.

사람들은 스토리텔링으로 중요한 정보, 가령 어떤 동물을 언제 사냥할 수 있는지, 피해야 할 독사는 어떻게 생겼는지, 먹어선 안 되는 버섯은 무엇인지, 언제 작물을 심어야 하는지, 계절이 바뀌는 신호는 무엇인지, 위험한 날씨를 어떻게 미리 알 수 있는지를 공유했다. 좋은 이야기는 생존을 도왔으며, 기억하고 공유하기 쉬웠다.

좋은 이야기, 즉 영웅과 악당이 뚜렷이 구별되고, 해결해야 할 갈등이 있는 이야기를 좋아하는 것은 인간의 DNA에 깊이 각인되어 있다. 이런 이야기는 흥미진진하고 잊히지 않으며, 감정을 자극하고 공감을 불러일으킨다.

'내러티브 오류narrative fallacy'는 거의 모든 것에 적용된다(이 용어는 사실 나심 탈레브가 《블랙 스완》에서 처음 언급했다). 카너먼은 《생각에 관한 생각》에서 그 특징을 다음과 같이 정리했다.

> 과거의 결함 있는 이야기들은 우리의 세계관과 미래에 대한 기대를 형성한다. 내러티브 오류는 세상을 이해하려는 우리의 지속적인 시도에서 불가피하게 발생한다. 사람들이 매력을 느끼는 설명적 이야기는 단순하며, 추상적이기보다는 구체적이고, 운보다는 재능, 어리석음, 의도에 더 큰 비중을 두며, 일어나지 않은 수많은 사건보다는 일어났던 몇 가지 눈에 띄는 사건에 집중한다. 최근의 두드러진 사건은 인과적 내러티브의 씨앗이 된다.

월스트리트도 좋은 이야기를 좋아한다. 그들이 꾸며낸 이야기는 당신의 돈을 빼앗기 위해 고안된, 감정을 자극하는 마케팅의 일환이다. 중개인들은 우리가 한때 '화제주story stock'라고 부르던 것을 사랑한다. 다음과 같은 홍보 문구를 들어본 적이 있지 않은가? '새로운 CEO가 회사를 회생시킬 것이다.' '10억 달러의 시장가치가 있는 기적의 신약이 미국식품의약국U.S. Food and Drug Administration의 3상 승인을 앞두고 있다.' 그리고 모두가 좋아하는 과장된 이야기… '인수가 임박했다.'

사람들은 이처럼 그럴듯한 이야기를 근거로 투자 결정을 내리고픈 유혹에 저항하지 못할 때가 많다.

이런 이야기들이 틀렸다는 것은 문제의 본질이 아니다. 이야기가 사실인지 거짓인지는 중요하지 않다. 그보다는 우리가 우리의 투자 논리를 지지할, 감정적으로 만족스러운 이야기를 끊임없이 원한다는 사실이 중요하다.

사람들은 세계금융위기가 끝난 후 매년 시장 붕괴를 예측했다. 금융 플랫폼 프래그매틱 캐피털리즘Pragmatic Capitalism의 운영자 컬런 로슈Cullen Roche는 2010년대의 가장 큰 내러티브 오류가 공포 거래fear trade일 것이라고 꼬집었다.

> 지난 몇 년간 주의를 기울여왔다면, 얼마나 많은 사람이 초인플레이션, 급등하는 채권 금리, 치솟는 금값, 폭락하는 달러, 붕괴하는 시장에 대한 예측을 내놓으며 호들갑을 떨었는지 기억할 것이다. 이것이 바로 공포 거래다. 그 논리는 단순하다. 금의 비중을 과도하게 높이고, 미국 국채, 달러, 주식을 공매도한 뒤 불어난 계좌를 보고 기뻐하라! 결과적으로 그 거래는 대참사였다. 다시 말해 공포는 패배했다. 또 한 번.[24]

시간은 로슈가 옳다는 것을 입증했다. 그런 무시무시한 일은 벌어지지 않았다. 공포 거래에 굴복한 사람들만 대규모 상승장을 놓쳤다. 폭락과 투매는 단기적으로 고통스럽지만, 장기적으로는 일시적인 일일 뿐이다. 평균회귀라는 수학 법칙은 피할 수 없다. 시장은 결국 회복된다. 2009년부터 2025년까지 이어진 세대 규모의 강세장에 참여하지 못했다면 은퇴가 10년 이상 늦춰질 것이다.

내러티브 오류는 이처럼 최악의 방식으로 나타난다.

스토리텔링이 합리적 투자를 방해하는 순간은 명확하다. 투자자들은 예측이 빗나갈 때 변명을 늘어놓는다. 나는 자신의 포지션은 옳다고 정당화하며 틀린 것은 시장이라고 주장하는 트레이더를 수도 없이 목격했다. 왜 그토록 많은 전문가가 명백히 실패한 투자 논리를 포기하지 못한 채 잘못을 인정하지 않고 손실 중인 포지션에 오히려 더 크게 베팅하는 것일까?

우리는 사실이 어떻든 우리가 좋아하는 이야기에 집착한다. 이야기가 데이터를 이기고, 신념이 지성을 이기고, 정치가 사실을 이기고, 감정이 계획을 이긴다.

마치 뇌가 이렇게 묻는 듯하다. "너는 누구를 믿을 생각인가? 나인가, 아니면 거짓말하는 네 눈인가?"

시장의 움직임은 무작위적이고 대부분 설명이 불가능하다. 내러티브 오류는 이런 시장의 움직임에 우리가 이해할 수 있는 이야기를 부여한다. 그 이야기는 투자, 선거, 심지어 자기 자신에 대해서도 더 좋은 기분이 들게 해준다. 우리는 스토리텔링으로 세상을 설명하길 너무나 좋아한다. 사실과 데이터는 수렵·채집인들에게 매력적인 의사소통 수단이 아니었다.

사람들은 무작위성을 싫어하고, 세상일에 대해 무력감을 느끼길 원하지 않으며, 삶이 무의미한 우연으로 가득 차 있다는 말을 특히 혐오한다. 하지만 투자자들은 흥미로운 이야기를 들을 때마다 이 점을 기억해야 한다. 이야기는 재미를 줄 수 있을지 모르지만, 돈을 벌어다 주지는 않는다.

당신은 어떤 이야기를 따르고 있는가?

이야기에 과도하게 집착하는 사람은 현실과 점점 멀어진다. 왜 몇몇 사람의 정신적 모델(세상을 설명하는)은 그토록 심하게 어긋난 것일까? 이것이 다음 글의 주제다.

신념가들

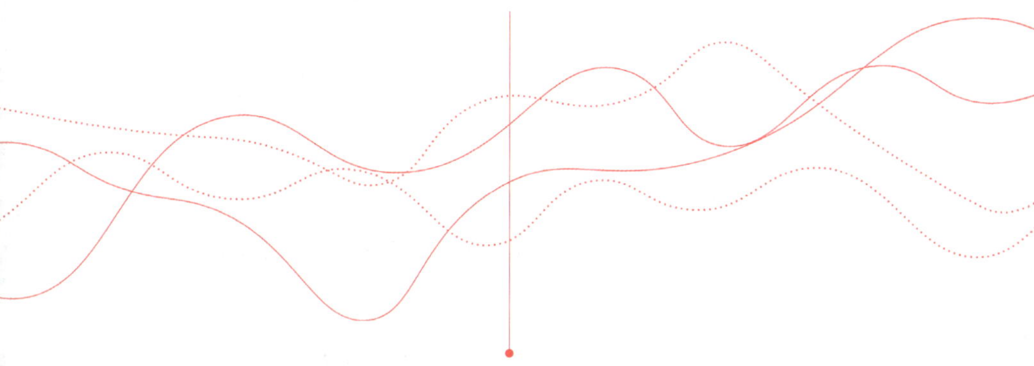

"도대체 저 사람들은 뭐가 문제인 거야?"

스스로에게 이런 질문을 던져본 적이 있다면, 한번 이렇게 답해보라. 별문제 없다.

소셜미디어나 TV에서 누군가의 극단적이고 공격적인 언사에 충격받았다면, 그들의 뇌가 주변 세상에 대한 정신적 모델을 만드는 방식에 작지만 치명적인 오류가 있다고 생각하라. 이는 영국의 소설가이자 저널리스트인 윌 스토Will Storr가 저서 《설득 불가능한 사람들 The Unpersuadables》에서 내린 결론이다.[25]

스토는 UFO에 납치되었던 적이 있다고 주장하는 사람, 홀로코스트를 부인하는 사람, 창조론을 맹신하는 사람, 최신 의학을 거부하고 동종요법을 신봉하는 사람, 명상 지도자, 극단적 요가 수행자, 회의론자, 전생 퇴행 치료사 등 괴짜이거나 심하면 정신적 문제가 있다고 할 만한 사람들과 생활하며 그들의 세계관을 면밀히 탐구했다.

비정통적 견해를 받아들이는 모든 사람에게서 눈에 띄는 특징은 그들이 미친 것이 아니라 오히려 정상으로 보인다는 것이다. 이들의 신체와 정신은 대체로 정상이다. 다만 여러 가지 이유로 세상의 작동 방식에 대한 이해가 왜곡되었을 뿐이다. 스토의 책은 우리의 정신적 모델이 세상을 보는 방식만이 아니라 인지하는 방식에도 영향을 미친다는 것을 보여준다.

화성을 향해 쏘아 올린 로켓은 발사 각도가 손톱만큼만 빗나가도 화성에서 수백만 킬로미터 떨어진 곳에 도착하게 된다. 정신적 모델에 결함이 있는 사람들도 마찬가지다.

그들은 뭐가 잘못된 것일까? 그들은 (누구라도 굴복시킬 수 있는) 수많은 인지적 결함을 겪는다. 또한 극도로 집단주의적이며, 그 안에서 세상을 이해하기 위한 이야기를 구축한다. 이후 자신의 이념과 상충하는 증거가 제시되면 그것을 무시하는 방법을 찾는다. 이로써 이야기가 데이터에 기반한 분석을 압도한다. 그들은 호모사피엔스의 뇌가 수십만 년 동안 작동해온 방식대로 움직이는 호모사피엔스다.

스토의 지적대로, "이야기는 먼저 우리를 바꾸고, 그다음 세상을 바꾼다."

우리의 정신적 모델은 모두 불완전하다. 유용하지만 틀렸다. 하지만 우리가 사는 세상에 대한 모델이 완벽할 필요는 없다. 음식과 물을 찾고, 다른 짐승의 점심 식사가 되는 것을 피하고, 피난처를 찾고, 자손을 낳아 종을 영속시킬 만큼 충분히 오래 생존할 수 있을 정도면 충분하다. 이를 위해서는 모델이 충분히 괜찮은 정도면 족하다.

그러나 리스크를 감수하며 어디에, 어떻게 돈을 걸지 결정하는 일에서라면, 충분히 괜찮은 정도로는 부족하다.

직관에 반하는 이야기일 수 있지만, 세상에 대한 정확한 관점, 객관적 우주를 완벽히 이해하는 정신적 모델을 갖추는 일은 생존에 별 도움이 되지 않는다. 그런 종류의 모델이라면 감각 인식과 에너지 소비 측면에서 엄청난 비용이 들 것이다. 따라서 자원이 제한되거나 스트레스가 심한 시기에는 오히려 종의 생존 가능성을 낮출지 모른다.

이에 대해 스토는 뉴욕대학교 스턴경영대학원 교수인 조너선 하이트 Jonathan Haidt의 말을 인용하는 것으로 설명을 갈음했다.[26] "(세상은) 바위, 나무, 물리적 사물로 이루어진 것이 아니라 모욕, 기회, 지위의 상징, 배신, 성인聖人, 죄인으로 이루어져 있다."

즉 세상은 신념으로 이루어져 있다.

투자의 세계도 마찬가지다. 무엇보다 사람들이 보유 자산을 합리화하는 방식이 정확히 그렇다. 그들이 보유 자산에 유리한 주장을 펼치는 것은 포트폴리오가 자신의 사고방식을 반영하기 때문이다. 가치투자자든 액티브 운용에 매달리는 트레이더든, 자신은 시장이나 경제가 어떻게 작동하는지 이해한다고 믿으며 그에 따라 자산을 운용한다. 당신은 자신의 포지션을 간략한 이야기로 설명할 수 있다. 그 이야기는 당신의 세계관이 낳은 산물이다. 하지만 당신은 바로 그 세계관이 실제 세계에 대한 당신의 견해를 어떻게 합리화하는지 모른다.

연준을 둘러싼 논쟁에서 어느 편에 서든, 어떤 종목의 주가가 싸다고 생각하든 비싸다고 생각하든, 강세장이 너무 오래 지속되었다고 보든 아직 상승 여력이 남아 있다고 보든, 모든 상황에 당신의 정신적 모델이 작용하고 있다. 따라서 이 불완전한 모델이 당신의 투자 결정을 어떻게 주도하고 있는지 인식해야 한다.

다음 주제는 겸손함이다. 우리에게 내재된 편향과 맹점은 투자자들이
더 겸손해야 한다고 속삭인다.

겸손해야 하는 이유

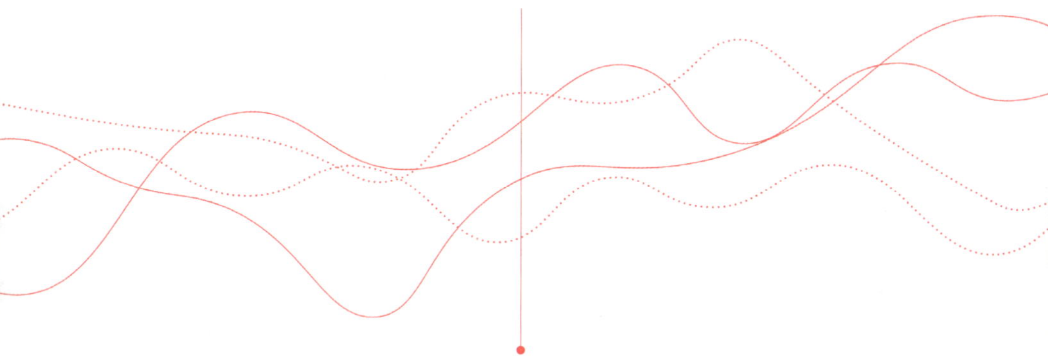

월스트리트는 겸손함이 부족하다.

자산관리에는 금융계에서 찾아보기 힘든 겸손함이 필요하다. 지금까지 살펴본 모든 나쁜 행동과 좋지 못한 결과가 그 점을 분명히 알려주었기를 바란다.

우리는 생각보다 아는 것이 적으며, 무지한데도 무모하게 행동한다. 그렇지 않은 척하는 사람들은 보통 무언가를 팔고 있을 뿐이다.

우리는 미래에 어떤 일이 일어날지 모른다. 과거에 대해서도 대략 이해할 뿐이고(이는 미래를 예측할 때 가끔 유용할 수 있다) 현재에 대해서도 거의 이해하지 못한다. 우리는 미래가 과거와 비슷할 것이라고 가정하지만, 실제로는 그렇지 않은 경우가 많다.

따라서 "내가 모르는 것은 무엇인가?"라고 자문해야만 한다.

나는 내년 경제가 어떻게 될지 알지 못한다. 나는 인플레이션, 실업률,

주택담보대출 금리, 소비지출, GDP가 어떻게 될지 알지 못한다. 시장이 오를지 내릴지, 연준이 금리를 얼마나 조정할지 알지 못한다. 러시아의 우크라이나 침공이 언제 끝날지, 중동에서 다음에 일어날 비극이 무엇일지 알지 못한다. 곧 폭발할 지정학적 위기가 무엇일지(또는 어떻게 해결될지) 알지 못한다. 내년은커녕 다음 분기의 기업 이익조차 알지 못한다. 아이폰 20이 어떤 모습일지, 자율주행 택시가 언제 등장할지 알지 못한다. 어릴 때부터 기다려온 날아다니는 자동차는 말할 것도 없다.

이런 것들을 모른다는 사실을 인정하기만 해도, 자신이 안다고 생각하고 그 잘못된 신념에 따라 행동하는 사람들을 압도할 엄청난 이점을 갖게 된다.

지금쯤이면 뇌의 작용 탓에 투자가 어떻게 궤도에서 이탈할 수 있는지 잘 알고 있을 것이다.

투자자인 우리는…

- 세상에 대한 이해가 불완전하다.
- 시장이나 경제 같은 복잡한 시스템의 역학을 알고 있다고 가정한다.
- 중대한 무작위적 사건이 발생할 가능성을 과소평가한다.
- 수많은 근거 없는 믿음, 잘못된 생각, 부정확한 사실을 믿는다.
- 존재하는 복잡성의 정도를 오해한다.
- 군중심리에 휩쓸리지 않을 수 있다고, 또 그것을 이해하고 이용할 수 있다고 생각한다.

이러한 불완전성을 가능한 한 조목조목 따져보자. 세상에 대한 당신의 정신적 모델은 아무리 좋아도 불완전하며 종종 부정확하다. 그러나 이 모델은 충분히 잘 작동한다. 당신은 길을 건널 수도 있고, 공을 잡을 수도 있으며, 차를 운전할 수도 있다. 성공률이 들쭉날쭉하지만 많은 일을 할 수 있을 만큼 충분히 괜찮다. 당신의 모델은 충분히 괜찮다. 틀렸지만 유용하다.

MLB에서 활약 중인 어느 타자의 머릿속을 들여다보자. 그 안에도 정신적 모델이 있다. 그는 날아오는 공의 속도, 방향, 회전, 공기역학을 대략적으로 추정해 배트로 맞춘다. 그 일을 다른 타자들보다 더 자주 해내면 우리는 그를 좋은 타자라고 부른다. 그 일을 아주 잘해낸다면 그는 올스타가 된다. 하지만 그의 모델은 완벽할 필요가 없다. 단지 배트를 휘두를 때 공이 어디에 있을지 파악할 수 있을 정도로 충분히 괜찮기만 하면 된다.

바로 여기에 문제가 있다. 타격, 운전, 투자와 같은 특정 과제에 대해 충분히 괜찮은 정신적 모델은 소수의 변수만 다룰 수 있어도 잘 굴러간다. 이런 과제를 어느 정도 성공적으로 해내기 위해 모든 것을 알 필요는 없다.

마찬가지로 투자자들 또한 투자의 세계를 완벽히 이해할 필요는 없다. 다만 목표를 달성하려면 자신이 아는 것과 모르는 것을 인식할 만큼은 겸손해야 한다.

모건 하우절은 이렇게 말했다. "과거는 당신이 기억하는 것만큼 좋지 않았다. 현재는 당신이 생각하는 것만큼 나쁘지 않다. 미래는 당신이 예상하는 것보다 나을 것이다."[27]

겸손함은 놀랍도록 드문 자질이다.

이제 우리 뇌가 현대 사회에 맞게 설계되지 않았다는 사실을 알았으니, 어떻게 해야 할까?

우리의 뇌는 투자에 어울리지 않는다

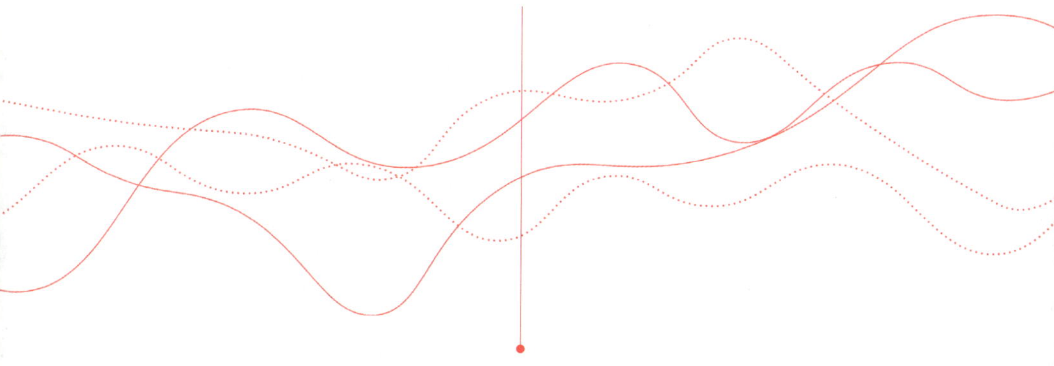

우리의 크고, 무겁고, 뛰어난 뇌는 인류세를 이끌었지만, 현대 사회에서는 우리의 발목을 잡는다.

지금까지 각종 인지 오류(더닝크루거 효과, 지적 월권, 내러티브 오류, 최신편향, 매몰비용 오류, 손실회피, 소유효과, 사후확신편향 등)를 살펴봤다. 이것들 때문에 우리는 잘못된 결정을 내리고 어리석은 행동을 하며 결국 투자에 실패한다.

더 나은 투자자가 되기 위해서는 우리 자신의 뇌를 한 수 앞설 몇 가지 전략이 필요하다. 내가 애용하는 것들은 다음과 같다.

신념의 부당성을 입증하라

확증편향에 맞서려면, 기존의 신념이 틀렸음을 입증하는 정보가 필요하다. 억지로라도 반대되는 견해를 찾아 살펴봐야 한다. 이는 엄청나게 짜증 나는 활동이 될 수 있다(당신의 의견에 동의하지 않는 사람들은 분명 바보일 테니). 하지만 이로써 사고를 더 예리하게 벼릴 수 있다.

모의재판은 로스쿨에서 하는 흥미로운 활동 중 하나다. 참가자들에게는 특정 사건의 사실관계와 적용할 법률이 주어진다. 어느 편에 서게 될지 무작위로 정해지기 때문에, 사건의 양쪽 당사자 모두를 제대로 이해해야 한다. 상대의 강점과 약점이 무엇인지 알고 있다면 유죄, 또는 무죄 주장을 훨씬 효과적으로 펼칠 수 있다. 이렇게 함으로써 대부분의 변호사와 투자자에게 영향을 미치는 확증편향을 피할 수 있다.

시장이 고점에 이르렀다고 보는 사람이라면 강세장이 수년간 지속될 만한 이유도 설명할 수 있어야 한다. 견실한 경제성장이 이어질 것이라고 장담하는 전문가라면 경기침체가 임박했다는 신호도 포착할 수 있어야 한다.

필터 버블을 깨라

당신은 특정 집단의 구성원이다. 가치투자자든 성장투자자든, 미국 머슬카의 팬이든 이탈리아 스포츠카의 팬이든, 진보든 보수든, 당신은 특정 집단에 속해 있다. 당신은 같은 뉴스를 보고 비슷한 사상과 가치를 공유하는 사람들과 어울린다.

당신의 신념과 보유 자산에 대한 지지를 강화하는 필터 버블filter bubble 은 투자에 대한 객관적 시각보다는 맹점을 만들어내며, 짐작하겠지만, 값비싼 실수로 이어질 수 있다.[*]

당신의 세계관을 넓혀라. 다른 정보원을 찾아라. 거래가 이루어지기

---

[*] 필터 버블은 알고리즘이 사용자의 관심사나 행동 데이터를 기반으로 비슷한 결의 콘텐츠를 반복적으로 추천한 결과 편향된 정보만 접하게 되는 현상을 가리킨다.

위해서는 매수자와 매도자가 필요하다. 자신의 관점과 다르면서도 합리적인 관점을 찾는 것은 그리 어려운 일이 아니다.

천문학자 칼 세이건은 이렇게 말했다. "비범한 주장은 비범한 증거를 필요로 한다."

당신이 가진 집단적 신념을 경계하라.

일화보다 데이터를 믿어라

데이터를 평가하는 것은 어려울 수 있다. 반면 매력적인 이야기는 우리를 쉽게 흔든다. 그 이야기가 사실과 완전히 다른 것으로 드러났을 때조차 말이다. 스포츠 팬이나 특정 당 지지자들은 결과에 지나치게 몰입한 나머지 현실을 객관적으로 판단하는 능력을 상실한다.

일화는 단 하나의 데이터에 불과하다. 최근의 사례보다는 추세를 참고하라. 이야기가 매력적으로 느껴지는 것은 선과 악의 뚜렷한 구분, 명백한 갈등, 만족스러운 결말을 모두 갖추었기 때문이다. 현실에서는 이런 일을 찾아보기 어렵다.

우리는 증거와 상관없이 믿고 싶은 것을 믿는다. 이런 접근법은 값비싼 대가로 이어진다.

관점을 전환하라

앞서 관점을 전환하는 여러 유형의 사고실험을 살펴봤다. 가끔은 기본으로 돌아가 자신의 신념을 새로운 관점에서 점검해보는 것도 의미가 있다.

1990년대와 2000년대에 나는 다양한 부동산 데이터를 추적했다(어머니가 부동산중개인이었던 것이 이유가 아닐까 싶다). 월스트리트에서 나 같은 사람은 찾아보기 어려웠다.

2005년이 되자 뭔가 크게 잘못되었다는 것이 명백해졌다. 다른 관점에서 데이터를 분석하지 않았다면, 나도 다른 사람들처럼 다가오는 위기를 감지하지 못했을 것이다.

세상을 조금 다른 각도에서 바라보는 것만으로도 엄청난 통찰을 얻을 수 있다.

감정을 인식하라

지금까지 감정이 우리의 사고와 행동에 영향을 미치는 여러 가지 방식을 살펴봤다.

자신이 흥분한 상태임을 인식할 수 있다면, 오류를 극복할 기회를 얻을 수 있다. 그러나 자기 인식을 위해 아무리 노력해도, 감정은 우리가 실수하게 만든다.

영국의 시인으로 노벨문학상을 받은 러디어드 키플링Rudyard Kipling은 아들에게 이렇게 조언했다.

만약에 주변의 모두가 정신을 잃고 너를 탓할 때
침착함을 유지할 수 있다면,
만약에 모든 사람이 너를 의심할 때 스스로를 믿되
그들의 의심 또한 받아들일 수 있다면,
세상과 그 안에 있는 모든 것은 네 것이다!

우리 모두에게 좋은 조언이다.

　1~3부에서는 모든 투자자에게 해가 되는 나쁜 생각, 나쁜 숫자, 나쁜 행동을 살펴보았다.

　마지막 4부에서는 나쁜 결과를 피하게 해줄 좋은 원칙을 건넬 것이다. 함께 살펴보자.

4부

좋은 원칙

0

내가 해줄 수 있는 최고의 조언

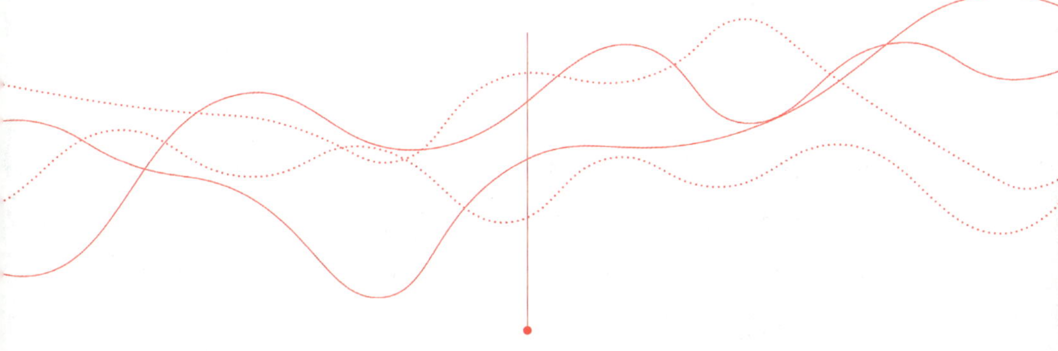

축하한다! 당신은 우리가 왜, 또 어떻게 똑같은 투자 실수를 반복하는지 설명하는 불편한 글을 500쪽 넘게 읽었다. 이제 우리 종이 투자에 유독 부적합하다는 사실을 분명히 알게 되었을 것이다.

나쁜 소식뿐이라고 섣불리 실망할 필요는 없다. 좋은 소식은 본능을 뛰어넘어 '나쁜 생각', '나쁜 숫자', '나쁜 행동'을 피할 다양한 방법이 있다는 것이다.

이 책의 마지막이자 가장 짧은 4부에는 최고의 성과를 내기 위한 10가지 조언이 담겨 있다. 이들 조언은 투자자로서 내가 늘 지키는 원칙이기도 하다. 이들을 실행에 옮긴다면 자산을 더 잘 운용하고, 더 행복하며, 덜 스트레스받는 투자자가 될 것이다.

---

1. 실수를 피하라(실수를 줄이고, 덜 멍청해져라).

2. 자신의 강점을 인식하라(그리고 그것을 활용하라).

3. 재무계획을 수립하라(그리고 그것을 고수하라). 도움이 필요하다면 수탁자 의무를 지는 전문가를 찾아라.

4. 지수에 투자하라. 장기적으로 최상의 결과를 얻고 싶다면 답은 인덱스 투자다.

5. 주식의 변동성을 상쇄하려면 채권에 투자하라. 특히 국채, 투자 등급 기업채, 지방채, 물가연동채를 보유하라.

6. 세금에 유의하라. 수익률이 높아도 세금이 크면 실제 수익은 쪼그라든다.

    6a. 단일 포지션에서 과도한 수익이 발생할 경우 후회 최소화 전략을 사용하라.

7. 비교적 검증된 대체투자상품(벤처캐피털, 사모펀드, 사모채권, 헤지펀드) 외에는 거리를 두어라. 이를 활용할 때도 상위 10퍼센트에 접근할 수 없다면 주의하라.

8. 현명하게 소비하라. 시간, 경험, 기쁨을 사라. 잔소리꾼은 무시하라.

9. 더 잘 실패하라. 당신의 통제 범위 안에 있는 것과 밖에 있는 것을 명확히 구분하라.

10. 부자가 되어라. 투자로 부자가 되는 고전적 전략들과 각 전략의 난이도, 성공 가능성이 4부에서 제시된다.

이제 하나씩 살펴보자.

1

덜 멍청하게 행동하라

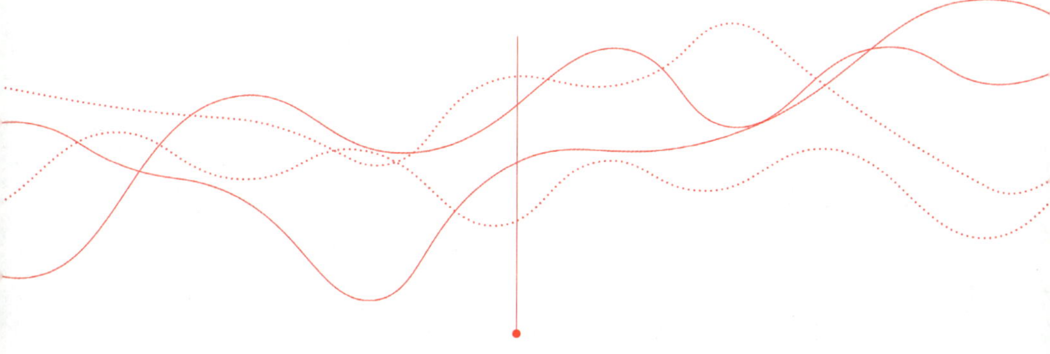

내 사무실 벽에는 〈공포와 탐욕Fear Gread〉이라는 제목의 스케치가 걸려 있다. 일련번호가 500번까지 이어지는 시리즈 중 무려 1번 작품이다.

유명 재무설계사이자 금융 작가인 칼 리처즈Carl Richards가 솜씨를 발휘한 이 스케치는 가장 큰 투자 실수가 무엇인지 직관적으로 보여준다. 칼이 '스케치 가이The Sketch Guy'로 처음 활동을 시작했을 때, 나는 시리즈의 2~50번 작품을 사 지인들에게 연말 선물로 나눠줬다.

칼의 스케치는 단순하지만, 대부분의 투자자가 자신의 자산보다 수익률이 낮은 이유를 완벽히 설명한다. 말도 안 되는 소리 같겠지만, 데이터를 조금만 살펴봐도 매우 흔한 일임을 알 수 있다.

장기간에 걸쳐 자산과 동일한 수익률을 기록하려면, ① 해당 기간 내내 자산을 보유해야 하고, ② 정상적인 가격대에서 매수해야 하며(새롭게 부상 중인 종목이 고점에 있을 때 추격 매수하지 말 것), ③ 하락 시 조급하

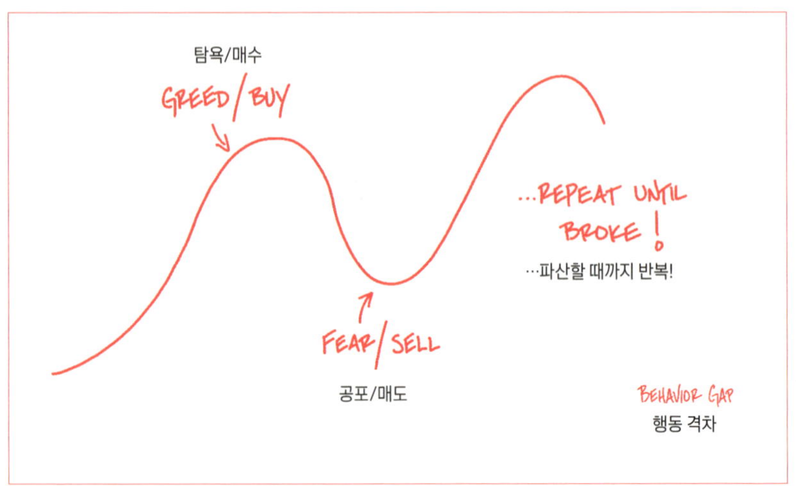

게 매도하는 등 복리 효과를 방해해선 안 된다.

단순하지만 어렵다. 즉 이론적으로는 단순하지만 현실에서 실천하기란 어렵다. 우리 대부분은 이렇게 효과적으로 행동할 만한 이해력, 자제력, 기술을 가지고 있지 않다.

JP모건은 분기마다 《시장 가이드Guide to the Markets》를 발간한다.[1] 75쪽짜리 소책자이지만, 뛰어난 통찰로 빛나는 각종 표와 그래프가 가득 실려 있다. 그중에는 자제력 부족이 얼마나 큰 대가를 치르게 하는지 보여주는 것들도 있다. 이와 관련된 개념이 '행동 격차behavior gap'로, 특정 자산의 수익률과 해당 자산에 투자한 투자자들의 수익률 간 차이를 의미한다.

2012년부터 2021년까지 10년간 S&P 500의 연평균 수익률은 16.6

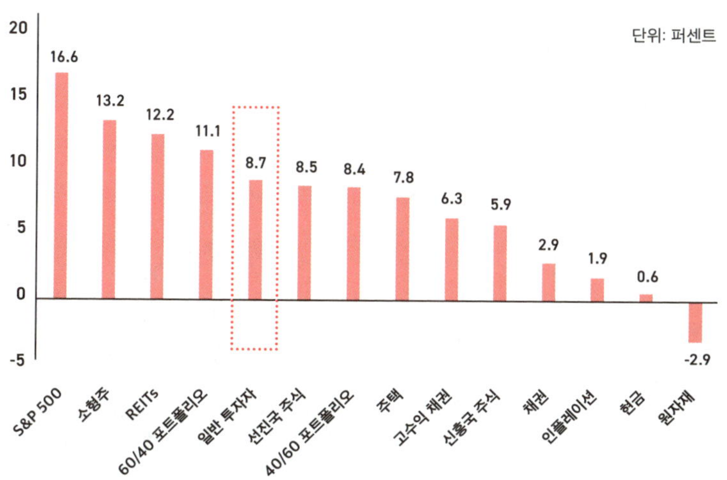

퍼센트를 기록한 반면, 일반 투자자의 연평균 수익률은 8.7퍼센트에 그쳤다. 이는 시장이 창출한 수익의 절반 수준에 불과하며, 가장 단순한 60/40 포트폴리오와 비교해도 5분의 1 정도 낮다.

2002년부터 2021년까지로 기간을 넓혀보면 격차는 더욱 벌어진다. 닷컴 버블 붕괴의 후유증이 여전하고 세계금융위기의 확산으로 변동성이 심했던 시기이지만, S&P 500의 연평균 수익률은 10퍼센트를 기록했다. 하지만 일반 투자자들의 연평균 수익률은 4퍼센트에 불과했으니, 60/40 포트폴리오와 비교하면 그 절반에도 미치지 못했다.

자산의 보유 기간이 길어질수록 복리 효과를 방해하는 오류의 영향도 따라 커진다. 이것이 바로 행동 격차의 비용이다.

어떤 주식, 채권, ETF를 살펴보더라도 투자자들의 수익률과 그들이 보유한 자산의 수익률 사이에는 깊은 골이 파여 있다. 직관에 반하지만, 상승하는 자산을 탐욕스럽게 좇거나 하락하는 자산을 투매하려는 우

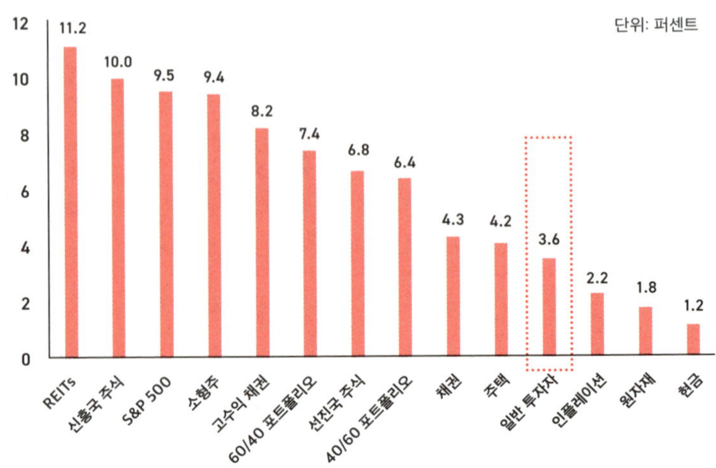

자산군별 20년 연평균 수익률(2002~2021년)

리의 성향을 고려하면 이해하지 못할 것도 아니다. 이는 1960년대 이래 10년마다 반복되어왔다.

　행동 격차의 가장 좋은 사례로 캐시 우즈Cathie Woods 가 운용하는 'ARK Innovation ETF'(ARKK)를 꼽을 만하다. 2020년 ARKK는 역대 어떤 ETF나 뮤추얼펀드보다 뛰어난 성과를 올렸다. 그해 수익률은 153퍼센트였고, 팬데믹 기간(2020년 3월의 저점부터 11개월 후의 고점까지)의 수익률은 무려 359퍼센트였다. 우즈는 크게 인정받았고 막대한 자금이 ARKK로 유입되었다. 바로 거기에서 행동 격차가 발생했다. 투자자들은 ARKK가 이미 크게 오른 후에 매수했던 것이다.

　ETF 역사상 가장 거대한 상승폭을 기록했는데도, 2014년 출시 이후

ARKK의 수익률(161퍼센트)은 여전히 S&P 500(247퍼센트)보다 뒤처져 있다.

셈퍼 아우구스투스 투자 그룹Semper Augustus Investments Group의 사장 겸 CIO(최고투자책임자)인 크리스 블룸스트란Chris Bloomstran은 ARKK에 대한 날카로운 비평으로 유명하다. 2023년 초 블룸스트란은 투자자들이 간과하고 있던 ARKK 관련 사실 35가지를 X에 올렸다.[2] 가장 충격적인 사실은 ARKK 투자자의 98퍼센트가 수익은커녕 손실을 보고 있다는 점이었다. 그들 대부분은 급등 이후, 즉 2020년의 정점 근처에서 진입했다. 그러고는 2023년 12월, 81퍼센트라는 엄청난 폭락을 겪었다.

이는 전형적인 성과 추종performance chasing 오류다. 뛰어난 성과를 낸 후 미디어가 운용사를 추켜세우면 투자자들이 뒤늦게 몰려든다. 곧 필연적인 평균회귀가 뒤따른다.

2024년 8월 《배런스》는 ARKK 투자자들의 암울한 상황을 다음과 같이 묘사했다.

> 리서치 업체 모닝스타의 데이터에 따르면, ARKK 투자자들의 평균 수익률은 펀드 자체보다 훨씬 떨어졌다. 2014년 출시 이후 이 펀드의 연평균 수익률은 9.7퍼센트다. 이 수치는 투자자들이 한때 꿈꿨던 세 자릿수 수익률과는 큰 차이가 있지만, 장기투자 수익률과 대체로 비슷한 수준이다. ARKK 투자자들의 상황은 더 암울하다. 모닝스타가 계산한 그들의 연평균 수익률은 -17퍼센트다.[3]

비쌀 때 사서, 쌀 때 팔고, 파산할 때까지 반복!

당신이 당신의 자산보다 실적이 좋지 못하다고 해서 실망할 필요는 없다. 좋은 소식이 있기 때문이다. 통념과 달리 일반 투자자들이 전문가들보다 훨씬 큰 이점을 가지고 있는 것으로 드러났다. 그것이 무엇인지 알아보자.

2

자신만의 투자 철학을 세워라

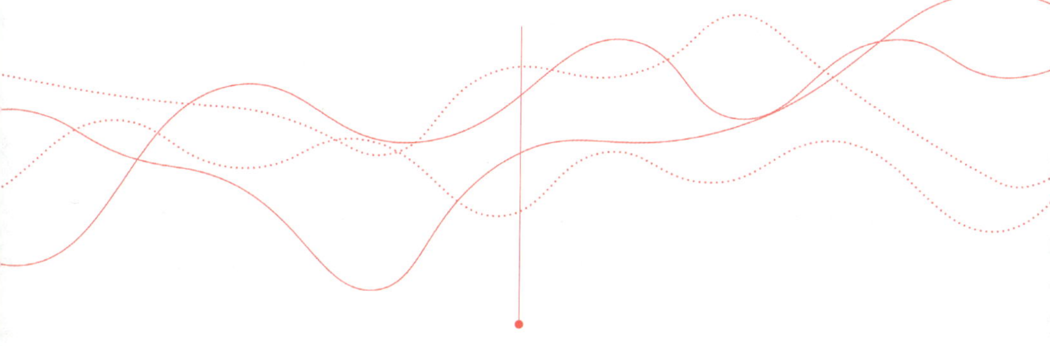

여기 직관에 반하는 사실이 있다. 일반 투자자들이 전문가들보다 더 유리하다는 것이다.

찰스 엘리스는 예일대학교의 기금(현재 410억 달러 규모!)을 관리하던 시절, 자신이 관찰한 시장의 실체에 대해 다음과 같이 묘사했다.[4]

프로 미식축구 경기를 보면, 필드 위 선수들이 당신보다 훨씬 빠르고 강하며 기꺼이 고통을 견디고, 또 고통을 가한다는 것이 명백하게 드러난다. 분명 당신은 "저 선수들과 경기하고 싶지 않아!"라고 말할 것이다.

그런데 주식시장 거래량의 90퍼센트는 기관이 차지하며, 그중 절반은 세계 50대 대형 투자사가 책임진다. 그런 곳에서는 만반의 준비를 갖춘 채 그 일에 전념하는, 세상에서 가장 똑똑한 녀석들이 온

종일 죽도록 일한다. 나조차 그 녀석들과 맞서고 싶지 않다.[5]

이들 전문가와 같은 경기장에 서고 싶은가? 그들은 도구, 인력, 자본, 정치적 인맥, 내부정보, 심지어 멋진 사무실까지 모든 것을 가지고 있다. 당연히 모든 상황에서 유리하다. 그들은 홈그라운드의 이점home-field advantage을 마음껏 누린다. 그들의 경기장에서 그들의 규칙에 따라 그들의 게임을 한다면, 결국 그들이 원하는 대로 될 가능성이 매우 크다. 당신의 손실은 곧 그들의 이익이다.

하지만 중요한 점이 있다. 전문가가 아닌 사람들, 즉 일반 투자자들은 다른 게임을 할 수도 있다. 당신이 굳이 할 필요도, 다룰 필요도, 비용을 낼 필요도, 걱정할 필요도 없는 것들이 많이 있다.

당신이 아마추어이기 때문에 누릴 수 있는 여섯 가지 이점을 살펴보자.

1. 벤치마크

다른 사람의 자산을 대신 운용하는 모든 사람은 벤치마크를 기준으로 평가받는다. 포트폴리오가 주식, 채권, 상품, 암호화폐 등 무엇으로 이루어져 있는지는 문제 되지 않는다. 자산운용과 관련된 모든 일이 공식 지수를 기준으로 판단, 측정, 비교된다.

대형주를 운용한다면 벤치마크는 S&P 500이다. 소형주라면 러셀 2000이다. 신흥국 주식이라면 MSCI다. 채권이라면 블룸버그지수다. 목록은 계속 이어진다. 각 지수는 실시간으로 업데이트되므로 펀드매니저들은 말 그대로 초 단위, 틱 단위로 자신의 성과를 평가받게 된다.

일반 투자자인 당신은? 당신에게는 매분기, 또는 매년 따라잡거나 뛰어넘어야 할 벤치마크가 없다. 대신 자신만의 재무계획을 따라 목표를 향해 나아가기만 하면 된다. 한편 월스트리트에서는 매월, 심지어 매주 성과가 나쁜 펀드매니저들에 대한 성토대회가 열린다.

2. 외부 투자

또 다른 중요한 점은 당신에게 투자한 사람이 없다는 것이다. 평소 자신을 마케팅하거나, 시장이 흔들릴 때 자신의 결정을 변호하느라 시간을 낭비할 필요가 없다. 어떠한 형태의 투자 제안서나 프레젠테이션도 필요하지 않다. 오직 자신(과 가족)만 책임지면 된다.

그것은 당신 돈이다! 당신은 '나 주식회사'의 CEO이자 CIO다. 질문하고 질책할 사람이 없기 때문에 전문가들이 저지르는 수많은 실수를 피할 수 있다. 분노한 투자자들의 전화를 받을 필요도 없고, 미디어와 동료들의 혹독한 비판을 감내할 일도 없다.

3. 비용과 수수료

당신은 비용을 최소화할 수 있지만, 전문가들은 그렇게 할 수 없다. 일반 투자자는 비용 부담이 사실상 없다. 오늘날에는 주식이나 ETF를 무료로 살 수 있으며, 펀드의 경우 비용을 내야 하지만 5베이시스포인트 정도로 매우 낮다. 일반 투자자는 비용, 수수료, 심지어 세금까지 스스로 통제할 수 있다.

잠재 고객을 만나기 위해 전 세계를 돌아다니거나 입장료가 비싼 콘퍼런스에서 사교하지 않아도 된다. 현대식 가구와 고가의 예술품으로 채운 비싼 사무실(멋진 전망 필수)도 필요하지 않다. 법무 및 규제 담당 부서도, 인상적인 리서치 부서도, 여러 국가에 걸친 세금 문제를 처리해 줄 다국적 회계 부서도 필요하지 않다.

4. 시간

장기적으로 생각할 수 있다는 것은 전문가들이 누리지 못하는 사치다. 당신은 그들보다 훨씬 장기적인 관점으로 시장을 지켜볼 수 있다. 일일, 주간, 월간 변동성은 당신에게 문제 되지 않는다.[6]

최근의 15퍼센트 조정? (공매도할) 초기 하락을 놓쳤거나, 반등을 이용할 포지션이 없는 전문가들은 얼마 남지 않은 머리카락을 쥐어뜯으며 초조해한다. 시장이 몇 퍼센트 이상 움직일 때마다 이런 일이 벌어진다.

시장의 모든 등락을 신경 쓰지 않아도 된다는 것은 엄청난 이점이다. 아마추어에게 1분기는 그저 한 해의 4분의 1일 뿐, 곧 심장발작을 일으킬 평가 기준이 아니다. 시간은 당신의 편이며, 복리 효과가 당신 대신 일한다.

5. 규모

주식이나 ETF를 보유하기로 결정했다면, 그냥 사면 된다. 즉 시장에 영향을 미치지 않고 얼마든지 진입하거나 포지션을 청산할 수 있다. 바꿔 말해 대형주만 거래해야 한다거나 포지션이 얼마 이상(또는 이하)이어야 한다는 규제가 없다(전문가들에게는 큰 문제). 단타 트레이더들은 당신의 100주나 1,000주 주문을 노리지 않는다. 다크풀 같은 것도 걱정하지 않아도 된다.

보유 자산에 대한 정밀 조사나 공시의무가 없다는 것도 큰 장점이다. 포지션을 늘리거나 줄일 때마다 SEC에 보고할 필요도 없다.

6. 경력 관리

에이전트(타인을 대신해 일하는 사람)들은 리스크를 매우 보수적으로 관리하는 경향이 있다. 한마디로 기회를 덜 잡는다.

그들은 어리석어 보이거나 해고당할 만한 행동은 하지 않는다. 이는 경력을 관리하는 데 유용하다고 입증된 방법이지만, 자산운용에는 좋지 않다. 수익을 위해서는 어느 정도의 리스크를 감수해야 하기 때문에, 에이전트의 이익이 고객의 이익과 일치하지 않는 경우가 생긴다.

당신은 이런 갈등을 겪을 필요가 없다. 실수를 인정해도 해고당하지 않는다. 일시적인 하락이나 매수 직후 문제가 생긴 종목 때문에 스트레스받을 필요도 없다. 단기적으로는 바보짓으로 보이겠지만 장기적으로는 돈을 벌 수 있는, 인기 없는 선택도 할 수 있다.

전문가들은 성과를 평가받는 매우 구체적인 기준이 있다. 그들과 달리, 당신은 자신이 얼마나 잘했는지 평가할 자신만의 기준을 직접 세울 수 있다. 이는 장기적인 목표가 무엇인지 파악하고 이를 달성하기 위한 계획을 짜야 한다는 것을 의미한다. 성과는 그 목표를 향해 제대로 된 길을 가고 있는지 확인하는 식으로 측정한다. 이는 전문가들에 비해 일반 투자자가 가진 또 하나의 커다란 이점이다.

당신은 전문가들을 이길 수 있다. 다만 그들이 홈그라운드의 이점을 활용하는 게임에 나서지 말고, 자신이 선택한 게임을 해야 한다.

———

이 책에서 살펴본 모든 투자 실수를 피하는 가장 좋은 방법은 재무계획을 세우고 그것을 고수하는 것이다. 다음으로 그 구체적인 방법을 살펴보자.

3

뉴스보다 계획이 필요하다

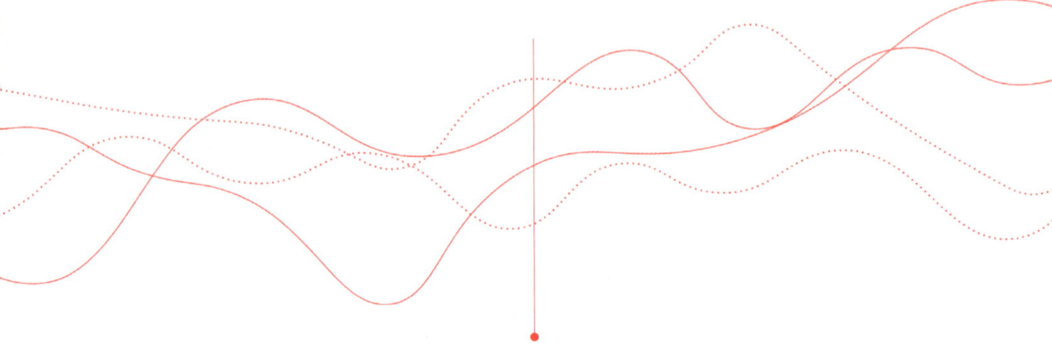

절차는 이렇다.

오늘 대참사가 발생한다. 경보가 울리고 경고등이 번쩍이더니, 갑자기 모두가 당신에게 조치를 취하라고 채근한다. 뭐라도 해! 무엇이든! 중요한 속보가 쏟아진다. 팬데믹! 전쟁! 폭락! 무슨 일이 벌어지는지는 중요하지 않다. 어쨌든 포트폴리오를 업데이트하라고 재촉한다.

내 최고의 조언은⋯ 항상 무시하라.

플래시 크래시, 재정절벽, 브렉시트(그렉시트도 포함), 2018년 4분기의 20퍼센트 하락, 임시예산안, 팬데믹 당시의 34퍼센트 폭락, 러시아의 우크라이나 침공, 이스라엘·하마스·헤즈볼라(그리고 이란?) 사이의 영원한 전쟁 등 참사는 끊이지 않는다. 2022년의 S&P 500 하락(18퍼센트)과 나스닥 100 폭락(33퍼센트)도 빼놓을 수 없다.

이런 일이 벌어질 때마다 잠에서 깨어나 바삐 움직여야 한다는 잔소리가 터져 나온다. 어른답게 행동해야 한다! 이 섹터에서 저 섹터로 자산을 옮겨라! 이건 사고, 저건 팔아라! 그리고 서둘러! 지금 당장 해야 해!

이런…. (한숨)

그럴 필요가 없는 것일 수도 있다.

내 일은 사람들에게 끊임없이 상기시키는 것이다. 앞좌석 등받이에 적혀 있는 안전 지침을 읽기에 가장 좋은 때는 비행기가 이륙하기 전이라고 말이다. 고도 9,000미터에서 엔진 하나가 꺼지고 다른 엔진에는 불이 붙은 상황이라면, 차분하고 명확하게 자신의 결정을 따져볼 수 없다.

미리 계획하면 감정적 고통 없이 이성적으로 결정을 내릴 수 있다. 어떻게 해야 할지에 대한 결정을 문제가 닥칠 때까지 미루다 보면, 그 일을 변연계가 맡게 될 가능성이 크다. 패닉 속에서 결정을 내리게 되는 것이다.

항상 똑같다. 어디에선가 나쁜 일이 벌어지면 시장은 혼란에 빠진다. 대규모 매도세가 뒤따르고, 수많은 사람이 패닉에 빠진다. 이메일과 전화가 쏟아지기 시작한다. 기자들은 갑자기 변동성이 커진 이유를 묻는다. 그들은 내 답을 좋아하지 않는다. "그것이 시장이 하는 일이다. 시장은 오르내린다. 때로는 격렬하게."

소란이 가라앉고, 시장이 안정을 되찾으면, 모두 원래 계획으로 돌아간다.

영원한 비관론자들이 끊임없이 종말을 예측하면서도 절대 알려주지 않는 한 가지가 있다. 주식시장에서 빠져나와야 할 이유는 항상 존재한

매도의 이유

다! 문제는 감정적 매도가 투자자들에게 유리하게 작용하지 않는다는 것이다. 그것은 돈을 지키기는커녕 잃게 할 뿐이다.

내 동료 마이클 배트닉이 만든 위 그래프를 살펴보자.[7] 세계금융위기부터 팬데믹까지 매도 버튼을 눌러야 했던 모든 이유를 담고 있다. 무엇 하나 충격적이지 않았던 사건이 없다.

하지만 이 중에 언제라도 잘못된 조언을 듣고 매도한 투자자들은 큰돈을 놓쳤을 게 분명하다.

1세기 전 주식시장에 투자한 1달러의 가치가 얼마나 커졌는지 보여주는 다음 그래프는 어떨까? 역시 어느 기간을 보더라도 매도할 이유가 넘쳐났지만, 시장은 결국 상승했다.

이것들은 끝없는 악재의 극히 일부에 불과하다. 하지만 포트폴리오는 시간이 흐를수록 뉴스와 무관하게 복리 효과를 누린다.

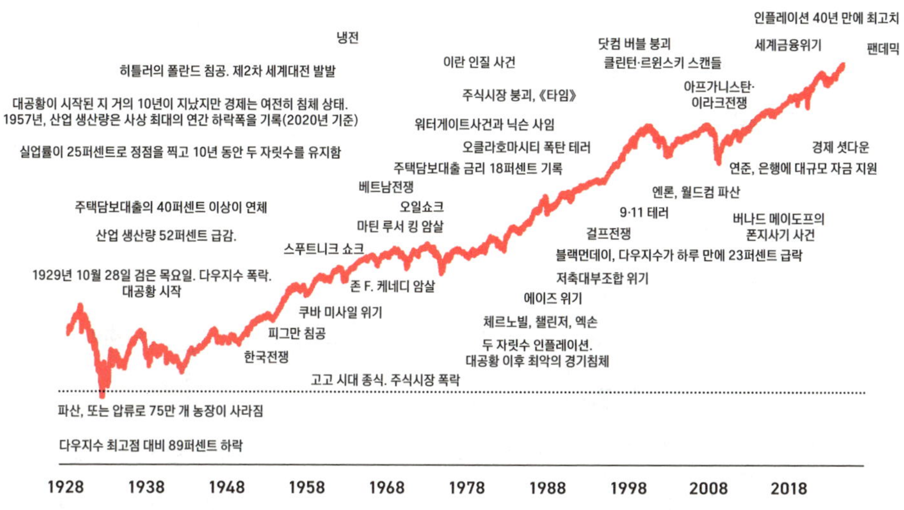

앞서 살펴봤듯이, 시장은 전체 거래일의 53퍼센트 동안 0.5퍼센트 내외로 움직인다. 5~10퍼센트의 큰 변동은 3년에 두 번꼴로, 10~20퍼센트의 매도세는 3년에 한 번꼴로 발생한다.

시장의 이런 움직임은 지극히 정상적이다.

이런 사건들이 발생할 때 투자자들은 무엇을 생각해야 할까? 평정심을 유지하고 싶다면 다음 목록을 숙지하라.

- 시장은 급등하고 급락한다. 이는 평범한 일이다.
- 감정적 반응은 포트폴리오에 해롭다.
- 세상은 우연으로 가득하다. 인간이 개입할 때는 특히 더 그렇다.

- 전문가와 논객들은 당신을 실망시킬 것이다. 그들의 예측은 틀렸다. 대부분은 **그것**이 다가오는 것을 보지 못했다. **그것**이 무엇이든 말이다.

- 팸플릿이나 웹사이트를 가득 채운 반짝이는 것들은 대개 당신에게 돈을 벌어다 주지 못한다.

- 당신에게 필요한 것은 계획과 그 계획을 고수할 수 있는 절제력이다. 이것이 **전부**다.

- "아무도 아무것도 모른다." 이 격언은 삶의 거의 모든 측면에 적용된다. 이를 마음 깊이 새겨두어라.

- 당신의 뇌는 변화하는 환경에서의 생존을 위해 진화했다. 현대 자본시장에서 리스크나 보상을 따지고 합리적으로 결정하기 위해 진화한 것이 아니다.

- 강세장과 약세장은 나름의 시간표대로 움직인다. 그것들은 당신의 은퇴, 자녀의 대학 학자금, 사고 싶은 새집에는 전혀 신경 쓰지 않는다.

- '불확실성'은 부정확한 용어다. 누군가가 그 단어를 사용한다면, 자신의 무지를 잠시나마 인정할 만큼 겁먹었다는 뜻이다.

- 아드레날린도 도파민도 건전한 의사결정의 기반이 될 수 없다.

- 모든 예측은 (조언이 아닌) 마케팅일 뿐이다.

- 지루하고 안정적인 포트폴리오는 어떤 상황도 견뎌낼 수 있다.

- 미래는 본질적으로 알지 못하고 알 수도 없다. 그렇지 않다고 주장하는 자들은 뭔가를 팔고 있는 것이다.

- 투자는 어렵다.

- 때로는 거지 같은 일이 벌어진다.

다른 아무것도 배우지 못하더라도, 이것만은 배워야 한다. 일상의 소음과 투자 결정에 반영할 진짜 신호를 혼동하지 말라. 단순히 최근의 시장 움직임에 반응하고 있다면, 그것은 계획이 아니다. 공포가 주도하는 본능적인 행동일 뿐이며, 재앙의 씨앗이다.

프랑스의 수학자이자 철학자인 블레즈 파스칼Blaise Pascal이 지적했듯이, "인류의 모든 문제는 방 안에 홀로 조용히 앉아 있지 못하는 데서 비롯된다."

계획을 꼭 혼자 세울 필요는 없다. 자산운용에 도움이 필요한가? 진정으로 도움을 줄 올바른 전문가를 찾는 방법을 알아보자.

때로는 조언이 필요하다

내가 한 가장 현명한 일 중 하나는 내 능력과 경험을 넘어서는 복잡한 문제에 대해 조언해줄 전문가들을 주위에 둔 것이다. 안타깝게도, 나는 중년이 되어서야 그들이 필요하다는 사실을 깨달았다. 나처럼 오래 걸려서는 안 된다.

좋은 변호사와 전략가가 필요하다. 이들은 법률적 문제 외에도 현명한 조언을 해줄 수 있다. (이전에 비슷한 문제들을 경험했기 때문이다.) 노련한 회계사와 세무사는 수천 달러를 절약하게 해준다. 주치의는 모든 의료 문제에 대해 조언해줄 수 있고 필요하다면 전문의와 연결해줄 수 있는 일반의general practitioner여야 한다.

대부분의 사람에게는 투자자문가를 두는 것이 대단히 유용하다.

그들의 조언이 꼭 필요할까? 아마도. 자신의 상황을 객관적으로 파악하면 어떤 종류의 금융 서비스에 비용을 지불할지 결정하는 데 도움이 될 것이다. 하지만 이 문제를 본격적으로 다루기 전에 미리 반론을 제시하겠다.

"리트홀츠 씨, 당신 회사가 금융 서비스를 판매하지 않나요? 우리가 객관적인 조언을 받고 있는 것이 맞나요?"

정당한 질문이다. 앞서 언급했듯이, 리트홀츠자산관리는 독특한 비즈니스 모델을 가지고 있다. 나는 2000년대 초반부터 사람들이 자산을 직접 관리하는 데 필요한 조언을 무료로 제공해왔다. 좋은 투자자가 되기 위해 필요한 것은 약간의 지식과 시간 그리고 절제력뿐이다. 이것이 내가 금융 사이트 '빅픽처', 블룸버그 팟캐스트 '마스터스 인 비즈니스',《워싱턴포스트》칼럼에서 공유해온 핵심 메시지다. 내 동료들도 뉴스레터, 책, 유튜브, TV, 라디오, 금융 사이트 등을 통해 같은 일을 하고 있다.

리트홀츠자산관리의 비즈니스 모델(수수료를 낼 필요가 없다. 혼자 할 수 있다)은 월스트리트에서 보기 드문 것일 뿐 아니라 직관에 반한다. 그런데도(아니면 그 때문에? 잘 모르겠다) 세계금융위기 직후부터 많은 사람이 도움을 청하기 시작했다. 현재 리트홀츠자산관리는 70억 달러 규모의 고객 자산을 관리하고 있다.

내게 도움이 필요할까? 그렇다면 어떤 도움이 얼마나 필요할까?

이런 의문이 생겼을 때 고려해야 할 요소들은 다음과 같다.

1. 재정 상황이 얼마나 복잡한가?

재정 상황이 가장 단순한 사람은 세 들어 사는 젊은 독신 직장인이다. 반대쪽에는 자기 회사를 가진 성공한 기업가가 있다. 그는 사업 매각으로 대규모 자본이득을 챙겼고, 전 세계에 여러 부동산을 소유하고 있으며, 재산을 물려줄 자녀와 손주가 있다. 수입원이 워낙 다양하고 세금 신고(각종 배당금, 손실 이월 등)가 복잡해 여러 명의 변호사, 회계사, 투자 자문가와 협력한다. 그들의 조언대로 모든 세제 혜택 계좌를 최대한도까지 활용했고, 여러 금융사에 다양한 포트폴리오를 보유하고 있으며, 유언장 작성과 신탁을 완료했고, 각종 보험에 가입되어 있다. 물론 자선 활동에도 열심이다.

당신은 두 극단 사이 어딘가에 있을 것이다. 상황이 복잡할수록 투자 자문가의 도움이 필요하다. 설사 이런 일을 직접 할 수 있더라도, 투자 자문가에게 맡겨두면 시간을 더 가치 있는 일에 쓸 수 있다.

2. 장기(5년 이상) 목표는 무엇인가?

가장 흔한 답변들을 복잡한 순서대로 나열하면 다음과 같다.

- 주택 구입을 위한 저축
- 자녀 대학 학자금 마련
- 은퇴자금 마련
- 인플레이션을 능가하는 수익
- 자선 활동
- 세금 관리
- 사업 매각 수익 관리
- 상속 계획
- 세대 간 자산 이전

가장 기본적인 재정 목표는 주택 구입, 자녀 대학 학자금 마련, 은퇴 자금 마련을 위한 저축이다.

좋은 투자자문가라면 이 모든 목표를 아우르는 계획을 짜줄 것이다. 인생은 변수의 연속이고, 그들은 상황이 바뀔 때마다 도움을 주기 위해 존재한다. 최고의 투자자문가는 시장이 주기적인 변동을 겪을 때 충동적인 행동을 저지르지 않도록 해준다.

누구나 축적, 보존, 분배라는 세 단계의 재정적 생애주기를 거친다. 단계별로 연령, 소득, 자산에 따라 해야 할 일이 달라진다. 청년층(20~30대)은 현금 흐름이 빈약하지만, 시간이 많고, 큰 수익을 얻기 위해 더 많은 리스크를 감수할 수 있다. 변동성을 견딜 수 있다면, 이들은 주식으로만 포트폴리오를 구성해야 한다.[8]

중년층(40~50대)은 주택, 포트폴리오, 사업체, 퇴직연금과 IRA, 높은 소득 덕분에 자산이 더 많다. 그러나 자녀 대학 학자금과 은퇴자금 마련 등 미래에 대한 부담도 크다. 시간적 여유가 많지 않으므로 리스크를 줄여야 한다(개인의 리스크 감수 성향, 연령, 채권 수익률에 따라 80/20, 또는 70/30 포트폴리오를 구성하라).

은퇴를 앞두고 있거나, 은퇴한 노년층(60~70대)은 시장이 대신 일해줄 시간 자체가 적으므로 리스크를 크게 줄여야 한다. 그들은 생활비를 충당하기 위해 자산을 인출해야 한다. 여기에는 사회보장급여와 연금도 포함된다. 기대수명이 크게 늘었기 때문에 시간이 지남에 따라 포트폴리오 구성을 70/30에서 60/40으로, 다시 50/50으로 전환해야 한다.

아직 젊은데도, 즉 투자 가능 기간이 수십 년이나 남았는데도 리스크를 충분히 감수하지 않아 현금이나 채권 비중이 지나치게 높은 경우를 흔히 보게 된다. 반대의 경우도 있다. 자산을 보존해야 할 단계의 사람들이 지나치게 큰 리스크를 감수하며 공격적으로 투자하는 경우다. 이들은 자산가치가 크게 하락해도 회복할 시간이 없다.

성공한 기업가들처럼 근면하고 경쟁심과 추진력이 강한 이들일수록 재정적 생애주기의 전환에 어려움을 겪는다. 그들은 속도를 늦추는 데 익숙하지 않으며, 그 결과 필요 이상으로 공격적인 포트폴리오를 꾸린다.

자신의 목표와 시간표에 따라 현재 상태를 점검하고, 생애주기의 각 단계에 알맞은 수준인지 판단하라. 어려운 일이 아니며, 약간의 시간과 관심만 있다면 누구나 직접 할 수 있다(직접 하고 싶은지 아닌지는 또 다른 문제지만). 도움이 필요하다면 늦기 전에 투자자문가를 찾는 것이 좋다.

3. 절제력이 충분한가?

절제력은 대부분의 투자자에게 가장 큰 문제다. 투자자문가들은 고객의 섣부른 행동을 막는 데서 보통 제 몫을 한다. 뱅가드그룹은 이 일을 '투자자문가의 알파advisor's alpha'라고 부르는데, 연간 최대 3퍼센트의 수익률을 보존해준다고 한다.[9]

투자 성공의 가장 큰 장애물은 부실한 기법, 빗나간 타이밍이 아니라, 자신의 행동을 통제하는 능력의 부재다. 다음 달 연준의 FOMC 회의에서 무슨 말이 나오든, 당신의 행동은 당신의 통제하에 있다.

정말 통제할 수 있을까? 가능하다. 단 절제력이 있어야 한다. 또한 포트폴리오로 구현 가능한 투자 철학이 있어야 하며, 이 철학에는 구체적인 규칙이 포함되어 있어야 한다. 이를 바탕으로 낮은 비용, 낮은 회전율, 낮은 세금, 장기보유를 지향하는 포트폴리오를 구축해야 한다. 투자 과정에서 뉴스나 어깨너머로 들은 소문에 의지해서는 안 된다. 경제지표나 분기별 실적에도 크게 영향받아서는 안 된다.

마지막으로, 변동성이 큰 시기에 자신의 행동을 돌아보았을 때 부끄럽지 않아야 한다. 2008~2009년, 2000~2003년, 2018년 4분기, 2020

년 팬데믹, 2022년 10월의 매도세 속에서 당신은 매수자였나? 아니면 투매에 가세했나?

스스로 자산을 관리할 만한 성품인지, 그만한 절제력이 있는지 판단하려면 이 질문들에 솔직히 답해야 한다. 시간과 관심, 절제력이 있다면 스스로 하지 못할 이유가 없다. 방법은 비교적 간단하다. 자산 배분 모델을 선택하고, 분기별로 검토하며, 몇 년에 한 번씩 리밸런싱을 하고, 30년을 기다리면, 짜잔! 행복한 은퇴 생활이 기다리고 있다.

더 많은 도움이 필요하다면 좋은 투자자문가를 찾아라. 주변을 둘러보고, 친구나 동료에게 만족했던 사람을 추천해달라고 부탁하라. 꼼꼼히 조사한 다음 몇몇 투자자문가와 직접 이야기를 나눠보라. 본인과 비슷한 상황의 사람들이 일하는 회사에 소속된 투자자문가를 찾는 것도 좋은 방법이다. 투자자문가와는 매우 개인적이고 친밀한 관계를 맺게 되기 때문에, 본인과 배우자 모두의 마음에 드는 사람이어야 한다.

———

마지막 한 가지. 고르고 고른 투자자문가가 당신의 이익을 최우선으로 추구하는지 반드시 확인해야 한다.

조언의 질은 천차만별이다. 돈을 주고 사는 모든 것의 품질이 전부 다르다는 것은 익히 알고 있지 않은가? 쉐보레를 살 수도 있고 메르세데스 벤츠를 살 수도 있다. 둘 다 자동차이지만 디자인, 제작 품질, 마력, 신뢰성은 극히 다르다.

그래도 자동차라면 어디에서든 동일한 안전 규정과 소비자 보증이 적용된다. 그러나 재정과 관련해서는 그렇지 않다. 투자자문가를 규율하는 기준은 적합성과 수탁자 의무 두 가지인데, 이 둘은 완전히 다르다.

적합성 기준에 따라 일하는 사람들은 보통 '중개인'이라고 불리지만, '등록대리인registered representative'이라는 명칭이 사용되기도 하며, 명함에는 '부사장vice president'이라고 적혀 있을 때도 있다. (월스트리트에는 부사장 이하의 직급을 가진 사람이 존재하지 않는다.) 수탁자 의무 기준을 준수하는 사람들은 '등록투자자문가registered investment advisor'라고 불린다.[10]

후자는 전자보다 훨씬 엄격한 의무와 법적 책임을 진다. 등록투자자문가들은 고객의 이익을 위해 행동해야 한다는 법적 의무 아래에서 일한다. 이처럼 명확하고 단호한 기준은 엄청난 파급효과를 낳는다. 당신의 투자자문가는 변호사, 회계사, 의사와 같은 존재여야 하지, 중고차 딜러처럼 행동해서는 안 된다.

그렇다면 중개인, 등록대리인 그리고 수많은 부사장은 어떠할까? 적합성 기준은 아래와 같은 문제를 일으킬 수 있다.

1. 고객보다는 증권사와 그 직원들에게 유리하다.

2. 다른 기준을 따르는 서비스보다 훨씬 많은 비용이 든다.

3. 투자자문가와 고객 사이에서 본질적인 이해 상충이 초래된다.

그렇다면 왜 두 가지 기준이 존재하는가?

SEC가 수탁자 의무 기준을 만들어 적용하자, 중개인들이 규제를 피하기 위해 스스로(!)를 규제하는 적합성 기준을 만들었기 때문이다. 그들은 전미증권업협회National Association of Securities Dealers와 그 현대적 후신인 금융산업규제청Financial Industry Regulatory Authority이라는 자율규제기관을 세워 이런 일을 꾸몄다. 그 부작용을 알고 싶다면, 전미증권업협회의 역사

를 찾아보라.[11]

분쟁이 발생했을 때 일방의 자율규제기관이 판단한다면 그 결과가 과연 공정할까? 윌리엄 D. 코핸William D. Cohan은 이 문제를 강도 높게 비판한 것으로 유명하다. 인수합병을 전문으로 다룬 은행가 출신의 저널리스트로서 코핸은 자율규제기관에서 구조적으로 반복되는 부당한 관행을 폭로했다.[12]

마지막으로 하이브리드 회사를 조심하라. 이런 회사들은 수탁자 의무 기준을 채택하지만, 동시에 비싸고 고객의 이익에 부합하지 않는 서비스를 판매한다. 하이브리드 회사는 거래마다 자신들의 편의에 맞는 기준을 선택할 수 있다.

내 경험상 수탁자 의무 기준은 고객을 투자자문가의 부정행위에서 보호하고, 적합성 기준은 투자자문가를 고객의 소송에서 보호한다.

조언을 구할 때 스스로를 위해 반드시 해야 할 일이 있다. 당신의 이익을 최우선으로 추구하는 투자자문가를 찾아라. 그의 도움으로 편안한 은퇴 생활을 즐기게 될 때 내게 고마움을 느낄 것이다.

———

누구의 도움을 받아야 할지 알아보았으니, 다음으로 무엇을 보유해야 할지 알아보자. 우리는 이미 답을 알고 있다. 바로 저비용 인덱스펀드다! 그 이유는 다음과 같다.

4

첫째도 인덱스, 둘째도 인덱스, 셋째도 인덱스

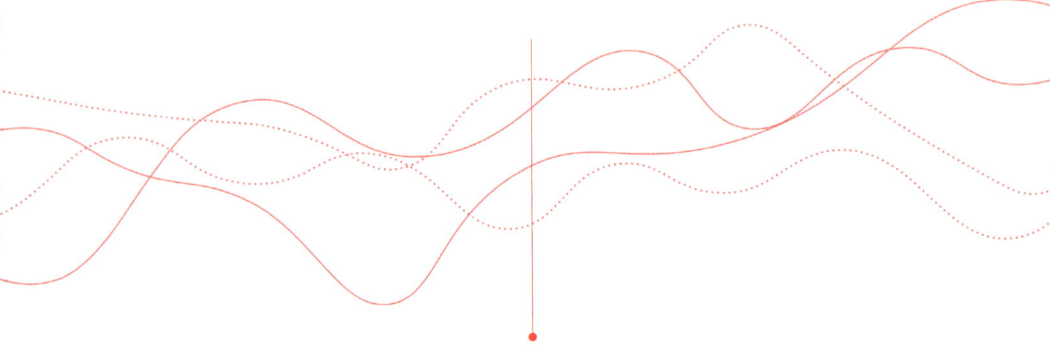

포트폴리오 관리의 핵심은 인덱스 투자여야 한다.

인덱스 투자의 장점은 학계에서나 업계에서나 모두 철저히 입증되었다. 그 장점은 다음과 같다.

1. 더 낮은 비용(및 세금)
2. 모든 상승 종목 보유
3. 더 나은 장기 성과
4. 단순함
5. 나쁜 행동의 최소화

인덱스 투자가 핵심이 되어야 한다. 그 이유는 다음과 같다.

인덱스 투자를 활용하면 S&P 500부터 MSCI까지 상상할 수 있는 거의 모든 지수를 단 몇 베이시스포인트의 아주 저렴한 비용으로 보유할 수 있다. 물론 액티브 운용도 더는 과거처럼 터무니없이 비싸지 않다. 예전에는 보통 200베이시스포인트를 부담해야 했지만, 지금은 50~100베이시스포인트면 충분하다. 하지만 아무리 적은 비용이라도 수십 년간 복리로 쌓이게 되면 전체 계좌 가치의 20~30퍼센트에 해당하는 수익률을 갉아먹는다. 물론 이는 대체투자상품이 취하는 '2&20 비용', 즉 '운용보수 2퍼센트+성과보수 20퍼센트'에 비하면 아무것도 아니다.

반박할 여지가 없는 논리다. 비용은 중요하며, 비용이 클수록 특히 더 그렇다.

최상의 사례 가운데서도 단연 돋보이는 수치가 있다. 1조 달러.[13] 이것이 '뱅가드 효과'다. 이 용어는 2016년 내 동료 에릭 발추나스가 만들었다. 당시 에릭은 뱅가드그룹의 낮은 비용 덕분에 투자자들이 절약한 돈이 얼마인지, 또 뱅가드그룹의 영향으로 낮아진 업계 전반의 수수료는 얼마인지 계산했다. 그 총합이 바로 1조 달러였다. 10년 전의 계산 결과인 만큼, 지금이라면 2조 달러에 육박할 것이다.

자산 대비 비용의 비율을 연간 몇 베이시스포인트 수준으로 유지하면, 자산은 그만큼 더 많은 복리 효과를 누릴 수 있다.

대박 종목

주식시장에는 비범한 종목 선택 능력을 입증해낸 천재들이 있다. 피터 린치, 워런 버핏, 벤저민 그레이엄, 존 템플턴, 토머스 로 프라이스 주니어, 존 네프, 줄리언 로버트슨, 윌 다노프, 조엘 그린블랏Joel Greenblatt 등이 그들이다. 이들은 극소수로, 규칙을 증명하는 예외일 뿐이다.

사실 평범한 투자자들은 아무리 심혈을 기울여 종목을 선택해봤자 기대한 만큼의 성과를 내기 어렵다. 헨드릭 베셈빈더의 연구 결과를 기억하는가? 베셈빈더는 대부분의 종목이 실제로 큰 의미가 없다는 것을 증명했다.[14] 그에 따르면, 장기간에 걸쳐 엄청난 성과를 내며 주식시장의 수익률을 끌어올리는 종목은 전체의 1.3퍼센트에 불과하다[15]

즉 대박 종목을 직접 고를 확률은 2퍼센트에 못 미치며, 오로지 대박 종목만 고를 확률은 더 낮다. 반면 인덱스 투자는 최고의 성과를 내는 종목을 보유하게 해줄뿐더러, 해당 기업이 성장할수록 그 비중을 높여준다. 여기에 인덱스 투자의 낮은 비용과 액티브 운용의 높은 비용까지 고려하면, 이 공식을 이기기란 거의 불가능하다는 것이 명백해진다.

초과 성과

S&P 500을 제공하는 S&P 다우존스 인디시즈S&P Dow Jones Indices는 매년 '기관투자자용 성과 평가표'라 할 만한 지수를 발표한다. 바로 S&P 500과 액티브 운용에 진심인 액티브펀드의 수익률을 비교한 'S&P Indices Versus Active'(SPIVA)다. 최신(2024년 상반기) SPIVA에 따르면, 액티브펀드의 약 90퍼센트가 10년 기준 벤치마크보다 낮은 성과를 보였다.[16]

버킹엄 스트래티직 웰스Buckingham Strategic Wealth의 리서치 책임자 래리 스웨드로Larry Swedroe는 2023년 SPIVA를 세후 기준으로 분석해 놀라운 결과를 얻었다.[17] 대부분의 액티브펀드가 20년 기준 벤치마크보다 낮은 성과를 보였던 것이다.

- 액티브펀드의 93퍼센트와 다중주펀드multi-cap fund의 94퍼센트가

'S&P Composite 1500'(종합 산업 지수)보다 낮은 성과를 보였다.[*]

- 소형주 펀드의 94퍼센트가 'S&P SmallCap 600'(소형주 지수)보다 낮은 성과를 보였다.
- 중형주 펀드의 95퍼센트가 'S&P MidCap 400'(중형주 지수)보다 낮은 성과를 보였다.
- 대형주 펀드의 94퍼센트가 S&P 500보다 낮은 성과를 보였다.

막대한 자금이 왜 값비싼 액티브 운용을 떠나 저렴한 인덱스 투자로 옮겨가는지, 그 이유를 단박에 짐작할 수 있을 것이다.

앞으로 수십 년간 벤치마크를 능가할 펀드를 직접 고를 수 있다고 믿는 사람들이 있다. 하지만 이것은 확률이 매우 낮은 도박이라는 것을 깨달아야 한다.

단순함

다른 조건이 모두 같다면, 단순함이 복잡함을 이긴다. 인덱스 투자는 단순한 접근법이다. 관리, 실행, 추적이 쉽다. 예상을 벗어나는 일 없이 어떤 결과를 얻게 될지 미리 정확히 알 수 있다.

더 복잡한 투자를 하고 싶다면, 그렇게 해야만 하는 설득력 있는 이유가 필요하다. 대부분의 투자상품과 전략은 이 기준을 충족하지 못한다.

행동

인덱스 투자에는 독특한 장점이 있다. 어리석은 실수를 피하게 해준

---

[*] 멀티캡펀드는 대형주, 중형주, 소형주 등 시가총액 규모가 제각각인 여러 종목에 분산 투자하는 펀드다.

다. 즉 '덜 멍청해질' 가능성이 크다.

당신의 결정

인덱스 투자를 고려하고 있는가? 그렇다면 다음 질문들에 먼저 답해
보라.

- 포트폴리오에서 주식과 채권의 비율은? → 70/30, 60/40 등
- 보유할 ETF는? → VTI, SPY, VOO, ITOT 등[18]
- 전체 자산에서 비미국 주식의 비중은? → 30퍼센트, 40퍼센트, 50퍼센트 등
- 적립식 투자에 할애할 수 있는 급여의 비중은? → 보통 5~10퍼센트
- 리밸런싱 간격은? → 시장이 크게 하락할 때마다, 대략 5년이나 3년마다 등

결정을 내리고 나면, 이후 수십 년간 그냥 잊어버려도 된다.

여기에 인덱스 투자의 진정한 장점이 있다. 즉 우리가 인간이기에 저
지를 수밖에 없는 투자 실수(종목 선정, 타이밍 예측, 투매, 유행 추종)를 한
발 앞서 제거해버린다. 이런 문제들과 씨름하지 않고, 값비싼 실수를 피
하는 것만으로도 다른 누구보다 나은 성과를 얻을 수 있다. 이것은 투
자의 진리다.

월스트리트가 보여준 경멸에도 불구하고(아니, 어쩌면 그 때문에) 인덱
스 투자는 수백만 명에게 선택받았다.

포트폴리오 구성과 관련해 핵심과 위성 전략을 고려하라. 이 전략은 주요 지수를 추종하는 ETF를 중심에 놓고 초과수익을 기대할 만한 기타 ETF들을 추가하는 자산 배분 모델이다.

나는 이것을 주로 크리스마스트리에 비유한다. 핵심 ETF는 트리이고, 나머지 ETF들은 트리를 꾸미는 장식품이다. 그 비율은 보통 70대30이 적당하다. 인도, 모멘텀, AI, 신흥국 시장 등 ETF의 종류는 무궁무진하므로, 원하는 방식으로 포트폴리오에 자신만의 개성을 더할 수 있다.

투자 중독자들을 위한 행동 해킹behavioral hack에 탁월한 효과를 발휘하는 수단이 있다.[*] 바로 카우보이 계좌다.

칵테일파티에서 주식시장 이야기를 즐기는가? 연준의 FOMC 회의와 비농업 고용지수 발표가 있을 때마다 숨죽여 기다리는가? 유명 펀드매니저들이 금융 방송에 출연하는 것에 주의를 기울이는가?

그렇다면 당신은 투자 중독자다.

자신을 보호할, 그러니까 자신으로부터 자신을 보호할 조치를 취해야 한다. 유동자산의 3~5퍼센트로 '미친 돈 계좌mad-money account'를 만들어라. 이 계좌는 내면의 과격한 투자 본능에 따라 제멋대로 써도 된다. 성과가 좋다면 좋은 일이다! 게다가 이 계좌의 목적은 은퇴자금 마련이

---

[*] 행동 해킹이란 특정 행동을 형성하거나, 통제, 또는 유도하기 위해 사용하는 심리적·행동적 기법이다.

아닌 재미이기 때문에 수익이 난 종목을 계속 보유할 가능성이 더 크다. 만약 대실패라면? 당신이 투자에 별 재능이 없다는 사실을 되새길 좋은 계기가 될 수 있다. 전체 포트폴리오를 망치지 않았다는 사실에 감사하라.

노벨경제학상 수상자 폴 새뮤얼슨은 이렇게 말했다. "투자는 페인트가 마르는 것을 보거나 풀이 자라는 것을 보는 것과 같아야 한다. 흥분과 기대감을 원한다면 800달러를 쥐고 라스베이거스로 떠나라." 카우보이 계좌도 라스베이거스와 같은 기능을 한다.

내 카우보이 계좌에는 보통 유동자산의 2퍼센트가 들어 있다. 나는 이 돈으로 가능한 한 가장 무모한 게임을 즐긴다. 콜옵션을 이용해 타이밍을 맞추는 것이다. 2022년 10월의 저점 근처에서 운 좋게 QQQ를 매수해 대박 난 경우도 있었고, 실리콘밸리은행Silicon Valley Bank이 파산할 때 (똑같은 행운을 기대하며) 매수했다가 거덜 난 적도 있었다. 전자의 경우 내 안의 악마들은 더 대담해졌다. 후자의 경우 내 오만함을 깊이 반성했다. 꼴좋게 당했던 셈이다.

결과와 상관없이, 카우보이 계좌는 내 안의 투자 중독자가 포트폴리오에 손대지 못하게 한다. 이것이 카우보이 계좌의 진짜 가치다. 내 돈을 내 바보 같은 파충류의 뇌와 떨어뜨려놓는 것이다.

지금까지 너무 잃는 이야기만 했다고? 좋다. 그렇다면 큰 수익을 내고 있을 때는 어떻게 해야 할까? 한 가지 전략은 평생 후회할 행동을 피하는 것이다. 이어서 살펴보기로 하자.

언제 팔아야 후회하지 않을까?

자산운용사를 운영하다 보면 온갖 유형의 투자자를 만나게 된다. 장기투자자, 부동산 투기꾼, 트레이더, 빅테크기업 경영자 그리고 그 사이의 모든 사람. 나는 다양한 자산군에 베팅한 온갖 사람과 이야기를 나눈다.

가끔은 갑자기 인생을 바꿀 만한 막대한 부를 얻게 된 사람과 이야기할 기회가 생긴다. 엄청난 규모의 횡재에 그들의 정신은 일종의 마비 상태에 빠진다. 잘못된 결정을 내리게 될까 봐 두려운 나머지 어떠한 결정도 내리지 못한다. 단순히 무엇을 해야 할지 모르는 것이 아니다. 생각 자체가 멈추는 것이다.

내 친한 친구도 비슷한 일을 겪었다. 1990년대 중반, 친구는 어느 테크 스타트업의 고위직에 올랐다. 자연스레 연봉이 오르고 많은 주식을 받았다. 1996년이 끝날 무렵 이 회사는 야후!에 인수되었다. 그 과정에서 친구가 가지고 있던 주식은 야후!의 스톡옵션으로 대체되었다. 이 스톡옵션은 6년 뒤에 행사할 수 있었는데, 그렇게까지 오래 기다릴 수 없다면 3년 후에 25퍼센트를 행사한 다음, 나머지는 4년 차, 5년 차, 6년 차에 걸쳐 매월 약 2퍼센트씩 행사할 수도 있었다.

당시는 나를 포함한 수많은 트레이더가 들떠 있는 시기였다. 테크주, 특히 닷컴기업들의 주식은 단기간에 두 배, 세 배씩 급등했다. 주가가 계속 올랐기 때문에 모든 매도가 후회로 귀결되는 듯했다.

이런 상황에서 야후!의 스톡옵션은 엄청난 부를 의미했다. 단순한 여윳돈이 아니라 인생을 바꿀 정도의 큰돈이었다. 주택담보대출과 자동차 할부금을 모두 갚고, 자녀의 대학 학자금 전액을 마련하고, 퇴직 계좌를 완전히 채운 후에도 현금이 남아도는 수준이었다. 남은 평생 원하는 일만 할 수 있고, 아예 일하지 않아도 되는 정도였다.

한 방을 위해 6년을 기다릴 것인가, 안전하게 3년만 기다릴 것인가? 어떻게 해야 할지 고민이 된 친구는 내게 의견을 물었다.

내 조언은 닷컴기업들이 버블에 휩싸였다는 믿음에 기반한 것도, 야후!에 대한 평가에 기반한 것도, 시장 전반의 열광적인 분위기에 기반한 것도 아니었다. 또한 수익률을 최적화하거나 벤치마크와 비교해보라는 것도 아니었다.

나는 후회 최소화 전략을 제안했다.[19]

모든 투자는 다양한 결과로 이어질 수 있지만, 나는 스펙트럼의 양 끝에 있는 가장 극단적인 시나리오에 집중하고자 했다.

■ **시나리오 1** 스톡옵션 보유 중에 야후! 주가가 300달러에서 30달러로 폭락한다.

■ **시나리오 2** 스톡옵션 매도 후에 야후! 주가가 300달러에서 3,000
　　달러로 폭등한다.

과연 어떤 시나리오를 더 후회하게 될까?[20]

선택지가 줄어들자 결정이 쉬워졌다. 시나리오 2의 경우, 스톡옵션의
25퍼센트를 매각한 후에 주가가 더 오르더라도 전혀 속상할 일이 아니
었다. 더 높은 주가에 매각할 수 있는 75퍼센트가 수중에 남아 있었기
때문이다. 하지만 시나리오 1은 생각만 해도 끔찍한 일이었다. 스톡옵션
의 25퍼센트를 300달러로 매각할 기회마저 잃은 것이었기 때문이다.[21]

실제로는 어떻게 되었을까? 친구는 3년 후 25퍼센트를 매각하고, 몇
달간 주가가 상승하다가 결국엔 폭락하는 것을 목격했다. 야후!의 모든
사람이 친구처럼 운이 좋지는 못했다. 서류상으로는 백만장자, 심지어
억만장자였으나 폭락으로 막대한 재산을 잃은 후 회복하지 못한 사람
들의 이야기가 넘쳐났다.

최근 나는 엄청난 수익을 얻고 있는 애플과 엔비디아 주주들, 비트코
인 보유자들과 대화를 나눴다. 이 글을 쓰는 지금, 비트코인은 9만 7000
달러이며, 엔비디아의 시가총액은 3조 6000억 달러로 애플과 구글을
추월해 세계에서 가장 비싼 기업이 되었다.* 비트코인은 50만 달러까지
오를 수도, 5,000달러까지 떨어질 수도 있다. 엔비디아의 주가가 다음에
어디로 튈지 누가 알겠는가? 우리는 단순한 진실을 받아들여야 한다.
① 우리는 미래를 모른다. ② 지금 일부를 팔면 당신과 가족의 삶을 바
꿀 수 있다.

---

* 2026년 2월 기준 엔비디아, 애플, 구글의 시가총액은 각각 4조 3100억 달러, 3조 8800억 달
러, 3조 7700억 달러다.

이 결정이 전부를 얻거나 모든 것을 잃는 양자택일일 필요는 없다. 그 중간에는 충분한 양(아마도 25퍼센트에서 50퍼센트)을 매도해 장부상에서만이 아니라 현실에서 부자가 되는 선택지가 있다. 그리고 나머지는 그대로 두어도 된다.

이렇게 하는 데는 여러 가지 이점이 있다. 첫째, 삶에서 돈과 관련된 많은 걱정을 없앨 만큼의 부를 실제로 확보할 수 있다. 둘째, 최상의 시나리오가 현실이 될 경우에도 추가 수익을 얻을 여지가 남아 있다. 셋째, 닷컴 버블 붕괴 같은 사태가 다시 발생(그런 일이 불가능하다는 것은 나도 안다!)했을 때 남은 인생을 후회(그때 팔걸!) 속에 살지 않아도 된다.

후회 최소화 전략은 특정 자산군 전체가 아닌 개별 종목에 적용된다는 데 주의하라. (다만 나는 시가총액이 1조 5000억 달러에 달하는 비트코인은 개별 빅테크기업과 유사하다고 생각한다.[*]) 상투적인 말로 들릴지 모르지만, 이런 식으로 생각해보라. 인생의 목표가 항상 수익 극대화인 것은 아니다. 때로는 잠재적 수익과 손실 가능성의 균형을 맞춰야 한다. 가끔은 후회 최소화 전략을 고려해야 하는 것도 그 때문이다.

———

다음은 안정적으로 고정수익을 안겨주는 자산에 대해 알아볼 차례다.

---

[*]　　2026년 2월 기준 비트코인의 시가총액은 1조 3200억 달러까지 줄어들었다.

　　　　　　　　　　　　　　　　　　　　　　　4부 좋은 원칙

5

채권은 선택사항이 아니다

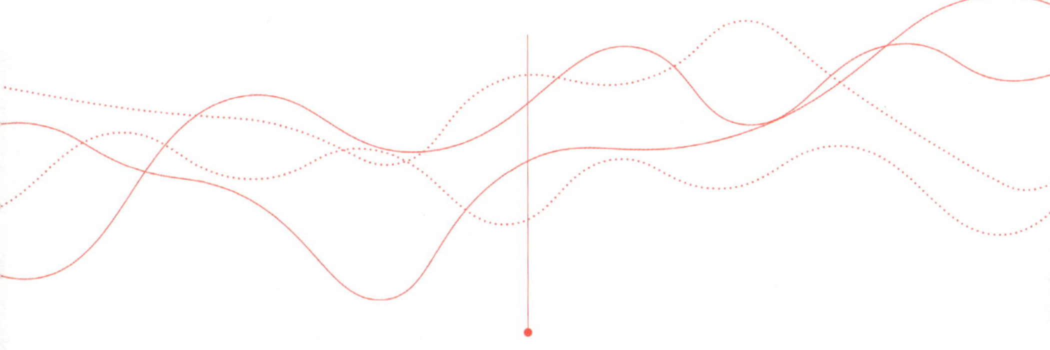

채권은 어느 포트폴리오에서나 중요한 역할을 한다. 그러나 주식보다 다루기가 까다로울 수 있다. 금리, 만기, 신용위험, 분산 같은 기초적인 내용은 생략하고 내 경험을 토대로 설명해보겠다.

채권을 보유하는 데는 두 가지 이유가 있다. 첫째, 고정수익을 창출한다. 이 소득 흐름은 대단히 유용하다. 둘째, 주식의 변동성을 상쇄할 수 있다. 이때 개별 채권을 직접 보유할 수도 있고, 뮤추얼펀드, MMF, ETF를 통해 보유할 수도 있다.[22]

앞서 나는 청년층(20~30대)은 채권을 보유할 필요가 없다고 설명했다. '변동성을 견딜 수 있는 경우에만'이라는 단서를 붙였는데도 이 조언이 잘못되었다고 생각하는 사람들이 있다.

사실 이는 중년층(40~50대)에게도 똑같이 적용된다. 채권은 안전장치의 역할을 하며, 주식의 변동성을 상쇄한다. 채권 보유란 주가가 떨어질 때 손실을 줄이는 대가로 주가가 오를 때 잠재 수익의 일부를 포기하는 것이다. 이런 상호 보완 전략은 너무나 잦은 시장 발작에 당황하는 일을 막기 위해 고안되었다. 2010년대에는 초저금리 때문에 수많은 투자자가 채권 비중을 낮추고 주식 비중을 높였다. 70/30이 기존의 전통적 비율인 60/40을 대체하고 새로운 표준이 되었다. 채권 수익률이 너무 낮았던 탓에 주식 수익률로 이를 상쇄할 수 있다고 여겼던 것이다. 실제로 그리되었지만, 그 대가로 리스크와 변동성이 커졌다.

오늘날에는 은퇴 연령에 가까워졌어도 20~30년은 더 살 가능성이 상당히 크다. 따라서 1960년대나 1970년대에 은퇴했던 사람들보다 포트폴리오에서 주식의 비중을 더 늘리는 것이 합리적이다.

2022년은 주식과 채권 모두 두 자릿수의 수익률 하락을 기록한 이례적인 해였다. 채권은 약 15퍼센트 하락했고, 주식은 약 20퍼센트(또는 그 이상) 하락했다. 일부에서는 이것이 전통적인 60/40 포트폴리오의 종말이라 선언했지만, 이들은 완전히 반대로 생각하고 있었다. 주식과 채권의 수익률이 동시에 하락한 마지막 해는 아주 오래전인 1981년이다. 한 세기에 한두 해가 예외일 뿐, 채권은 주식과의 상관관계가 낮은, 신뢰할 수 있는 균형추의 역할을 한다.

상황에 따라 고정수익을 내는 저위험자산이 필요할 수 있다. 이런 목적이라면 국채, 물가연동국채, 지방채, 투자등급 회사채가 좋은 선택지가 될 것이다. 분기별(또는 월별)로 지급되는 이자를 활용해 신탁기금을 조성하거나, 자선단체에 기부하거나, 자녀에게 평생 소득을 보장하거나, 생활을 꾸릴 수 있다.

각자의 구체적인 상황에 따라 포트폴리오에서 채권이 차지하는 비율이 달라질 것이다. (전문가들에게 도움받을 수 있는 부분이다.) 약세장에 불편함을 느끼는 리스크 회피형 투자자든, 꾸준한 소득 흐름을 원하는 투자자든, 고정수익 자산으로서 일정 비율의 채권을 보유하는 것이 합리적일 수 있다.

———

수익 다음은 세금이다. 이것이 다음 주제다.

6

세금을 경계하라

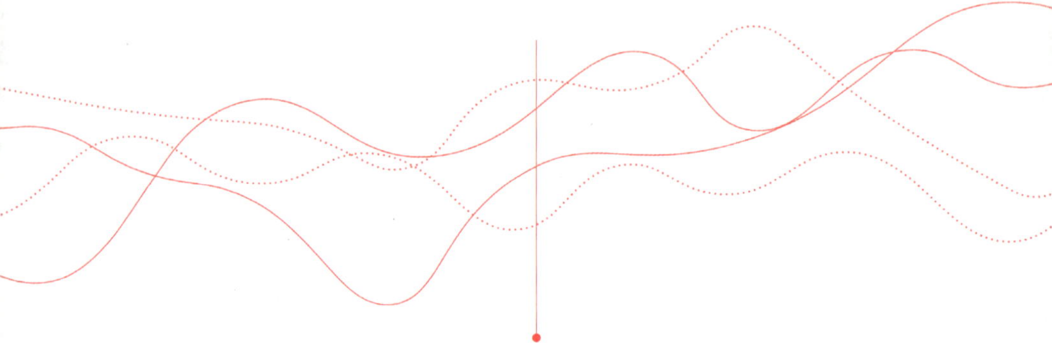

세금이 흥미진진한 이야깃거리가 아니라는 것은 나도 인정한다. 하지만 현명한 세금 관리는 포트폴리오와 재정건전성에 큰 영향을 미친다. 나는 사소한 실수로 세금을 터무니없이 많이 내는 사람을 여럿 보았다. 세금에 관한 수상한 결정이 큰 벌금으로 이어진 경우도 보았다.

약간의 계획만 있어도 세금 부담을 최대한 줄일 수 있다. 몇 가지 간단한 전략을 따르면 정부에 정확히 내야 할 세금만 납부하고 그 이상은 부담하지 않을 수 있다.

'세금 알파'는 실제로 존재하며, **모든** 비용을 제한 후의 순이익에 엄청난 차이를 만들어낸다.

리트홀츠자산관리가 세무 서비스를 제공하는 이유는 고객들의 요청 때문이기도 하고, 내 동료 크리스 베네Kris Venne의 설득 때문이기도 하다. 크리스는 투자자들에게 그들이 실제로 생각하는 것보다 훨씬 많은 세금 관련 조언이 필요하다고 주장했다. (그가 옳았다.) 영수증을 보관하고 분기별로 성실히 납부하라는 조언 따위는 굳이 전문가의 입을 빌리지 않아도 된다.[23] 하지만 더 복잡한 부분에 대해서는 도움이 필요할 수 있다. 미래를 내다볼 줄 아는 세무사와 협력해야 한다. 하지만 역사적으로 많은 전문가가 단순히 자료를 받아 입력하고 결과를 산출하는, 과거지향적인 방식에만 머물렀다.

투자자의 관점에서 내가 세금에 대해 배운 가장 중요한 사항들은 다음과 같다.

1. 전문가와 상담하라

세금은 소득, 자산, 거주지, 기타 개인적 상황 등에 따라 달라진다. 첫 번째 조언은 이런 세부 사항을 기반으로 최적의 조언을 해줄 전문가와 상담하라는 것이다.

이것은 형식적 조언이 아니다. 가장 간단한 세금 신고를 제외하면 (나를 포함한) 대부분의 사람에게는 세금 문제를 관리할 전문 지식이 없다. 세법은 끊임없이 바뀌며, 좋은 전문가는 새로운 것이 무엇인지, 중요한 것이 무엇인지, 불법적인 것이 무엇인지 알고 있다.

세무사와 재무설계사는 자산을 적절한 종류의 계좌에 배치하도록 도울 것이다. 가령 ETF는 어디에나 괜찮지만, 뮤추얼펀드(그리고 실제로 거래하지 않았는데도 뮤추얼펀드의 내부 거래로 발생하는 유령 자본이득세)는 **반드시** 적절한 세제 혜택 계좌에 배치해야 한다.

세금 신고 마감일까지 기다려서는 안 된다. 좋은 세금 계획은 몇 개월, 때로는 몇 년의 사전 준비가 필요하다. 세무 당국과 좋은 관계를 유지하는 것은 어려운 일이 아니지만, 어느 정도의 지식과 노력이 필요하고, 그 부분에서 전문가가 도움을 줄 수 있다.

2. 자본이득세를 줄여라

이것은 숙련된 전문가, 특히 지식이 풍부한 회계사가 가장 큰 도움을 줄 수 있는 분야다. 몇 가지 기본적인 사안이 있다. 이득이 단기(1년 이하)가 아닌 장기(1년 이상)로 분류되도록 하고, 워시 세일wash sale은 피해야 한다.[*]

그러나 가장 큰 절세 혜택은 세금 손실 수확으로 얻을 수 있다는 것이 내 생각이다. 사업체나 부동산을 매각했거나, IPO 참여, 창업자 지분, 스톡옵션, 상속재산, 크게 상승한 주식을 보유하고 있다면, 세금 손실 수확으로 큰 절세 혜택을 누릴 수 있다. 이 전략을 활용할 때면 보통 해당 연도에 손해 본 ETF나 뮤추얼펀드를 매도해 손실을 확정한 다음, 비슷한 다른 펀드를 매수한다. 이렇게 발생한 손실은 수익의 일부를 상쇄하는 데 사용된다. 펀드를 보유할 경우에는 손실이 제한적이라 효과도 줄지만, 주식의 경우에는 선택지가 많아진다. (이와 관련해 다음 글에서 큰 수익을 낸 운 좋은 투자자들에게 다이렉트 인덱싱이 왜 유리한지 자세히 살펴볼 것이다.)

3. 세제 혜택 계좌를 활용하라

공짜 돈을 좋아하는가? 그렇다면 퇴직연금(401k)의 최대 납입 한도를 꽉 채워라. 고용주 매칭이 제공되는 경우라면 특히 더 그래야 한다. IRA에 세전으로 납입할 수 있는 최대 금액은 연간 7,000달러이고, 2025년 기

---

[*] 워시 세일이란 세금 손실 수확을 금지한 미국의 세법 규정이다.

준 퇴직연금의 최대 납입 한도는 50세 미만인 경우 2만 3500달러, 50세 이상인 경우 3만 1000달러다(60세 이상은 더 높다). 추가 납입 제도도 있다.[*]

로스Roth IRA로 전환하는 것이 유리할 수 있다. (주의 → 이 과정에서 세금이 발생한다.) 자금이 세금 없이 불어나고, 퇴직연금이나 IRA와 달리 최소 인출 의무가 없으며, 수혜자가 세금 없이 상속받을 수 있기 때문이다.

자녀가 있다면 529 플랜을 최대한 활용하라(2025년 기준, 수혜자나 기부자 1인당 최대 납입 한도는 1만 9000달러[24]). 평생 납입 한도와 상한선이 주마다 다르므로, 전문가에게 정확한 규정을 문의하라(증여세 없이 5년 치 한도를 한 번에 납입할 수 있는 주도 있다).

4. 상속세를 주의하라

상속세를 내게 될 확률은 생각보다 높지 않다. 2025년 기준, 상속세 면제 한도는 1399만 달러(부부 합산 시 두 배)다. 이 상한선의 유효기간은 2025년 말까지로, 차기 행정부와 의회가 어떤 조치를 취하느냐에 따라 달라질 것이다. 만약 감세 및 일자리법Tax Cuts and Jobs Act이 만료되면 상속세 면제 한도는 1인당 700만 달러 수준으로 되돌아간다.

상속재산이 이 기준에 못 미친다면, 안심해도 좋다. 세상을 떠난 후에 세금을 낼 일은 없으니까.[25] 하지만 상당한 재산을 남길 만큼 운이 좋다

---

[*]   우리나라의 퇴직연금으로는 IRP(개인형퇴직연금)가 대표적이다. 그 외 사적 연금인 연금저축도 많이 활용된다. 이 둘의 경우 미국과 달리 납입 한도가 따로 없고, 다만 세액공제 한도가 있다. 연금저축의 경우 연 600만 원까지, IRP의 경우 연금저축과 합산해 연 900만 원까지 세액공제를 받을 수 있다. 여기에 더해 ISA(종합자산관리계좌)를 활용하면 절세 혜택을 극대화할 수 있다. ISA는 그 자체로 연 200만 원까지 비과세인 데다가, 만기 후 자금을 IRP로 옮기면 300만 원까지 10퍼센트 추가 세액공제를 받을 수 있기 때문이다. (다만 ISA는 3년의 의무 가입 기간이 있으며, 연 2000만 원, 5년간 1억 원이라는 납입 한도가 존재한다.)

면, 지금 당장 세금을 줄이거나 없앨 수 있는 몇 가지 방법이 있다.

1. 공인된 자선단체에 기부한다.
2. 납부해야 할 금액을 충당할 만한 보험에 가입한다.
3. 신탁이나 기타 수단을 만들고 자금을 조성해 상속세 없이 자산을 이전한다.

더 다양한 방법이 있지만, 이 세 가지가 주요하다. 다시 강조하지만, 이런 문제를 다루려면 전문가의 도움을 받아야 한다.

많은 유명인이 유언장을 남기지 않고 사망했다. 프린스는 2016년 사망하며 상속인들에게 3억 달러의 유산, 6년간의 법적 분쟁, 거액의 세금 고지서를 남겼다. 파블로 피카소도 유언 없이 사망해 수년간의 법적 분쟁과 3000만 달러의 소송비용을 남겼다! 세계에서 가장 부유하고 영향력 있는 인물 중 하나였던 하워드 휴스Howard Hughes도 유언을 남기지 않았다. 그의 죽음은 미국 역사상 가장 복잡하고 긴 상속 소송으로 이어졌다. 최종 판결까지 34년이 걸렸으며, 상속재산의 상당 부분이 소송비용으로 소모되었다.[*]

상속세와 유언장의 경우 작은 계획이 큰 차이를 만든다. 끝내 상속세를 내는 사람이 할 수 있는 유일한 변명은 변호사를 만나러 가는 길에 버스에 치여 죽었다는 것뿐이다.

---

[*] 우리나라의 경우 피상속인이 유언이나 증여로 자유로이 재산을 처분할 수 있지만, 동시에 일정 범위의 유족에게 일정액을 유보해야만 한다. 그 범위와 액수가 법으로 정해져 있어, 과도한 법적 분쟁을 피할 수 있다.

보유한 자산의 가치가 크게 오른 행운을 누리고 있는가? 좋은 소식은 합법적으로 자본이득세를 상당히 줄일 방법이 있다는 것이다. 다음 글을 확인하라.

손실로 수익을 상쇄하라

세금 손실 수확의 작동 방식은 다소 혼란스러울 수 있지만, 이해할 만한 가치가 있다.

다음과 같은 시나리오를 생각해보라.

- IPO 참여
- 대규모 현금화(유동성 확보)
- 수백수천만 달러 규모의 포트폴리오 상속
- 주택을 구매가보다 수백만 달러 더 비싸게 매각
- 수억 달러에 사업을 매각
- 주식 보유액이 사상 최고치를 기록
- 스톡옵션을 통해 상당한 부를 축적

이런 경우 복합적인 문제에 직면한다. 집중된 포지션은 리스크 증가를 수반한다. 주식시장에서 개별 종목이 광범위한 지수에 비해 얼마나 크게 하락할 수 있는지 생각해보라. 그렇다고 무턱대고 매도하는 순간 엄청난 세금이 부과된다.

그렇다면 어떻게 해야 할까?

최신 기술 덕분에 오늘날에는 2000년대 초반이라면 너무 비싸고 복잡해서 포기할 수밖에 없었던 방식으로 이 문제를 다룰 수 있다. 가치가 크게 오른 자산에 포지션이 집중된 경우, 다이렉트 인덱싱이 ETF나 뮤추얼펀드보다 세금 손실 수확 측면에서 큰 이점을 제공한다. 앞서 나열한 횡재 중 단 하나라도 누리고 있다면 이 방법을 고려해야 한다.

다이렉트 인덱싱이 처음 내 레이더에 잡힌 것은 2010년대 중반이었다. 솔직히 말해, 이 기술의 초기 버전은 너무 복잡하고 사용하기가 불편해 마음에 들지 않았다. 하지만 데이브 나디그(앞서 소개한 ETF의 귀재)가 이 기술의 잠재력을 깨닫게 해주었다. 다이렉트 인덱싱을 활용하면 여러 ETF를 보유하는 대신 그 ETF들에 속한 개별 종목을 여럿 골라 직접 보유할 수 있다. 내가 처음에 걱정했던 것은 1,000개 이상의 개별 종목이 뒤엉킨 포트폴리오와[26] 수백 쪽에 달하는 명세서였다.[27] 저렴하고 단순한 ETF와 거리가 멀었다. 누군가가 이것을 더 간단하고 깔끔하게 사용할 수 있도록 손봐야 관심을 가질 만한 상황이었다.

내 동료 마이클은 리트홀츠자산관리의 다이렉트 인덱싱 도입을 주도했다. 2019년 오쇼너시자산운용O'Shaughnessy Asset Management이 개발한 소프트웨어 캔버스의 시연 영상을 본 그는 이것이 고객들에게 큰 이익을 가져다줄 것이라고 확신했다. 캔버스의 경쟁력은 오쇼너시자산운용의 데이터베이스 위에 구축되었다는 점이다. 이 데이터베이스는 짐 오쇼너시가 퀀트 투자서 《월가의 퀀트 투자 바이블》을 출간한 1996년 이후부터 꾸준히 축적된 것이다. 리트홀츠자산관리는 캔버스의 다섯 개 베타테스트 업체 중 하나였으며, 현재는 최대 고객사다.

프랭클린 템플턴을 비롯한 다수의 투자사가 다이렉트 인덱싱 소프트웨어를 개발하거나 관계사를 인수했다. 프랭클린 템플턴은 캔버스를 확보하기 위해 오쇼너시자산운용을 인수했다. 피델리티는 솔로 피드폴리오Solo FidFolio를 출시했고, 슈왑Schwab은 퍼스널라이즈드 인덱싱Personalized Indexing을 도입했다. JP모건은 55ip를, 블랙록은 아페리오Aperio를, 뱅가드 그룹은 저스트 인베스트Just Invest를, PGIM은 그린 하베스트Green Harvest를, 모건 스탠리 산하의 이튼 반스Eaton Vance는 파라메트릭Parametric을, 퍼싱Pershing은 옵티멀Optimal을 인수했다.

이처럼 많은 투자사가 자본이득세 절감의 잠재력을 인지했다면, 당신도 주목할 필요가 있다.

나는 팬데믹으로 시장이 34퍼센트 급락한 후 바닥을 치고 회복하던 2020년 그 효과를 경험했다. 다이렉트 인덱싱을 활용한 투자자들은 자본이득세를 크게 줄일 수 있었다. 다이렉트 인덱싱은 전통적인 세금 손실 수확보다 한 차원 더 높은 성과를 냈다.

왜일까? 10여 개의 ETF와 뮤추얼펀드를 보유한 전통적 포트폴리오를 생각해보라. 손실을 수확하려면 포트폴리오에 포함된 펀드들을 판 다음 비슷한 펀드들을 다시 사들여야 한다. 이때 포트폴리오의 이익이 수확된 손실로 (일부) 상쇄된다. 잘하면 포트폴리오 가치의 20~30베이시스포인트에 해당하는 자본이득세를 절감할 수 있다. 그보다 많은 해도 있고 적은 해도 있다. 40~50베이시스포인트를 절감했다면 세금 손실 수확의 성과가 좋은 해로 여겨진다. 다이렉트 인덱싱은 여러 가지 이유에서 세금 손실 수확보다 훨씬 우월하다.

- 공제 대상으로 삼을 선택지가 10~15개의 펀드에서 주식시장을 수놓은 무수한 개별 종목으로 늘어난다.
- 이때 시장의 변동성은 손실을 포착할 많은 기회를 만들어낸다.
- 가령 시장이 크게 상승한 해에도 상당히 많은 종목이 하락할 것이다.
- 세분화 덕분에 매우 정밀한 접근이 가능하다.[28]
- 다이렉트 인덱싱을 이용하는 투자자들은 ETF나 뮤추얼펀드 투자자들이 접근할 수 없는 '모든' 손실에 접근할 수 있다.

마지막 이유는 다이렉트 인덱싱의 가장 값진 측면이다.

뮤추얼펀드와 다이렉트 인덱싱을 비교해보자. 앞서 살펴봤듯이, 포트폴리오를 살찌우는 것은 비교적 적은 수의 초고수익 종목이다. 연구에 따라 그 비율은 많게는 4퍼센트에서 적게는 1.3퍼센트로 집계된다. 100개 종목으로 구성된 포트폴리오라면, 4개 안팎의 종목에서 대부분의 수익이 발생한다는 것이다. 나머지 종목들의 수익은 평균적으로 제로에 가깝다. 이로써 수익이 손실을 상쇄해버린다.

이 지점에서 다이렉트 인덱싱의 큰 장점이 드러난다. 원래라면 상쇄되었을 손실에 접근할 수 있는 것이다.

모든 펀드나 지수의 성과는 개별 종목들의 수익과 손실의 합계로 측정된다. 분기별, 또는 연간 성과는 수익 종목에 투자된 자금에서 손실 종목에 투자된 자금을 뺀 평균값(원가 기준 대비)이다. 뮤추얼펀드 투자자들은 손실을 수확할 때 이 순평균값을 이용해야 한다.

세금 손실 수확을 원하는 투자자들은 뮤추얼펀드를 그 모습 그대로, 즉 단일 종목으로 취급해야 한다. 펀드를 들여다보며 "구성 종목 중 하위 10퍼센트를 매도해 손실을 확정하라!"라고 지시할 수 없다. 펀드는 그저 펀드로만 취급할 수 있다. 이 때문에 투자자들은 평균 순이익, 또는 순손실에만 접근할 수 있다. 펀드 내부의 크고 작은 개별 손실에는 접근할 수 없다. 손실을 수확해야 하는데, 정작 손실을 활용하기 어려운 것이다.

반면 다이렉트 인덱싱을 활용하는 투자자들은 수익 종목을 보유하려는 것 외에 다른 노력을 기울이지 않아도 **모든 손실 종목**에 접근할 수 있다. 이는 집중된 포지션을 매도하는 모든 이에게 막대한 이점이 된다. 매도로 발생하는 자본이득세 부담을 더 많이, 때로는 훨씬 더 많이 상쇄할 수 있기 때문이다.

오쇼너시자산운용이 고객사들의 캔버스 이용 현황을 분석한 결과, 다이렉트 인덱싱을 가장 잘 활용한 포트폴리오는 4.75퍼센트 이상의 손실을 수확했음이 드러났다.[29] 물론 이는 터무니없이 좋은 결과로, 2020년을 뒤흔든 붕괴와 회복의 이례적인 속도와 깊이가 만들어낸 이상치였다(2020년의 시장 자체가 이상치였다). 다이렉트 인덱싱을 활용한다고 해서 언제나 475베이시스포인트에 달하는 손실을 수확할 수 있을 것이라고 기대해서는 안 된다.

2020년 1분기가 얼마나 이례적인 시기였는지를 고려하면, 이 정도의 상쇄는 상당히 드물게(아마 10년에 한 번꼴로) 발생할 것이다. 다만 이는 모든 조건이 완벽히 맞아떨어졌을 때 다이렉트 인덱싱이 어떤 능력을 발휘할 수 있는지 보여주는 일종의 개념증명이다. 나는 세금 손실 수확과 관련해 다이렉트 인덱싱이 ETF나 뮤추얼펀드 같은 전통적인 방식보다 계속해서 뛰어난 성과를 보여줄 것으로 믿는다. (언제나 475베이시스포인트 수준의 손실 수확을 기대해선 안 된다는 점을 다시 한번 강조하고 싶다.)

나는 다이렉트 인덱싱의 효과에 강한 신뢰를 갖고 있다. 세금 손실 수확은 이론적 혜택이 아닌 실제적 혜택이다. 그것은 실제 돈으로, 측정 가능하고, 구체적이다. 투자자들은 매년 세금 신고서에서 실제로 절약된 금액을 확인한다. 벤치마크 대비 50베이시스포인트 앞선(또는 뒤진) 펀드가 무엇인지 눈치채기란 어려운 일이지만, 수십만 달러의 세금 절감 효과는 무조건 눈에 띈다.

———

가치가 크게 오른 집중된 포지션을 가진 투자자들에게 도움이 될 만한 또 다른 방법이 있다. 케임브리아 펀드Cambria Funds의 내 친구 멥 파버 Meb Faber는 미국 세법, 특히 소득세법 제351조(이론적으로 부동산 거래세법 제1031조와 유사)에 기반한 새로운 ETF를 설계 중이다. 이 책이 출간될 무렵 'Cambria Tax Aware Fund'(TAX)도 출시될 것이다.[30]

이 새로운 ETF를 활용하면 누구나 가치가 오른 주식을 출자해 신규 ETF 설립의 종잣돈을 마련할 수 있다. 그 대가로 투자자는 해당 ETF에 포함된 여러 주식을 받게 된다. 자산 분산 효과를 얻는 것이다. 이 ETF에서 단일 포지션의 비율은 25퍼센트로 제한되며, 최소 출자 금액은 10만 달러다. 적은 금액은 아니지만, 기존 ETF와 비교하면 매우 저렴한 편이다. 그 대가로 투자자는 과세 대상 거래를 늘리지 않으면서도, 해당 ETF에 포함된 여러 주식을 받는다.

피델리티의 채권매니저 출신 에릭 골든Eric Goldern이 설립한 캐노피 캐피털Canopy Capital은 다이렉트 인덱싱을 활용하는 투자사들이 주식시장에서 한 일을 채권시장에도 도입하려 준비 중이다.[31]

수년 전만 해도 소프트웨어를 활용해 세후 수익을 극대화할 채권 포트폴리오를 짜는 일은 상상조차 하기 어려웠다. 오늘날에는 뛰어난 알고리즘 덕분에 이 불가능해 보였던 일을 쉽게 해내고 있다.

다음으로 헤지펀드, 사모펀드, 벤처펀드 등 대체투자상품의 세계를 신중히 살펴보도록 하자.

7

대체투자상품은 조심, 또 조심하라

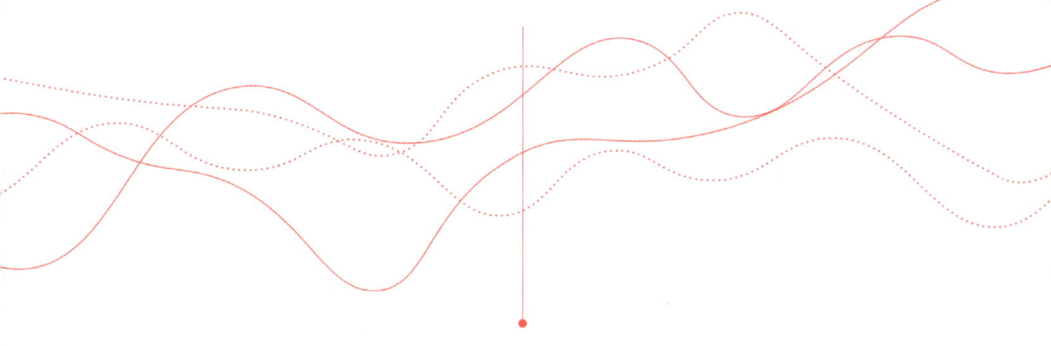

대체투자상품은 오랫동안 가장 매력적인 투자처로 꼽혀왔다. 특히 몇몇 상품은 시장 평균 이상의 수익률을 약속하며, 소수 특권층만 접근 가능하다는 아우라를 풍긴다. 가령 상품을 직접 운용하는 일반 파트너general partner 1인 외 유한책임투자자limited partner는 99명으로만 제한함으로써 신비감을 자아내는 식이다.

소수의 펀드매니저만이 이처럼 명성 높은 상품의 일반 파트너가 될 자격을 얻는다. 높은 수수료는 물론이고 벤치마크마저 능가하는 성과를 끊임없이 내온 이들은 대규모 자금 유입과 막대한 보수라는 보상을 누린다. 하지만 나머지 일반적인 대체투자상품, 즉 헤지펀드, 벤처캐피털, 사모펀드, 사모채권에서는 알파를 얻기 힘든 것으로 드러났다.[32]

나는 이 일을 하는 내내 대부분의 대체투자상품에 매력을 느끼면서도 한편으로는 회의적이었다. 장고 끝에 내린 결론은 이렇다. 각 분야의 상위 10퍼센트에 속하는 대체투자상품에 접근할 수 있는 행운을 얻는다면, 활용해야 마땅하다. 그 나머지에 대해서는, 특히 높은 비용 대비 더 높은 성과를 주장하는 상품에 대해서는 회의적인 태도를 견지할 필요가 있다.

대체투자상품의 유형과 그 장단점을 살펴보자.

헤지펀드

가끔 눈이 튀어나올 정도의 수익을 올리는 스타 펀드매니저들 덕분에, 헤지펀드는 대체투자상품 중 가장 유명해졌다. 그러나 헤지펀드의 가장 큰 문제는 효율성이다. 광범위한 지수를 꾸준히 능가하는 전략을 찾아 실행하는 것은 믿을 수 없을 정도로 어려운 일이다. 그런데도 전 세계 헤지펀드 시장의 규모는 5조 달러를 넘어섰고, 2032년까지 13조 달러에 이를 것으로 전망된다.[33]

헤지펀드에서 초과수익을 기대한다면 (적어도 최근에는) 다음 두 분야에 주목하라. 수학적 프로세스에 기반한 상품인 퀀트 투자와 소규모 시장의 비효율성을 포착해 개선함으로써 수익을 올리는 일반 파트너인 이머징 매니저emerging managers다. (그러나 초과수익을 누리게 해줄 이머징 매니저를 선택하는 비법은 아직 알려지지 않았다.)

상위 10퍼센트(또는 20퍼센트)의 헤지펀드는 2&20 비용을 감수할 만한 가치가 있지만 나머지는 그렇지 않다.[34] 소수의 펀드매니저만이 그처럼 높은 비용을 정당화할 만큼의 성과를 낸다.

키니코스 어소시에이츠Kynikos Associates의 성공적인 공매도자 짐 차노스Jim Chanos는 1990년대까지 100개 정도의 헤지펀드만이 존재했으며, 거의 모두 초과수익을 창출했다고 회상했다.[35] 오늘날에는 헤지펀드의 수

가 1만 1000개 이상이지만, 여전히 차노스가 언급한 100개만이 초과수
익을 달성한다.

그런데도 유혹은 계속된다. 차노스의 말처럼, 결국 너무 많은 투자자
가 "높은 수수료 때문에 왔다가, 저조한 성과 때문에 머무른다."

벤처캐피털

차세대 엔비디아, 구글, 비트코인이 1만퍼센트 상승하기 전에 투자할
수 있다면 얼마나 좋을까? 벤처캐피털은 스타트업과 창업자들에게 투
자할 기회를 제공한다. 물론 대부분의 스타트업은 큰 성과를 내지 못하
지만, 가끔 나오는 거대한 성공 사례가 이를 상쇄하고도 남는다.

벤치마크 캐피털Benchmark Capital은 우버의 초기 투자자였다. 2011년
1200만 달러를 투자해 확보한 11퍼센트의 지분은 2023년이 되자 94억
달러로 돌아왔다. 실리콘밸리의 큰손 앤드리슨 호로위츠Andreessen Horowitz
는 2009년 페이스북(지금의 메타), 인스타그램, 에어비앤비에 투자했다.
최근에는 슬랙Slack, 리프트Lyft, 앤트로픽Anthropic 등에 투자한 것으로
알려지고 있다.

과연 누가 이런 투자를 마다할 수 있을까?

벤처캐피털의 매력은 공개된 시장에 크게 영향받지 않고, (때때로) 엄
청난 성공 사례가 나온다는 데 있다. 최고의 벤처캐피털(과 그들의 최상위
상품)에 접근할 수 있다면, 투자하는 것이 좋다. 하지만 극소수 업체의
엄청난 성공 뒤에는 그들과 같은 역량, 인맥, 실적을 갖추지 못한 수많은
모방자가 넘쳐난다. 그들에 대해서는 훨씬 더 회의적이고 신중한 태도를
가져야 한다.

사모펀드와 사모채권

2010년대에는 금리가 워낙 낮았기 때문에 투자자들이 더 높은 수익을 보장하는 옵션 거래로 몰렸다. 비공개 (성장)기업에 대한 대출이 하나의 대안이었다. 이 때문에 사모펀드와 사모채권은 가장 빠르게 성장한 대체투자상품이 되었다. 미국의 10대 은행 중 하나인 BNY멜론BNYMellon에 따르면, 2011년 100개였던 전 세계 사모채권은 2023년 1,080개로 증가했다.[36] 그 규모도 2000년대 초에는 1조 달러 미만이었으나, 최근 들어 12조 달러에 육박했다.

사모펀드와 사모채권은 유형이 너무나 다양해 일반화하기 어렵다. 하지만 경계해야 할 점은 다른 대체투자상품과 크게 다르지 않다. 항상 이 상품을 선택한 이유를 자문해야 하며 비용이 높다는 것을 유념해야 한다. 유동성이 낮은 특성상 묶여 있는 기간(일부는 10~12년!)이 문제가 되진 않을지 확인하라. 그리고 너무 좋아서 믿기 어려운 약속은 경계하라.

나는 블룸버그 팟캐스트 '마스터스 인 비즈니스'에서 성공을 거둔 사모펀드와 사모채권 투자자들을 인터뷰했다.[37] 20~30년 전에 이들이 누군지 알았더라면 얼마나 좋았을까! 더 나아가, 앞으로 20~30년간 뛰어난 성과를 낼 사모펀드가 무엇인지 알 수 있다면 얼마나 좋을까! 하지만 나는 모른다. 아마 알 수도 없을 것이다.

암호화폐

비트코인이나 이더리움 같은 것들은 분류하기가 어렵다. 통화인가, 원자재인가, 아니면 별개의 투기적 자산군인가? 세 가지 모두인가? 모르겠다.

나는 이들을 개별 기업처럼 생각한다. 2024년 말 기준, 비트코인의 시가총액은 1조 8000억 달러다. 이는 메타의 시가총액(약 1조 5000억 달러)과 구글의 시가총액(2조 2000억 달러) 사이이며, 엔비디아나 애플의 절반 정도다.[*]

암호화폐에 관심이 있는 사람들을 위해 알려주자면, 온라인 지갑이 없어도, 24자리 비밀번호를 까먹어도, 암호화폐를 보유할 수 있는 ETF가 있다. 특히 가격이 상승할 때만 노출되기 때문에 2013~2015년, 2018~2020년, 2022~2023년처럼 암호화폐 겨울crypto winter이 찾아와 50퍼센트 이상 폭락할 때 손실을 제한할 수 있다. 그 나름의 안전장치가 존재하므로, 전체 자산의 5퍼센트 미만을 시험 삼아 투자해볼 만하다.

일회성 투자

마지막으로, 대체투자상품의 세계에는 수많은 일회성 투자 기회가 존재한다. 새로운 식당, 연극이나 영화 제작, 자산담보대출 등이 여기에 포함된다. 상점들이 오밀조밀하게 모여 있는 소규모 스트립 몰strip mall이나 100세대 규모의 아파트 단지에 대한 투자 요청이 눈에 띌 때도 있다. 이런 기회들은 끊임없이 나타난다.

여기에는 두 가지 문제가 있다.[38] 첫째, 당신에게 전문 지식이 부족하다는 점이다. 당신은 무엇이 식당, 연극, 아파트 단지를 성공하게 만드는지 모른다. 이 분야에 평생 종사한 전문가들에게도 어려운 일이다. 경험이 전혀 없는 초보 투자자들은 가정과 맹점으로 가득 차 있기 마련이다. 이런 '친지friends and family' 투자의 경우, 대부분의 사람은 리스크 대비

수익을 제대로 평가할 만한 능력을 갖추고 있지 않다. 예를 들어 식당은 어렵고 이윤이 낮은 사업이다. 하지만 아주 좋은 식당은 보기 드문 수익 원이며, 그 성공은 이전의 실패를 잊게 만든다. 하지만 비전문가가 이를 판단하기란 매우 어려운 일이다. (나도 마찬가지다.)

두 번째 문제는 실사가 필수라는 점이다. 여기에는 많은 돈과 시간이 소요된다. 당신은 겨우 투자 '기회'를 조사하기 위해 애널리스트, 변호사, 회계사를 고용하고 싶은가?

나는 이런 투자를 검토할 때마다 시간 여행을 떠난다. 이 투자가 실패한 것으로 판명된 5년 후… 내 기분이 어떨까? 무엇을 놓쳤다고 자책할까? 왜 이토록 잘못된 것일까? 대부분의 경우 상상 속 미래의 나는 미처 알지 못했던 점들과 충분한 조사 부족이 투자 실패로 이어졌다고 반성한다. 나는 앞서 살펴본 지적 월권을 피하고 싶다.

이 때문에 나는 거의 항상 거절한다.

대체투자상품에 관해 마지막으로 짚고 넘어갈 점이 있다.

ETF나 뮤추얼펀드와 달리 대체투자상품은 대개 공인된 투자자인 유한책임투자자들(주로 부유한 개인과 기관)로 구성된 사모펀드의 꼴을 띤다. 이들은 SEC에 보고 의무가 없으며 성과를 공개적으로 밝힐 법적 의무도 없다. 즉 대체투자상품은 실적을 비공개할 자유가 있다.

대체투자상품이 보고하는 모든 결과에는 생존자편향이 내재되어 있다. 성과가 부진한 펀드는 보고를 생략할 수 있다. 집계 결과에서 아예 빠지는 것이다.[39]

　　　　　　　　　　　　　　　　　　　　

다른 모든 것과 마찬가지로, 모든 것의 90퍼센트는 쓰레기라는 시어도어 스터전의 법칙이 대체투자상품에도 적용된다. 알파를 창출하는 소수와 비용은 비싸고 성과는 낮은 다수가 존재한다. 만약 당신에게 10억 달러가 있고 탄탄한 인맥을 통해 상위 10퍼센트의 대체투자상품에 참여할 수 있다면, 그것은 좋다(행운아!). 하지만 대부분의 사람은 그런 초대권을 가지지 못하며, 쉽게 선택할 수 있는 펀드들은 대개 성과가 낮을 것이다.

위대한 코미디언 그루초 막스Groucho Marx는 자서전에 이런 글을 남겼다. "나를 받아주는 클럽이라면 나는 그 클럽에 가입하고 싶지 않다."[40] 막스가 대체투자상품의 천재였을 줄이야!

다음으로, 당신이 힘들게 번 돈을 쓸 때 맞닥뜨리게 될 비판들을 살펴보자. 그리고 돈을 더 현명하게 쓰는 방법도.

8

현명하게 소비하라

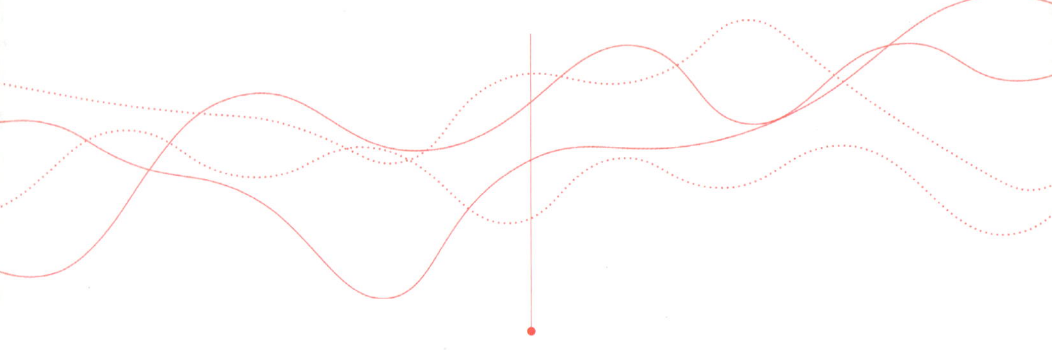

재정을 적절히 관리하려면 세 가지 규칙만 따르면 된다.

1. 버는 돈보다 적게 쓴다.

2. 미래를 위한 투자를 우선한다.

3. 자신에게 중요한 것이 무엇인지 파악한 다음, 그에 맞춰 돈을 쓴다.

소비와 관련된 대부분의 조언은 빚을 갚고 물건을 사지 말라는 것이다. 젊고 돈이 없다면 그 조언이 맞다. 또한 소비중독증에 빠져 신용카드 빚에 허덕이고 있다면, 무엇을 해야 할지 이미 잘 알고 있을 것이다. 그 밖의 경우, 위의 간단한 규칙만 따르면 수지 오먼Suze Orman이나 데이브 램지Dave Ramsey 같이 무조건 소비를 꾸짖는 사람들의 말은 무시해도 된다.

아니, 그냥 첫 번째 규칙을 지키는 것만으로 충분하다. 버는 돈보다 적게 쓰라.

지출을 책망하는 사람들은 부적절하고 오해를 부르는 조언들을 쏟아낸다. 그들은 온갖 것을 손가락질하며 모든 것을 경고한다. 돈을 쓰고 즐기는 어리석은 사람들은 끔찍한 결과를 맞이할 것이라고 위협한다. 거의 모든 측면에서 그들의 불평은 터무니없고, 이를 뒷받침하기 위해 내세우는 근거는 어이없다.

이런 과장처럼 말이다. "새 차를 사는 것은 4만 달러에 불을 지르는 것과 같다."[41] 매년 미국에서만 1400만 대에서 1700만 대의 새 차가 판매된다. 현금을 불태우면 잿더미만 남지만, 새 차를 사면 안전하고 효율적인 이동 수단이 생긴다.

금융계에서 30년간 일하며 배운 것이 한 가지 있다. 사람들은 돈을 다룰 때 정말 이상해질 수 있다.

내가 일일이 사례를 열거하지 않더라도, 행동경제학이라는 학문 분야 전체가 바로 이 사실, 즉 사람들이 돈에 대해 이상하게 행동한다는 데 기반하고 있다. 우리의 이상함은 매일 반복되는 어리석은 투자 결정, 아무런 근거가 없는데도 소중하게 여기는 믿음, 소비에 대한 이상한 태도에서 드러난다.

가령 다음 발언들처럼 말이다.

- 라테를 마시는 것은 돈을 변기에 버리는 것과 같다.[42]
- 집을 소유하는 것은 재정적 자살이다.[43]
- 보트나 스포츠카는 절대 사지 말라.[44]
- 자녀에게 대학 학자금을 대주지 말라.[45]

이런 무시무시한 경고 뒤에는 ① 지출과 ② 분수에 맞지 않는 지출 사이의 차이에 대한 근본적인 오해가 있다. 지출은 우리가 일상생활을 유지하는 데 필요한 상품과 서비스를 소비하거나, 단지 즐거움 때문에 원하는 것을 사들이는 행위다. 그러나 분수에 넘치는 지출은 판단 착오다. 실제로 당신을 재정적 파탄의 길로 이끌 가능성이 있는 위험천만한 행동이다.

단순히 소비를 거부하라는 것은 게으르고 경솔한 발상이다. 지출은 개인의 재정 상황, 필요, 욕구, 목표를 종합적으로 고려해 결정해야 한다.

지출을 꾸짖는 사람들은 틀렸을 뿐 아니라 성가시다. 그들은 언제나 검소하게 사는 부자를 예로 들며, 당신도 알뜰하게 살기만 하면 큰돈을 만지게 될 것이라고 암시한다. 물론 이는 가계의 작동 방식을 완전히 무시한, 심각한 결함이 있는 주장이다.

농구선수 카와이 레너드Kawhi Leonard의 사례는 검소함에 관한 가장 어이없는 조언의 단골 소재다.[46] 그는 로스앤젤레스 클리퍼스Los Angeles Clippers와 1억 300만 달러짜리 계약을 맺은 후에도 20년 된 차를 타고 다녔다. 핵심은 이것이다. 남은 평생 새 차를 사지 않아도, 당신은 레너드만큼 부유해질 수 없다. 왜냐하면 당신은 챔피언에 두 차례 오르고, 올스타로 여섯 번 선정된, 공격과 수비에 모두 능한 NBA 역사상 최고의 투웨이 선수two-way player 중 한 명이 아니기 때문이다.

낡은 차를 모는 것은 마냥 미덕이 아니다. 운동선수로서 무모하고 무책임한 일이다. 무릎이나 손목을 다치는 경미한 사고 한 번으로 커리어 전체가 망가질 수도, 심하면 끝날 수도 있다. 최신 안전장치를 갖춘 새 차에 돈을 '낭비'하는 것은 (레너드의 커리어를 조기에 끝낼지 모를) 치명적 부상의 가능성을 낮추는 일이다.

레너드의 20년 된 차에는 이런 기능들이 없다.

- 차선 이탈 경고
- 차선 유지 보조
- 충돌방지시스템
- 전자식 차체 안정 제어
- 어댑티브 크루즈컨트롤
- 사각지대 경고
- 안전벨트 프리텐셔너
- 전방 충돌 경고
- 충격 흡수 구조
- 자동 긴급 제동
- 블루투스

덩크슛도 못 하고 골대 밑으로 달려오는 동료에게 패스도 못 하는 평범한 사람들에게 묻고 싶다. 당신과 가족을 보호할 최신의, 최고의 안전장치를 원하지 않는가? 레너드의 20년 된 차에는 20년 된 에어백이 달려 있다. 유사시 순간적으로 팽창해야 할 그 에어백에는 20년 전에 밀봉된 가스가 담겨 있다. 당신이라면 1억 300만 달러짜리 계약을 그런 에어백에 걸겠는가?

지출에 대해 잔소리하는 사람들이 이해하지 못하는 사실이 하나 있다. 재정관리의 핵심은 무작정 거지처럼 사는 것이 아니라, 자신의 분수에 맞게 사는 것이어야 한다는 점이다.

"안 돼"라고만 말하는 것은 올바른 조언이 아니라 맹목적인 리스크 회피일 뿐이다. 이런 조언에는 두 가지 문제가 있다. 첫째, 돈의 목적을 오해하고 있다. 둘째, 현명하게 재정을 관리할 수 있는 최선의 방법을 근본적으로 놓치고 있다.

많은 사람이 돈에 대해 오해한다. 문제는 우리 자신 그리고 우리가 돈을 다루는 행동 방식이다. 돈은 만악의 근원이 아니다. 성경이 경고하는 것은 '돈을 좇는 것'이다. 돈은 단지 도구이자 교환의 매개일 뿐이다.

가장 기본적인 수준에서 돈은 음식, 주거, 의복, 의료, 교통 등 생계유지와 안전을 보장한다. 돈이 조금 더 있으면 자녀 교육비를 마련하고 이따금 멋진 휴가도 다녀올 수 있다. 이런 것들을 충당할 충분한 돈이 있다면 온갖 걱정에서 자유로워진다. 이것이 돈이 주는 혜택이다. 만약 운이 좋아서 충분한 수준 이상의 돈이 있다면 선택지가 넓어진다. 오락, 취미, 여행, 자선 활동 등 마음이 끌리는 어떤 것이든 할 수 있다.

부의 상징처럼 여겨지는 보트에 대해 이야기해보자.[47] 충분한 현금과 신용이 있다고 가정하면, 그 일부를 사용해 보트를 사는 것은 단순히 하나의 선택지일 뿐이다.

먼저 비용부터 살펴보자. 보트의 가격 자체는 소유자인 내 경험에 비춰봤을 때 전체 비용에서 가장 저렴한 부분이다. 보트를 어디에 보관할 것인가? (가장 비싸지만 가장 편리한) 마리나 정박지? (더 저렴하지만 덜 편리한) 계류장? (가장 저렴하지만 가장 불편한) 트레일러? 아예 부두를 소유할 수도 있지만, 이것은 이미 관련 부동산에 많은 돈을 썼다는 뜻이 된다. 유지보수와 수리도 저렴하지 않다. 바다에서 운항한다면 특히 더 그렇다. 북부에 산다면 겨울철 보관 문제도 신경 써야 한다. 연료와 보험은 물론 간식과 맥주도 비용이다.

이 모든 비용은 누구나 스프레드시트, 아니 연필과 종이만 있으면 쉽게 계산할 수 있다. 보트에 얼마의 비용이 드는지 판단할 수 있어야 하며, 전체 예산에서(예산 관리를 안 한다고?!) 감당할 수 있는 보트의 가격도 정확히 알아야 한다.

보트를 얼마나 자주 사용할 것인가? 누구와 동승할 것인가? 보트를 소유한 다른 지인은 누구인가? 시간을 뺏는 다른 일이 얼마나 있는가? 이와 같은 여러 문제를 고려하면 ① 보트를 감당할 수 있는지, ② 당신에게 보트가 그만한 가치를 갖는지 판단할 수 있다.

보트가 있다면 친구나 가족과 평생 남을 추억을 만들 수 있다. 물 위에서 아름다운 여름날을 즐기는 것은 다른 무엇과도 비교할 수 없는 일이다. 단 구매한 것을 감당할 수 있을 때만.

이런 검토 과정은 라테 한 잔부터 별장 구입까지 거의 모든 지출에 적용할 수 있다. "안 돼"라고만 말하는 것은 게으른 태도이고, 도구라는 돈의 본질을 놓치는 짓이다. 절대 보트를 사지 말라는 것보다 더 나은 조언을 하겠다. 감당할 수 없는 것, 실제로 사용하지 않을 것, 즐거움보다 많은 고통을 줄 것을 사지 말라.

나는 보트를 갖고 있고, 보트를 갖고 있는 친구도 많다. 한 친구는 4미터짜리 카약을 사서 날씨만 허락한다면 매일 아침 힘차게 노를 젓는다. 혈압은 낮아졌고, 태도가 밝아졌으며, 물 위에서의 고요를 즐긴다. 다른 친구는 17미터짜리 거대한 보트를 샀다. 하지만 거의 사용하지 않아 물 위의 호텔로 전락했고, 2년 뒤 큰 손해를 보고 팔았다.

보트 구입을 고려하는 사람들에게 해주고 싶은 조언은 비용, 기술, 경험, 심리의 네 가지 핵심 요소를 꼼꼼히 따져보라는 것이다. 보트처럼 큰돈이 드는 것을 구입하고자 하는 사람이라면 다음 사항들을 유념하라.

- 자신이 어떤 일을 시작하고 있는지 이해하라.
- 소유에 따른 모든 비용을 고려하라.
- 감당할 수 있는 것만 구입하라.
- 제한된 시간과 돈을 사용하는 데 현명한 결정을 내려라.

공식은 간단하다. 버는 것보다 적게 써라. 현명한 결정을 내려라. 과도한 지출로 자신이 아닌 무언가인 척하지 말라. 이것을 깨닫는 데 와튼스쿨 학위는 필요치 않다.

가격표가 붙은 모든 것에 무조건 "안 돼!"라고 말하는 것은 게으르고 쓸모없는 짓이다.

연장선에서 카페인이 포함된 조언을 하나 할까? 망할 라테 정도는 그냥 사 마셔라.

커피 마실 돈을 아낀다고 인생이 바뀌진 않는다

영 사라지지 않는 진부한 말이 있다. "커피에 돈을 낭비하는 것은 100만 달러를 변기에 버리는 것과 같다."[48] 재정관리 전문가 오먼의 경고다.

나는 동의하지 않는다. 성공과 실패의 차이가 커피 한 잔 값이라면, 당신에게 훨씬 더 큰 재정적 문제가 있다는 뜻이다. 5달러짜리 라테 한 잔은 인생이라는 큰 그림에서 그리 큰 의미를 가지지 못한다.

물론 현대 사회가 지나치게 물질주의적이라는 것은 나도 인정한다.[49] 하지만 우리는 진짜 재정 문제에 집중해야 할 필요가 있다. 저런 헛소리는 이를 방해할 뿐이다.[50]

나를 진짜 짜증 나게 만드는 것은 이것이다. 자극적인 주장을 뒷받침하기 위해 오먼이 제시한 근거를 보라.

매달 커피에 100달러 정도 쓴다고 가정하자. 그 돈을 로스 IRA에 넣었다면, 40년 후 약 100만 달러가 될 것이다(연평균 수익률 12퍼센트 기준).

그렇지 않다. 이 계산은 말이 안 될 뿐 아니라 사기다. 실제 수치보다 75퍼센트 가까이 부풀려졌다.

여전히 커피 한 잔을 선뜻 사 마시지 못하는 사람들을 위해 오먼의 주장을 조목조목 반박해보겠다.

1. 수익률

연평균 수익률 12퍼센트? 그것은 실제 수익률의 거의 두 배에 해당하는 수치다. 리트홀츠자산관리의 고객들에게 앞으로 40년간 똑같은 수익률을 보장해줄 사람이 있다면 50억 달러를 주겠다.

역사적으로 주식시장의 연평균 수익률은 8퍼센트 정도에 수렴한다(배당금 재투자 포함). (최근처럼) 적정주가가 높을 때는 더 낮을 것이다.[51] 40년간 매월 100달러(총 4만 8000달러)씩 투자하면, 복리 효과를 반영해도 수익이 30~35만 달러에 그친다.[52]

연평균 수익률 12퍼센트? 제발… 어느 뮤추얼펀드가 그런 수익률을 광고한다면 SEC가 당장 감옥에 처넣을 것이다.

2. 인플레이션

35만 달러조차 명목금액이지 인플레이션을 반영한 실질금액이 아니다. 2065년까지 평범한 수준, 즉 연 2~3퍼센트의 인플레이션이 계속된다고 가정하면, 30만 달러는 그리 큰돈이 아니게 된다.

1980년대에 주택 가격의 중앙값은 6만 2000달러(지금의 42만 달러 이

상)였고, 연 소득의 중앙값은 2만 달러(지금의 8만 610달러)에도 미치지 못
했다. 2065년의 30만 달러는 2025년의 화폐가치로 9만 달러 정도에 불
과하다.

40년 동안 단 한 잔의 커피도 사 마시지 않고 돈을 모으더라도 인플
레이션을 반영하면, 생각만큼 큰 금액이 아니다. 아마 괜찮은 자동차 한
대나 살 수 있을지 모르겠다. 2065년에도 사람들이 여전히 자동차를 산
다면 말이다.

3. 분모 맹목

숫자에서 맥락을 제거하면 오해만 남는다. 숫자는 다른 요소들과의
관계 속에서 해석해야 한다. 이 경우도 예외가 아니다. 즉 라테를 아껴
얻은 100만 달러는 나머지 소득이나 수익과 비교해 판단해야 한다.

의미 있는 분모가 필요하다.

40년 동안 적당한 규모의 포트폴리오에 꾸준히 납입하고, 그 수익이
복리 효과로 불어나면 수백만 달러에 이를 수 있다. 아울러 한 사람의
평생 소득은? 연 소득이 중앙값에 해당하는 8만 610달러이고 40년 동
안 단 한 번의 인상도 없다면 누적 소득은 322만 4400달러가 된다. 매
년 3퍼센트만 인상되어도 650만 달러가 넘고(653만 1280달러), 매년 5퍼
센트 인상되면 1100만 달러가 넘는다.[53]

평생 소득 500만 달러(인플레이션 조정 후 90만 달러)와 비교하면 35만
달러(인플레이션 조정 후 9만 달러)가 얼마나 사소한지 알 수 있다.

4. 고정비용

많은 사람이 충분히 돈을 벌지 못하기 때문에 충분히 저축할 수 없

다. 따라서 적지 않은 사람이 은퇴 후 곤란을 겪는다.

여기서 커피 이야기가 헛소리라는 사실이 드러난다. 팬데믹 이전까지 임금은 30년간 정체되어 있었고, 경제적 계층이동은 사상 최저 수준이었다. 의료비는 계속 올랐고, 대학 교육은 많은 이에게 경제적 부담을 안겼다. 대다수 미국인에게 정작 중요한 것은 이런 문제들이다. 5달러짜리 커피가 아니라.

고정비용의 문제는 말 그대로 고정되어 있다는 것이다. 대부분 줄이기가 불가능하다. 주거비, 의료비, 교육비는 모두 비싼 반면, 커피는, 심지어 좋은 커피조차 그렇지 않다. (아보카도 토스트도 마찬가지다.) 실질임금이 30년 넘게 정체된 현실은 외면하면서 어떻게 5달러짜리 라테에 분노할 수 있는가?[54]

5. 정신적 여유

스탠퍼드 마시멜로 실험에 대한 당신의 견해가 어떻든,[*] 의지력이 유한하다는 주장은 타당하다.[55] 우리 모두에게는 라테보다 의지력을 쏟아야 하는 더 중요한 문제들이 많다.

삶은 거대한 경제적 문제들로 가득하다. 이들의 영향력은 소소한 지출보다 훨씬 더 크고 중대하다. 가끔 마시는 신선하고 따뜻한 커피 한 잔을 거부하는 것보다 신경 써야 할 더 나은 일들이 많다.

그러니 5달러짜리 라테를 사 마셔라. 따뜻하고 맛있는 커피를 마시며

---

[*] 스탠퍼드 마시멜로 실험은 1970년 스탠퍼드대학교 심리학 교수인 월터 미셸(Walter Mischel)이 수행한 실험이다. 미셸은 4~6세 사이의 아동에게 마시멜로를 건네며 15분간 먹지 않고 참으면 하나를 더 주겠다고 약속한 다음 홀로 두었다. 이때 대부분의 아동이 미셸이 나가자마자, 또는 단 몇 분 뒤에 마시멜로를 먹었다. 반면 끝까지 자제력을 발휘한 소수의 아동은 훗날 좋은 학업성적을 거뒀다. 이에 대해 미셸은 인생의 성공을 좌우하는 중요한 자질이 선천적으로 형성된다고 결론 내렸다.

건강상의 이점을 누려라. 그러면서 밀레니얼세대, 미래의 은퇴자, 베이비 붐세대 등 미국 경제 계층 가운데 상위 3분의 1에 들지 못한 모든 이가 직면한 거대한 도전들에 대해 곰곰이 생각해보라. 소탐대실하는 태도는 큰 그림을 놓치게 한다.

———

실패는 피할 수 없기에, 우리는 더 잘 실패할 필요가 있다. 그것이 다음 글의 주제다.

9

더 잘 실패하라

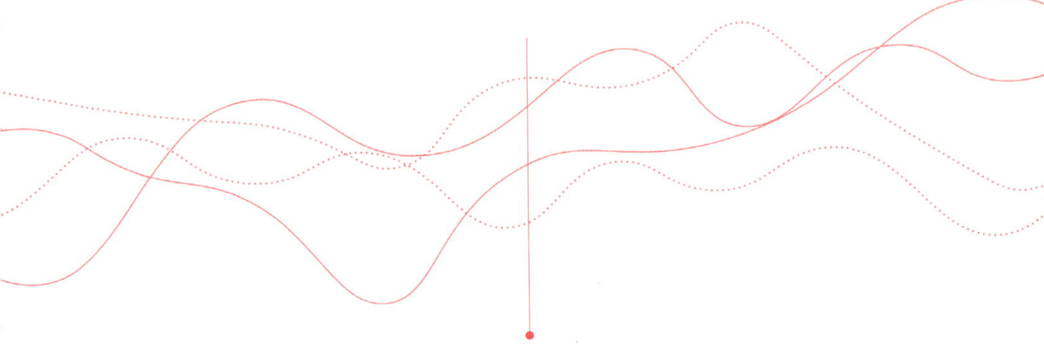

이 책의 분량 대부분을 오류, 실수, 실패에 대한 논의에 할애했다. 실패는 피할 수 없기에, 더 잘 실패하는 방법을 배울 수 있다면 그 나름의 혜택을 얻게 될 것이다.

트레이딩 데스크에서는 틀릴 것을 예상하라고 가르친다. 놀랍게도 금융계의 다른 영역에서는 이런 조언을 찾아보기 힘들다. 안타까운 일이다. 실패에 대한 건전한 관점은 기업, 정부 그리고 거의 모든 사람에게 이롭기 때문이다.

항공 분야는 실패 연구에 제격이다. 다른 분야에서는 오류가 미묘할 수 있고, 그 결과가 수년간 눈에 띄지 않을 수 있다. 그러나 하늘에서 실패가 발생하면 비행기는 추락하고, 참사 소식이 저녁 뉴스를 가득 채우게 된다.[56]

탁구선수 출신의 저널리스트 매슈 사이드Matthew Syed는 《블랙박스 시

크릿》에서 이 점을 지적했다.[57] 항공은 개방적이고 데이터가 풍부한 분야로, 100년 전에 작성된 통계 자료가 아직 남아 있을 정도다. (미 공군이 존재하기 전인) 1912년 미 육군에는 14명의 조종사가 있었고, 제1차 세계 대전이 발발하기 전에만 절반 이상(여덟 명)이 추락 사고로 사망했다. 육군은 남은 조종사들에게 더 나은 비행법을 가르치고자 항공학교를 설립했다. 이 학교의 사망률은 안타깝게도 25퍼센트에 달했다.

100년이 지난 2013년, 전 세계적으로 3640만 편의 상업 항공이 3억 명의 승객을 실어 날랐다. 그 과정에서 사망한 사람은 단 210명이었다. 환산하면 비행 240만 회당 사망자 한 명이 발생했던 셈이다. 2017년에는 단 한 명의 사망자도 발생하지 않았으며, 2022~2024년에도 마찬가지였다.

항공 분야는 어떻게 한 세기 만에 이런 진보를 이루어냈을까? 자기비판적인 태도로 모든 사고에서 교훈을 얻었기 때문이다. 항공 분야는 추락 사고나 아찔한 위기를 광범위하게 분석하는 것으로 유명하다. 연방항공청Federal Aviation Administration은 조종실음성기록장치와 비행자료기록장치, 즉 블랙박스 장착을 의무화하고 있다. 이로써 비행기가 왜 추락하는지에 대한 풍부한 통찰이 담긴, 모든 실패를 연구할 수 있는 포괄적이고 객관적인 데이터가 축적된다.

블랙박스조차 검토와 개선의 대상이다. 오늘날 블랙박스의 단단한 케이스는 험준한 지형이나 수중에서도 쉽게 눈에 띄도록 주황색으로 제작된다. 또한 심해에서의 탐지와 회수에 용이하도록 위치 신호기도 갖추고 있다. '블랙'박스가 주황색이라는 사실은 항공 분야가 안전에 대해 얼마나 깊이 고민하는지 보여주는 완벽한 은유일지 모른다.

이를 의료 분야의 폐쇄적인 시스템과 비교해보라. 이런 분야는 오류에 대한 접근법이 전혀 다르며, 당연하게도 훨씬 열악한 결과를 낳는다.

과연 얼마나 다를까? 사이드에 따르면, 항공사고와 의료과실 사이에는 놀라운 차이가 존재한다. 미국에서 의료과실은 심장병과 암에 이어 세 번째로 잦은 사망원인이다. 의료과실로 연간 약 50만 명의 미국인이 사망하는데, 이에 따른 비용만 170억 달러에 달할 것으로 추산된다.[58] 존스홉킨스대학교 의과대학의 임상의 피터 프로노보스트Peter Pronovost는 매일 747 여객기 두 대가 추락해 900명의 사망자가 발생한다면 사람들의 반응이 전혀 다를 것이라고 꼬집었다.[59] 의료과실로 매일 그 정도의 사람들이 사망하고 있다.

의료 분야가 항공 분야와 이렇게 다른 이유는 무엇일까? 첫째, 오류 발생과 관련해 공개적으로 이용 가능한 데이터가 거의 없고 표준화된 검토 절차도 없다. 자체 조사는 모두 비공개인 데다가 기밀로 처리되어 공개적인 감시가 불가능하다. 일각에서는 의사를 실수하지 않는 구원자로 여겨 오류의 인정을 주저하게 만든다. 보험, 소송, 평판 보호는 이 분야의 실적 공개 의지를 약화한다. 간단히 말해, 의료 분야는 항공 분야와 모든 면에서 반대다.

투자는 이 두 분야의 접근법 모두에 걸쳐 있다. 데이터의 양은 많지만 완전히 개방적인 시스템은 아니다. SEC는 뮤추얼펀드에 공시의무를 부여하면서도, 헤지펀드, 벤처캐피털, 사모펀드, 중개사, 투자자문가에 대해서는 훨씬 느슨하다.[60]

실리콘밸리, 테크 산업, 벤처캐피털은 실패를 처리하는 데서 더 나은 모습을 보여준다. 가령 벤처캐피털리스트들은 실패를 명예의 훈장처럼 달고 다닌다. 심지어 많은 벤처캐피털리스트가 가장 큰 실패 사례를 웹사이트에 공개하기도 한다. 그들은 자신의 전략이 차세대 초대박을 찾기 위해 수많은 실패를 감수하는 것임을 인식하고 있다. 일반 투자자들도 그와 비슷하게 자신의 한계를 인정하는 겸손한 접근법에서 성공의 실마리를 얻을 수 있을 것이다.[61]

실패를 둘러싼 낙인은 사라져야 한다. 미래의 실패를 피하는 가장 확실한 방법은 과거의 실패를 받아들이고 거기에서 배우는 것이다.

나는 레이 달리오에게 현명하게 실패하는 법을 배웠다. 달리오는 상상할 수 있는 어떤 기준으로 보더라도 엄청나게 성공한 인물이다. 세계 최대 헤지펀드 중 하나인 브리지워터 어소시에이츠의 창립자이자, 세계 100대 부자 중 한 명이기도 하다.[62]

브리지워터 어소시에이츠는 미국에서 다섯 번째로 중요한 기업으로 꼽히며,[63] 달리오의 저서 《원칙》은 전 세계적인 베스트셀러다. 이 모든 성과를 고려하면, 그가 자신의 성공 비결을 실패 덕분으로 여긴다는 데 놀랄지도 모르겠다.

달리오는 1974년 브리지워터 어소시에이츠를 설립했다. 8년 후인 1982년 새로운 강세장이 막 시작되고 있을 때, 그는 신흥국의 은행 부채가 경제 회복에 중대한 걸림돌이 될 수 있다고 경고했다. 그해 8월 멕시코가 디폴트를 선언하자, 그는 경제 예언자이자 시장의 마법사로 유명해졌다.

달리오의 명성은 더욱 높아졌고, 11월에는 당시 가장 중요한 금융 방송이었던 루이스 루카이저의 〈월스트리트위크Wall Street Week〉에 출연했다. 달리오는 "우리는 대공황으로 향해 가고 있다"라고 자신 있게 선언했다.

그러나 현실은 달랐다. 몇 달 전 중앙은행의 적시 개입이 신흥국 시장에 긍정적 영향을 미쳤고, 그의 예측은 현실화되지 않았다.

하지만 브리지워터 어소시에이츠에는 재앙이었고, 회사는 파산 직전까지 몰렸다. 달리오는 모든 직원을 해고하고, 아내와 어린 두 자녀를 부양하기 위해 아버지에게 돈을 빌려야 했다. 그는 "내가 얼마나 오만했는지 아직도 충격과 부끄러움을 느낀다"라고 고백했다.

그러나 부활은 죽음에서 비롯된다. 달리오는 무에서부터 회사를 다시 일궈냈다. 그는 평범한 실패부터 대재앙까지 그리고 그 사이의 모든 실수를 성장을 위한 양분으로 삼았다. 모든 실수는 새로운 것을 배우고 더 나은 투자자가 될 기회였다. 그는 공개적인 실패를 재료 삼아 《원칙》 이라는 빛나는 결과물을 빚어냈다.

달리오는 대전환의 열쇠가 실수에서 새로운 지혜를 발견한 것이었다고 강조했다. 그는 "현명하게 실패하기" 위한 포괄적인 규칙을 만들었다.

- 실수를 개선의 기회로 보라. 달리오는 이것을 "실수 기반 학습"이라고 부른다.
- 자신의 오류를 인정하라. 절대 숨기지 말고, 드러내 학습의 기회로 삼아라.
- 고통 + 성찰 = 진보. "실패의 고통"은 성찰로 이어져야 하며, 여기에서 지혜가 비롯된다.
- 자신의 행동을 기록하라. 실수에서 배운 것을 체계화하라.

실패를 포용하는 것이 달리오의 성공 비결이었다. 이것은 당신의 성공 비결이 될 수도 있다.

당신의 통제하에 있는 것은 무엇인가? 그렇지 못한 것은? 그 차이를 이해하는 것이 다음 글의 주제다.

통제할 수 있는 것에 집중하라

실패를 잘 견디는 비결 중 하나는 자신이 통제할 수 있는 것과 통제할 수 없는 것을 이해하는 것이다.

신문을 읽거나 금융 방송을 시청한다면, 대부분의 보도가 무엇에 관한 것인지 찬찬히 따져보라. 거의 전부 당신이 전혀 통제할 수 없는 것들이다. 나는 이것을 '금융 날씨'라고 부른다. 매일의 소음, 질풍노도, 불안을 자극하는 경고들은 모두 당신의 통제 범위 밖에 있다.

항상 어딘가에서 무서운 소식이 들려온다. 대부분의 사람은 "어떡하지? 내가 뭘 해야 하지?"라며 과잉 반응을 보인다. 이는 적절한 태도가 아니다.

변동성과 스트레스가 심한 시기에는 한 걸음 물러서서 큰 그림을 그려야 한다. 당신이 트레이더이든, 전략가이든, 투자자이든, 기업가이든, 중요한 것은 자신이 통제할 수 있는 것과 없는 것을 구분하는 것이다.

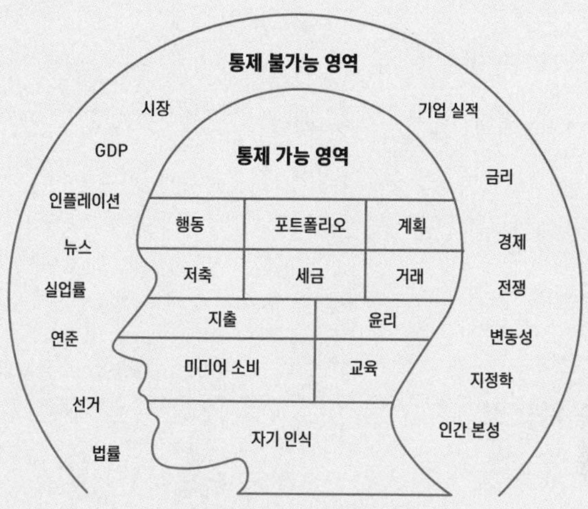

내 경험에 따르면, 통제할 수 있는 것에는 집중하고, 통제할 수 없는 것에는 적응하는 것이 최선이다. 그렇게 하면 모든 것이 크게 나아진다. 다음 두 목록을 살펴보라. 각각 당신이 통제할 수 있는 것과 통제할 수 없는 것이다.

통제할 수 있는 것

1. 재정 계획

2. 포트폴리오 자산 배분

3. TV에서 무엇을 시청할지(또는 시청하지 않을지) 선택

4. 자신의 감정(과 정서) 이해

5. 읽을 것과 건너뛸 것 선택

6. 경험적 증거와 데이터의 가치 인식

7. 교육의 지속

8. 매매 원칙 준수

9. 자기만의 윤리 기준 유지

10. 우수한 법률, 세무, 상속, 재정 자문받기

11. 깊은 만족감을 주는 커리어 추구

12. 업무상 교류하는 사람들

13. 자신의 행동

통제할 수 없는 것

1. 연준

2. GDP

3. 지정학적 상황

4. 시장 변동성

5. 금리

6. 소비지출

7. 선거

8. 기업 실적

9. 전쟁

10. 실업률

11. 법률

12. 미디어 보도

13. 인간 본성, 군중심리, 패닉

투자자들은 감정의 롤러코스터를 피하고, 현명한 장기 계획을 수립해야(또 잘 따라야) 한다. 통제 가능한 것에 집중하고, 통제 불가능한 것에

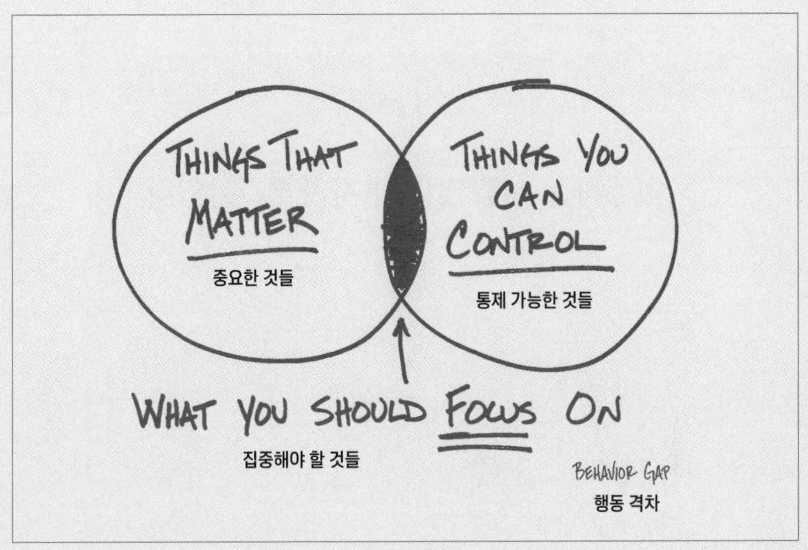

스트레스받지 말라. 비가 올 수도 해가 쨍쨍할 수도 있지만, 우산이나 선크림을 챙기는 것 외에는 할 수 있는 일이 많지 않다.

위의 그림은 스케치 가이, 칼 리처즈의 또 다른 작품으로, 우리가 집중해야 할 것을 명확하고 간결하게 보여준다.

———

끝으로 드디어 부자가 되는 법을 다룬다!

10

인내하는 사람만이 부자가 될 수 있다

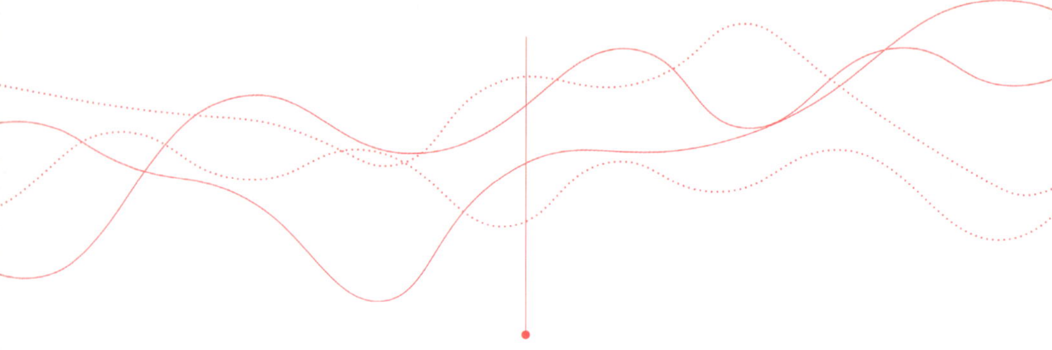

전 세계 자본시장(주식, 채권, 사모투자, 부동산 등)의 규모는 100조 달러
가 넘는다.

이 막대한 부의 일부를 차지하는 데는 다양한 방법이 존재한다. 하지
만 자산을 허무하게 날리지 않으려면 각 접근법의 성공 확률이 얼마나
낮은지를 반드시 숙지해야 한다.

시장에서 부자가 되려면 몇 가지 중요한 사항을 이해해야 한다. 이것
은 비밀이 아닌 진리다. 이제 시장에서 정말 큰 성공을 거둘 수 있는 10
가지 방법을 낱낱이 알려주겠다.

하지만 반전이 있다! 다음 세 가지 요소를 기준 삼아 순위를 매길 것
이다.

1. 난이도

2. 성공 가능성

3. 소요 시간

가장 어렵고 성공 가능성이 작은 것이 1번, 가장 쉽고 부를 축적할 가능성이 큰 것이 10번이다.

자, 부자가 되어보자.

1. 차세대 엔비디아를 찾아라

이보다 쉬운 방법이 있을까? 주목받지 못하고 알려지지 않은 작은 회사를 찾아서 그 주식을 사고, 또 사라! 미래의 엔비디아를 알아봤다면, 다른 사람들도 그 주식을 사도록 설득해야 한다(단 자신이 먼저 매수한 다음에).

어려운 점은? 세상이 당신이 알고 있는 것을 이해할 때까지 그 주식을 계속 보유해야 한다. 이 보석 같은 회사가 엄청나게 성공하고 큰 수익을 내면 주가가 치솟을 것이다!

- 난이도: 10/10
- 성공 가능성: 10퍼센트
- 소요 시간: 2~20년

2. 혁신하라

지난 수십 년간 시장은 온갖 혁신으로 들썩였다. ETF, 다이렉트 인덱싱, 무료 거래 앱, 사모대출, 암호화폐, 핀테크 등 투자의 세계는 그 어느 때보다 빠르고, 저렴하며, 더 나은 방식들로 가득하다.

당신은 그중 하나를 발명하기만 하면 된다! 혁신적인 회사를 설립하고, 수익화한 후, 더 큰 회사에 매각하라.

- 난이도: 9/10
- 성공 가능성: 20퍼센트
- 소요 시간: 2~7년

3. 버블에 올라타라(단 터지기 전에 내려라)

버블은 어디에나 존재한다. 이를 활용해 수익을 내려면 네 가지만 기억하라. ① 버블이 커지는 시점을 파악하라. ② 버블에 투자하라(비싸더라도). ③ 정점을 예측하라. ④ 붕괴 직전에 매도하라.

- 난이도: 8/10
- 성공 가능성: 30퍼센트
- 소요 시간: 1~5년

보너스 포인트 → 수익 극대화, 또는 헤징을 위해 옵션 거래를 활용하라.

4. 공매도를 고려하라

버블에 올라타는 일의 반대편에는 지나치게 과대평가된 기업이나 시장을 찾아 반대로 베팅하는 일이 있다. 물론 대중이 옳은 경우가 많지만, 그들이 틀릴 때는 극적인 수익을 얻을 수 있다.

공매도에 수반되는 쇼트 스퀴즈와 거센 비난을 견뎌낼 강철 같은 배짱이 필요할 것이다. 이 때문에 공매도자들을 찾아보기 어렵지만, 분명 그만한 가치가 있다.

- 난이도: 9/10
- 성공 가능성: 40퍼센트
- 소요 시간: 6개월~3년

보너스 포인트 → 규제 당국이 놓친 사기 사건을 찾아 활용하라.

5. 타이밍을 포착하라

시장은 오르기도 하고 내리기도 한다. 추세의 올바른 쪽에 서는 것이 얼마나 어렵겠나?

- 난이도: 7/10
- 성공 가능성: 30퍼센트
- 소요 시간: 다음 큰 반전이 생길 때까지

6. 가치 있는 서비스를 제공하라

이제 더 어려운 단계로 접어든다. 리서치, 실행, 자산관리, 또는 단순히 다른 모두가 놓친 것들을 식별하기 등 어떤 형태의 서비스를 제공하면 좋을지 파악하라. 그 서비스를 수익화하라.

- 난이도: 7/10
- 성공 가능성: 70퍼센트
- 소요 시간: 5~10년

7. 뛰어난 영업 사원이 되어라

나는 영업에 재능이 없지만, 그런 사람들을 항상 존경해왔다. 당신이 판매하는 상품(가치와 상관없이)을 사람들이 구매하도록 만들고 상당한 이윤과 커미션을 챙길 수 있다면, 이 분야에서 큰돈을 벌 수 있다. 꼭 옳아야 하는 것은 아니다. 단지 자신감을 갖고 고객의 신뢰를 얻으면 된다.

- 난이도: 5/10
- 성공 가능성: 90퍼센트
- 소요 시간: 거래를 성사시킬 때까지

8. 인덱스 투자에 나서라

시장 전체를 매수하고, 장기간 보유한 후, 은퇴 생활을 즐겨라. 문제는 우리의 본능에 반한다는 것이다. 난이도는 10점 만점에 1점이어야 하지만, 안타깝게도 인간의 뇌가 이 일을 어렵게 만든다.

- 난이도: 4/10
- 성공 가능성: 100퍼센트
- 소요 시간: 10~20년

9. 달러 코스트 애버리징을 고수하라

특정 자산을 정해진 시기마다 정해진 금액만큼 매수하는 달러 코스트 애버리징은 부의 축적을 거의 확실하게 보장하는 방법이다. 단 오랫동안 이 방법을 고수해야 한다. 광범위한 지수를 대상으로 하는 것이 가장 좋지만, 개별 종목(주로 우량주)에도 적용할 수 있다.

- 난이도: 3/10
- 성공 가능성: 90퍼센트
- 소요 시간: 5~25년

보너스 포인트 → 자동화(급여의 일부를 자동으로 쪼개 납입)하면 난이도는 1로 떨어진다.

10. 복리 효과를 누려라(즉 거의 매도하지 말라)

시장에서 시간은 당신의 친구다. 투자금을 오래 굴릴수록(특히 배당금이나 이자를 재투자하면) 복리 효과 덕분에 더 좋은 결과를 얻을 수 있다. 버핏에게 통하는 전략이라면 당신에게도 통한다.

- 난이도: 2/10
- 성공 가능성: 100퍼센트
- 소요 시간: 지금부터 영원까지

투자자들 앞에 놓인 무수한 선택은 결국 하나의 문제로 귀결된다. 쉬운 길로 갈 것인가, 어려운 길로 갈 것인가?

———

필요한 것은 천천히 부자가 될 인내심뿐이다.

감사의 말

드디어 끝났습니다! 600쪽이 넘는 제 내적 독백을 모두 헤쳐나온 것을 축하합니다. 이 책이 재미있고 유익했기를 바랍니다.

이 책을 쓰는 일은 예상보다 훨씬 재미있었습니다. 《워싱턴포스트》, 블룸버그, 더스트리트닷컴 그리고 내 금융 사이트 '빅픽처'에서 다루었던 수많은 논의를 다시 살펴보는 것은 대단히 보람찬 일이었습니다.

당신이 이 책에서 만난 이야기, 통찰, 지혜를 쌓는 데 수십 년이 걸렸습니다. 이 아이디어들을 실천한다면 더 부유해지고, 더 행복해지고, 재정에 대한 스트레스도 훨씬 덜 받게 될 것이라고 확신합니다.

세상에 무언가를 내놓았는데, 기대만큼의 반응을 얻지 못할 때가 있습니다. "당신 말이 맞을 수도 있지만, 그래도 나는 시스코가 좋은 주식이라고 생각해요." 25년이 지나 제가 예전에 주장했던 많은 이단적 견해가 (대부분) 옳았음을 알게 되는 것은 대단히 흐뭇한 일입니다.

지금부터 25년 후에도 이 책이 여전히 투자자들에게 유용하길 바랍니다.

그때까지 여러분의 의견을 듣고 싶습니다. 이 책이 도움이 되었는지, 도움이 되었다면 어떻게 도움이 되었는지, 더 자세한 설명이나 정보가 필요한 부분은 어디인지, 혼란스러웠던 부분은 어디인지 그리고 더 배우고 싶은 주제는 무엇인지 알려주세요.

읽어주어서 감사합니다. 질문이나 제안이 있다면 HNTI@RitholtzWealth.com으로 연락해주길 바랍니다.

이 책은 수많은 분의 관대함, 통찰, 도움 덕분에 출간될 수 있었습니다. (실수로 빠뜨린 분이 있다면 미리 사과드립니다.)

그 유명한 《돈의 심리학》의 저자 모건 하우절과 출판사 헤르만 하우스의 크레이그 피어스Craig Pearce는 지난 몇 년간 제가 이 책을 쓰도록 독려했습니다. 두 사람 모두 저의 아이디어, 논평, 칼럼을 빠르고 쉽게 정리해 책을 쓸 수 있을 것이라고 설득했습니다. 그것은 착각이었습니다. 그런 선의의 거짓말에 감사드립니다.

크레이그는 즐겁게 함께 일할 수 있는 편집자였습니다. 그의 단호하지만 부드러운 손길이야말로 이 원고에 꼭 필요한 것이었습니다. 글쓰기가 즐겁다는 것을, 편집 과정이 고통스러울 필요가 없다는 것을 알게 되었습니다. 출판사에 그 이상 바랄 게 있을까요?

크레이그 외에도 이 책에 영향을 미친 다른 편집자가 많았습니다. 《워싱턴포스트》의 켈리 존슨Kelly Johnson은 일반 투자자들에게 도움이 될 목소리를 내는 데 격려를 아끼지 않았습니다. 《배런스》의 토머스 돈란Thomas Donlan은 글의 쓸데없는 비계를 모두 잘라내고 살코기만 남기는 법을 가르쳐주었습니다. 팀 오브라이언Tim O'Brien과 데이비드 시플리David Shipley는 저를 블룸버그로 이끌어주었습니다. 무엇보다 제임스 그라이프 James Greiff는 데이터와 의견을 엮어내는 법, 독자의 시간을 존중하는 법, 핵심에 빨리 도달하는 법을 가르쳐주었습니다. (짐, '목청 가다듬는 습관'과 는 드디어 작별했습니다. 아마도 책의 첫 장만 빼고요.)

리트홀츠자산관리는 아이디어, 데이터, 맥락, 통찰, 지혜의 끝없는 원천입니다. 이 책에서 그곳의 동료들에 대한 언급을 많이 보았을 것입니다. 그들이 제 투자 철학을 다듬는 데 큰 역할을 했기 때문입니다. 그들이 없었다면 이 책은 훨씬 빈약했을 것입니다. 벤 칼슨, 마이클 배트닉, 조시 브라운, 닉 매기울리, 캘리 콕스에게 특히 감사드립니다. 이 글을 쓰는 내내 그들의 목소리가 머릿속에 울렸습니다. 빌 스위트Bill Sweet와 빌 아츠루니안Bill Artzerounian은 세금 관련 부분에서 큰 도움을 주었습니다. 벤, 마이클, 캘리, 테일러 홀리스Taylor Hollis, 블레어 듀케네Blair duQuesnay를 비롯한 다른 구성원들의 현명한 조언과 통찰력도 언급하지 않을 수 없습니다. 맷 세르미나로Matt Cerminaro는 이 책의 모든 그래프를 보기 좋게 다듬어주었습니다. 그의 수고는 이 책 전체에서 확인할 수 있습니다.

또 다른 동료인 크리스 베네와 제이 티니Jay Tini는 좋은 투자자문가가 고객을 위해 무엇을 해야 하는지에 대해 수년간 많은 것을 가르쳐주었습니다. 4부가 유용했다면 그들의 공입니다(그렇지 않다면, 그들의 가르침을 제대로 배우지 못한 제 탓입니다). 그들은 매일 고객을 위해 놀라운 일을 해내는 30명의 재무설계사와 함께 일합니다.

책에서 인용되거나 언급된 모든 분에게 진심어린 감사를 전합니다. 특히 행동경제학자 데이비드 더닝, 리처드 탈러, 밥 실러Bob Shiller, 토머스 길로비치Thomas Gilovich 그리고 고인이 된 대니얼 카너먼은 제 사고방식에 지대한 영향을 미쳤습니다.

또한 '마스터스 인 비즈니스'를 통해 교류하게 된 분들은 제 지적 멘토가 되어주었습니다(그분들이 인지했든 아니든). 실수에서 배우는 법을 보여준 레이 달리오, 2단계 사고를 알려준 하워드 막스, 자신만의 길을 개척하라고 용기를 북돋아준 스콧 갤러웨이Scott Galloway 그리고 끝까지 유머 감각을 잃지 말라고 조언해준 클리프 애스니스Cliff Asness에게 감사드립니다. 에드 하이먼과 에드 야르데니Ed Yardeni는 경제와 시장의 관계에 대한 제 사고방식에 큰 영향을 미쳤습니다.

제프 와이츠먼Jeff Weitzman, 조너선 밀러, 데이브 나디그, 조시 프랭클Josh Frankel, 브라이언 햄버거Brian Hamburger, 랄프 세부쉬Ralph Sevush 그리고 마이클은 수년간 꾸준히 현명한 조언을 해주었습니다. 그들의 통찰은 제 생각에 고스란히 반영되어 있습니다. 마지막으로 아내 웬디만큼 제게 사랑과 지지, 통찰을 아낌없이 준 사람은 없습니다.

잊은 분들은 없을까요? 마지막으로 한 번 더 감사의 인사가 필요할 것 같습니다. 월스트리트, 그들의 탐욕과 무능, 무모함이 이 책을 쓰게 했고, 필요하게 만들었습니다. 월스트리트가 없었다면 이 모든 것은 불가능했을 것입니다.

배리 리트홀츠

주

머리말

1   Charley Ellis, "The Loser's Game," *Financial Analysts Journal* (July-August 1975), pp. 19-26.

2   Charley Ellis, *Winning the Loser's Game* (McGraw-Hill, 1985).

3   원래는 이 책의 제목을 '투자에 관한 개소리 폭로하기(Debunking Investment Bullshit)'로 하고 싶었으나, 점잖은 영국인 편집자들이 미국식 거친 표현을 절대 용납하지 않았다.

1부 나쁜 생각

1장 나쁜 조언

1   Prashant Gopal, "Billionaire Sam Zell Says Recession Likely in Next 12 Months," Bloomberg (December 16, 2015).

2   Morgan Brennan, "The Investment Zen Of Sam Zell: Inside The Grave Dancer's $4 Billion Business Empire," *Forbes* (October 6, 2013).

3   Edward Lee Thorndike, "The Constant Error in Psychological Ratings" (1920). Thorndike was an American psychologist and professor at Columbia

University.

4   Phil Rosenzweig, *The Halo Effect* (and Other Business Delusions That Deceive Managers) (Free Press, 2007;《헤일로 이펙트》, 2007).

5   Jeff Cox, "'We're Heading for Recession,' Zell Predicts for Economy," CNBC (October 2, 2012).

6   이 책에서 미국 경기침체에 대한 모든 언급은 전미경제연구소(National Bureau of Economic Research)의 경기순환 일정표(Business Cycle Dating)를 참고했다. nber.org/research/business-cycle-dating 참조.

7   "Real Estate Developer and 'Grave Dancer' Sam Zell: 'It's All about Supply and Demand,'" Knowledge at Wharton (September 19, 2007).

8   Andy Greene, "The 50 Worst Decisions in Movie History," *Rolling Stone* (September 25, 2023).

9   Trung Phan, "The LEGO Star Wars Inception," *Saturday Post* (April 26, 2024).

10   IMDbPro Box Office Mojo, "Top Lifetime Grosses," boxofficemojo.com/chart/top_lifetime_gross/?area=XWW.

11   Marcos Franco, "The 10 Most Lucrative Movie Merchandise Franchises, from 'Star Wars' and 'Batman' to 'Frozen' and 'Cars,'" *IndieWire* (August 6, 2023).

12   Molly Allen, "I visited the world's last Blockbuster, and the video-rental store took me back to my childhood," Business Insider (April 2, 2023); and Wendy Lee, "How Netflix survived the streaming wars to stay the subscription video king," *Los Angeles Times* (March 6, 2024).

13   Robert H. Frank, *Success and Luck: Good Fortune and the Myth of Meritocracy* (Princeton University Press, 2017;《실력과 노력으로 성공했다는 당신에게》, 2018).

14   Robert H. Frank and Philip J. Cook, *The Winner-Take-All Society: Why the Few at the Top Get So Much More Than the Rest of Us* (Free Press, 1995;《승자독식사회》, 2024).

15   Michael J. Mauboussin, *The Success Equation: Untangling Skill and Luck in Business, Sports, and Investing* (Harvard Business Review Press, 2012;《마이클 모부신 운과 실력의 성공 방정식》, 2019).

16   The Beatles, allmusic.com.

17   Bob Seawright, "Eyes Wide Open: The Beatles and Their Critics," *The Better*

Letter (February 1, 2024). See also: Cary Schneider "What the critics wrote about the Beatles in 1964," *Los Angeles Times* (February 9, 2014).

18   Bob Seawright, "Eyes Wide Open: The Beatles and Their Critics," *The Better Letter* (February 1, 2024).

19   See also Steve Silverman, "Early Criticism of The Beatles," *Useless Information* (February 11, 2016).

20   Billboard Hot 100TM, billboard.com/charts/hot-100/1964-02-01 (February 1, 1964).

21   Richard Harrington, "The Birth Of Beatlemania: 25 Years Ago Today, That Sullivan Show," *The Washington Post* (February 9, 1989).

22   Derek Thompson, *Hit Makers: The Science of Popularity in an Age of Distraction* (Penguin Books, 2017; 《히트 메이커스》, 2021). It was first published as: Derek Thompson "The Four-Letter Code to Selling Just About Anything," *The Atlantic* (January/February 2017).

23   Ted Gioia, "Why Did the Beatles Get So Many Bad Reviews?" The Honest Broker (January 30, 2023).

24   Elvis Costello, "100 Greatest Beatles Songs," *Rolling Stone* (April 10, 2020).

25   Danny Boyd, "When you hire stunt guys to direct the movie," CinemaStix, YouTube (April 1, 2023).

26   IMDbPro Box Office Mojo: John Wick (2014) $86,081,850, boxofficemojo.com/title/tt2911666.

27   IMDbPro Box Office Mojo: John Wick: Chapter 2 (2017) $174,348,632, boxofficemojo.com/title/tt4425200.

28   IMDbPro Box Office Mojo: John Wick: Chapter 3—Parabellum (2019) $328,349,908. boxofficemojo.com/title/tt6146586.

29   IMDbPro Box Office Mojo: John Wick: Chapter 4 (2023) $440,157,245, boxofficemojo.com/title/tt10366206.

30   Todd Spangler, "'Squid Game' Is Decisively Netflix No. 1 Show of All Time With 1.65 Billion Hours Streamed in First Four Weeks, Company Says," *Variety* (November 16, 2021).

31   Dasl Yoon and Timothy W. Martin, "Netflix's 'Squid Game' Is the Dystopian Hit No One Wanted—Until Everyone Did," *The Wall Street Journal* (October 4, 2021).

32 Steven Malanga, "The Retirement Crisis That Wasn't," *City Journal* (January 10, 2024).

33 Chloe Berger, "Older boomers won the pandemic after becoming a whopping $14 trillion richer, Fed data reveals—and Gen X is losing the race," *Fortune* (December 22, 2023).

34 Ben Carlson, "The Luckiest Generation," A Wealth of Common Sense (August 25, 2023). 벤은 리트홀츠자산관리(Ritholtz Wealth Management)의 기관자산운용 디렉터(director of Institutional Asset Management)다.

35 Barry Ritholtz, "Who Is to Blame for Inflation, 1-15," The Big Picture (June 28, 2022).

36 Philip Aldrick, "Larry Summers Says US Needs 5퍼센트 Jobless Rate for Five Years to Ease Inflation," Bloomberg (June 20, 2022).

37 Paul Graham, "How to Be an Expert in a Changing World," paulgraham.com (December 2014).

38 James K. Glassman and Kevin A. Hassett, *Dow 36,000: The New Strategy for Profiting from the Coming Rise in the Stock Market* (Crown Business, 1999).

39 Michael P. Regan and Bloomberg, "Remember 'Dow 36,000'? The 'most spectacularly wrong investing book ever' is finally right—22 years later," *Fortune* (November 1, 2021).

40 Michael Lewis, *The Big Short: Inside the Doomsday Machine* (W.W. Norton & Company, 2010;《빅 숏》, 2010).

41 Jeremy Salvucci, "Michael Burry's net worth: How the 'Big Short' investor got rich," TheStreet.com (April 2, 2024).

42 쿠는 싱가포르에 기반을 둔 트레이딩 학교 피라냐 프로핏(Piranha Profits)의 창립자 겸 회장이다. 그는 자신을 전문 투자자이자 트레이더라고 소개한다.

43 @adamkhootrader, twitter.com/adamkhootrader/status/1691397274524631040 (August 15, 2023).

44 Joe Keohane, "That guy who called the big one? Don't listen to him," *Boston Globe* (January 9, 2011).

45 Barry Ritholtz, "Maybe the Coronavirus Didn't End the Bull Market," Bloomberg (April 1, 2020).

46 Robert Kiyosaki, *Rich Dad, Poor Dad* (Warner Books, 1997;《부자 아빠 가난한 아빠》, 2018).

47 Ben Carlson, "Rich Author, Poor Readers," A Wealth of Common Sense (December 15, 2023).

48 Ben Carlson, "Rich Author, Poor Readers," A Wealth of Common Sense (December 15, 2023).

49 Robert Kiyosaki @theRealKiyosaki *twitter.com/theRealKiyosaki/status/1733976 936945459411* (10:28 pm December 10, 2023).

50 Robert Kiyosaki @theRealKiyosaki *twitter.com/theRealKiyosaki/status/1441994 336850251780* (6:13 am September 26, 2021).

51 Robert Kiyosaki @theRealKiyosaki *twitter.com/theRealKiyosaki/status/1321438 606959931394* (1:08 pm October 28, 2020).

52 Robert Kiyosaki @theRealKiyosaki *twitter.com/theRealKiyosaki/status/12511117 93885278208* (12:34 pm April 17, 2020).

53 Robert Kiyosaki @theRealKiyosaki *twitter.com/theRealKiyosaki/status/994655292674764800* (8:07 pm May 10, 2018).

54 Robert Kiyosaki @theRealKiyosaki *twitter.com/theRealKiyosaki/status/638746651796967424* (5:14 pm September 1, 2015).

55 Robert Kiyosaki @theRealKiyosaki *twitter.com/theRealKiyosaki/status/602096655500873730* (2:00 pm May 23, 2015).

56 Robert Kiyosaki @theRealKiyosaki *twitter.com/theRealKiyosaki/status/56008841162272770* (4:02 pm April 7, 2011).

57 Helaine Olen, "Rich Dad, Poor Dad, Bankrupt Dad?" *Forbes* (October 10, 2012). See also: "'Rich Dad, Poor Dad' Author Files for Bankruptcy for His Company," ABC News (October 12, 2012).

58 William J. Bernstein, *The Investor's Manifesto: Preparing for Prosperity, Armageddon, and Everything in Between* (Wiley, 2009).

59 Anthony Robbins, *Awaken the Giant Within: How to Take Immediate Control of Your Mental, Emotional, Physical and Financial Destiny!* (Simon & Schuster, 1991; 《네 안에 잠든 거인을 깨워라》, 2023).

60 Bennett W. Goodspeed, *The Tao Jones Averages: A Guide to Whole-Brained Investing* (Dutton Adult: First Edition, 1983).

61 수천 번의 거래 중 그런 행운을 누린 것은 단 세 번뿐이다. 퀄컴, 아이오메가(Iomega), 마이크로뮤즈(Micromuse).

62 John Maynard Keynes, *The General Theory of Employment, Interest and*

Money (Palgrave Macmillan, 1936;《고용, 이자 및 화폐의 일반이론》, 2007).

63   Philip E. Tetlock, *Expert Political Judgment: How Good Is It? How Can We Know?* (Princeton University Press, 2005).

64   Howard Marks, *The Most Important Thing: Uncommon Sense for the Thoughtful Investor* (Columbia Business School Publishing, 2011;《투자에 대한 생각》, 2012). And recounted in Howard Marks, "Risk Revisited," Howard Marks Memo (September 2014).

65   Howard Marks, twitter.com/HowardMarksBook/status/1044964993127649280 (September 26, 2018).

66   Stephen Kellert is a philosopher of science at Hamline in Minnesota. The quote is from *In the Wake of Chaos: Unpredictable Order in Dynamical Systems* (University of Chicago Press, 1993).

67   George Soros, *The Alchemy of Finance: Reading the Mind of the Market* (Wiley, 1994;《금융의 연금술》, 2025).

68   Theodor Reik, *Curiosities of the Self: Illusions We Have about Ourselves* (Farrar, Straus & Giroux, 1965), Essay 3: "The Unreachables: The Repetition Compulsion in Jewish History," p.133 (verified with scans). 종종 마크 트웨인의 명언으로 소개되지만, 그가 실제로 그런 말을 했거나 글을 썼다는 증거는 전혀 없다. 다음을 참조하라. "History Does Not Repeat Itself, But It Rhymes," Quote Investigator (January 12, 2014).

69   Richard Feynman, speaking at a Caltech graduation ceremony, via MIT's Andrew W. Lo, "Warning: Physics Envy May be Hazardous to Your Wealth!" ssrn.com (March, 2010).

70   리트홀츠자산관리의 비즈니스 모델은 단순하다. 자신의 행동을 통제할 수 있다면 자신의 자산을 스스로 관리할 수 있다. 우리는 여기에 도움이 되는 수많은 무료 콘텐츠를 제공한다. 하지만 도움이 필요하다면 언제든 연락해달라. 합리적인 수수료로 기꺼이 여러분의 자산을 관리해주겠다. 나는 2013년 회사를 설립한 날부터 이 점을 투명하게 밝혀왔다.

2장 미디어 중독

1   리트홀츠자산관리의 직원들은 모두 이런 식으로 움직인다. 투자자들은 지식이 풍부하고, 많은 정보를 갖고 있으며, 합리적이라고 느낄 때 감정적인 실수

를 덜 저지른다.

2   Andrew Feinberg, "How to Build an Entire Financial Channel That Mainly Loses People Money," slate.com (February 19, 2024).

3   Joshua M. Brown, "In which Downtown Josh Brown saves the mutual fund industry," The Reformed Broker (December 14, 2016). 조시는 리트홀츠자산 관리의 CEO다.

4   Neal Frankle, *Why Smart People Lose a Fortune* (Just Write, 2004).

5   틱톡인베스터의 인용문들은 X의 DM을 통해 제보받았다. 이들은 금융계에 종사하고 있으며, 소속 회사를 대표해 공개적으로 발언할 권한이 없기 때문에 익명으로 처리했다.

6   이들 틱톡 인플루언서는 증권을 판매하지 않으므로 SEC의 규제를 받지 않는다. 그러나 우리 회사는 규제 대상이며, 우리는 우리가 제공하는 모든 콘텐츠가 SEC의 가이드에서 벗어나지 않도록 많은 시간과 비용을 투자한다.

7   TTI @TikTokInvestors, "Max out your 401K could be the dumbest advice that I've ever heard for anyone that wants to take financial control" (August 25, 2020).

8   TTI @TikTokInvestors, "Turn $100 into a million" (May 4, 2024).

9   TTI @TikTokInvestors, "A sneak peek of one of our top-secret trading strategies" (January 17, 2021).

10   TTI @TikTokInvestors, "Live on the water during tax season" (April 17, 2024).

11   TTI @TikTokInvestors, "House Depreciation" (December 12, 2023).

12   IRS, "The Truth About Frivolous Tax Arguments—Section III," irs.gov (March, 2022). See also: "Part III—Administrative, Procedural, and Miscellaneous Frivolous Positions—This notice lists positions identified as frivolous for purposes of section 6702(c) of the Code. Notice 2008-14, 2008-4 I.R.B. 310, modified and superseded," irs.gov.

13   TTI @TikTokInvestors, "Teach your home-schooled children to day trade" (April 20, 2024).

14   TTI @TikTokInvestors, "Why invest in index funds when you can just pick the top individual stocks?" (April 18, 2024).

15   Andy Serwer, Irene Gashurov and Angela Key, "There's Something About Cisco," *Fortune* (May 15, 2000).

16   Cliff Edwards, "Commentary: Sorry, Steve: Here's Why Apple Stores Won't

Work," *BusinessWeek* (May 21, 2001).

17   그 비관론자들의 이야기는 약 15년이 지난 후 다음 기사에서 다시 언급되었다. Ana Swanson, "How the Apple store took over the world," *The Washington Post* (July 21, 2015).

18   Jerry Useem, "Apple: America's best retailer," *Fortune* (March 8 2007).

19   Seth Fiegerman, "Apple Has Twice the Sales Per Square Foot of Any Other U.S. Retailer," Mashable (November 13, 2012).

20   Chance Miller, "Apple again found to be the world's top retailer in sales per square foot," 9TO5Mac (July 29, 2017). See also: Marianne Wilson, "The most profitable retailers in sales per square foot are…." *Chain Store Age* (CSA) (July 31, 2017).

21   Jon Fortt, "Forget the iPhone: BlackBerry is still the one to beat," Fortune (August 24, 2007).

22   "Nostalgia calling: BlackBerry had a good quarter, but it had nothing to do with phones," chartr.co (June 30, 2023).

23   Bruce Upbin, "The Next Billion," *Forbes* (October 26, 2007).

24   "Microsoft to acquire Nokia's devices & services business, license Nokia's patents and mapping services," Microsoft News Center (September 3, 2013).

25   Paul Graham, "How to Be an Expert in a Changing World," paulgraham.com (December 2014).

26   Jack Hough, "Apple to Hit $1 Trillion in Market Value in 2018," Barron's (December 23, 2017).

27   원래 《타임》 표지 지표(Time Magazine Cover Indicator)'로 불렸으나, 어째선지 비(非)비즈니스 잡지와 신문까지 포함하게 되었다. 행동경제학이 유행하기 훨씬 전, 몽고메리는 표준 경제 이론이 "시장에서의 인적 요소를 간과했다"라고 주장했다. 여담이지만, 몽고메리는 투자자들 사이에서 유명한 '헴라인 지표(Hemline Indicator)'를 만들기도 했다. 이 지표는 호황기(1920년대, 1960년대)에는 스커트 길이가 짧아지고, 불황기(1930년대, 1970년대)에는 길어진다는 이론을 기반으로 한다.

28   Michael Crichton, "Why Speculate?" International Leadership Forum, La Jolla, California (April 26, 2002).

29   Anna Hirtenstein and Akane Otani, "The Worst of the Global Selloff Isn't Here Yet, Banks and Investors Warn," *The Wall Street Journal* (March 22, 2020).

30   Matt Phillips, "Can Investors Trust the Stock Market Rally?" *The New York Times* (April 20, 2020).

31   Harry Dempsey, "Investors show little faith in 'bear market rally'," *Financial Times* (May 19, 2020).

32   Ian Cassel, Twitter (March 3, 2024).

3장 궤변

1   Horatio Alger Association, "Elizabeth Holmes, Visionary Silicon Valley Entrepreneur and Passionate Advocate for Female Engagement of STEM Curricula to Receive 2015 Horatio Alger Award." PR Newswire (December 4, 2014).

2   Kimberly Weisul, "How Playing the Long Game Made Elizabeth Holmes a Billionaire," *Inc. Magazine* (October 2015).

3   다양한 기술 분야와 그 하위 분야를 모두 고려해보라. 바이오테크, 통신, 그래핀과 나노테크, 소프트웨어, 자율주행차, 3D 프린팅, 재료과학, 유전체학, 로봇공학, 네트워킹, 반도체, 드론, 합성생물학, 양자컴퓨팅, 자동화, AI, 빅데이터, 클라우드컴퓨팅 등등.

4   April Witt and Peter Behr Washington, "Dream Job Turns Into a Nightmare: Skilling's Success Came at High Price," *The Washington Post* (July 29, 2002).

5   As I detailed in: Barry Ritholtz, *Bailout Nation: How Greed and Easy Money Corrupted Wall Street and Shook the World Economy* (Wiley, 2009).

6   Eddy Elfenbein, *twitter.com/EddyElfenbein/status/1788246336430653843* (5:35 pm May 8, 2024).

7   윌리엄 셰익스피어, 《당신이 좋으실 대로》, 1599년경. "세상은 하나의 무대, 모든 남녀는 배우일 뿐. 그들에겐 각자의 등장과 퇴장이 있으며, 한 사람은 생애 동안 여러 역할을 연기한다."

8   2022년 물가가 급등하자 나는 그 원인을 분석하려 노력했다. 내 목록에서 5위를 차지한 것이 '소비자들(비용을 고려하지 않고 과소비)'이었다. 다음을 참조하라. Barry Ritholtz, "Who Is to Blame for Inflation, 1-15," The Big Picture (June 28, 2022).

9   Carl Gustav Jacob Jacobi, "Invert, always invert" (German original: "*man muss*

immer umkehren"). See: Hugh Chisholm, *Encyclopaedia Britannica Eleventh Edition* (Cambridge University Press, 1911, Vol. 15, p. 117).

10 Oliver Burkeman, *Four Thousand Weeks: Time Management for Mortals* (Farrar, Straus and Giroux, 2021; 《4000주》, 2022).

11 그 외에도 200만 종이 자비 출판된다. 다음을 참조하라. Steven Piersanti, "The 10 Awful Truths about Book Publishing," *Berrett-Koehler Publishers* (March 1, 2023).

12 Bob Sutton, "Strong Opinions, Weakly Held," Work Matters (July 17, 2006).

13 Charles Darwin, *The Descent of Man, and Selection in Relation to Sex* (1871; 《인간의 유래》, 2025).

14 해당 내용은 금융 작가 마이클 루이스의 저서 《고잉 인피니트》에 자세히 서술되어 있다.

15 David McRaney, *How Minds Change: The Surprising Science of Belief, Opinion, and Persuasion* (Portfolio, 2022; 《그들의 생각을 바꾸는 방법》, 2023).

16 이 이야기는 아우렐리우스의 《명상록》에 실려 있다. 참고로 그는 로마제국의 황제(161~180년 재위)를 지내기도 했다.

2부 나쁜 숫자

4장 숫자 문맹

1 Barkley Rosser, "The Legacy of Joan Robinson," EconoSpeak (May 2, 2016).

2 National Consortium for the Study of Terrorism and Responses to Terrorism (START), University of Maryland.

3 Garrick Blalock, Vrinda Kadiyali, Daniel H. Simon, "Driving Fatalities After 9/11: A Hidden Cost of Terrorism," researchgate.net (December 5, 2005).

4 Insurance Institute for Highway Safety / Highway Loss Data Institute, "Fatality Facts 2022: Yearly Snapshot," iihs.org (June 2024).

5 CDC Centers for Disease Control and Prevention, Heart Disease, "Heart disease in the United States," cdc.gov. See also: Max Roser, "Causes of death globally: what do people die from?" Our World in Data (December 7, 2021).

6   W. Kip Viscusi and Richard J. Zeckhauser, "The Denominator Blindness Effect: Accident Frequencies and the Misjudgment of Recklessness," ssrn.com (October 2002). 이 논문은 해당 현상이 징벌적 손해배상에 대한 배심원 판정에 미치는 영향을 분석했다. 짐작대로 그 영향은 상당했다. 이는 경제학, 시장, 포트폴리오 관리에도 동일하게 적용된다.

7   Dan Gardner, *Risk: The Science and Politics of Fear* (Macfarlane Walter & Ross (September 29, 2015; 《이유 없는 두려움》, 2012).

8   Barry Ritholtz, "Don't Be Blinded By Big, Scary Numbers," Bloomberg (October 14, 2015).

9   Gus Lubin, "49 Former NASA Scientists Send A Letter Disputing Climate Change," Business Insider (April 11, 2012).

10   Ihor Gawdiak with Helen Fedor, *NASA Historical Data Book, Volume IV* (NASA Resources, 1969–1978).

11   US Bureau of Labor Statistics, Employment Situation Summary, bls.gov.

12   Sam Ro, "Mind the anecdata," tker.co (January 22, 2023). See also: Sam Ro, "Don't be misled by no-context reports of big tech layoffs," tker.co (November 15, 2022).

13   Justin Aquino, "From Estate Tax to Death Tax: How to Change Public Opinion Overnight," coolcommunicator.com.

14   2021년의 미국인 사망자는 346만 4231명으로, 팬데믹 이전인 2019년의 285만 4838명보다 크게 증가했다. 2022년에는 327만 명으로 감소했으며, 이후 계속 하락하고 있다. 나는 300만 명으로 반올림했다(하지만 더 많을 수도 있다). National Vital Statistics Reports Volume 70, Number 8, "Deaths: Final Data for 2019," cdc.gov (July 26, 2021). 다음도 참조하라. National Center for Health Statistics, "Deaths and Mortality," cdc.gov.

15   Kathryn Miles, "Cause of Death: Selfie," *Outside* (April 16, 2019). 2015년의 셀카 사망 사례에는 추락(네 명), 수류탄 폭발, 열차 충돌, 감전(두 명), 자살 총격(두 명), 다리 추락, 타지마할 추락이 포함된다. 다음도 참조하라. Barry Ritholtz, "Fixing Your Clients' Behavior—The Biggest Problem Never Solved," The Big Picture (January 23, 2017).

16   CDC National Center for Health Statistics, National Vital Statistics System, Mortality Statistics, cdc.gov (2017).

17   Ellen Huet, "Google I/O 2014: Keynote Live Blog," *Forbes* (June 25, 2014). See also: io.google/2024.

18   고려해야 할 몇 가지 다른 위협이 있다. 유아들의 총격으로 매년 21명이 사망한다(그 수가 늘어나고 있음). 성적 쾌감을 위해 스스로 목을 조르는 행위 때문에 매년 150명이 사망한다. 매년 두 명이 자판기에 깔려 사망한다("덜 멍청해져라"라는 말은 사탕을 꺼내려고 자판기를 앞뒤로 흔들지 말라는 뜻이다). 매년 17명이 에베레스트산을 오르는 중에 사망하고, 28명이 스케이트보드를 타다가 사망한다. 이런 숫자가 그렇게 큰 문제일까? 질병통제예방센터에 따르면, 이는 2017년의 미국인 사망자 281만 3503명 가운데 극히 일부에 불과하다. 다음도 참조하라. Daniel D. Cowell, MD, MLS, CPHQ, "Autoerotic Asphyxiation: Secret Pleasure—Lethal Outcome?" *Pediatrics* (November 1, 2009).

19   Jordan Ellenberg, *How Not to Be Wrong: The Power of Mathematical Thinking* (Penguin Books, 2014;《틀리지 않는 법》, 2016).

20   Edwin J. Elton, Martin J. Gruber, and Christopher R. Blake, "Survivorship Bias and Mutual Fund Performance," *The Review of Financial Studies*, Vol. 9, No. 4 (winter, 1996), pp. 1097–1120 (24 pages).

21   "Why Worry About Survivorship Bias?" dimensional.com (October 12, 2020).

22   Barry Ritholtz, "Mediocre SPAC Returns Shouldn't Be a Surprise," Bloomberg (October 22, 2020).

23   뱅크 오브 아메리카는 부유한 고객들의 예술품 수집을 지원하기 위해 경매나 보관에 관한 솔루션을 제공하는 서비스까지 운영한다. "Art Services Art Services for Collectors and Institutions," privatebank. bankofamerica.com.

24   Fan Fei, "Monet's 'Haystack' sells for record $110.7m at auction," *Financial Times* (May 14, 2019). 예술품의 보험, 보관, 보안, 운송 비용은 포함하지 않았다는 점을 밝힌다. 이것들까지 더하면 전체 비용은 상당히 증가한다.

25   Katya Kazakina, "Mnuchin's Art-Dealer Dad Nabs $91 Million Record Koons Bunny," Bloomberg (May 16, 2019).

26   Liddy Berman, "Eleven Works from the S.I. Newhouse Jr. Collection Come to Christie's May Auctions," AD (May 6, 2019).

27   Avantika Chilkoti, "The Best Investments of 2018? Art, Wine and Cars," *The Wall Street Journal* (December 31, 2018).

28   Barry Ritholtz, "Transcript: Bill Bernstein," The Big Picture (April 21, 2019). See also: Katya Kazakina, "Steve Cohen Outed as Mystery Buyer of $91 Million Koons Bunny," Bloomberg (May 21, 2019). See also: Frederik Balfour, "Billionaire's Secrets on How to Make a Bundle in Art," Bloomberg

(May 7, 2018).

29   나는 오래된 자동차를 복원한 적이 있다. 그것도 몇 대씩이나. 이들 자동차는 운전하는 재미가 좋다. 2021년에는 아내를 위해 1978년식 토요타 FJ40을 콜롬비아에서 구해 복원했다(아내가 싫어해 이후 팔았다). 2022년에는 전 소유주가 트랙 레이싱용으로 개조한 1988년식 포르셰 911 카브리올레(M491)를 순정 상태로 복원했다. 2023~2024년에는 주행거리가 48만 킬로미터인 1987년식 포르셰 911 쿠페를 전기차로 개조했다. 나는 그것이 뉴욕 최초의 전기차 911이라고 생각한다. 이 전기차를 사고 싶다는 사람이 많다. 도로 위 그 어떤 자동차 못지않게 엄청나게 빠르다. 번호판에는 'EV 911'이라고 적혀 있다.

30   Hagerty Price Guide Index, hagerty.com. 2009년 최초 발행된 해거티 가격 가이드 지수는 일반적인 주식시장 지수와 비슷한 형식을 띤다. 이 지수는 네 가지 기준에 따라 1,400대의 자동차를 분류한다. 관련 데이터는 분기별로 업데이트되며, 수집용 자동차 시장에서 각각의 자동차가 어떤 성과를 내고 있는지 보여준다.

31   JVL, "The Numbers," The Triad.

32   Barry Ritholtz, "Why Economists Missed the Crises," The Big Picture (January 5, 2009).

33   Barry Ritholtz, "Unintended Consequences, Part II: What if LTCM Was Not Rescued in 1998?" The Big Picture (April 17, 2020).

34   Josh Zumbrun, "Economists Believe a Recession Is Likely Within Next Four Years," *The Wall Street Journal* (October 13, 2016).

35   제2차 세계대전이 끝난 지 70여 년 동안 12번의 경기침체가 있었다. 5.9년마다 한 번꼴이다. "US Business Cycle Expansions and Contractions," NBER.

36   Larry Swedroe, "Why you should ignore economic forecasts," *MoneyWatch* (November 26, 2012).

37   Barry Ritholtz, "The Next Recession Is Coming. Big Deal," Bloomberg (October 14, 2016).

38   O. Emre Ergungor, "Recession Probabilities," Federal Reserve Bank of Cleveland (August 23, 2016). See also: Weiling Liu and Emanuel Moench, "What Predicts U.S. Recessions?" Federal Reserve Bank of New York, staff reports (September 2014).

39   2023년 7월은 내가 해당 주장이 얼마나 터무니없는지에 대해 처음 글을 쓴 달이다. 물론 언제를 기준으로 삼든 내 논리는 타당하다. 내 동료 닉 매기울리(Nick Maggiulli)의 'S&P 500 계산기'로 직접 확인해보라.

ofdollarsanddata.com/sp500-calculator.

40   Nick Maggiulli, "S&P 500 Historical Return Calculator [With Dividends]," Of Dollars and Data. 1917년 4월부터 2023년 7월까지 연평균 수익률은 10.23퍼센트다(배당금 재투자 포함). 그 결과 1,000달러는 3076만 1431.21달러로 불어난다.

41   Wealth, instagram.com/p/C0pP4exp3Vx.

42   Federal Reserve Bank of St Louis, "Employed full time: Median usual weekly nominal earnings."

43   Shri Khalpada, "How Far Does $1 From 1999 Go Today?" PerThirtySix (December 10, 2023).

44   Nick Maggiulli, "$1 in the S&P 500 with dividends reinvested grew 6.94퍼센트 annualized; over that 24-year period it would have grown to $5.00," in "S&P 500 Historical Return Calculator [With Dividends]," Of Dollars and Data.

45   S&P 500에 투자하는 대신 'Fidelity Balanced Fund'(FBALX) 같은 보수적인 60/40 포트폴리오를 구성했다면 연평균 수익률은 6.3퍼센트를 기록했을 것이다(배당금 재투자 포함). 같은 기간 동안 미국 전체 주식을 추종하는 'Vanguard Total Stock Market ETF'(VTI)의 연평균 수익률은 7.8퍼센트였다. 수익률 계산은 닉의 '미국 주식/채권 수익률 계산기'를 활용했다.

46   세인트루이스연방준비은행에 따르면, 비농업 고용지수는 자영업자, 법인화하지 않은 자영업자, 개인 가사 고용인, 무급 자원봉사자, 농업 종사자를 제외한 근로자 수를 측정한다. 이 지수에 포함된 이들은 GDP에 이바지하는 근로자의 약 80퍼센트다.

47   Monty Python, "Dead Parrot," youtu.be/4vuW6tQ0218?feature=shared

48   Ernest Hemingway, *The Sun Also Rises* (Charles Scribner's Sons, 1926;《태양은 다시 떠오른다》, 2012).

49   Paul Volcker, "Think More Boldly," *The Wall Street Journal* (December 14, 2009).

50   Daniel Kahneman, *Thinking, Fast and Slow* (Farrar, Straus and Giroux, 2011;《생각에 관한 생각》, 2018).

51   Amos Tversky and Daniel Kahneman, "Availability: A Heuristic for Judging Frequency and Probability," The Hebrew University of Jerusalem and the Oregon Research Institute, *Cognitive Psychology*, Vol. 5, Issue 2, pp. 207-232 (Science Direct, 1973). See also: Amos Tversky and Daniel Kahneman,

"Judgment under Uncertainty: Heuristics and Biases," *Science New Series*, Vol. 185, No. 4157, pp. 1124-1131 (American Association for the Advancement of Science, 1974).

52   Peter Benchley, *Jaws* (Doubleday, 1974; 《죠스》, 2000).

53   "Preventable Tragedies: Unintentional Shootings by Children," Everytown Research and policy (last updated: April 26, 2023). See also: Suzy Khimm, "Children unintentionally shot and killed at least 157 people last year, Everytown says," NBC News (March 18, 2024).

54   Raymond Wolfinger (1931-2015).

55   David Smith, "The plural of anecdote is data, after all," *Revolutions* (April 6, 2011).

5장 플러스마이너스 게임

1   Joshua M. Brown, "A Field Guide to Stock Market Corrections," The Reformed Broker (August 20, 2013).

2   Barry Ritholtz, "Looking at the Very Very Long Term," The Big Picture (November 6, 2003). 내 정의를 '지금의 과대평가된 시장을 합리화하려는 시도'라고 비판하는 사람들이 있을 것이다. 그러나 이 정의를 처음 구체화한 때는 지금과 정반대 상황, 즉 나스닥이 거의 80퍼센트 하락하고 약세장의 기세가 강하던 2003년이었다.

3   Barry Ritholtz, "This Bull Market Has Room to Run: Many of the conditions are in place for long-term gains in stocks," Bloomberg UK (November 4, 2016).

4   S&P 500 Earnings by Year, multpl.com.

5   PER 같은 수치를 비교할 때는 인플레이션 조정을 거치지 않는다. 주가(분자)와 수익(분모)이 똑같이 영향받기 때문에 조정이 무의미하다.

6   Barry Ritholtz, "How Expensive Are Stocks—Really?" Bloomberg (March 3, 2017). See also: Nir Kaissar and Barry Ritholtz, "How to Know When Stocks Are Properly Valued: A Debate," Bloomberg (June 26, 2017).

7   1982년부터 2000년까지는 별도의 책으로 다룰 만한 가치가 있는 시기다. 내가 가장 좋아하는 책은 매기 마하르(Maggie Mahar)의 《황소(Bull)》다. 그가

묘사한 사이클은 주기적으로 반복된다.

8   물론 이 신호가 거짓일 때도 있다. 1966년부터 1982년까지 이어진 장기 약세
     장은 1980년에 끝나는 것처럼 보였으나, 이후 1982년의 저점까지 28퍼센트
     하락했다.

9   Carmen M. Reinhart and Kenneth S. Rogoff, "Is the 2007 U.S. Sub-Prime
     Financial Crisis So Different? An International Historical Comparison,"
     The American Economic Review, Vol. 98, No. 2 (January 14, 2008). See also:
     Barry Ritholtz, "5 Historical Economic Crises and the U.S." The Big Picture
     (February 9, 2008).

10   Stephen J. Dubner, "When Barry Ritholtz Talks, People Listen,"
     Freakonomics (March 11, 2009).

11   Jurrien Timmer, "Is the secular bear market ending for stocks?" Fidelity
     Viewpoints (January 27, 2013).

12   Barry Ritholtz, "Significance of secular market should not be
     underestimated," *The Washington Post* (November 7, 2014).

13   Heinrich Schwabe first noted this in 1843. See also: "The Solar Cycle," NASA
     (October 27, 2011).

14   Heather Gillers, "Pension Funds' Dilemma: What to Buy When Nothing Is
     Cheap?" *The Wall Street Journal* (January 1, 2018).

15   MSCI ACWI "captures large and mid cap representation across 23 Developed
     Markets (DM) and 24 Emerging Markets (EM) countries."

16   닉은 리트홀츠자산관리의 데이터 과학자이자, COO(최고운영책임자)다.

17   Nick Maggiulli, "Just Keep Buying," Of Dollars and Data (April 11, 2017).

18   블룸버그에서 함께 활동하는 동료 니르 카이사르(Nir Kaissar)와 이 문제를
     두고 2017년 열띤 토론을 벌였다. See: Nir Kaissar and Barry Ritholtz, "How
     to Know When Stocks Are Properly Valued: A Debate," Bloomberg (June
     26, 2017). See also: Barry Ritholtz, "Judging the Staying Power of Record
     Markets," Bloomberg (April 27, 2017); and Barry Ritholtz, "How Expensive
     Are Stocks—Really?" Bloomberg (March 3, 2017).

19   Keith Wibel, "Preparing for Low Returns," *Barron's* (August 29, 2005).

20   Mark Hulbert, "If Profits Grow, How Can the Market Sink?" *The New York
     Times* (February 6, 2005).

21   "Trouble Ahead," *Barron's* (August 29, 2005).

22   Barry Ritholtz, "Off the Charts," The Big Picture (July 31, 2020).

23   Barry Ritholtz, "Big Tech Drives the Stock Market Without Much U.S. Help," Bloomberg (July 13, 2020).

24   Gemma Tarlach, "The 5 Mass Extinctions That Have Swept Our Planet," *Discover* (September 12, 2022).

25   이 책에서 '외부효과(externality)'는 금융이나 경제 시스템 밖에서 기인한 모든 충격을 지칭한다. 이는 경제학자들의 정의와 다르다. 그들은 거래에 직접 관여하지 않은 제삼자에게 전가되는 비용(또는 이익)을 외부효과라 칭한다.

26   Gary B. Smith, "Looking to the Past for Guidance," TheStreet.com (September 15, 2001).

27   Barry Ritholtz, "Maybe the Coronavirus Didn't End the Bull Market," Bloomberg (April 1, 2020). 모든 급등, 또는 급락에는 큰 반동이 수반된다. 이 반동은 대개 근본적인 추세에 대한 이탈이 아니다.

28   Michael Batnick, "The Fastest Bear Market Ever," The Irrelevant Investor (March, 2020).

29   Barry Ritholtz, "Pick Another Day to Celebrate the Bull Market's Birthday," Bloomberg (March 9, 2018).

30   Bob Fernandez, "Yield-Curve Pioneer Says This Recession Warning Is Real," *The Wall Street Journal* (May 23, 2023).

31   Howard Marks, *The Most Important Thing: Uncommon Sense for the Thoughtful Investor* (Columbia Business School Publishing, 2011; 《투자에 대한 생각》, 2012).

32   Barry Ritholtz, "Forecasting & Prediction Discussions," collected writings, The Big Picture.

33   Philip E. Tetlock, *Expert Political Judgment: How Good Is It? How Can We Know?* (Princeton University Press, 2005).

34   Philip E. Tetlock and Dan Gardner, *Superforecasting: The Art and Science of Prediction* (Crown, 2015; 《슈퍼 예측, 그들은 어떻게 미래를 보았는가》, 2017).

35   Ben Carlson, "How to Predict a Market Crash," A Wealth of Common Sense (July 23, 2021).

36   Barry Ritholtz, "Apprenticed Investor: The Folly of Forecasting," TheStreet.com (June 7, 2005).

37   Leslie P. Norton, "Barry Ritholtz and Josh Brown Won't Predict The Market,

But They'll Talk About Anything Else," *Barron's* (December 18, 2020).

38　　마이클은 리트홀츠자산관리의 매니징 파트너다.

6장 거래의 함정

1　　Hendrik Bessembinder, Te-Feng Chen, Goeun Choi and John Wei, "Do Global Stocks Outperform US Treasury Bills?" ssrn.com (July 9, 2019).

2　　베셈빈더는 2003년부터 《금융 및 정량분석 저널(The Journal of Financial and Quantitative Analysis)》의 편집장을 맡고 있기도 하다.

3　　베셈빈더는 연구 결과에 대해 다음과 같이 첨언했다. "대부분의 주식이 미국 국채보다 수익률이 낮다는 사실은, 광범위한 주식시장의 수익률이 국채 상품들의 수익률을 가볍게 누른다는 증거와 모순되지 않는다." 다음을 참조하라. E. Dimson, P. Marsh, and M. Staunton, *Triumph of the Optimists: 101 Years of Global Investment Returns* (Princeton University Press, 2002).

4　　엑손(Exxon)과 모빌(Mobil)(1999년 엑손모빌로 합병) 그리고 셰브론(Chevron)은 1911년 해체된 스탠더드 오일 트러스트(Standard Oil Trust)의 뒤를 잇는 기업들이다. 주식시장에서 엑손모빌이 창출한 순자산의 규모는 증권가격연구센터(Center for Research in Security Prices)의 분석을 참고했다. 이는 실제보다 낮을 수 있다.

5　　Luke Kawa, "Alliance Bernstein: Passive Investing Is Worse for Society Than Marxism," Bloomberg (August 23, 2016).

6　　Simone Foxman, "Paul Singer Says Passive Investing Is 'Devouring Capitalism'," Bloomberg (August 3, 2017).

7　　Luke Graham, "Morgan Stanley: Passive investing boom is creating a 'frightening' risk for markets," CNBC (July 10, 2017).

8　　Akepanidtaworn Klakow, Rick Di Mascio, Alex Imas and Lawrence Schmidt, "Selling Fast and Buying Slow: Heuristics and Trading Performance of Institutional Investors," ssrn.com (September 1, 2019).

9　　Barber and Odean, "The behavior of individual investors," in *Handbook of the Economics of Finance*, Vol. 2, Part B (Elsevier, 2013), pp. 1533-1570. See also: D. Grosshans, F. Langnickel, and S. Zeisberger, "The Role of Beliefs in Trading Decisions," (2018).

10 Ben Carlson, "What if You Only Invested at Market Peaks?" A Wealth of Common Sense (February 25, 2014). (스프레드시트를 함께 보내준) 스페인 독자 가스파르 피에로(Gaspar Fierro)와 이메일로 교환한 논의에도 유사한 아이디어가 담겨 있다. "El mejor inversor de la historia" (June 25, 2014), ritholtz.com/blog/wp-content/uploads/2014/08/Best-timer-returns.xlsx.

11 David Mikkelson, "Einstein and Compound Interest," snopes.com (November 6, 2006).

12 Patrick O'Shaughnessy, *Millennial Money: How Young Investors Can Build a Fortune* (St. Martin's Press, 2014; 《밀레니얼머니》, 2017).

13 Farnoosh Torabi, "Why I Caved And Altered My Retirement Portfolio," Bloomberg (July 18, 2020).

14 Markus Glaser and Ludwig Maximilian, "Why Inexperienced Investors Do Not Learn: They Do Not Know Their Past Portfolio Performance," *Finance Research Letters*, Vol. 4, No. 4 (November 15, 2007).

15 "Wall Street Still Doesn't Understand Apple, Ritholtz Says," Bloomberg Surveillance (August 24, 2021).

16 내가 매도한 후 2020년 8월 28일에 4대1, 2014년 6월 9일에 7대1, 2005년 2월 28일에 2대1의 비율로 분할되었다. 2003년의 한 주는 현재 56주가 되었을 것이다. Source: Apple Investor Relations, apple.com.

17 이것은 사후확신편향이 아니라 실시간으로 제기된 주장임을 밝힌다. 최종 결정을 한 사람이 내리지 않고 위원회가 개입할 때 발생하는 전형적인 문제다. 내가 퇴사하고 몇 년 후, 그 회사는 다른 여러 이유로 폐업했다.

18 Barry Ritholtz, "Lessons from Our Origin Story," The Big Picture (September 17, 2021).

19 2021년 말 너무나 테슬라를 공매도하길 원했지만, 리트홀츠자산관리가 인덱스 투자로 테슬라를 보유하고 있었고, 고객들도 다이렉트 인덱싱을 활용해 테슬라에 투자 중이었기에 처음부터 실행 불가능한 일이었다. ETF의 귀재 나디그와 나는 테슬라가 정점을 찍고 떨어지는 것을 몇 시간 동안 지켜보며 기회를 놓친 것을 안타까워했다.

20 Bruce Newman, "Apple's lost founder: Jobs, Woz and Wayne," *Mercury News* (June 2, 2010).

21 Steve Wozniak with Gina Smith, *iWoz: Computer Geek to Cult Icon: How I Invented the Personal Computer, Co-Founded Apple, and Had Fun Doing It* (W.W. Norton & Company, September 17, 2006; 《스티브 워즈니악》, 2008).

22   Wired Editorial staff, "101 Ways to Save Apple," *Wired* (June 1, 1997).

23   Katya Kazakina, "Founding Apple Contract Jobs Signed Sells for $1.6 Million," Bloomberg (December 13, 2011).

24   Dan Simon, "The gambling man who co-founded Apple and left for $800," CNN (June 24, 2010).

25   David Benoit, "Eleven Years in the Making: Breaking Even on JPMorgan's Purchase of Bear Stearns," *The Wall Street Journal* (December 25, 2019).

26   Marks, *The Most Important Thing* (《투자에 대한 생각》, 2012).

27   Ray Dalio, *Principles: Life and Work* (Simon & Schuster, 2017; 《원칙》, 2018).

28   Meir Statman, *What Investors Really Want* (McGraw-Hill, 2010).

29   Upton Sinclair, "I, Candidate for Governor and How I Got Licked," *Oakland Tribune* (December 11, 1934).

30   Eric Balchunas, "How the Vanguard Effect Adds Up to $1 Trillion," Bloomberg (August 30, 2016).

3부 나쁜 행동

7장 실수

1   Marvin Howe, "Arthur Belfer, 86, Philanthropist And Head of Petroleum Concern," *The New York Times* (May 4, 1993).

2   레이는 여섯 건의 증권 및 전신(電信) 사기 혐의에 대해 유죄판결을 받았다. 또한 네 건의 사기 및 허위 진술 혐의에 대해서도 유죄판결을 받았다. 스킬링은 공모, 사기, 허위 진술, 내부자 거래 등 총 19건의 혐의에 대해 유죄판결을 받았다. Shaheen Pasha and Jessica Seid, "Lay and Skilling's Day of Reckoning," CNN Money (May 25, 2006).

3   Leslie Eaton and Geraldine Fabrikant, "Enron's Collapse: The Losers," *The New York Times* (December 5, 2001).

4   Erin E. Arvedlund, "Don't Ask, Don't Tell: Bernie Madoff Attracts Skeptics in 2001," "Bernie Madoff is so secretive, he even asks investors to keep mum," *Barron's* (May 7, 2001).

5   Joshua Oliver, "Enron, Madoff and now FTX: New York's Belfer family strike out again," *Financial Times* (January 15, 2023).

6   "The Man Who Figured Out Madoff's Scheme," CBS News 60-Minutes (February 27, 2009).

7   See e.g. 08-1789—Securities Investor Protection Corporation v. Bernard L. Madoff Investment Securities, LLC. et al., www.govinfo.gov/app/details/USCOURTS-nysb-1_08-ap-01789; Case: 12-2557 Document: 96-1 Page: 1 11/07/2012 762747 www.madofftrustee.com/document/dockets/003137-fishmanmotion12-2616docket77.pdf; Case 1:15-cv-01151-PAE Document 21 Filed 05/27/15

8   Joshua Oliver, "Enron, Madoff and now FTX: New York's Belfer family strike out again," *Financial Times* (January 15, 2023).

9   "Victim recoveries brought to a minimum 91퍼센트 of fraud losses MVF has paid $4.221 billion directly to victims," Department of Justice Asset Forfeiture Distribution Program, Madoff Victim Fund, madoffvictimfund.com.

10   "FTX Files Consensus-Based Plan of Reorganization: 98퍼센트 of FTX Creditors to Receive At Least 118퍼센트 of Allowed Claims in Cash within 60 Days of Effectiveness," PR Newswire/FTX (May 7, 2024).

11   Dietrich Knauth and Brendan Pierson, "FTX's new CEO helped bolster Enron victims' recovery," Reuters (November 15, 2022).

12   2015년이 아니라 1995년이었더라도, 100만 달러는 629만 5391달러가 되었을 것이다(배당금 재투자 포함). 해당 기간 S&P 500의 연평균 수익률은 9.6퍼센트였다. Nick Maggiulli, "S&P 500 Historical Return Calculator [With Dividends]," Of Dollars And Data.

13   Tamim Elyan and Manus Cranny, "This Billionaire Says He's Put Half His Net Worth Into Gold," Bloomberg (May 1, 2018).

14   블룸버그 억만장자 지수는 매일 갱신되는 세계 최고 부자들의 순위다.

15   I beat gold to death in "12 Rules of Goldbuggery," The Big Picture, April 16, 2013.

16   Henry Sanderson, "Egyptian billionaire Naguib Sawiris to launch new gold investment vehicle," *Financial Times* (November 27, 2017).

17   Barry Ritholtz, "Gold Miners Index Down 30퍼센트 Since 1993 Inception," The Big Picture (November 12, 2015).

18   Barry Ritholtz, "Gold Miners Are No Longer a Proxy for the Metal," The Big Picture (July 23, 2015).

19   Barry Ritholtz, "A Billionaire Makes a Classic Investing Error: Concentrating in a single asset class can be an invitation to trouble," Bloomberg (May 3, 2018).

20   Thomas Gryta, "Retirement Shock: Need to Find a Job After 40 Years at General Electric," *The Wall Street Journal* (April 22, 2018).

21   Barry Ritholtz, "How to Avoid a Retirement Disaster," Bloomberg (April 23, 2018).

22   Nick Maggiulli, "U.S. Stock/Bond Historical Return Calculator," Of Dollars And Data.

23   Aswath Damodaran, *The Corporate Life Cycle: Business, Investment, and Management Implications* (Portfolio, 2024; 《다모다란의 기업 생애주기》, 2026).

24   "Never stop buying lottery tickets," xkdc.com.

25   Julie Flaherty, "'Buy and Forget' Pays Off Big," *The New York Times* (December 3, 2000).

26   "Man buys $27 of bitcoin, forgets about them, finds they're now worth $886k," *Guardian* (October 29, 2013).

27   이 가문은 자산을 인덱스 투자로 운용하는 편이 더 나았을 것이다. Devon Pendleton, Dasha Afanasieva, and Benjamin Stupples, "Secretive Dynasty Missed Out on Billions While Advisers Got Rich," Bloomberg UK (August 13, 2024).

28   Jason Zweig, "A Couple Won the Powerball. Investing It Turned Into Tragedy," *The Wall Street Journal* (July 12, 2024).

29   Jason Zweig, *Your Money and Your Brain: How the New Science of Neuroeconomics Can Help Make You Rich* (Simon & Schuster, 2007; 《투자의 비밀》, 2021).

30   Pablo S. Torre, "How (and Why) Athletes Go Broke," *Sports Illustrated* (March 23, 2009).

31   Barry Ritholtz, "Congratulations! You just signed a $325 million deal. Now what?" *The Washington Post* (November 21, 2014).

32   Barry Ritholtz, "Professional athletes need to learn to keep their finances in

good shape," *The Washington Post* (May 31, 2014).

33   Orianna Rosa Royle, "Peloton's former billionaire CEO says he's lost all his money and had to sell his possessions," *Fortune* (August 27, 2024).

34   Lydia Moynihan, "Ex-Peloton CEO John Foley gets real about company crash: And his unexpected venture into home décor," *The New York Post* (August 23, 2024).

35   Joshua M. Brown, *You Weren't Supposed to See That: Secrets Every Investor Should Know* (Harriman House, 2024).

36   Wikipedia: Great Wealth Transfer, en.wikipedia.org/wiki/Great_Wealth_Transfer

37   "Cerulli Anticipates $84 Trillion in Wealth Transfers Through 2045," Cerulli Associates (January 20, 2022).

38   See: "For the love of money is a root of all kinds of evil" (1 Timothy 6:10) and "You cannot serve both God and money" (Matthew 6:24).

39   Lizzie Johnson, "An alleged $500 million Ponzi scheme preyed on Mormons. It ended with FBI gunfire," *The Washington Post* (February 1, 2023).

40   Barry Ritholtz, "Navigating Financial Disasters (Updated)," The Big Picture (August 22, 2024).

41   스웬슨은 예일 모델처럼 투자하는 법을 설명하는 책을 쓰기도 했다. David F. Swensen, *Pioneering Portfolio Management: An Unconventional Approach to Institutional Investment* (Free Press, 2009;《포트폴리오 성공 운용》, 2010).

42   John Harvard's Journal, "Money-Manager Transition," *Harvard Magazine* (March-April 2005).

43   Marcia Vickers, "The Money Game," *Fortune Magazine* (October 3, 2005).

44   Beth Healy, "Harvard ignored warnings about investments Advisers told Summers, others not to put so much cash in market; losses hit $1.8b," *The Boston Globe* (November 29, 2009).

45   Zachary M. Seward, "Alum Donor Blasts HMC," *The Harvard Crimson* (February 10, 2004).

46   Stephanie Strom, "Harvard Money Managers' Pay Criticized," *The New York Times* (June 4, 2004).

47   Andrew M. Duehren and Daphne C. Thompson, "A Guide to Harvard's Endowment," *The Harvard Crimson* (September 23, 2016).

48   Beth Healy, "Harvard ignored warnings about investments Advisers told Summers, others not to put so much cash in market; losses hit $1.8b," *The Boston Globe* (November 29, 2009).

49   Dan Primack, "Harvard: Great school, lousy investor," *Fortune* (October 31, 2013).

50   이 책에서는 스포츠 비유를 피하고 싶었지만, 이 글의 초고를 2016년 슈퍼볼을 2주 앞두고 《워싱턴포스트》에 실었기에 어쩔 수 없었다. Barry Ritholtz, "You're obsessed with outcomes. Here's why attention to process pays off," *The Washington Post* (January 23, 2016).

51   Annie Duke, *Thinking in Bets: Making Smarter Decisions When You Don't Have All the Facts* (Portfolio, 2018; 《결정, 흔들리지 않고 마음먹은 대로》, 2018).

52   내가 받은 유일한 수술은 클로데트 라잠(Claudette Lajam) 박사가 집도했다. 그는 내가 이 글을 쓰던 2024년 7월 15일, 오른쪽 고관절을 교체해주었다. 새 고관절의 소재는 티타늄, 코발트, 크롬, 세라믹이다.

8장 감정적 의사결정

1   Barry Ritholtz, "Transcript: William J. Bernstein," The Big Picture (March 7, 2021).

2   Efficient Frontier Advisors, www.efficientfrontier.com

3   William J. Bernstein, *The Delusions Of Crowds: Why People Go Mad in Groups* (Atlantic Monthly Press, 2021; 《군중의 망상》, 2023).

4   Michael Mauboussin, "What Have You Learned in the Past 2 Seconds?" Frontiers of Finance, Credit Suisse, First Boston (March 12, 1997).

5   인류는 '성공적인 종 순위'에서 곰팡이, 박테리아, 모기, 게, 바이러스 다음으로, 10위권 안쪽에 있다.

6   세제 혜택이 납입 단계에는 없으나 수령 단계에는 있는 세제비적격연금의 경우, 세금의 영향에 대해 더 많은 논의가 필요하다. 대략 계산해보았을 때 23.8퍼센트(기본 20퍼센트+오바마케어 순투자소득세 3.8퍼센트)의 장기 자본이득세라는 큰 장벽을 극복해야 한다.

7   Daniel Elkind, Kathryn Kaminski, Andrew W. Lo, Kien Wei Siah, and Chi Heem Wong, "When Do Investors Freak Out? Machine Learning Predictions

of Panic Selling," *The Journal of Financial Data Science* 4(1) (Winter 2022).

8   Larry Swedroe, "Men are more likely to panic than women," The Evidence-Based Investor (March 22, 2022).

9   Barry Ritholtz, "Why politics and investing don't mix," *The Washington Post* (February 6, 2011).

10   Alexander J. Shackman, Andrew S. Fox, and David A. Seminowicz, "The cognitive-emotional brain: Opportunities and challenges for understanding neuropsychiatric disorders," *Behavioral and Brain Sciences* 38(86) (June 8, 2015).

11   Magdalena Ewa Krol and Wael El-Deredy, "When Believing is Seeing: The Role of Predictions in Shaping Visual Perception," *Journal of Experimental Psychology* 64(9) (September 1, 2011).

12   Michael J. Boskin, "Obama's Radicalism Is Killing the Dow," *The Wall Street Journal* (March 6, 2009).

13   Barry Ritholtz, "The Danger of Dogma," The Big Picture (July 27, 2003).

14   내가 《구제금융 국가(Bailout Nation)》에서 밝혔듯이, 매도세를 빠르게 끝낼 만한 조건들이 형성되고 있었다. 시장은 심한 과매도 상태였고, 연준이 금리를 다시 인하했다(0퍼센트까지). 의회는 회계 규칙 제정 기관이 은행 부문에 협조하도록 강요했다. 그 과정에서 도입된 회계 규칙인 'FASB 157'은 '시가평가회계(mark-to-market accounting)'를 폐지해 은행들이 부실 대출을 숨길 수 있게 해주었다. 시가평가회계는 '공정가치회계(fair value accounting)'로도 불리는데, 객관적으로 평가된 현재 시장가격이나 유사 자산(또는 부채)의 가격 등을 '공정한' 기준으로 삼아, 자산(또는 부채)의 가치를 회계 처리하는 것이다.

15   캘리는 리트홀츠자산관리의 최고 시장 전략가(Chief Market Strategist)다.

16   Barry Ritholtz, "WSJ Jumps the Shark," The Big Picture (January 22, 2010).

17   Donald Luskin, "Quit Doling Out That Bad-Economy Line," *The Washington Post* (September 14, 2008).

18   6개월이 지나 나는 루스킨의 칼럼을 다시 읽어보았다. 그러면서 사실과 다르거나 사실이 아닌 것으로 판명된 예측 55개를 발견했다. 정확한 것으로 입증된 예측은 단 하나도 없었다. Barry Ritholtz, "REVIEW: Quit Doling Out That Bad-Economy Line," The Big Picture (March 13, 2009).

19   Donald Luskin, "11 Reasons to Buy Now," www.dowjones.com/smartmoney (November 30, 2007).

20   Donald Luskin, "Even Worse Than the Great Depression," www.dowjones.com/ smartmoney (March 6, 2009).

21   Donald Luskin, "Stocks Slide—It's About Time," www.dowjones.com/ smartmoney (May 10, 2010).

22   Donald Luskin, "The 2013 Fiscal Cliff Could Crush Stocks," *The Wall Street Journal* (May 4, 2012).

23   Donald Luskin, "OpenFund closes its doors," CNN (August 2, 2001).

24   "Donald Luskin: Stupidest Man Alive," Grasping Reality on TypePad, by Brad DeLong (December 5, 2005).

25   Reade Pickert, "Republican Voters Bet on Stocks After Trump Win. Dems Didn't," Bloomberg (October 1, 2018).

26   Justin Wolfers, "Debate Night Message: The Markets Are Afraid of Donald Trump," *The New York Times* (September 30, 2016).

27   Barry Ritholtz, "Would you let a mystic manage your investment portfolio?" *The Washington Post* (November 28, 2015).

28   이 글을 쓰는 시점에 금값은 2,600달러로, 1985년 대비 약 650퍼센트 상승했다. S&P 500 지수는 5,859포인트로 3,700퍼센트 상승했다.

29   E.S. Browning, "Exorcising Ghosts of Octobers Past: Despite Housing Slump, Crashes Such as in 1987 Likely to Stay Memories," *The Wall Street Journal* (October 15, 2007).

30   "Bernanke Believes Housing Mess Contained," *Forbes* (May 17, 2007).

31   Scott Patterson, "How the 'Flash Crash' Echoed Black Monday: May 6 Selloff Had Parallels to 1987; Electronic Trading Magnified Selling Pressure This Time," *The Wall Street Journal* (May 17, 2010).

32   Charles Duhigg, "Stock Traders Find Speed Pays, in Milliseconds," *The New York Times* (July 23, 2009).

33   두 경우 모두 선물시장에서 먼저 문제가 발생해 현물시장의 하락을 촉발했다. 두 시장은 피드백 루프를 만들며 함께 무너졌다.

34   스팍은 함장, 행성연방(Starfleet) 장성, 연방 대사도 역임했다.

35   두 종이 결합한 탓에 스팍은 어머니 어맨다의 몸에서 분리되어 두 달간 시험관에서 길러졌다. 이 기간 동안 벌칸족 과학자들은 스팍의 생존을 보장하기 위해 미세한 화학적 조정을 가했다. 이후 스팍은 어맨다의 몸으로 돌아가 인간의 임신 기간을 채운 다음, 다시 네 달 동안 인큐베이터에서 벌칸족의 임신

기간을 채웠다. 스팍은 두 종이 결합한 혼혈아 중 최초로 생존했다.

36   벌칸족 철학을 배우고 싶다면, '벌칸족 역사상 가장 중요한 철학자'인 수락부
      터 시작하라.

37   노벨위원회는 파마와 실러 두 사람에게 노벨경제학상을 수여함으로써 학문
      적 견해가 갈린다는 점을 인정했다. 파마의 논지는 시장의 가격결정 메커니
      즘이 대단히 효율적이어서 이를 이기기란 (불가능하지는 않더라도) 매우 어
      렵다는 것이었다. 반면 실러의 데이터(버블이 형성되고 가격이 현실과 괴리된
      후 결국 바닥까지 추락)는 시장이 인간만큼이나 비이성적일 수 있음을 명백
      히 입증했다. 다음도 참조하라. Barry Ritholtz, "How Shiller helped Fama win
      the Nobel," *The Washington Post* (October 18, 2013).

38   Refer to Barry Ritholtz, "The kinda-eventually-sorta-mostly-almost Efficient
      Market Theory," The Big Picture (November 20, 2004).

39   당연하게도 스팍의 이름을 딴 게임 스팍 마켓(Spock Market)에 대한 이야
      기가 아니다(실제 투자에 대한 이야기다). 이 게임은 가상의 풋볼 경기와 비
      슷한데, 재방송 시간에 실제 선수들 대신 〈스타트렉〉 캐릭터들이 경기에 나
      선다. 규칙은 술자리에서 즐기는 빙고게임과 비슷하다. 스팍 마켓은 사실
      꽤 재미있다. 계정을 만들면 1만 5000FDR을 받게 된다(FDR은 연방의 화
      폐단위다). 이후 〈스타트렉〉 속 캐릭터와 아이템에 기반한 다양한 주식을 사
      고팔 수 있다. 예를 들어 내 포트폴리오는 'Scotty'(SCT), 'Chekov'(CKV),
      'Communicator and Communications, Inc'(COM), 'Federation Costume and
      Uniform'(FCU), 'Dilithium Mining and Mineral'(DMI), 'Red Shirt'(RDS)
      로 구성되어 있다. 목표는 6위 안에 드는 것이다.

40   Callie Cox, "Running the numbers: Some stats on how the stock market
      moves," OptimistiCallie (August 30, 2024).

41   Luke Kawa, "Bernstein: Passive Investing Is Worse for Society Than
      Marxism," Bloomberg (August 23, 2016).

42   Matt Levine, "Are Index Funds Communist?" Bloomberg (August 24, 2016).

43   Myles Udland, "Jobs Week is Here," Business Insider (March 28, 2016).

44   Simone Foxman, "Paul Singer Says Passive Investing Is 'Devouring
      Capitalism'," Bloomberg (August 3, 2017).

45   Michael Sheetz, "Jeffrey Gundlach says passive investing has reached a 'mania':
      Investors should avoid index funds," CNBC (December 17, 2018).

46   Luke Graham, "Passive investing boom is creating a 'frightening' risk for
      markets, Morgan Stanley says," CNBC (July 10, 2017).

47   Christopher Joye, "Passive investing is lobotomised investing," *Financial Review* (May 5, 2017).

48   James Ledbetter, "Is Passive Investment Actively Hurting the Economy?" *The New Yorker* (March 9, 2016).

49   Michael Brush, "Opinion: Your love of index funds is terrible for our economy," MarketWatch (December 10, 2018).

50   Kopin Tan, "The Passive Investing Bubble Could Soon Pop," *Barron's* (March 25, 2017).

51   John Divine, "Has Passive Investing Become Fraught With Risk?" *Money* (November 14, 2019).

52   David Tuckwell, "Vanguard's ETF investors are buying the dip," ETF Stream (March 11, 2020).

53   Caleb Silver, "Individual Investors Calmly Buy Stocks During Sell-Off," Investopedia (March 11, 2020).

54   Bill McNabb, Masters in Business podcast, Bloomberg Radio (May 2015).

55   Barry Ritholtz, "Don't Mourn the Death of Stock-Picking Just Yet," Bloomberg (April 5, 2017).

56   Barry Ritholtz, "The Death of Active Management Has Been (Somewhat) Exaggerated," The Big Picture (April 5, 2017).

9장 인지 오류

1   Richard H. Thaler, *Misbehaving: The Making of Behavioural Economics* (Penguin, 2016; 《행동경제학》, 2021).

2   캐머러는 이 분야의 기반을 닦은 저서 《행동 게임 이론(Behavioral Game Theory)》(프린스턴대학교 출판부, 2003)을 썼다. 아울러 그는 《행동경제학의 진전(Advances in Behavioral Economics)》(프린스턴대학교 출판부, 2003)의 편집자이기도 하다.

3   Colin Camerer, Masters in Business podcast, Bloomberg Radio (November 2024).

4   Dr. Anna Lembke, *Dopamine Nation: Finding Balance in the Age of*

Indulgence (Dutton, 2021;《도파민네이션》, 2022).

5 Terry Gross, "In 'Dopamine Nation,' Overabundance Keeps Us Craving More," NPR Fresh Air (August 25, 2021).

6 오피오이드, 코카인, 암페타민은 기준치보다 10배 많은 도파민 생성을 유발해 뇌의 쾌락 회로를 압도한다. 이것은 의사결정에 엄청난 영향을 미친다. "How an Addicted Brain Works," *Yale Medicine* (May 25, 2022).

7 Justin Kruger and David Dunning, "Unskilled and Unaware of It: How Difficulties in Recognizing One's Own Incompetence Lead to Inflated Self-Assessments," *Journal of Personality and Social Psychology* 77(6) (December 1999).

8 역설적이게도 더닝크루거 효과 곡선은 더닝과 크루거가 만들지 않았다. 그들의 이론이 대중문화를 통해 소개되며, 수많은 사람이 자신의 부족한 역량을 이해하려 애쓰는 과정을 거쳐 만들어졌다. 수년 후 더닝과 크루거는 이 곡선이 상당히 정확하다는 것을 발견했다.

9 이 영화는 소설가 척 팔라닉(Chuck Palahniuk)의 1996년 작《파이트 클럽》을 각색한 것이다. 피트가 연기한 타일러 더든의 정확한 대사는 다음과 같다. "파이트 클럽의 규칙은 첫째, 파이트 클럽에 대해 이야기하지 않는다. 둘째, 파이트 클럽에 대해 절대 이야기하지 않는다! 셋째, 누군가가 '그만!'이라고 외치거나, 쓰러지거나, 항복하면 싸움은 끝난다. 넷째, 싸움은 오직 두 사람만 한다. 다섯째, 한 번에 하나의 싸움만 한다. 여섯째, 셔츠도 신발도 착용하지 않는다. 일곱째, 싸움은 필요한 만큼 계속된다. 여덟째이자 마지막, 파이트 클럽에 처음 온 사람이라면, 싸워야만 한다."

10 "Daniel Kahneman on Bias," socialsciencespace.com (January 4, 2013). 전문은 다음과 같다. "과학에도 의심할 여지없이 편향이 존재하며, 수많은 편향이 있다. 나는 내가 그런 편향들에서 자유롭다고 주장하지 않는다. 나도 그 모든 편향으로 고통받는다. 우리는 자신의 가설을 선호하는 경향이 있다. 우리는 일이 잘될 것이라고 믿는 경향이 있으며, 때로는 우리의 결론을 믿고 있다는 착각에 빠지기도 한다."

11 Benjamin Graham (updated by Jason Zweig), *The Intelligent Investor: The Definitive Book on Value Investing* (First published in 1949). Latest edition, Harper Business, 3rd Edition, 2024;《벤저민 그레이엄의 현명한 투자자》, 2026.

12 Nathan Ballantyne, "Epistemic Trespassing," from Nathan Ballantyne, *Knowing Our Limits* (Oxford University Press, 2019). See also: Nathan Ballantyne, "Epistemic Trespassing," *Mind*, vol. 128 (April 2019).

13   Nathan Ballantyne "Epistemic Trespassing."

14   Matan Mazor and Stephen M. Fleming, "The Dunning-Kruger effect revisited," nature.com (April 8, 2021).

15   Julia Bönisch, "Déformation professionnelle: Beruflich bedingte Missbildung," Süddeutsche Zeitung (May 21, 2010).

16   Mixingmemory, "The 'Illusion of Explanatory Depth': How Much Do We Know About What We Know?" ScienceBlogs (November 16, 2006).

17   Stephen J. Dubner and Matt Hickey, "How to Change Your Mind," Freakonomics (May 29, 2019).

18   Steven Sloman and Philip Fernbach, *The Knowledge Illusion* (Pan Macmillan, 2018;《지식의 착각》, 2018).

19   Leon Festinger, Henry Riecken, and Stanley Schachter, *When Prophecy Fails: A Social and Psychological Study of a Modern Group That Predicted the Destruction of the World* (1956;《예언이 끝났을 때》, 2020); and Leon Festinger, *A Theory of Cognitive Dissonance* (Stanford University Press, 1st edition, 1957;《인지부조화 이론》, 2016).

20   *Introduction to Psychology*, Chapter 7: Thinking and Intelligence, Lumen Learning.

21   John Kenneth Galbraith, "Came the Revolution; The General Theory of Employment, Interest, and Money. By John Maynard Keynes. 403 pp. New York: Harcourt, Brace & World. Paper, $2.95." *The New York Times* (May 16, 1965).

22   Andrew Clark and Jill Treanor, "Greenspan: I was wrong about the economy. Sort of," *Guardian* (October 24, 2008).

23   Barry Ritholtz, "Don't Blame Dodd-Frank for the Slow Recovery," Bloomberg (October 7, 2015).

24   Cullen Roche, "The Fear Trade Has Been Demolished," Pragmatic Capitalism (July 19, 2013).

25   미국 외의 영미권 지역에서 이 책의 제목은《이단자들(The Heretics)》이다.

26   하이트는《바른 마음》의 저자이기도 하다.

27   Morgan Housel, "A Message From the Past (Thoughts on Nostalgia)," Collaborative Fund (October 14, 2024).

4부 좋은 원칙

1   J.P. Morgan Asset Management, "Guide to the Markets," jpmorgan.com. 나는 적어도 2012년부터, 어쩌면 그 전부터 내 금융 사이트 '빅픽처'에서 이 소책자를 꾸준히 소개해왔다.

2   2023년 1월 21일 블룸스트란은 자신의 X 계정(@ChrisBloomstran)에 "ARKK에서 찾아보기 어려운 35가지 사실: 2022년 12월 31일 자 미공개 팩트시트"라는 글을 올렸다. 여기에서 그는 23회에 달하는 우즈의 CNBC 출연이 ARKK의 규모가 290억 달러로 정점을 찍고 3억 달러의 수수료를 청구하는 데 이바지했다고 꼬집었다. 블룸스트란을 화나게 하지 말라.

3   Ian Salisbury, "Cathie Wood's ARKK Investors Missed the Big Gains and Ate Huge Losses, New Data Show," *Barron's* (August 20, 2024).

4   Barry Ritholtz, "How you, the amateur investor, can beat the pros," *The Washington Post* (November 8, 2015).

5   Jason Zweig, Charles Ellis, "Wall Street's Wisest Man getting rich off stocks is simple, says Charles Ellis. Here's how," CNN Money (June 1, 2001).

6   Barry Ritholtz, "No matter what, the long-term investor comes out ahead of the short-term trader," *The Washington Post* (August 10, 2014).

7   Michael Batnick, "Gradual Improvements Go Unnoticed," The Irrelevant Investor (March 20, 2017).

8   투자자 개인의 리스크 감수 성향은 포트폴리오에서 채권의 비중을 결정하는 주요 요인이다. 너무 큰 리스크를 감수하면 하락장에서 섣불리 행동할 수 있으므로, 신중하게 고려해야 한다.

9   Advisor's Alpha, advisors.vanguard.com/advisors-alpha

10   리트홀츠자산관리는 SEC에 등록된 투자자문사로, 고객에 대한 수탁자 의무를 진다.

11   See: William D. Cohan, "Finra Arbitration Case Offers a Peek Into a Murky World," *The New York Times* (June 3, 2016); Andrew Welsch, "Stiffed Investors Win Arbitration Cases, but Never See a Dime. Do Regulators Have a Fix?" *Barron's* (October 18, 2021); Michael A. Perino, "Report to the Securities and Exchange Commission Regarding Arbitrator Conflict Disclosure Requirements in NASD And NYSE Securities Arbitrations," sec. gov (November 4, 2002); Benjamin Lesser and Elizabeth Dilts, "Wall Street's self-regulator blocks public scrutiny of firms with tainted brokers," Reuters

(June 12, 2017).

12   See William D. Cohan's Bloomberg series: "Wall Street Justice System Is a Kangaroo Court," Bloomberg (January 12, 2012); "Wall Street's Captive Arbitrators Strike Again," Bloomberg (July 8, 2012); "Wall Street's Kangaroo Court Gets a Black Eye," Bloomberg (July 29, 2012); "Don't Let Brokers Keep Watch on Themselves," Bloomberg (March 13, 2014); "Wall Street's Overlords Always Win," Bloomberg (April 27, 2014).

13   Eric Balchunas, "How the Vanguard Effect Adds Up to $1 Trillion," Bloomberg (August 30, 2016).

14   Hendrik Bessembinder, Te-Feng Chen, Goeun Choi and John Wei, "Do Global Stocks Outperform US Treasury Bills?" ssrn.com (July 5, 2019).

15   Barry Ritholtz, "Winner-Take-All Phenomenon Rules the Stock Market, Too," Bloomberg (July 29, 2019).

16   "SPIVA Global Mid-Year 2024," S&P Global (October 7, 2024).

17   Larry Swedroe, "After-Tax Performance of Actively Managed Funds," Alpha Architect (December 1, 2023).

18   S&P 500(SPY), 뱅가드그룹(VTI), 블랙록(ITOT)의 ETF 중 어느 것을 선택하든 거의 차이가 없다.

19   후회 최소화 전략의 역사는 1982년으로 거슬러 올라간다. 수많은 연구자, 특히 그레이엄 룸스(Graham Loomes), 로버트 서젠(Robert Sugden), 데이비드 E. 벨(David E. Bell), 피터 C. 피시번(Peter C. Fishburn)에 의해 발전되었다.

20   이 두 가지 시나리오(10배 증가 대 90퍼센트 하락)는 수학적으로 거의 대칭을 이룬다(확률적으로는 아닐 것이다). 둘 다 가능했고, 당시 애널리스트들은 어느 한쪽의 손을 들어주지 못했다. 결국 후자가 현실이 되었다.

21   이는 손실회피가 아닌, 후회에 기반한 의사결정에 관한 것이다. 투자 결정은 알 수 없는 미래에 대한 불완전한 정보를 이용하는 확률적 판단의 문제다. 그러나 이런 방정식에는 인간적 측면이 배제되어 있다. 새로운 정보(가령 가격)가 주어졌을 때 느끼는 후회라는 감정적 반응은 방정식에 심각한 손상을 입힐 수 있다.

22   MMF는 실질적으로 현금과 마찬가지이지만, 이것을 이용하면 단기채권 보유자가 된다. MMF는 아주 작은 리스크를 감수하는 대가로 소득을 창출한다. 2024년 말 현재, 내가 보유한 'Schwab Value Advantage Money Ultra Shares'(SNAXX)의 수익률은 2024년 여름의 5.45퍼센트에서 소폭 하락한 4.74퍼센트다.

23   당연한 말이라고 생각할지 모르겠지만, 이런 조언이 필요하지 않은 경우는 50퍼센트에 불과하다! 세금을 제때 챙기라고 끊임없이 상기시켜야 하는 사람들이 있다. 정기적으로 직접 세금 신고를 하고 납부해야 하는 사업자라면 특히 더 그렇다. (근로자는 세금이 자동으로 원천징수된다.)

24   1만 9000달러는 과세 대상에서 제외되는 증여금이다. 529 플랜에 한도 이상으로 납입할 경우 증여세 신고가 필요하지만, 보통은 세금이 부과되지 않는다.

25   16개 주에서는 상속세나 유산세를 부과하며, 오리건주 등의 면제 한도는 100만 달러로 매우 낮다는 데 유의하라. 거주하는 주에 대한 세부 사항은 현지 전문가와 상담해야 한다.

26   매월 발행되는 엄청난 양의 증권 계좌 명세서, 끝이 없어 보이는 연간 보고서, 모든 기업 활동이나 공시 관련 통지, 기타 여러 사소한 행정적 불편 사항이 추가된다.

27   거래비용이 제로로 떨어지자 다이렉트 인덱싱의 비용 장벽이 사라졌다.

28   한 종목을 다른 종목으로 대체할 때는 대체주가 가치, 시가총액, 변동성, 업종, 유동성, 성장률, 매출, 이익, 거래 특성 등이 기존 종목과 유사해야 한다. 캔버스는 이처럼 다양한 요소를 세밀하게 조정할 수 있다.

29   리트홀츠자산관리가 고객의 세금과 관련된 각종 데이터를 분석하고 문제를 해결하는 데 도움을 준 아리 로즌바움(Ari Rosenbaum), 새로운 기능과 서비스를 도입하는 데 지속적으로 도움을 준 캔버스 개발자들 그리고 패트릭 오쇼너시에게 특별한 감사를 전한다.

30   'Stance Sustainable Beta'(ETFSTSB)도 이와 비슷하다. 이 ETF는 환경 및 사회적 문제와 관련된다.

31   골든이 캐노피 캐피털을 론칭할 때 나는 시드 라운드 투자자였다. 리트홀츠자산관리의 핀테크펀드인 컴파운드 캐피털(The Compound Capital)도 캐노피 캐피털에 투자했다.

32   더 세부적으로 보자면, 임팩트펀드, 관리형 원자재 선물, 부동산, 비상장 채권도 포함된다.

33   "Hedge fund market to reach $13tn globally by 2032," Hedgeweek (March 21, 2024).

34   Simon A. Lack, *The Hedge Fund Mirage: The Illusion of Big Money and Why It's Too Good to Be True* (Wiley, 2012).

35   James Chanos, Masters in Business, Bloomberg Radio (August 2014).

36   Peter Madigan, "The Inexorable Rise of Private Credit," BNY Mellon (June 27, 2024).

37   "MiB: Private Equity," The Big Picture (April 20, 2023).

38   내게는 또 다른 문제도 있다. 규모의 문제다. 수천 명에 달하는 고객의 자산을 운용하기 때문에 500만 달러 정도의 투자 규모는 사실상 무의미하다. 따라서 나는 확장이 불가능하거나 확장하지 않을 사업은 고려조차 하지 않는다.

39   펀드의 유한책임투자자는 감사를 마친 수익률 보고서를 받을 권리가 있지만, 분기별, 또는 연간 수치를 비교하기 위해 관련 데이터를 수집하려는 제삼자라면 펀드에 애걸하고, 빌고, 사정해야 한다.

40   Groucho Marx, "Groucho and Me," Bernard Geis Associates (January 1, 1959).

41   Jared Dillian, "The road to riches is this simple: Drive a crappy car," Mauldin Economics (June 21, 2019).

42   Suze Orman, "If you waste money on coffee, it's like 'peeing $1 million down the drain,'" CNBC (March 28, 2019).

43   James Altucher, "It's Financial Suicide To Own A House," JA.com (October 9, 2015).

44   Michael Taylor, "Never buy a boat," *San Antonio Express* (July 31, 2015).

45   James Altucher, "Don't Send Your Kids to College," JA.com (February 25 2013).

46   "Drive a crappy car," ibid.

47   "Never buy a boat," ibid.

48   Suze Orman, "If you waste money on coffee, it's like 'peeing $1 million down the drain,'" CNBC (March 28, 2019).

49   코넬대학교 심리학 교수인 토머스 길로비치(Thomas Gilovich)와 2019년 세상을 떠난 경제학자 앨런 크루거(Alan Kreuger) 모두 물질적 재화보다 경험이 더 큰 행복을 가져다준다고 말했다. See Daniel Kahneman and Alan B. Krueger, "Developments in the Measurement of Subjective Well-Being," *Journal of Economic Perspectives* 20:1 (Winter 2006).

50   저서 《소탐대실(Pound Foolish)》에서 이 주제를 광범위하게 다룬 히레인 올렌(Helaine Olen)에게 감사를 전한다. 올렌은 '마스터스 인 비즈니스'에 출연해 "금융계의 주변부와 후미진 곳에 자리 잡은 구루, 전문가로 행세하는 자, 별난 사람, 괴짜, 노골적인 사기꾼들"을 신랄하게 비판했다. 그가 오먼에 대해 하는 말을 꼭 들어보길 바란다.

51   우리는 향후 40년간 재투자된 배당금이 얼마나 될지 전혀 알지 못한다. 다만

지난 40년간 계속 하락해왔기에 35만 달러는 매우 높은 추정치로 보인다.

52   SEC의 복리 계산기에 따르면 약 35만 달러가 된다.

53   중간 소득은 일정한 비율로 오르는데, 이는 대다수 근로자의 실제 소득 곡선
      같은 복잡한 현실을 반영하지 못한다. 나 또한 이를 잘 알고 있다. 다만 분모
      맹목을 매끄럽게 설명하기 위해 해당 수치를 활용했다.

54   엘레베스트(Ellevest)의 CEO이자 공동 창립자인 샐리 크로첵(Sallie
      Krawcheck)은 성별 임금격차가 라떼 가격보다 훨씬 더 큰 문제라고 지적했
      다. "Just buy the f***ing latte," Fast Company (May 6, 2019). 이런, 패스트 컴
      퍼니(Fast Company)가 내 헤드라인을 훔쳤다!

55   Walter Mischel and Ebbe B. Ebbesen, "Attention in delay of gratification,"
      Journal of Personality and Social Psychology (1970), 16(2), pp. 329-337.

56   Jordan Ellenberg, *How Not to Be Wrong: The Power of Mathematical
      Thinking* (Penguin, 2014;《틀리지 않는 법》, 2016).

57   상업 항공이 생기기 전부터 군은 항공기 사고 기록을 보관했다. Matthew
      Syed, *Black Box Thinking: Why Most People Never Learn from Their Mistakes—
      But Some Do* (Portfolio, 2015;《성공을 만드는 실패의 과학》, 2025).

58   치명적 의료과실에 대한 여러 통계가 있다. 미국의학연구소(American
      Institute of Medicine)에 따르면, 매년 최소 4만 4000건에서 최대 9만 9000건
      의 의료사고가 발생한다. 하버드대학교는 12만 건 이상,《환자안전저널(The
      Journal of Patient Safety)》은 40만 건으로 추정한다. 요양원, 약국, 외래 진료
      소, 개인 진료실 등에서 발생하는 의료사고까지 포함하면 그 수는 50만 건까
      지 늘어날 수 있다.

59   Sarah Klein and Douglas McCarthy, "A Conversation with Peter Pronovost
      About Patient Safety."

60   나는 베어 스턴스의 붕괴를 보며《구제금융 국가》를 쓰기로 마음먹었다.
      2008년 3월 베어 스턴스가 무너졌을 때 그것은 다가올 금융위기의 전조만이
      아니었다. 그보다는 어떤 기업도 존재 자체에 대한 근본적인 위협에서 자유
      로울 수 없다는 것을 상기시키는 사건이었다. 기업들은 실패를 기록하고 공개
      적으로 평가하려는 시도를 꺼리며 종종 강하게 저항한다. 실패에 대해 고민
      할 때 참고할 만한 이상적인 모델은 아닐 것이다.

61   아마존의 창립자이자 CEO인 제프 베이조스는 실패를 공개적으로 논하는
      몇 안 되는 경영자 중 한 명이다. "발명하기 위해서는 실험해야 하며, 성공할
      것을 미리 안다면 그것은 실험이 아니다. (…) 발명에는 장기적으로 오해를
      감수할 자발성이 요구된다. 실패를 포용하지 않고 실험을 계속하지 않는다면,
      결국 기업 존속의 마지막 순간에 할 수 있는 일이 무모한 시도밖에 없는 절박

한 위치에 서게 된다."

62   Bloomberg Billionaires Index.

63   "The 25 Most Important Private Companies," *Fortune* (2017).

옮긴이 이영래

이화여자대학교 법학과를 졸업했다. 현재 가족과 함께 캐나다에 살며 번역에이전시 엔터스코리아에서 출판 기획 및 전문 번역가로 활동하고 있다. 옮긴 책으로《경험의 멸종》《인생의 의미》《파타고니아, 파도가 칠 때는 서핑을》《모두 거짓말을 한다》《제프 베조스, 발명과 방황》《AI 혁명, 슈퍼 에이전시》《화폐의 미래》등이 있다.

투자 불패의 법칙

당신을 망치고 있는 나쁜 생각, 나쁜 숫자, 나쁜 행동

초판1쇄   2026년 3월 27일

지은이   배리 리트홀츠
옮긴이   이영래

발행인   문태진
본부장   서금선
책임편집   김광연   **편집 2팀** 임은선 원지연

기획편집팀   한성수 임선아 허문선 강유정 최지인 이준환 송은하 송현경 이은지 김수현 이예림
마케팅팀   김동준 이재성 박병국 문무현 김은지 이지현 전지혜 조용환 김화정 천윤정
저작권팀   정선주 김하림
디자인팀   김현철 강재준 황주미
경영지원팀   노강희 윤현성 정현준 조샘 이지연 조희연 김기현
강연팀   장진항 조은빛 신유리 김수연 송해인

펴낸곳   ㈜인플루엔셜
출판신고   2012년 5월 18일 제300-2012-1043호
주소   (06619) 서울특별시 서초구 서초대로 398 그레이츠 강남 11층
전화   02)720-1034(기획편집)   02)720-1024(마케팅)   02)720-1042(강연섭외)
팩스   02)720-1043
전자우편   books@influential.co.kr
홈페이지   www.influential.co.kr

한국어판 출판권 ⓒ ㈜인플루엔셜, 2026

ISBN 979-11-6834-372-6 (03320)